本书为国家社科基金项目"中国礼学思想发展史研究"
（项目批准号：13BZX048）最终成果

中国社会科学院文库
历史考古研究系列
The Selected Works of CASS
History and Archaeology

中国社会科学院创新工程学术出版资助项目

# 中国礼学思想发展史研究
—— 从中古到近世

STUDY ON THE HISTORICAL DEVELOPMENT OF
CHINESE RITE THOUGHTS: From Medieval to Early Modern Times

王启发　著

中国社会科学出版社

## 图书在版编目（CIP）数据

中国礼学思想发展史研究：从中古到近世 / 王启发著. —北京：中国社会科学出版社，2021.9
ISBN 978-7-5203-9141-2

Ⅰ.①中… Ⅱ.①王… Ⅲ.①礼仪—思想史—研究—中国—古代 Ⅳ.①K892.9

中国版本图书馆 CIP 数据核字（2021）第 186677 号

| | | |
|---|---|---|
| 出 版 人 | 赵剑英 | |
| 责任编辑 | 林　玲 | |
| 责任校对 | 李　硕 | |
| 责任印制 | 李寡寡 | |

| | | |
|---|---|---|
| 出　　版 | 中国社会科学出版社 | |
| 社　　址 | 北京鼓楼西大街甲 158 号 | |
| 邮　　编 | 100720 | |
| 网　　址 | http://www.csspw.cn | |
| 发 行 部 | 010-84083685 | |
| 门 市 部 | 010-84029450 | |
| 经　　销 | 新华书店及其他书店 | |

| | | |
|---|---|---|
| 印　　刷 | 北京君升印刷有限公司 | |
| 装　　订 | 廊坊市广阳区广增装订厂 | |
| 版　　次 | 2021 年 9 月第 1 版 | |
| 印　　次 | 2021 年 9 月第 1 次印刷 | |

| | | |
|---|---|---|
| 开　　本 | 710×1000　1/16 | |
| 印　　张 | 44.25 | |
| 插　　页 | 2 | |
| 字　　数 | 720 千字 | |
| 定　　价 | 258.00 元 | |

凡购买中国社会科学出版社图书，如有质量问题请与本社营销中心联系调换
电话：010-84083683
**版权所有　侵权必究**

# 《中国社会科学院文库》出版说明

《中国社会科学院文库》（全称为《中国社会科学院重点研究课题成果文库》）是中国社会科学院组织出版的系列学术丛书。组织出版《中国社会科学院文库》，是我院进一步加强课题成果管理和学术成果出版的规范化、制度化建设的重要举措。

建院以来，我院广大科研人员坚持以马克思主义为指导，在中国特色社会主义理论和实践的双重探索中做出了重要贡献，在推进马克思主义理论创新、为建设中国特色社会主义提供智力支持和各学科基础建设方面，推出了大量的研究成果，其中每年完成的专著类成果就有三四百种之多。从现在起，我们经过一定的鉴定、结项、评审程序，逐年从中选出一批通过各类别课题研究工作而完成的具有较高学术水平和一定代表性的著作，编入《中国社会科学院文库》集中出版。我们希望这能够从一个侧面展示我院整体科研状况和学术成就，同时为优秀学术成果的面世创造更好的条件。

《中国社会科学院文库》分设马克思主义研究、文学语言研究、历史考古研究、哲学宗教研究、经济研究、法学社会学研究、国际问题研究七个系列，选收范围包括专著、研究报告集、学术资料、古籍整理、译著、工具书等。

中国社会科学院科研局
2006 年 11 月

# 目　　录

研究缘起 …………………………………………………………（1）

绪论　从中古到近世——礼学及思想的多样化展开和意义 …………（1）

第一章　魏晋南北朝到唐的礼记学 ……………………………………（9）
 第一节　王肃的《礼记》学及其后世影响 …………………………（9）
  一　王肃《礼记》学的资料及传承 …………………………（9）
  二　王肃《礼记》学涉及的几个礼学问题 …………………（11）
  三　王肃《礼记》学的后世影响 ……………………………（22）
 第二节　北朝熊安生的《礼记》学及其经学史意义 ………………（29）
  一　熊安生和他的《礼记义疏》……………………………（29）
  二　熊氏《礼记义疏》的基本内容及其与郑玄学的异同
    关系辨析 ………………………………………………（32）
  三　从唐代孔颖达的评议看熊氏《礼记义疏》的学术价值 …（45）
 第三节　南朝皇侃的《礼记》学及其经学史价值 …………………（65）
  一　皇侃和他的《礼记义疏》………………………………（65）
  二　皇侃《礼记义疏》的基本内容及其特点 ………………（67）
  三　从唐代孔颖达评议及后世影响看皇侃《礼记》学的经学
    史价值 …………………………………………………（84）

第二章　李觏的礼学及相关思想 ……………………………………（106）
 第一节　李觏的学术生涯及其《礼论》的思想内容 ……………（107）
  一　李觏的学术生涯及其对礼学的关注 …………………（107）
  二　李觏《礼论》的思想内容和理论特点 ………………（116）

第二节　李觏《周礼致太平论·内治篇》的思想价值——从宫廷后妃
　　　　伦理到民间家庭伦理及昏礼的意义 ……………………（138）
　　一　后妃伦理与宫廷内治 ……………………………………（140）
　　二　后妃礼仪及昏礼的意义 …………………………………（156）

第三节　李觏《周礼致太平论·国用篇》的思想价值——从国家的
　　　　财用积累到赋税征收与国计民生 ………………………（163）
　　一　理财之本：量入以为出，节用而爱人 …………………（164）
　　二　材贡之基：生业分工，土地分配，农本机制 …………（172）
　　三　财用收支：尚俭为礼，税赋中正，控制买卖与市场 …（182）
　　四　国家救济：百姓的生存保障，力役之使、财赋之征当
　　　　有所免除 …………………………………………………（191）

## 第三章　王安石《周官新义》的礼学特色及其历史影响 ………（202）
第一节　王安石新经学确立的各种背景及《周官新义》的撰作 …（203）
　　一　王安石新经学确立的各种背景 …………………………（203）
　　二　《周官新义》的撰作 ……………………………………（209）
第二节　《周官新义》的解经方式及其特点 ……………………（213）
　　一　解说经文，有根有据，平实易懂 ………………………（214）
　　二　析字解词，辨说其理，以求本义 ………………………（218）
　　三　称引郑玄，或有引申辨析，或直书其误 ………………（225）
　　四　以当时的制度、律令、礼俗等相比拟来解说《周礼》 …（232）
　　五　称述孔孟言行来解说《周礼》文字以见对孔孟的推崇 …（234）
　　六　称述先王，发挥经义，展示理想政治理念 ……………（241）
第三节　王安石的先王意识及其对先王政治理念的阐发 ………（249）
　　一　作为历史普遍意识的先王观念 …………………………（249）
　　二　王安石的先王观念及其内涵 ……………………………（252）
　　三　王安石《上仁宗皇帝言事书》对先王政治的论说 ……（255）
第四节　王安石变法与《周礼》的关系辨析 ……………………（262）
　　一　王安石对以《周礼》为依据而用于具体变法的基本
　　　　见解 ………………………………………………………（265）
　　二　新法反对者对王安石借用《周官》理财之法的批评
　　　　和指摘 ……………………………………………………（273）

三　一些思想家、经注学家对王安石依据《周礼》实施变法的
　　　　　质疑和批评 ………………………………………………（279）
　第五节　《周官新义》在经学思想史上的地位和影响 …………（287）
　　　一　宋哲宗时期有关《三经新义》官学地位的争论 …………（288）
　　　二　北宋末至南宋高宗时期时人对《三经新义》的非议和
　　　　　指摘 ………………………………………………………（292）
　　　三　南宋及元明清学者对《三经新义》的不同评价 …………（297）
　　　四　荆公学派的礼学传承 ………………………………………（301）

## 第四章　程颢、程颐的礼学思想述论 …………………………（311）
　第一节　二程对古代礼学的基本看法 ……………………………（311）
　第二节　二程礼学思想的形而上基础及其古今意识 ……………（315）
　　　一　天理观念下的形而上与形而下之礼 ……………………（315）
　　　二　在古今意识下论礼的意义 ………………………………（319）
　第三节　二程礼学思想中的性情论 ………………………………（325）
　　　一　以人性论礼 ………………………………………………（325）
　　　二　以人情论礼 ………………………………………………（328）
　第四节　二程礼学思想的现实目标和理想诉求 …………………（340）
　　　一　批判释老，彰显儒家礼义之学 …………………………（340）
　　　二　以礼正俗和化礼成俗的礼学主张 ………………………（342）
　　　三　以"三代"道德政治为理想的复古主义 ………………（347）

## 第五章　朱熹的礼学及其思想 …………………………………（356）
　第一节　朱熹的礼学生涯及其心路历程 …………………………（357）
　　　一　朱子早年的读礼、考礼、议礼活动 ……………………（358）
　　　二　中年立说，编撰礼书，关注各种礼事 …………………（359）
　　　三　晚年编修礼书《仪礼经传通解》 ………………………（364）
　第二节　朱熹对传统礼学及当世礼学的议论和评价 ……………（365）
　　　一　朱熹对"三礼"文本及汉唐礼学著述的议论和评价 …（366）
　　　二　对当世礼学著述的评论及其原则标准 …………………（377）
　第三节　朱子礼学思想的理论框架及其展开 ……………………（390）
　　　一　以"古今"论礼 …………………………………………（390）
　　　二　以"天理人欲"论礼 ……………………………………（400）

三　以"阴阳五行"论礼 …………………………………………（408）
　　　四　以"道器"论礼 ……………………………………………（411）
　　　五　以"体用"论礼 ……………………………………………（416）
　　　六　以"知行"论礼 ……………………………………………（419）
　第四节　朱熹《仪礼经传通解》的编纂及其礼学价值 ……………（427）
　　　一　《仪礼经传通解》编纂始末及其基本样式 ………………（427）
　　　二　《仪礼经传通解》的基本内容 ……………………………（434）
　　　三　《仪礼经传通解》的主要特点及礼学价值 ………………（442）
　第五节　朱子《家礼》的礼学价值、传播和历史影响 ……………（447）
　　　一　礼的著述渊源及朱子《家礼》的真伪问题 ………………（448）
　　　二　朱子《家礼》的基本内容及其道德价值观的体现 ………（454）
　　　三　朱子《家礼》在后世的影响 ………………………………（462）

**第六章　吴澄的礼学和《礼记纂言》的著述特色** …………………（469）
　第一节　吴澄的礼学著述及相关问题 ………………………………（469）
　　　一　吴澄的学术与著述生涯 ……………………………………（469）
　　　二　吴澄对三礼经传的认识与整合 ……………………………（475）
　　　三　托名吴澄的著作及其他问答 ………………………………（483）
　第二节　吴澄《礼记纂言》的著述特点及经学史意义 ……………（493）
　　　一　《礼记纂言》的撰作及后世评价 …………………………（493）
　　　二　《礼记纂言》的篇目次第与整体结构 ……………………（496）
　　　三　对《深衣》等篇的认识 ……………………………………（498）
　　　四　对《曲礼》篇章节段句上的调整 …………………………（506）
　　　五　对《内则》等篇章节段句上的调整 ………………………（514）
　　　六　对《王制》《文王世子》篇章节段句上的调整 …………（522）
　　　七　对《丧大记》等篇章节段句上的调整 ……………………（527）
　　　八　对《檀弓》篇章段句上的调整 ……………………………（540）
　　　九　对《曾子问》等篇章节段句上的调整 ……………………（550）
　　　十　吴澄对《礼记》篇章整合的经学史价值举隅 ……………（561）
　第三节　吴澄对《礼记》篇章整合重缀的价值探析——以
　　　　　《丧服小记》为中心 ………………………………………（568）
　　　一　吴澄前后不同时代学者对《礼记》篇章错简问题的
　　　　　一些认识 ………………………………………………………（568）

二　《礼记·丧服小记》与《礼记纂言·丧服小记》段落
　　　　文句对比 ················································· (575)
　　三　吴澄所作段句调整的逻辑关系及合理性 ················· (583)

**第七章　方孝孺的礼学思想述论** ································ (592)
　第一节　修齐治平之道的延续：明儒方孝孺的思想历程及其
　　　　特色 ····················································· (592)
　　一　方孝孺的时代及其家学与师承影响 ····················· (593)
　　二　方孝孺的成长经历及思想历程 ··························· (599)
　　三　方孝孺的著述及思想特色 ································ (602)
　第二节　方孝孺以个体和家族礼仪为核心的修身齐家思想 ··· (606)
　　一　《幼仪》诸篇体现的个体礼仪及所包含的道德规范 ····· (607)
　　二　《宗仪》、《家人箴》、诸族谱序中所见其家族伦理和
　　　　齐家理想 ················································· (618)

**第八章　黄道周的三礼学及其相关问题考论** ··················· (633)
　第一节　黄道周对三礼的基本认识 ······························ (634)
　　一　黄道周与张愫之论三礼 ·································· (634)
　　二　黄道周与柯登南、吕而德论《周礼》 ··················· (639)
　　三　黄道周与弟子就有关《月令》篇来历的问答和讨论 ····· (647)
　　四　其他材料所见黄道周论三礼 ······························ (649)
　第二节　黄道周与诸弟子论学礼、读礼以及对"博文约礼"
　　　　之说的讨论 ·············································· (650)
　第三节　黄道周与蒋仲旭、柯威公论郊禘之礼 ················ (659)
　　一　《榕坛问业》卷五所记黄道周与蒋仲旭关于鲁之郊禘
　　　　问题的问答 ·············································· (660)
　　二　《榕坛问业》卷十三所记黄道周与柯威公就鲁之郊禘
　　　　问题的问答 ·············································· (665)
　第四节　黄道周与李质嘉关于禘祫之说诸儒异同的问答 ······ (674)

**参考文献** ·························································· (687)

**后　记** ···························································· (691)

# 研究缘起

对于礼学及相关思想的研究，一直是我关注的重点，在2005年拙著《礼学思想体系探源》一书出版后，我已经将精力投入对汉唐以后至于明清时代的礼学与思想的研究上。从那个时候开始至今，我先后承担了"中国经学思想史""宋元明礼学思想研究""中国礼学思想发展史研究"等课题项目，本书稿就是这么一个比较长时段的相关研究成果的集合。将一个个个案性的研究汇集为一个整体，亦成规模。现在看来，这个大体呈现出一个时代上前后衔接，多少带有发展史意味的书稿，可以说既是一个阶段性研究成果，又是一个新研究开始的前期引导。因为在这些个案的研究过程中，笔者深深感到，有相当多的礼学著述需要我们做具体而细致，且成系统的考察、剖析和研究，从而使我们对中国古代礼学有更为清晰的了解和认识，对中国古代礼学的思想史内容有更为深入的了解和认识。同时对于其中所包含的无论是经学思想与学术思想、哲学思想与政治思想，还有其他方面的思想，也有所发现、有所诠释。

礼学，既是一个对象，也是一个视角；既是一个范围，也是一个领域。礼学在历史的发展过程中，在礼学家的著述中，呈现出一种解说与论证的多样化学术形式和学术诉求。其与思想表达的连接，也呈现出方方面面的不同。这是在本书所做的个案考察和论述中所能够看到的。本书选取了魏晋南北朝以降至于宋明一些重要的礼学人物，以八章的规模或集中，或分别地一一加以考察和论述。王肃、熊安生和皇侃的礼记学，以及唐代孔颖达对他们学说的引述和评议，包括后世学者的评价等等方面的研究，即成为第一章的内容。将时代跨越到宋代，李觏、王安石、程颢、程颐、朱熹的礼学思想，分别成为第二章至五章的论述内容，其中，礼学所承载的政治理想、变法实践，以及形而上的理论建构，还有礼学文本体系的重构及对家族之礼的重视，可以说是两宋礼学代表人物的学术与思想之博大精深的体现。吴澄、方孝孺、黄道周，是元明时期礼学著述和思想表达的代表人物，他们的篇章著述与学术思想的表述形式各不相同，本书最后三章选取特点鲜明的礼学篇章进行考察分析，呈现不同样式的礼学思想风貌。

总之，本书的完成只是学术研究告一段落，随后的研究不会停步，在堪称学术资源富矿区的礼学领域，还有很多厚重的研究课题等着我们去展开。附带说明的是，本书稿的八章及各节内容百分之九十以上的篇幅，作为前期和阶段性研究成果先后在各种学术刊物上发表，兹列举如下：

1. 《王肃的礼记学及其后世影响》，《湖南大学学报》（社会科学版）2016 年第 2 期。

2. 《北朝熊安生的礼记学及其经学史意义（上）》，《湖南大学学报》（社会科学版）2018 年第 1 期。

3. 《北朝熊安生的礼记学及其经学史意义（下）》，《湖南大学学报》（社会科学版）2018 年第 2 期。

4. 《南朝皇侃的礼记学及其经学史价值（上）》，《湖南科技大学学报》（社会科学版）2018 年第 5 期。

5. 《南朝皇侃的礼记学及其经学史价值（下）》，《湖南科技大学学报》（社会科学版）2018 年第 6 期。

6. 《李觏的学术生涯及其〈礼论〉的思想内容》，《炎黄文化研究》第 15 辑，2013 年 2 月。

7. 《从宫廷后妃伦理到民间家庭伦理及昏礼的意义——李觏〈周礼致太平论·内治〉析论》，《湖南大学学报》（社会科学版）2014 年第 2 期。

8. 《李觏〈周礼致太平论·国用篇〉考察——从国家的财用积累到赋税征收与国计民生》，《国学学刊》2015 年第 1 期。

9. 《王安石〈周官新义〉的礼学特色及其历史影响（上）》，日本大东文化大学《人文科学》第 13 号，2008 年 3 月。

10. 《王安石〈周官新义〉的礼学特色及其历史影响（下）》，日本大东文化大学《人文科学》第 14 号，2009 年 3 月。

11. 《程颢程颐的礼学思想述论》，《中国社会科学院历史研究所学刊》第五集，社会科学文献出版社 2008 年版。

  12.《朱熹礼学及相关问题》，《中国社会科学院历史研究所学刊》第六集，商务印书馆 2010 年版。

  13.《朱熹〈仪礼经传通解〉的编纂及其礼学价值》，《炎黄文化研究》第 3 辑，大象出版社 2006 年版。

  14.《朱子〈家礼〉的礼学价值、传播和历史影响》，《炎黄文化研究》第 10 辑，大象出版社 2009 年版。

  15.《吴澄的礼学著述及相关思想》，《湖南大学学报》（社会科学版）2017 年第 2 期。

  16.《元代吴澄对〈礼记〉篇章整合重缀的价值探析——以〈丧服小记〉为例》，《湖南大学学报》（社会科学版）2019 年第 2 期。

  17，《明代方孝孺以个体和家族礼仪为核心的修身齐家思想》，《第三届中日学者中国古代史论坛论文集》，中国社会科学出版社 2012 年版。

  18.《黄道周的三礼学及其相关问题考论（上）》，《国学学刊》2013 年第 1 辑，2013 年 3 月。

  19.《黄道周的三礼学及其相关问题考论（下）》，《国学学刊》2013 年第 2 辑，2013 年 6 月。

# 绪　论

## 从中古到近世

### ——礼学及思想的多样化展开和意义

### 一

从20世纪七八十年代开始，国内外学者比较多地关注中国古代礼学及礼学思想领域的研究，集中表现为对某一人物的礼学与思想，或是以个案研究为基础的某个时代的礼学与礼学思想的研究。近些年来，对礼学经典的多方面研究，也受到学界瞩目。在这些著述当中，既有专著、论文集，也有单篇论文，包括一些未出版的硕士博士学位论文等，多样化地体现了当前学界对传统礼学与思想史关系的认识、理解和探讨。各类研究对推进和拓展中国传统礼学与礼学思想的研究，有着重要的参考价值和启发作用。

然而，到目前为止，尚未有一部在个案研究与综合考察基础上贯通中国历史上各朝代各时期的礼学与礼学思想通史类的专著出版。究其原因，大概有以下几点：第一，研究者研究视野与关注点的不同及限制，使目前传统礼学及礼学思想研究方面还留有很多空白，一些传统礼学著述尚未被关注和研究，特别是对汉代到隋唐间各时期礼学思想的总体考察与个案研究明显薄弱和不足；对宋元明清的礼学经典注疏与诠释方面著述的总体考察与个案研究明显薄弱和不足。第二，研究者的研究多集中在一个人物或一部经典，或某个断代，而对传统礼学及礼学思想做综合性、贯通性研究相对比较薄弱。而且目前学界中，有机缘在礼学及礼学思想史领域做长时期考察研究的学者相对较少，自然影响到相关的综合性和贯通性的礼学思想发展史著述成果的出现。第三，由于研究对象和研究方法的特殊性与个性化，以及各方面条件限制，即使是学界同为礼学相关研究者，也很难集合起来合著一部《中国礼学思想发展史》。至今与本书有关的两部通史性著作，即陈戍国的《中国礼制史》和蔡尚思的《中国礼教思想史》，前者侧重于考察礼仪制度的历史沿革与变迁，后者则是以人物为中心的历代礼仪教化的思想论述和批评，均与本书对传统礼学思想发展史的考察范围和论述方式有很大的不同。

随着当前文化繁荣和学术创新的不断开展，以及继承和弘扬中国优秀传统文化的趋势，中国思想史研究也进入一个新的历史阶段，对于具有悠久历史和富含优秀传统文化元素的中国古代礼学及礼学思想史的研究也需要有更大推进。而且，有关中国古代礼学及礼学思想史领域的研究状况，既有形式多样的先行研究成果可资参考和借鉴，也为我们进行整体、全面、综合、系统、统观和贯通性地考察研究，乃至撰著一部《中国礼学思想发展史》提供了可行性契机。

因此，通过综合性、系统性和贯通性的考察与具体的个案研究，经过数年或更长一些时间，适时推出一部通史性的《中国礼学思想发展史》，揭示中华传统礼仪之邦的历史依据、思想依据和理论依据所在，揭示中华传统礼仪秩序在历史发展和社会进步中的积极作用。可以说这是一项代表国家级社会科学和人文科学研究水平、展现中国传统礼学文化思想风貌、发掘中国传统文化优秀元素的重要研究工作，既有填补相关研究欠缺和空白的学术意义，也有为建设社会主义新文化提供理论资源和思想借鉴的现实意义。

## 二

从总结已有的研究成果和探求当下可行的研究思路而言，中国礼学思想发展史的研究仍有可以展开和推进的课题，笔者认为集中在于以下几个方面：（1）从文字形态、思想观念、制度形式、行为规范等多种角度，考察和确定中国古代的"礼"的属性与意义，通过对礼的起源及表现形态的考察，揭示礼的制度形式、观念形式和行为形式三者之间的关系，分析礼的宗教性、道德性、政治性、法律性的多种内涵和意义所在。（2）考察和描述作为礼学经典的《仪礼》《周礼》《礼记》的成书史，以及它们与《诗》《书》《易》《乐》及《春秋》等诸经传之间的经学史和思想史的联系。（3）考察和描述礼学经典的历代传承及其与官方学术和意识形态的联系，以及历代思想家、经学家对礼学经典的诠释、注疏和解读所体现出的思想面貌。（4）考察和描述作为礼学思想体现而在王朝国家的政治、道德、宗教、法律、经济以及民间、家族、社会的日常生活等方面的影响，特别是考察历代律令法典与礼学和礼学思想之间的关系及其发展和演变。（5）以上述几个方面为核心，以历史时代为基本构架，分别涉及先秦、秦汉、魏晋南北朝、隋唐、宋元、明清各时期的礼学与礼学思想的历史考察和研究，并着重从各个历史时代的社会变迁和政治变迁的背景下考察礼学思想的价值、意义和历史演变过程。

从另一个角度而言，也就是从具体展开相关研究的可关注点来说，笔者以为又有如下的几个方面。（1）传统礼学多数表现为注疏学，围绕着礼经即"三礼"（《仪礼》《周礼》《礼记》）进行章句注疏、名物解释、制度考订等。伴随着传统经学的发展演变，礼学呈现出向义理解说、观念诠释和思想阐发的方面演进，从而有关礼论、乐论的思想论说蓬勃发展，而且礼仪程式和名物制度在历史变迁中与思想观念、义理学说及价值判断之间的联系也得到彰显和揭示。（2）不仅礼学经典，先秦以来历代思想家、礼学家、注疏学家的各种著述当中所包含的思想内容，也呈现出一种思想史、观念史的表现形式、发展脉络和历史风貌，这就是现代学术意义上的礼学思想史所要考察、研究和记述的，所涉及的领域则包括宗教、伦理、政治、经济、社会生活等多个方面。（3）礼学思想是中国古代思想的一种表达形式，中国古代的思想又常常以讨论礼学问题的方式展开。传统的礼学经典多方面地包含着与古代礼仪生活相关的思想性内容，一个思想家的礼学思想通过对于礼学问题的关注和思考而得到展开，其中多包含着对礼、礼学和礼学思想的无所不包性质的认识与理解，这就是梳理历代礼学经典和思想家的礼学思想的视阈所在。同时，历代礼学经注家也多在其学说中表现出思想性的论说而具有思想史意义，其著述同样是值得我们发掘和整理的思想史资料。

笔者在个人研究和前期成果的基础上，广泛吸收和借鉴国内外学者相关研究成果，对作为中国传统经学重要组成部分的礼学及其思想的历史发展进行系统的考察、梳理、研究和描述，结合先秦至明清时期不同时代的社会史、政治史的不同发展的研究，以及法制史、宗教史、思想史和学术史的不同发展的研究，对礼学思想与各个不同历史时期、不同学术分类的专门史之间的相互关系做系统的考察。在研究方法上力图做到个案研究与整体研究相结合，实证研究与理论研究相结合，经典研究与诠释研究相结合，思想家研究与注疏家研究相结合，思想研究与社会生活研究相结合，时代性研究和贯通性研究相结合，对20世纪以来有关中国古代礼学及其思想方面的研究成果进行总结、借鉴和吸收，以实现本课题研究的深入和向多方面的拓展。

## 三

如果说以上所述两个大的方面是本课题研究的宗旨和可行计划的话，那么本研究的具体实施和进行，则是在笔者十几年前完成出版的《礼学思想体系探源》的基础上所进行的一个拓展性的后续研究。也就是说，在东汉郑玄《三礼注》之后，以魏晋南北朝至唐代的中古时期的礼记学及相关学术思想的研究为中心，从而展开对王肃、熊安生、皇侃以及孔颖达的《礼记正义》的研究，还有涉及宋元明清的礼学家对上述人物礼学的评价及参考。接着的研究视点则集中转向宋代礼学家，包括王安石的《周官新义》与其变法实践关系的考察，李觏的《礼论》和《周礼致太平论》及相关思想的研究，程颢、程颐的理学背景下形而上学化的礼学思想的研究，朱熹的礼学著述与思想的研究，吴澄的礼记学及相关思想研究。还有明代方孝孺、黄道周的礼学著述与思想的研究。与此同步，还对以前完成的相关研究做进一步的完善和加工，以体现本研究的整体特色和创新点。

因此，作为本研究最终成果的内容，就是在整体上，以从中古到近世的中国礼学思想发展的历程和重点思想人物的著述以及代表性文本呈现为基本线索，集中对魏晋南北朝到唐及随后的宋元明时期礼学和思想发展的走向进行了细致的梳理、考察和分析，从而体现出从中古到近世礼学及思想发展的多样性的具体面貌。

中国古代礼学在东汉郑玄之后，进入一个新的发展阶段。具体来说，三国时期的王肃，不仅对郑玄礼学的有些学说提出了很多异议，以确立自己的学术地位，而且也为后世提供了很多可以参考的礼学方面的认识和解说。单就礼记学而论，王肃便有针对郑玄的礼学注解而提出不同的认识和解释，尽管唐代孔颖达以"礼是郑学"为标准而在郑王之间有所取舍，但是王肃的很多说法，后世礼学仍然多有借鉴，足见王肃的学术影响。南北朝时期的礼学传承不绝如缕，从唐代孔颖达《礼记正义》中所保留的资料来看，在南北朝时期众多的礼学家当中，南朝的皇侃和北朝的熊安生可以说是南北礼学的代表，他们在礼记学方面各有著述，而且继承了汉代章句之学的训解传统，兼及一定的义理方面的解说与发挥，从而成为隋唐政治统一之后，唐代孔颖达在整合前代经学的时候而不能不吸收和借鉴的重要内容。在《礼记》注疏方面，从孔颖达对皇侃和熊安生各自的《礼记义疏》的引述和肯定与否定或具文的大量章句性解说材料中，保留了后世已经整体失传的皇、熊两人的学说，同样成为后世礼学重要的参考。特别是明清时代的礼学家的借鉴与评判，显现出了皇、熊各自的礼记学的价值和意义。魏晋到唐代以礼记学及相关思想为代表的礼学思想的发展历程及其面貌，也是在东汉郑玄礼学及思想之后具有章句训诂和经典诠释特点的中古礼学及思想发展的一个比较突出的展现。

当我们把研究的视野转向中古之后的近世，也就是进入宋元明清的大跨度的历史，礼学则呈现出多样化展开的学术风貌。就宋元明时代礼学及思想的发展，笔者分别概述了宋代礼学的承传发展及其学派分流、元代礼学承传发展的历史文化背景、明代官方礼学的发展及多种体现等三个方面的问题。通过对宋代礼学发展的总体状况、宋代礼学主要流派和基本著述、元代三教并存的文化政策及佛道两教的崇奉、蒙元朝廷对儒学重视程度的变化和官方礼仪活动的儒家化体现、明代官方礼制建设和礼书的编纂、明代《礼记》作为礼经继续用于科举和《礼记大全》的编撰、朝廷议礼对《礼记》和《周礼》内容的称引和评论等方面问题进行了考察和分析，整体上透视出宋元明时期礼学发展的基本背景。

作为一些重要的个案研究，首先是对于李觏的礼学及相关思想，笔者考察了李觏《礼论》七篇所论有关礼的起源和礼之本、礼的制度与观念、礼与非礼、礼与传统等方面的思想内容和理论特点，考察了李觏《周礼致太平论·内治》篇从宫廷后妃伦理到民间家庭及昏礼意义的思想，李觏《周礼致太平论·国用》篇从国家的财用积累到赋税的思想，集中揭示和分析了李觏周礼学中所包含的伦理思想、政治思想和经济思想，展现了李觏礼学思想的特殊面貌。

其次是对于王安石《周官新义》的礼学特色及其历史影响的考察，涉及的问题是比较多的。笔者通过王安石新经学确立的各种背景与《周官新义》的撰作，王安石《周官新义》的解经方式及其特点等方面的考察，论述了王安石周礼学的学术思想特色；对王安石的先王意识及阐发先王政治理念思想的考察，特别是对王安石变法与《周礼》的关系的辨析，诸如王安石对以《周礼》为依据而用于具体变法的基本见解，新法反对者对王安石借用《周官》理财之法的批评和指摘，一些思想家、经注学家对王安石依据《周礼》实施变法的质疑和批评等具体问题的考察和分析，还有就是《周官新义》在经学思想史上的地位与影响的考察，包括宋哲宗时期有关《三经新义》官学地位的争论，北宋末至南宋高宗时期时人对《三经新义》的非议和指摘，南宋及元明清学者对《三经新义》的不同评价，荆公学派的礼学传承等方面，都做了比较细致的考察和分析，充分显示出了王安石经学地位的重要性。

再有就是在程颢、程颐的礼学思想方面，笔者集中考察分析了具有理学色彩的二程理学思想的理论框架等问题，包括二程对古代礼学的基本看法，二程礼学思想的形而上基础及其古今意识等，而分别论证了天理观念下的形而上与形而下之礼和以古今论礼两个方面；还有二程礼学思想中的性情论，即"以人性论礼"和"以人情论礼"，以及二程礼学思想的现实目标和理想诉求，包括批判释老、彰显儒家礼义之学，以礼正俗和化礼成俗的礼学主张，以"三代"道德政治为理想的复古主义等三个方面，从而展现了二程礼学与理学的关系及其思想特色。

朱熹的礼学及其思想也是本研究的一个重点，占据的篇幅不小。笔者集中考察了：（1）朱熹的礼学生涯及其心路历程，包括朱子早年的读礼、考礼、议礼活动至中年开始著书立说，编撰礼学著作，关注州郡县及皇家礼事、晚年编修礼书《仪礼经传通解》等方面。（2）朱熹对传统礼学及当世礼学的议论和评价的问题，包括朱熹对"三礼"文本及汉唐礼学著述的议论和评价、朱熹对当世礼学著述的评论及其原则标准等两个方面。（3）朱子礼学思想的理论框架及其展开的问题，具体包括以"古今"论礼、以"天理人欲"论礼、以"阴阳五行"论礼、以"道器"论礼、以"体用"论礼、以"知行"论礼等方面，体现了朱熹对二程礼学理论框架的集成和发挥。这也是本研究比较有创新点的部分。（4）朱熹《仪礼经传通解》的编纂及其礼学价值的问题，涉及《仪礼经传通解》编纂始末及其基本样式、《仪礼经传通解》的基本内容、《仪礼经传通解》的主要特点及礼学价值等方面。（5）朱子《家礼》的礼学价值、传播和历史影响的问题，包括家礼的著述渊源及朱子《家礼》的真伪问题、朱子《家礼》的基本内容及其道德价值观的体现、朱子《家礼》在后世的影响等方面。通过上述多方面考察，集中呈现了朱熹礼学与其多方面思想的密切联系及其体系性特色。

作为元代礼学的代表，吴澄的礼学和《礼记纂言》的著述特色的问题，是最具有经学史意义的研究。笔者集中考察了：（1）吴澄的礼学著述及相关问题，具体包括吴澄的学术与著述生涯、吴澄对三礼经传的认识与整合、托名吴澄的著作及其他问答等方面，概括性地梳理了吴澄礼学的基本情况。（2）细致地分析和梳理吴澄《礼记纂言》的著述特点及经学史意义的问题，具体包括《礼记纂言》的撰作及后世评价，《礼记纂言》的篇目次第与整体结构，吴澄对《深衣》等篇的认识，吴澄对《曲礼》《内则》《王制》《文王世子》《丧大记》《檀弓》《曾子问》等篇章节段句上的调整。在这一部分，笔者描述性地说明吴澄对《礼记》篇章整合的情况，并举例分析说明其经学史价值和意义。（3）就吴澄对《礼记》篇章整合重缀的价值探析的问题，具体以《丧服小记》为例，内容包括吴澄前后不同时代学者对《礼记》篇章错简问题的一些认识，《礼记·丧服小记》与《礼记纂言·丧服小记》段落文句对比，吴澄所作段句调整的逻辑关系及合理性等几个方面。在这（2）（3）两个部分的研究基础上，笔者采用了当前学界不多见的描述性展示和对比分析的方法，应该是具有学术创新和方法突破的。

作为明代礼学思想的个案研究之一，在方孝孺的礼学思想方面，笔者集中对明儒方孝孺的思想历程及其特色——修齐治平之道的延续和方孝孺以个体和家族礼仪为核心的修身齐家思想等两个问题进行了研究论证，具体考察了方孝孺的时代及其家学与师承影响，方孝孺的成长经历及思想历程，方孝孺的著述及思想特色，以及方孝孺作《幼仪》诸篇所体现的个体礼仪及所包含的道德规范和方孝孺作《宗仪》、《家人箴》、诸族谱序中所见其家族伦理和齐家理想。这些方面体现出方孝孺的礼学思想与社会生活的道德实践之间的关系，也是礼学思想多方面呈现的一个突出例证。

同样是具有比较突出的经学思想意味的研究，在黄道周的三礼学及其相关问题部分的考论，作为明代礼学思想的个案研究之二，笔者从学术思想的考察角度入手，集中就黄道周对三礼的基本认识、黄道周与诸弟子论学礼、读礼以及对博文约礼之说的讨论、黄道周与蒋仲旭、柯威公论郊禘之礼、黄道周与李质嘉关于禘祫之说诸儒异同的问答等问题，展开了比较细致的梳理分析和论证，呈现出了礼学作为传统学术的重要方面在明末黄道周的学术当中的一些面貌。这一研究也是现在学术界不多见的研究，有一定的开拓性和创新性。

  从总体上来说，本研究或有详略地以个案研究的形式，贯通性地从魏晋到唐，再到宋元明的历史跨度当中确定几个有代表性的思想人物及其著述与学说加以考察研究，目的就在于呈现出一个多样性的礼学思想发展史的整体面貌，因此，本研究成果应该具有比较强的学术价值，对于当代认识中国古代传统学术、思想与文化，无疑也是有帮助的。在资料收集整理和研究上也是费了相当大的功夫和有所收获的。有些作为阶段性成果已经发表的文章，在学界也引起一定程度的关注和引用。

  目前笔者所提交的书稿，是在科研时间以及个人精力有所限制的情况下完成的，与本研究有关的很多专题、个案、思想人物及其著述暂时没有涉及，比如有关《仪礼》学及其思想的贯通性研究，清代礼学及其思想的研究，既是本书所存在的不足，也是有待于将来更加广泛和深入展开研究的课题。

# 第一章

# 魏晋南北朝到唐的礼记学

## 第一节　王肃的礼记学及其后世影响

王肃作为继东汉卢植和郑玄之后出现的礼学家，以其《礼记注》和《圣证论》中与郑玄有所不同的礼学观点，从而成为独自名家的一派，其礼记学著述及学说的传播与传承，对后世礼学有很大的影响。特别是集中在诸多礼学问题上王肃与郑玄的认识和理解的不同，以及历经唐宋元明清乃至近代的后世学者对王肃礼记学的各种观点的肯定与否，既呈现出传统经典学术传承中的时代性异同与特点，也表明在唐人标树的"礼是郑学"之外，还有值得后人关注和探析的别样的礼学观点及其学术价值与意义。

### 一　王肃《礼记》学的资料及传承

处在汉末三国时代，主要活动于曹魏时期的王肃，与礼学的关系十分密切。就其著述而言，如在《礼记》方面，继东汉卢植、郑玄分别有注《礼记》二十卷之后，王肃则有注《礼记》三十卷。[1] 此外，郑玄有三《礼》音各一卷，王肃也有三《礼》音各一卷，而《七录》只说王肃撰有《礼记音》。[2]

根据《三国志·魏书》卷十三《王肃传》的记载，一方面王肃出身官宦之家，其父王朗为曹魏初期的重臣，其本人则自魏文帝曹丕至高贵

---

[1] （唐）陆德明：《经典释文·序录》，张一弓点校，上海古籍出版社2012年版，第15页下栏。

[2] （唐）陆德明：《经典释文·序录》，张一弓点校，上海古籍出版社2012年版，第16页上栏。

乡公曹髦时期，历任各种官职，是位重要的政治人物。另一方面，王肃又有家学渊源，其父即为经学家，曾经"著《易》、《春秋》、《孝经》、《周官》传，奏议论记，咸传于世"；王肃本人在十八岁时"从宋忠读《太玄》，而更为之解"，又在经学方面，最初是"善贾、马之学，而不好郑氏"，后来则"采会同异，为《尚书》、《诗》、《论语》、《三礼》、《左氏解》，及撰定父朗所作《易传》，皆列于学官"，并多有其他著述，"所论驳朝廷典制、郊祀、宗庙、丧纪、轻重，凡百余篇"，而且生前传学，至于"门生缞绖者以百数"①，也就是说亲近而为师服丧服的学生弟子很多，足见其在当时的学术影响。

就王肃对郑玄学术的态度来说，在《孔子家语序》中，王肃自有言说而略见其详。他说："郑氏学行五十载矣，自肃成童，始志于学，而学郑氏学矣。然寻文责实，考其上下，义理不安，违错者多，是以夺而易之。然世未明其款情，而谓其苟驳前师，以见异于人，乃慨然而叹曰：岂好难哉，予不得已也。"②由此可知，正因为当时郑玄学术的影响很大，王肃从一开始也多有学习，只是随着研习深入，王肃发现郑学中的问题并形成自己的独立见解而不能不发。无独有偶，与王肃的"不好郑学"及其官学地位成对比的，则是郑玄学派的传人依然以私学传承，并且与王肃相辩驳，有史为证："时乐安孙叔然，受学郑玄之门，人称东州大儒。征为秘书监，不就。肃集《圣证论》以讥短玄，叔然驳而释之。"③这不能不令后人感叹当时学术的一种风貌，也开启了后世经学史上郑王之辨的先声。

王肃的《礼记注》，原书已不可见，只是在传世文献散见的引用中可以看到一些具体材料，从中既可以了解其与汉代注疏家马融、卢植和郑玄所注《礼记》观点的异同，也可见王肃《礼记》学本身的一些特点。④ 最典型的传世材料，应该就是在唐代杜佑《通典》、陆德明《经典释文》和孔颖达《礼记正义》，以及南朝宋裴骃《史记集解》和唐代官修《晋书》等文献当中所比较多地集中保留的王肃《礼记注》的相

---

① （西晋）陈寿：《三国志》，中华书局1982年版，第414、419页。
② 《文渊阁四库全书》本，上海古籍出版社1987年版，第695册，第3页。
③ （西晋）陈寿：《三国志》，中华书局1982年版，第419、420页。
④ 相关研究，可参考刘丰《王肃的三〈礼〉学与"郑王之争"》，《中国哲学史》2014年第4期；郭善兵《郑玄、王肃〈礼记注〉比较研究》，《泰山学院学报》2015年第4期。

关信息，这些文献中大致有 190 余条王肃注，其中王肃与郑玄的解说同义的有 30 余条。①

经统计，在《经典释文》中引述和保留王肃《礼记注》的内容，计有 23 条，除了一条讲到关于《月令》"蔡伯喈（蔡邕）、王肃云周公所作"之外，多数是针对字词音义的训读和解释。《通典》中提到王肃的有 40 余处，包括王肃议礼的内容，其中有 33 条涉及《礼记注》，而且在内容上除了一些字词音义的训读和解释之外则丰富很多，从中可以看到王肃《礼记注》与马融、卢植、郑玄《礼记注》的异同。《礼记正义》引述和保留的王肃《礼记注》的内容有 70 条，在内容上，既包括《经典释文》引述的王肃对于《礼记》中字词音义的训读和解释，也包括涉及礼学学说的注解，同样是很丰富的。另外，《史记集解·乐书》当中保留有王肃《礼记注》63 条，其中除了《檀弓上》2 条之外，集中在《乐记》的有 61 条。②

其他保留了王肃《礼记注》的晋唐之间的文献，则有如李振兴《王肃之经学》中所列举的，还有司马贞《史记索隐》2 条（《乐记》2 条），张华《博物志》1 条（《檀弓上》1 条，卷八，与《礼记正义》为同一条），《后汉书·祭祀志》注 1 条（《礼器》1 条），《晋书》3 条（《祭法》3 条，礼志，卷十九），《魏书》7 条（《檀弓上》1 条，见于卷一百八之二；《王制》1 条，见于《刘芳传》；《月令》5 条，见于《刘芳传》），《宋书》5 条（《祭法》3 条，卷五十五、礼志 2 条），《南齐书·礼志》1 条（《礼器》1 条），《隋书》2 条（《王制》1 条，见于卷七；《月令》1 条，见于《牛弘传》）

除了《礼记注》，王肃《圣证论》《孔子家语注》当中的礼学观点也成为后世如《礼记》的注疏及史籍引述和关注的方面，尽管是或有所肯定与否定，或在于"是郑""非郑"的选择当中。

## 二 王肃《礼记》学涉及的几个礼学问题

如果说王肃《礼记注》的传承有着与郑玄《礼记注》的流传不甚相

---

① 李振兴《王肃之经学》第四章"王肃之三礼学"第三节"王肃之礼记学"中有具体的考释和论证，华东师范大学出版社 2012 年版，第 599—672 页。

② 李振兴《王肃之经学》第四章"王肃之三礼学"第三节"王肃之礼记学"中有具体的考释和论证，华东师范大学出版社 2012 年版，第 599—672 页。

同的意义的话，那么应该说，王肃通过注解《礼记》围绕着一些礼制问题所体现出的礼学观点与郑玄的不同，则成为汉唐之间礼学发展史当中很重要的方面。这些问题，有的保留在孔颖达《礼记正义》的记述中，有的则保留在杜佑《通典》的相关记述中。① 这里略举其例可见其貌。

（一）关于郊祭之为周礼、鲁礼的问题

郑玄认为《礼记·郊特牲》所记是鲁国之礼，而非周礼；王肃则承袭董仲舒、刘向的说法而反驳郑玄，认为属于周代所行之郊礼。

关于这个问题，孔颖达在《礼记正义·郊特牲》开篇部分的疏解中讲到："先儒说郊，其义有二：案《圣证论》以天体无二，郊即圆丘，圆丘即郊。郑氏以为天有六天，丘、郊各异，今具载郑义。"又说："兼以王氏难郑氏，谓天有六天，天为至极之尊，其体秖应是一。"如前引《三国志·王肃传》所记，《圣证论》为王肃所作，其中汇集了很多驳难郑玄礼说的内容。孔颖达则有所倾向地指出："而贾逵、马融、王肃之等以五帝非天，唯用《家语》之文，谓大皞、炎帝、黄帝五人之帝属，其义非也。又先儒以《家语》之文，王肃私定，非孔子正旨。又王肃以郊丘是一，而郑氏以为二，……王肃以《郊特牲》周之始郊日以至，与圜丘同配以后稷。郑必以为异，圜丘又以帝喾配者，郑以周郊日以至，自是鲁礼，故注《郊特牲》云：'周衰礼废，儒者见周礼尽在鲁，因推鲁礼以言周事。'郑必知是鲁礼非周郊者，以宣三年正月郊牛之口伤，是鲁郊用日至之月。案周郊祭天大裘而冕，《郊特牲》云：'王被衮，戴冕璪十有二旒。'故知是鲁礼，非周郊也。"② 从孔颖达的是郑、非王的举证和议论中，可见郑、王观点上关键性的区别。

针对《礼记·郊特牲》"郊之用辛也，周之始郊，日以至"一句，郑玄有注云："言日以周郊天之月而至，阳气新用事，顺之而用辛日。此说非也。郊天之月而日至，鲁礼也。三王之郊一用夏正，鲁以无冬至祭天于圆丘之事，是以建子之月郊天，示先有事也。用辛日者，凡为人君，当齐戒自新耳。周衰礼废，儒者见周礼尽在鲁，因推鲁礼以言周事。"对

---

① 又《隋书·经籍志一》录有"《圣证论》十二卷，王肃撰"。（中华书局1973年版，第4册，第938页）由此可知，唐人所见王肃的礼说应该就是据于此书。

② 李学勤主编，龚抗云整理，王文锦审定：《十三经注疏（标点本）·礼记正义》，北京大学出版社1999年版，中册，第766—767页。[以下《十三经注疏（标点本）》皆此版本，不再出作者和版本]

此，孔颖达《礼记正义》一方面指出："此等之说非也，谓董仲舒、刘向而为此说。"同时又指出王肃对此说的继承："王肃用董仲舒、刘向之说，以此为周郊。……郑康成则异于王肃，上文云迎长日之至，自据周郊，此云'郊之用辛'，据鲁礼也。"①接着，孔颖达引述王肃《圣证论》中对郑说的非议："《郊特牲》曰'郊之祭，迎长日之至'，下云'周之始郊，日以至'，玄以为迎长日谓夏正也。郊天日以至，玄以为冬至之日。说其长日至于上而妄为之说，又徙其始郊日以至于下，非其义也。"这里，王肃认为按照郑玄的理解是不符合经文本义的。而且，"玄又云'周衰礼废，儒者见周礼尽在鲁，因推鲁礼以言周事'，若儒者愚人也，则不能记斯礼也；苟其不愚，不得乱于周、鲁也"。这里，王肃明确批评郑玄混淆了周礼和鲁礼。再有，"郑玄以《祭法》禘黄帝及喾为配圆丘之祀，《祭法》说禘无圆丘之名，《周官》圆丘不名为禘，是禘非圆丘之祭也。玄既以《祭法》禘喾为圆丘，又《大传》'王者禘其祖之所自出'，而玄又施之于郊祭后稷，是乱礼之名实也"。这里，王肃认为郑玄是在名实上混淆了祭祖的禘祭与祭天的圆丘郊祭。②

那么，对于郑玄的"鲁郊说"的认识，孔颖达《礼记正义》一方面通过引经据典地解说来证明和肯定郑玄《礼记注》的合乎经义，即："必知鲁礼者，以《明堂》云：'鲁君孟春乘大路，载弧韣旂，十有二旒。日月之章，祀帝于郊。'又《杂记》云：'正月日至，可以有事于上帝。'故知冬至郊天，鲁礼也。云'三王之郊一用夏正'者，证明天子之郊必用夏正。鲁既降下天子，不敢郊天与周同月，故用建子之月而郊天，欲示在天子之先而有事也。"另一方面，孔颖达又指出南北朝时学者崔灵恩、皇侃对王肃之说的采用，以及郑学者对王肃问难的回应，亦即："但鲁之郊祭，师说不同。崔氏、皇氏用王肃之说，以鲁冬至郊天，至建寅之月又郊以祈谷，故《左传》云'启蛰而郊'，又云'郊祀后稷，以祈农事'，是二郊也。若依郑康成之说，则异于此也。……故《圣证论》马昭引《穀梁传》以答王肃之难，是鲁一郊则止。"③

总之，在郊礼之祭与圜丘之祭的问题上，王肃和郑玄的解说是不同

---

① 《十三经注疏（标点本）·礼记正义》，北京大学出版社1999年版，中册，第796页。
② 《十三经注疏（标点本）·礼记正义》，北京大学出版社1999年版，中册，第797页。
③ 《十三经注疏（标点本）·礼记正义》，北京大学出版社1999年版，中册，第797页。

的，正像《礼记正义》说到的那样："郊、丘大事，王、郑不同，故略陈二家所据而言之也。按《圣证论》及《异义》，皆同《穀梁》之义，鲁转卜三正之内，一郊则止。而崔氏、皇氏以为鲁冬至郊天，夏至又郊，凡二郊，非郑义也。"① 尽管孔颖达对郑玄说极力维护而不认同王肃的说法，但也还是保留了不少王肃的意见和学说，为后世学者的辨析留下了相应的资料。而且实际上实行的郊祭和学术上持论还有不同，按照清人的说法："后儒各宗其师说，故历代郊祀之制，互有变易。宋儒主王，惟明堂之祭仍以为上帝云。"②

（二）关于社祭的对象之为人鬼、地神的问题

郑玄认为祭祀社稷的礼，祭祀的是地神，而王肃认为祭祀的是人鬼。

在《礼记·郊特牲》"天子大社，必受霜露风雨，以达天地之气也"句下，郑玄有注云："大社，王为群姓所立。"就此，孔颖达《礼记正义》说："知'为群姓所立'者，《祭法》文，但社稷之义，先儒所解不同。郑康成之说，以社为五土之神，稷为原隰之神。句龙以有平水土之功，配社祀之；稷播五谷之功，配稷祀之。"不止于此，孔颖达还以"郑必以为此论者"而引述《郊特牲》《礼运》《王制》当中的相关文字进行一番论证来加以解说和肯定。不过，在说明了郑玄的说法之后，孔颖达又举出包括王肃在内的不同说法称："若贾逵、马融、王肃之徒，以社祭句龙，稷祭后稷，皆人鬼也，非地神。"③ 接着，孔颖达进一步列举了几段王肃问难于郑玄说，以及通郑学者回应王肃而作的反驳，从中可见两派意见和王肃的礼记学之一端。

在《圣证论》中王肃问难于郑说云："《礼运》云：'祀帝于郊，所以定天位；祀社于国，所以列地利。'社若是地，应云定地位，而言列地利，故知社非地也。"对此，郑学者马昭（之）等回应说："天体无形，故须云定位。地体有形，不须云定位，故唯云列地利。"这是从经文的不同解读上来认识社祭对象的，王肃认为既不言"定地位"就不是以地神为对象，郑学者则说只讲"列地利"就明确是以地神为对象的了。

---

① 《十三经注疏（标点本）·礼记正义》，北京大学出版社1999年版，中册，第798页。
② （清）陈启源：《毛诗稽古编》卷二十九，《文渊阁四库全书》，上海古籍出版社1987年版，第85册，第771页。
③ 《十三经注疏（标点本）·礼记正义》，北京大学出版社1999年版，中册，第790页。

王肃又问难于郑说云:"祭天牛角茧栗而用特牲,祭社用牛角尺而用大牢。又祭天地大裘而冕,祭社稷絺冕,又唯天子令庶民祭社,社若是地神,岂庶民得祭地乎?"对此,郑学者回应说:"以天神至尊而简质事之,故牛角茧栗而用特牲,服著大裘。天地至尊,天子至贵,天子祭社,是地之别体,有功于人,报其载养之功,故用大牢,贬降于天,故角尺也。祭用絺冕,取其阴类,庶人蒙其社功,故亦祭之,非是方泽、神州之地也。"这是从祭天地与社祭在仪礼装束规格、行祭者身份上来判断,王肃认为社祭应该不是以地神为对象,否则规格降低,而且庶民也得以祭地神了;郑学者则认为正因为是祭地神的,所以才会规格低于祭天,并以阴对地,而且庶民社祭,也并不就是代表天下的方泽、神州之地神的。

王肃又问难于郑说云:"《召诰》用牲于郊牛二,明后稷配天,故知二牲也。"又云:"社于新邑,牛一、羊一、豕一,明知唯祭龙,更无配祭之人。"郑学者回应说:"是后稷与天,尊卑所别,不敢同天牲,句龙是上公之神,社是地祇之别,尊卑不尽县绝,故云配同牲也。"这里是从用牲规格来判断的,王肃认为社祭用三牲可知就是以句龙人神为对象的,郑学者则认为社祭地神以句龙配祀也不存在尊卑悬殊的问题。

王肃又问难于郑说云:"后稷配天,《孝经》言配天明夫,后稷不称天也。《祭法》及昭二十九年传云:'句龙能平水土,故祀以为社。'不云祀以配社,明知社即句龙也。"郑学者回应说:"后稷非能与天同,功唯尊祖配之,故云不得称天。句龙与天同功,故得云祀以为社,而得称社也。"这是从人神能否作为天地神的代表的认识来判断的。王肃认为,以后稷配祀天神而不能称天神,句龙并不是配祀社神的,那么其本身就是社神;郑学者则说,句龙得以配祀地神是因为他代表地神的功劳与天神相当,所以称社没有问题。

王肃又问难于郑说云:"《春秋》说伐鼓于社责上公,不云责地祇,明社是上公也。又《月令》'命民社'郑注云:'社,后土也。'《孝经》注云:'后稷,土也。句龙为后土。'郑既云:'社,后土',则句龙也。是郑自相违反。"为郑学者回应说:"伐鼓责上公者,以日食,臣侵君之象,故以责上公言之。句龙为后土之官,其地神亦名后土,故《左传》云:'君戴皇天而履后土。'地称后土,与句龙称后土名同而无异也。郑注云'后土'者,谓土神也,非谓句龙也。故《中庸》云:'郊社之礼.'注云:'社,祭地神.'又《鼓人》云:'以灵鼓鼓社祭.'注云:'社祭,祭地祇也.'是社祭地祇也."这是从郑注中"后土"是否指句龙,以及与其为上公人神说是否矛盾而言的。王肃认为,郑玄既然解释社为后土,又说句龙为后土,而据《春秋》则社神是上公人神而非地祇,可见郑玄说的自相矛盾;郑学者则认为,郑玄注中后土不是指句龙,而是指土神,并且明确社祭祭祀的是地神。

以上这么多个回合的问难与答辩,充分体现了王肃与郑学者论说中的经典依据的不同和在礼学问题认识上的不同,从而在晋唐之际乃至后世,形成了不同礼学学派之间的辩论和相互质疑。

另外,杜佑《通典》当中也有就以上问题而夹叙夹议的记载:"说曰:王者诸侯所以立社稷者,为万人求福报功也。人非土不立,非穀不生,不可遍敬,故立社稷而祭焉。自经籍灰烬,互执不同。郑玄注:'社稷者土穀之神,勾龙、后稷以配食也。'按所据《郊特牲》云'社祭土而主阴气,君南乡于北墉下,荅阴之义。'又云'社者,神地之道。'又《周礼》以血祭祭社稷、五祀、五岳,乐用灵鼓。大丧,三年不祭,唯天地社稷,越紼而行事。王肃云:'勾龙、周弃并为五官,故祀为社稷。'按所据《左氏传》云'勾龙为后土,祀以为社',故曰'伐鼓于社,责上公也'。今俗犹言社公,上公之义耳。又,牲用太牢,与地不同。若稷是穀神,祭之用稷,反自食乎!崔灵恩云:'二家之说,虽各有通途,但昔来所习,谓郑为长。'"当然,杜佑也是持认同郑说的观点,所以他又说:"故依郑义试评曰:按崔灵恩以郑为长,当矣。"反过来对王肃说则不予认同。①

不过,后世学者在判断郑王之说得失的时候,也多有自己的见解,如南宋的杨复就说:"王郑之学互有得失,若郑云勾龙有平水土之功,配社祀之;后稷有播种之功,配稷祀之。则郑说为长。"② 这当然是直接肯定郑说的。还有,清代学者秦蕙田则列举郑王各自的得失而加以对比说:"案两家互有得失。郑得者,勾龙配社后稷配稷,一也;地称后土,勾龙称后土,名同而实异,二也;驳社是上公,驳勾龙、弃先五岳而食,三

————————

① (唐)杜佑:《通典》卷四十五,中华书局1992年版,第2册,第1266页。
② (宋)卫湜:《礼记集说》卷六十四,《文渊阁四库全书》,上海古籍出版社1987年版,第118册,第372页。

也。其失者，社即地示，一也；稷为原隰之神，二也，稷是社之细别，三也。王得者，社非，祭地一也；定地位一难，牲牢裘冕二难，二也；驳郑自相违反，三也。其失者，社祭勾龙，稷祭后稷，皆人鬼，一也；无配食明文不得称配，二也；稷米祭稷反自食，三也。"[1] 这种对两家之说既有肯定，又有质疑的态度，也体现了一些后世学者细致辨析的学术公允立场。

（三）关于天子庙制之礼的问题

对于天子庙制，王肃与郑玄的解说也有所不同，后来郑学者以《丧服小记》"王者立四庙"为据而提出"四庙之制"，而王学者则主张立七庙。

王肃与郑玄的不同说法，主要集中在杜佑《通典》的记述中。《通典》记载说："郑玄云：'周制七庙，太祖及文王、武王之祧与亲庙四，并而七。'（太祖，后稷。）王肃云：'尊者尊统于上，故天子七庙。其有殊功异德，非太祖而不毁，不在七庙之数，其礼与太祖同，则文武之庙是。'"对于郑玄的说法，杜佑又引申说明："按玄注《王制》据《礼纬·元命苞》云'唐虞五庙，殷六庙，周七庙'。又注《祭法》云：'天子迁庙之主，以昭穆合藏于二祧之中。'"[2] 这表明是郑玄《礼记注》中的观点。

而王肃反对郑玄的说法，杜佑也有记述，即王肃非之曰："周之文武，受命之主，不迁之庙。殷之三宗，宗其德而存其庙，并不以为常数也。凡七庙者，不称周室，不及文武，而曰天子诸侯，是同天子诸侯之名制也。孙卿子曰：'有天下者事七庙。有一国者事五代，所以积厚者流泽广，积薄者流泽狭也。'《祭法》云'远庙曰祧'，亲尽之上，犹存二庙也。文武百代不迁者，《祭法》不得云'去祧为坛'。又曰'迁主所藏曰祧'，'先公迁主藏后稷之庙，先王迁主藏文武之庙'，是为三祧，而《祭法》云'有二祧'焉。《祭法》亲庙四与太祖皆月祭之，二祧享尝乃止，是后稷月祭，文武则享尝，非礼意也。《祭法》又曰'王下祭殇五，嫡子、嫡孙、嫡曾孙、嫡玄孙、嫡来孙'。此为下祭五代来孙，则无亲之

---

[1] （清）秦蕙田：《五礼通考》卷四十一，《文渊阁四库全书》，上海古籍出版社1987年版，第135册，第1041页。

[2] （唐）杜佑：《通典》卷四十七，中华书局1992年版，第2册，第1299页。

孙也，而上祭何不及无亲之祖乎？"① 由此可见，王肃之说也是以《礼记》为根据，或者说就是王肃《礼记注》中的观点。

有关天子庙制上郑玄、王肃说法的不同，直到唐朝还有直接影响，如《通典》记载，唐贞观九年高祖崩，增修太庙。中书侍郎岑文本议曰："祖郑玄者则陈四庙之制，述王肃者则引七庙之文，贵贱混而莫辨，是非纷而不定。"进而又说："《春秋榖梁传》及《礼记·王制》、《祭法》、《礼器》、《孔子家语》并云天子七庙……曰天子三昭三穆，与太祖之庙而七，是以晋宋齐梁皆依斯义。"最后其主张说："若使违群经之正说，从累代之疑议，背子雍之笃论，遵康成之旧学，则天子之礼下逼于人臣，诸侯之制上僭于王者，非所谓尊卑有序，名位不同者也。臣等参详，请依晋宋故事，立亲庙六，其祖宗之制式，遵旧典制。"也就是说认同"晋宋齐梁皆依斯义"的王肃的七庙说，此议得到朝廷认可而从之。②

王肃反对郑玄此说，历史影响深远，议论不止。不过从学术判断来说，如果按照清代学者陈启源的说法，辨别郑王"二说之是非"，"止据商书七世之庙一语可断之矣"。而且，一是因为"郑信韦玄成议而不见《古文尚书》，故有此谬"，二是"王氏之说实祖《礼器·王制》、《荀卿书》、《榖梁传》及刘歆、马融之言，其来已久，郑何弗之信乎？"③ 可见，这也是"是王"而"非郑"的观点。同样，又如清人秦蕙田在讨论到这个问题时，也是持肯定王肃说的观点，他说："案天子七庙之制，诸儒多言自虞夏以来，惟郑氏据《礼纬》有虞夏五庙，殷六庙，周七庙之说；王肃著《圣证论》以非之，当矣！而孔疏又引马昭难王义，以附会郑注，遂启后人之疑。然王说之是，后多信之。至马说之谬，尚未有夺其所据而详辨之者。"④

（四）关于三年之丧行祥禫之礼的月数问题

郑玄主张，三年之丧以服丧二十五个月而行大祥祭之礼，二十七个月而行禫祭之礼，中间间隔一个月。王肃则主张，三年之丧以服丧二十

---

① （唐）杜佑：《通典》卷四十七，中华书局1992年版，第2册，第1299页。
② （唐）杜佑：《通典》卷四十七，中华书局1992年版，第1311页。
③ （清）陈启源：《毛诗稽古编》卷二十九，《文渊阁四库全书》，上海古籍出版社1987年版，第85册，第771页。
④ （清）秦蕙田：《五礼通考》卷五十八，《文渊阁四库全书》，上海古籍出版社1987年版，第136册，第328页。

五个月而行大祥祭之礼，当月即行禫祭之礼。对此，孔颖达《礼记正义·檀弓上》"孟献子禫，县而不乐"句下，有如下的记述和说明。

孔颖达首先指出："其祥禫之月，先儒不同，王肃以二十五月大祥，其月为禫，二十六月作乐。所以然者，以下云'祥而缟，是月禫，徙月乐'，又与上文鲁人朝祥而莫歌，孔子云：'逾月则其善。'是皆祥之后月作乐也。又《间传》云：'三年之丧，二十五月而毕。'又《士虞礼》'中月而禫'，是祥月之中也，与《尚书》'文王中身享国'谓身之中间同。又文公二年冬，'公子遂如齐纳币'，是僖公之丧，至此二十六月。左氏云：'纳币，礼也。'故王肃以二十五月禫除丧毕。"① 显然，王肃说的依据是来自于《礼记》等经典。

而就所谓"郑康成则二十五月大祥，二十七月而禫，二十八月而作乐，复平常"，同样是依据《礼记》的。所以孔颖达有讨论说："郑必以为二十七月禫者，以《杂记》云父在，为母为妻十三月大祥，十五月禫。为母为妻尚祥、禫异月，岂容三年之丧乃祥、禫同月？若以父在为母，屈而不伸，故延禫月，其为妻当亦不申祥、禫异月乎？若以中月而禫，为月之中间，应云月中而禫，何以言中月乎？案《丧服小记》云'妾祔于妾祖姑，亡则中一以上而祔'，又《学记》云'中年考校'，皆以中为间，谓间隔一年，故以中月为间隔一月也。"这里，孔颖达是在给郑玄说找到了诸多《礼记》中的经文来证明的。

此外，孔颖达还记述了王肃问难于郑说的话语云："若以二十七月禫，其岁未遭丧，则出入四年，《丧服小记》何以云'再期之丧三年'？"对此，孔颖达将郑玄说与之对比，而找出郑玄说的根据："如王肃此难，则为母十五月而禫，出入三年，《小记》何以云'期之丧二年'？明《小记》所云，据丧之大断也。又肃以月中而禫，案《曲礼》'丧事先远日'，则大祥当在下旬，禫祭又在祥后，何得云'中月而禫'？又禫后何以容吉祭？故郑云二十七月也。戴德《丧服变除礼》'二十五月大祥，二十七月而禫'，故郑依而用焉。"②

清代学者则从《礼记》的其他篇中给郑王各自的说法找到依据，并且引出后世的新说："案汉儒郑氏主二十七月，据《服问》'中月而禫'，

---

① 《十三经注疏（标点本）·礼记正义》，北京大学出版社1999年版，上册，第190页。
② 《十三经注疏（标点本）·礼记正义》，北京大学出版社1999年版，上册，第191页。

援'中年考校'证之，谓中月中间一月也。魏儒王肃主二十五月，据《三年问》'二十五月而毕'，且援'文王受命唯中身'，谓中月即在此月之中。唐儒王元感谓三年之丧必三十六月，乃毕据《丧服四制》三年而祥之文也。"① 可见，上述各种的说法都是从《礼记》的经文当中引出的。

不过值得注意的是，后世对郑王之说也有不同的认识，如《家礼附录》记载，北宋司马光以为："《士虞礼注》云自丧至禫凡二十七月，三年之丧二十五月而毕，禫祭在祥月之中。今律敕三年之丧，皆二十七月而除，不可违也。"南宋朱熹则说："二十五月祥后便禫，看来当如王肃之说，于是月禫，从月乐之说为顺，而今从郑之说，虽是礼疑从厚，然未为当。"② 可见前者从郑玄说，而后者从王肃说。然而朱熹又说："今既定以二十七月为期，即此等不须琐细。如此寻讨，枉费心力，但于其间自致其哀足矣。"③ 在朱熹看来，没有必要纠缠于两者之间，既定则从为好。

（五）关于禘祫之礼大小的问题

这是在宗庙祭祀当中的禘祭与祫祭，何者为大祭的问题。郑玄认为祫大禘小，王肃与郑玄不同，认为禘大祫小。对此，孔颖达《礼记正义·王制》"禘一犆一祫"句后的疏文中说："其禘祫大小，郑以《公羊传》云'大事者何？大祫也'，'毁庙之主，陈于太祖。未毁庙之主，皆升，合食于太祖'，故为大事。"又说："若王肃、张融、孔晁皆以禘为大，祫为小，故王肃论引贾逵说吉禘于庄公。禘者，递也，审递昭穆迁主递位，孙居王父之处，又引禘于太庙。《逸礼》'其昭尸穆尸，其祝辞总称孝子孝孙'，则是父子并列。《逸礼》又云'皆升合于其祖'，所以刘歆、贾逵、郑众、马融等皆以为然。郑不从者，以《公羊传》为正，

---

① 《钦定礼记义疏》卷九，《文渊阁四库全书》，上海古籍出版社1987年版，第124册，第284页。又：唐代王元感之说见于《旧唐书》卷九十一《张柬之传》，张柬之则著论驳之，以"三年之丧，二十五月，不刊之典也"为说。中华书局1975年版，第9册，第2936页。

② 《文渊阁四库全书》，上海古籍出版社1987年版，第142册，第587页。朱熹说又见《朱子语类》卷八十九，中华书局1986年版，第6册，第2283页。

③ （宋）朱熹：《晦庵集》卷六十三《答胡伯量·论中月而禫》，《朱熹集》，四川教育出版社1996年版，第6册，第3284页。

《逸礼》不可用也。"① 这里，孔颖达明确指出，因为郑王两派之说经典依据的不同，对禘袷大小的理解和认识也就不同。

另外，杜佑《通典》中也有记载说："禘袷二礼，俱是大祭，先贤所释，义各有殊。马融、王肃皆云禘大袷小；郑玄注二礼，以袷大禘小；贾逵、刘歆则云一祭二名，礼无差降。数家之说，非无典据，至于弘通经训，郑义为长。"② 可以看到，孔颖达和杜佑所代表的唐代学者多数是肯定郑说而弱化王说的。

清代学者陈启源在讲到这个礼学问题时，则有自己的判断。他说："古经缺略，无从断其孰是。以鄙见论之，贾、刘、杜之说长也。孔疏释诗专据郑笺为说，……宋儒则从王义。"③ 又顾栋高也说："郑王异同处多，似王优于郑。"其著《春秋大事表》即主王说。而且，顾氏还指出，导致各种分歧的缘由在于"盖以三年一袷，五年一禘"，"遂至禘袷并在一年，致有远近之说纷纷"④。其实，后世学者对郑王之说莫衷一是，各有学理义理所据，只是见仁见智。

（六）关于同母异父兄弟服大功之服的问题

在《礼记·檀弓上》"公叔木有同母异父之昆弟死，问于子游。子游曰：'其大功乎'"句后，郑玄注云："疑所服也，亲者属大功是。"对此，孔颖达《礼记正义》解释说因为《仪礼·丧服》没有明文规定同母异父兄弟的丧服等级，所以子游不能确定是否服大功之服。说到郑玄所云"亲者属大功是"，孔颖达则引申说明道："郑意以为同母兄弟，母之亲属服大功是也。所以是者，以同父同母则服期，今但同母，而以母是我亲生，其兄弟是亲者血属，故降一等而服大功。"也就是说，郑玄是认同同母异父兄弟服大功丧服的，因为既然是同母也就是有亲缘关系的，所以只比同父同母兄弟降一等而已。但是，王肃认为郑玄的说法不对，亦即《礼记正义》所引述的那样："案《圣证论》王肃难郑：'礼，称亲者血属，谓出母之身，不谓出母之子服也。若出母之子服大功，则出母

---

① 《十三经注疏（标点本）·礼记正义》，北京大学出版社1999年版，上册，第390页。
② （唐）杜佑：《通典》卷四十九，中华书局1992年版，第1379页。
③ （清）陈启源：《毛诗稽古编》卷十一，《文渊阁四库全书》，上海古籍出版社1987年版，第85册，第772页。
④ （清）顾栋高：《毛诗类释》卷六《释祭祀》，《文渊阁四库全书》，上海古籍出版社1987年版，第88册，第68页。

之父母服应更重，何以为出母之父母无服？'"这里，王肃的意思是按照礼的规定称亲属是指与出母之间的身份关系，而不是指为出母的孩子服丧服的关系。如果说以血缘而论就为出母之子服大功的话，那么为同样与出母有血缘关系的出母的父母的丧服应该更重，但是为什么礼上规定的是为出母之父母无服呢？那么，按照《礼记正义》引述王肃的说法："同母异父兄弟服大功者，谓继父服齐衰，其子降一等，故服大功。"这就是从为继父服齐衰而为其子则降一等服大功之服了。郑学者马昭则反难王肃说："异父昆弟，恩继于母，不继于父，肃以为从继父而服，非也。"① 另有南朝齐学者张融，"以为继父同居有子，正服齐衰三月，乃为其子大功，非服之差，互（元、玄）说是也"②。

此外，杜佑《通典》卷九十一有记载说：三国魏尚书郎武竺有同母异父昆弟之丧，以如何服丧服而咨询于王肃，王肃据子思书曰："言氏之子，达于礼乎？继父同居服周，则子宜大功也。"对于王肃的说法，南朝宋庾蔚之有评论说："《家语》之言固所未信，子游，古之习礼者也，从之不亦可乎？"而南朝齐张融则反对王肃的说法称："与己同母，故服大功，而肃云从继父而降，岂人情哉！"③ 可见，认同王肃说的学者，也是各有其说。

### 三 王肃《礼记》学的后世影响

王肃的《礼记注》及其礼学，在魏晋时成为官学。杜佑《通典》当中记载了很多王肃参与曹魏朝廷议礼之事，表明其说深得重视。直到晋朝，王肃学说亦为官方显学。所以后来史书上有评价说："叔孙之仪，专擅于汉朝；王肃之礼，独行于晋世，所谓共同轨文，四海画一者也。"④

但是，进入南朝，王肃的学术地位随之下降，如在宋武帝时，永初元年"冬十月辛卯，改晋所用王肃祥禫二十六月仪，依郑玄二十七月而

---

① 《十三经注疏（标点本）·礼记正义》，北京大学出版社1999年版，上册，第232页。
② 《十三经注疏（标点本）·礼记正义》，北京大学出版社1999年版，上册，第232页。"互"字又作"元"或"玄"者。
③ （唐）杜佑：《通典》卷九十一，中华书局1992年版，第3册，第2496页。
④ 《魏书》卷一百八之四《礼志》，北魏孝明帝时太尉王怿的上表中所言。中华书局1974年版，第8册，第2806页。

## 第一章　魏晋南北朝到唐的礼记学

后除"①。还有："永初元年，黄门侍郎王准之议：'郑玄丧制二十七月而终，学者多云得礼。晋初用王肃议，祥禫共月，遂以为制。江左以来，唯晋朝施用，搢绅之士，犹多遵玄议，宜使朝野一体。'诏可。"② 或是以此为标志，郑学的官学地位逐渐确立。直到唐代，特别是杜佑《通典》和孔颖达《礼记正义》，多以郑学为是，以王学为非，多见"王义非也"，"郑氏之说是矣，肃之为说又不通矣"一类的断语。不过，唐代也有如赵匡（伯循）针对郑玄以纬书注经而提出批评，间接肯定了王肃："至云祖之所自出，谓感生帝灵威仰也。此何妖妄之甚！此文出自谶纬，始于汉哀平间伪书也。故桓谭、贾逵、蔡邕、王肃之徒疾之如仇，而郑玄通之于五经，其为诬蠹甚矣。"③

就郑王学说的争议，还在延续。王肃之说中合理的和有价值的内容也多得到后世学者的肯定。到了宋代，随着对郑玄学说批评的增多，对王肃之说加以肯定的提法亦渐多。比如针对《礼记·郊特牲》"郊之用辛也。周之始，郊日以至"这一段话，北宋王安石新学人物马晞孟就说："此对祈谷之郊则为始，故言始郊。周礼冬至日祭天于地上之圜丘，圜丘与郊一也。王肃曰郊则圜丘，圜丘则郊，盖郊者圜丘之地，而圜丘者郊之坛，由是言之则始郊乃周之礼。康成以为鲁礼，非也；康成以圜丘祭天而郊祭感生帝，则又非也。"④ 南宋朱熹的弟子杨复也说："郑氏见禘在郊上便谓禘大于郊，遂强分圜丘于郊为二。以禘为冬至日祀昊天上帝于圜丘，而以喾配之以郊为祭感生帝于南郊，而以稷配之，既谓禘郊皆为配天矣，遂并以祖宗为祀五帝于明堂，而以祖宗配之。轻肆臆说，附经而行，居之不疑。王肃诸儒，力诋其非，不能胜也。此无他，王肃诸儒之说正矣。"⑤

再有，根据唐陆德明《经典释文》提到《礼记·中庸》"小人之中

---

① 《宋书》卷三《武帝纪下》，中华书局1974年版，第1册，第56页。
② 《宋书》卷十五《礼志二》，中华书局1974年版，第2册，第392页。
③ （宋）卫湜：《礼记集说》卷八十四，《文渊阁四库全书》，上海古籍出版社1987年版，第118册，第751页。
④ （宋）卫湜：《礼记集说》卷一〇八，《文渊阁四库全书》，上海古籍出版社1987年版，第119册，第388页。
⑤ （宋）卫湜：《礼记集说》卷一〇八，《文渊阁四库全书》，上海古籍出版社1987年版，第119册，第340页。

庸，小人而无忌惮也"的前半句，"王肃本作'小人之反中庸'也"①，王肃本保留了一个"反"字，使得句式句意更为顺明，从而深得宋儒程颐和朱熹的肯定。程颐就说："小人更有甚中庸，脱一'反'字。"小人怎么可能做到中庸呢？因为"小人不主于义理"，所以就"无忌惮"，既然"无忌惮"，所以就是"反中庸"的。小人也有"其心畏谨而不中"的时候，这"亦是反中庸"。②朱熹则说："中庸者，不偏不倚，无过不及，而平常之理乃天命所当然，精微之极致也。唯君子为能体之，小人反是。"又说："王肃本作'小人之反中庸也'，程子亦以为然，今从之。"③朱熹还在他处有进一步的引申和辨析说："若论一章之语脉，则上文方言君子中庸而小人反之，其下且当平解两句之义，以尽其意。不应偏解上句而不解下句，又遽别解他说也。故疑王肃所传之本为得其正，而未必肃之所增。程子从之，亦不为无所据而臆决也。诸说皆从郑本，虽非本文之意，然所以发明小人之情状，则亦曲尽其妙，而足以警乎乡原乱德之奸矣。"④可见，对王肃本中"小人反中庸"的采纳，成为解释"中庸"的意涵和认为小人有无"中庸"的关键。至少程颐和朱熹在解读中肯定了王肃传本的合理性。

朱熹不仅对郑玄有很好的评价，言称"郑康成是个好人，考礼名数大有功，事事都理会得"，还说《礼记》"郑注自好"；也注意到"王肃议礼，必反郑玄"的情况；同时，朱熹又对王肃《礼记》学的评价比较高，说："《礼记》有王肃注，煞好。"⑤在其编纂的《仪礼经传通解》的注文当中，保留了很多王肃的解说。朱熹的弟子黄榦、杨复编纂的《仪礼经传通解续》引述王肃的礼说也有八十余处。以上可见对王肃礼学的重视。而且杨复关注王肃礼说，如针对王肃"以禘为五年殷祭之名"的说法，一方面感慨"其择犹未精，其义犹未彰也"，另一方面又说"唐赵伯循生于二千岁之后，独得其说于《祭法》、《大传》、《小记》、《子夏

---

① （唐）陆德明：《经典释文》，上海古籍出版社2012年版，第325页上栏。
② 《河南程氏遗书》卷十五，《二程集》，中华书局1984年版，第1册，第160、161页。
③ （宋）朱熹：《中庸章句》"仲尼曰：君子中庸，小人反中庸"和"君子之中庸也，君子而时中；小人之中庸也，小人而无"句后。中华书局1983年版，第18、19页。
④ （宋）朱熹：《四书或问》卷三，《文渊阁四库全书》，上海古籍出版社1987年版，第197册，第262页。
⑤ 《朱子语类》卷八十七，中华书局1986年版，第6册，第2226页。

传》之中"①。可见，这也是强调和肯定王肃的《礼记》学对后世学者的启发与影响。

还有，南宋陈祥道在"天子七庙"的问题上对郑玄说提出质疑，并对王肃说加以认同。他说："郑康成之徒以《丧服小记》言王者立四庙，则谓周制七庙，文武为二祧，亲四庙而已，则文武不迁之庙在七庙内，是臆说也。王肃《圣证论》曰礼自上以下，降杀以两，使天子诸侯皆亲庙四，则是君臣同等，尊卑不别也。又王祭殇五，而下及无亲之孙，上不及无亲之祖，不亦诡哉。王舜中、刘歆论之于汉，韩退之论之于唐，其言皆与肃同，盖理之所在者，无异致也。"② 这是对王肃之说上有所承而下有同道的一种肯定。陈祥道又在"天帝之辨"的问题上指出，对于郑说的"分郊与丘以异其祀，别四帝与感帝以异其礼"，王肃是有所辩难的，但是就王肃的说法而言，"合郊丘而一之则是，以五帝为人帝则非"，③ 这里陈祥道对王肃之说既有肯定，也有否定。

元代吴澄《礼记纂言》中引述王肃注《礼记》之说有十余条。其中有仍其旧说者，如《曲礼上》"若非饮食之客，则布席，席间函丈"，郑玄注云"丈或为杖"，孔颖达疏云"王肃作杖"，朱熹编纂的《仪礼经传通解》卷六有称："郑注丈或为杖，王肃以为古人讲说用杖指画，故使容杖也。"④ 吴澄则承袭而照录。⑤ 也有对王肃说引申证明者，如《内则》"国君世子生，告于君，接以大牢"，孔颖达《正义》曰"王肃、杜预并以为接待夫人以大牢"，卫湜《礼记集说》卷七十一称"案王氏曰：接以大牢者谓接待夫人以大牢"⑥。吴澄则引述并证明说："王氏曰：'接以大

---

① （宋）卫湜：《礼记集说》卷一〇八，《文渊阁四库全书》，上海古籍出版社1987年版，第119册，第340页。
② （宋）陈祥道：《礼书》卷六十七，《文渊阁四库全书》，上海古籍出版社1987年版，第130册，第433页。
③ （宋）陈祥道：《礼书》卷八十八，《文渊阁四库全书》，上海古籍出版社1987年版，第130册，第553页。
④ （宋）朱熹：《仪礼经传通解》，《文渊阁四库全书》，上海古籍出版社1987年版，第131册，第114页。
⑤ （元）吴澄：《礼记纂言》卷一中，《文渊阁四库全书》，上海古籍出版社1987年版，第121册，第36页。
⑥ （宋）卫湜：《礼记集说》，《文渊阁四库全书》，上海古籍出版社1987年版，第118册，第509页。

牢谓接待夫人以大牢。'今按《春秋传》桓公六年'子同生，接以大牢'。"①还有照录其说者，如《内则》"芝栭、菱、椇、枣、栗、榛、桃……"孔颖达《正义》引述说："庾蔚（之）云：'无华叶而生曰芝栭。'……王肃云：'无华而实者名栭，皆芝属也。"卫湜《礼记集说》卷七十直接引述，吴澄也是照录之。②但是吴澄也有对王肃说不认同者，如针对《檀弓上》有关同母异父之昆弟死服大功的问题，吴澄除了引述其他礼书已有的包括郑玄、王肃、马昭的观点之外，还说："按礼，继父同居有子者服齐衰三月。王肃乃云其子降继父齐衰一等，故服大功，是以继父齐衰之服为期服也。张融既驳其非矣，方氏又袭其误以为继父服期，何哉？"这里的方氏指宋人方悫。③此段明显是吴澄并不认同王肃之说。

元代黄泽在《辨王肃郊祀义》中直接辨析"王肃混郊丘、废五天帝、并昆仑神州为一祭"之说，并提出质疑说："肃欲废五天帝而以五人帝当之，可乎？"而且评判郑、王之说为"郑氏深而未完，王肃明而实浅"，又说到晋武帝为王肃外孙，"故用其说并方圜二丘而祀南郊"，但是"历代无所因袭"。④可见其对王肃之说的不以为然。而黄泽的学生赵汸在《答徐大年书》中则说："郑康成三禘五帝六天纬书之说，岂特足下疑之，自王肃以来莫不疑之，而近代如陈、陆、叶、林诸公，其攻击亦不遗余力矣。"又说："向来尝感杨信斋（杨复）讥郑康成读《祭法》不熟，杜佑读《大传》不熟。杜氏主康成而兼存王肃，未知读书生熟如何，然康成所得有在《祭法》外者，虽信斋未可忽也。王肃亲注《家语》而自废五天帝之说，苟无卓然之见，读书虽熟，犹不足恃，而况不熟者乎？"⑤这则是借着点评宋人批评郑玄、杜佑一系之说而指摘王肃之说的。

---

① （元）吴澄：《礼记纂言》卷二，《文渊阁四库全书》，上海古籍出版社1987年版，第121册，第76页。

② （元）吴澄：《礼记纂言》卷二，《文渊阁四库全书》，上海古籍出版社1987年版，第121册，第84页。

③ （元）吴澄：《礼记纂言》卷十四上，《文渊阁四库全书》，上海古籍出版社1987年版，第121册，第358页。

④ （明）唐顺之：《稗编》卷二十三，《文渊阁四库全书》，上海古籍出版社1987年版，第953册，第477—478页。

⑤ （元）赵汸：《东山存稿》卷三，《文渊阁四库全书》，上海古籍出版社1987年版，第1221册，第235页。

明末清初王夫之在对《王制》篇"天子七庙"的理解上，则对王肃说表示肯定，他说："七庙，以刘歆、王肃之说为正。"① 另外，在《郊特牲》关于郊祭之礼的理解上，王夫之也对王肃说有所肯定。他说："其云'迎长日之至'，即所谓冬至祀天于圜丘，自其去国中之远近则谓之郊，自其兆位之所在则谓之圜丘，其实一也。戴氏当汉之初，邪说未兴，故其言简明而不妄。其后方士醮祠之说兴，始多为神号以愚目。及王莽之世，谶纬蠭起，光武因之而不能革。垂至郑氏，附以星家之言，迂鄙妖诞，同于俗巫诬经教以伸其邪论。至于曹叡，信高堂隆之淫辞，析郊与圜丘为二，别立圜丘于委粟，自是以来，唯王肃所说，虽未能尽合礼文之本旨，犹为近似。"② 这也是从批评郑玄的认识上而认同王肃之说的。

再有，清代学者毛奇龄在与门人问答中，多有涉及对王肃的评价。比如，其门人盛唐问道："郑康成谓禘是郊天，而王子雍非之，此礼已明白久矣。今复有墨守郑说者，谓议礼之家各有师承，吾弟师康成，则何能顾王说耶？"对此，毛氏回答说："夫禘之非郊，不必王子雍《圣证论》知其误也，康成是说，原据韦玄成谬论，而玄成之谬，则在当时司徒掾班彪已早斥之，谓礼文缺微，未可偏定。然而贡禹毁宗庙，匡衡改郊兆（皆玄成之说），不如刘歆之论之博而笃也。是韦、匡一误而刘歆正之，康成再误而王肃又正之，徒缱腻逐康成车后，已无益矣！况唐宋议礼家，其是王否郑者已成铁案。妄作哓哓，有何足辨？特予辨经法，不较门户，不审问韦刘王郑当日是非，而只以经断之。"③ 又其门人徐东说道："若旧议郊祀之礼，郑玄谓圜丘祭上帝，祈谷祭感生帝，而王肃辟之谓圜丘即郊，郊即圜丘。自三国至今无不是王非郑者。而先生又谓郑王两议俱不是，岂三礼外又别有郊祀礼耶？"毛奇龄的回答，一方面说："郑氏之不是，人皆知之"，"不通之中又涉妖妄，其从而辟之宜也。"另一方面又说："夫圜丘与郊，俱是天祭而非禘祭，则王说甚当。然不可谓圜丘与郊无分别也。郑氏以为皆禘而溷之，故以之致辨。而王氏又承其溷，而不

---

① 王夫之：《礼记章句》卷五，岳麓书社2011年版，上册，第326页。
② 王夫之：《礼记章句》卷五，岳麓书社2011年版，上册，第643页。
③ （清）毛奇龄：《经问》卷七，《文渊阁四库全书》，上海古籍出版社1987年版，第191册，第79页。

为之分,则鲁郊真周郊长至,真春分报反之祭,真祈谷之祭,大乱之礼也。吾故曰俱不是也。"①

另一位清代学者陆陇其,针对王肃与郑玄两人在郊祭之礼的理解上的不同,以及后世取舍上的选择,也提出如下的评论和比较审慎的判断。首先,他说:"康成于'郊之祭也,迎长日之至也',……所解与王肃绝异。朱子于此则从王肃,善哉!《集说》之言曰郊祀一节,先儒之论不一者,有子月、寅月之异,有周礼、鲁礼之分,又以郊与圜丘为二事,又有祭天与祈谷为二郊,今皆不复详辨,而与朱说为是。"在这样的一种立场上,陆氏认为:"郑氏与王肃异,杜氏又与两家异,论鲁郊者,只当以杜氏为主。"还有,讲到南北朝礼学家对郑王之说的取舍,陆氏说:"皇氏、崔氏论郊祭,本主郑说,但其论鲁郊,则主王肃。"至于孔疏,陆氏则批评其"此等处附会郑注,最为支离"。最后,陆氏既不主张从郑,也认为王肃驳难郑说的义理依据还需要考察,所以说"郑氏郊丘之说,固不可从,然未知此等处王肃以何义驳之。当考"②。陆氏这样持中审慎的态度,或许才是面对郑王礼学之辨而最恰如其分的选择。

综上所述,王肃《礼记》学的诸多观点,不仅伴随着《礼记》学的传承而为后世学者所评判和取舍,王肃说与郑玄说的不同,也构成了带有学派意识的论争与辩驳。然后,可见王肃的观点,更多的还是呈现出对于礼学经典的文句究竟应该怎样理解,以及什么才是最重要的方面等等。而未必像近代康有为所评价的那样,"王肃之攻康成,阳明之攻朱子,皆后起争胜之习"③,即完全出于学派之间竞争胜负式的有意诋毁与排斥;反倒如康氏所说的"譬陆王攻朱,实出朱子之四书"④,依照王肃的自述也正是入郑学而出郑学,即针对郑学"义理不安,违错者多"的各种问题,"是以夺而易之"⑤,继而自成一派的。

---

① (清)毛奇龄:《经问》卷十三,《文渊阁四库全书》,上海古籍出版社1987年版,第191册,第150页。
② (清)陆陇其:《读礼志疑》卷二,《文渊阁四库全书》,上海古籍出版社1987年版,第129册,第506页。
③ 康有为:《孔子改制考》卷十六《儒墨争教交攻考》,中华书局2012年版,第371页。
④ 康有为:《新学伪经考》卷八《伪经传于通学成于郑玄考》,中华书局2012年版,第188页。
⑤ 《孔子家语序》,《文渊阁四库全书》,上海古籍出版社1987年版,第695册,第3页。

那么，尽管像作为清代官学体现的四库馆臣那样，对郑王礼学之辨持有特定的立场而言称："三礼以郑氏为专门，王肃亦一代通儒，博观典籍百计，难之弗胜也。后儒所见曾不逮肃之弃余，乃以一知半解，哗然诋郑氏不闻道，韩愈所谓不自量者，其是类欤。"[①] 其中显然对郑玄礼学多有推重。但是，郑王礼学之辨确实构成了后世礼学中不可缺的议论话题，这不仅是郑玄礼学对后世学术影响的体现，也是王肃礼学对后世学术影响的体现。

## 第二节　北朝熊安生的《礼记》学及其经学史意义

熊安生是继王肃之后，在南北朝时代的礼学传承和《礼记》疏解方面产生重要影响的经学家，身居北朝，与南朝的皇侃以三礼学并鸣。唐孔颖达的《礼记正义》对熊安生《礼记义疏》的文句有相当程度的选取和保留，并有所评判。熊安生对《礼记》的解说和诠释，既显现出对郑玄学说的继承与发展，又呈现出相应的时代特色，而且很多内容成为孔颖达《礼记正义》不能不加以引述和必要的参考依据。那么，诸如沿袭郑注而有所引申、提出不同于郑义的解说、称引纬书及其郑玄注以为己说、称引其他经书与典籍以解义等方面，就成为熊安生《礼记》学的突出特点。另外从孔颖达《礼记正义》当中大量的评议，以及后世学者的关注和评价，也可以看到熊安生《礼记》学的经学史价值所在。

### 一　熊安生和他的《礼记义疏》

唐代孔颖达《礼记正义序》在记述汉魏郑玄、王肃之后的南北朝时期，包括《礼记》学在内的礼学注疏史的发展演进时，曾经指出："爰从晋、宋，逮于周、隋，其传《礼》业者，江左尤盛。其为义疏者，南人有贺循、贺玚、庾蔚之、崔灵恩、沈重、范宣、皇甫侃等；北人有徐遵明、李业兴、李宝鼎、侯聪、熊安生等。其见于世者，唯皇、熊二家而

---

[①]《文渊阁四库全书·钦定礼记义疏提要》，上海古籍出版社1987年版，第124册，第1页。

已。"① 这其中，在列举了诸多的南北礼学人物之后，最终落在南方的皇侃和北方的熊安生二家。这一说法或成定论，直到清代皮锡瑞《经学历史》中也据此而言称："《礼记疏》本皇、熊二家；熊安生北学，皇侃南学。"② 究其原因，或在于两个方面，一个是熊、皇两家确实各承学脉，并集之大成，从而有突出的代表性；另一方面，二人所处时代历经朝代更替频仍，相关著述流传不易，惟其大宗得受重视，也成就了其学的传承。③

另外，孔颖达《礼记正义序》还指出熊安生和皇侃的《礼记》学与郑学的联系及不同，使我们看到极为推崇郑玄而又距离熊氏、皇氏所处时代最近的唐代官方经学发言人的评论。孔颖达说："熊则违背本经，多引外义，犹之楚而北行，马虽疾而去逾远矣。又欲释经文，唯聚难义，犹治丝而棼之，手虽繁而丝益乱也。"可见，孔颖达对熊安生的解说是颇有批评的。对于皇侃，孔颖达则是有褒有贬，如他所说："皇氏虽章句详正，微稍繁广，又既遵郑氏，乃时乖郑义，此是木落不归其本，狐死不首其丘。"合而论之，"此皆二家之弊，未为得也。"那么在比较熊、皇二人学说的优劣时，孔颖达又说："然以熊比皇，皇氏胜矣。虽体例既别，不可因循，今奉敕删理，仍据皇氏以为本，其有不备，以熊氏补焉。"这可以说是唐代官方经学的立场。

由上而言，到了南北朝时期，南方皇侃和北方熊安生，成为注疏《礼记》和传承礼学的硕果仅存的人物，以至孔颖达的《礼记正义》不仅是在皇、熊二家传本的基础上编纂而成，或以为依据，或以为补充，并且更在注疏的文字当中保留了很多皇侃、熊安生解说《礼记》的文字，清人马国瀚所辑《玉函山房辑佚书》将这些文字辑出，以成皇侃《礼记义疏》四卷和熊安生《礼记义疏》四卷，这些资料就成为我们今天了解

---

① 《十三经注疏（标点本）·礼记正义》，上册，第3页。
② （清）皮锡瑞：《经学历史》，中华书局2008年版，第176页。
③ 值得注意的是，早于皮锡瑞的晚清学者李汝珍（1763—1830）所著小说《镜花缘》第五十二回《谈春秋胸罗锦绣 讲礼制口吐珠玑》中也有一段对汉唐之际礼学类似的概括，显然也是根据孔颖达的评述而来："近来盛行之书，只得三家；其一，大司农郑康成；其二，露门博士熊安生；其三，散骑侍郎皇侃。但熊氏每每违背本经，多引外义，犹往南而北行，马虽疾而越去越远；皇氏虽章句详正，惟稍涉冗繁，又既道郑氏，而又时乖郑义，此是水落不归，狐死不首邱；这是二家之弊。惟郑注包举宏富，考证精详，数百年来，议《礼》者钻研不尽，自古注《礼》善本，大约莫此为最。"（上海古籍出版社1991年版，第250页）

和认识南北朝时期有代表性的礼记义疏学的面貌和学术特点。

就熊安生一系的礼学渊源而论，《北史·儒林传》中有所记载说，"汉世郑康成并为众经注解"，"玄《易》《诗》《书》《礼》《论语》《孝经》……大行于河北"，"自魏末大儒徐遵明兼通之"，"三礼并出徐遵明之门"，之后"徐传业于……熊安生，生又传……，其后生能通礼经者，多是安生门人。诸生尽通小戴《礼》，于《周》《仪礼》兼通者，十二三焉"。并且，"熊安生……之徒，多自出义疏，虽曰专门，亦皆相祖习也"。然而就经学风貌而言，"大抵南北所为章句，好尚互有不同，礼则同遵于郑氏"。

就其学问生涯来说，《周书》卷四十五《熊安生传》有比较详细的记载。熊安生字植之，长乐阜城（今属河北省）人。其年少时好学，励精不倦。于经学有所师承，初从陈达受《春秋》三传，又从房虬受《周礼》，并通大义。而后事徐遵明，服膺历年。东魏天平年间（534—537），受礼于李宝鼎。遂至博通五经。然而专以三礼教授。弟子自远方至者达千余人。包括讨论图纬，捃摭异闻，对于先儒所未悟者皆发明之。北齐河清年间（562—564），熊安生受到阳休之的推荐，特奏为北齐的国子博士。北周朝廷实行《周礼》制度，由于熊安生长于《周礼》，"能咸究其根本"，因而深受北周武帝宇文邕的重视在灭亡北方后，亲访其宅，待以厚礼，而后被安车驷马地请入北周朝廷，并受命参议五礼。宣政元年（578），拜为露门学博士、下大夫，其时年已八十余岁。不久致仕，卒于家。熊安生号为北学儒宗，在当时受其业而擅名于后者，有马荣伯、张黑奴、窦士荣、孔笼、刘焯、刘炫等，皆其门人。其所撰《周礼义疏》二十卷、《礼记义疏》四十卷、《孝经义疏》一卷，并行于世。这些著述后世散佚失传，只有片段文句留在后世经学注疏的引述当中。若加以考察的话，虽不能见其学术之全貌，但也或多或少能够从局部看整体地来把握其学说的一些风貌与特点。

再就孔颖达《礼记正义》中所保留的熊氏《礼记义疏》的文字而言，以"熊氏"而称引熊安生之说的有310余处，其中称"熊氏云"的有187处，"熊氏又云"有6处，称"熊氏以为"的有39处。又熊安生作为北方大儒，在《礼记义疏》中，既有承袭晋人庾蔚之说的地方，也多有与南方大儒皇侃《礼记义疏》中的解义不谋而合之说。这就是孔颖达《礼记正义》中所谓"皇氏、熊氏并取以为说""熊氏、皇氏等以为"和

"熊氏、皇氏皆以此……"一类的表述。粗略统计，孔颖达《礼记正义》以"皇氏、熊氏"并称的有 7 处，以"熊氏、皇氏"并称的有 13 处，体现出对两者之说的关注。

通过具体的考察可知，在熊安生解说《礼记》的文字当中，既有对东汉郑玄的《礼记注》以及《仪礼注》、《周礼注》的引述，也包括对三礼和其他经典以及纬书的称引，从中体现出熊安生对郑学及其样式的继承；同时，也有熊安生根据自己的理解而做解说的地方；再有就是对魏晋学者，以及与其同时代的南学儒宗皇侃等人的观点，即相同或不同的解说的采纳与否，还有一些解说涉及熊安生的思想观念性质的内容，这些方面也就形成了熊氏《礼记》义疏学的基本特点。焦桂美《南北朝经学史》一书有专门章节对熊安生《礼记义疏》的特色及经学成就有所论述，张帅《北朝儒宗熊安生治礼探析》一文对其礼学特点也有探讨和概括性总结，都是值得参考的相关研究。①

## 二 熊氏《礼记义疏》的基本内容及其与郑玄学的异同关系辨析

熊安生《礼记义疏》的文本形式，属于解说《礼记》本文的性质，并且比其所承袭的东汉郑玄《礼记注》引申出的内容更多一些，体现出魏晋以后经学的面貌和熊安生《礼记》学本身的一些特点。其中最为直接的，就是与郑玄学的关系，而且这也是唐代孔颖达《礼记正义》引述、保留、议论和判断熊氏说的一个基本理由和标准。那么，通过具体的例证，我们就可以比较清楚地看到熊安生《礼记》学与郑玄学的联系和不同，其学术特点也自在其中。

（一）沿袭郑注而有详细引申

作为一些标准解释性的句式，在形式上构成了熊氏解说《礼记》最基本的方面，这当中有对郑玄《礼记注》的继承，亦即随经文做注而加以解说，对经文中需要出注的地方，以"谓……"的形式来解说，以申明经文的意思。正如《广雅·释言》所说："谓，指也。"那么注文"谓"字之后的内容，就是说明经文"所指"或"所言"的意思如何，亦即现代"指的是……""讲的是……""就……而言"的表述方式。熊

---

① 焦桂美：《南北朝经学史》，上海古籍出版社 2009 年版；张帅：《北朝儒宗熊安生治礼探析》，《求索》2012 年第 5 期。

安生这种解说的典型例证是不少的。①

例如《礼记·曲礼上》"男女不杂坐，不同椸枷"，郑玄注云："不杂坐，谓男子在堂，女子在房也。"对此，熊氏云："谓若大宗收族，宗子燕食族人于堂，宗子之妇燕食族妇于房也。"② 显然，熊安生的解说在郑注的基础上进一步引申，且更为明确指出是宗族礼仪生活应有的的样式。

又如《礼记·曲礼上》"礼闻取于人，不闻取人"，郑玄注云："谓君人者。取于人，谓高尚其道。取人，谓制服其身。"孔颖达《礼记正义》引述熊安生的解说称："熊氏以为，此谓人君在上招贤之礼，当用贤人德行，不得虚致其身。"③ 可以看到，熊安生的解说比郑注显得更为直白明晰，有对经义进行阐发的效果，也体现出熊氏解说上略显周详的话语风格。

再有《礼记·曲礼上》"馂馀不祭，父不祭子，夫不祭妻"，郑玄注云："食人之馀曰馂。馂而不祭，唯此类也。食尊者之馀，则祭盛之。"熊氏则云："'父得有子馀'者，谓年老致仕，传家事于子孙，子孙有宾客之事，故父得馂其子馀。'夫馂其妻馀'者，谓宗妇与族人妇燕饮有馀，夫得食之。"④ 这里，熊安生的解说也是更为详尽而贴近对宗族礼仪生活的理解。

还有《礼记·曲礼上》"为人子者……食飨不为槩"，郑玄注云："槩，量也。不制待宾客馈具之所有。"熊氏云："谓传家事任子孙，若不传家事，则子孙无待宾之事。大夫士或相往来，设于飨食槩量也。不制设待宾馈，其事由尊者所裁，而子不得辄豫限量多少也。"⑤ 对比郑注而言，熊氏的解说则详细很多，明确了为人子者的待客之道和礼仪上的禁忌，所传递的礼义信息也更为丰富。

（二）直接称引郑注并申述郑义

作为汉晋之后礼学发展的典范，称述郑玄注并申述郑义，是熊安生

---

① 本节所引熊安生《礼记义疏》的文字，均据自孔颖达《礼记正义》，所参用的版本是李学勤主编、龚抗云整理、王文锦审定《十三经注疏（标点本）·礼记正义》，北京大学出版社1999年版。
② 《十三经注疏（标点本）·礼记正义》，上册，第51、53页。
③ 《十三经注疏（标点本）·礼记正义》，上册，第14页。
④ 《十三经注疏（标点本）·礼记正义》，上册，第65页。
⑤ 《十三经注疏（标点本）·礼记正义》，上册，第29、30页。

继承郑学的又一突出表现。而且,熊安生不仅引述郑玄的《礼记注》,还有引述其《周礼注》和《仪礼注》的内容,从而体现熊安生和郑玄一样,也是打通了三礼之学的。

例如《礼记·学记》"大学始教,皮弁祭菜,示敬道也",郑玄注云:"祭菜,礼先圣先师。"熊氏有云:"以注'礼先圣先师'之义解经。'始教',谓始立学也。若学士春始入学,唯得祭先师,故《文王世子》云:'春官释奠于其先师,秋冬唯祭先师。'已不祭先圣,故《大胥》'春释菜合舞',郑云:'释菜,礼先师。'是春始入学,不祭先圣也。"① 这里,熊安生除了引述《礼记》《周礼》本文的相关文句,还引述了郑玄《礼记注》和《周礼注》,意在充分解释《礼记》经文句义和郑玄注的根据。

又如《礼记·月令》"后妃齐戒,亲东乡躬桑",郑玄注引《周礼·内宰》职文"仲春,诏后帅外内命妇始蚕于北郊"来加以解说,熊安生则又进一步引证说:"案《马质》注云:'蚕为龙精,月直大火,则浴其种。'"② 此处引述《周礼》郑注,在于申明后妃躬桑礼仪的具体时间和仪式内容,③ 从而体现出《周礼》与《礼记》中相关礼仪的互证性,以及郑玄礼学的相通性,应该说这也是熊氏所刻意追求的经学境界吧。

还有对《礼记·曲礼下》"士不名家相长妾"一句,熊氏云:"士有一妻二妾,言长妾者,当谓娣也。故郑注《昏礼》云:'娣尊侄卑。'"④ 这是先判断经文或有误,后又引述郑玄《仪礼注》以说明娣、侄地位不同,而且是将《曲礼下》此句与其前一句联系起来理解的例证,即《曲礼下》此句前有"大夫不名世臣侄娣"一句提到"侄娣",对此,孔颖达疏云:"侄是妻之兄女,娣是妻之妹,从妻来为妾也。"可见娣的辈分高而尊,侄的辈分低而卑。这也可证明熊安生解说及其引述郑注的合理性。

再有《礼记·丧大记》"丧父母,既练而归。期、九月者,既葬而归"一段,郑玄注云:"归,谓归夫家也。"就此,熊氏说:"《丧服》注

---

① 《十三经注疏(标点本)·礼记正义》,中册,第1056页。
② 《十三经注疏(标点本)·礼记正义》,上册,第485、486页。
③ 可以参考的是,《周礼·夏官·马质》有"禁原蚕者",郑玄注云:"原,再也。天文,辰为马。《蚕书》:'蚕为龙精,月直大火,则浴其种,是蚕与马同气。'"
④ 《十三经注疏(标点本)·礼记正义》,上册,第106、107页。

云'卒哭可以归',是可以归之节,其实归时在练后也。"① 这是熊安生引郑玄《仪礼注》以辨明注文和实际礼仪的不同之处的例证。

另外熊安生还有或直接以郑义为说,或根据郑玄对其他经典注解而发挥的例证。比如,《礼记·曾子问》"三月而庙见,称来妇也。择日而祭于祢,成妇之义也"一段,郑玄注云:"谓舅姑没者也。必祭,成妇义者,妇有供养之礼,犹舅姑存时,盥馈特豚于室。"熊氏云:"如郑义,则从天子以下至于士,皆当夕成昏。"这是通过对郑义的理解而说明昏礼的仪节程式。② 又如,《礼记·曲礼上》"大夫七十而致事……适四方,乘安车",郑玄注云:"安车,坐乘,若今小车也。"熊氏云:"案《书传略说》云:'致仕者以朝,乘车輨轮。'郑云:'乘车,安车。言輨轮,明其小也。'"这里,熊安生引述郑玄注《书传略说》的文字来说明郑玄"并为众经注解"(《魏书·儒林列传序》)的一致性,同时也体现出熊氏对郑学认识和理解的全面性。

还有就是熊安生根据郑玄《驳五经异义》而申述郑说之义的地方。例如《礼记·礼运》"麟以为畜,故兽不狘"一句,孔颖达《礼记正义》在比较各家有关"麟"的道德象征性和孔子作《春秋》所记"获麟"的祥瑞灾异与否的象征意义时,先是引述许慎《五经异义》之言:"说《左氏》者,以昭二十九年传云:水官不修,故龙不至。以水生木,故为修母致子之说。故服虔注'获麟'云:'麟,中央土兽,土为信。信,礼之子,修其母,致其子,视明礼修而麟至……。'《毛诗传》云:'麟信而应礼。'……皆为以修母致子之义也。"对此,孔颖达强调说:"若郑康成之说,则异于此,修当方之事,则当方之物来应。"接着又引述许慎之说:"故《异义》:'《公羊》说哀十四年获麟,此受命之端,周亡失天下之异。《左氏》说麟是中央轩辕大角兽,孔子修《春秋》者,礼修以致其子,故麟来,为孔子瑞。陈钦说:'麟,西方毛虫,孔子作《春秋》有立言,西方兑,兑为口,故麟来。'许慎谨按:公议郎尹更始、待诏刘更生等议石渠,以为吉凶不并,瑞灾不兼。今麟为周亡天下之异,则不得为瑞。以应孔子至,玄之暗也。"这里表明许慎是参考西汉尹更始、刘向等

---

① 《十三经注疏(标点本)·礼记正义》,下册,第1274页。
② 《十三经注疏(标点本)·礼记正义》,中册,第584、585页。

人的理解而对郑玄认同陈钦①之说提出批评。

而孔颖达引述郑玄《驳五经异义》则云："《洪范》五事，二曰言。言作从，从作乂。乂，治也。言于五行属金。孔子时，周道衰亡，已有圣德，无所施用，作《春秋》以见志，其言少从，以为天下法，故应以金兽性仁之瑞……兴者为瑞，亡者为灾，其道则然。何吉凶不并，瑞灾不兼之有乎？如此修母致子，不若'立言'之说密也。"于此，孔颖达有所说明："如郑此说，从陈钦之义，以孔子有立言之教，故致其方毛虫。"由此可知，对于孔子作《春秋》，许慎从修礼之说，郑玄从立言之说，那么孔颖达引述熊氏申郑义则云："若人臣官修，则修母致子之应，《左氏》之说是也。若人君修其方，则当方来应。孔子修《春秋》为素王法以立言，故西方毛虫来应。"②可见，熊安生是认同郑玄之说而申述之，其郑学立场是很鲜明的。

再如，《礼记·王制》"虞庠在国之西郊"，孔颖达《礼记正义》据郑玄注称"周大学在国之西郊"，又称郑玄《驳五经异义》云"三灵一雍在郊"；而熊氏则云："文王之时犹从殷礼，故辟雍大学在郊。"这里，熊安生也是本自《驳五经异义》而作进一步解说③，体现出对郑玄之说的认同。

（三）不同于郑义的解说

当然，熊安生对《礼记》文句和经义的解说，也有不少并不以郑注为标准，表现出独自的解义。例如，《礼记·王制》"诸侯之于天子也，比年一小聘，三年一大聘，五年一朝"一段，郑玄注云："比年，每岁也。小聘使大夫，大聘使卿，朝则君自行。然此大聘与朝，晋文霸时所制也。虞夏之制，诸侯岁朝。周之制，侯、甸、男、采、卫、要服六者，各以其服数来朝。"又郑玄《驳五经异义》有云："《公羊》说比年一小聘，三年一大聘，五年一朝，以为文、襄之制。录《王制》者，记文、

---

① 《后汉书·郑范陈贾张列传》中对陈钦的事迹有所记载："陈元字长孙，苍梧广信人也。父钦，习《左氏春秋》，事黎阳贾护，与刘歆同时而别自名家。王莽从钦受《左氏》学，以钦为厌难将军。"中华书局1965年版，第5册，第1229、1230页。

② 《十三经注疏（标点本）·礼记正义》，中册，第704页。与《十三经注疏（标点本）·礼记正义》的断句不同，清人马国翰《玉函山房辑佚书》所录熊氏之说至此而止。广陵书局2005年版，第2册，第1058页。

③ 《十三经注疏（标点本）·礼记正义》，上册，第426、427页。

襄之制耳，非虞夏及殷法也。"据此，孔颖达《礼记正义》说："熊氏或以此为虞夏法，或以为殷法，文义杂乱，不复相当，曲为解说，其义非也。"又针对上引郑玄注所云"虞夏之制，诸侯岁朝"，孔颖达引述熊氏说："熊氏以为虞、夏制法，诸侯岁朝，分为四部，四年又遍，总是五年一朝，天子乃巡守，故云'诸侯五年一朝天子，天子亦五年一巡守'。按郑注《尚书》'四方诸侯分来朝于京师，岁遍'，则非五年乃遍。"由此，孔颖达断言："熊氏之说非也。"① 可见，对于《礼记·王制》中的朝聘制度，郑玄认为属于春秋晋国文公、襄公时代的制度而并非上古虞夏殷商的制度，熊安生则有不同于郑玄的认识，所以才遭到以郑说为是的孔颖达的非议。

再如，《礼记·礼器》"郊血，大飨腥，三献燖，一献孰"一段，郑玄注云："郊，祭天也。大飨，祫祭先王也。三献，祭社稷五祀。一献，祭群小祀也。燖，沉肉于汤也。血腥燖孰远近备古今也。尊者先远，差降而下，至小祀孰而已。"于此，熊安生则云："宗庙之祭无血。"又引述说："郑注《论语》云禘祭之礼自血腥始者，谓腥肉有血。"可见这里熊安生没有认同郑玄之说。对此孔颖达《礼记正义》有所考辨说："郑注《论语》云禘祭之礼自血腥始者，谓腥肉有血。今案《诗·小雅》论宗庙之祭云：'执其鸾刀，以启其毛，取其血膋。'则是有用血之明文也，熊氏云'无血'，其义非也。"那么在孔颖达看来，熊氏"无血"之说，既不合乎郑义，也不合乎经义，故非之。②

还有，《礼记·学记》"未卜禘，不视学，游其志也"一句，郑玄注云："禘，大祭也。天子诸侯既祭，乃视学考校，以游暇学者之志意。"熊氏则云："此禘谓夏正郊天，视学谓仲春视学。若郊天则不视学。"③ 可见，熊氏的理解与郑玄不同，认为郊天与视学不能同时出现，所以是各有所指。对此，孔颖达引述了皇侃的解释说："天子诸侯视学之时，必在禘祭之后。'未卜禘'，谓未为禘也。禘是大祭，必先卜，故连言之。是未为禘祭，不视学。所以然者，欲游其学者之志，谓优游纵暇学者之志，

---

① 《十三经注疏（标点本）·礼记正义》，上册，第360、361页。
② 《十三经注疏（标点本）·礼记正义》，中册，第748页。
③ 《十三经注疏（标点本）·礼记正义》，中册，第1057页。

不欲急切之，故禘祭之后，乃视学考校优劣焉。"① 那么就熊氏之说，孔颖达则指出："若如熊氏义，'礼不王不禘'，郑注何得云'天子诸侯既祭，乃视学'？既连诸侯言之，则此禘非祭天。熊说非也。"孔颖达的辨析很是详明，而这也是熊氏不合于郑义之说的例证。

（四）称引纬书及其郑玄注以为己说

我们知道，史称郑玄的三礼之学，"本为专门，故所释特精"，但是对郑玄三礼注中"惟好引纬书，是其一短"的评价②，也符合事实。熊安生在其义疏当中引用谶纬的例证有不少，这一方面与北朝谶纬仍盛而其也长于图纬之学有关，另一方面也不能不说是对郑玄"此短"的沿袭。

例如，《礼记·曲礼上》"五十曰艾，服官政"，郑玄注的很简单，其云："艾，老也。"熊安生则云："案《中候·运衡》云'年耆既艾'，注云：'七十曰艾。'言七十者，以时尧年七十，故以七十言之。又《中候·准谶哲》云'仲父年艾，谁将逮政'，注云'七十曰艾'者，云谁将逮政，是告老致政，致政当七十之时，故以七十曰艾。"③ 这里的"注云"也是郑玄作的注，熊安生引述了两处纬书本文及郑玄纬书注的文字来说明其与《曲礼》都称作"艾"即为老年的意思，但是有年龄不同的情况，也就是"五十曰艾"是指一般意义上的老年，"七十曰艾"则是指从政年龄上限的老年。熊氏的案语无疑有着更多联系和引申知识的意义。

再如，《礼记·曲礼下》"去国三世，爵禄无列于朝，出入无诏于国，唯兴之日，从新国之法"，郑玄注云："以故国与己无恩。兴谓起为卿大夫。"孔颖达《礼记正义》说："既云'唯兴'，明不兴则不从。无列无诏，唯兴之日三世，即从新国之制。"又进而以孔子为例说："孔子去宋既久，父为大夫，尚冠章甫之冠，送葬皆从殷制。"并引熊氏云："案《钩命决》云：'丘为制法之主，黑绿不伐苍黄，圣人特为制法，不与常礼同也。'"④ 孔颖达引此句，应该是熊安生解说《曲礼》上述章句时所

---

① 参考（清）马国翰所辑《玉函山房辑佚书》，广陵书局2005年版，第2册，第1025页。

② 《四库全书总目·周礼注疏提要》，中华书局1965年版，第149页。

③ 《十三经注疏（标点本）·礼记正义》，上册，第21页。朱彝尊《经义考》卷二百六十五录《中候·运衡篇》称："佚，按熊安生引《中候运衡文》云：'年耆既艾。'注云：'七十曰艾。'亦见孔氏《礼记疏》。"（中华书局1998年版，第1339页）又录《中候·准谶哲》称："佚，按孔氏礼疏引其文云：'仲父年艾谁将。'"（中华书局1998年版，第1339页）

④ 《十三经注疏（标点本）·礼记正义》，上册，第111页。

引述，在于说明作为殷人后裔的孔子奉行礼俗而或从殷、或从周的合理性。这里的《钩命决》又作《句命决》，如朱彝尊《经义考》所说："《尚书》、《春秋》、《孝经》俱有《句命决》。"① 而以《孝经钩命决》在东汉至南北朝文献中称引最多。

再如，《礼记·曲礼下》"大夫无故不彻县，士无故不彻琴瑟"，郑玄注云："忧乐不相干也。'故'谓灾患丧病。"熊氏云："案《春秋说题辞》：'乐无大夫士制。'郑玄《箴膏肓》从《题辞》之义，大夫士无乐。《小胥》'大夫判县，士特县'者，《小胥》所云娱身之乐及治人之乐则有之也。故《乡饮酒》有工歌之乐是也。县，《题辞》云无乐者，谓无祭祀之乐，故特牲、少牢无乐。若然，此云'大夫不彻县，士不彻琴瑟'者，谓娱身及治民之乐也。"② 于此，熊氏显然是根据郑玄从《春秋说题辞》③ 之义而引申说明《曲礼下》这两句中的"乐"非祭祀之乐，而是"娱身及治民之乐也"。

再有，《礼记·乐记》有云"《大章》，章之也"，郑玄注："尧乐名也，言尧德章明也，《周礼》阙之，或作《大卷》。"又云"《咸池》，备矣"，郑玄注："黄帝所作乐名也，尧增修而用之。咸，皆也。池之言施也，言德之无不施也。《周礼》曰《大咸》。"又云"《韶》，继也"，郑玄注："舜乐名也，韶之言绍也，言舜能继绍尧之德，《周礼》曰《大韶》。"又云"《夏》，大也"，郑玄注："禹乐名也。言禹能大尧舜之德，《周礼》曰《大夏》。"又云"殷、周之乐尽矣"，郑玄注："言尽人事也，《周礼》曰《大濩》、《大武》。"对此经文，在郑玄注的基础上，熊安生也有进一步辨析。熊氏云："知《大卷》当《大章》者，案《周礼》云'《云门》、《大卷》'，《大卷》在《大咸》之上，此《大章》在《咸池》之上，故知《大卷》当《大章》。知周别为黄帝尧名《云门》者，以此《乐记》唯云《咸池》、《大章》，无《云门》之名。《周礼》，《云门》在六代乐之首，故知别为黄帝立《云门》之名也。知于《大卷》之上加《云门》者，以黄帝之乐，尧增修者既谓之《咸池》，不增修者别名《大

---

① （清）朱彝尊：《经义考》卷二百六十七《孝经钩命决》，中华书局本，第1350页。
② 《十三经注疏（标点本）·礼记正义》，上册，第120—121页。
③ （清）朱彝尊《经义考》卷二百六十六录《春秋说题辞》称："佚，孙毂曰：'撰书者统诸纬之义而绎其文。'"（中华书局本，第1343页）明孙毂编《古微书》中汇集佚文有三十多条。（参见《纬书集成》，上海古籍出版社1994年版，第439—443页）

卷》。明周为黄帝于不增修之乐别更立名,故知于《大卷》之上别加《云门》,是《云门》、《大卷》一也。"而且,熊氏又以纬书中的记载为依据在六代之乐的基础上,又向上古帝王之乐名追述说:"案《五行钩命决》云:'伏牺乐为《立基》,神农乐为《下谋》,祝融乐为《祝续》。案《乐纬》云:'黄帝曰《咸池》,帝喾曰《六英》,颛顼曰《五茎》,尧作《大章》,舜曰《箫韶》,禹曰《大夏》,商曰《大濩》,周曰《大武》,《象》。'《礼乐志》云:'颛顼作《六茎》,帝喾作《五英》。'与《乐纬》不同,其余无异名。曰《六英》者,宋均注云:'为六合之英华。'五龙为五茎者,能为五行之道立根茎也。"[①] 由此,既显出熊安生对纬书的熟悉程度,又表明纬书在北朝也成为与经学相并重的经典文献。

那么,最值得关注的是,《礼记·曲礼上》"太上贵德"一语,郑玄注:"太上,帝皇之世,其民施而不惟报。"对此,熊氏不仅引述纬书和郑玄、宋均的纬书注,还引述《老子》《白虎通》等其他经典,来说明三皇、五帝的在今天看来是神话性的历史来历。

首先,关于三皇,熊氏说道:"三皇称皇者,皆行合天皇之星。故《诗纬·含神雾》宋均注云:'北极天皇大帝,其精生人。'然则称皇者,皆得天皇之气也。"这里意在说明称"皇"者的神秘性和神圣性。接着,熊安生又对比而言郑玄与诸家说法的不同:"郑玄意则以伏牺、女娲、神农为三皇,故注《中候·数省图》引《运斗枢》:'伏牺、女娲、神农为三皇也。'然宋均注《援神契》引《甄耀度》数燧人、伏牺、神农为三皇,谯周《古史考》亦然。《白虎通》取伏牺、神农、祝融为三皇,孔安国则以伏牺、神农、黄帝为三皇,并与郑不同。此皆无所据,其言非也。"可见,在三皇的排序上,熊安生认同郑玄的说法,认为宋均、谯周、孔安国、班固等各种不同的说法没有根据而加以非议。

其次,熊安生又辨析有关各王之间的世代间隔的不同说法:"郑数伏牺、女娲、神农,非谓其人身自相接,其间代之王多矣。《六艺论》云:'燧人至伏牺一百八十七代。'宋均注《文耀钩》云:'女娲以下至神农七十二姓。'谯周以为伏牺以次有三姓始至女娲,女娲之后五十姓至神农,神农至炎帝一百三十三姓。是不当身相接。谯周以神农炎帝为别人,又以神农为木德,女娲为水德,皆非郑义也。"这里同样是认同郑玄之说

---

[①] 《十三经注疏(标点本)·礼记正义》,下册,第1101、1102页。

而以宋均、谯周之说为非。

再有关于五帝，熊安生说："其五帝者，郑注《中候·敕省图》云：'德合五帝坐星者称帝，则黄帝、金天氏、高阳氏、高辛氏、陶唐氏、有虞氏'是也。实六人而称五者，以其俱合五帝坐星也。五帝所以称帝者，《坤灵图》云：'德配天地，在正不在私，称之曰帝。'三王称王者，庄三年《穀梁传》曰：'其曰王者，人所归往也。'散而言之，则三皇亦称帝，则《月令》云'其帝太昊'是也。五帝亦称皇，则《吕刑》云'皇帝清问下民'是也。至三王德劣，不得上同于天，唯称王而已。"这是以其他文献中的相关记述来论证纬书郑玄注的说法。

熊安生还从形而上之道德的角度来论证《曲礼上》"太上贵德"一语的意义所在说："此云'太上贵德'，郑云'帝皇之世'，则帝皇以上皆行德也。所以《中候·握河纪》云：'皇道帝德，非朕所事。'是三皇行道，五帝行德，不同者但德由道生，道为其本，故道优于德。散而言之，德亦是道，故总云'贵德'。既三皇行道，五帝行德，以次推之，则三王行仁，五霸行义。五帝虽行德，亦能有仁，故《大学》云'尧舜率天下以仁'是也。案《老子》云：'道常无名。'河上公云：'能生天地人，则当大《易》之气也。'《道德经》云：'上德不德。'其德稍劣于常道，则三皇之世，法大《易》之道行之也。然则可行之道，则伏牺画八卦之属是也，三皇所行者也。'下德不失德'，河上公云：'下德谓号谥之君。'则五帝所行者也。但三皇则道多德少，五帝则道少德多。"[①]这里，可以说熊安生秉承了魏晋玄学的所谓三玄中《老子》《周易》的形而上的道德论和仁义学说，与纬书、《礼记·大学》中的话语结合起来，来论证从三皇五帝到五霸所行的不同的道、德、仁、义的准则与规范，及其内涵上的多少不同。这可以说是受玄学影响而做理论辨析和证明的突出例证。就以上的引述，用孔颖达的话说"此皆熊氏之说也"。这里充分显现出熊安生学说的关注点及其时代性特点。

---

[①] 《十三经注疏（标点本）·礼记正义》，上册，第18—19页。从孔颖达在"但三皇则道多德少，五帝则道少德多"之后所说的"此皆熊氏之说也"一句可以判断，自"熊安生云三皇称皇者"以下至"五帝则道少德多"，都是熊安生的论证和引述。（清）马国翰《玉函山房辑佚书》中即将《礼记熊氏义疏》作为熊氏说而全文辑录。广陵书局2005年版，第2册，第1044—1045页。

（五）称引其他经书与典籍以解义

引《诗经》。《礼记·礼器》"天子龙衮，诸侯黼，大夫黻，士玄衣纁裳。天子之冕，朱绿藻，十有二旒，诸侯九，上大夫七，下大夫五，士三。此以文为贵也"一段，郑玄注云："此祭冕服也。朱绿，似夏、殷礼也。周礼，天子五采藻。"孔颖达《礼记正义》称："郑据经，非周法也。而云'似夏、殷'者，夏、殷无服礼文，今此文非周制，故云似也。"又称引熊氏云："朱绿以下，是夏、殷礼；其天子龙衮，诸侯黼，大夫黻等，皆周法，无嫌。诸侯虽九章七章以下，其中有黼也。孤絺冕而下，其中有黻，特举黼黻而言耳。故《诗·采苹》云：'玄衮及黼。'是特言黼也。《诗·终南》美秦襄公'黻衣绣裳'，是特言黻也。"这里熊安生进一步说明其中包含着夏商周三代之礼法，特别引《诗经》证明周代诸侯礼服的纹饰标准。对此，孔颖达评论说："熊氏之义，逾于皇氏耳。"这是难得的一种肯定。①

引《春秋》。《礼记·礼运》"故圣人作则，必以天地为本，以阴阳为端，以四时为柄，以日星为纪，月以为量，鬼神以为徒，五行以为质，礼义以为器，人情以为田，四灵以为畜"，对此一段，郑玄注有云："天地以至于五行，其制作所取象也。礼义人情，其政治也。四灵者，其征报也。此则《春秋》始于元，终于麟，包之矣。吕氏说《月令》而谓之'春秋'，事类相近焉。"针对郑注，孔颖达所录熊安生的解说，主要是对郑玄注中提到的《春秋》多有引证，作为《礼运》一段所涉及的天地阴阳四时日月星鬼神，金木水火土之五行，礼义人情四灵的具体体现，都有证明。熊氏所云："《春秋》书'郊祭天'，是天也。书'地震'，是地也。书'冬无冰'，是阳也。书'大雨雹'，是阴也。书'春夏秋冬'，是四时也，又四时阴阳也。隐元年，'公子益师卒'，公不与小敛，故不书'日'。《春秋》记事皆书'日'，是日也。庄七年，'恒星不见'，是星也。《春秋》记事皆有'月'，是月也。僖十四年，'沙鹿崩'；成五年，'梁山崩'：是鬼神也。桓二年，'取郜大鼎'，是金也。成十六年，'雨木冰'，是木也。桓元年秋，'大水'，是水也。宣十六年，'成周宣榭火'，是火也。庄二十九年，'城诸及防'是土也。金木水火土，即五行也。《春秋》得礼则褒，失礼则贬，是礼义也。桓元年，'公即位'，先

---

① 《十三经注疏（标点本）·礼记正义》，中册，第731—733页。

君被弑而行即位，安忍其丧？其情恶也。庄元年不书'即位'，文姜出，不忍行即位之礼，其情善也，此是人情也。哀十四年，'西狩获麟'，是四灵为畜也。"① 熊安生详加引证和解说的目的，就在于以此证明郑玄所讲的"包之矣"判断的确实可信，更是足以见其对郑玄注的推崇和秉承。

称《易》和《易传》。《礼记·礼运》"我欲观殷道，是故之宋，而不足征也。吾得《坤乾》焉"一句，郑玄注云："得殷阴阳之书也。其书存者有《归藏》。"孔颖达《礼记正义》引述熊安生的解释曰："先言'坤'者，熊氏云：'殷《易》以坤为首。'故先坤后乾。"② 熊氏之说为后世理解殷《易》提供了一种不同于《周易》之先乾后坤的知识上的确认。再有，《礼记·乐记》"明则有礼乐，幽则有鬼神"两句，郑玄注云："助天地成物者也。《易》曰：'是故知鬼神之情状，与天地相似。'"对此，熊氏云："《系辞》鬼神者，谓七八九六自然之鬼神。"③ 这里熊安生所言其实是对郑玄注的简要概括，而"七八九六自然之鬼神"之说也是本自郑玄。因为正像孔颖达《礼记正义》中所提示的，上面郑玄注引《易》即为《系辞上》所云："精气为物，游魂为变，是故知鬼神之情状，与天地相似。"孔颖达又引述郑玄《周易注》云："精气谓七八，游魂谓九六。游魂谓之鬼，物终所归。精气谓之神，物生所信也。言木火之神，生物东南。金水之鬼，终物西北。二者之情，其状与春夏生物、秋冬终物相似。"④ 根据宋人王应麟所辑郑玄《周易注》则为："精气谓七八也，游魂谓九六也。七八木火之数，九六金水之数，木火用事而物生，故曰精气为物。金水用事而物变，故曰游魂为变。精气谓之神，游魂谓之鬼。木火生物，金水终物，二物变化，其情与天地相似，故无所差违之也。"又如王应麟所提示的两处，一是《月令正义》引之云："精气谓七八，游魂谓九六，则是七八生物，九六终物是也。"二是《中庸正义》引之云："木火之神生物，金水之鬼成物。"⑤ 那么，熊安生所言可谓一语双关，联系到了郑玄《礼记注》和《周易注》两个方面。

---

① 《十三经注疏（标点本）·礼记正义》，中册，第698—699页。
② 《十三经注疏（标点本）·礼记正义》，中册，第666页。
③ 《十三经注疏（标点本）·礼记正义》，中册，第1089页。
④ 《十三经注疏（标点本）·礼记正义》，中册，第1088、1089页。
⑤ （东汉）郑玄撰，（宋）王应麟辑，（清）惠栋增补：《增补郑氏周易》，《文渊阁四库全书》，上海古籍出版社1987年版，第7册，第174页。

引《论语》。《礼记·郊特牲》"大夫强而君杀之,义也,由三桓始也"一句,郑玄注有云:"三桓,鲁桓公之子,庄公之弟,公子庆父、公子牙、公子友。"孔颖达《礼记正义》称述说:"云'由三桓始'者,熊氏云:'据鲁而言,犹如《论语》云"十世五世希不失矣"。'"① 这里,熊安生明言《礼记》"由三桓始"之说,是根据鲁国的政事而论,所引《论语》出自《季氏》篇的孔子曰:"天下有道,则礼乐征伐自天子出;天下无道,则礼乐征伐自诸侯出。自诸侯出,盖十世希不失矣;自大夫出,五世希不失矣;陪臣执国命,三世希不失矣。"其中所言"十世""五世",按照汉代孔安国的解说,前者是"诸侯自作礼乐,专行征伐,始于隐公。至昭公十世失政,死于乾侯矣";后者是"季文子初得政,至桓子五世,为家臣阳虎所囚"②。那么,熊安生认为《郊特牲》根据鲁国的政事所言和《论语》孔子所言讲的是一个意思,就是主张礼乐征伐必须从天子出。同时也将《礼记·郊特牲》与《论语》相关章句的经典性联系了起来。

称引《石氏星经》。《礼记·月令》"仲春之月,日在奎,昏弧中,旦建星中"一段,郑玄注有云:"弧在舆鬼南,建星在斗上。"孔颖达《礼记正义》称:"云'弧在舆鬼南,建星在斗上'者,熊氏说云《石氏星经》文。"这里说明,熊氏提示郑玄注文引述了《石氏星经》。又《月令》"命国难,九门磔攘,以毕春气"一段,郑玄注有云:"此月之中,日行历昴,昴有大陵积尸之气。"孔颖达《礼记正义》称:"云'有大陵积尸'者,……熊氏引《石氏星经》'大陵入星,在胃北,主死丧。'"③ 又《月令》"命有司大难,旁磔,出土牛,以送寒气"一段,郑玄注有云:"此月之中,日历虚危,虚危有坟墓四司之气,为厉鬼将随强阴出害人也。"孔颖达《礼记正义》称:"云'日历虚危,虚危有坟墓四司之气'者,熊氏引《石氏星经》云:'司命二星,在虚北。司禄二星,在司命北。司危二星,在司禄北。司中二星,在司危北。'"④ 这里表明,熊安生直接引述《石氏星经》来说明四司的方位所在,体现了郑玄所言的

---

① 《十三经注疏(标点本)·礼记正义》中册,第781页。
② 《十三经注疏(标点本)·论语注疏》,北京大学出版社1999年版,第224页。
③ 《十三经注疏(标点本)·礼记正义》上册,第489页。
④ 《十三经注疏(标点本)·礼记正义》,中册,第559页。

依据。

　　称引《白虎通》和《广雅》。《礼记·王制》"王者之制禄爵"一语，郑玄有注云："爵，秩次也。"孔颖达《礼记正义》称"爵者，尽也"，又引熊氏云："以爵尽其才而用之，故《白虎通》云'爵者，尽也，所以尽人才'是也。"① 显然熊安生引述《白虎通》的解义意思更为明确一些。又《礼记·少仪》"剑则启椟，盖袭之，加夫襓与剑焉"一段，郑玄注云："夫襓，剑衣也，加剑于衣上。"孔颖达《礼记正义》称："云'夫襓，剑衣也'者，熊氏云：'依《广雅》，夫襓，木剑衣。谓以木为剑衣者，若今刀檠。'"② 这里表明，熊安生引证《广雅》对郑玄注涉及的名物进一步加以说明并有所提示与当时的器具相类。

　　综上所述，熊安生《礼记义疏》的解义，除了对郑玄学的继承之外，为了更好地说明对《礼记》经义的理解和认识，熊安生还发扬了如郑玄等在经典注疏学上打通经典、旁征博引的精神，为后来形成唐代《五经正义》所代表的官方经学提供了样板和标准。而且，从以上诸多例证可见，作为一代经师，熊安生的解说并不是简单地重复郑玄注的样式，而总是或多或少地略加详细或引申性解义，或提出和郑玄不同的解释，从而透露出其在《礼记》传习上的多方面信息。

　　在经历了魏晋玄学的学风变化之后，伴随着南北朝政治与社会的动荡和变迁，学术反而呈现出回归汉代经学的路径，为政治的合理性和社会的和谐性寻找历史的和经典的根据。惟其如此，郑玄经学的综合性优势，为北学一脉所继承和发扬，在熊安生的义疏经解中也得到体现。尽管如熊安生等经学家们并不自知，他们在经学上的努力，正是为未来政治统一后的经学统一贡献了不可磨灭的功绩，同时知识和学术作为一种文化与精神的力量，渗透经学文脉当中，传承于唐宋之后。

## 三　从唐代孔颖达的评议看熊氏《礼记义疏》的学术价值

　　如果没有唐代孔颖达《礼记正义》对熊安生《礼记义疏》很多文字

---

① 《十三经注疏（标点本）·礼记正义》，上册，第331页。参考马国翰《玉函山房辑佚书》，广陵书局2005年版，第2册，第1050页。

② 《十三经注疏（标点本）·礼记正义》，中册，第1037页。参考马国翰《玉函山房辑佚书》，广陵书局2005年版，第2册，1066页。

的引述和保留，或许今天我们就无从了解北朝熊安生的《礼记》学的基本面貌。尽管并不是其全部文字原封不动地保留，也不是对熊氏之说全盘地予以肯定，但是毕竟有相当多的解义内容可以让后世学人对比和分析熊安生《礼记》学的经学史价值。那么，通过孔颖达对熊安生《礼记义疏》文句的评价，我们可以更多地体会和感受熊安生《礼记》学的旨趣和经学史意义所在。孔颖达的评价和判断，具体体现在对熊安生解说内容的取舍与评议上。就其评议的角度而言大体可分为三种，既有肯定性的，表述为"义当然也""其义然也""熊氏得焉""如郑所注，熊氏得之"等；也有否定性的，表述为"非也""其说非也""其义非也""其义恐非""其义似非也""义实可疑""其义疑也""未可善也""其义未善""于义未安也"等；还有不十分确定的，表述为"义或当然也""未知孰是"。而这些判断的得出，往往都是站在郑玄学的立场而论的。而且在与南朝皇侃《礼记义疏》之说作对比时，孔颖达则或称"其义俱通，故两存焉"，或称"其义逾于皇氏""义亦通也"，或称"与皇氏异"等。通过对这几个方面例证的考察，我们可以进一步比较全面地认识和理解熊安生《礼记》学在经学史上的应有地位。

（一）肯定性的例证

例一，《礼记·郊特牲》"天子存二代之后，犹尊贤也。尊贤不过二代"一段，郑玄注云："过之，远难法也。二或为三。"对于此节，正如孔颖达《礼记正义》所言："此一节论王者立二王后尊贤之事。"也就是所谓"二王三恪之制"。从孔颖达《礼记正义》的引述可知，早在东汉许慎《五经异义》中就有驳议，其中既引"《公羊》说，存二王之后，所以通天三统之义"，又引上述《礼记·郊特牲》的一段文字①，再又称"古《春秋左氏》说周家封夏、殷二王之后以为上公，封黄帝、尧、舜之后，谓之三恪"。还有就是许慎所云："治《鲁诗》丞相韦玄成，治《易》施犨等说引《外传》曰：'三王之乐，可得观乎。'知王者所封三代而已。不与《左氏》说同。"②那么，郑玄有所驳之说："所存二王之

---

① 参考（清）陈寿祺《五经异义疏证》，曹建墩点校，上海古籍出版社2012年版，第157页。

② 参考（清）陈寿祺《五经异义疏证》，曹建墩点校，上海古籍出版社2012年版，第158页。

后者，命使郊天，以天子之礼祭其始祖，受命之王自行其正朔服色。恪者，敬也，敬其先圣而封其后，与诸侯无殊异，何得比夏殷之后？"① 对此，孔颖达评议说："如郑此言，《公羊》自据二王之后，《左氏》兼论三恪，义不乖异也。"并且引证熊氏云："周之三恪，越少昊、高辛，远存黄帝者，取其制作之人，故《易·系辞》云：神农氏没，黄帝、尧、舜氏作。"对熊安生此说孔颖达评价说："义当然也。"② 也就是说，孔颖达在比较了相关诸说之后肯定了熊安生之说的恰当性。③

例二，《礼记·乐记》"且夫《武》，始而北出，再成而灭商，三成而南，四成而南国是疆，五成而分周公左、召公右，六成复缀以崇"一段，郑玄注云："成，犹奏也。每奏《武》曲一终为一成。始奏，象观兵盟津时也。再奏，象克殷时也。三奏，象克殷有余力而反也。四奏，象南方荆蛮之国侵畔者服也。五奏，象周公、召公分职而治也。六奏，象兵还振旅也。复缀，反位止也。崇，充也。凡六奏以充《武》乐也。"孔颖达《礼记正义》针对本经说："'六成复缀以崇'者，缀，谓南头初位，舞者从第三位南至本位，故言'复缀以崇'。崇，充也。谓六奏充其《武》乐，象武王之德充满天下。此并熊氏之说也，而皇氏不云次位。舞者本在舞位之中，但到六成而已。今舞亦然，义亦通也。"④ 显然，孔颖达是参考了熊安生的解释来解说的。所以孔颖达又针对郑玄注说："云'复缀，反位止也'者，谓最在南第一位，初舞之时，从此位入北，至六

---

① 参考（清）陈寿祺《五经异义疏证》，曹建墩点校，上海古籍出版社2012年版，第158页。又《十三经注疏（标点本）·礼记正义》，北京大学出版社1999年版，中册，第785页。
② 《十三经注疏（标点本）·礼记正义》，中册，第785页。
③ 有关"三恪"，还可以参考《左传·襄公二十五年》所记载的郑国子产有曰："昔虞阏父为周陶正，以服事我先王。我先王赖其利器用也，与其神明之后也，庸以元女大姬配胡公，而封诸陈，以备三恪。"晋杜预注："周得天下，封夏、殷二王后，又封舜后，谓之恪，并二王后为三国。其礼转降，示敬而已，故曰三恪。"（《春秋左传集解》，上海古籍出版社1977年版，第1036页）针对杜预的说法，孔颖达在《毛诗正义·陈风谱》有疏云："郑《驳异义》云：'三恪尊于诸侯，卑于二王之后。'则杞、宋以外，别有三恪，谓黄帝、尧、舜之后也。唯杜预云周封夏、殷二王后，又封舜后，谓之恪，并二王之后为三国，其礼转降，示敬而已，故三恪以为陈与杞、宋共为三。案《乐记》云：'武王未及下车，封黄帝之后于蓟，封帝尧之后于祝，封帝舜之后于陈。下车乃封夏后氏之后于杞，投殷之后于宋。'明陈与蓟、祝共为三恪，杞、宋别为二王之后矣。"（《十三经注疏（标点本）·毛诗正义》，北京大学出版社1999年版，上册，第436页）
④ 《十三经注疏（标点本）·礼记正义》，下册，第1133页。

成还反复此位。"之后，孔颖达评价说："如郑所注，熊氏得之。"① 也就是说，经过对比孔颖达认为，熊安生对《乐记》这一节的解说，是深得郑注之义的。

例三，《礼记·投壶》"主人阼阶上拜送，宾盘还，曰：'辟'"一段，郑玄注云："拜送，送矢也。辟亦于其阶上。"孔颖达《礼记正义》则解释说："'宾般还，曰辟'者，宾授矢之后，归于西阶上，见主人之拜，宾为般还而告主人曰：今辟而不敢受之。言此者，亦止主人拜。知皆北面者，案《乡饮酒》、《乡射》拜受爵、送爵皆北面，故知亦当北面。"又称引熊氏云："以拜时还辟，或可东西面相拜。又以曰'辟'者，是赞者来辞告主人及宾，言曰'辟'。"可见，熊安生提到也可东西面对相拜，又认为此处"曰辟"的人，是赞礼之人所言。对此，孔颖达认为："义亦通也。"② 也就是说，尽管熊安生的解说不同于孔颖达的"北面"和"宾曰"的解读，但是在意思上也是说得通的。

例四，《礼记·服问》"三年之丧既练矣，有期之丧既葬矣，则带其故葛带，绖期之绖，服其功衰。有大功之丧，亦如之"一段，郑玄注云："凡三年之丧既练，始遭齐衰、大功之丧，绖带皆麻。小功无变也。无所变于大功、齐衰之服，不用轻累重也。"孔颖达在对此做解说时称："《间传》篇云'斩衰既练，遭大功之丧，既重麻'。则知斩衰既练，遭齐衰，灼然重麻，故云'绖带皆麻'也。"又说："此熊氏、皇氏之说。检勘郑意，其义然也。"并称引崔氏（灵恩）所云如何，认为"然于郑注，其义稍乖也。当以熊、皇为正也"③。可见，孔颖达的解说参考了熊安生、皇侃的说法，并与崔氏的说法进行比较，最终认同熊、皇合乎郑玄说的意思，因而就以其为正解了。

例五，《礼记·曾子问》"孔子曰：宗子为殇而死，庶子弗为后也。其吉祭特牲"，郑玄注云："尊宗子从成人也。凡殇则特豚，自卒哭成事之后为吉祭。"针对郑玄注，孔颖达引述熊氏云："殇与无后者，唯祔与除服二祭则止。此言吉祭者，唯据祔与除服也。"又引述庾氏（蔚之）云："吉祭，通四时常祭。"之后评议说："若如庾说，殇与无后者之祭，

---

① 《十三经注疏（标点本）·礼记正义》，下册，第1133页。
② 《十三经注疏（标点本）·礼记正义》，下册，第1567页。
③ 《十三经注疏（标点本）·礼记正义》，下册，第1544页。

第一章　魏晋南北朝到唐的礼记学　　49

不知何时休止。"① 这可以说是间接地肯定了熊安生之说。对此，清人孙希旦有称："愚谓熊氏之说甚确。"② 可见熊安生的解说对后世的影响。

（二）否定性的例证

值得注意的是，孔颖达《礼记正义》在引述熊安生的解说时，带有强烈的对比性，所以将一些不予认同的解说均判定为"非也"或"可疑"，或称"其义未善"，或称"其义非也"，大致涉及礼制、名物和字句等方面的问题，兹举例述之。

1. 涉及《礼记》文本字句方面的问题

因为传本的不同，所以在字句的理解上会出现差异，对此，就有不少孔颖达认为熊安生的说法不正确的地方。其中也有熊安生对经文解读失误的地方。

例如，《礼记·郊特牲》"束帛加璧，往德也"一句，孔颖达《礼记正义》说："南本及定本皆作'往德'，北本为'任德'。熊氏云'任用德'，恐非也。"③ 可见，熊安生所解说的文本不同于南本，应该是接近于北本的文本，孔颖达的质疑就是从文本依据的不同而形成的判断。再如，《礼记·礼器》"天子、诸侯之尊废禁，大夫、士棜禁"一句，郑玄注云："谓之棜者，无足，有似于棜，或因名云耳。"孔颖达《礼记正义》疏提到："今定本无'世人'二字，熊氏以为后世人因名云耳。"④ 对此，清代孙志祖的校本在此处称："据此疏，则或本注作'世人或因名云耳'，唐定本无'世人'二字，熊从或本，孔从定本。"⑤ 由此可知孔颖达说法的原因所在，那么，孔颖达认为熊安生"谓后世作记之人，始名为棜。其义非也"，也是出于文本依据的不同而得出的判断。

又如，《礼记·月令》"挺重囚，益其食"一句，孔颖达《礼记正义》称："'益其食''挺重囚'连文，郑又无注，皇氏以为增益囚之饮食，义当然也。熊氏以为益群臣禄食，其义非也。"这里，因为在文字上的连读与否认识上的不同，解读也就不同，以致孔颖达肯定皇侃说而否定熊安生说。再如，《礼记·丧大记》"夷衾质杀之裁犹冒也"，孔颖达

---

① 《十三经注疏（标点本）·礼记正义》，中册，第612页。
② （清）孙希旦：《礼记集解》卷十九，中册，中华书局1989年版，第544页。
③ 《十三经注疏（标点本）·礼记正义》，中册，第779页。
④ 《十三经注疏（标点本）·礼记正义》，中册，第730、731页。
⑤ 《十三经注疏（标点本）·礼记正义》，中册，第731页注③。

《礼记正义》解释说："裁，犹制也，言夷衾所用，上齐于手，下三尺所用绘色及长短制度，如冒之质、杀也。但不复为囊及旁缀也。熊氏分质字属上，杀字属下为句，其义非也。"① 也就是说熊安生将此句读如"夷衾质，杀之裁犹冒也"，孔颖达认为这样的理解意思是不对的。

再如，《礼记·檀弓下》"季武子寝疾，蟜固不说齐衰而入见，曰：'斯道也将亡矣，士唯公门说齐衰'"一段，郑玄注云："蟜固能守礼，不畏之，矫失俗也。"于此，熊安生则云："或有人矫武子固陋。"孔颖达《礼记正义》明言："据郑此言，则蟜固，人之姓名，其字从虫。若矫正之字，从矢。"因而批评熊安生："对文不知，一何甚也！"② 由此看来，熊安生的解说也确有莫名其妙的地方。

2. 涉及各种礼制方面的问题

例如，有关赗礼之用。《礼记·檀弓上》"孔子之卫，遇旧馆人之丧，入而哭之哀。出，使子贡说骖而赗之"，郑玄注云："赗，助丧用也。騑马曰骖。"针对郑玄注，孔颖达《礼记正义》解释说："谓助生者丧家使用，故《既夕礼》'知死者赠，知生者赗'，是赗为助生也。"同时孔颖达又指出："熊氏以此赗助丧用，谓助死者，因云赗得生、死两施，熊氏非也。"③ 这里是就拿钱财来帮助他人办理丧事的"赗"礼，究竟是属于助生者还是助死者而用的问题，在熊安生看来既然是用于助丧的，就是对生者和死者兼而有所帮助的，而孔颖达则倾向于是专门用来帮助生者的解释，因为另有专门帮助死者的"赠"礼。可以说，熊安生是从一般的实际意义上解释"赗"的作用，而孔颖达是从特殊的经文意义上解释"赗"的作用，所以孔颖达认为熊氏的解读不正确。

再如，有关遣车之用。《礼记·檀弓下》"君之适长殇，车三乘。公之庶长殇，车一乘。大夫之适长殇，车一乘"一段，郑玄注云："皆下成人也。自上而下，降杀以两，成人遣车五乘，长殇三乘，下殇一乘，尊卑以此差之。"这里的车指的是遣车④，就此，孔颖达《礼记正义》引述

---

① 《十三经注疏（标点本）·礼记正义》，下册，第1267页。
② 《十三经注疏（标点本）·礼记正义》，上册，第257页。
③ 《十三经注疏（标点本）·礼记正义》，上册，第205页。
④ 孔颖达《礼记正义》于此有解释说："葬柩朝庙毕，将行，设遣奠竟，取遣奠牲体臂臑，折之为段，用此车载之，以遣送亡者，故谓之遣车。"（《十三经注疏（标点本）·礼记正义》，上册，第253页）

熊氏云："人臣得车马赐者，遣车得及子。若不得车马赐者，虽为大夫，遣车不得及子。"应该说，熊安生联系经文而提出相关的解释，意在强调作为臣下如果不是得赐车马者，即使是身为大夫，其子也不能用遣车。但是孔颖达认为此经讲到"大夫之适长殇，车一乘"，是"总为殇而言之，故言其子"，联系到经文下文讲到晏子大俭的事，"故举国君及大夫之身"，其中"本无及子不及子之义"，所以孔颖达批评熊安生说："横生异意，无所证据，熊氏非也。"其实，孔颖达也有根据经文所作相应的解说，即"遣车之数，贵贱不同。若生有爵命车马之赐，则死有遣车送之，诸侯七乘，大夫五乘"，还有"今此所明并是殇未成人，未有爵命车马之赐而得遣车者，言其父有之，得与子也"①。那么熊安生的解说只是强调的方面有所不同，并不影响对经文本身的理解。

又如，有关选举之礼。《礼记·王制》"命乡论秀士，升之司徒，曰选士"，郑玄注云："移居于司徒也。秀士，乡大夫所考，有德行道艺者。"孔颖达《礼记正义》引述《周礼·乡大夫》"三年则大比，考其德行道艺，而兴贤者能者"一段而解释说："谓乡人有能有贤者，以乡饮酒之礼兴之，献贤能之书于王，名则升于天府，身则任以官爵"；从而认为所以才有《王制》下文所云"大乐正论造士之秀者，以告于王，而升诸司马，曰进士"一句，因此指出："彼（即《王制》下文一句）据乡人，故三年一举；此（即《王制》前文一句）据学者，故中年考试，殷、周同也。"又提到熊安生的看法说："熊氏以为此中年举者为殷礼，乡大夫三年举者周法，其义非也。"②可见，熊安生是将《王制》前一句所言看作殷礼，将《王制》后一句所言看作周法。而孔颖达则认为因为只是荐举角度上的不同，实际上殷礼与周法是相同的。这可以说是对《王制》所含殷周礼制的差异性的理解不同的结果。

再如，有关养老之礼。《礼记·王制》"凡养老，有虞氏以燕礼，夏后氏以飨礼，殷人以食礼，周人修而兼用之"一段，郑玄注云："兼用之，备阴阳也。凡饮养阳气，凡食养阴气。阳用春夏，阴用秋冬。"孔颖达《礼记正义》在解释郑注"阳用春夏，阴用秋冬"之义时，根据《郊特牲》所云"飨禘有乐而食尝无乐"而称："是故春禘而秋尝，享与禘连

---

① 《十三经注疏（标点本）·礼记正义》，上册，第253、254页。
② 《十三经注疏（标点本）·礼记正义》，上册，第407页。

文,故知飨在春。食与尝连文,故知食在秋。"《正义》又对比而言:"彼(指《郊特牲》之文)不云冬夏者彼是殷礼,此(指郑玄对《王制》上文的解说)言冬夏者据周法也。或郑因春而言夏,因秋而见冬。虽周,冬夏不养老也。"而孔颖达在论及熊安生之说时又称:"就如熊义,去冬夏则一年有五养老也。又春合舞,秋合声,即是春秋养老之事,冬夏更无养老,通季春大合乐有三养老也。熊氏以为春秋各再养老,故为一年七养老也。去冬夏犹为五,义实可疑。"① 这是在讨论一年四季举行多少次养老礼的问题,孔颖达认为按照熊安生的推算,一年要行七次养老礼,这是很值得怀疑的。

再如,有关禄爵之制。《礼记·王制》"王者之制禄爵",郑玄注云:"禄,所受食。爵,秩次也。"孔颖达《礼记正义》在讲到何以此句中禄在爵前时,先是做了一番论证说:"此禄在爵前者,禄是田财之物,班布在下,最是国之重事,须裁节得所,王者制度重之,故在于先,故此经下文先云天子之田,乃云诸侯之田,次云制农田,又云'下士视上农夫禄',又云'君十卿禄',并先言禄。下始云次国上卿当大国中卿,是后云爵也。"但是此说与熊安生、皇侃的说法不同,即如孔颖达《礼记正义》所称"熊氏、皇氏以为试功之禄,故在爵前"。孔颖达则有所辨析地说:"按此王者制度,必当举其正礼,何得唯明试功之禄?下云'君十卿禄',岂试功乎?"所以孔颖达评议说:"熊氏、皇氏之说,于义疑也。"② 可见,孔颖达是从《王制》中相关的整体礼制来理解这里先讲"禄"后讲"爵"的道理所在的。

再如,有关祭祀之礼。《礼记·王制》"天子将出征,类乎上帝,宜乎社,造乎祢,禡于所征之地",郑玄注云:"禡,师祭也,为兵祷,其礼亦亡。"针对"禡"字的含义,孔颖达《礼记正义》又引述《周礼·肆师》郑玄注云"为师祭造军法者,祷气势之增倍也。其神盖蚩尤,或曰黄帝",从而说到:"郑既云祭造军法者,则是不祭地。熊氏以禡为祭地,非。"③ 这也是熊安生有所别解的地方。

再如,有关乐舞之礼。《礼记·月令》"仲丁,又命乐正入学习乐"

————————
① 《十三经注疏(标点本)·礼记正义》,上册,第422页。
② 《十三经注疏(标点本)·礼记正义》,上册,第331页。
③ 《十三经注疏(标点本)·礼记正义》,上册,第372页。

一句，郑玄注云："为季春将习合乐也。习乐者，习歌与八音。"针对郑玄注，孔颖达《礼记正义》说："此习者，为季春合乐预习之，故郑云然。"又针对《月令》此前一句"上丁，命乐正习舞，释菜"的郑玄注所云"命习舞者，顺万物始出地鼓舞也。将舞，必释菜于先师以礼之"，孔颖达认为："郑不云为季春合乐，则仲春合舞自当为之，不为季春合乐而习也。"根据这样的理解，孔颖达则认为"熊氏以为仲春习舞为季春合乐者"是不合经文和礼制的，因而断定"熊氏说非也"，并且进一步辨析说："若然，郑何以不言之？又《大胥》无季春合乐，何以亦云春'舍菜合舞'？"① 也就是孔颖达从郑玄注的角度，并联系《周礼·大胥》的记载从而否定熊安生之说。

还有《礼记·曲礼上》"毋不敬"，郑玄注云："礼主于敬。"孔颖达《礼记正义》据此而称"五礼皆须敬"，并且提到和引述了《礼记·玉藻》当中"礼不盛，服不充"一句及郑玄注"大事不崇曲敬"和"乘路车不式"一句及郑注"谓祭天也"②；进而孔颖达说道："兵车不式，乘玉路不式，郑云'大事不崇曲敬'者，谓敬天神及军之大事，故不崇曲小之敬。"作为对比，孔颖达又称述熊安生的说法并评议说："熊氏以为唯此不敬者，恐义不然也。"③ 这也是孔颖达不太认同熊安生的理解之处。

3. 有关名物理解方面的问题

例如，《礼记·明堂位》"夏后氏骆马黑鬣，殷人白马黑首，周人黄马蕃鬣。夏后氏牲尚黑，殷白牡，周骍刚"一节，郑玄注："骍刚，赤色。"孔颖达《礼记正义》针对"周人黄马蕃鬣"一句解释说："蕃，赤也。周尚赤，用黄，近赤也。而用赤鬣，为所尚也。"在讲到熊安生的说法时又说："熊氏以为蕃鬣为黑色，与周所尚乖，非也。"④ 那么从郑玄注"骍刚，赤色"的说法看，似乎也确认了周人尚赤的一致性，所以熊安生的"蕃鬣为黑色"说在孔颖达看来是不吻合的，因而非之。

再如，《礼记·礼器》"管仲镂簋朱纮、山节藻棁，君子以为滥矣"一句，郑玄注云："栭谓之节，梁上楹谓之棁。"孔颖达《礼记正义》指

---

① 《十三经注疏（标点本）·礼记正义》，上册，第480页。
② 《十三经注疏（标点本）·礼记正义》，中册，第921页。
③ 《十三经注疏（标点本）·礼记正义》，上册，第7页。
④ 《十三经注疏（标点本）·礼记正义》，中册，第945页。

出郑玄注文为汉代刘熙《释名》当中《释宫》之文。针对郑注中"梁上楹谓之棁"一句，孔颖达引孙炎云："梁上侏儒柱也。"又云："栭谓之节，李巡本'节'作'楶'，谓枅栌一名节，皆谓斗栱也。"又引熊安生的说法："栭上着木须楣，谓之枅栌，即今之楷木也。"从而评议熊氏说称："以枅栌与栭异物，其说非也。"① 也就是说，在孔颖达看来，"枅栌"本来是解释同样谓之"节"的"栭"，但是熊安生将其与"栭"当作了不同的东西，所以孔颖达对其说不予认同。

又如，《礼记·丧大记》"君葬用輴，四綍二碑，御棺用羽葆。大夫葬用輴，二綍二碑，御棺用茅。士葬用国车，二綍无碑，比出宫，御棺用功布"，郑玄注云："大夫废輴，此言輴，非也。輴，皆当为'载以辁车'之辁，声之误也。辁，字或作团，是以文误为国。辁车，柩车也，尊卑之差也。"针对郑注所说的"尊卑之差"，皇侃的解说称："天子诸侯以下载柩车同，皆用辁也。其尊卑之差异，在于棺饰耳，则前经棺饰是尊卑异也。"熊安生的解说云："尊卑之差，谓此经君四綍二碑，御于用羽葆。大夫二綍二碑，御棺用茅，士葬用二綍无碑，御棺用功布。"由此可见，皇侃认为郑玄所说的尊卑之差在于柩车所载棺柩上的棺饰所显出的等次，亦即《丧大记》此段前面所列"饰棺：君龙帷……，大夫画帷……。士布帷……"而熊安生则认为是指此段经文的"君四綍二碑……，大夫二綍……，士葬用二綍无碑……"那么，孔颖达似乎是认同皇侃的解说，而认为熊安生的理解是"失郑注意，其说非也"②。

再如，《礼记·王制》"自恒山至于南河，千里而近。自南河至于江，千里而近。自江至于衡山，千里而遥。自东河至于东海，千里而遥。自东河至于西河，千里而近。自西河至于流沙，千里而遥"。针对这一节，孔颖达《礼记正义》称："此一节论四海之内地远近里数也。"就"千里而近"和"千里而遥"说法的解释，孔颖达先是引述皇氏（侃）云："此恒山至南河以千里言之，其地稍近，言不满千里。下云自江至于衡山千里而遥，谓以千里言之，其地稍远，言不啻千里。"作为对比，孔颖达又称述熊安生的说法，"熊氏以为'近者，谓过千里，遥者，谓不满千

---

① 《十三经注疏（标点本）·礼记正义》，中册，第736页。
② 《十三经注疏（标点本）·礼记正义》，下册，第1289页。

里'"，从而判断熊氏说："其义似非也。"①

再如，《礼记·丧大记》"吊者袭裘，加武带绖，与主人拾踊"，郑玄注云："始死，吊者朝服裼裘如吉时也。小敛则改袭而加武与带绖矣。武，吉冠之卷也。加武者，明不改冠，亦不免也。"孔颖达《礼记正义》引述熊氏云："加武带绖，谓有朋友之恩，以绖加于武，连言带耳。"但是正义又认为"熊氏以武上加绖与带，带文相妨"，所以说："其义未善。"② 这也是不太满意熊安生的解说。

还有对皇侃、熊安生两家之说都不满意的例证。比如，《礼记·聘义》"三让而后传命，三让而后入庙门，三揖而后至阶，三让而后升，所以致尊让也"一段，郑玄注云："'三让而后传命'，宾至庙门，主人请事时也。宾见主人陈摈，以大客礼当己，则三让之，不得命，乃传其君之聘命也。"孔颖达《礼记正义》认为："'三让而后传命'，皆聘之旅摈，亦是传命也。"有引述熊安生和皇侃的看法并评议说："熊氏、皇氏皆以此介绍传命为朝之交摈。今此《聘义》不释朝，乃于《聘义》之中而记朝之传命，理为不可。"也就是说，熊、皇认为这里的传命是属于为了之后要行朝觐之礼而进行的传命礼仪交接，但是孔颖达认为既然《聘义》篇中不解释朝觐之礼，那么此篇记述有关朝觐之礼的传命，在道理和逻辑上是不可以的。而且既然"郑此注传其聘君之命，其义分明"，那么"熊氏、皇氏之说未可善也"③。

与上面不同的是，也有肯定皇侃的解说而质疑熊安生之说的地方。例如《礼记·丧大记》"公之丧，大夫俟练，士卒哭而归"，郑玄注云："此公，公士、大夫有地者也。其大夫、士归者，谓素在君所食都邑之臣。"针对郑玄注文的后半句，孔颖达引述皇氏云："素，先也。君所食都邑，谓公士、大夫之君采地。言公士、大夫在朝廷而死，此臣先在其君所食之采邑，故云'素在君所食都邑之臣'，君丧而来服，至小祥而各反，故云归也。"对此，孔颖达得出判断说："皇氏所解于文为便。"还进一步解释说："然唯近国中而死，若在采邑，理则不包也。"接着孔颖达又称引熊氏所云："素在君之所，谓此家臣为大夫者素先在君所；食都邑

---

① 《十三经注疏（标点本）·礼记正义》，上册，第432页。
② 《十三经注疏（标点本）·礼记正义》，下册，第1248页。
③ 《十三经注疏（标点本）·礼记正义》，下册，第1663页。

之臣，谓家臣不在君所、出外食都邑者。今君丧皆在，若大夫、士练及卒哭后，素在君所者归于家，素食都邑者归于都邑。"并进一步分析说："若如熊氏解，郑当云'素在君所及食都邑之臣'。今不云'及'，其义疑也。"① 也就是说，皇侃是按照一句来解释，熊安生则分作两段来说明，对比之下，孔颖达对熊安生说表示异议。

（三）不确定然否的例证

在《礼记正义》中还有不少地方，孔颖达引述了熊安生的说法，但是又不能确定是否合乎经义，所以就采取存而不论的态度，以"未知然否""义或然"之辞来加以判断。不过有些例证，在后世学者判断中还是有所取舍的。从而形成经义跨历史的甄别。

例如，《礼记·王制》"天子犆礿，祫禘、祫尝、祫烝"一句，郑玄注有云："鲁礼，三年丧毕而祫于大祖，明年春禘于群庙。自尔之后，五年而再殷祭，一祫一禘。"针对郑玄此注，孔颖达《礼记正义》中，有很详细的讨论。其中有引证郑玄《毛诗笺》和《周礼注》中的说法，作为对比加以解说，即："此云三年丧毕，祫于太祖庙，明年春禘于群庙。按《玄鸟》笺云'三年既毕，禘于其庙，而后祫祭于太祖'，更有禘于其庙之文。不同者，谓练时迁主递庙。新死者，当禘祭于其庙以安之，故《邙人》云'庙用修'，注云'谓始禘时'。《左氏》说禘谓既期之后。然则禘于其庙，在于练时。而《玄鸟》笺云'丧三年既毕，禘于其庙'者，郑将练禘总就丧毕祫于太祖而言之，其实禘庙在练时也。"在这番讨论之后，又引述熊安生的说法称："熊氏一说，谓三年除丧，特禘新死者于庙，未知然否。"② 清代学者宋翔凤撰《过庭录》卷九《吉禘辨》中，针对郑玄注《礼记》、作《禘祫志》和作《毛诗笺》在解释禘祫之说上前后的不同时，也引述了郑玄《诗·玄鸟》笺所云"丧三年既毕，禘于其庙，而后祫祭于太祖，明年春，禘于群庙，自尔之后，五年而再殷祭"一段，并指出："郑君注《礼》最蚤，《禘祫志》想同时所述，笺《诗》最后，晚悟四月祫之无据，故定此说。《王制》正义又引熊氏一说谓三年除丧特禘新死者于庙，与《笺》禘于其庙之说正同。"③ 可见，宋氏据此

---

① 《十三经注疏（标点本）·礼记正义》，下册，第1274页。
② 《十三经注疏（标点本）·礼记正义》，上册，第390页。
③ （清）宋翔凤：《过庭录》，中华书局1986年版，第154页。

第一章　魏晋南北朝到唐的礼记学　　　　　　　　　　　　　57

以为熊安生的说法与郑玄的定说是一致的。

再如，《礼记·中庸》有"期之丧，达乎大夫"一句，郑玄注云："谓旁亲所降在大功者，其正统之期，天子诸侯犹不降也。大夫所降，天子诸侯绝之不为服，所不臣乃服之也。"针对郑注，孔颖达《礼记正义》引述熊安生说："此对天子、诸侯，故云'期之丧达乎大夫'，其实大夫为大功之丧得降小功，小功之丧得降缌麻。"据此。孔颖达说："是大功小功，皆达乎大夫。"熊安生又说："天子为正统之丧，适妇大功，适孙之妇小功。"对于熊安生的议论，孔颖达称："义或然，但无正文耳。"①对此，清代学者翁方纲《礼记附记》（清稿本）卷七《中庸》对此有评议说："孔疏亦知无正文者之未尽可据矣。"②

再如，《礼记·月令》"天子乃厉饰，执弓挟矢以猎"一句，郑玄注云："厉饰，谓戎服，尚威武也。"对于郑注，熊安生进一步解释说："谓戎服者，韦弁服也。以秋冬之田，故韦弁服。若春夏则冠弁服，故《司服》云'凡甸，冠弁服'。"对此，孔颖达《礼记正义》评议说："义或然也。"③还有《礼记·月令》"是月也，命工师，令百工，审五库之量，金、铁、皮、革、筋、角、齿、羽、箭、干、脂、胶、丹、漆，毋或不良"一段，郑玄注云："五库，藏此诸物之舍也。"针对"五库"，熊安生的解说更为具体详尽，认为五库所藏的物品是各有区分的："各以类相从，金铁为一库，皮革筋为一库，角齿为一库，羽箭干为一库，脂胶丹漆为一库。"对此孔颖达评议说："义或然。"④

再如，《礼记·文王世子》"始立学者，既兴（舋）器用币，然后释菜"，郑玄注云："告先圣先师以器成有时，将用也。"孔颖达《礼记正义》在讨论"四时释奠，不及先圣"的话题时，引述了熊安生的一番说法，熊氏云："《月令》释菜不及先圣者，以其四时入学释菜，故不及先圣也。《王制》'释奠于学'，注以为释菜奠币。知非释奠者，彼是告祭之礼。初天子出师，受成于学，告之无牲，明反告亦无牲也。故谓释奠时亦不及先圣也。凡释奠有六：始立学释奠，一也；四时释奠有四，通前

---

① 《十三经注疏（标点本）·礼记正义》，下册，第1438页。
② （清）翁方纲：《礼记附记》，《续修四库全书》，上海古籍出版社2002年版，第103册，第600页。
③ 《十三经注疏（标点本）·礼记正义》，中册，第539页。
④ 《十三经注疏（标点本）·礼记正义》，上册，第487页。

五也；《王制》师还释奠于学，六也。释菜有三：春入学释菜合舞，一也；此衅器释菜，二也；《学记》皮弁祭菜，三也。秋颁学合声，无释菜之文，则不释菜也。释币唯一也，即此衅器用币是也。"针对熊氏之说，孔颖达评议说："义或当然也。"① 应该说这是一种不太确定的肯定。

再如，《礼记·丧大记》"君、夫人卒于路寝。大夫、世妇卒于适寝。内子未命，则死于下室，迁尸于寝。士、士之妻皆死于寝"，郑玄注云："言死者必皆于正处也。寝、室通耳，其尊者所不燕焉。君谓之路寝，大夫谓之适寝，士或谓之适室。此变命妇言世妇者，明尊卑同也。世妇以君下寝之上为适寝。"针对郑注"世妇以君下寝之上为适寝"一句，皇氏云："君谓女君，而世妇以夫人下寝之上为适寝。"熊氏云："诸侯夫人、大夫妻及士之妻卒，皆于夫之正寝。"而且，孔颖达《礼记正义》称，熊氏"解此'世妇以君下寝之上为适寝'者，'夫人卒于君之正寝'，'世妇卒于君之下寝之上者'，与皇氏异"。又说："皇氏、熊氏，其说各异，未知孰是，故两存焉。"②

再如，《礼记·玉藻》"麛裘青犴褎，绞衣以裼之"，郑玄注云："犴，胡犬也。"针对郑玄注，孔颖达说："熊氏以'犴，胡犬'谓胡地野犬。一解此胡作'狐'字，谓狐犬杂。未知孰是也。"③ 这样，也就保留了不少熊安生之说。

(四) 孔颖达认为值得保留的解说

首先，有关《礼记》本文订误的例证。例如，《礼记·曲礼上》"国君下齐牛，式宗庙"一句，孔颖达《礼记正义》指出，在《周礼·齐右》职所云"凡有牲事，则前马"句下，郑玄注云"王见牲，则拱而式"，同时又引《曲礼》"国君下宗庙，式齐牛"一句，从而孔颖达说："郑注《周官》与此文异。"并引述熊安生的说法称熊氏云："此文误，当以《周礼》注为正。宜云'下宗庙，式齐牛'。"④ 这可以说是针对《礼记》文本的订误。这一点也得到后世礼家的认同。如清代礼家任启运

---

① 《十三经注疏（标点本）·礼记正义》，中册，第 634 页。
② 《十三经注疏（标点本）·礼记正义》，下册，第 1237 页。
③ 《十三经注疏（标点本）·礼记正义》，中册，第 901 页。
④ 《十三经注疏（标点本）·礼记正义》，上册，第 100 页。

《礼记章句》（清乾隆刻本）[①]、汪绂《礼记章句》（清光绪二十一年刻本）[②] 此处都直接引述熊氏此说，而王夫之《礼记章句》此处则以言"是也"而予以肯定[③]。还有，孙诒让《周礼正义》在谈到郑玄此注时，也说："《曲礼》孔疏引熊安生说，亦以此注为正，今本《礼记》盖传写误倒，非郑本之旧。贾疏谓此是郑改，亦非。"[④] 可见也是认同熊安生此处的订误。

还有，有关经文中误字的例证。如《礼记·玉藻》"将适公所，宿齐戒，居外寝，沐浴。史进象笏，书思对命"，针对"史进象笏"一句，孔颖达《礼记正义》疏云："史谓大夫亦有史官也。"同时引述熊氏之说云："按下大夫不得有象笏，有'象'字者，误也。"进而又说："熊氏又解与明山宾同，云'有地大夫，故用象'。"并且对比皇侃诸家之说称："皇氏载诸所解，皆不同，以此为胜，故存之耳。"[⑤] 由此说来，孔颖达是觉得熊安生的说法有胜于皇侃诸家的解说，因而存之以为参考。不过，后世学者如清代俞樾则对熊安生的说法提出异议，他说："樾谨按：此盖谓守外邑之大夫也。"又加以论证说："古者守外邑大夫得有孤称，其尊可知矣。《仪礼》言侯国之礼而有诸公……《仪礼》所谓诸公或包此而言欤。"就"笏之用象"而言，则"正以远君而得申"，那么"若从熊氏以为有地大夫，则大夫之有采地者多矣，岂得皆用象笏乎？"否则，"若是在廷之臣，则朝夕趋公自其常事，使必行此礼，则是无日不斋戒、无夕不居外寝矣。有是理乎？"[⑥] 由此可见，俞樾的意思是讲这里用象笏指的应该是因守外邑而地位高的大夫，而不是如熊安生所说的"有地大夫"，因为有采邑的大夫是很多的，反而不是都可以用象笏的。俞樾的见解也值得参考。

再有，有关郑玄注文中的误字的例证。例如，《礼记·曲礼上》"卒

---

[①] 参见《续修四库全书》，上海古籍出版社2002年版，第99册，第87页。

[②] 参见《续修四库全书》，上海古籍出版社2002年版，第100册，第364页。

[③] （明末清初）王夫之：《礼记章句》，岳麓书社2011年版，第86页。

[④] （清）孙诒让著，王文锦、陈玉霞点校：《周礼正义》，中华书局1987年版，第10册，第2582页。

[⑤] 《十三经注疏（标点本）·礼记正义》，中册，第885页。

[⑥] （清）俞樾：《群经平议》卷二十一《礼记·史进象笏》条，参见《续修四库全书》，上海古籍出版社2002年版，第178册，第335页。

哭乃讳。敬鬼神之名也",郑玄注云:"讳,辟也。生者不相辟名。卫侯名恶,大夫有名恶,君臣同名,《春秋》不非。"针对郑注所言"卫侯名恶,大夫有名恶",孔颖达《礼记正义》有所讨论称:"案鲁襄公二十八年,'卫石恶出奔晋';二十九年,'卫侯衎卒',卫侯恶乃即位;与石恶不相干",并引述熊氏云:"石字误,当云大夫有名恶。知者,昭七年'卫侯恶卒',《穀梁传》云:'昭元年有卫齐恶,今卫侯恶,何谓君臣同名也?'君子不夺人亲所名也。是卫齐恶不得为石恶也。"① 然而,确有如杜佑《通典》卷一百四《礼》六十四《卒哭后讳及七庙讳字议》中引述郑玄注即作"大夫有石恶"。就此,阮元根据疏文所引熊氏说而校云:"据此是注本作'石恶'。"② 此外,清人陈立《公羊义疏》卷六十一针对《公羊传·昭公元年》"叔孙豹会晋赵武、楚公子围、齐国酌、宋向戌、卫石恶"的何休注所云"戌、恶皆与君同名",就是直接引述《礼记正义》所引熊安生的说法作为校正性参考的。③ 可见,熊安生此处纠正误字起到了文本校勘的作用。

再有,有关《乐记》篇目的问题。例如,《礼记·乐记》"乐者为同,礼者为异……如此,则民治行矣",针对这一章,孔颖达《礼记正义》引述皇侃的说法称:"从'王道备矣'以上为《乐本》,从此以下为《乐论》,今依用焉。此十一篇之说,事不分明。郑《目录》十一篇略有分别,仔细不可委知。"又引述熊安生的说法称:"十篇,郑可具详。依《别录》十一篇,所有《宾牟贾》,有《师乙》,有《魏文侯》,今此《乐记》有《魏文侯》,乃次《宾牟贾》、《师乙》为末,则是今之《乐记》十一篇之次与《别录》不同。推此而言,其《乐本》以下亦杂乱,故郑略有分别。"之后孔颖达判断性的指出:"案熊氏此说,不与皇氏同。"④ 这表明孔颖达认为皇、熊之说均可参考,所以存之。

对于这个问题,清代学者丁晏指出:"据熊所言次第,与郑君合,是郑君依子政(刘向)之本,而熊安生又依郑君之本,自汉以来未之有改

---

① 《十三经注疏(标点本)·礼记正义》,上册,第86、87页。
② 《十三经注疏(标点本)·礼记正义》,上册,第86页。
③ (清)陈立:《公羊义疏》,《续修四库全书》,上海古籍出版社2002年版,第130册,第598页。
④ 《十三经注疏(标点本)·礼记正义》,中册,第1085页。

也。唐孔颖达依皇侃本以作正义，始改郑君之旧。"① 言语间透露出对熊安生承继郑玄一系的肯定之意。又清代礼学家黄以周也有所辨析，一方面也提到"孔疏从皇侃所定篇目，云'熊氏此说不与皇氏同'"，并且说"皇、熊之异，孔疏言之不详，今不能定其是非"；另一方面又指出"其云《乐本》以下亦杂乱，郑略有分别，此说未是"。接着有所论证说："《目录》云略有分焉，谓记者虽合十一篇为一篇，而每篇仍略有分别，未尝杂乱，其文非郑自分之也。故《目录》但记篇次之先后，无分别语。注中亦无一语及篇目，孔疏沿熊谬，谓郑《目录》十一篇略有分别，既有分别又何仔细不可悉知邪？既有分别，又何皇、熊敢异说邪？总之，熊氏之说固不可信，即皇氏所定篇目亦难尽据。"② 这里则是说孔颖达沿袭了熊安生的谬说。并对皇侃说也表示质疑。由此可见，对熊安生的说法，后世至清代学者也有不同的评价。

另外在一些制度、礼仪方面的解释上，孔颖达也有多处保留了熊安生的说法。例如有关殷周时代的赋税制度。《礼记·王制》"古者公田藉而不税"，郑玄注引《孟子》曰："夏后氏五十而贡，殷人七十而助，周人百亩而彻。"并称："则所云古者，谓殷时。"对此，孔颖达《礼记正义》说："引《孟子》者，证三代税法不同。按《孟子》滕文公问为国于孟子，孟子对曰：'夏后氏五十而贡，殷人七十而助，周人百亩而彻，其实皆什一。'进而，孔颖达引述刘瓛及皇侃的说法称："刘氏及皇氏皆云：夏时民多，家得五十亩而贡五亩。殷时民稍稀，家得七十亩而助七亩。周时其民至稀，家得百亩而彻十亩。故云其实皆什一。而云夏时人众，殷世人稀。又十口之家，惟得五十亩之地，皆不近人情，未知可否。"同时又对比性地引述熊安生的说法称："熊氏一说以为夏政宽简，一夫之地，惟税五十亩。殷政稍急，一夫之地，税七十亩。周政极烦，一夫之地，税皆通税。所税之中，皆十而税一，故云其实皆什一。此则计田虽不得什一，理稍可通。既古意难知，故彼此俱载。"③ 这里以不确定的"未知可否"和有所肯定的"理稍可通"，对刘瓛及皇侃与熊安生的

---

① （清）丁晏：《礼记释注》卷三，清六艺堂诗礼七编本。参见《续修四库全书》，上海古籍出版社2002年版，第106册，第31页。

② （清）黄以周：《礼说》六《杂箸》之一，清光绪二十年南菁讲舍刻《儆季杂著》本。参见《续修四库全书》，上海古籍出版社2002年版，第112册，第764页。

③ 《十三经注疏（标点本）·礼记正义》，上册，第395页。

相关解说进行了判断和评价。

再如有关丧礼之仪。《礼记·丧大记》"君无襚,大夫、士毕主人之祭服,亲戚之衣受之,不以即陈",郑玄注云:"无襚者,不陈不以敛。"针对郑注,孔颖达《礼记正义》称引了皇侃、熊安生的说法。其云:"如皇氏之意,臣有致襚于君之礼,故《少仪》云臣致襚于君,但君不陈,不以敛。"又称熊氏云:"君无襚大夫、士,谓小敛之时,君不合以衣襚。大夫、士虽有君襚,不陈,不以敛,故云无襚。大夫、士至大敛,则得用君襚,故《士丧礼》大敛时云君襚,祭服不倒。"并说:"其义俱通,故两存焉。"值得注意的是,清代姚范在讨论《仪礼·士丧礼》"君使人襚"的贾公彦疏引《丧大记》此句时,也有所评议说:"孔疏与皇氏、熊氏三说各异","今贾疏与熊氏合而亦微异","范谓记礼之家其说互异,不能一一以求其同,而后儒欲彼此并证以求伸,盖有不安者矣"。这指明了礼家之说往往见仁见智,不能求其解说的同一和绝对的互证。当然随后姚氏也表述了对《丧大记》此段经文的见解说:"《丧大记》似云君襚当用,其无襚则大夫士自毕其祭服而用之,虽亲戚之衣,受之不以即陈也。盖君或不在其国,又或国有他故,容有不襚者。礼文残缺,未可悉考也。"[①] 这多少也表现出一种存疑的态度。

再如有关左史、右史的问题。《礼记·玉藻》有"动则左史书之,言则右史书之",郑玄注云:"其书,《春秋》、《尚书》其存者。"孔颖达《礼记正义》有所讨论说:"经云'动则左史书之',《春秋》是动作之事,故以《春秋》当左史所书。左阳,阳主动,故记动。经云'言则右史书之',《尚书》记言诰之事,故以《尚书》当右史所书。右是阴,阴主静故也。《春秋》虽有言,因动而言,其言少也。《尚书》虽有动,因言而称动,亦动为少也。"又称:"《周礼》有五史,有内史、外史、大史、小史、御史,无左史、右史之名者。"[②] 可见,孔颖达是在郑玄注的基础上,以《春秋》和《尚书》为左史、右史的代表之书。接着就是引述熊安生的说法。

熊安生对左史、右史所谓记言记事的认识和理解是有自己的经典依

---

[①] (清)姚范:《援鹑堂笔记》卷八经部,清道光姚莹刻本。参见《续修四库全书》,上海古籍出版社2002年版,第1148册,第465页。

[②] 《十三经注疏(标点本)·礼记正义》,中册,第877、878页。

据的。所以他说："按《周礼·大史之职》云：'大师，抱天时，与大师同车。'又襄二十五年《传》曰：'大史书曰：崔杼弑其君。'是大史记动作之事，在君左厢记事，则大史为左史也。按《周礼》'内史掌王之八枋'，其职云：'凡命诸侯及孤卿大夫，则策命之。'僖二十八年《左传》曰：'王命内史叔兴父，策命晋侯为侯伯。'是皆言诰之事，是内史所掌在君之右，故为右史。是以《酒诰》云：'矧大史友、内史友。'郑注：'大史、内史，掌记言记行。'① 是内史记言，大史记行也。此论正法，若其有阙，则得交相摄代，故《洛诰》史逸命周公伯禽，服虔注文十五年传云：'史佚，周成王大史。'襄三十年，郑使大史命伯石为卿，皆大史主爵命，以内史阙故也。以此言之，若大史有阙，则内史亦摄之。按《觐礼》，赐诸公奉箧服，大史是右者，彼亦宣行王命，故居右也。此论正法，若春秋之时，则特置左、右史官，故襄十四年左史谓魏庄子，昭十二年楚左史倚相。《艺文志》及《六艺论》云：'右史纪事，左史记言。'与此正反，于传记不合，其义非也。"② 这里按照熊安生的理解，《周礼》中虽然没有左史、右史的官职，但是从《左传》的有关记载可知，"大史记动作之事，在君左厢记事，则大史为左史也"；"内史所掌在君之右，故为右史"，这从郑玄注《尚书·酒诰》所称"大史、内史，掌记言记行"也可以证明"内史记言，大史记行"。而《艺文志》和《六艺论》所讲的"右史纪事，左史记言"之说就是不正确的。孔颖达保留了熊安生的这些说法和论证过程，可以窥见熊安生论证的逻辑依据和可信性。

此外，熊安生还有关于辨明礼等，即指出天子诸侯大夫礼之不同方面的一些解说，也得到了孔颖达的重视和称引。

例如，《礼记·曾子问》有"凡告用牲币，反亦如之"，郑玄注云："'牲'当为'制'字之误也。孔颖达《礼记正义》称：'皇氏、熊氏以此为诸侯礼，不应用牲'，故'牲'当为'制'。"又称引熊安生的解说为据称："其天子则当用牲，故熊氏云：'郑注《周礼·大祝职》引此文云"告用牲币"，不破牲字，是天子用牲币也。必知天子用牲者，《校人》

---

① 此郑注文，可参见（清）孙星衍《尚书今古文注疏·酒诰》，中华书局1986年版，下册，第382页。

② 《十三经注疏（标点本）·礼记正义》，中册，第877、878页。

云:"王所过山川,则饰黄驹",是用牲也。必知诸侯不用牲者,约下文云"币帛皮圭以告",故知不用牲也。或天子诸侯出入有告有祭,故告用制币一丈八尺。其卿大夫唯入祭而已,故《聘礼》既使而反祭用牲也。'"① 熊安生通过引述郑玄《周礼注》和约略《曾子问》的下文来证明天子用牲币和诸侯用制币的礼仪,以申明郑玄注的正确。不过,清人翁方纲对孔颖达《礼记正义》有所质疑说:"验此疏文,则其傅会郑说以改经字,实是无所证据耳。"② 那么熊安生的解释是否可以让翁氏认同则也未可知。

又如,《礼记·丧大记》"浴水用盆,沃水用枓,浴用絺巾,挋用浴衣"一句,孔颖达《礼记正义》一方面在"'沃水用枓'者,用枓酌盆水沃尸"的解说之后引述了熊安生的解释云:"用盘于床下承浴水。"随后而解说称:"'浴用絺巾'者,絺是细葛,除垢为易,故用之也。《士丧礼》云:'浴巾二,皆用绤。'"再又引述熊氏的解说云:"此盖人君与大夫礼。"由此,孔颖达推断说:"或可大夫上絺下绤,故《玉藻》云'浴用二巾,上絺下绤'是也。"③ 这样,熊氏解说中的礼等之义也有体现。

再如,《礼记·丧大记》有"凡陈衣不诎,非列采不入,絺、绤、纻不入",郑玄注云:"列采,谓正服之色也。絺、绤、纻者,当暑之亵衣也。袭尸重形,冬夏用袍,及敛则用正服",孔颖达《礼记正义》针对郑注"袭尸"至"正服"而指出:"如熊氏之意,此谓大夫以下,若公则袭亦不用袍。"④ 表明孔颖达有意识地保留熊安生注重辨明礼等的解释。

还有,《礼记·少仪》有"乘贰车则式,佐车则否",郑玄注云:"贰车、佐车皆副车也。朝祀之副曰贰,戎猎之副曰佐。"针对郑注,熊安生则说:"此云'戎猎之副曰佐'者,据诸侯礼也。"⑤ 这也是在明确礼等的前提下的理解和认识。

至此以上,诚可见孔颖达《礼记正义》中对熊安生《礼记义疏》中的解说多种意义上的认同和保留,有不少也成为《礼记正义》疏解上的

---

① 《十三经注疏(标点本)·礼记正义》,中册,第 574 页。
② 《礼记附记》卷一,清稿本。参见《续修四库全书》,上海古籍出版社 2002 年版,第 103 册。
③ 《十三经注疏(标点本)·礼记正义》,下册,第 1256 页。
④ 《十三经注疏(标点本)·礼记正义》,下册,第 1265 页。
⑤ 《十三经注疏(标点本)·礼记正义》,下册,第 1032 页。

参考和依据。我们也可以看到，后世学者主要是清代学者对熊安生《礼记》解说进行多方面认识及评议，形成了《礼记》学的跨时代的传承方式。

经学是中国古代传统的文脉，这个文脉的传承和发扬光大，依靠着那些赖以安身立命的历代儒者们对经典的不断习学、讲明和传授，从而将经学中的各种知识和道理作为一种精神文明传递下来。而礼学作为经学的一个部分，在经过东汉、魏晋之后，正是如熊安生、皇侃等各居南北的儒者们汇集力量，支撑和维系着以礼学为核心的经学文脉承上启下的流动。熊安生作为北方大儒，在经学方面受到郑玄学的深厚影响，他在引证传统经典、承继门派师说和综合各家道理的基础上，对《礼记》和相关经典提出自己的解释和说明，形成了自身礼记学的风貌与特色，为后来者提供了可资参考的理解与认识。更主要的是，熊安生的礼记学呈现出了在南北朝这样一个政治与社会变乱纷仍的历史时代，经学文脉作为文化传统如何能够川流不息地随时徜徉，运行于他们的思绪之间，形诸笔墨之上。到了隋唐统一之后，造就了官方经学，熊安生、皇侃等人的学说部分地收入了《礼记正义》，为后世经学者研读和考察。对于经典文字本身以及相关礼仪制度的差异性、相关性、联系性和一致性的不同认识与理解，便导致认同与否定的判断和评价，孔颖达的《礼记正义》就显现出这样的性质，如其完整地保留了郑玄注，以及对熊安生、皇侃各著《礼记义疏》解说的选取和评判。然而，通过对这些方面的考察，可以使我们深切地感受到在汉唐之间中古经学史上礼学家们所关心的经学问题是什么，在认识上有哪些异同。笔者所条理的些许信息，也可谓一种研读和瞻仰之所得。

## 第三节　南朝皇侃的《礼记》学及其经学史价值

### 一　皇侃和他的《礼记义疏》

皇侃作为南北朝时期经学注疏学继承与发展中的南学代表，与北朝的熊安生齐名，在汉唐之间的经学史上有着比较重要的地位。在孔颖达《〈礼记正义〉序》提到的传承礼学的人物时说："其为义疏者，南人有贺循、贺玚、庾蔚、崔灵恩、沈重、范宣、皇甫侃等。"此皇甫侃就是皇侃。

有关皇侃，《梁书·儒林传》中记载了他的学术生涯：皇侃，吴郡人，为三国孙吴时期青州刺史皇象的九世孙。皇侃年少时就好学，师事贺蒨，精力放在专门之学，遂尽通师业，尤其长于《三礼》《孝经》《论语》诸经。成年后任兼国子助教之职起家，在国子学讲说，听者达数百人。后撰成《礼记讲疏》五十卷，上奏朝廷引得重视，受诏付秘阁。不久被召入寿光殿讲授《礼记义》，得到梁武帝的认可，而后拜为员外散骑侍郎，仍兼助教。皇侃极为孝顺，每天诵读《孝经》二十遍，以拟《观世音经》。后遭逢母亲丧事，便解职还乡。平西邵陵王钦佩皇侃的学问，厚礼迎之。后因感心疾，于大同十一年（545）卒，时年五十八岁。而皇侃所撰《论语义》十卷和《礼记义》一并见重于世，得到学者传览。① 又《梁书·武帝本纪下》也有记载说梁武帝大同四年，"冬十二月丁亥，兼国子助教皇侃表上所撰《礼记义疏》五十卷"②。可见，皇侃对自己的著述十分看重，也希望对朝廷官学有所影响。

时至今天，我们知道，完整的皇侃《礼记义疏》在历史上就已经失传了，而在唐代孔颖达的《礼记正义》当中，则引述和保留了很多皇侃《礼记义疏》的文字，在数量上超过了对熊安生的引述，清人马国翰辑《玉函山房辑佚书》中有所汇集。③ 粗略统计，《礼记正义》中称引"皇氏"有近400处，其中称"皇氏云"有200余处，称"皇氏以为"有近50处。此外，在唐代陆德明《经典释文·礼记音义》中，也保留有50余条皇侃对《礼记》各篇中一些字词音义的标注。从这些资料当中可以看到皇侃《礼记》学的一些特点。

孔颖达在《〈礼记正义〉序》中评价皇侃时说："皇氏虽章句详正，微稍繁广，又既遵郑氏，乃时乖郑义，此是木落不归其本，狐死不首其丘。"又针对这样的弊病，而称其"未为得也"，并且对其解说内容大加非议的地方很多。也正因为如此，孔颖达对皇侃解说内容的保留就是比较有限的了，常常以"略而不载"的方式对待，即如孔颖达在《礼记正义·郊特牲》中所说："皇氏于此经之首，广解天地百神用乐委曲，及诸杂礼制，繁而不要，非此经所须。又随事曲解，无所凭据，今皆略而不

---

① 《梁书》卷四十八《儒林传》，中华书局1973年版，第680、681页。
② 《梁书》卷三《武帝本纪下》，第82页。
③ （清）马国翰辑：《玉函山房辑佚书》，广陵书局2005年版，第1000—1037页。

载。其必有所须者，皆于本经所须处各随而解之。他皆仿此。"① 还有在《礼记正义·曲礼上》"夫礼者，所以定亲疏，决嫌疑，别同异，明是非也"一句后面，孔颖达说："但嫌疑同异是非之属，在礼甚众，各举一事为证。而皇氏具引，今亦略之。"② 因此可以说，我们今天所能看到的孔颖达《礼记正义》中所保留的皇侃之说，在内容上是有所取舍的。

因为孔颖达《礼记正义》首先是全文保留了郑玄注，而且对其他后世注者的议论和评价也都是以郑注为标准的，那么对于皇侃解说的内容，也是在郑注的标准之下加以评判的，从而既有肯定的评价，也有否定的评价，还有不确定的判断等几个方面。在我们今天看来，则可以集中概括为三个方面，一是皇侃对郑注的引申和发挥，二是皇侃解说与郑注的不同，三是在皇侃关注的问题上所体现出的礼学见解如何。焦桂美《南北朝经学史》一书有专门章节对皇侃《礼记义疏》的特色及经学成就有所论述，潘斌《皇侃〈礼记〉学探论》、华喆《孔颖达〈礼记正义〉取舍皇侃疏研究》等文对其礼学特点也有探讨和概括性总结，都是值得参考的相关研究。③

## 二 皇侃《礼记义疏》的基本内容及其特点

（一）对郑注的引申和发挥

正如孔颖达所评价的那样，皇侃在解说《礼记》本文章句的时候，有着"既遵郑氏"的一面，也就是在郑玄注的基础上进行一些引申和发挥。

例如，《礼记·曲礼上》"敖不可长，欲不可从，志不可满，乐不可极"一句，郑玄注云："四者慢游之道，桀、纣所以自祸。"于此，孔颖达说："案《尚书》、《史记》说纣恶甚多，不可具载。"接着就直接引述了皇侃的解说，皇氏云："斮朝涉之胫，剖贤人之心，是长敖也。糟丘酒

---

① 本节所引皇侃《礼记义疏》的文字，均据自孔颖达《礼记正义》，所参用的版本是李学勤主编、龚抗云整理、王文锦审定《十三经注疏（标点本）·礼记正义》上、中、下，北京大学出版社1999年版。该条见于《十三经注疏（标点本）·礼记正义》，中册，第769页。
② 《十三经注疏（标点本）·礼记正义》，北京大学出版社1999年版，上册，第13页。
③ 焦桂美：《南北朝经学史》，上海古籍出版社2009年版；潘斌：《皇侃〈礼记〉学探论》，《青海社会科学》2008年第2期；华喆：《孔颖达〈礼记正义〉取舍皇侃疏研究》，《文史》2014年第3辑。

池之等，是从欲也。玉杯象箸之等，是志满也。靡靡之乐，是乐极也。桀之为恶，唯有民队涂炭，淫于妹嬉之事，虽史传不言四事，亦应俱有四者之恶，故纣焚宣室，桀放南巢，但'天作孽，犹可违，自作孽，不可逭'，桀、纣皆自身为恶，以致灭亡，故云'自祸'也。"① 这里皇侃以列举一些历史记载中的现象，来证明郑玄注所讲的桀、纣作恶多端自取灭亡的情况。可以说是对郑玄注的引申。"斮朝涉之胫，剖贤人之心"出自《尚书·泰誓》；相关诸说多见于先秦两汉诸子记述，如《韩非子·喻老》有"昔者纣为象箸……纣为肉圃，设炮烙，登糟丘，临酒池，纣遂以亡"的记述，《吕氏春秋·过理》有"糟丘酒池，肉圃为格……截涉者胫而视其髓……杀比干而视其心"的记述，《淮南子·本经训》有"纣为肉圃酒池"，《说苑·反质》有"纣为鹿台，糟丘酒池肉林，宫墙文画，雕琢刻镂，锦绣被堂，金玉珍玮，妇女优倡，钟鼓管弦，流漫不禁，而天下愈竭，故卒身死国亡，为天下戮"，《论衡·语增篇》有"纣为长夜之饮，糟丘酒池，沉湎于酒，不舍昼夜，是必以病"之论，讲的都是殷纣奢靡无道之行。可见皇侃据以引申郑注的解说，在于表明其说于史有据，持之有故，言之成理。

又如，《礼记·月令》"命仆及七驺咸驾"，郑玄注云："七驺，谓趣马，主为诸官驾说者也。""趣马"一词作为职官名，见于《尚书·立政》、《周礼·校人》，为掌马之小官。由郑注可知"七驺"属此。皇氏则云："天子马有六种，种别有驺，则六驺也。又有总主之人，并六驺为七，故为七驺。"② 这也是对郑玄注的引申，具体讲明"七驺"的含义。从此说的后世影响来看，宋明不少礼学著述多将皇侃此说淹没在了孔颖达的疏语当中，如宋卫湜的《礼记集说》卷四十、元吴澄的《礼记纂言》卷六下、明胡广撰《礼记大全》卷六、丘濬的《大学衍义补》卷一百二十四等皆是。而清代学者如郝懿行的《礼记笺·月令》、朱彬的《礼记训纂》卷六则以称引皇侃之说作为对"七驺"的解释，也可见清代学者的严谨。

再比如，《礼记·丧服小记》"为慈母后者，为庶母可也，为祖庶母可也"一句，郑玄注云："谓父命之为子母者也，即庶子为后，此皆子

---

① 《十三经注疏（标点本）·礼记正义》，上册，第 8 页。
② 《十三经注疏（标点本）·礼记正义》，中册，第 537 页。

也，传重而已。"皇侃则有云："此郑注总解经慈母、庶母、祖庶母三条也，皆是庶子父命之使事妾母也，故云'父命为子母'也。"① 皇侃所言在于强调郑玄注文解义的重点在于"父命"上，从而使经义更为明确。

还有，《礼记·郊特牲》"故春禘而秋尝"，郑玄注云："此'禘'当为'禴'字之误也。《王制》曰：'春禴夏禘。'"皇氏云："此既破禘为禴，故于《祭统》春禘秋尝，不复更破，从此可知也。"② 我们知道，所谓破字是训诂学上以本字纠正误字的意思。这里皇侃是说郑玄将错误的"禘"字转换成正确的"禴"字后，对经文中再重复出现同样的字例就不再加以指出的情况。

再有，《礼记·内则》"由命士以上及大夫之子，旬而见"，郑玄注云："'旬'当为'均'，声之误也。有时適、妾同时生子，子均而见者，以生先后见之。既见乃食，亦辟人君也。《易·说卦》'坤为均'，今亦或作'旬'也。"于此，皇氏则云："母之礼见子，象地之生物均平，故引《易》以为'均'。"③ 不过，孔颖达《礼记正义》认为，郑玄注引《易》确实有如皇侃所言"象地之均平"的意思，但是皇侃只是将郑玄的解释限定在"母之礼见子"上则是不恰当的，孔颖达认为："若然，按《周礼·均人》职云'上年公旬用三日'，郑注亦引《易》'坤为均'，岂是母见子之礼！皇氏说非也。"可见，这里孔颖达对皇侃之说既有认同，也有否定。对此，清代臧庸（镛堂）《周易郑注叙录》在引述郑注《内则》"由命士以上及大夫之子旬而见"及孔疏条下，有评议说："按象地之均平，盖本先师《易》注，故皇氏据之以说礼。然郑注引《易》之意，则当从孔说。"④ 可以说，臧氏也是一方面注意到皇侃引郑玄《周易注》来解说《礼记》，同时又认同孔颖达的判断。

此外涉及一些名物制度的解释，皇侃也是在郑注的基础上有详细说明。例如《礼记·少仪》"祭祀之美，齐齐皇皇"，郑玄注云："齐齐皇皇，读如归往之往。'美'皆当为'仪'字之误也。"皇氏云："谓心所

---

① 《十三经注疏（标点本）·礼记正义》，中册，第982页。
② 《十三经注疏（标点本）·礼记正义》，中册，第774、775页。
③ 《十三经注疏（标点本）·礼记正义》，中册，第868页。
④ （清）臧庸：《周易郑注叙录》，《续修四库全书》，上海古籍出版社2002年版，第1册，第72页。

系往。孝子祭祀，威仪严正，心有继属，故齐齐皇皇。"① 显然，皇侃是在着重强调说明祭祀礼仪场面上祭祀者的心之所系、心之归往的状态。清江永《礼书纲目》卷七十六、段玉裁《说文解字注》卷七篇上，都对皇侃此说有所引述，可见对其说的重视。

又如，《礼记·文王世子》"其公大事，则以其丧服之精粗为序……"句下，郑玄注云："其为君虽皆斩衰，序之必以本亲也。"皇氏则云："以为丧服以粗为精，故郑注《杂记》云'臣为君三升半'，微细焉，则属于粗。是知斩为精，齐为粗。"② 这是皇侃引述不同篇中有关的郑玄注而加以引申说明的例子。

再如《礼记·丧大记》"公之丧，大夫俟练，士卒哭而归"，郑玄注云："此公，公士、大夫有地者也。其大夫、士归者，谓素在君所食邑之臣。"皇氏云："素，先也。君所食都邑，谓公士、大夫之君采地，言公士、大夫在朝廷而死，此臣先在其君所食之采邑，故云'素在君所食都邑之臣'，君丧而来服，至小祥而各反，故云归也。"③ 这里皇侃是对郑玄注的进一步引申来解释经文的含义。孔颖达评价说："皇氏所解于文为便。"这是对皇侃解说的肯定。

再如《礼记·玉藻》"衣正色，裳间色"，郑玄注云："谓冕服，玄上纁下。"皇氏则云："正谓青、赤、黄、白、黑，五方正色也。不正谓五方间色也，绿、红、碧、紫、骝黄是也。青是东方正，绿是东方间，东为木，木色青，木剋土，土黄并以所剋为间，故绿色青黄也。朱是南方正，红是南方间，南为火，火赤剋金，金白，故红色赤白也。白是西方正，碧是西方间，西为金，金白剋木，木青，故碧色青白也。黑是北方正，紫是北方间，北方水，水色黑，水剋火，火赤，故紫色赤黑也。黄是中央正，骝黄是中央间，中央为土，土剋水，水黑，故骝黄之色黄黑也。"④ 这里，皇侃对颜色上的正色和非正色进行了细致的说明，便于理解经文含义，也有丰富和补充郑注的性质。后世《礼记》学及其他经学著述对皇氏此说多有称述，如宋邢昺《论语注疏》卷十七《阳货》

---

① 《十三经注疏（标点本）·礼记正义》，中册，第1028页。
② 《十三经注疏（标点本）·礼记正义》，中册，第641页。
③ 《十三经注疏（标点本）·礼记正义》，下册，第1275页。
④ 《十三经注疏（标点本）·礼记正义》，中册，第897页。

# 第一章　魏晋南北朝到唐的礼记学

"子曰：恶紫之夺朱也"及何晏注云"孔曰：'朱，正色。紫，间色之好者。恶其邪好而夺正色'"句后"正义曰"引"皇氏云"①，宋孙奭《孟子注疏》在《题辞解》"佞伪驰骋，红紫乱朱"句后疏案引述"皇氏云"②，宋卫湜《礼记集说》卷七十三五引"皇氏曰"③、宋魏了翁《礼记要义》卷十三"五方正色间色"条下④，还有清蔡孔炘《经学提要》卷十一引《玉藻疏》中的皇侃说⑤、清江永《乡党图考》卷六《红紫考》引《玉藻》疏文中的皇侃说⑥、清朱彬《礼记训纂》卷十三⑦、清孙希旦《礼记集解》卷二十九⑧，等等，这些引述足见皇侃说的经学影响所及。

还有，如《礼记·曾子问》有曾子问曰："古者师行，必以迁庙主行乎？"孔子曰："天子巡守，以迁庙主行，载于齐车，言必有尊也。"在此处未见郑玄有所注文。而对于"迁庙主行"，皇侃则有解释说："谓载新迁庙之主。"这可以说是补充性解说。孔颖达对此称："义或然也。"又在随后的经文中，有曾子问："古者师行无迁主，则何主？"孔子答曰："主命。"曾子又问："何谓也？"孔子回答说："天子诸侯将出，必以币、帛、皮、圭告于祖祢，遂奉以出载于齐车以行。每舍奠焉，而后就舍。"针对孔子的话，郑玄有注解释说："以脯醢礼神，乃敢即安也。所告而不以出，即埋之。"针对郑注，皇氏则称："谓有迁主者，直以币、帛告神，而不将币、帛以出行，即埋之两阶之间。无迁主者，加之以皮圭告于祖祢，遂奉以出。"⑨ 此处可见，皇侃是在郑玄注的基础上进一步对经文的"有迁主""无迁主"的两种情形加以解说，使经义更加明了清晰。

（二）对郑玄无注处的解说

除了引申和发挥郑玄注之外，皇侃在郑玄没有出注或未做详细说明的地方，也多有解说，这既可以看作是对郑玄解说的补充，也可以说体现了皇侃的礼学见解。尽管不一定均为孔颖达等后世经注家所认同，但

---

① 《十三经注疏（标点本）·论语注疏》，北京大学出版社1999年版，第240页。
② 《十三经注疏（标点本）·孟子注疏》，北京大学出版社1999年版，第6页。
③ 《文渊阁四库全书》，第118册，第576页。
④ 《礼记要义》，《续修四库全书》，上海古籍出版社2002年版，第96册，第708页。
⑤ 《经学提要》，清道光五年刻本，第128页。
⑥ 《文渊阁四库全书》，第210册，第855页。
⑦ （清）朱彬：《礼记训纂》，中华书局1996年版，第456页。
⑧ （清）孙希旦：《礼记集解》，中华书局1989年版，中册，第801页。
⑨ 《十三经注疏（标点本）·礼记正义》，中册，第588、589页。

毕竟体现出了南朝礼学的代表性学说风貌，反映了那一时代的学术取向。

比如《礼记·檀弓上》"子思之哭嫂也为位"，郑玄注云："善之也。礼，嫂叔无服。"郑玄并未对子思作注解。而孔颖达《礼记正义》中说："此子思哭嫂，是孔子之孙，以兄先死，故有嫂也。"并称："皇氏以为原宪，字子思。"① 也就是说皇侃在解说中认为这里的"子思"是指孔子弟子原宪。确实，根据司马迁《史记·仲尼弟子列传》的记载有："原宪字子思。"同时还记载其与孔子的问对："子思问耻。孔子曰：'国有道，穀。国无道，穀，耻也。'"又"子思曰：'克伐怨欲不行焉，可以为仁乎？'孔子曰：'可以为难矣，仁则吾弗知也。'"这两句问对也见于《论语·宪问》，但是原文为"宪问耻"，并没有说是子思。因此孔颖达对皇侃的解说不以为然地辨析说："若然，郑无容不注，郑既不注，皇氏非也。"孔颖达的意思是说，如果经文指的真是原宪，那么郑玄不会不注明的；而既然郑玄没有特别就这个"子思"出注说明，也就是默认为孔子之孙子思（孔伋）而非他人，所以皇侃这里的注解是不确切的。

不过，后世学者也有认同皇侃解说而有所考辨者，如清代学者阎若璩在考证孔子之孙孔伋（子思）"无兄"的史实过程中提出："子思有兄，生于子思有嫂；子思有嫂生于《檀弓》误解子思之哭嫂也，为位妇人倡踊。康成以子思即孔伋，皇氏以为原宪字子思，皇氏说是。"并进一步根据《史记·仲尼弟子列传》指出，包括原宪、"弟子燕伋字思"，"当时固有三子思矣，奈何必取我乃无兄之子思坐以哭嫂哉！"② 此外，另一位清代学者赵绍祖也注意到这个问题，从古人称呼"名"和"字"的不同上而倾向皇侃的说法，称："孔疏：'皇氏以为原宪，字子思。郑既不注，皇氏非也。'余案：曾子，子思之师，师不当以字称弟。下章曾子谓子思曰：'伋，吾执亲之丧也。'呼其名者是也。此恐当从皇氏，不然，'子思之哭嫂也'以下，是记礼者之辞，非曾子之善之也。又不然，此曾子是曾申，"③ 从这些分析可见，皇侃之说是有其合理性的。

当然，为孔颖达所认同的皇侃解说也是有的，比如《礼记·月令》

---

① （清）阎若璩：《十三经注疏（标点本）·礼记正义》，上册，第199页。

② （清）阎若璩：《尚书古文疏证》卷二，第十七《言安国古文学源流真伪》，上海古籍出版社2010年版，第64页。

③ （清）赵绍祖：《读书偶记》卷三"子思之哭嫂也为位"条，中华书局1997年版，第43页。

第一章　魏晋南北朝到唐的礼记学　　73

"挺重囚，益其食"，郑玄注云："挺犹宽也。"再无详解。因此孔颖达指出："'益其食''挺重囚'连文，郑又无注。皇氏以为增益囚之饮食，义当然也。"而对北朝熊安生之说的评价与此不同，"熊氏以为益群臣禄食，其义非也"①。我们参考后世的经注可知，都是将经文连读，宋人马睎孟解释说："益重囚之食，不以其罪废不忍人之政也。"② 元代陈澔《礼记集说》称："重囚禁系严密，故特加宽假，轻囚则不如是。益其食者，加其养也。"清代孙希旦《礼记集解》也说："重囚禁系严密，是月少宽之，而且益其食，恐其暑热以致也。"③ 由此可见，后世的解说与皇侃一致。而熊安生的解说将经文分为两句，意思就大为不同。

此外，涉及郑玄无详注，或诸儒无解说的内容，皇侃有解说而为孔颖达完全采用的内容。比如《礼记·内则》"蜗醢而苽食、雉羹……卵盐"，郑玄注云："自蜗醢至此二十六似皆人君燕所食也。"对于"自蜗醢至此二十六物"的具体所指和名目，皇侃说："蜗，一也。苽食，二也。雉羹，三也。麦食，四也。脯羹，五也。鸡羹，六也。析稌，七也。犬羹，八也。兔羹，九也。濡豚，十也。濡鸡，十一也。濡鱼，十二也。濡鳖，十三也。自此以上，醢之与酱，皆和调濡渍鸡豚之属，为他物而设之，故不数矣。自此以下，醢及酱各自为物，但相配而食，故数之。殷脩，十四也。蚳醢，十五也。脯羹重出。兔醢，十六也。麋肤，十七也。鱼醢，十八也。鱼脍，十九也。芥酱，二十也。麋醢，二十一也。醢，二十二也。酱，二十三也。桃诸，二十四也。梅诸，二十五也。卵盐，二十六也。"对此，孔颖达直言："诸儒更无所说，今依用之。"④

再如《礼记·内则》的"濡豚包苦实蓼，濡鸡醢酱实蓼，濡鱼卵酱实蓼，濡鳖醢酱实蓼"，对于"实蓼"，郑玄无注，皇侃则解释说："谓破开其腹，实蓼于其腹中，又更缝而合之。"⑤ 通过皇侃的解说可知这种烹饪方式的细节。而在皇侃解说的基础上，清人孙希旦进一步说："四者皆

---

① 《十三经注疏（标点本）·礼记正义》，上册，第504页。
② （宋）卫湜：《礼记集说》卷四十二、（明）邱濬：《大学衍义补》卷一百七、《钦定礼记义疏》卷二十二均有引述。
③ （清）孙希旦：《礼记集解》，中华书局1989年版，上册，第452页。
④ 《十三经注疏（标点本）·礼记正义》，中册，第846页。
⑤ 《十三经注疏（标点本）·礼记正义》，中册，第845页。

破开其腹,实蓼于其中,更缝而合之以煮也。"① 这样,这种古代烹饪方式的过程就更加明晰了。

(三) 对郑注以及《礼记》本文旳指误

皇侃除了遵照郑玄注的解说对《礼记》本文进行解释之外,当他发现郑注的疏误时,也会直截了当地指出来而不为尊者讳,这也是一种实事求是的治学态度。

比如,在《礼记·檀弓下》"弁绖葛而葬,与神交之道也"句后,郑玄注云:"接神之道,不可以纯凶。天子诸侯变服而葬,冠素弁,以葛为环绖,既虞卒哭,乃服受服也。"对此,皇氏云:"《檀弓》定本当言'既虞',与《丧服》注会云'卒哭'者,误也。"② 皇侃的意思是说,《檀弓》本文是讲"既虞",郑玄此处注与《丧服》注都讲"卒哭",这是有误的。而孔颖达的疏解,则说明了郑注的理由,《礼记正义》说:"云'卒哭,乃服受服也'者,以受服者无文,故郑解不定。《丧服》注:'天子诸侯既虞,大夫士卒哭,乃受服。'此云'卒哭乃受服',是不定,《丧服》以大夫以上卒哭与虞,其月不同;士虞与卒哭同在一月,故解为大夫以上既虞,士卒哭受服。"这样看来,皇侃的说法是否失之武断,也值得推敲。

还有,不限于对郑玄注《礼记》的文字,对涉及郑玄注《论语》的文字,皇侃也直接指明其误。如《礼记·明堂位》"有虞氏之两敦,夏后氏之四琏,殷之六瑚,周之八簋",于此郑玄注云:"皆黍稷器,制之异同,未闻。"而孔颖达引郑注《论语》有云:"夏曰瑚,殷曰琏。"皇侃显然也注意到郑玄此说,但是与其理解不同,所以他说:"郑注《论语》误也。此言两敦、四琏、六瑚、八簋者,言鲁之所得唯此耳。"③ 其实,从《论语注疏》所引郑玄注看,不过是称"包曰"而引述了包咸所谓"瑚琏,黍稷之器,夏曰瑚,殷曰琏,周曰簠簋"的说法。对此,孔颖达折中地说:"如《记》文,则夏器名琏,殷器名瑚。而包咸、郑玄等注此《论语》,贾、服、杜等注《左传》,皆云夏曰瑚。或别有所据,或相从而

---

① (清) 孙希旦:《礼记集解》,中册,第 745 页。

② 《十三经注疏(标点本)·礼记正义》,上册,第 270 页。值得注意的是,对于此句的标点与断句,根据孔颖达疏和前后语序逻辑而有所调整。吴友仁整理本《礼记正义》,以为丧服为篇名,作《丧服》(上海古籍出版社 2008 年版,第 368 页)。

③ 《十三经注疏(标点本)·礼记正义》,中册,第 951 页。

误也。"其中,也应该是对皇侃之说的部分肯定。而且,在皇侃的《论语义疏》中也说:"《礼记》云'夏之四琏,殷之六瑚',今云夏瑚,殷琏,讲者皆云是误也。故栾肇曰'未详也'。"① 不过,直到南宋朱熹《论语集注》,还是保留了与郑玄一致的"夏曰瑚,商曰琏"的说法②,所以清代王鸣盛在引述皇侃之说时又称"朱子仍郑误",即是指此。③

再有,《礼记·曾子问》"古者男子外有傅,内有慈母,君命所使教子也,何服之有",郑玄注云:"言无服也。此指谓国君之子也。大夫士之子,为庶母慈己者服小功,父卒乃不服。"那么,按照郑玄《仪礼·丧服》注所云:"士之妻自养其子,则不得有庶母慈己。"所以孔颖达说:"此云大夫士者,因大夫连言士耳,其实士无庶母慈己者。"然而,皇侃则直截了当地说:"有士误也。"④ 也就是认为郑玄在这里提到"士"是不妥当的。

另外,皇侃还有直接指出《礼记》本文当中的错误之处,比如《礼记·曾子问》"祝声三,曰:'某之子某,从执事敢见。'"皇侃说:"于时未立子名,不得云某氏之子某从执事。下有'某'字者,误也。"不过,孔颖达则指出:"今按定本及诸本皆有'某'字。"⑤ 再有,《礼记·杂记下》"功衰,吊,待事,不执事。"郑玄注云:"谓为姑、姊妹无主,殡不在己族者。"孔颖达则说:"'功衰,吊',本又作'大功衰,吊'。庾云'有大字,非'。"又说:"此云'功衰',他本或云'大功衰'。皇氏云:'有大字者,误也。'"⑥ 可见,根据郑玄注,皇侃和庾氏一样认为有"大"字是错误的。这两处的指误都是涉及《礼记》传本的问题。

(四) 关于异代法之说

还有几处的解说,皇侃提出了"异代法""异代礼"之说,也就是对属于不同时代的礼法的认定和解释,更多是以周代礼制为标准。

例如,《礼记·祭义》"见间以侠甒,加以郁鬯,以报魄也",郑玄注除了讲到"见间"当为"覸"一字之误外,还说:"覸以侠甒,谓杂之

---

① (南朝梁) 皇侃:《论语义疏》卷三,高尚榘点校,中华书局2013年版,第100页。
② (宋) 朱熹:《四书章句集注》,中华书局1983年版,第77页。
③ (清) 王鸣盛:《蛾术编》卷六十一《说物一》,上海书店出版社2012年版,第885页。
④ 《十三经注疏(标点本)·礼记正义》,中册,第589、591页。
⑤ 《十三经注疏(标点本)·礼记正义》,中册,第570页。
⑥ 《十三经注疏(标点本)·礼记正义》,下册,第1207、1209页。

两甒醴酒也。"孔颖达《礼记正义》针对郑注说："云'两甒醴酒也'者，以《士丧礼》、《既夕》等皆以甒盛醴，故知醴酒也。"并且进一步推测《祭义》本文说："此用甒者，盖是天子追享朝践用大尊，此甒即大尊。或可子男之礼。《礼器》云'君尊瓦甒'，谓子男也。皇氏以为异代法也。"① 这里，孔颖达讲明了皇侃认为《祭义》与《礼器》所记不同，两者应该属于异代法。那么对比看一下《礼记·礼器》的本文及郑注，《礼器》所云"五献之尊，门外缶，门内壶，君尊瓦甒。此以小为贵也"，郑玄注云："五献，子男之飨礼也。"孔颖达《礼记正义》则云："'君尊瓦甒'者，君尊，子男尊也，子男用瓦甒为尊，故云君尊。瓦甒云君尊，则壶、缶但饮诸臣也。"② 涉及异代法的认识，与郑玄注三礼的宗旨有密切联系，孔颖达在《礼记正义·王制》就说："参验上下，并与《周礼》不同，不可强解合之为一。此《王制》所陈，多论夏殷之制。《夏传》所说，又非周代之礼。郑之所注者，当据异代法也。"③ 那么，皇侃或也遵循郑玄的原则，对《礼记》篇章中类似的相同与不同的礼仪现象均作为异代法来看待。

又如，《礼记·玉藻》"君羔幦虎犆"，郑玄注云："此君斋车之饰。"皇侃则云："君，谓天子、诸侯也。《诗》云'浅幭'，以虎皮为幭，彼据诸侯与玄衮、赤舄连文，则亦齐车之饰。此用羔幦者，当是异代礼。或可《诗传》据以虎皮饰幦，谓之浅幭也。"④ "浅幭"见于《诗·大雅·韩奕》"鞹鞃浅幭，鞗革金厄。"这里，皇侃将用"羔幦"与用"虎幦"即浅幭的不同，也是当作异代法来看待的。

再如，《礼记·曾子问》"昔者鲁昭公少丧其母，有慈母良，及其死也，公弗忍也，欲丧之。……公曰：'古者天子练冠以燕居。'公弗忍也，遂练冠以丧慈母。丧慈母自鲁昭公始也。"对此故事，郑玄先是注明此非昭公，未知何公，随后又注云："公之言又非也。天子练冠以燕居，盖谓庶子王为其母。"而针对"天子服练冠者"，孔颖达引述皇侃的说法："若适小君没则得伸。若小君犹在，则其母厌（压）屈，故练冠也。所以不

---

① 《十三经注疏（标点本）·礼记正义》，下册，第1328页。
② 《十三经注疏（标点本）·礼记正义》，中册，第729页。
③ 《十三经注疏（标点本）·礼记正义》，上册，第386页。
④ 《十三经注疏（标点本）·礼记正义》，中册，第884页。

同大夫士为后著缌服，必练冠者，以大夫士为母本应三年，以为后压屈，故降服缌麻。王侯庶子为母本练冠，故今应（还）练冠，此乃异代之法。"按照皇侃的理解，古者原本是行"练冠"，而后来变成服"缌麻"，已是属于不同时代的礼法。孔颖达又对皇侃所谓"此乃异代之法"的说法有所说明，其云："按《丧服》缌麻章云：'庶子为后、为其母缌。'郑注《服问》云：'庶子为后、为其母缌。'则是周法，天子、诸侯、大夫、士，一也。凡言古者，皆据今而道前代，此经既云古者天子为其母，则是前代可知也。以经无明文，故郑注云'盖谓庶子上（王）为其母'。盖是疑辞也。"① 可以说，皇侃以"异代之法"来解释古今之礼传承上的不同，意义在于对礼仪制度和礼经理解上的通洽。

（五）对《礼记》本文及郑玄注一些字词的音义和断句的标注

在皇侃的《礼记》学当中还有一个重要方面，就是他对《礼记》本文及郑玄注一些字词的音义断句的标注。这方面的信息主要保留在唐代陆德明《经典释文·礼记音义》当中，有50余条。主要有读音（包括标音、反切、如字）、解义（包括解异、篇名）、绝句方面的例证。

我们知道，先秦典籍在汉唐之间传承的过程中，其文字和音义多有转变而至不易通读，所以有汉魏经师对经典加以注释，考辨字句和标音释义，以确定所要标注的字在具体语境中的读音和意思，便于读者通顺地习读经文和注文。而陆德明的《经典释文》就是在汉魏南北朝经学家工作基础上的继续。例如在《礼记·曲礼上》的"敖不可长，欲不可从，志不可满，乐不可极。四者慢游之道，桀纣所以自祸"一段中一些字的标音就有体现，《经典释文》称："敖，五报反，慢也。王肃五高反，遨游也。长，丁丈反。卢植、马融、王肃并直良反。欲如字。从，足用反，放纵也。乐音洛，皇侃音岳。"② 这里提到不同时代经学家的各种标音，可见这些内容也是汉唐经学的一个重要组成部分。皇侃在这个方面的工作则有如下的例证。

1. 读音标注

陆德明所记皇侃对《礼记》本文或郑玄注文当中的一些字的读音标

---

① 《十三经注疏（标点本）·礼记正义》，中册，第589、591页。
② （唐）陆德明：《经典释文·礼记音义》，张一弓点校，上海古籍出版社2012年版，第254页。

注，有标音、反切和如字的三种形式。

（1）标音

首先，在"乐"字的读音上，陆德明指出了皇侃的标音及与徐邈①和庾蔚之②的异同。比如，《礼记·曲礼上》的"乐不可极"，《礼记音义》云："乐，旧音落，皇侃音岳。"③《郊特牲》的"《武》壮，而不可乐也"，《礼记音义》云："乐，皇音洛，下同。徐五孝反。"④《乐记》的"独乐其志"，《礼记音义》云："独乐，皇音洛，庾音岳。"⑤《祭义》"乐自顺此生"，《礼记音义》云："乐音岳，皇五孝反。"⑥值得注意的是，同一个"乐"字，在皇侃那里就有三种读音标注形式，即"音岳""音洛""五孝反（音药）"，也体现出"乐"字在当时的三种读法有不同的语境。

值得关注的是，有关经典中文字读音的义理性问题，后代学者有所讨论。南宋杨简曾经说过："古者制字，一而已矣。其有转音，多后世所增益。"但是，在不同的音读方面意思也是不同的。他指出，《论语》"知者乐水，仁者乐山"两句，其中的两个"乐"字如果"并五教反"，"则尤为害道"。杨简的理由是："夫五教反者，好乐切著之谓也。若夫'知者乐水，仁者乐山'，则不可以好乐切著为义也"。而且"自孔子犹无得而形容，姑托喻于水，托喻于山而已。圣人尚不得而言，岂好乐切著之可言哉"？杨简由此批评说："后世陋儒不知道，拘于音训家转音一定之说，至于害道，殊为不可。"⑦可见，当同一字有不同读音时，或有各自代表着的深奥道理在其中，不可混淆。有意思的是，陆德明《经典释文·论语》此处就作"知者乐，五孝反，下同"。这恰与杨简的认识不同。无独有偶，偏偏又有清代学者潘维城针对陆德明之说指出："笺：

---

① 《晋书》卷九十一《儒林传》称其："虽不口传章句，然开释文义，标明指趣，撰正五经音训，学者宗之。"（中华书局1974年版，第2356页）

② 《经典释文·序录》："庾蔚之，《略解》十卷（字□随，颍川人，宋员外常侍）。"参见上海古籍出版社2012年版，第15页。"□"为缺字。

③ （唐）陆德明：《经典释文·礼记音义》，第254页。

④ （唐）陆德明：《经典释文·礼记音义》，第290页。

⑤ （唐）陆德明：《经典释文·礼记音义》，第308页。

⑥ （唐）陆德明：《经典释文·礼记音义》，第319页。

⑦ （宋）杨简：《慈湖遗书》卷十五《论字义》，《文渊阁四库全书》，上海古籍出版社1987年版，第1156册，第855页。

第一章　魏晋南北朝到唐的礼记学　　　　　　　　　　　79

《释文》'乐，五孝反'，疑误。乐当音洛，若读五孝反，则上文已有，不烦更音矣。"① 如此说来，上引《祭义》"乐自顺此生"，皇侃作"五孝反"，应当是区别于杨简和潘维城所说的情况的吧。

其次，在"行"字的读音上，例如《曲礼上》的"敦善行而不怠"，《礼记音义》云："行，下孟反，皇如字。"《檀弓下》的"行并植于晋国"，《礼记音义》云："行，旧下孟反，皇如字。"《中庸》的"力行近乎仁"，《礼记音义》云："行，皇如字，徐下孟反。"《儒行》的"行必中正"，《礼记音义》云："行，皇如字，旧下孟反。"又《儒行》的"其行本方立义"，《礼记音义》云："行，皇音衡，又下孟反。"② 这里，一个"行"字，皇侃有如字和"音衡"两种标注形式，以如字为多。

还有对其他包括郑注在内的以同音字作的标音，比如《礼运》"所以傧鬼神也"，《礼记音义》云："傧，皇音宾，敬也。旧必信反。"③《中庸》"《诗》曰：嘉乐君子"，《礼记音义》云："嘉，户嫁反。《诗》本作'假'，音同。假，嘉也。皇音加，善也。"④《中庸》"言前定则不跲"，《礼记音义》云："跲，其劫反，皇音给，踬也。"⑤ 这三处是对本文的标音，均有指义性说明。又如《礼记·文王世子》"终之以仁也"，郑玄注云："州里骙（骥）于邑是也。"《礼记音义》云："骙，皇音奰，奰，及也；本又作恺，又作骏，骏亦作骥。"⑥《丧服小记》"庶子不祭殇与无后者"，郑玄注云："宗子之诸父无后者，为墠祭之。"《礼记音义》云："墠，皇音善，徐徒丹（单）反。"⑦《深衣》"纯袂、缘、纯边"，郑玄注云："缘，緆也。"《礼记音义》云："緆，徐音以豉反。皇音锡。"⑧ 这三处都是对郑玄注文的标音。

（2）如字

如字是古代汉语中标音的一种方式，标明其作本字的读音，以区别

―――――――――
① （清）潘维城：《论语古注集笺》卷三，《续修四库全书》，上海古籍出版社2002年版，第154册，第63页。
② （唐）陆德明：《经典释文·礼记音义》，第258、271、326、336、337页。
③ （唐）陆德明：《经典释文·礼记音义》，第286页。
④ （唐）陆德明：《经典释文·礼记音义》，第326页。
⑤ （唐）陆德明：《经典释文·礼记音义》，第326页。
⑥ （唐）陆德明：《经典释文·礼记音义》，第284页。
⑦ （唐）陆德明：《经典释文·礼记音义》，第300页。
⑧ （唐）陆德明：《经典释文·礼记音义》，第335页。

另有的读音，除了前面提到过的"行"字外，皇侃《礼记义疏》中这样的例证还有不少，如《曲礼上》"礼闻取于人"，《礼记音义》云："取，皇如字，谓取师之道。"① 又《檀弓上》"夫由赐也见我"，《礼记音义》云："夫，旧音扶，皇如字，谓丈夫，即伯高。"② 这两处标音的指义性还是很明确的。《檀弓上》"称家之有亡"，《礼记音义》云："有亡，皇如字，无也。一音无。"③《檀弓下》"故以其旗识之"，《礼记音义》云："识，式至反，皇如字。"④ 这两处，前者在于指义，后者只是标音。

还有与徐邈及旧有标音的对比。例如《礼运》"所以治政安君也"，《礼记音义》云："治，皇如字，徐直吏反，下文注'以治事'同。"⑤ 又《郊特牲》"束帛加璧，往德也"，《礼记音义》云："往，皇如字，徐于况反。"⑥《内则》"同藏无间"，又《礼记音义》云："间，徐'间厕'之'间'，皇如字读。"⑦《大传》"系之以姓而弗别"，《礼记音义》云："别，皇如字，旧彼列反，注及下同。"⑧

（3）反切

一方面是对《礼记》本文，例如《礼记·曲礼上》"乐不可极"，《礼记音义》云："极，如字，皇纪力反。"⑨ 又如《檀弓上》"夫由赐也见我"，《礼记音义》云："见如字，皇贤遍反。"⑩ 再如《郊特牲》"所以附远厚别也"，《礼记音义》云："远，皇于万反。"⑪ 另外有与旧说的对比，例如《曾子问》"祝曰：孝子某"，《礼记音义》云："祝，皇之六反，旧之又反，下同。"⑫ 又如《玉藻》"造受命于君前"，《礼记音义》云："造，皇七报反，旧七刀反。"⑬ 还有与徐邈反切用字不同的对比，例

---

① （唐）陆德明：《经典释文·礼记音义》，第254页。
② （唐）陆德明：《经典释文·礼记音义》，第264页。
③ （唐）陆德明：《经典释文·礼记音义》，第266页。
④ （唐）陆德明：《经典释文·礼记音义》，第268页。
⑤ （唐）陆德明：《经典释文·礼记音义》，第285页。
⑥ （唐）陆德明：《经典释文·礼记音义》，第288页。
⑦ （唐）陆德明：《经典释文·礼记音义》，第294页。
⑧ （唐）陆德明：《经典释文·礼记音义》，第301页。
⑨ （唐）陆德明：《经典释文·礼记音义》，第254页。
⑩ （唐）陆德明：《经典释文·礼记音义》，第264页。
⑪ （唐）陆德明：《经典释文·礼记音义》，第290页。
⑫ （唐）陆德明：《经典释文·礼记音义》，第282页。
⑬ （唐）陆德明：《经典释文·礼记音义》，第297页。

## 第一章　魏晋南北朝到唐的礼记学

如《檀弓下》"愠，哀之变也"，《礼记音义》云："愠，庚、皇纡粉反，积也。又纡运反，怨恚也。徐又音郁。"① 再如《玉藻》"著冠于武"，《礼记音义》云："著，皇直略反，徐丁略反。"②

另一方面是对郑玄注文，例如《表记》"则民有所惩"，郑玄注云："惩，谓创艾。"《礼记音义》云："艾，本又作乂，鱼废反，皇鱼盖反。"③ 再如《乡饮酒义》"主人之所以自絜而以事宾也"，郑玄注云："絜，犹清也。"《礼记音义》云："清如字，皇才性反。"④ 也有与徐邈反切用字不同的对比，例如《玉藻》"士介拂枨"，郑玄注云："枨，门楔也。"《礼记音义》云："楔，徐古八反，皇先结反。"⑤ 又如《丧服小记》"生不及祖父母、诸父、昆弟，而父说丧"，郑玄注云："说，读如'无礼则说'之说。"《礼记音义》云："说，皇他活反，徐他外反，注及下同。"⑥ 再如《内则》"去其饵"，郑玄注云"饵，筋腱也"，《礼记音义》云："腱，徐其偃反，皇纪偃反。"⑦ 还有《中庸》"洋洋乎如在其上"，郑玄注云："洋洋，人想思其傍僾之貌。"《礼记音义》云："其傍，皇薄刚反，谓左右也。徐方冈反。"⑧

2. 解义

解义是皇侃对《礼记》本文或郑玄注当中的某些字的字义的标示，体现出皇侃的具体理解，在陆德明《经典释文·礼记音义》中有不少保留。

例如《孔子闲居》"弛其文德"，《礼记音义》云："弛，徐式氏反，一音式支反，注同。皇作'施'。"对于郑玄注所云："弛，施也。"《礼记音义》称："弛，如字。皇本作'施，布也。'"⑨ 可见，这里皇侃对《礼记》本文和郑玄注都有不同的文本表示。

又如《缁衣》"有国家者章义瘅恶"，《礼记音义》云："义，如字，

---

① （唐）陆德明：《经典释文·礼记音义》，第268页。
② （唐）陆德明：《经典释文·礼记音义》，第296页。
③ （唐）陆德明：《经典释文·礼记音义》，第328页。
④ （唐）陆德明：《经典释文·礼记音义》，第340页。
⑤ （唐）陆德明：《经典释文·礼记音义》，第298页。
⑥ （唐）陆德明：《经典释文·礼记音义》，第300页。
⑦ （唐）陆德明：《经典释文·礼记音义》，第294页。
⑧ （唐）陆德明：《经典释文·礼记音义》，第326页。
⑨ （唐）陆德明：《经典释文·礼记音义》，第322页。

《尚书》作'善'，皇云：'义，善也。'"① 还有《缁衣》"《小雅》曰'匪其止共'"，《礼记音义》云："共，音恭，皇本作'躬'，云'躬，恭也。'"②《大学》"迸诸四夷"，《礼记音义》云："迸，比孟反，又逼诤反。诤音争斗之争。皇云：'迸犹屏也。'"③ 这几条是皇侃对《礼记》本文字义的解说。

再如，《丧服四制》"资于事父以事君"，郑玄注云："资，犹操也。"《礼记音义》云："操，七刀反，皇云：'持也。'"④《礼运》"作其祝号"，郑玄注云："《周礼》祝号有六，五曰齍号"，《礼记音义》云："齍音咨，皇云：'黍稷。'"⑤《玉藻》"诸侯荼，前诎后直"，郑玄注云："荼，读为'舒迟'之'舒'。舒儒者，所畏在前也。"《礼记音义》云："儒，乃乱反，又奴卧反，怯儒也。又作儒，人于反，弱也。皇云：'学士。'"⑥ 这几条则是皇侃对郑玄注中的字义所做的解说。

3. 篇名、解异、绝句

皇侃还有对《礼记》篇名认识上的见解，如对《投壶》篇，郑云："投壶者，主人与客燕饮讲论才艺之礼也。《别录》属吉礼，亦实《曲礼》之正篇也。"《礼记音义》云："皇云：'与射为类，宜属嘉礼。'或云宜属宾礼也。"⑦

另外就是对文句中加字与否的认识，如《曲礼下》"男女相答拜也"，《礼记音义》云："一本作不相答拜，皇云：'后人加不字耳。'"⑧ 不过，对此，郑玄注有云："嫌远别不相答拜以明之。"又孔颖达《礼记正义》则称："'男女相答拜也'者，男女宜别，或嫌其不相答，故明虽别，必

---

① （唐）陆德明：《经典释文·礼记音义》，第330页。清人翁方纲《礼记附记》卷八在引述《礼记·缁衣》此句以及《经典释文·礼记音义》所言之后，又针对后来卫湜、陈澔各自的《礼记集说》指出："陈云庄云：'郑本作"章义"，今从《书》作"善"。卫氏《集说》亦作"章善"。盖后来读者口沿《书》文，熟则改之。不知此句原非引《书》也。仍依旧本作"章义"为正。"（《续修四库全书》，上海古籍出版社2002年版，第103册，第634、635页）

② （唐）陆德明：《经典释文·礼记音义》，第330页。
③ （唐）陆德明：《经典释文·礼记音义》，第339页。
④ （唐）陆德明：《经典释文·礼记音义》，第343页。
⑤ （唐）陆德明：《经典释文·礼记音义》，第285页。
⑥ （唐）陆德明：《经典释文·礼记音义》，第296页。
⑦ （唐）陆德明：《经典释文·礼记音义》，第335页。
⑧ （唐）陆德明：《经典释文·礼记音义》，第260页。

宜答也。俗本云：'男女不相答拜。'礼，男女拜，悉相答拜，则有'不'梁（字）为非，故郑云：'嫌远别不相答拜以明之。'"① 可见孔颖达和皇侃的认识接近。但是，清代学者洪颐煊并不认同孔颖达对郑玄注的理解而提出："颐煊案：'礼，男女拜，悉相答拜'者，是言其亲。此泛言男女当是其疏远者，故郑注：'嫌远别不相答拜以明之。'据郑注当有'不'字。"② 这样，洪氏也就间接地否定了皇侃的说法。

再有在文字断句上的认识，如《内则》"鲂鱮烝，雏烧，雉，芗，无蓼"，《礼记音义》云："烝，皇绝句，之丞反。……贺读'鲂鱮烝雏'为句。烧如字，一音焦，皇绝句。雉，皇此一句，一读'雉芗'为句。"③ 按照陆德明的记述，"鲂鱮烝"，"雏烧"，在皇侃看来都做单独一句理解，而"雉"字皇侃也不与"芗"为一句，即将"鲂鱮烝"，"雏烧"，"雉"作三项来解读。这是否就是孔颖达《礼记正义》所作解说的依据呢？其分别解说为："'鲂、鱮烝'者，鲂、鱮二鱼皆烝熟之。"又："'雏烧'者，雏是鸟之小者，火中烧之，然后调和。"又："'雉'者，文在烝烧之下，或烧或烝，或可为羹，其用无定，故直云'雉'。"又："'芗，无蓼'者，芗谓苏荏之属，言鲂、鱮烝及雏烧并雉等三者，调和唯以苏荏之属，无用蓼也。"由此可见，虽然孔颖达没有明言皇侃的解说如何，但是我们将陆德明的记述和孔颖达解说作一对比，就能发现皇侃说在孔颖达说中的影响。

又如《儒行》"推贤而进达之"，《礼记音义》云："旧至此绝句，皇以'达之'连下为句。"④《儒行》其全句为"程功积事，推贤而进达之，不望其报"，若按皇侃的断句，就成为"程功积事，推贤而进，达之不望其报"，这样读起来似乎并不妨碍句式的通顺，而句义上似乎更为合理。

综上所述，通过具体的例证我们看到，皇侃《礼记义疏》的内容主要有：对郑注的引申和发挥，对郑玄无注处的解说，对郑注以及《礼记》本文的指误、关于异代法之说、对《礼记》本文及郑玄注一些字词的音义和断句的标注等。这些方面，在承继郑注的基础上皇侃有自己的主张

---

① 《十三经注疏（标点本）·礼记正义》，上册，第118页。
② （清）洪颐煊：《读书丛录》卷四"男女相答拜也"条，《续修四库全书》，上海古籍出版社2002年版，第1157册，第587页。
③ （唐）陆德明：《经典释文·礼记音义》，第293页。
④ （唐）陆德明：《经典释文·礼记音义》，第337页。

和判断，他也将以《礼记》为核心的经典注疏学引向更为丰富，更具有时代性特色的知识关注点上，为唐代孔颖达《礼记正义》的出现提供了重要的对比和参照性解义与学说，体现出承上启下的经学史意义。那么，从孔颖达对皇侃解说的肯定、否定、存疑等多种的评议，我们又可以更为充分地感受皇侃《礼记》学的特点与价值。

**三　从唐代孔颖达评议及后世影响看皇侃《礼记》学的经学史价值**

在唐代孔颖达《礼记正义》当中，除了散见和数量不少的对皇侃《礼记义疏》的引述之外，还常常有对比性的评议，或肯定，或否定，根据合理性以定取舍。对于一些不确定然否的解说，则以保留其说的方式来存疑。从孔颖达的这些评议，也可以看到皇侃《礼记》学的一些特点和学术价值。[①] 而且，在后世礼学家特别是清代学者的著述当中，也有一些对皇说、孔疏等对比性的议论和评判，又可见皇侃《礼记》学对后世的影响和价值所在。以下通过一些例证对相关问题进行考察。

（一）孔颖达对皇侃解说直接肯定的例证

先来看孔颖达对皇侃《礼记义疏》解说内容肯定性的评议，除了本论节前两部分引述过的例证之外，还有不少被孔颖达判定为"义当然也""皇说是也""义亦通也"和"故今从焉""今依用焉"的例证。

例如，《礼记·礼器》"郊血，大飨腥，三献爓，一献孰"一段，郑玄注云："郊，祭天也。大飨，祫祭先王也。三献，祭社稷五祀。一献，祭群小祀也。爓，沉肉于汤也。血腥爓孰远近备古今也。尊者先远，差降而下，至小祀孰而已。"对于这样的仪节安排设置，也就是孔颖达说的"所以各言者"，皇侃解说道："此据设之先后，郊则先设血也，后设腥与爓、孰，虽以郊为主，其祭天皆然也；大飨之时，血与腥同时俱荐，当朝事迎尸于户外，荐血、腥也，虽以大飨为主，其宗庙之祭皆然也；其三献之祭，血、腥与爓一时同荐。凡荐爓之时，皆在荐腥之后，但社稷五祀初祭降神之时已埋血，《宗伯》之文是也。至正祭荐爓之时又荐血，此文是也。若群小祀之属，唯有荐孰，无血、腥、爓也，以其神卑故耳。

---

[①] 本节所引皇侃《礼记义疏》的文字，均据自孔颖达《礼记正义》，所参用的版本是李学勤主编、龚抗云整理、王文锦审定《十三经注疏（标点本）·礼记正义》上、中、下，北京大学出版社1999年版。

先荐者设之在先，后进者设之居后。"① 孔颖达则评议说，上述"皆皇氏之说，义当然也"。皇氏的解说，在于进一步讲明郊祭等各种不同的祭祀之礼设牲献祭的先后顺序，而孔颖达认为皇氏的解义是合理的。

对于皇解孔疏，南宋魏了翁《礼记要义》卷十《礼器》第二十一"血腥爓孰远近以尊卑递降"条下，以及魏了翁撰、方回续《古今考》卷三十二"血腥爓熟之异"条下，除了在"先荐者设之在前"的"前"字处与上述引文不同之外，其他则全文照录了皇侃之说和孔颖达的评价。② 清朱彬《礼记训纂》卷十在《礼器》"郊血，大飨腥，三献爓，一献孰"句下，则是稍有约略地引述了皇侃之说。③ 另外，清孙诒让《周礼正义》卷十，在相关的讨论中也引述皇侃说而有肯定性的评价。其先引述贾公彦《周礼疏》的说法后议论说："案《礼器》孔疏引熊（安生）氏说同，即贾所本。孔氏驳之云：'案《诗·小雅》论宗庙之祭云"执其鸾刀，以启其毛，取其血膋"，则是有用血之明文也。熊氏云无血，其义非也。'孔又引皇氏云：'郊则先设血也，后设腥与爓孰。大飨之时，血与腥同时俱荐。当朝事迎尸于户外，荐血腥也。虽以大飨为主，其宗庙之祭皆然也。'案皇、孔说是也。"孙诒让进一步提供证明说："《郊特牲》说宗庙之祭，明云血祭盛气也。孔疏谓在堂上制祭后，又荐血腥，时是血与腥同荐也。"④ 由此可见孙诒让对皇侃说的重视。

再如，《礼记·祭义》"反馈乐成，荐其荐俎，序其礼乐，备其百官，君子致其济济漆漆，夫何慌惚之有乎"，郑玄注云："天子诸侯之祭，或从血、腥始，至反馈，是进熟也。荐俎，豆与俎也。慌惚，思念益深之时也。言祭事既备，使百官助己祭，然而见其容而自反，是无慌惚之思念。"孔颖达《礼记正义》于此处先是指出："'反馈乐成'者，此天子、诸侯之祭，血腥而始，及至进是设馔进孰，合乐成毕。定本'反馈'作'及'字，至注更释。"随后又提出："云'至反馈，是进熟也'者，既

---

① 《十三经注疏（标点本）·礼记正义》，中册，第748页。南宋卫湜《礼记集说》卷六十一、清朱彬《礼记训纂》卷十引述"皇氏曰"均至此而止。南宋魏了翁《礼记要义》卷十在"血腥爓孰远近以尊卑递降"题下也引述了皇氏之说。
② 《礼记要义》，《续修四库全书》，上海古籍出版社2002年版，第96册，第669页。《古今考》，《文渊阁四库全书》，上海古籍出版社1987年版，第853册，第542页。
③ （清）朱彬：《礼记训纂》卷十，中华书局1998年版，第372页。
④ （清）孙诒让：《周礼正义》，中华书局1987年版，第382页。

以血、腥为始,至于反馈之时,是进孰也。但'至'与'反'字,于文为烦,定本又为'及'字,故皇氏云'初祭,尸入于室,后出在堂门,尸更反入而设馈'。故云'及馈',义当然也。"这几处的"反"字和"及"字的颠倒错用,使人眼花缭乱,或是孔疏传本校定方面的问题①。其实简言之,根据孔颖达所引皇侃说就可以确信,错误的是以"反"作"及"的"及馈",而正确的是"反馈",所以孔颖达才说"义当然也"。所以,至少是南宋卫湜《礼记集说》卷一百十、元吴澄《礼记纂言》卷二十三、清郝懿行《礼记笺·祭义》、清朱彬《礼记训纂》卷二十四、清郭嵩焘《礼记质疑》卷二十四所引孔疏均作"故云反馈"。那么,皇侃说对经注文本校勘意义由此可见。

不过也有对皇侃之说提出不同意见者,如清代常增《四书纬》卷二有说:"窃谓'反'或为'及'字之讹,谓血腥及馈。即依经作'反',应谓祭腥爓而退,又反而馈孰,故彼言退,此言反也。反,主君言,不主尸言。皇氏云祭尸入于室,后出在堂门,尸更反入而设馈,故云反馈,义当然也。不知荐孰之奠在迎尸之前,祭初尸入于室,所以行灌,至朝践坐尸于堂,所谓出在堂门,尸未入之前,当馈孰之始,是馈孰时尸仍在堂也。安得谓尸更反入而设馈乎?《仪礼》明言,祝酌奠,奠谓荐孰时也,是入而设馈者祝也,亦非尸也。窃谓皇说非也,故不直以为然。而云义当然,是本未决之辞也。"这里,常氏或是将"故云反馈,义当然也"也当作皇侃的说法吧,总之是不认同皇侃之说的。

又如,《礼记·玉藻》"君子之饮酒也,受一爵而色洒如也,二爵而言言斯",郑玄注云:"言言,和敬貌。"孔颖达《礼记正义》称:"皇氏云读言为誾,义亦通也。"②对此,清人陈鳣《简庄疏记》卷十《礼记·玉藻》"二爵而言言斯"条下有议论说:"按《说文》云:'誾,和说而诤也。从言,门声。'《论语·先进》云:'闵子侍侧,誾誾如也。'正与'言言斯'合。皇侃读为'誾'是也。"③然而,清臧琳《经义杂记》卷十六"王肃改《玉藻》记"条下有不同的议论说:"案《说文》誾,和说而诤也。《论语·乡党》:'与上大夫言,誾誾如也。'孔安国曰:'誾

---

① 参见孙志祖校文所言,《十三经注疏(标点本)·礼记正义》,下册,第1317页。
② 《十三经注疏(标点本)·礼记正义》,中册,第891页。
③ (清)陈鳣:《简庄疏记》,《续修四库全书》,第1157册,第235页。

# 第一章　魏晋南北朝到唐的礼记学

闇，中正貌。'似与注义未背。然《说文》闇在言部，从言，门声，则闇字不得省作言，故郑如字读而不云言读为闇，皇说亦非。"① 由此可见，清代学者对皇侃说有肯定或否定两种不同认识。

再如，《礼记·祭义》"子曰：'济济者，容也，远也。'"孔颖达《礼记正义》说："其'容也，远也'，王肃以'容'为'客'，皇氏用王肃以'客'有其'容'之义，其义亦通。但于文势不便，至注更具详。"② 不过，清臧琳撰《经义杂记》卷二十一"济济者容也"条下，对此有不同的议论说："或'容'为'客'字则是'远'义（旧作'义远'今乙转），何须云客（此客字旧误作容）。以'远'又容以自反，与容以远相对，一字为容，一字为客，未之有也。又王肃为客字破郑义，明郑义容字也。案此当从《正义》，本王肃妄改客字以破郑，皇侃《义疏》从之，非也。孔仲达谓皇氏即遵郑氏，乃时乖郑义。"③ 显然，臧氏是将此皇侃说归于孔颖达认为的"时乖郑义"的例证当中。

再如，《礼记·儒行》"举贤而容众，毁方而瓦合"，郑玄注云："'毁方而瓦合'，去己之大圭角，下与众人小合也。必'瓦合'者，亦君子为道不远人。"对此，孔颖达《礼记正义》有解释说："'毁方而瓦合'者，方，谓物之方正有圭角锋铓也。瓦合，谓瓦器破而相合也。言儒者身虽方正，毁屈已之方正，下同凡众，如破去圭角，与瓦器相合也。"这里，孔颖达将"瓦"解释为瓦器，又引述皇氏云："毁己之圭角，与瓦砾而相合。"可见皇侃是将"瓦合"直接解释为与瓦砾相合，对此孔颖达的评议是"义亦通也"。④ 值得注意的是，关于"瓦合"，《汉书·郦食其传》有："沛公喜，赐食其食，问曰：计安出。食其曰：足下起瓦合之卒……"颜师古注云："瓦合，谓如破瓦之相合，虽曰聚合而不齐同。"清代王先谦《汉书补注》引述王文彬的说法称："瓦合，言不相附也。《史记·儒林传》'陈涉起匹夫，驱瓦合适戍'，本书《陈汤传》'乌孙瓦合'，与此义同。《礼·儒行》'毁方而瓦合'，《正义》引皇氏云：'毁己之圭角，与瓦砾而相合。'亦谓以不相合者杂合之也。"而王先谦自己说：

---

① （清）臧琳：《经义杂记》，《续修四库全书》，第 172 册，第 165 页。
② 《十三经注疏（标点本）·礼记正义》，下册，第 1316 页。
③ （清）臧琳：《经义杂记》，《续修四库全书》，第 172 册，第 204 页。
④ 《十三经注疏（标点本）·礼记正义》，下册，第 1585、1586 页。

"《史记》作'纠合'。《集解》云'一作"乌合",一作"瓦合"。'"①从王文彬的解释及对《礼记》皇侃解说的引述来看,"与瓦砾而相合"之说的含义的确是有其合理性的,所以孔颖达才说:"义亦通也。"

再如,《礼记·表记》开篇"子言之:'归乎,君子隐而显,不矜而庄,不厉而威,不言而信。'"孔颖达指出此篇以下称"子言之"的"凡有八所"。对于"子言之",皇侃有云:"皆是发端起义,事之头首,记者详之,故称'子言之'。若于'子言之'下更广开其事,或曲说其理,则直称'子曰'。"这是皇侃通过对《表记》"子言之"和"子曰"两种表述上的理解,来分析其体例上的意义。孔颖达认为其说有合理性,故称:"今检上下体例,或如皇氏之言。今依用之。"② 不过,清代黄以周辑《子思子辑解》卷三中就此案语提出不同的认识,其言:"案:答述曰'语',自言曰'言'。《坊记》、《表记》于发端并著'子言之'者,自道作书之大意。此篇又随文别表'子言之',凡八见。疏引皇侃说篇内宜分八章,'子言之'皆是发端起义……。皇说近是而实未然。"黄以周进而认为:"凡曰'子言之'者,皆子思子之言,表明其恉趣之所在,非发端之定词也。第五章历引夫子之言,而复以'子言之曰'申明其义,第七章先以'子言之'表明恉趣,而更引'子曰'结明其意,则'子言之'与'子曰'必两人之言,而'子曰'为夫子语,则'子言之'为子思子语,更何疑乎?"③ 于此,黄以周的说法无疑推进了对《表记》内容言语所属的认识,值得参考。

(二)孔颖达对皇侃的解说加以否定的例证

实际上,尽管在孔颖达《礼记正义》中保留了不少皇侃的解说,但是孔颖达不予认同而大加非议的部分也占了很大的比重。诸如"与郑注违,其义非也""不解郑意,其说非也""非郑义也""文无所出"等说法,就成为孔颖达的具体评价。应该说,孔颖达的这些评价多是从郑玄注的视角判断,有些中肯,有些则不完全正确。这在后世学者的评议中有所体现。

---

① 以上均见《汉书补注》,上海古籍出版社2008年版,第3486页。
② 《十三经注疏(标点本)·礼记正义》,下册,第1468页。
③ 《黄以周全集》,上海古籍出版社2014年版,第9册,第96、97页。黄以周此说前一部分并见其所撰《礼说》六《杂著》之一"表记"条,见《黄以周全集》,第10册,第195页。

1. 违文背注的例证

这方面主要是指皇侃或自己提出解说，或采用其他礼家的解说，但是既不符合经文本义，又不符合郑玄注的，被孔颖达《礼记正义》所批评和非议的例证。

首先是一些违背诸经本文的例证。其一，《礼记·郊特牲》有"祭黍稷加肺，祭齐加明水，报阴也"，孔颖达讲到皇侃的理解说："皇氏以为尸绥祭之时无黍稷，至主人绥祭之时，乃有黍稷，解此祭为主人绥祭也，违背《仪礼》正文，其义非也。"① 在孔颖达看来，皇侃的解说是有违《仪礼·特牲》和《少牢》经文，解义就是不正确的。其二，《礼记·杂记下》"自诸侯达诸士，小祥之祭，主人之酢也哜之，众宾、兄弟则皆啐之。大祥，主人啐之。众宾、兄弟皆饮之可也。"孔颖达《礼记正义》说："皇氏云'主人之酢谓受尸之酢'，与《士虞礼》文违，其义非也。"② 其三，《礼记·郊特牲》"诸侯之有冠礼，夏之末造也"，郑玄注云："言夏初以上，诸侯虽有幼而即位者，犹以士礼冠之，亦五十乃爵命也。至其衰末，未成人者，多见篡弑，乃更即位，则爵命之，以正君臣，而有诸侯之冠礼。"孔颖达提到皇侃说并有所非议称："皇氏云诸侯亦三加，与《大戴礼》违，其义非也。"③ 其四，《礼记·大传》"牧之野，武王之大事也。既事而退，柴于上帝，祈于社，设奠于牧室"，孔疏说："《武成》云：'丁未，祀于周庙，骏奔走，执豆笾。'"之后提到皇侃的说法称："而皇氏云：'为柴、祈奠于牧室之时，诸侯执豆笾。'非此经文之次，又与《武成》违，其义非也。"④ 按照孔颖达所言，皇侃对《大传》文句的解说是将"诸侯执豆笾"放在"设奠于牧室"的时候，而根据《尚书·武成》的文字，时序上是不符合的，即不是经文讲述的次序，当然意思也就是不正确的了。

再就是孔颖达认为皇侃既不合乎《礼记》本文又违背郑注的解说。例如，《礼记·杂记上》"大夫之適子，服大夫之服"一句，郑玄注云："仕至大夫，贤著而德成，適子得服其服，亦尊其適象贤。"那么，孔颖

---

① 《十三经注疏（标点本）·礼记正义》，中册，第824页。
② 《十三经注疏（标点本）·礼记正义》，下册，第1199页。
③ 《十三经注疏（标点本）·礼记正义》，中册，第813页。
④ 《十三经注疏（标点本）·礼记正义》，中册，第999页。

达《礼记正义》所引皇侃的解释是："大夫適子，若为士，为其父唯服士服。注云'仕至大夫'，谓此子若仕官至大夫，始得服大夫服，以其贤德著成。"对此，孔颖达评议说："如皇氏之意，解此'仕至大夫'为大夫之子，按前经注云'士，谓大夫庶子为士'者，明大夫適子未仕官，及为士，皆得服大夫之服。皇氏之言，违文背注，不解郑意，其说非也。"按照皇侃的理解，经文和郑注的关键在于大夫之子是否为仕及仕至于相应的等级，才始得服其服。孔颖达则认为郑注的意思不是这样，而是讲明大夫適子即使未仕官，只要到了为士，就皆得服大夫之服，因此孔颖达说皇侃之说是"违文背注""其说非也"。① 就后世礼家的判断而论，如宋魏了翁《礼记要义》卷二十有明确标出"大夫適子服大夫服，皇郑异义"②；元代吴澄《礼记纂言》卷十一对比郑注、皇说和孔疏后也称："皇说疑非郑意。"③ 清末曹元弼《礼经校释》卷十二《丧服》针对孔颖达的评价而有所认同说："孔氏谓皇氏解此仕至大夫为大夫之子与郑意违，因推上注士谓大夫庶子为士者之意以驳之。弼案：孔义精矣。郑于此记盖取其尊德重適象贤之义。"④ 可见，后世学者对皇侃此说的质疑是比较一致的。

还有，《礼记·乐记》"散军而郊射，左射《貍首》，右射《驺虞》"一段，郑玄有注云："《貍首》、《驺虞》，所以歌为节也。"对于《貍首》，孔颖达《礼记正义》疏云："《貍首》，诸侯之所射诗也。周立虞庠之学于西郊，故知使诸侯习射于东学，歌《貍首》诗也。"关于《貍首》的定名来历亦即"所以歌《貍首》者"，孔颖达一方面引述了皇侃所认同的旧解说："皇氏以为旧解云：'貍之取物，则伏下其头，然后必得，言射亦必中，如貍之取物矣。'"另一方面孔颖达又引述郑玄《仪礼·大射》注中所说："《貍首》，逸诗。貍之言不来也，其《诗》有射诸侯首不朝者之言，因以名篇。"从而得出判断和评议说："不取于貍之伏物。而皇氏所说违郑注，其义非也。"⑤ 对于这个问题，清代翁方纲《礼记附记》

---

① 《十三经注疏（标点本）·礼记正义》，下册，第1162页。
② （宋）魏了翁：《礼记要义》，《续修四库全书》，第96册，第758页。
③ （元）吴澄：《礼记纂言》，《文渊阁四库全书》，上海古籍出版社1987年版，第121册，第285页。
④ （清）曹元弼：《礼经校释》，《续修四库全书》，第94册，第329页。
⑤ 《十三经注疏（标点本）·礼记正义》，下册，第1137、1138页。

（清稿本）卷十《射义》条下有所关注和讨论。翁氏除了引证上述《乐记》本文和注疏及孔疏对皇侃说的非议之外，还注意到《礼记·射义》中有关《貍首》的文字和注疏。其云："今验《射义》此篇云：'貍首者，乐会时也。'郑注：'乐会时者，谓《貍首》曰："小大莫处，御于君所。"'疏：'诸侯不来朝，射其首，是乐会及盟也。''"其诗有'射诸侯首不朝者'之言，因以名篇。"故谓之貍首也。'"翁氏接着说道："又据《乐师》注引先郑说亦以《貍首》为曾孙之篇。故此疏又言：'此诗名《貍首》而云曾孙侯氏者，此篇有貍首之字，在于篇中撮取貍首之字以为篇首之目，谓若《驺虞》之诗，其字虽在篇内，而名《驺虞》也。'"① 可以说，翁氏如上的引证，将郑注、孔疏对"貍首"篇名意思解释梳理得更为清楚。

不过，对于皇侃"貍之取物"的说法，后世学者也多有关注和取用。如清王昶辑《湖海文传》卷十一《考》收录丁杰《驺虞考》中有云："《貍首》诗虽不在三百篇中，其时犹见《大戴·投壶》、《小戴·射义》、《考工记·梓人》。康成《射人》注以貍为善搏，皇甫侃《乐记义疏》以为貍之取物必得。不能因《射义》'乐会时'之文而云貍非兽也。"② 清吕飞鹏《周礼补注》卷一"凡貍物注"条下有称："案《说文》豸部，貍伏兽，似貙，从豸里声。徐锴《系传》曰：貍善藏伏也，利之反。《大射》'貍首'，皇侃以为旧解云……据此则貍为善藏之物，凡物之藏伏者皆得取义于貍，故曰貍物。此引申之义也。"③ 可见，皇侃所认同的有关"貍首"取义的旧解，在解释"貍"字上还是有参考价值的，而清代有关《说文解字》的著述如段玉裁《说文解字注》卷九篇下、桂馥《说文解字义证》卷二十九、王筠《说文解字句读》卷九下都引述了皇侃说，意义就在于此。

此外皇侃采用了《白虎通义》中与经传不同而郑玄所不取之说，也被孔颖达所非议。《礼记·玉藻》"狐裘，黄衣以裼之"一句，郑玄注云："黄衣，大蜡时腊先祖之服也。孔子曰：'黄衣狐裘。'"孔颖达《礼记正义》根据《郊特牲》有"黄衣黄冠而祭，所以息田夫"一段，即"文在

---

① （清）翁方纲：《礼记附记》，《续修四库全书》，第 103 册，第 702、703 页。
② （清）王昶：《湖海文传》，《续修四库全书》，第 1668 册，第 494 页。
③ （清）吕飞鹏：《周礼补注》，《续修四库全书》，第 81 册，第 431、432 页。

蜡祭之下",而"既蜡而收民息已",讲的"是蜡祭之后,为息民之祭也",从而认为:"此息民谓之腊,故《月令》孟冬云'腊先祖五祀',是黄衣为腊先祖之服。"进而提到:"皇氏用《白虎通义》云'天子狐白,诸侯狐黄,大夫狐苍,士羔',并与经传不同,郑所不取。裘乃各有所施,皇氏说非也。"① 显然,孔颖达认为皇侃借用《白虎通义》讲的是狐裘的颜色问题,而郑注是在解说黄衣与狐裘的搭配才引述孔子的话的。值得注意的是,皇侃在《论语义疏》的相关解说被清代学者认为倒是符合孔颖达的意思的。清代吴骞《皇氏论语义疏参订》卷五《乡党》第十"此服谓蜡祭宗庙五祀也"句下引述了以上孔颖达《礼记正义》的内容之后说道:"今皇氏此疏,颇合于孔氏之义,殆亦与注礼各说也。"② 从皇侃《论语义疏》完整的内容来看,确实正像吴骞所提示的那样,与上述孔颖达《礼记正义》的疏文没有什么不同。其云:"'黄衣狐裘'者,此服谓蜡祭宗庙五祀也。岁终大蜡报功,象物色黄落,故著黄衣黄冠也。而狐貉亦黄,故特为裘以相称也。孔子为臣,助蜡祭亦随君著之黄衣也。故《礼运》云'昔者仲尼预于蜡宾'是也。郑注《郊特牲》云'黄衣黄冠而祭',注云:'祭谓既蜡,腊先祖五祀也。'又云:'《论语》云黄衣狐裘。'案:郑以《论语》黄衣,即是《郊特牲》蜡腊祭庙服也。"③ 那么令人疑惑的是,难道当年孔颖达就没有看到过皇侃《论语义疏》的这段解说文字吗?

2. 与郑注相违的例证

这是以郑玄注为标准所进行的判断,这里的郑注包括郑玄对《礼记》本文和他篇相关的注,还有郑玄对其他经典相关文句所注的内容。

例如,《礼记·月令》"是月也,命大史衅龟筴占兆,审卦吉凶",郑玄注有云:"筴,蓍也。占兆,龟之繇文也。《周礼·龟人》'上春衅龟',谓建寅之月也。秦以其岁首,使大史衅龟筴,与周异矣。卦吉凶,谓《易》也。审,省录之而不衅,筮短,贱于兆也。"孔颖达《礼记正义》疏云:"观郑注占兆衅之分明,而皇氏云'唯衅龟筴,命大史,唯占

---

① 《十三经注疏(标点本)·礼记正义》,中册,第901页。
② (清)吴骞:《皇氏论语义疏参订》,《续修四库全书》,第153册,第743页。
③ 参见高尚榘校点,皇侃《论语义疏》,中华书局2013年版,第244页。

视兆书不衅',与郑注违,其义非也。"① 值得注意的是,清代朱彬《礼记训纂》卷六在引述皇侃的话之后又引"邱氏曰:《周礼》有衅龟,无衅兆。兆辞存于竹帛,何容以血涂之"②,似乎意谓两者的认识一致在于皇氏言"兆书不衅"、邱氏称"无衅兆"。按照这个线索,我们从宋卫湜《礼记集说》卷四十五相应处找到更为详尽的引述,即"丘氏曰:'案《周礼·龟人》"上春衅龟",无衅占兆之文。而颖达解《月令》言兼衅占兆之书,非也。且兆辞存于竹帛,何容以血涂之哉?'"③ 再进一步寻找线索,则在五代丘光庭所撰《兼明书》卷三"占兆审卦"条下找到原始出处。④ 由此可见,后世也有皇侃说的支持者。

又如,《礼记·丧大记》有"既练,居垩室,不与人居。君谋国政,大夫、士谋家事。既祥,黝垩。祥而外无哭者,禫而内无哭者,乐作矣故也。"郑玄注云:"黝垩,垩室之节也。地谓之黝,墙谓之垩。外无哭者,于门外不哭也。内无哭者,入门不哭也。祥逾月而可作乐,作无哭者。"⑤ 孔颖达《礼记正义》疏云:"如郑此注之意,以祥逾月作乐,故禫时无哭矣,则经云'乐作'之文,但释禫时无哭之意,不释祥之无哭。"又引述皇侃的解释说:"皇氏以为祥之日鼓素琴,'乐作'之文,释'二处两时'无哭,与郑注违,皇说非也。"又说:"定本'禫逾月作乐','祥'字作'禫'字,禫之逾月,自然从吉,乐作可知,恐'禫'字非也。"⑥ 对此,清代黄以周《礼书通故》第十《丧服通故》五第213条中有不同于孔疏的说法,而带有肯定皇侃说的意思:"以周案:郑注'祥踰月'之'祥',定本作'禫'。皇说于记文似合。《檀弓》'孔子既祥,五日弹琴而不成声,十日而成笙歌'。又曰'是月禫,徙月乐'。乐之作始于琴瑟,成于笙歌而极于金石。以琴瑟言,祥之后,已作乐矣。以金石言,禫后一月乃作乐。"⑦

---

① 《十三经注疏(标点本)·礼记正义》,中册,第546页。
② (清)朱彬:《礼记训纂》卷六,中华书局1998年版,第273页。
③ (宋)卫湜:《礼记集说》,《文渊阁四库全书》,上海古籍出版社1987年版,第117册,第888页。
④ (五代)丘光庭:《兼明书》,《文渊阁四库全书》,上海古籍出版社1987年版,第850册,第236页。
⑤ 《十三经注疏(标点本)·礼记正义》,下册,第1273页。
⑥ 《十三经注疏(标点本)·礼记正义》,下册,第1274页。
⑦ (清)黄以周:《礼书通故》,中华书局2007年版,第538页。

还有,《礼记·丧大记》"凡主人之出也,徒跣,扱衽,拊心,降自西阶。君拜寄公、国宾于位。大夫于君命,迎于寝门外。使者升堂致命,主人拜于下。士于大夫亲吊,则与之哭,不逆于门外",郑玄注云:"拜寄公、国宾于位者,于庭乡其位而拜之。此时寄公位在门西,国宾位在门东,皆北面。小敛之后,寄公东面,国宾门西,北面。士于大夫亲吊,谓大夫身来吊士也。与之哭,既拜之,即位西阶东面哭。大夫特来则北面。"孔颖达《礼记正义》疏称:"郑注云'即位西阶下',未忍在主人位,是据主人也。而皇氏云'即位西阶东面哭,谓大夫之位也'。下云'大夫特来则北面',皇氏即云'是大夫之位',俱与《士丧礼》违,又与郑注《士丧礼》不同,其义非也。"

再有,《仲尼燕居》"子曰:古之人与?古之人也!达于礼而不达于乐,谓之素。达于乐而不达于礼,谓之偏。夫夔达于乐,而不达于礼,是以传于此名也,古之人也。"郑玄注云:"素与偏,俱不备耳。夔达于乐,传世名,此贤人也。非不能,非所谓穷。"孔颖达《礼记正义》说:"云'非不能,非所谓穷'者,言夔非是不能行礼,但不特通达,非谓全不知于礼为穷困也。故《虞书》舜命伯夷'典朕三礼',伯夷让夔。是夔知礼也。而皇氏以达为掌,言夔掌乐不掌礼。达训为掌,于义无文,又与郑注意乖,其义非也。"① 这里涉对"达"字的解释,皇侃将"达"字解释为"掌"的意思,而孔颖达认为根据郑注的意思应该是作"通达"解,故对皇说加以否定。孔疏的说法得到清代陈鳣的认同,他在《简庄疏记》卷十中说道:"按,达训为掌,即《书》'典礼''典乐'意,但与上文不合。"② 也就是说,达训为掌固然可以,就有了"典礼""典乐"的意思,但是在这里就和《礼记》此篇前文的意思不合了。

又如,《礼记·玉藻》"日五盥,沐稷而靧粱,栉用樿栉,发晞用象栉,进禨进羞,工乃升歌",郑玄注云:"沐靧必进禨作乐,盈气也。更言'进羞',明为羞笾豆之实。"孔颖达《礼记正义》疏云:"'进禨进羞'者,禨,谓酒也。故《少仪》注云'沐而饮酒曰禨',是沐毕必进禨酒,又进羞。……今'进禨'则饮酒之进,为饮设羞,故知是羞笾羞豆。"又说:"'工乃升歌'者,又进羞之后,乐工乃升堂以琴瑟而歌。所

---

① 《十三经注疏(标点本)·礼记正义》,下册,第1390页。
② (清)陈鳣:《简庄疏记》,《续修四库全书》,第1157册,第239页。

以'进禨进羞'乃歌者，以其新沐体虚，补益气也。"又引述皇氏云："进禨，谓飨。"并称皇侃此说与《少仪》注违，也"非其义也"。① 然而，值得注意的是，清人俞樾《茶香室经说》卷十一《礼记》三"进禨"条下对孔颖达的说法有所辨析说："《玉藻》篇'进禨进羞，工乃升歌'，《正义》曰：'禨，谓酒也。皇氏云："进禨，谓飨。"与《少仪注》违，非其义也。'按《少仪篇》'饮酒者、禨者、醮者，有折俎不坐'，郑注曰：'已沐饮曰禨，酌始冠曰醮。'则皇氏训禨为飨，诚与郑违。然窃谓郑注非也。《玉藻》与《少仪》两'禨'字似有异义。……疑此经'禨'当从皇氏训'飨'。"可见，俞樾并不以郑注为标准，且认为《玉藻》与《少仪》的两个"禨"字的意思或有不同，那么皇侃的"训禨为飨"也就未必是不正确的了。②

再如，《礼记·玉藻》"玄冠丹组缨，诸侯之齐冠也。玄冠綦组缨，士之齐冠也"，郑玄注云："言齐时所服也。四命以上，齐、祭异冠。"针对郑注，孔颖达《礼记正义》有称："云'四命以上，齐、祭异冠'者，以诸侯玄冕祭，玄冠齐，孤则爵弁祭，亦玄冠齐，是齐、祭异冠也。必知孤亦玄冠齐者，以诸侯尚玄冠齐，明孤亦玄冠齐也。其三命以下大夫则朝服以祭，士则玄端以祭，皆玄冠也。此云'玄冠綦组缨，士之齐冠'，是齐、祭同冠也。其天子之士与诸侯上大夫同，故《深衣目录》云：'士祭以朝服，谓天子之士也。祭用朝服，与诸侯大夫同。'然则天子大夫与诸侯孤同，亦爵弁祭、玄冠齐。此是熊氏之说也。"接着孔颖达提到皇侃说："皇氏以为，天子大夫与诸侯大夫同，但朝服以祭，便与郑注'四命以上，齐、祭异冠'于文为妨，皇氏之说非也。"③ 这里，孔颖达是强调皇侃的说法与郑玄注有所矛盾所以不予采纳；而从上文看，孔颖达又有认同熊安生说法的意思。不过对此，清黄以周《礼书通故》第三《衣服通故》二第98条当中，对孔颖达的说法提出了异议，其云："皇侃说天子大夫与诸侯大夫同，朝服以祭。熊安生说天子之士与诸侯大夫同。……以周案：天子朝服用皮弁，皇说天子大夫朝服以祭，谓皮弁服也。孔氏《王制》疏谓天子大夫用朝服，朝服则皮弁，从皇说。《郊特

---

① 《十三经注疏（标点本）·礼记正义》，中册，第885页。
② （清）俞樾：《茶香室经说》，《续修四库全书》，第177册，第536页。
③ 《十三经注疏（标点本）·礼记正义》，中册，第893页。

牲》、《玉藻》疏谓天子大夫自祭，亦爵弁，又从熊说。两疏违异。今从贾疏天子大夫元（玄）冕以祭。皇、熊两说皆非。"①

以上就是孔颖达认为皇侃说直接与郑玄对《礼记》本文注的内容相违背的一些比较典型的例证。

3. 不解郑注之意、非是郑义的例证

这是孔颖达认为皇侃的解说没有理解郑玄注的意思从而不能认同的一些例证。例如，《礼记·乐记》"礼得其报则乐，乐得其反则安"，郑玄注云："得，谓晓其义，知其吉凶之归。"针对郑注，孔颖达《礼记正义疏》称："'得，谓晓其义'者，言礼乐俱有义理。云'知其吉凶之归'者，谓礼之与乐俱有吉凶，行礼得所为吉，失礼则凶；为乐美善则吉，为乐恶则凶。今按注意分明，兼解礼乐，故郑唯言'得，谓晓其义'，是兼解'礼得''乐得'之字，则自然吉凶之言解礼乐。"随后孔颖达简要地提出皇侃的解说称："皇氏之意，乃谓'晓其义'者解'礼'，'知其吉凶所归'解'乐'，其义非也。"② 这里，孔颖达没有完整地引述皇侃的说法，按照孔颖达的说明，皇侃认为郑注分别解说礼和乐，而与孔颖达看来的"注意分明，兼解礼乐"是不相符的，解义也就是不正确的。

又如，《礼记·奔丧》"奔丧者自齐衰以下，入门左，中庭北面，哭尽哀，免麻于序东，即位袒，与主人哭，成踊"一段，郑玄有注云："不升堂哭者，非父母之丧，统于主人也。麻，亦经带也。于此言'麻'者，明所奔丧虽有轻者，不至丧所，无改服也。凡袒者于位，袭于序东，袒、袭不相因位。此麻乃袒，变于为父母也。"针对郑注所谓"于此言麻者，明所奔丧虽有轻者，不至丧所，无改服也"者，孔颖达《礼记正义》引述皇侃之说称："皇氏以为谓奔齐衰之丧，不至丧所，谓不升堂。全不解注意，其义非也。此麻则带经变文耳。"③ 清黄以周《礼书通故》第十《丧礼通故》五第196条在对比郑玄注、皇侃说、熊安生说后提出："以周案：注丧所谓殡宫不升堂哭，谓不哭殡处。皇氏直以丧所为殡处。误会注意。"④ 可见，黄以周认同和支持孔颖达《礼记正义》对皇侃说不解

---

① （清）黄以周：《礼书通故》，第 125 页。
② 《十三经注疏（标点本）·礼记正义》，下册，第 1143 页。
③ 《十三经注疏（标点本）·礼记正义》，下册，第 1525 页。
④ （清）黄以周：《礼书通故》，第 530 页。

郑注意思所进行的批评。

还有一些孔颖达认为皇侃的解说不符合郑玄的解义,所以是不能认同的。例如,《礼记·郊特牲》"郊之用辛也,周之始郊,日以至",郑玄注云:"言日以周郊天之月而至,阳气新用事,顺之而用辛日。此说非也。郊天之月而日至,鲁礼也。三王之郊一用夏正,鲁以无冬至祭天于圆丘之事,是以建子之月郊天,示先有事也。用辛日者,凡为人君,当齐戒自新耳。周衰礼废,儒者见周礼尽在鲁,因推鲁礼以言周事。"对于郑注,孔颖达《礼记正义》明确指出在周郊还是鲁郊认识的依据上,郑玄和后来王肃说法不同。正因此,孔颖达进一步说:"但鲁之郊祭,师说不同。崔氏、皇氏用王肃之说,以鲁冬至郊天,至建寅之月又郊以祈谷,故《左传》云'启蛰而郊',又云'郊祀后稷,以祈农事',是二郊也。若依郑康成之说,则异于此也。鲁唯一郊,不与天子郊天同月。"还说:"但郊、丘大事,王、郑不同,故略陈二家所据而言之也。……而崔氏、皇氏以为鲁冬至郊天,夏至又郊,凡二郊,非郑义也。"① 由此可见,在学说认同上,崔灵恩和皇侃都采用王肃所理解的鲁礼冬至、夏至进行两次郊祭的说法,而这和郑玄所理解的即使是鲁礼也是只进行一次郊祭的说法是不一致的。从另一个角度说,孔颖达是更认同郑玄说的。就后世礼家的判断来说,也有不少的差异,如清代陆陇其《读礼志疑》卷二中就说:"康成于郊之祭也……所解与王肃绝异。朱子于此则从王肃。善哉。《集说》之言曰:'郊祀一节,先儒之论不一者,有子月、寅月之异,有周礼、鲁礼之分。又以郊与圜丘为二事,又有祭天与祈谷为二郊。今皆不复详辨,而与朱说为是(定)。'"② 由此可见,南宋朱熹、元代陈澔、清代陆陇其,都在郊祭的问题上表现出与王肃说一致的态度,那么皇侃接受王肃说,在他们那里,应该也是得到认同的。

再如,《礼记·月令》"律中大蔟。其数八",郑玄注云:"数者,五行佐天地生物成物之次也。《易》曰:'天一地二,天三地四,天五地六,天七地八,天九地十。'而五行自水始,火次之,木次之,金次之,土为后。木生数三,成数八,但言八者,举其成数。"孔颖达《礼记正义》疏

---

① 《十三经注疏(标点本)·礼记正义》,中册,第796、797页。
② (清)陆陇其:《读礼志疑》,《文渊阁四库全书》,上海古籍出版社1987年版,第129册,第507页。又参见元代陈澔《礼记集说》卷五,凤凰出版社2010年版,第204页。

云："'但言八者，举其成数'者，金木水火以成数为功，皇氏用先儒之义，以为金木水火得土而成，以水数一，得土数五，故六也；火数二，得土数五，为成数七；木数三，得土数五，为成数八，又金数四，得土数五，为成数九。此非郑义，今所不取。"① 对此，后世学者也有议论，如清代姚际恒就有称："愚按《书》之《洪范》自言五行，《易》之《系辞》自言阴阳。奇耦各不相通。郑据五行解《易》辞，分别天地生成之数，今又以解《易》辞者解《月令》，并谬也。《月令》所谓'其数八'者固以五行言，然亦非天地生成之谓。孔疏引皇氏之说所不取者乃是也。盖五行之始于一而至于五，故一二三四合五而成六七八九，以见土无定位，无成名，无专气，必以水火木金四者合之，而水火木金成，土亦成矣。若如郑分成之数，《月令》何为但言成数而遗生数乎？若曰以成数为功，故举之夫生数统于成数，成数本之生数，生数岂反无功乎？于是于中央推说不去，则又曰言生数。窃恐作《月令》者必不举此遗彼，及此同彼异之若是耳。"由此可见，这是以郑玄的解说为谬误，反而肯定皇侃说的见解。② 还有，清代洪颐煊《诸史考异》卷六《南齐书》在"五行成数"条下提到："《乐志》《月令》木数八，火数七，土数五，金数九，水数六。蔡邕云：'东方有木三，土五，故数八。南方有火二，土五，故数七。西方有金四，土五，故数九。北方有水一，土五，故数六。'"随之以"颐煊案"而讲到孔颖达《礼记正义》称"皇氏用先儒之义"云云并在引述后断定说："此即蔡邕之说。"③ 这是给皇侃所用先儒之义找到来源出处，使我们更清楚皇侃《礼记》学的依据所在。

4. 文无所出的例证

这是一些孔颖达认为皇侃的解说不知其依据所在，故而有所非议的例证。例如，《礼记·玉藻》"缟冠素纰，既祥之冠也"，郑玄注云："既祥之冠也，已祥祭而服之也。《间传》曰：'大祥，素缟麻衣。'"孔颖达《礼记正义》疏进一步解释说："缟是生绢而近吉，当祥祭之时，身着朝服，首着缟冠，以其渐吉故也。"又引述《礼记》其他经注而论证说："不言以素为纰，故《丧服小记》云：'除成丧者，朝服缟冠。'注云：

---

① 《十三经注疏（标点本）·礼记正义》，上册，第452页。
② （清）杭世骏：《续礼记集说》卷二十五，《续修四库全书》，第101册，第394页。
③ （清）洪颐煊：《诸史考异》，《续修四库全书》，第455册，第188页。

'缟冠，未纯吉祭服也。'《杂记》曰：'祥，主人之除也。于夕为期朝服。'郑云：'祭犹缟冠，未纯吉。'《杂记》又云：'既祥，虽不当缟者必缟。'郑云：'缟，祥祭之服。'据此两经二注，皆云祥祭缟冠。若既祥之后，微申孝子哀情，故加以素纰，以素重于缟也。故此文云：'既祥之冠。'《间传》曰：'大祥素缟麻衣。'"以这些经注的文字为依据，孔颖达指出皇侃说不知凭据的问题："检勘经、注，分明如此，而皇氏以为缟重素轻，祥祭之时，以素为冠，以缟为纰，纰得冠名，故云'缟冠'；祥祭之后，以缟为冠，以素为纰，亦纰得冠名，而云'素冠'。文无所出，不知有何凭据也？"[①] 值得注意的是，就孔颖达对皇侃说的质疑，清代姚范《援鹑堂笔记》卷九《经部·礼记》在"始冠缁布冠"节下有称："惠氏云：《诗》既见'素冠'，则皇氏之说有据，合之祥祭缟冠，其说益明。"[②] 而比姚范稍晚的朱彬《礼记训纂》卷十三中则直称惠氏栋而引述了和以上同样的话。[③] 那么惠栋认为《诗经》(《国风·桧》)中有《素冠》篇（其第一句为"庶见素冠兮"），可见皇侃说是有根据的，又与"祥祭缟冠"的意思结合，其意思是很明晰的。所以对皇侃说有肯定的意味。由此说来，这也是体现皇侃说的价值及其对后世学术影响的一个例证。

再如，还是《礼记·玉藻》中有"君子狐青裘豹褎，玄绡衣以裼之"，郑玄注云："君子，大夫、士也。绡，绮属也，染之以玄，于狐青裘相宜。狐青裘，盖玄衣之裘。"《玉藻》又有"羔裘豹饰，缁衣以裼之"，郑玄注云："孔子曰：'缁衣羔裘。'"《玉藻》还有"狐裘，黄衣以裼之"，郑玄注云："黄衣，大蜡时腊先祖之服也。孔子曰：'黄衣狐裘。'"孔颖达《礼记正义》在"盖玄衣之裘者"之后，一连引述了三段皇侃的解说：其一，皇氏云："玄衣，谓玄端也。"其二，皇氏又云："畿内诸侯朝服用缁衣，畿外用玄衣。此狐青，又是畿外诸侯朝服之裘。"其三，皇氏又云："凡六冕及爵弁无裘，先加明衣，次加中衣；冬则次加袍茧，夏则不袍茧，用葛也，次加祭服。若朝服布衣，亦先以明衣亲身，次加中衣；冬则次加裘，裘上加裼衣，裼衣之上加朝服；夏则中衣之上

---

① 《十三经注疏（标点本）·礼记正义》，中册，第893页。
② （清）姚范：《援鹑堂笔记》卷九，《续修四库全书》，第1148册，第477页。
③ （清）朱彬：《礼记训纂》卷十三，中华书局1998年版，第453、454页。

不用裘而加葛，葛上加朝服。"孔颖达称"此皆皇氏之说"。又一并引述熊氏（安生）和刘氏（瓛）的解说，并称刘氏说有与皇氏同者，而且评论说："今删定。三家之说，虽各有通涂，皆互有长短。"然而，针对上引第二条皇侃的解说，孔颖达又言："皇氏以畿内诸侯缁衣，畿外诸侯玄衣。按《王制》直云'玄衣而养老'，不辨外内之异。又《诗·唐风》'羔裘豹袪'，卿大夫之服。《桧风》云：'羔裘逍遥。'郑玄云：'朝燕之服也。'《论语》云：'缁衣羔裘'，注云：'诸侯之朝服羔裘者，必缁衣为裼。'唐、桧、鲁，非畿内之国，何得并云'羔裘'？若此玄衣为畿外诸侯，则郑注此何得云'君子，大夫，士也'？又祭服无裘，文无所出，皇氏之说非也。"① 对于以上《礼记》本文和皇侃的解说及孔颖达的评判，清代黄以周《礼书通故》卷三《衣服通故》二第80条也有所评议，其云："以周案：凡裘，君用全，大夫杂。羔裘豹襃，为大夫服，则此狐裘豹襃，不关天子诸侯甚明。且朝服非元（玄）端，元（玄）端朝服皆麻衣，以绡衣裼，是以帛里布矣。皇说殊谬。六冕爵弁无裘，尤为肛说，熊、孔斥之，当已。但六冕之裘皆黑羔裘，不用狐青爵弁之说近是。"② 这里的最后一句，是黄以周对熊安生说的肯定，而对皇侃说的批评则和孔颖达是一致的。另外，清代吴骞《皇氏论语义疏参订》卷五《乡党》第十在皇侃所言"此是诸侯日视朝服也"句后，有所引证和评论说："按《玉藻》'羔裘豹饰，缁衣以裼之'，孔颖达疏引皇氏云'畿内诸侯朝服用缁衣，畿外用元（玄）衣，据此则鲁非畿内诸侯，不当以缁衣为朝服'，知皇释《论语》盖与解礼异说矣。"③ 那么，这是否从另一个方面提醒读者皇侃解经存在不一致性呢？

再如，《礼记·明堂位》"爵，夏后氏以盏，殷以斝，周以爵"，郑玄注云："斝，画禾稼也。《诗》曰：'洗爵奠斝。'"孔颖达《礼记正义》说："'周以爵'者，皇氏云：'周人但用爵形，而不画饰。'按《周礼·太宰》：'赞玉几玉爵。'然则周爵或以玉为之，或饰之以玉。皇氏云'周爵无饰'，失之矣。"④ 又《明堂位》"灌尊，夏后氏以鸡夷，殷以斝，周

---

① 《十三经注疏（标点本）·礼记正义》，中册，第900、901页。
② （清）黄以周：《礼书通故》，第116页。
③ （清）吴骞：《皇氏论语义疏参订》，《续修四库全书》，第153册，第742页。
④ 《十三经注疏（标点本）·礼记正义》，中册，第946页。

第一章　魏晋南北朝到唐的礼记学

以黄目。其勺，夏后氏以龙勺，殷以疏勺，周以蒲勺"，郑玄注云："夷读为彝，《周礼》：'春祠夏禴，祼用鸡彝鸟彝。秋尝冬烝，祼用斝，祼用彝黄彝。'龙，龙头也。疏，通刻其头。蒲，合蒲如凫头也。"孔颖达《礼记正义》说："'殷以斝'者，郑司农云：'画为禾稼。''周以黄目'者，以黄金为目。皇氏云：'夏后氏以瓦泰之上画以鸡彝，殷著尊画为稼彝。'然尊、彝别作，事不相依，而皇氏以当代之尊为彝，文无所据。假因当代尊为彝，则夏后氏当因山罍，不得因虞氏瓦泰。皇氏之说，其义并非也。"① 还有，针对上述郑玄引《周礼》，孔颖达《礼记正义》又说："云'春祠夏禴，祼用鸡彝鸟彝'者，鸡彝盛明水，鸟彝盛郁鬯也。'秋尝冬烝，祼用斝彝黄彝'者，义亦然。必知一时之祭并用两彝者，以下云'朝践用两牺尊，再献用两象尊'，牺、象不可即为二时，故知两彝祇当一节。"接着，孔颖达引述皇侃和沈重的解释并评议说："皇氏、沈氏并云：'春用鸡彝，夏用鸟彝，秋用斝彝，冬用黄彝。春属鸡，夏属鸟，秋属收禾稼，冬属土色黄，故用其尊。'皇氏等此言，文无所出，谓言及于数，非实论也。"② 以上可见，孔颖达在有关三代的礼器名物方面，连续三处对皇侃的解说提出非议③，体现出二者对《礼记》本文和郑注理解的差异，"文无所据""文无所出"就成为一个评判标准。针对孔颖达的相关评议，清代孙诒让《周礼正义》卷三十八《司尊彝》在引述了以上孔疏引皇侃、沈重之说后称："是谓每时唯用一彝，郁鬯无明水之配。《通典·吉礼》谓时享，王酌鸡彝，后酌鸟彝，大祫在秋，王酌斝彝，后酌黄彝。既无明水，又谓：王与后分酌二尊，并与郑说不合。江永云：'彝尊有二者，疏说是也。'"④ 这也可以说是间接地肯定了孔颖达对皇侃、沈重说的否定。

又如，《礼记·祭义》"是故孝子临尸而不怍，君牵牲，夫人奠盎。君献尸，夫人荐豆。卿、大夫相君，命妇相夫人"一段，郑玄有注云："奠盎，设盎齐之奠也。此时君牵牲，将荐毛血。君献尸而夫人荐豆，谓绎日也。傧尸，主人献尸，主妇自东房荐韭、菹、醢。"孔颖达《礼记正

---

① 《十三经注疏（标点本）·礼记正义》，中册，第946页。
② 《十三经注疏（标点本）·礼记正义》，中册，第946页。
③ 当然，也有一处"'周以蒲勺'者，皇氏云：'蒲谓合蒲，当刻勺为凫头，其口微开如蒲草，本合而末微开也。'"孔颖达是直接引述皇侃的解说而没有提出异议。
④ （清）孙诒让：《周礼正义》，中华书局1987年版，第6册，第1516页。

义》有所讨论说："云'奠盎，设盎齐之奠也'者，此谓绎祭，故牵牲之时，夫人预设盎齐之尊。假令正祭牵牲时，夫人设奠盎之尊，至君亲制祭，夫人酌盎齐以献尸，义无妨也。"接着，孔颖达提到皇侃的说法并加以评议称："皇氏怪此奠盎在牵牲之时，于事大早，以奠盎为洗牲。勘诸经传，无洗牲以酒之文。皇氏文无所据，其义非也。"① 清代陈立《公羊义疏》卷十四在"君子之祭也，敬而不黩"句下何休注引《礼记·祭义》"君牵牲，夫人奠盎。君亲献尸，夫人荐豆。卿、大夫相君，命妇相夫人"一段的疏解中说："亦《祭义》文。《祭义》'酒'作'盎'，无'亲'字。"且引郑注并称"熊氏说同"，也提到："皇氏疑此奠盎在牵牲之时于事太早，以奠盎为洗牲。经、传无洗牲以酒之文，宜为孔氏所驳也。"② 这里，陈立是认同和肯定孔颖达对皇侃说的驳议。

（三）存疑性的例证

孔颖达《礼记正义》中还引述和保留了不少在他看来不能确定然否而表示存疑的皇侃的解说，往往用"义或然也""未知然否"，涉及名物、词语、仪节、文本等诸多方面。

例如，《礼记·曲礼上》"若夫，坐如尸，立如齐，礼从宜，使从俗"，孔颖达《礼记正义》两处引述皇侃的说法："'礼从宜'者，皇氏云：'上二事，丈夫为俨恪之仪。此下二事，丈夫为君出使之法。'义或然也。"孔颖达的解释是："'礼从宜'者，谓人臣奉命出使征伐之礼，虽奉命出征，梱外之事，将军裁之，知可而进，知难而退，前事不可准定，贵从当时之宜也。"对于下半句，孔颖达又解释说："'使从俗'者，使谓臣为君出聘之法，皆出土俗牲币以为享礼，土俗若无，不可境外求物，故云'使从俗'也。"并引述皇侃的说法："皇氏云：'上"礼从宜"，与此"使从俗"，互而相通，皆是以礼而使。'义或然也。"③ 在这两处，孔颖达对于皇侃的解说采取了存疑的态度。

再如，《礼记·王制》"凡养老，有虞氏以燕礼，夏后氏以飨礼，殷人以食礼，周人修而兼用之"，郑玄注云："兼用之，备阴阳也。凡饮养阳气，凡食养阴气。阳用春夏，阴用秋冬。"针对郑注当中的"阳用春

---

① 《十三经注疏（标点本）·礼记正义》，下册，第1314页。
② （清）陈立：《公羊义疏》，中华书局2017年版，第508页。
③ 《十三经注疏（标点本）·礼记正义》，上册，第12页。

夏，阴用秋冬"，孔颖达引述了皇侃的解说称："皇氏云：'春夏虽以饮为主，亦有食，先行飨，次燕，次食。秋冬以食为主，亦有飨，先行食，次燕，次享，一日之中，三事行毕。'"孔颖达又判断说："义或然也。"①但是，后世学者有对皇侃说不予认同者，如清孙诒让《周礼正义》卷八当中就说："今案皇说觕渎无理，不为典要。"②还有清王懋竑《读书记疑》卷三中也说："按皇氏解兼用之之义，与郑不同。一日而行三事，其必不然。皇说非也。"③ 这些都是对皇侃与孔颖达不同的认识。

再如，《礼记·郊特牲》"祭之日，王被衮以象天"，郑玄注云："谓有日月星辰之象，此鲁礼也。《周礼》王祀昊天上帝，则服大裘而冕，祀五帝亦如之。鲁侯之服，自衮冕而下也。"针对郑注，孔颖达《礼记正义》解释说："引《周礼》以下者，证王礼与鲁礼不同。云'鲁侯之服，自衮冕而下也'者，证鲁侯得着衮冕，故经云衮也。鲁公得称王者，作记之人，既以鲁礼而为周郊，遂以鲁侯而称王也。"并且引述皇侃说："皇氏云：'《书》用王礼，故称王。'或亦当然也。"④ 然而对于孔颖达的解说和引述皇侃的说法，后世也有并不以为然者。如清代姚际恒就说："《记》文前后言郊社之礼，皆指王者，非指诸侯甚明。郑氏以其云'被衮'，不合《周礼》'王祀昊天上帝则服大裘而冕'之文，以其云'象天'不合其所谓'冕衣裳九章，无日月星辰'，故曰：'此鲁礼也。'后儒依阿其说，皇氏曰鲁用王礼故称王。孔氏曰作《记》者既以鲁礼而云周郊，遂以鲁侯而称王。俱属不通之论。"⑤ 在姚际恒看来，皇侃和孔颖达都不过是在郑玄注的基础上力图证明此是鲁礼，但是并不能讲通道理。还有，清人吴浩也不认同皇侃之说，他针对"皇氏云鲁用王礼故称王"而说："鲁惟太庙用王礼，非鲁君皆得用也。周公用王礼不追王，岂子孙反得称王乎？鲁之秉礼莫大于不称王，而后儒顾诬之乎？"⑥ 也就是说，吴氏认为这里的王礼属周礼而非鲁礼。由此可见，在涉及经典中有关鲁

---

① 《十三经注疏（标点本）·礼记正义》，上册，第422页。
② （清）孙诒让：《周礼正义》卷八，中华书局1987年版，第1册，第279页。
③ （清）王懋竑：《读书记疑》卷三，《续修四库全书》第1146册，第209页。
④ 《十三经注疏（标点本）·礼记正义》，中册，第801页。
⑤ （清）杭世骏：《续礼记集说》卷四十八，《续修四库全书》，第101册，第722页。
⑥ （清）姚际恒：《十三经义疑》卷五《礼记》，《文渊阁四库全书》，上海古籍出版社1987年版，第191册，第295页。

用王礼与否和依据上，后世学者的理解与郑玄、皇侃、孔颖达是不完全一致的。

再如，《礼记·玉藻》"玄端而朝日于东门之外，听朔于南门之外，闰月则阖门左扉，立于其中"。郑玄注云："东门、南门，皆谓国门也。天子庙及路寝，皆如明堂制。明堂在国之阳，每月就其时之堂而听朔焉，卒事反宿，路寝亦如之。闰月，非常月也。听其朔于明堂门中，还处路寝门，终月。"针对郑注，孔颖达《礼记正义》说："云'听其朔于明堂门中，还处路寝门，终月'者，以闰非常月，无恒居之处，故在明堂门中。按《大史》云：'闰月，诏王居门终月。'是'还处路寝门，终月'，谓终竟一月所听之事，于一月中耳，于寻常则居燕寝也。故郑注《大史》云：'于文，王在门谓之闰。'是闰月听朔于明堂门，反居路寝门。"之后孔颖达引述皇侃的说法称："皇氏云：'明堂有四门，即路寝亦有四门。闰月各居其时当方之门。'义或然也。"① 对于皇侃此说，后世礼家多有引述，但是也有不同意见者，如清陆陇其《读礼志疑》卷五针对皇侃说提出质疑说："愚按：此因路寝如明堂之说，而遂谓路寝亦四门，益难信。"② 又清汪绂《参读礼志疑》卷下则进一步发问说："皇氏云路寝亦有四门，夫路寝则安得有四门哉？"③ 还有清万斯大《礼记偶笺》卷三《玉藻》"听朔于南门之外，闰月则阖门左扉，立于其中"条下说："门即明堂之门，南乡。皇氏谓明堂有四门，闰月各居其时当方之门。恐未然。"④ 前两者并不认同路寝如明堂而有四门，后者则质疑明堂有四门。总之，均与皇侃说不一致。

再如，《礼记·明堂位》"垂之和钟，叔之离磬，女娲之笙簧"，郑玄注云："垂，尧之共工也。女娲，三皇承宓羲者，叔，未闻也。和、离，谓次序其声县也。笙簧，笙中之簧也。《世本·作》曰：'垂作钟，无句作磬，女娲作笙簧。'"针对本文及郑注，孔颖达《礼记正义》说："云

---

① 《十三经注疏（标点本）·礼记正义》，中册，第876页。
② （清）陆陇其：《读礼志疑》卷五，《文渊阁四库全书》，上海古籍出版社1987年版，第129册，第548页。
③ （清）汪绂：《参读礼志疑》卷五，《文渊阁四库全书》，上海古籍出版社1987年版，第129册，第641页。
④ （清）万斯大：《礼记偶笺》卷三，《万斯大集》，浙江古籍出版社2016年版，第114页。

'无句作磬'者，皇氏云：'无句，叔之别名。'义或然也。"也就是说，皇侃根据郑玄注中引述《世本·作》篇的话而认为叔和无句是一个人，孔颖达不能确定则称"义或然也"而加以保留。后世礼家有不少也照录皇侃说，如宋陈祥道《礼书》卷一百二十《大磬》条下有称："盖叔与无句非二人，垂之为工非一技。皇氏谓'无句叔之别名'，其说或然。"[1] 还有元陈澔《礼记集说》卷六、明张自烈《正字通》卷七、清陈鱣《简庄疏记》卷十《礼记》、清郝懿行《礼记笺·明堂位》、清李光坡《礼记述注》卷十四、清潘相《礼记厘编》卷九、清孙希旦《礼记集解》卷三十一、清徐文靖《禹贡会笺》卷四等。不过，清代翁方纲则有与孔颖达不同的判断，在《礼记附记》卷四《明堂位》中他说："叔之离磬……郑注'叔未闻'，孔疏引皇氏云'无句叔之别名'义或然。然郑注引《世本》'无句作磬'，而又曰'叔未闻'，则无句与叔果否是一人，未有证据也，不知孔疏何以谓义或然。"[2] 这里，翁氏的质疑也是有道理的。

## 结　语

经学在汉代以后即成为一种学问人的技艺，或熟通一经，或兼通多经，便可以立足于当时的学术界。但是，若要成为传承经学的代表人物，还是要有其个人的学术见识和历史的机遇，并且能够得到当时乃至后世学术界的认同才行。单纯从技艺的角度来说，经学还包含着对于许多相关学术领域的知识与学问、判断与思考等等方面的深度和广度上的要求和切合点，也由此而构成具有学术史和思想史范畴的学说、见解与成果。这样的成果在经学史上从汉代以来即以章句注疏学的形式呈现出来，在魏晋南北朝形成一个比较特殊的发展阶段，儒家经学的传承一方面继续以注疏学的面貌呈现出时代性的学术轨迹，一方面以新的代表人物的出现而显出发展，皇侃和熊安生就是这个时代的南北代表。皇侃的礼记学作为南学一脉，在孔颖达《礼记正义》的整合中有着别样的面貌呈现，在后世的礼学中依然得到关注和一定程度的肯定，这就是传统经学跨越时代的学术史意义所在吧。

---

[1]（宋）陈祥道：《礼书》，《文渊阁四库全书》，第130册，第728页。
[2]（清）翁方纲：《礼记附记》，《续修四库全书》，第103册，第420页。

# 第二章

# 李觏的礼学及相关思想

在宋代的思想家当中，以对礼学多有关注并著书立说而见称于史的，李觏是比较突出的一个。可以说，一方面和许多宋代的礼学人物一样，李觏对礼学的关注，首先是因为在宋代的经学教育和科举考试中，礼经、礼典和礼学问题始终占有突出位置，礼学是官学的重要组成部分；另一方面，作为思想人物，李觏又借助于对礼经、礼典和礼学问题的诠释和解说，阐明自己的礼学见解，抒发自己在历史观和伦理观以及政治、经济等多方面的思考，还有理想抱负。其中，"我注六经"以一种不同于经学注疏家的别样形式而展开，其学术面貌和思想特色也由此展现出来，兼有时代性和独自性的两方面特点。

当代学术界对李觏礼学的关注，因经学史、思想史和学术史等方面研究的进展而不断加深，也有不少论述可资参考。然而，如果从总体上考察李觏礼学的多方面体现和多方面意义，大概还是有很多可供我们探讨的空间和问题的。特别是对于李觏礼学的历史定位，无论是在宋代学术和思想发展的脉络当中，还是在经学与思想的关系史当中，大概仍然有不少值得我们思考和议论的话题。

统观中国历史上的政治论、道德论乃至自然论、宇宙论，可以说因思想家的主旨不同而形式有别，在什么东西为万事万物存在之根本的问题上，特别有以某一个具体的范畴或者观念为根本依据者，若加以分殊，于是就有所谓"道本论"、"德本论"（包括"仁本论""孝本论""诚本论"①）、"法本论"、"气本论"，还有就是"礼本论"。概言之，李觏可以说是宋代"礼本论"的代表性人物。

本章在借鉴和参考此前学界对李觏礼学研究的基础上，力图对李觏礼学做比较宽泛的总体考察，以确定李觏礼学在宋代学术和思想发展中应有的位置。

# 第一节 李觏的学术生涯及其《礼论》的思想内容

### 一 李觏的学术生涯及其对礼学的关注

对李觏的生平及学术，《宋史》卷四三二《儒林传二》中有简略的记载：

> 李觏，字泰伯，建昌军南城②人。俊辩能文，举茂才异等不中。亲老，以教授自资，学者常数十百人。皇祐初，范仲淹荐为试太学助教，上《明堂定制图序》……嘉祐中，用国子监奏，召为海门主簿、太学说书而卒。觏尝著《周礼致太平论》、《平土书》、《礼论》。门人邓润甫，熙宁中，上其《退居类稿》、《皇祐续稿》并《后集》，请官其子参鲁，诏以为郊社斋郎。③

在《宋元学案》全祖望补本《高平学案》中，也录有上述一段，只

---

① "夫诚者，君子之所守也，而政事之本也。"（《荀子·不苟》）"故土之与人也，道之与法也者，国家之本作也。"（《荀子·致仕》）"陈嚣问孙卿子曰：先生议兵，常以仁义为本。"（《荀子·议兵》）"礼者，治辩之极也，强国之本也，威行之道也，功名之总也。王公由之所以得天下也，不由所以陨社稷也。"（《荀子·议兵》）"夫尚贤使能，赏有功，罚有罪，非独一人为之也，彼先王之道也，一人之本也，善善恶恶之应也，治必由之，古今一也。"（《荀子·强国》）"故为人上者，必将慎礼义，务忠信，然后可，此君人者之大本也。"（《荀子·强国》）孟子曰："人有恒言，皆曰，'天下国家。'天下之本在国，国之本在家，家之本在身。"《孟子·离娄上》孟子曰："事，孰为大？事亲为大；守，孰为大？守身为大。不失其身而能事其亲者，吾闻之矣；失其身而能事其亲者，吾未之闻也。孰不为事？事亲，事之本也；孰不为守？守身，守之本也。"《孟子·离娄上》

② 今江西南城。

③ 《宋史》卷四三二《儒林传》，中华书局1977年版，第12839、12842页。

是人物姓名称号稍有差异。还有王梓材所作按语云:"卢氏所藏《学案》原底,于先生门人孙介夫传标云《盱江》,知谢山尝立《盱江学案》。检原底《序录》,《士刘诸儒学案》条有'江楚则有李觏'句,后定刊本又节之,盖以《盱江》并入《高平》尔。又案忠宣传,安定、泰山、徂徕、盱江皆客文正门。先生与徂徕辈行较后,以为文正门人可也。"①

确实,从当时的学术派别方面来说,李觏当属范仲淹的门下,并且得到范仲淹向朝廷的举荐。有以下两条文献即可以说明这些情况。一是朱熹纂集的《宋名臣言行录·后集》卷十一中所提到的范李关系:

> 文正公(范仲淹)门下多延贤士,如胡瑗、孙复、石介、李觏之徒,与公从游,昼夜肄业,置灯帐中,夜分不寝,后公贵夫人犹收其帐,顶如墨色,时以示子孙曰:"尔父少时勤学灯烟迹也。"②

二是范仲淹曾向朝廷进状,推荐李觏的才学,其中提到李觏的多篇著述及其价值。其文主要内容如下:

> 臣伏见建昌军草泽李觏,前应制科,首被召试。有司失之,遂退而隐,竭力养亲,不复干禄,乡曲俊异,从而师之。善讲论六经,辩博明达,释然见圣人之旨。著书立言,有孟轲、扬雄之风义,实无愧于天下之士。而朝廷未赐采收,识者嗟惜,可谓遗逸者矣。臣窃见往年处州草泽周启明,工于词藻,又江宁府草泽张元用及近年益州草泽龙昌期,并老于经术,此三人者皆蒙朝廷特除京官,以示奖劝。臣观李觏于经术文章,实能兼富,今草泽中未见其比,非独臣知此人,朝廷士大夫亦多知之。臣今取到本人所业《礼论》七篇、《明堂定制图序》一篇、《平土书》三篇、《易论》十三篇,共二十四篇,编为十卷,谨缮写上进。伏望圣慈当乙夜之勤,一赐御览,则知斯人之才之学,非常儒也。其人以母老不愿仕宦(官),伏乞朝

---

① (清)黄宗羲原著,(清)全祖望补修:《宋元学案》;陈金生、梁运华点校,中华书局1986年版,第156页。

② (宋)朱熹:《宋名臣言行录·后集》,《文渊阁四库全书》,上海古籍出版社1987年版,第449册,第253页。

廷优赐，就除一官，许令侍养，亦可光其道业，荣于闾里，以明圣人在上，下无遗才。若不如举状，臣甘重受朝典。谨具状奏闻。伏候敕旨。(《范文正集》卷二十《荐李觏并录进〈礼论〉等状》)①

还有，明朝的何乔新②撰有《李泰伯传》，对李觏学术及思想的一些特点有所指明。

> 李觏字泰伯，建昌南城人也。父某隐居，笃学不求闻达，乡人从之学者甚众。母郑氏无子，祷于麻姑山，一夕梦二道士对弈户外，往观之，其一取局中一子授焉，遂娠生觏。颖悟过人，五岁能调声律，习字书，十岁通举子业，或时阅书，怅然忆旧，尝读此，徐思之未尝见也。家贫，竭力养亲，不慕荣利。倡立盱江书院，讲明正学，从而师之者，恒数十百人。所学以推明圣经为本，不泥于汉唐诸儒穿凿之说，独不喜《孟子》。尝曰孔子尊王，孟子乃劝诸侯叛王。故作《常语》，其间多毁斥孟子者。郡举茂才异等，有旨召试，及试六论，不得其一。觏语人曰：吾于书尽读，此必《孟子注疏》也。掷笔而出，罢归。益务博学稽古，作《礼论》、《易论》、《明堂定制图》、《平土书》。范仲淹守饶州，得其文惊异，因荐于朝曰：觏讲论六经，辨博明达，著书立言，有孟轲、扬雄之风，以母老不愿仕，乞就除一官以便养，并上其所业二十四篇，不报。皇祐二年，仲淹又与余靖交章荐之，乃授将仕郎大学助教。嘉祐二年，召为大学说书。明年又以海门县主簿禄之。胡瑗以疾罢，又以觏权同管勾大学，寻以祖母未祔先茔，请假归迁葬，至家卒。临终执门人陈次公手，以《明堂制图》为托，以《三礼论》未成为恨，言不及它。
>
> 觏所著有《礼论》七篇、《易论》十三篇、《周礼致太平论》五十篇、《明堂定制图》一卷、《富国》《强兵》《安民》策各十篇，《潜

---

① 参见《范仲淹全集》，(清)范能濬编集，薛正兴校点，凤凰出版社2004年版，第3958页。
② 何乔新(1427—1502)字廷秀，号椒丘。江西广昌盱江镇人，乃李觏同乡。景泰五年进士，历官南京礼部主事、刑部主事、广东司郎中、福建副使、河南按察使、湖广右布政使、右副都御史、刑部右侍郎、刑部尚书。《明史》列传第七十一载其"博综群籍，闻异书辄借钞，积三万余帙，皆手较雠，著述甚富。与人寡合，气节友彭韶，学问友丘浚而已"。(中华书局1974年版，第4854页)

书》十五篇、《广潜书》又十五篇、《庆历民言》三十篇、《常语》三卷。门人自闽浙至,著录者千有余人。邓温伯仕最显,温伯为御史中丞,上觏所著书,且请官其子参鲁。朱仲晦尝谓:觏之学得于经为多。又言《周礼论》与己意合,独其毁《孟子》,世或讥其偏云。

  赞曰:宋承五季分乱之余,道丧文弊甚矣。天下既定,乃有柳开、穆修之徒,变觚骶之习,复浑雄之体,然未知本诸经以推明圣人之道也。觏与曾巩者出,乃能深求于经,其文以明道为本,是时洛学未兴也,而二子之学卓然如此,可不谓豪杰之士哉!予故采而论次之,无亦使其无传焉。①

  除了上述文献所见李觏学术渊源及著述之外,从《文渊阁四库全书》本《盱江集》前所收宋魏峙《李直讲年谱》②一卷中,我们可以大致梳理出李觏学术生涯及其对礼学的关注的一个线索如下:

| 宋真宗大中祥符二年己酉 | 李觏出生(1009年) |
|---|---|
| 祥符八年乙卯七岁 | 根据魏峙按语,李觏《见苏祠部书》有云:"六、七岁时,调声韵,习字书,勉勉不忘。"可知李觏幼年间即开始知道向学 |
| 天禧二年戊午十岁 | 根据魏峙按语,李觏《见余监丞书》有云:"十岁知声律。"由此可知李觏于是年知习举子业 |
| 天禧三年己未十一岁 | 根据魏峙按语,李觏《作疑仙赋序》有云:"吾母无子,遍祷无不至。祥符元年,梦二道士弈棋于户外,往观之,其一取一子授焉,遂娠。"又云:"生十余岁,从先父适田间,宿东郊,梦人以书缥与之曰《王状元文集》。梦中以为沂公之文也,既而就学,果不甚鲁。或时开卷惝然忆念,谓曾读此书,再思之,未尝见也。"魏峙认为:"详此二梦,则知天生贤哲以寿斯文之气脉,岂偶然哉。" |
| 天禧四年庚申十二岁 | 根据魏峙按语,李觏《见余监丞书》有云:"年十二,近文章。"由此可知李觏是年而能文 |

---

① (明)何乔新:《椒邱文集》卷二十,《文渊阁四库全书》,上海古籍出版社1987年版,第1249册,第318、319页。

② (宋)魏峙:《李直讲年谱》,《盱江集》,《文渊阁四库全书》,上海古籍出版社1987年版,第1095册。又参见《李觏集》,王国轩点校,中华书局2011年第2版,第513—533页。

## 第二章 李觏的礼学及相关思想

续表

| | |
|---|---|
| 乾兴元年壬戌十四岁 | 是年，李觏居父丧。根据魏峙按语，李觏《郑夫人墓志》有云："年十四而先君没。"又云："先君尝学，不应举，教其子作诗赋，亦乐施惠，尤直信。"由此可知李觏家学自有渊源 |
| 宋仁宗天圣三年乙丑十七岁 | 是年，李觏居父丧服除。根据魏峙按语，李觏《郑夫人墓志》有云："稍出游，求师友。"由此可知李觏开始出游求师友的年岁 |
| 天圣八年庚午二十二岁 | 是年，李觏娶夫人陈氏。根据魏峙按语，庆历七年李觏作夫人墓志云："陈氏今为南城人，生五年养于伯父，又十一年而嫁，嫁十一年而卒。"又云："复还旧居娶妇。"魏峙认为："盖先生前此出游，至是年始还家欤。" |
| 天圣九年辛未二十三岁 | 是年，李觏著《潜书》十五篇。李觏又有《见孙寺丞书》云："年二十三，鸡鸣而起，诵孔孟群圣人之书，纂成文章，以康国济民为意。"魏峙认为，这里所说的文章，"盖指《潜书》也" |
| 明道元年壬申二十四岁 | 是年，李觏著《礼论》七篇。其后余襄公有书与李觏云："所示《礼论》七篇，推进礼经，准的世教，派仁义，费刑政，岂止独步江表，校声名于后俊哉。"魏峙则称："先生之有功于礼经也如此。" |
| 景祐三年丙子二十八岁 | 是年，作《明堂定制图》并序、《平土书》、《上聂记注书》、《上李修撰书》、《上宋修撰书》、《太平院住持记》等。① |
| 景祐四年丁丑二十九岁 | 是年，李觏往鄱阳见范文正公，其书云："年二十九，尝游京邑，仿徨而归，又黜乡举。"其后范仲淹与李觏书云："在鄱阳，劳惠访寻，以改郡不敢奉邀。"魏峙认为，由此可知李觏是年乡举不利，而后才前往鄱阳访范仲淹 |
| 宝元元年戊寅三十岁 | 是年，作《广潜书》十五篇等 |

---

① 根据魏峙按语，李觏《见李修撰书》云："生平为文，谨采二十四篇，写成一册，及《明堂定制图》一道并序，草具其副，辱诸侍者。"《见宋修撰书》云："尝著《明堂定制图》并序，其意在赞明经义，以裨益一王之盛礼，谨缮其副，陈诸座隅。"魏峙认为，由此可知《明堂图》之作亦在是年。魏峙又说："独《平土书》不著所作岁月。然先生明年见范公，而范公他日荐先生必以《礼论》、《易论》、《明堂定制图》、《平土书》共献，必同作于此一二年之间。张宗古《送先生南归序》，其略曰：自周室距今旷千余载，此礼废绝，所以学者各是己见，竞牵师习故，复出泰伯，以明其本。盖指《明堂图》也。"

续表

| | |
|---|---|
| 宝元二年己卯三十一岁 | 李觏著有《富国》《强兵》《安民》三策各十篇。魏峙按语说："先生以康定二年试制科，则此策必作于是年。" |
| 康定元年庚辰三十二岁 | 是年，得男参鲁。有《上江职方书》。又前往越州赴范高平公（范仲淹）招，故有《登越山诗》。魏峙按语说："先生《上江职方书》云：行年三十余，近访吴越而归。曰三十余，则当在是年；曰访吴越而归，则访范公也。" |
| 康定二年十一月改庆历元年辛巳三十三岁 | 是年，作《建昌军集贤亭记》《修麻姑殿记》《麻姑山仙都观修三清殿记》《梓山院修佛殿记》等。又是年，郡举李觏应茂材异等科，有旨召试，故入京并留京一年。 |
| 庆历二年壬午三十四岁 | 是年，先生试制科，得召第一。长沙萧注与李觏书云："昨偕弟英求举于京师，闻足下应贤良预第一，召试未有不心思目愿欲识其面者。"后秋七月试制科不第，归，过南康见郡守祖秘丞。 |
| 庆历三年癸未三十五岁 | 是年，集《退居类稿》十二卷、《庆历民言》三十篇。作《周礼致太平论》三十篇、《抚州菜园院记》、《雪中赠柳枝及柳枝答诗》等。魏峙按语说："先生集所为文名《退居类稿》云：自弱冠迨今十五岁，得草稿二百三十五首，类为十二卷。是年冬至日南康守祖为先生作序，则知先生是年下第，退居。既集《退居类稿》，又有《周礼致太平论》焉，其后陈次公述先生墓志云及退居为《周礼致太平论》并序，则实作于是年也。" |
| 庆历四年甲申三十六岁 | 是年，上富公、范公书，作《麻姑山真君殿记》。魏峙按语说："上富、范书，盖献《庆历民言》及言国事故也。" |
| 庆历五年乙酉三十七岁 | 是年，有《与胡安定书》《寄祖秘丞诗》等。又是年，余襄公荐李觏于朝，其奏章略云："李觏博学通识，包括古今，潜心著书，研极治乱，江南儒士，共所师法。"闽中名士黄通以书与范文正公曰："李觏生圣时三十七年也，其德行文学，其智识材术，疑三代英灵复生于今。大江而南皆呼曰先生。暨应诏来都下，今副枢富公、谏省欧阳公、紫微余正言三班田紫微、淮南祖提刑，皆当世之名儒，莫不竞造其门而优礼之。若吾公者，知泰伯为最深。惟其知之也深，故尝有论荐泰伯之心。" |

续表

| | |
|---|---|
| 庆历七年丁亥三十九岁 | 是年，作《礼论后语》《删定刘牧易图序》《宋屯田延平集序》《亡室陈氏墓志》《处士饶君墓表》《建昌知军厅记》《景德寺重修大殿及造弥陀阁记》《邵武军学庄田记》《小女诗》《海南编集》《题韩偓诗后》《答黄汉杰书》等 |
| 皇祐元年己丑四十一岁 | 是年，范文正公推荐李觏于朝廷。 |
| 皇祐二年庚寅四十二岁 | 是年，赴范文正公招于杭州。范公再荐于朝，其章曰："臣去年录进李觏所业十卷，其《明堂图序》一卷，今朝廷行此大礼，千载一时，斯人学古之心，上契圣作。再录上进，乞加天奖，以劝儒林。"朝廷下旨授李觏将仕郎太学助教，诰词云："学业优，议论正，有立言之体。且履行修正，诚如荐章。特以一命及尔，其益进于道，勿患朝廷之不知也。" |
| 皇祐四年壬辰四十四岁 | 是年，集《皇祐续稿》八卷，作序。刊行《周礼致太平论》十卷 |
| 皇祐五年癸巳四十五岁 | 是年，著《常语》上、中、下三卷，《承天院罗汉阁记》《柏林温氏书楼记》等。 |
| 嘉祐二年丁酉四十九岁 | 是年，国子监奏乞差太学助教，李觏充太学说书，旨令赴太学供职。根据魏峙按语，奏札云："虽因名儒论荐，命试一官，未沾政禄，而养道丘壑，欲望朝廷差充太学说书，冀有裨庠序风化。" |
| 嘉祐三年戊戌五十岁 | 是年，除通州海门主簿太学说书，作《太学议》一篇、《景德寺修院记》。根据魏峙按语，诰词云："尔醇明茂美，通于经术，东南士人，推以为冠，自佐学政逾年，于兹孜孜，渠渠务恪，厥守祭酒司业，以为博士之职，莫宜于尔。可特授通州海门县主簿太学说书。"如故旨令详究太学制度，故有学议 |
| 嘉祐四年己亥五十一岁 | 是年，权同管勾太学，盖因胡瑗以病告假故有斯命。寻以祖母未祔先茔，请假归迁，旨给假一月，先生遂归，八月卒于家。陈次公作先生墓志云："临终无他言，惟执次公手以《明堂图》为托，三礼未成为恨。"是先生又作《三礼论》，未成而绝笔也 |

李觏的著述汇集成了《盱江集》，祖无择的《盱江集原序》① 有云：

孔子没千有余祀，斯文衰敝。其间作者孟轲、荀卿、贾谊、董仲舒、扬雄、王通之徒，异代相望而不能兴衰救敝者，位不得而志不行也。苟得位以行其志，则三代之风吾知其必复。嗟乎！秦汉以来，礼乐则不为，而任刑以驱其民，将纳于治，适所以乱之也。历世寖久，皆谓天下当如是，可以致治而不治者，时耳。故有奋笔舌为章句，卒不及于礼乐者，末哉文也。

盱江李泰伯，其有孟轲氏六君子之深心焉。年少志大，常愤疾斯文衰敝，曰："坠地已甚，谁其拯之？"于是夙夜讨论文、武、周公、孔子之遗文旧制，兼明乎当世之务，悉著于篇。且又叹曰："生处僻退，不自进孰进哉？"因徒步二千里入京师，以文求通于天子。乃举茂材异等，得召第一。既而试于有司，有司黜之。呜呼！岂有司之过邪？其泰伯之命邪？或者天徒付泰伯以其文而命则否邪？亦将位得志行后有时邪？吾不得而知已。

泰伯退居之明年，类其文稿，第为十有二卷，以寄南康祖无择，且属为序。无择既受之，读之暮月不休。善乎！文、武、周公、孔子之遗文旧制与夫当世之务，言之备矣。务学君子可不景行于斯！庆历三年冬至日序。②

从前述年谱中的记录看，李觏的主要礼学著作以时间年次来说，二十四岁，作《礼论》七篇；二十八岁，作《明堂定制图》并序。三十五岁，作《周礼致太平论》三十篇；三十九岁，作《礼论后语》。

对李觏的学术，其后还有一些评价，比如朱熹说："李泰伯文，实得之经中，虽浅，然皆自大处起议论。首卷《潜书》、《民言》好，如古《潜夫论》之类；《周礼》论好，如宰相掌人主饮食男女事，某意如此，

---

① 即《李泰伯退居类稿序》。见于《龙学文集》卷八，《文渊阁四库全书》，上海古籍出版社1987年版，第1098册，第828页。又参见《李觏集》中所收《直讲李先生文集序》，王国轩点校，中华书局2011年第2版。

② 祖无择，《宋史》有传。字择之，上蔡人。宋仁宗朝进士高第，后历任各种官职，加龙图阁直学士、集贤院学士等。为人好义，笃于师友，曾从孙复学注术，又从穆修为文章。(《宋史》卷三百三十一，中华书局1977年版，第10659页)

## 第二章 李觏的礼学及相关思想

今其论皆然，文字气象大段好，甚使人爱之。亦可见其时节方兴如此好。"① 还有周密说："世言李泰伯不喜孟子，而所赋哀老妇诗云'仁政先四者，著在孟轲书'，何耶？"②

作为考察李觏礼学思想内容的重要方面，首先就是他对传统的礼学经典的基本认识如何？在这方面，李觏的见解还是有迹可循的。

> 觏谓《周礼》《大戴礼》《礼记》皆圣人贤人之所作述，不宜辄有乖异。……觏尝以明堂者古帝王之大事也，而去圣久远，规模莫见。《周礼·考工记》、《大戴礼·盛德篇》、《礼记·月令》，室个之说参差不齐，繇汉及唐，老师大儒各执一经，相为矛楯。③

> 觏谓《周礼》、《大戴礼》、《吕氏春秋》皆圣人贤人之所作述，不宜辄有乖异。④

> 周公作六官之典，曰治典，曰教典，曰礼典，曰政典，曰刑典，曰事典，而并谓之《周礼》。今之《礼记》，其创意命篇，有不为威仪制度者，《中庸》、《缁衣》、《儒行》、《大学》之类是也。及其成书，总而谓之《礼记》，是其本传之者亦知礼矣。不独此二书而已也。⑤

> 韩宣子适鲁，见《易象》与《鲁春秋》，曰：周礼尽在鲁矣。则当时亦谓《易象》、《春秋》为礼经也。⑥

> 泰伯家江西，嗜古学以谓今，天子享上，帝朝诸侯，虽有其礼，而无其位，乃潜心愤悱贯览数家之说，自《周官·考工记》、《大戴礼·盛德篇》、《礼记·月令》、汉白虎诸儒及历代论议。⑦

通览李觏的著述，对于传统的礼经，他并没有提到《仪礼》，只是对《周礼》、《大戴礼》、《礼记》有所议论，于是，既有《礼论》七篇对

---

① （宋）黎靖德编：《朱子语类》，王星贤点校，中华书局1986年版，第3297页。
② （宋）周密：《浩然斋雅谈》卷上，孔凡礼点校，中华书局2010年版，第17页。
③ 《李觏集》卷二十七《上聂学士书》，中华书局2011年版，第300页。
④ 《李觏集》卷二十七《上苏祠部书》，中华书局2011年版，第312页。
⑤ 《李觏集》卷二《礼论第六》，中华书局2011年版，第20页。
⑥ 《李觏集》卷二《礼论第六》，中华书局2011年版，第20页。
⑦ 《李觏集》外集卷三《张学士送李君南归序》，中华书局2011年版，第507页。

《礼记》中的思想学说有所阐发，又有《周礼致太平论》五十一篇以《周礼》为蓝本而阐明其政治思想的多个方面。在以下的部分我们将对这两部著作所包含的礼学思想展开具体的论述。

## 二　李觏《礼论》的思想内容和理论特点

李觏作有《礼论》七篇，是以问答的形式来论述有关礼的各种问题的篇章，集中论述了有关礼的形而上学问题，其中不仅提出了关于礼之本、礼之支、礼之别名等方面的认识和论说，涉及礼与乐刑政仁义智信等关联范畴的关系，同时还有在人性论和历史观等方面的见解，成为了解李觏早期的礼学思想的重要篇章，从中可以看到李觏礼学思想形成和发展的历程。而且，在李觏《礼论》问世之后，又有对其理论提出辩难和质疑者，李觏也有相应的反驳，虽然没有引出大的轰动性的论辩风潮，却也体现出当时在相关主题方面不同学说见解相互论辩与争鸣之一端。

我们知道，在承自先秦两汉的传统礼学经典的篇章中，早就有关于礼的形而上问题的论述[1]，诸如荀子的《礼论》篇、贾谊《新书·礼》，还有《礼记》的许多篇章，都有关于礼的观念、制度、仪规等方面的形而上的解说和论述，《礼记》又可说是集这方面的思想学说之大成的经典。后世学者无不从《礼记》的篇章中所包含的思想学说出发，而引出自己对于礼的多方面问题的思索。唐宋以来的科举考试制度以《周礼》《礼记》等经典为考试范围，更使得凡应考学子们无不对礼学经典所包含的礼学问题倍加关注，以致了如指掌、谙熟于心，进而也成为他们形成自己的思想学说的起始依据。另外，在以诗、赋、策、论为形式的科举考试制度之下，论又是应考学子们必须精心准备的篇章形式。因此，宋代许多传世的策论篇章，无疑具有两方面的性质，一是作为应对科举考试而预先撰作的议论篇章，二是至少从一个侧面体现出作者与论题相关

---

[1] 经、传、记、论、说，可以说是中国古代经学及其诠释系统表述多种形式的体现。传、记、论的形式自不待言，说的形式也是多有存在的。比如宋黄度就著有《书说》《诗说》《周礼说》，其中《诗说》与《周礼说》今佚，惟《书说》存于《四库全书》当中。明徐即登撰《周礼说》十四卷。宋吕祖谦门人杂录其师之说为《丽泽论说集录》十卷，其中有关经学的，凡《易说》二卷、《诗说拾遗》一卷、《周礼说》一卷、《礼记说》一卷、《论语说》一卷、《孟子说》一卷。宋洪咨夔撰《春秋说》。明吕柟撰《春秋说》。明王寰大撰《春秋说》。清惠士奇撰有《礼说》《易说》《春秋说》。清田嘉榖也撰有《春秋说》《易说》。

的思考和见解。

李觏的《礼论》就兼有上述两方面的性质，前者正如李觏自己所说是"盖备举子常礼"①，后者则如李觏的《礼论序》所云："予幼而好古，诵味经籍，窥测教意，然卒未能语其纲条。至于今，兹年二十四，思之熟矣。比因多病，退伏庐下，身无他役，得近纸笔，故作《礼论》七篇。推其本以见其末，正其名以责其实。崇先圣之遗制，攻后世之乖缺。邦国之龟筮，生民之耳目，在乎此矣。"② 这样，我们既可以将李觏的《礼论》七篇看作是他以自己对礼的见解和思考来应对科举考试的篇章，同时也是可以透过其中来考察李觏二十四岁前后的思想锋芒和特点。《盱江外集》卷二所载当时余靖给李觏的信中有概括性的评价说："所示《礼论》七篇，推进礼经，准的世教，派仁义，赘刑政，正其本于礼，成一家之言。工古人之未工，导明王之要道，岂止独步江表，校声名于后俊者哉。开益蒙蔽，不胜降叹人回。"③ 其中固有溢美之词，但也可以看出对李觏此篇的思想境界的肯定。魏峙所编《李直讲年谱》则称："先生之有功于礼经也如此。"④

而且，李觏在写作了《礼论》十五年之后，又针对当时学者章望之对他的《礼论》中的一些说法提出指摘而提出反驳，从而写下了一篇《礼论后语》，进一步阐明了一些主要见解。相应地，李觏在其他的著述中也有不少议论礼学及思想的内容。

值得注意的是，当我们对宋代学者的著述进行一番考察就会发现，除了李觏之外，宋人以《礼论》为题的篇章还有不少，比如与李觏年辈相当的苏洵（1009—1066）⑤、王安石（1021—1086）⑥、李清臣（1032—1102）⑦、张耒（1054—1114）⑧、苏轼（1037年—1101年）⑨、苏辙

---

① "觏生平所著，力弱货殚，不能尽写。今所挚者，旧文五卷，盖备举子常礼，《礼论》七篇、《潜书》十五篇。"（《上苏祠部书》）参见《李觏集》，中华书局2011年版，第313页。

② 《李觏集》，中华书局2011年版，第5页。

③ 《李觏集》，中华书局2011年版，第500页。

④ 《李觏集》，中华书局2011年版，第522页。

⑤ （宋）苏洵：《嘉祐集》卷六《礼论》。

⑥ （宋）王安石：《临川文集》卷六十六《礼论》和《礼乐论》。

⑦ 《宋文选》中收录李清臣（邦直）《礼论》上中下三篇。

⑧ 《柯山集》卷三十三有其《礼论》四篇。

⑨ （宋）苏轼：《东坡全集》卷四十一《礼论》。

(1039—1112)①、杨万里（1127—1206）②、崔敦礼（？—1181）③、曾丰（1142—1224）④ 等，均作有《礼论》，而以李觏的《礼论》写作较早，且篇幅最长，有七篇共 8200 多字。加上后写的《礼论后语》则有近万字的篇幅。

　　李觏的《礼论》是在发挥传统礼学经典篇章中相关论述的基础上来阐明自己对于有关礼的问题的整体认识的。其中包括他的人性论、历史观等等，更突出了其礼本论的思想特点。不仅在宋代思想上有特别的位置，也为宋代礼学的发展开启了一种理论构架。

　　通览李觏《礼论》，因为是以问答形式展开论述的，所以自有其论证层次和内在逻辑。而我们的解读，则试图抓住一些核心问题来解构和分析李觏所论述的"礼之本"、"礼"与"乐刑政"和"仁义智信"的关系、礼与非礼的关系等诸多问题，以见其核心意旨和理论特点。同时，我们还可以通过比较与其他北宋学者的《礼论》篇章的异同，来透视李觏礼学思想的特色。

　　如前所述，李觏《礼论》是以设问的方式分别提出有关"礼"的各方面问题，然后通过具体的回答而展开论述的。就问题而论，其内容涉及"礼"的观念与制度的问题，还有礼的起源及其根本所在的问题，以及礼的性质问题和礼乐关系问题等。

　　首先，李觏对于传承有自的礼的学说，有着明确的认识，所以其所设问说"圣人之言礼，奚如是之大也？"而回答则说："夫礼，人道之准，世教之主也。圣人之所以治天下国家，修身正心，无他，一于礼而已矣。"⑤ 在李觏的这个回答中，无论国家政治还是个人道德，都离不开礼的尺度和标准，这集中体现他对传统的礼教主义和礼治主义的继承。接着便引出一系列的问答，从而就有关"礼"的观念与制度、礼的起源及其根本所在、礼的属性及其功能和作用，还有礼与非礼、礼与政治、礼与道德、礼与法制的讨论，而且以礼为标准结合对汉唐政治的历史认识等方面一一展开讨论和论证。

---

① （宋）苏辙：《栾城应诏集》卷四《进论五首·礼论》。
② （宋）杨万里：《诚斋集》卷八十五《六经论》有《礼论》一篇。
③ （宋）崔敦礼：《宫教集》卷七《礼论》。
④ （宋）曾丰：《缘督集》卷十四《六经总论》有《礼论》一篇。
⑤ 《李觏集》，第 5 页。

(一)"礼"与"乐刑政"和"仁义智信"

按照李觏的思路,他首先关注的,就是经典中常见和人们常说的"礼乐刑政"和"仁义礼智信"当中的"礼"及其意义的问题,这也关系到礼的属性的问题。所以李觏设问曰:

> 尝闻之,礼乐刑政,天下之大法也。仁义礼智信,天下之至行也。八者并用,传之者久矣,而吾子一本于礼,无乃不可乎?①

就这个问题而言,首先,"礼乐刑政"的并列,最完整的表述见于《礼记·乐记》,有两段,其一是:

> 是故先王慎所以感之者。故礼以道其志,乐以和其声,政以一其行,刑以防其奸。礼乐刑政,其极一也,所以同民心而出治道也。

其二是:

> 礼节民心,乐和民声,政以行之,刑以防之。礼乐刑政,四达而不悖,则王道备矣。

应该说这是将孔子的"道之以政,齐之以刑"和"道之以德,齐之以礼"的说法综合提升到一个新的境界,从而成为后世认同的一种治道思想的概括性表述形式。当然,也可以看出是属于作为制度层面的"礼"体现而言之的。

其次,"仁义礼智信"的并列,有一个由"四端"到"五常"的演化过程。孟子有云:"恻隐之心仁之端也,羞恶之心义之端也,辞让之心礼之端也,是非之心智之端也。"(《孟子·公孙丑上》)这就是著名的"四端说",讲的就是人之所以为人的道德之心。《礼记·乐记》有云:"是故先王本之情性,稽之度数,制之礼义,合生气之和,道五常之行。"这里出现的"五常",历代注家均谓之"五常,仁义礼智信也",其根据大概就是《白虎通义·情性》中的解释。所谓:

---

① 《李觏集》,第5页。

> 五常者何谓？仁、义、礼、智、信也。仁者不忍也，施生爱人也。义者宜也，断决得中也。礼者履也，履道成文也。智者知也，独见前闻，不惑于事，见微者也。信者诚也，专一不移也。故人生而应八卦之体，得五气以为常，仁义礼智信是也。"①

那么，在李觏《礼论》的设问中，将"礼乐刑政"与"仁义礼智信"合并称为"八者"，所谓"八者并用，传之者久矣"，当然这也是符合历史实际的。然而李觏在回答中，特别将"礼"突出出来而说道："是皆礼也。"这样，在李觏看来，"乐、政、刑"也好，"仁、义、智、信"也好，"是七者，盖皆礼矣"。其所强调的，无非是要突出"礼"对其他方面的统摄地位和作用，进而就是确认礼与其他方面的关系了。李觏说：

> 饮食、衣服、宫室、器皿、夫妇、父子、长幼、君臣、上下、师友、宾客、死丧、祭祀，礼之本也。曰乐、曰政、曰刑，礼之支也。而刑者，又政之属矣。曰仁、曰义、曰智、曰信，礼之别名也。是七者，盖皆礼矣。

就上述一段而言，礼的根本在于规范各种制度，以及政治和社会领域的人际关系，还有悬隔世界（死丧）及信仰世界（祭祀）；礼的其他功能，如政治，则通过乐、政、刑的名义体现出来和发挥作用；如道德，则通过仁、义、智、信的名义体现出来和发挥作用。归根到底，都是属于"礼"的领域。这些论说同样是有经典依据的。李觏对"礼之本""礼之支""礼之别名"的概括与区分，固然有强调"礼"的地位与作用的意思，同时也透露出与我们现代学术角度认识和理解中国古代的礼的属性与意义的方面相吻合的先见性。诸如我们对礼的观念性、制度性、仪规性的认识，或者是对制度之礼、观念之礼、仪规之礼，以及我们对

---

① 宋代王安石也有论说称："夫太极者，五行之所由生，而五行非太极也。性者，五常之太极也，而五常不可以谓之性。此吾所以异于韩子。且韩子以仁、义、礼、智、信五者谓之性，而曰天下之性恶焉而已矣。五者之谓性而恶焉者，岂五者之谓哉？"（《临川文集》卷六十八《原性》。《王文公文集》卷二十七，唐武标校，上海人民出版社1974年版，第316页）这或可以说也是以《白虎通义》相关的"五常"说来讨论"仁、义、礼、智、信"的。

政治之礼、道德之礼、宗教之礼、法制之礼的分析等等①，在李觏那里早就以不同的名词术语有所概括，更有所论证。李觏先是详细论证了有关礼的起源的问题，接着对于其所概括的"礼之本""礼之支""礼之别名"的问题一一加以展开说明，从中可见李觏对于传统礼学思想的继承，以及带有个性化的思考与发挥。

关于礼的性质，李觏还借助郑玄注《礼记·中庸》将性命之说与五行、五常的说法相结合，并与圣人之性及法制的关系结合起来而议论说："郑氏注《中庸》性命之说，谓木神则仁，金神则义，火神则礼，水神则信，土神则智。疑若五者并生于圣人之性，然后会而为法制。法制既成，则礼为主，而仁义智信统乎其间，若君臣之类焉。"②李觏又针对"尔谓礼之性果何如也"的设问而回答说："岂非能节者乎？有温厚、断决、疏达、固守之性，而加之以节，遂成法制焉。"又说："节之者，义之性也。义断决而从宜，岂非能节者哉？法制之作，其本在太古之时，民无所识，饥寒乱患，罔有救止。天生圣人而授之以仁义智信之性，仁则忧之，智则谋之，谋之既得，不可以不节也，于是乎义以节之。节之既成，不可以有变也，于是乎信以守之。四者大备，而法制立矣。法制既立，而命其总名曰礼，安有礼之性哉？"③这里强调的是仁义智信的先天性和内在性，完整地具备了这些方面，便会获得的具有天然尺度般的仪节、仪规之礼亦即法制这样一个总名，换言之，礼亦即法制必然地包含着圣人先天被赋予的仁义智信的道德之性。

有关"礼"与"乐刑政"和"仁义智信"的关系问题的论证，并没有就此结束。实际上，李觏的《礼论》，通篇都是集中围绕着"礼乐刑政"和"仁义礼智信"这些关乎礼的制度与观念的名词及其范畴，而引出诸多的相关问题来加以讨论和论证的，充分显出了李觏广泛深入的思考。在接下来的考察中可见这样的议论仍将继续。

（二）礼的起源和礼之本

作为一种天然的道德标准尺度，体现人的社会生活当中，是有着不

---

① 参见拙文《礼的属性与意义》，《中国社会科学院研究生院学报》1999年第6期。
② 《李觏集》，第14页。此处引郑注"水神则信，土神则智"句与孔颖达《礼记正义》引郑注相同。但是《文渊阁四库全书》本《旴江集》则作"水神则智，土神则信"，且《四库全书》本宋契嵩《镡津集》卷四，黄榦《勉斋集》卷一等亦同此。
③ 《李觏集》，第15页。

同体现的。对于这种体现的关注,就构成了礼的起源的问题,在谈到这个问题的时候,李觏明确地指出:"夫礼之初,顺人之性欲而为之节文者也。"① 这一表述,既见于传统经典②,又见于早先及当时学者的议论③。李觏则在"圣王制礼"的意识下对人类文明生活演进有着具体描绘:

> 人之始生,饥渴存乎内,寒暑交乎外。饥渴寒暑,生民之大患也。食草木之实、鸟兽之肉,茹其毛而饮其血,不足以养口腹也。被发衣皮,不足以称肌体也。
> 圣王有作,于是因土地之宜,以殖百谷;因水火之利,以为炮燔烹炙;治其犬豕牛羊及酱酒醴酏,以为饮食;艺麻为布,缲丝为帛,以为衣服。夏居橧巢则有颠坠之忧,冬入营窟则有阴寒重腿之疾,于是为之栋宇。取材于山,取土于地,以为宫室。手足不能以独成事也,饮食不可以措诸地也,于是范金斫木,或为陶瓦脂胶丹漆,以为器皿④。

可见,以上是对人类物质文明生活的早期进步和发展与自然存在之间的关系演变的具体描述,而"以为"什么和"为之"什么的功绩全都归结为"圣王有作"上面了。接着则是对人类精神文明生活与人伦关系、政治关系等方面演进的描述:

---

① 《李觏集》,第6页。
② 关于"礼之初",最著名的表述,就是《礼记·礼运篇》中的"夫礼之初,始诸饮食,其燔黍捭豚,污尊而抔饮,蒉桴而土鼓,犹若可以致其敬于鬼神"。
③ 《史记·刘敬叔孙通列传》载叔孙通曰"礼者,因时世人情为之节文者也。"(中华书局1959年版,第2722页)苏轼《礼以养人为本论》有云:"夫礼之初,始诸人情,因其所安者而为之节文,凡人情之所安而有节者,举皆礼也,则是礼未始有定论也。然而不可以出于人情之所不安,则亦未始无定论也。执其无定以为定论,则涂之人皆可以为礼。今儒者之论则不然,以为礼者圣人之所独尊,而天下之事最难成者也。"(《苏轼文集》卷二。[明]茅维编,孔凡礼点校,中华书局1986年版,第49页)
④ 《李觏集》,第6页。实际上,无论是李觏的"圣王制礼"意识,还是苏轼的"礼以养人为本论",都是上承先秦荀子的礼论学说的。荀子说:"礼起于何也?曰:人生而有欲,欲而不得,则不能无求;求而无度量分界,则不能不争;争则乱,乱则穷。先王恶其乱也,故制礼义以分之,以养人之欲、给人之求,使欲必不穷乎物,物必不屈于欲,两者相持而长。是礼之所起也。"(《荀子·礼论》)

夫妇不正，则男女无别；父子不亲，则人无所本；长幼不分，则强弱相犯；于是为之婚姻以正夫妇，为之左右奉养以亲父子，为之伯仲叔季以分长幼。

君臣不辨，则事无统；上下不列，则群党争；于是为之朝觐会同以辨君臣，为之公卿大夫士庶人以列上下。

人之心，不学则懵也，于是为之庠序讲习以立师友；人之道，不接则离也，于是为之宴享苞苴以交宾客。①

同样，这里的"为之"，也还是不言自明地属于圣王的作为。还有就是对生命意义上的生死悬隔世界以及信仰意义上的神灵世界，与当世之人的关系和礼仪生活表现的描述。即所谓：

死者，人之终也，不可以不厚也，于是为之衣衾棺椁衰麻哭踊以奉死丧。神者，人之本也，不可以不事也，于是为之禘尝郊社山川中霤以修祭祀。丰杀有等，疏数有度，贵有常奉，贱有常守。贤者不敢过，不肖者不敢不及。此礼之大本也。②

在具体到礼乐文化的历史渊源与圣哲先王的关系，李觏也是有所表述，从中也可以见其历史认识。这就是：

或人敢问：礼之所兴，自于何圣？

曰：扬子云谓法始于伏羲而成乎尧。今观《易·系辞》，其制器取象，信自伏羲、神农、黄帝以来也。礼本之兴，其在三皇可知矣。《大章》，章之也；《咸池》，备矣。《咸池》者，黄帝之事。上古结绳而治，后世圣人易之以书契，百官以治，万民以察，此亦黄帝之事也。弦木为弧，剡木为矢，弧矢之利，以威天下，此亦黄帝之事也。则乐政刑之兴，亦在三皇矣。及夫尧舜继禅，禹成其功，成汤文武，剪其祸难，周公坐而修之，孔子著之于册，七十子之徒奉之

---

① 《李觏集》，第6页。
② 《李觏集》，第6页。

以为教，而后礼乐刑政之物，仁义智信之用，囊括而无遗矣。①

有关礼之本的问题，是一个极其古老的话题，早在孔子时代就在讨论。《论语·八佾》记载说："林放问礼之本。子曰：'大哉问！礼，与其奢也，宁俭；丧，与其易也，宁戚。'"② 这被后人概括为"礼之本，宁俭而已"③。而朱熹所谓"德又礼之本也"的说法，也同样是对《论语》中孔子之言语的概括。荀子堪称先秦礼学的总结者和集大成者，同样有着关于礼之本的言说，比如《荀子·礼论》中说："礼有三本，天地者，生之本也；先祖者，类之本也；君师者，治之本也；无天地恶生，无先祖恶出，无君师恶治，三者偏亡焉，无安人。故礼，上事天，下事地，尊先祖而隆君师，是礼之三本也。"《荀子·劝学》又说："将原先王，本仁义，则礼正其经纬蹊径也。"《荀子·大略》中还说："礼以顺人心为本，故亡于礼经而顺人心者，背礼者也。"在对于有着多种形式的制度之礼和仪规之礼论述上，成为其根本的，当然是人的精神诉求，"宁俭"是如此的体现，"上事天，下事地，尊先祖而隆君师"，还有"原先王，本仁义"和"顺人心"也是如此的体现。

---

① 《李觏集》，第 21 页。

② 朱熹《四书章句集注》中有注释说："林放，鲁人。见世之为礼者，专事繁文，而疑其本之不在是也，故以为问。"又说："孔子以时方逐末，而放独有志于本，故大其问。盖得其本，则礼之全体无不在其中矣。"还说："易，去声。易，治也。孟子曰：'易其田畴。'在丧礼，则节文习熟，而无哀痛惨怛之实者也。戚则一于哀，而文不足耳。礼贵得中，奢易则过于文，俭戚则不及而质，二者皆未合礼。然凡物之理，必先有质而后有文，则质乃礼之本也。范氏曰：'夫祭与其敬不足而礼有余也，不若礼不足而敬有余也，丧与其哀不足而礼有余也，不若礼不足而哀有余也。礼失之奢，丧失之易，皆不能反本，而随其末故也。礼奢而备，不若俭而不备之愈也；丧易而文，不若戚而不文之愈也。俭者物之质，戚者心之诚，故为礼之本。'杨氏曰：'礼始诸饮食，故污尊而抔饮，为之簠、簋、笾、豆、罍、爵之饰，所以文之也，则其本俭而已。丧不可以径情而直行，为之衰麻哭踊之数，所以节之也，则其本戚而已。周衰，世方以文灭质，而林放独能问礼之本，故夫子大之，而告之以此。'"（中华书局 1983 年版，第 62 页）从中可以看到朱熹对礼之本的理解，还有范氏、杨氏的见解。

又在《论语·为政》"道之以政，齐之以刑"和"道之以德，齐之以礼"句下，朱熹有云："愚谓政者，为治之具。刑者，辅治之法。德礼则所以出治之本，而德又礼之本也。此其相为终始，虽不可以偏废，然政刑能使民远罪而已，德礼之效，则有以使民日迁善而不自知。故治民者不可徒恃其末，又当深探其本也。"（中华书局 1983 年版，第 54 页）

③ （宋）王安石：《周官新义》卷十六《掌客》。《文渊阁四库全书》，上海古籍出版社 1987 年版，第 91 册，第 15 页。

处于孔子和荀子之间的孟子，有讨论礼之轻重的言语，也就是讨论礼之本末的。《孟子·告子下》有记载说：

> 任人有问屋庐子曰："礼与食孰重？"曰："礼重。"
> "色与礼孰重？"曰："礼重。"
> 曰："以礼食，则饥而死；不以礼食，则得食，必以礼乎？亲迎，则不得妻；不亲迎，则得妻，必亲迎乎？"屋庐子不能对，明日之邹以告孟子。
> 孟子曰："于答是也何有？不揣其本而齐其末，方寸之木可使高于岑楼。金重于羽者，岂谓一钩金与一舆羽之谓哉？取食之重者，与礼之轻者而比之，奚翅食重？取色之重者，与礼之轻者而比之，奚翅色重？往应之曰：'紾兄之臂而夺之食，则得食；不紾，则不得食，则将紾之乎？踰东家墙而搂其处子，则得妻；不搂，则不得妻，则将搂之乎？'"

在最后孟子教给屋庐子的话语中，以可比性而论，宋儒朱熹揭示了孟子的本意，在孟子所预设的两种情况下，礼与食色的关系就是可比而显然有轻重之分的，也就是朱熹说的"此二者，礼与食色皆其重者，而以之相较，则礼为尤重也"①。那么，我们所能体会到的孟子本意则是，道德之礼是本，仪式之礼是末。娶妻而亲迎是礼之轻者，是否按照礼的形式获取饮食也是礼之轻者，而隐含在具体行为中的道德则是礼之重者。诚如朱熹所言："此章言义理事物，其轻重固有大分，然于其中，又各自有轻重之别。圣贤于此，错综斟酌，毫发不差。固不肯枉尺而直寻，亦未尝胶柱而调瑟，所以断之，一视于理之当然而已矣。"②

在被视为孔门七十子后学之作的《礼记》中，有关礼之本的话题还在延续，也讲得更为明确。如《礼记·礼器》中说："先王之立礼也，有本有文。忠信，礼之本也。义理，礼之文也。无本不立，无文不行。"又如《礼记·昏义》中说："昏礼者，礼之本也。"《礼记·祭统》还有所谓"凡祭为礼之本，礼为人之本，将明礼本，故先说治人，言治人之道，

---

① （宋）朱熹：《四书章句集注》，中华书局1983年版，第339页。
② （宋）朱熹：《四书章句集注》，中华书局1983年版，第339页。

于礼最急"的说法。三处所讲的有所不同，前者在于强调人的道德精神的诉求上，后两者则是从不同角度讨论各种礼仪在人类生活中的作用和位置。从上引李觏《礼论》中"此礼之大本也"的一段，可以看出与《祭统》所言之间意思上的接近。

就李觏的思考而论，则是要表示礼的根本存在于人类的日常生活和人的社会关系、政治关系之间，以及生死悬隔和人神异界的不同境地之间。其根本得到礼的规范和约束，就是如下的状态：

> 饮食既得，衣服既备，宫室既成，器皿既利，夫妇既正，父子既亲，长幼既分，君臣既辨，上下既列，师友既立，宾客既交，死丧既厚，祭祀既修，而天下大和矣。①

然而，为了保障上述这种有序状态的正常延续，或者说是在出现紊乱之后能够得到修复和治理，还需要有相应的制度和手段，这就是"乐、刑、政"，李觏论证说：

> 人之和，必有发也，于是因其发而节之；和久必怠也，于是率其怠而行之；率之不从也，于是罚其不从以威之。是三者，礼之大用也，同出于礼而辅于礼者也。
> 不别不异，不足以大行于世，是故节其和者命之曰乐，行其怠者命之曰政，威其不从者命之曰刑，此礼之三支也。②

还有，就是"仁、义、智、信"等不同的道德规范与约束，李觏又论证说：

> 在礼之中，有温厚而广爱者，有断决而从宜者，有疏达而能谋者，有固守而不变者。是四者，礼之大旨也，同出于礼而不可缺者也。
> 于是乎又别而异之，温厚而广爱者命之曰仁，断决而从宜者命

---

① 《李觏集》，第7页。
② 《李觏集》，第7页。

## 第二章 李觏的礼学及相关思想

之曰义,疏达而能谋者命之曰智,固守而不变者命之曰信,此礼之四名也。①

这样,"乐、刑、政"既是"礼之大用",又是"礼之三支";"仁、义、智、信"既是"礼之大旨",又是"礼之四名"。礼的制度与观念的性质,得以体现。那么,无论是"乐、刑、政"所表现出"同出于礼而辅于礼"的制度属性,还是"仁、义、智、信"所表现出的"同出于礼而不可缺"的观念属性,都表明它们和礼的关系在人们的政治生活和社会生活中总会充分地体现出来,一讲到礼,其他诸多方面也就包含在其中了,所以李觏进一步论证说:

> 三支者,譬诸手足焉,同生于人而辅于人者也。手足不具,头腹岂可动哉?手足具而人身举,三支立而礼本行。四名者,譬诸筋骸之类焉,是亦同生于人而异其称者也。言乎人,则手足筋骸在其中矣。言乎礼,则乐、刑、政、仁、义、智、信在其中矣。
> 故曰:夫礼,人道之准,世教之主也。圣人之所以治天下国家,修身正心,无他,一于礼而已矣。②

实际上,正如我们前面提到过的那样,以我们现代学术的认识可以确定,"乐、刑、政"应该属于制度之礼的范围,而"仁、义、智、信"则应该属于观念之礼的范围。从李觏所谓"礼之大用"和"礼之大旨"的区分上也可以体会到其性质的不同。

(三) 礼的制度与观念

对于可以统称为礼制的"乐、刑、政"的制度之礼的形式表现和功能作用,李觏也有着详细的描述和论证。首先,对于有关"乐"的制度,李觏概括性地说道:

> 昔者圣人之制礼也,因十二月之气分而为律吕,因六律六吕作为十二管,因其清浊与其轻重配而为五声,因其五声变而杂之以为

---

① 《李觏集》,第7页。
② 《李觏集》,第7页。

八音。或为歌诗，或被于金、石、丝、竹、匏、土、革、木之器，爰及干戚、羽旄，以导人之和心，以舞人之手足，小大有所，终始有经，倡和有秩，节奏有差。诎伸俯仰，必有齐也；缀兆行列，必有正也。宫轩特县，各当其位；四六八羽，各昭其数。以范五行，以调八风，以均百度，以象德行，以明功业，以观政治，以和人神。此礼之一支，乐著矣。①

其次，对于有关"政"的制度，李觏概括性地说道：

出号令，立官府，制军旅，聚食货。号令所以明约束，官府所以正职掌，军旅所以待不虞，食货所以赡不足。是故为之符玺节旄以信号令，为之掾属胥徒以备官府，为之甲胄五兵以成军旅，为之井田赋贡以兴食货。为之城郭沟池所以限内外也，为之度量权衡所以平多少也，为之书契版图所以穷变诈、备遗忘也，为之圄犴桎梏所以严推劾、禁奔逸也。官各有守，事各有程，先后有次，迟速有检。以辨国之大事，以平天下之民，以跻至治。此礼之二支，政成矣。②

再有，对于有关"刑"的制度，李觏概括性地说道：

伐不义，侵不庭，刺有罪，或以鈇钺，或以刀锯。为大辟，为宫，为刖，为墨，为劓，为荆，为鞭，为扑，为流，为赎。轻有其等，重有其常，用之有地，决之有时，所以惩天下之人，使皆迁善而远罪。此礼之三支刑行矣。③

然而，既然有礼的存在，当然要显示出其功能和作用于上述的三种制度当中，这种礼的功能和作用，就是"为而节之"，也就是积极地有所作为而又有所节制的推行各种制度。所以李觏在确认了礼的功能和作用

---

① 《李觏集》，第8页。
② 《李觏集》，第8页。
③ 《李觏集》，第8页。

## 第二章　李觏的礼学及相关思想

之后并设问式地提出了一连串的问题，他说："夫所谓礼者，为而节之之谓也。是三者其自成乎？果有为之者乎？其自治乎？果有节之者乎？"①这里的"三者"指的还是"乐、刑、政"。李觏以否定之否定的方式论证了礼的功能和作用在"乐、刑、政"的三种制度中的体现，而且唯此，才是"有为而节之者，然后能成也，能治也"的制度存在。所以他的回答是：

> 苟不为也，不节也，则十二管不作，五声不辨，八音之器不具，干戚羽旄不设，小大无其所，终始无其经，倡和无其秩，节奏无其差。诎伸俯仰不齐也，缀兆行列不正也，县之面（位）不殊也，羽之数不分也。如此则何以见乐哉？
>
> 不为也，不节也，则号令不出，官府不立，军旅不制，食货不聚，符玺节旄不作，掾属胥徒不备，甲胄五兵不成，井田赋贡不兴，城郭沟池不修，度量权衡不均，书契版图不著，圄犴桎梏不严，官无其守，事无其程，先后无其次，迟速无其检。如此则何以见政哉？
>
> 不为也，不节也，则不义不伐，不庭不侵，有罪不刺，鈇钺无其准，刀锯无其平，大辟、宫、刖、墨、劓、荆、鞭、扑、流、赎皆无其法，轻无其等，重无其常，用之无其地，决之无其时。如此则何以见刑哉？
>
> 由是而言，故知三者果有为而节之者，然后能成也，能治也。②

李觏在结论性意义上还要说明，既然"为乎饮食、衣服、宫室、器皿、夫妇、父子、长幼、君臣、上下、师友、宾客、死丧、祭祀而节之者既谓之礼矣"，那么"为乎十二管、五声、八音、干戚、羽旄、号令、官府、军旅、食货、符玺、节旄、掾属、胥徒、甲胄、五兵、井田、赋贡、城郭、沟池、度量、权衡、书契、版图、圄犴、桎梏、鈇钺、刀锯、大辟、宫、刖、墨、劓、荆、鞭、扑、流、赎而节之者，反不谓之礼，可乎？"从前面的论证中所能推导出的结论就只能是：乐、刑、政"不谓之礼"是不可以的。进而言之，既然乐、刑、政"不谓之礼"是不可以

---

① 《李觏集》，第9页。
② 《李觏集》，第9页。

的，那么"若是，则三者果礼之支也，而强其名者也"①。

针对"仁、义、智、信"亦即我们认为的观念之礼，及有关"其何系于礼哉"的问题，李觏同样有着详细的描述和论证。在说到"仁"的时候，李觏说：

> 百亩之田，不夺其时，而民不饥矣。五亩之宅，树之以桑，而民不寒矣。达孝悌，则老者有归，病者有养矣。正丧纪则死者得其藏，修祭祀则鬼神得其飨矣。征伐有节，诛杀有度，而民不横死矣。此温厚而广爱者也，仁之道也。②

在说到"义"的时候，李觏说：

> 君为君焉，主政令，必生杀，不得不从矣。臣为臣焉，守职事，死干戈，不得少变矣。男女有别，不得相乱矣。长幼有序，不得相陵矣。兴廉让，则财不得苟取，位不得妄受矣。立谏诤，则不得讳其恶矣。设选举，则贤者不遗矣。正刑法，则有罪者必诛矣。此断决而从宜者也，义之道也。③

在说到"智"的时候，李觏说：

> 为衣食，起宫室，具器皿，而人不乏用矣。异亲疏，次上下，而人不兴乱矣。列官府，纪文书，而奸诈可穷矣。筑城郭，治军旅，而寇贼不作矣。亲师傅，广学问，而百虑毕矣。此疏达而能谋者也，智之道也。④

在说到"信"的时候，李觏说：

---

① 《李觏集》，第9页。
② 《李觏集》，第10页。
③ 《李觏集》，第10页。
④ 《李觏集》，第10页。

## 第二章 李觏的礼学及相关思想

号令律式，以约民心，蔑有欺矣。禄位班次，以等贤愚，蔑相犯矣。车马服御，以章贵贱，而人不疑矣。百官不易其守，四民不改其业，而事不僭矣。言必中，行必果，而天下率从矣。此固守而不变者也，信之道也。①

以上的四个方面，可以说是"仁义智信"在的具体体现，尽管在表述方式上有追求对仗格式的呼应关系而呈现出唯文主义的笔调，而且从中也可以看到语出先贤的痕迹，但是所论中心则不离主旨，意在说明国家政治以及社会生活上应该有的"仁义智信"的标准。和前面论述礼与乐刑政的关系一样，李觏的论证可以说是至为透彻了②。

显然，在"仁、义、智、信"的观念的引导下，李觏描绘出了一幅幅井然有序、和谐有度、治理有方的理想社会政治与生活的美好景象，这样的理想的美好景象，无疑是历史上的至圣先贤、圣哲先王，乃至芸芸大众、普通百姓所向往的。其中很多的话语，都是出自早期哲人的思索和言说。熟而读之，学而用之，承而传之，活学活用的精神，在李觏的礼论篇章中充分体现出来。

李觏在结论性意义上还要说明的是，"若夫百亩之田不夺其时，五亩之宅树之以桑，达孝悌以养老病，正丧纪以藏其死，修祭祀以飨鬼神，征伐有节，诛杀有度，定君臣，别男女，序长幼，兴廉让，立谏诤，设选举，正刑法，为衣食，起宫室，具器皿，异亲疏，次上下，列官府，纪文书，筑城郭，治军旅，亲师傅，广学问，为号令律式，禄位班次，车马服御，官守民业，言而必中，行而必果者"，因而关乎这些方面，"谓之非礼可乎"？当然是不可以的。那么，关乎这些方面的观念就是"既曰仁矣，曰义矣，曰智矣，曰信矣，总而言之，又皆礼矣"；还有，"若是则仁义智信，果礼之别名也"③。这就是李觏的相关结论。

---

① 《李觏集》，第10页。
② 值得注意的是，到了后来的二程那里，在同样提到仁义礼智信的时候，却是以仁为本的。所谓"仁义礼智信，五者，性也。仁者全体，四者四支。仁，体也；义，宜也；礼，别也；智，知也；信，实也"。（《二程遗书》卷二上。中华书局1981年版，第14页。）刘敞说："仁义礼智信五者，霸王之器也。"又说"明德制义不失其方者，礼是也。礼者，道之中也。"（《公是弟子记》卷一，《文渊阁四库全书》，第698册，第445、441页）。
③ 《李觏集》，第11页。

再有，按照李觏的思路，既然"节其和者命之曰乐，行其急者命之曰政，威其不从者命之曰刑，温厚而广爱者命之曰仁，断决而从宜者命之曰义，疏达而能谋者命之曰智，固守而不变者命之曰信"，那么，"徇是而言，则七者似皆礼之别名也"。问题就在于"何以乐刑政则谓之支而强其名"和"仁义智信则止谓之别名"呢？① 也就是礼之名与礼之物的关系问题，或者说是在礼的范畴内名与物的关系问题。

李觏意识到，乐刑政三者是以具体的名物制度为载体而表现出来，而仁义智信虽然不具有名物制度这些载体，但却是以乐刑政的具体实施而实现或者体现出来的。在这个意义上，李觏论证说：

> 乐刑政各有其物，与礼本分局而治。十二管、五声、八音、干戚、羽旄，乐之物也；号令、官府、军旅、食货，政之物也；鈇钺、刀锯、大辟、宫、刖、墨、劓、荆、鞭、扑、流、赎，刑之物也；是三者之物与饮食、衣服、宫室、器皿、夫妇、父子、长幼、君臣、上下、师友、宾客、死丧、祭祀之目少异，故得谓之支而强其名也。
>
> 夫仁义智信岂有其物哉？总乎礼乐刑政而命之，则是仁义智信矣，故止谓之别名也。有仁义智信然后有法制，法制者，礼乐刑政也。有法制然后有其物，无其物则不得以见法制，无法制则不得以见仁义智信。备其物，正其法，而后仁义智信炳然而章矣。②

### （四）仁义智信与人性

我们知道，孟子有"君子所性，仁义礼智根于心"（《孟子·尽心上》）的说法，在李觏的礼论中，因为强调礼的地位和作用，"仁义智信"与人心、人性的关系也是不可回避的问题，所以其设问曰："仁义智信，疑若根诸性者也。以吾子之言必学礼而后能乎？"③ 李觏在回答中，延续了孔子所谓"生而知之"与"学而知之"的品类上的区分，在圣人与贤人在"礼"与"仁、义、智、信"的获得和表现上展开了具体的论述，重点还在于强调"为礼"的意义。

---

① 《李觏集》，第16页。
② 《李觏集》，第17页。
③ 《李觏集》，第11页。

## 第二章 李觏的礼学及相关思想

李觏从人性论的角度讨论了圣人与贤人在"礼"与"仁、义、智、信"的获得和表现上的不同。他说道:"圣人者,根诸性者也。贤人者,学礼而后能者也。圣人率其仁义智信之性,会而为礼,礼成,而后仁义智信可见矣。仁义智信者,圣人之性也。礼者,圣人之法制也。"① 又说:"贤人者,知乎仁义智信之美而学礼以求之者也,礼得而后仁义智信亦可见矣。圣与贤其终一也,始之所以异者,性与学之谓也。《中庸》曰:'自诚明谓之性,自明诚谓之教,诚则明矣,明则诚矣。'自诚明者,圣人也;自明诚者,贤人也。"② 这里,李觏是将圣人与贤人按照先儒的"生而知之"和"学而知之"的标准做了区分的,所以他在十五年后所写的《礼论后语》继续阐明这样的观点说:"圣人会其仁义智信而为法制,固由于内也。贤人学法制以求仁义,亦内也。……下愚虽学,弗之得矣。《中庸》曰:'或生而知之,或学而知之,或困而知之,及其知之,一也。'"③

以上,李觏固然有接受孟子所谓"君子所性,仁义礼智根于心"之说的意思,但是李觏对孟子的学说也是有所指摘和质疑的,见此节后面所述。

承接以上,李觏还从逻辑关系上论证了由内及外的礼的实现过程,并举出以树木为栋梁或榱桷来建造房屋中方能显出树木本身的价值作为例证,所谓"性畜于内,法行于外。虽有其性,不以为法,则暧昧而不章。今夫木,大者可以为栋梁,小者可以为榱桷。不以为屋室,则朽于深山之中,与朴樕同,安得为栋梁、榱桷也?"④

就作为观念之礼的仁义智信来说,尽管为其人性当中所禀赋,以至"温厚可以为仁,断决可以为义,疏达可以为智,固守可以为信",但是如果"不以为礼","则滞于心胸之内,与无识同,安得谓之仁义智信也"。就像建造好了房屋那样,"屋既成,虽拙者必指之曰:此栋也,此梁也,此榱也,此桷也";那么在"圣人率其仁义智信之性,会而为礼"之后,"礼成,而后仁义智信可见矣",从而可以达到"礼既行,虽愚者

---

① 《李觏集》,第11页。
② 《李觏集》,第12页。
③ 《李觏集》,第25页。
④ 《李觏集》,第11页。

必知之曰：此仁也，此义也，此智也，此信也"①。这里，李觏一方面强调了圣人存在的意义，另一方面又强调了圣人"为礼"，也就是圣人在礼的方面有所作为的意义。

至于贤人，在李觏看来，当然就是以圣人为榜样，学而知礼，以实现"仁义智信"等方面。所以，针对"贤人之性，果无仁义智信乎"的设问，李觏结合历史上的人性论进一步展开论证说：

> 贤人之性，中也。扬雄所谓善恶混者也。安有仁义智信哉？性之品有三，上智，不学而自能者也，圣人也；下愚，虽学而不能者也，具人之体而已矣。中人者，又可以为三焉：学而得其本者为贤人，与上智同；学而失其本者为迷惑，守于中人而已矣；兀然而不学者为固陋，与下愚同；是则性之品三，而人之类五也。②

而且，在相关的言说中，结合孟子及其以后的诸说，李觏有所议论：

> 或问：孟子既言人皆有仁义之性，而吾子之论独谓圣人有之，何如？
> 
> 曰：孟子以为人之性皆善，故有是言耳。古之言性者四，孟子谓之皆善，荀卿谓之皆恶，扬雄谓之善恶混，韩退之谓性之品三，上焉者善也，中焉者善恶混也，下焉者恶而已矣。今观退之之辩诚为得也。孟子岂能专之。③

由此可见，李觏更加认同韩愈的说法，而将贤人的资质确定在"中焉者善恶混"的位置，关键就在是归于"学而得其本者"，还是归于"学而失其本者"。于是，所学上的得失就显得很重要了。

李觏结合孟子学说的议论而展开自己的言说，还有以下一段问答：

> 又：淳于髡问曰："男女授受不亲，礼也。嫂溺则援之以手乎？"

---

① 《李觏集》，第11页。
② 《李觏集》，第12页。
③ 《李觏集》，第18页。

孟子曰："嫂溺不援，是豺狼也。男女授受不亲，礼也。嫂溺援之以手，权也。"夫权智之动，义之会也。详孟子此言，则义而智者，不在先王之礼欤？

曰：孟子据所闻为礼，以己意为权，而不谓先王之礼，固有其权也。自今言之，则必曰，男女授受不亲，礼也；嫂溺援之以手，亦礼也。《丧服四制》曰："父在为母齐衰期者，见无二尊也。""百官备，百物具，不言而事行者，扶而起；言而后事行者，杖而起；身自执事而后行者面垢而已。秃者不髽，伛者不袒，跛者不踊，老病不止酒肉。凡此八者，以权制者也。"若是则先王之礼岂无权乎？然其上文则曰："恩者仁也，理者义也，节者礼也，权者智也。"于此则是言之者，惑矣？其所谓恩者为父斩衰三年也，所谓理者为君亦斩衰三年也。若兹二服与父在为母齐衰，扶杖面垢，不髽，不袒，不踊，不止酒肉之事，非礼何以著之？自今言之，则必总四制以为礼，而分仁义智于其间可也。①

这里，李觏借用《礼记·表服四制》当中的话语，进一步论证了仁义智信与礼的内在联系性。

（五）礼与非礼

在回答"请问学之得失"的问题时，李觏展开了有关"仁义智信"上的"非礼"问题的论述。他说：

所谓本者，礼也。知乎仁义智信之美，而不知求之于礼，率私意，附邪说，荡然而不反，此失其本者也。故世有非礼之仁矣，有非礼之义矣，有非礼之智矣，有非礼之信矣，是皆失其本而然也。……今有欲为仁义智信，而不知求之于礼，是将失其本者矣。②

那么，何谓"非礼"之"仁、义、智、信"的表现呢？李觏说道：

夺其常产，废其农时，重其赋税，以至饥寒憔悴，而时赐米帛，

---

① 《李觏集》，第19页。
② 《李觏集》，第12、13页。

以为哀人之困；宪章烦密，官吏枉酷，杀戮无数，而时发赦宥，以为爱人之命；军旅屡动，流血满野，民人疲极，不知丧葬，而收敛骸骨，以为惠及死者。若是类者，非礼之仁也。

背其君亲，疏其兄弟，而连结私党，以死相赴，以为共人之患；谄谀机巧，以动上心，而数辞其爵位及其货财，以为谦让；君有过失，而不能谏正，而暴扬于外，身有隐恶，不能自改，而专攻人之短，以为强直；贤才果勇，不能用于公家，而私相援举，以为己力；下民之愚，而不能教训，陷之于恶，然后峻刑以诛之，以为奉法。若是类者，非礼之义也。

为智不能以制民用，修世教，起政事以治人，齐师旅以御乱，以为天下国家久长之策，而专为奸诈巧辩，以侥一时之利。若是类者，非礼之智也。

为信不能以一号令，重班爵，明车服以辩等，守职业以兴事，使天下之人仰之而不疑，而专为因循顾望，以死儿女之言。若是类者，非礼之信也。①

作为一种合乎逻辑的完整性思索，李觏除了说明在"仁义智信"方面的非礼现象之外，还揭示了在"乐、刑、政"中的"非礼"现象，也就是所谓的"非礼之乐""非礼之刑""非礼之政"。李觏设问说："乐、刑、政，亦有非礼者乎？"其回答说："善哉尔之问也。"接着就是具体的论证了：

夫夷蛮戎狄荒淫靡曼之音，杂其倡优，辅以子女谐笑颠乱，以动人耳目，移人心气，若是类者非礼之乐也。

或重刑辟，变法律，伺人小过，钩人微隐，以为明察；或悲哀怯愞，容贷奸宄，以为慈爱；或急征横赋，多方揉索，抔聚畜积，以为强国；或时起土功，驱人为卒，用于无用，以为豫备。若是类者，非礼之政也。

或为轘裂鼎镬，炮烙菹醢，剥面夷族，以威天下。若是类者，

---

① 《李觏集》，第12、13页。

非礼之刑也。①

也就是说，在李觏的言说中，礼就是一种标准和尺度，超越了，或者是不符合这个标准和尺度，就是非礼的。从对非礼现象的描述中，我们可以感到李觏所言礼作为一种标准和尺度的广泛性与无所不包，而非礼现象在李觏看来，都是在国家政治、法律、国计民生、道德生活等方面的那些负面的、虚假的、阴暗的和丑陋的现象。那么，以礼为标准和尺度而加以推崇，无非是要纠正在国家政治、法律、国计民生、道德生活等方面的那些负面的、虚假的、阴暗的和丑陋的现象，在制度层面和法律层面以及道德层面来规范和约束国家政治、法律、国计民生、道德生活等各个方面。这种诉求，既是李觏的思想主张，也是对于历史与现实中各种非礼现象的批判与鞭挞。

（六）礼与传统

在论述"礼"及相关的制度与观念的时候，李觏的思绪中呈现出礼与传统的关系问题，涉及先王传统、先儒传统、经典传统、学问传统等多个方面。

李觏指出，礼作为乐刑政的尺度和标准的存在，是有着古来的先王传统的。即其所说的："夫所谓为者，先王之为也；所谓节者，先王之节也；先王之所以为而节之者，非妄也，必有仁义智信之善存乎其间矣。不念古昔，不师先王，是皆妄为也，妄节也，君子不以为礼也。"②

还有，既然"乐刑政皆礼也"，那么"先儒之述，何以不止于礼，而言礼乐刑政"呢？李觏回答说："乐刑政虽统于礼，盖以圣人既别异其名，世传已久，止言礼，则人不知乐刑政，故并列之，使人得以兼用。然首之以礼，而乐刑政次之，意者谓乐刑政咸统于礼欤！譬诸孔门四教曰文行忠信，忠信岂非行乎？盖以止言行，则人不知忠信，故并列之。然先之以行，而次以忠信，谓忠信咸统于行也。"③ 李觏强调的是，说到"礼乐刑政"而以"礼"为首就包含了"乐刑政咸统于礼"的意思了。所举"文行忠信"的说法为例证，也还是强调礼的名词和内涵的首要性。

---

① 《李觏集》，第13、14页。
② 《李觏集》，第14页。
③ 《李觏集》，第14页。

至于仁义礼智信是否也可以做如上解释，李觏的回答则是否定的：

> 非矣，乐刑政者，礼之支也，未尽于礼之道也。其本存焉，亦犹忠信者未尽于行也。举礼之本，而与乐刑政并列可矣。今言乎仁义智信，则礼之道靡有遗焉。礼与仁义智信岂并列之物欤？仁义智信者，实用也；礼者，虚称也，法制之总名也。然而所以与仁义智信并列，而其次在三者，意者谓虽有仁义智信，必须以礼制中而行之乎？①

可见，李觏更强调仁义智信即道德观念之礼的实用性体现，礼就是体现出了仁、义、智、信的法制的总名，是具有抽象性的"虚称"。在这里我们看到，李觏感觉到了礼的制度性和观念性的双重属性。也就是作为礼的分支的乐刑政和作为礼的别名的仁义智信与礼的关系，是不同意义层面的表述方式，尽管在文辞上可以并列或者说已经并列而言之，但毕竟是不同意义层面的表述方式。

## 第二节 李觏《周礼致太平论·内治篇》的思想价值——从官廷后妃伦理到民间家庭伦理及昏礼的意义

李觏所著《周礼致太平论》一书早于王安石所著《周官新义》，是宋代"周礼学"和思想史方面的重要著作，收入今本《李觏集》当中，共有五十一篇，包括内治、国用、军卫、刑禁、官人、教道六大门类。在内容形式上，分别围绕着上述六类主题，通过简约地引述《周礼》当中各职官的职文，或完整或约略地引述东汉郑玄《周礼注》、唐贾公彦《周礼疏》的解释性内容，在此基础上，李觏加以自己的相关议论，并常常附以对历史上的人物、事件或相关制度等做引申说明以证其说，从而构成了其具有经典诠释意义的"周礼学"著述，以及关乎道德、政治、经济、军事、刑法、吏治、教化等多个方面的思想史篇章，也体现出了李觏相关思想的系统性和整体性论说。因此，可以从《周礼致

---

① 《李觏集》，第14页。

太平论》的整个文本上来考察其所具有的经典诠释意义和思想史价值。

本节就有关"内治"部分的内容而展开,从涉及宫廷后妃伦理到民间家庭伦理以及昏礼的意义等方面,具体考察李觏在"内治"主题下对《周礼》相关内容的引申、发挥和论述,以及所呈现出的多方面主张和思想内涵,亦见其礼学经典诠释的别样风格。

中国古代社会之伦理道德的一个重要的方面,就是从人类的男女两性的家庭及社会角色的不同而引出,以至推及夫妇、父子、君臣的多个层面。如《周易·序卦传》中所言:"有天地然后有万物,有万物然后有男女,有男女然后有夫妇,有夫妇然后有父子,有父子然后有君臣,有君臣然后有上下,有上下然后礼义有所错。"

然而,当男女、夫妇的关系体现在帝王、君主、皇帝的生活范围之内的时候,就成为一种具有政治意义的存在了。于是,关乎于此的王室或宫廷也就成为王朝政治的一个组成部分,同时又与其他政治关系有着身份界限和空间界限之不同的"内治"问题。所谓"内治",也就是王室、宫廷之内的管理问题。自不待言,其中也是有着相应的管理原则和具体规矩的。

我们知道,在《周礼》一书当中,有关王室、宫廷内治的职官是设置了很多的。中国古代帝王有天子之称,所以与其生活有直接关系的官职一方面即如"象天所立之官"那样在《周礼》中属于"天官"系统,同时又有着"本乎天者亲上"的意义。诸如大宰以下的属官多以王室宫廷之事为职掌,如小宰、宫正、宫伯、内宰、内小臣、阍人、寺人、内竖、九嫔、世妇、女御、女祝、女史……乃至内司服、追师、屦人等等。而这些属官的职掌范围和职守就体现出整个王室、宫廷的管理原则和具体规矩。

关于《周礼》职官的内治、外治之分,南宋陈傅良(1137—1203,字君举,号止斋)有所概括说明,如真德秀《西山读书记》卷二十四所引述的那样:"按永嘉陈氏君举有《周礼说》曰:'周制,三公位冢宰,则冢宰与王坐而论道者也。今考其属,小宰掌外治,凡与王左右亲习之官隶焉,内宰掌内治,凡与后左右亲习之官隶焉。'"[①]

那么,李觏所撰《内治》七篇,就是集中对《周礼》有关宫室之官

---

[①] 《文渊阁四库全书》,第705册,第727页。

及其职掌而展开议论,从而引发出他对有关庙堂之上、宫墙之内的帝王生活、宫廷政治、后妃伦理,乃至民间百姓的家庭伦理等方面的见解,即如前引序中李觏有云:"天下之理,由家道正,女色阶祸,莫斯之甚,述《内治》七篇。"① 这里的"家道"就是王室宫廷的政治伦理之道和民间百姓的家庭伦理之道。

## 一 后妃伦理与宫廷内治

(一) 历史的记忆与后妃之德

首先,李觏从一个视角解释了他对一般女性的认识,包括历史上的后妃。所以才有他对"尧以二女试舜",以及夏末的妺喜、商末的妲己等历史故事的追述和评论。他先说道:

> 男女之际,人道所重,前哲固备言矣。然而贤妃相成之道不世出,乱国家者往往而是。盖妇人之性,鲜克正也。阴则昧,柔则弱。昧不足自见,弱不足自立。与物而迁,直(真)情忘反,其体一也。②

说到妇人之性,《周易·蛊》"九二:干母之蛊,不可贞"句,魏王弼注有云:"居于内中,宜干母事,故曰'干母之蛊'也。妇人之性,难可全正,宜屈己刚。"③ 李觏在《易论》十三篇中的第四篇"或曰:修身及家自天子达庶人,一也,请问家道"的这一设问下,也曾引述了王弼的说法,所谓:"(《蛊》)九二曰:'干母之蛊,不可贞。'《象》曰:'干母之蛊,得中道也。'谓妇人之性,难可全正,宜屈已刚。"④ 根据魏峙《李直讲年谱》记载李觏于景祐三年丙子二十八岁时就写成了《易论》十三篇。那么,这里《内治》第一篇中李觏提到"妇人之性,鲜克正也",显然也是借鉴了王弼《周易注》的话来表达自己的认识的。李觏进而强调了妇女天性柔弱和依赖等性情方面的特点,并看作是"贤妃相成

---

① 《李觏集》,第70页。
② 《李觏集》,第71页。
③ 《周易注》,楼宇烈《王弼集校释》,中华书局1980年版,第309页。
④ 《李觏集》,第36页。

## 第二章 李觏的礼学及相关思想

之道不世出，乱国家者往往而是"的原因。

值得注意的是，中国古代涉及男女伦理乃至家庭伦理的观念与思想，有不少都是从《易经》和《易传》中引出。这里有关妇女之性的认识，比如在宋代胡瑗（993—1059）在《周易口义》卷六《家人》"家人利女贞"句后也有相关的解说：

> 夫家人之道以女正为始何则？夫女子之性，柔弱无常而好恶随人，故凡君子欲治其家，必正其身，以正其女，以正其闺阃之内，父子之列，尊卑长幼之序，各得其正。家既正，然后施之为治天下，皆可得而正也。故《大学》曰：欲治其国，先齐其家，然则治家之道，在女正为始也。①

而上述胡瑗的解说，又当是直接本自于《易传》对《家人》的解说：

> 《彖》曰：家人，女正位乎内，男正位乎外。男女正，天地之大义也。家人有严君焉。父母之谓也。父父子子，兄兄弟弟，夫夫妇妇，而家道正，正家而天下定矣。

对此，王弼《周易注》有云："家人之义，以内为本，故先说女也。"② 那么，李觏有关妇人之性的认识与胡瑗对女子之性的说法可谓见解相同，表述一致。在年龄上胡瑗长李觏16岁，此说是否后者受前者的影响虽不确定，但也是有可能的。然而，无论是王弼所说的"故先说女也"，还是胡瑗所说的"在女正为始也"，还有《大学》所谓"欲治其国，先齐其家"，都正切合李觏当下的思路。也由此而引出他用历史上的例证来加以说明的一段话语：

> 尧试舜，观厥刑于二女。厘降二女于妫汭，嫔于虞。以尧之女，其渊源非不善，尚曰舜能以义理下其心。是无圣人为之耦，则不克

---

① 《周易口义》卷六，《文渊阁四库全书》，上海古籍出版社1987年版，第8册，第336页。

② 《周易注》，楼宇烈《王弼集校释》，中华书局1980年版，第401页。

使其行妇道也。彼凡人子而不渐以教，摩以礼，其可乎哉?①

我们知道，上古帝王唐尧将自己的两个女儿嫁给虞舜，目的在于考验虞舜的品德和能力，这个故事最早见于《尚书·尧典》，后来历代都有把这个故事当作夫妇之道的典范来加以引述。例如东汉桓帝延熹九年荀爽的对策中就说："夫妇之道，所谓顺也。《尧典》曰：'厘降二女于妫汭，嫔于虞。'降者，下也；嫔者，妇也。言虽帝尧之女，下嫁于虞，犹屈体降下，勤修妇道。"②

这里，李觏则是说，即使是"其渊源非不善"的尧之女，如果不是有像舜这样的圣人作为配偶，"以义理下其心"，"使其行妇道"，恐怕也是难以克服妇人之性的弱点的。若是凡家女子，加之"不渐以教，摩以礼"，则怎么可能在齐家生活中发挥应有的作用呢？现实所见就是如此，"今夫数口之家，犹以妇倾，或靡敝财用，或离析骨肉，速刑召祸，至无可救者多矣"。在这里，李觏指出了妇女在家庭生活中因角色不当而导致的不良后果。北朝颜之推《颜氏家训·治家》中就曾指出家庭生活中常见的负面印象就是："妇人之性，率宠子婿而虐儿妇。宠婿，则兄弟之怨生焉；虐妇，则姊妹之谗行焉。然则女之行留，皆得罪于其家者，母实为之。至有谚云：'落索阿姑餐。'此其相报也。家之常弊，可不诫哉！"③所以颜之推主张："妇主中馈，惟事酒食衣服之礼耳，国不可使预政，家不可使干蛊；如有聪明才智，识达古今，正当辅佐君子，助其不足，必无牝鸡晨鸣，以致祸也。"④这样的一种传统意识，在李觏的思想意识中应该说也是根深蒂固的，只是他更加关注王室后妃的存在与王朝宫廷"内治"的问题。所以他也从负面的角度列举现象和提出警示，并且引出夏商两朝末代帝王的悲剧性典故：

况乎后妃，同体于王，其次嫔御，亦所爱幸，一发言，一举事，足以旋转天地，薄蚀日月。其为祸福可胜言哉？贵则为骄，富则为

---

① 《李觏集》，第71页。
② 《后汉书》卷六十二《荀爽传》，中华书局1965年版，第2053页。
③ 王利器撰：《颜氏家训集解》，中华书局1993年版，第52页。
④ 王利器撰：《颜氏家训集解》，中华书局1993年版，第47页。

## 第二章　李觏的礼学及相关思想

侈，并宠则妒，不答则怨，憎则有谗言，爱则有私谒，府库或为之空，刑赏或为之滥，奸邪或为之昌，忠良或为之剥，宗室或为之弃，冢嗣或为之易，帷薄或为之不修，社稷或为之不食。妹喜之放桀，妲己之杀纣，此类岂少哉？①

以上就是通过历史上著名的帝王人物与后妃的生活及王朝兴衰的命运，李觏揭示了"内治"的意义。

说到历史的记忆与后妃之德，早在东汉班固的《汉书·外戚传序》中就对自古夏商周的兴衰与帝王后妃之间的联系有如下的概括，其中所包含的历史故事也可谓尽人皆知：

> 自古受命帝王及继体守文之君，非独内德茂也，盖亦有外戚之助焉。夏之兴也以涂山，而桀之放也用末喜；殷之兴也以有娀及有娎，而纣之灭也嬖妲己；周之兴也以姜嫄及太任、太姒，而幽王之禽也淫褒姒。故《易》基《乾》、《坤》，《诗》首《关雎》，《书》美釐降，《春秋》讥不亲迎。夫妇之际，人道之大伦也。②

还有在范晔的《后汉书·皇后纪第十上》的开头，则正是以《周礼》为依据而引出如下的议论的：

> 夏、殷以上，后妃之制，其文略矣。《周礼》，王者立后，三夫人，九嫔，二十七世妇，八十一女御，以备内职焉。后正位宫闱，同体天王。夫人坐论妇礼，九嫔掌教四德，世妇主丧、祭、宾客，女御序于王之燕寝。颁官分务，各有典司。女史彤管，记功书过。居有保阿之训，动有环佩之响。进贤才以辅佐君子，哀窈窕而不淫其色。所以能述宣阴化，修成内则，闺房肃雍，险谒不行也。
>
> 故康王晚朝，《关雎》作讽；宣后晏起，姜氏请愆。及周室东迁，礼序凋缺。诸侯僭纵，轨制无章。齐桓有如夫人者六人，晋献升戎女为元妃，终于五子作乱，冢嗣遘屯。爰逮战国，风宪逾薄，

---

① 《李觏集》，第71页。
② 《汉书》，中华书局1962年版，第3933页。

适情任欲，颠倒衣裳，以至破国亡身，不可胜数。斯固轻礼驰防，先色后德者也。①

此外范晔对西汉宫廷政治的负面史实则以一句话来概括说："妖幸毁政之符，外姻乱邦之迹，前史载之详矣。"② 而晚于范晔的沈约更有"三代、二汉之亡于淫嬖"的说法。实际上，在两汉以后的正史如《晋书》《旧唐书》《新唐书》的《后妃传》中，也多有对这些朝代宫廷政治的记载和议论。比如《晋书·后妃传上》有云：

> 夫乾坤定位，男女流形，伉俪之义同归，贵贱之名异等。若乃作配皇极，齐体紫宸，象玉床之连后星，喻金波之合羲璧。爰自夐古，是谓元妃；降及中年，乃称王后。四人并列，光于帝喾之宫；二妃同降，著彼有虞之典。夏商以上，六官之制，其详靡得而闻焉。姬刘以降，五翟之规，其事可略而言矣。《周礼》，天子立一后、三夫人、九嫔、二十七世妇、八十一御妻，以听王者内政。故《婚义》曰："天子之与后，如日之与月，阴之与阳。"由斯而谈，其所从来远矣。故能母仪天寓，助宣王化，德均载物，比大坤维，宗庙歆其荐羞，穹壤俟其交泰。是以哲王垂宪，尤重造舟之礼；诗人立言，先奖《葛覃》之训。后烛流景，所以裁其宴私，房乐希声，是用节其容止。履端正本，抑斯之谓欤！若乃娉纳有方，防闲有礼，肃尊仪而修四德，体柔范而弘六义，阴教治于宫闱，淑誉腾于区域。则玄云入户，上帝锡母萌之符；黄神降征，坤灵赞寿丘之道，终能鼎祚惟永，胤嗣克昌。至若俪极亏闲，凭天作孽，倒裳衣于衽席，感朓侧于弦望。则龙漦结衅，宗周鞠为黍苗。燕尾挻灾，隆汉坠其枌社矣。自曹刘内主，位以色登，甄卫之家，荣非德举。淫荒挻性，蔑西郊之礼容；婉娈含辞，作南国之奇态。彼谒由斯外入，秽德于是内宣。椒掖播晨牝之风，兰殿绝河雎之响。永言彤史，大练之范逾微；缅视青蒲，脱珥之献替矣。晋承其末，与世污隆，宣皇创基，功弘而道屈；穆后一善，绩侔于十乱。洎乎世祖，始亲选良家，既

---

① 《后汉书》，中华书局1965年版，第397页。
② 《后汉书》，中华书局1965年版，第399页。

而帝掩纨扇,躬行请托。后采长白,实彰妒忌之情;贾纳短青,竟践覆亡之辙。得失遗迹,焕在缃缥,兴灭所由,义同画一。①

以上两段,不仅有承继班固和范晔的说法,也将魏晋后世的宫廷掌故以简约的话语列举出来。再有《旧唐书·后妃传上》有云:

> 三代宫禁之职,《周官》最详。……然而三代之政,莫不以贤妃开国,嬖宠倾邦。秦、汉已还,其流浸盛。大至移国,小则临朝,焕车服以王宗枝,裂土壤而侯肺腑,洎末涂沦败,赤族夷宗。……历观前古邦家丧败之由,多基于子弟召祸。子弟之乱,必始于宫闱不正。故息隐阋墙,秦王谋归东洛;马嵬涂地,太子不敢西行。若中有圣善之慈,胡能若是?《易》曰"家道正而天下定",不其然欤!②

还有《新唐书·后妃传上》中说道:

> 礼本夫妇,《诗》始后妃,治乱因之,兴亡系焉。盛德之君,帷薄严奥,里谒不忏于朝,外言不内诸阃,《关雎》之风行,彤史之化修,故淑范懿行,更为内助。
>
> 若夫艳嬖之兴,常在中主。第祸既交,则情与爱迁;颜辞媚熟,则事为私夺。乘易昏之明,牵不断之柔,险言似忠,故受而不诘,丑行已效,反狃而为好。左右附之,憸壬綦之,狡谋钳其悟先,哀誓楗于宠初,天下之事已去,而恬不自觉,此武、韦所以遂篡弑而丧王室也。至于杨氏未死,玄乱厥谋;张后制中,肃几敛衽。吁,可叹哉!③

同样地,两《唐书》的撰者们对唐代的宫廷政治也有简约的概括。应该说,三代以下乃至汉魏晋唐的宫廷史,这对后来官任国子学直讲的

---

① 《晋书》,中华书局 1974 年版,第 947、948 页。
② 《旧唐书》,中华书局 1975 年版,第 2161、2162 页。
③ 《新唐书》,中华书局 1975 年版,第 3468 页。

李觏来说当然是不会陌生的。所以他才会有前面所引"妹喜之放桀，妲己之杀纣，此类岂少哉"的断语。历史上实在是不断地重现着如此这般的一幕幕的宫廷政治悲剧。

（二）宫禁制度复古主义的诉求

有关《周礼》，如史书所言："三代宫禁之职，《周官》最详。"（《旧唐书·后妃传上》）而李觏论及宫廷内治的时候，主要就是在制度复古主义的观念之下，结合《周礼》中涉及宫廷内治职官的职掌并以为依据，从而引申他的理解和认识，也构成了李觏对《周礼》的诠释方式和内容。

首先，李觏提到，在《天官·冢宰》中有内宰，还有相应的女官，如九嫔、世妇、女御、女祝、女史。这些官吏均各有其职掌，比如内宰之职有"以阴礼教六宫"，李觏解释说："阴礼，妇人之礼；六宫，谓后也。"内宰之职又有"以阴礼教九嫔"，李觏则认为："不言教夫人、世妇，举中以见上下，省文也。"① 内宰之职还有"以妇职之法教九御，使各有属，以作二事，正其服，禁其奇邪，展其功绪"。李觏则引述《周礼》中九嫔以下女官的相关职文而解释说：

"九嫔掌妇学之法，以教九御妇德、妇言、妇容、妇功。"后，尊也，不得不受教。女御，卑也，而教亦及之。在王官者，不可不知礼也。如使后、夫人、九嫔、世妇、女御皆受教，皆知礼，德皆正，言皆顺，无冶容，无废功，无侈服，无邪道，则闺门之内何有不肃？溥天之下何有不化？②

这里，李觏强调了宫廷之内的后妃之教，对普天之下的道德示范作用。历史上有一种税法叫作母仪天下。如《晋书》卷三十二《后妃传下》记载晋明帝立皇后册中就有云："夫坤德尚柔，妇道承姑，崇粢盛之礼，敦《螽斯》之义，是以利在永贞，克隆堂基，母仪天下，潜畅阴教。"③ 后来如南宋陈傅良也说："尝读《关雎》，知三代而上，后妃极天下之选

---

① 《李觏集》，第71页。
② 《李觏集》，第72页。
③ 《晋书》，中华书局1974年版，第973页。

第二章　李觏的礼学及相关思想　　147

矣，后妃母仪天下而嗛嗛然。"①

如上所见，无论是历代史书上，还是学者著述中，《诗经》总是成为后世人们引证男女之道、后妃之德等典范的经典依据。李觏也不例外地将《诗经》中体现着后妃道德伦理意义的篇目而列举出来，以见其旨。他说道：

　　《关雎》之不淫②，《葛覃》之躬俭③，《樛木》之无嫉妒④，《螽斯》之多子孙⑤，《卷耳》之辅佐求贤⑥，《兔罝》⑦ 之莫不好德，于斯见矣！王道安得不成乎？⑧

李觏所列举的六首诗，以《关雎》首当其冲，即如前引班固所谓"《诗》首《关雎》"、《新唐书》所谓"《诗》始后妃……《关雎》之风行"；另外两首，如前引《晋书》所谓"诗人立言，先奖《葛覃》之训"和"敦《螽斯》之义"，《樛木》《卷耳》和《兔罝》的意义则是李觏要张扬的了。值得注意的是，这六首诗均属于《诗·国风·周南》，分别为第一《关雎》，第二首《葛覃》，第三首《卷耳》，第四首《樛木》，第五首《螽斯》，第七首《兔罝》。

---

① 参见真德秀《西山读书记》卷二十四引陈傅良《周礼说》，《文渊阁四库全书》，第705册，第728页。

② 参考《诗经·周南·关雎》原文："关关雎鸠，在河之洲。窈窕淑女，君子好逑。参差荇菜，左右流之。窈窕淑女，寤寐求之。求之不得，寤寐思服。悠哉悠哉，辗转反侧。参差荇菜，左右采之。窈窕淑女，琴瑟友之。参差荇菜，左右芼之。窈窕淑女，钟鼓乐之。"

③ 参考《诗经·周南·葛覃》原文："葛之覃兮，施于中谷，维叶萋萋。黄鸟于飞，集于灌木，其鸣喈喈。葛之覃兮，施于中谷，维叶莫莫。是刈是濩，为絺为绤，服之无斁。言告师氏，言告言归。薄污我私，薄澣我衣。害澣害否？归宁父母。"

④ 参考《诗经·周南·樛木》原文："南有樛木，葛藟累之。乐只君子，福履绥之。南有樛木，葛藟荒之。乐只君子，福履将之。南有樛木，葛藟萦之。乐只君子，福履成之。"

⑤ 参考《诗经·周南·螽斯》原文："螽斯羽，诜诜兮。宜尔子孙，振振兮。螽斯羽，薨薨兮。宜尔子孙，绳绳兮。螽斯羽，揖揖兮。宜尔子孙，蛰蛰兮。"

⑥ 参考《诗经·周南·卷耳》原文："采采卷耳，不盈顷筐。嗟我怀人，寘彼周行。陟彼崔嵬，我马虺隤。我姑酌彼金罍，维以不永怀。陟彼高冈，我马玄黄。我姑酌彼兕觥，维以不永伤。陟彼砠矣，我马瘏矣。我仆痡矣，云何吁矣！"

⑦ 参考《诗经·周南·兔罝》原文："肃肃兔罝，椓之丁丁。赳赳武夫，公侯干城。肃肃兔罝，施于中逵。赳赳武夫，公侯好仇。肃肃兔罝，施于中林。赳赳武夫，公侯腹心。"

⑧ 《李觏集》，第72页。

对于这几首诗，让我们看一看传统的解说吧。第一，《关雎》是《诗经·国风·周南》中的第一诗，也是整个诗三百零五篇的第一首诗。根据西汉毛亨《诗传序》："《关雎》，后妃之德也。风之始也，所以风天下而正夫妇也，故用之乡人焉，用之邦国焉。"① 又说："《周南》、《召南》，正始之道，王化之基，是以《关雎》乐得淑女以配君子，忧在进贤，不淫其色。哀窈窕，思贤才，而无伤善之心焉，是《关雎》之义也。"② 这样，《关雎》被赋予的意思就很明确了。第二，关于《葛覃》，《毛诗传》说："《葛覃》，后妃之本也。后妃在父母家，则志在于女功之事，躬俭节用，服澣濯之衣，尊敬师傅，则可以归安父母，化天下以妇道也。"③ 第三，关于《樛木》，《毛诗传》说："《樛木》，后妃逮下也。言能逮下，而无嫉妒之心焉。"郑玄笺又云："后妃能和谐众妾，不嫉妒其容貌，恒以善言逮下而安之"④。第四，关于《螽斯》，《毛诗传》说："《螽斯》，后妃子孙众多也。言若螽斯不妒忌，则子孙众多也。"郑玄笺又云："忌，有所讳恶于人。"⑤ 第五，关于《卷耳》，《毛诗传》说："《卷耳》，后妃之志也，又当辅佐君子，求贤审官，知臣下之勤劳。内有进贤之志，而无险诐私谒之心，朝夕思念，至于忧勤也。"⑥ 第六，关于《兔罝》，《毛诗传》说："《兔罝》，后妃之化也。《关雎》之化行，则莫不好德，贤人众多也。"⑦

由上可知，李觏对上述六首《诗经》中的诗所体现的后妃之德的判断，完全是根据《毛诗传》在每首诗篇名后所写的序辞。那么，李觏所强调的就是通过如《周礼》中的各种宫廷职官的设置和治理的有序化，《诗经》这六首诗所体现的后妃之德便"于斯见矣！"进而，"王道安得不成乎？"

此外，李觏也注意到在《周礼》的女官中是没有"夫人"一职的。所以他根据郑玄注说："唯夫人之于后，犹三公之于王，坐而论妇礼，无

---

① 《毛诗传笺》，孔祥军点校，中华书局2018年版，第1页。
② 《毛诗传笺》，孔祥军点校，中华书局2018年版，第2页。
③ 《毛诗传笺》，孔祥军点校，中华书局2018年版，第5页。
④ 《毛诗传笺》，孔祥军点校，中华书局2018年版，第8页。
⑤ 《毛诗传笺》，孔祥军点校，中华书局2018年版，第9页。
⑥ 《毛诗传笺》，孔祥军点校，中华书局2018年版，第7页。
⑦ 《毛诗传笺》，孔祥军点校，中华书局2018年版，第11页。

第二章 李觏的礼学及相关思想

官职，故不列。"① 也就是说，夫人之名和三公一样，都是没有官职的，所以没有列在《周礼》当中。而包括九嫔、世妇、女御等都是一种职官身份了。

因为是从国家政治的角度论宫廷官职的，所以在内外有别、公私不同的意义上，李觏提出了一个突出的问题：

> 夫六官，内也，如家人；家人，私也。六官，外也，乃国事；国事，公也。外内异处，国家异分，公私异宜。然而使嫔妇属天官，无外内、国家、公私之辨者何哉？②

李觏设问的意思是说，作为嫔妇而属天官，难道就没有外与内、国与家、公与私方面的区别吗？这里，李觏在感叹了一句"圣人之意，于是深矣"之后，则进行了一番解释：

> 彼妇人女子而当于至尊，幽居九重，人弗得见，则骄蹇自恣，无所不至也。是故使之分职于内，而附属于外。有职则当奉其法，有属则必考其功；奉法则不敢不谨，考功则不敢不慎。举官中之人而知所劝勉者，官有其长之效也。而况内宰亦用大夫、士，《春官》"世妇：每官卿二人"，盖皆分命贤臣以参检内事，与夫婢妾贱人自相使令而无畏忌者，不同年而语矣。
>
> 天子所御，而服官政，从官长，是天子无私人。天子无私人，则群臣焉得不公？庶事焉得不平？"无偏无党，王道荡荡"，此之谓也。③

这里，一方面李觏指出了《周礼》给身处帝王左右而深居九重宫廷之内的妇人女子以职官的身份，是在于宫廷管理上的便利。这些妇人女子有了职官的身份及所属，就"当奉其法"和"必考其功"而"不敢不

---

① 《李觏集》，第72页。郑玄《周礼·天官序官·九嫔》注为："不列夫人于此官者，夫人之于后，犹三公之于王，坐而论妇礼，无官职。"参见李学勤主编《十三经注疏（标点本）·周礼注疏》，北京大学出版社1999年版，第19页。
② 《李觏集》，第72页。
③ 《李觏集》，第72页。

谨"和"不敢不慎";又其中"官有其长",所有的宫中之人才会"知所劝勉"。

另一方面,李觏所说的"内宰亦用大夫、士,《春官》'世妇:"每宫卿二人"',盖皆分命贤臣以参检内事",前者是根据《周礼·天官序官》所谓"内宰,下大夫二人、上士四人、中士八人";后者《春官》"世妇:每宫卿二人"之说,是根据《周礼·春官序官》。意思是讲,以这些具有卿、大夫、士身份的贤臣担当宫廷内的职官管理,比起像那些婢妾贱人身份者可以随意指使而无所顾忌的情况来说是大为不同的。也就是说,宫廷并非天子之私家,而依然是官家之地。

再一方面,李觏揭示出一个人类社会政治最高统领及其生活的"公"的性质的问题。这个问题在中国古代,实际是说,自古以来天子之为天子,是占据着一个"公"的位置,天子乃天下的天子,其所为"公",也就是天下为公。"普天之下,莫非王土"讲的也是公天下,王位为公,王土不为公吗?那么,宫廷内天子所御用之人,也是要"服官政,从官长"的,也就是天子没有属于他自己的私家之人,既然如此,则群臣哪里还有不公的,各种事项哪里还有不平的呢?

李觏还举出两个历史上的例子,从正反两方面来说明天子命"贤臣以参检内事"的意义。

>汉高帝欲废太子,立戚夫人子赵王如意,留侯曰:"骨肉之间,虽臣等百人何益!"此大臣不得与内事之敝也。
>
>爰盎引却慎夫人坐,谓妾主岂可以同坐。文帝怒,说以"人豕",乃说。如使盎辈得制宫中之事,则尊卑有不序,上下有不和者乎?①

前一事出自《史记·留侯世家》,完整的记载是"上(汉高祖)欲废太子,立戚夫人子赵王如意。大臣多谏争,未能得坚决者也。吕后恐,不知所为。人或谓吕后曰:'留侯善画计策,上信用之。'吕后乃使建成侯吕泽劫留侯,曰:'君常为上谋臣,今上欲易太子,君安得高枕而卧乎?'留侯曰:'始上数在困急之中,幸用臣策。今天下安定,

---

① 《李觏集》,第72页。

以爱欲易太子,骨肉之间,虽臣等百余人何益。'"① 李觏 "此大臣不得与内事之敝也"的话,是针对留侯张良"骨肉之间,虽臣等百余人何益"的回答而言的。李觏认为,张良之所以会这么说,就是因为大臣不便参与到天子骨肉之间的艰难选择当中,但是这对于宫廷政治是有弊害的。

后一事出自《汉书·爰盎传》,完整的记载是:"上(汉文帝)幸上林,皇后、慎夫人从。其在禁中,常同坐。及坐,郎署长布席,盎引却慎夫人坐。慎夫人怒,不肯坐。上亦起,起。盎因前说曰:'臣闻尊卑有序则上下和,今陛下既以立后,慎夫人乃妾,妾、主岂可以同坐哉!且陛下幸之,则厚赐之。陛下所以为慎夫人,适所以祸之也。独不见'人豕'乎?'于是上乃说,入语慎夫人。慎夫人赐盎金五十斤。"② 李觏以此正面地肯定爰盎的协调作用而表明"贤臣得制宫中之事"的积极意义所在。

当然,面对历史上的宫廷政治中发生过的很多事实,李觏也不能不发出感叹说:"官失其守,一女颛恣,则公卿附离之不暇,其何冢宰之能帅也?悲夫!"③ 李觏还是在肯定《周礼》内治职官设置的合理性和重要性。

李觏在解释和说明《周礼·天官》中有关天子后宫及女官的数额时,和郑玄一样地称引了《礼记·昏义》中的说法:"《昏义》曰:'古者天子,后立六宫,三夫人,九嫔,二十七世妇,八十一御妻,以听天下之内治,以明章妇顺,故天下内和而家理也。'"④ 李觏以"内治"名篇,大概就是取义于此的。李觏还根据郑玄注而发表自己的见解说:"至于《天官序》,则世妇以下不言数,谓'君子不苟于色,有妇德者充之,无则阙'⑤。世妇、女御视大夫、士,尚惟其人,则三夫人、九嫔,官不必备

---

① 《史记》,中华书局1959年版,第2044—2045页。
② 《汉书》,中华书局1962年版,第2271页。
③ 《李觏集》,第73页。
④ 郑玄:《周礼·天官序官·九嫔》注引。参见《十三经注疏(标点本)·周礼注疏》,第19页。
⑤ 郑玄:《周礼·天官序官·世妇》注。参见《十三经注疏(标点本)·周礼注疏》,第20页。

可知矣。"① 李觏的意思是说,《周礼》中世妇、女御视同于大夫、士的身份,那么往上的夫人、九嫔,更在于"有妇德者充之",而不用官职必备其数的。

(三) 后妃之教及后宫生活的禁忌

如果说后妃之德是宫廷政治之内治及管理的基础,而何以养成后妃之德又有所谓"后妃之教",那么,从民间到宫廷,又从宫廷到民间,李觏从两个方面一再地强调了后妃之教的意义。

首先,关于后妃之教,李觏专就一般女性的成长教育,结合《礼记·内则》《昏义》中的内容而议论说:"自古妇人之贤者,盖不易得。故其生则寝之地,以教其卑;衣之裼,以教其正;弄之瓦,以教其事。既十年'姆教,婉娩听从,执麻枲,治丝茧,织纴组紃,学女事,以共衣服。观于祭祀,纳酒浆、笾豆、菹醢,礼相助奠。十有五年而笄,二十而嫁。''先嫁三月,祖庙未毁,教于公宫;祖庙既毁,教于宗室。教以妇德、妇言、妇容、妇功。教成,(祭)之[祭],牲用鱼,苙用苹藻,所以成妇顺也。'如此而后备于从人之道,况乎王之北宫,当贯鱼之宠者,可以非其人哉?"② 应该说,李觏关注的是从一般家庭女性的"从人之道"到帝王后宫的后妃伦理,所以,李觏还引经据典地来说明天子后妃之德的重要,他说:

故"无德以色亲",则天有投蜺之异。《诗》曰"蜎蝀在东,莫之敢指",谓邪色之乘阳也。《曲礼》"纳女于天子,曰'备百姓'",言以广子姓耳。深山大泽,实生龙蛇,母子传类,亦不可忽。③

李觏这里所谓"'无德以色亲',则天有投蜺之异"的说法,出自《易纬稽览图》。《纬书》和汉代灾异说家都认为虹霓属灾异之象,虹霓的出现与后妃无德以色亲有关。如《后汉书·五行志》有记载说:"灵帝光和元年六月丁丑,有黑气堕北宫温明殿东庭中,黑如车盖,起奋讯,身五色,有头,体长十余丈,形貌似龙。上问蔡邕,对曰:'所谓天投蜺者

---

① 《李觏集》,第72页。
② 《李觏集》,第73页。
③ 《李觏集》,第73页。

## 第二章　李觏的礼学及相关思想

也。不见足尾，不得称龙。《易传》曰：'蜺之比，无德以色亲也。'《潜潭巴》曰：'虹出，后妃阴胁王者。'……《演孔图》曰：'天子外苦兵，威内夺，臣无忠，则天投蜺。'变不空生，占不空言。"① 又如《后汉书·杨震传》记载杨震的孙子杨赐上书说："臣闻之经传，或得神以昌，或得神以亡。国家休明，则鉴其德；邪辟昏乱，则视其祸。今殿前之气，应为虹蜺，皆妖邪所生，不正之象，诗人所谓'蝃蝀'者也。于《中孚经》曰：'蜺之比，无德以色亲。'方今内多嬖幸，外任小臣，上下并怨，喧哗盈路，是以灾异屡见，前后丁宁。今复投蜺，可谓孰矣。"② 唐瞿昙悉达撰《开元占经》卷九十八《虹蜺占》引京氏（房）曰："凡蜺者，阴挠阳，后妃无德以色亲也。"③

李觏所引诗句则出自《诗经·鄘风·蝃蝀》，寓意与上面所讲的"天有投蜺之异"是一致的。就此诗，《毛诗传》有云："《蝃蝀》，止奔也。卫文公能以道化其民，淫奔之耻，国人不齿也。"郑玄笺云："不齿者，不与相长稚。"④ 就此两句，《毛诗传》有云："蝃蝀，虹也。夫妇过礼则虹气盛，君子见戒而惧讳之，莫之敢指。"郑玄笺云："虹，天气之戒，尚无敢指者，况淫奔之女，谁敢视之。"⑤

由以上可见，显然李觏是想借着这样一种带有警戒性的古老的灾异之说，来说明古人对后妃之德行的重视程度。李觏所引《曲礼下》"纳女于天子，曰'备百姓'"的话，并说："言以广子姓耳。"这也是直接以郑玄注为说，郑注云："姓之言生也。天子，皇后以下百二十人，广子姓也。"唐孔颖达《礼记正义》云："姓，生也。言致此女备王之后妃以下百二十人，以生广子孙，故云姓也。"⑥ 那么李觏《曲礼》之说在于强调嫁送女子于天子时而称"备百姓"，也是要有德行方面的资格才行。所以李觏一方面比喻说："深山大泽，实生龙蛇，母子传类，亦不可忽。"另一方面又举出历史例证来说："晋愍怀太子宫中为市，使人屠酤，手揣斤

---

① 《后汉书》，中华书局 1965 年版，第 3351 页。
② 《后汉书》，第 1779—1780 页。
③ 《唐开元占经》，《文渊阁四库全书》，1987 年版，第 807 册，第 900 页。
④ 《毛诗传笺》，孔祥军点校，中华书局 2018 年版，第 73 页。
⑤ 《毛诗传笺》，孔祥军点校，中华书局 2018 年版，第 73 页。
⑥ 《十三经注疏（标点本）·礼记正义》，第 166 页。

两,轻重不差。盖其母屠家女也。"① 此事为《晋书》卷五十三《愍怀太子传》所载。李觏是要说天子后妃出身、德行都会影响到天子之子的爱好品德以及能否继承天下,当然是不可忽视的重要方面。所以李觏又说:"先王之制,百二十人,犹以无人而阙之,至难、至慎若此",然而,像晋武帝那样,"平吴之后,掖庭殆将万人,复何义也?"② 其在宫廷内外必然造成的局面就是:"人多则御幸不可徧,怨恨由是兴;费广则财物不足支,民亩所以困,国家之败,何莫由斯者邪!"③ 在李觏看来,就与王朝国家政治有关联的帝王宫廷生活而论,无论是在备充后妃之女性的选择上,还是在后宫御女人数的限制上,都是要慎重和有节制的。

其次,关于后宫生活,李觏还结合郑玄《周礼》注而论之。就《周礼》所谓"女御掌御叙于王之燕寝",李觏引述郑玄《九嫔》注而有节略云:"凡群妃御见之法,月与后妃其象也。卑者宜先,尊者宜后。十五日而遍,自望后反之。"④ 李觏又约略贾公彦《周礼疏》而议论说:"其不使九嫔世妇掌之而使女御者,防上之专妒也。盖以女御官卑,不敢嫉妒自专,则九九之法行矣。九九之法行⑤,则内无怨女,而子孙众多矣。"⑥ 这里,李觏无非是想强调天子御女众多的情况下如何使后宫实际生活可以协调而不至于混乱无序。李觏又从一般女性的立场指出男欢女爱的人之常情与怨女旷妇的不幸境遇说:"夫饮食男女,人之大欲,一有失时,则为怨旷。《七月》'女心伤悲',《东山》'妇叹于室',君子撑于人情,周道所以兴也。安得聚少艾之色,幽于深宫之中而无进御之路,则其性情之所感动何如哉?四时何以能和?百神何以降福?"⑦ 实际上,后妃生活也不能违背人情,否则也就难称和谐,而其影响又是极其深远

---

① 《李觏集》,第73页。
② 《晋书·后妃列传上·胡贵嫔》记载:"泰始九年,帝(晋武)多简良家子女以充内职,自择其美者以绛纱系臂。……时帝多内宠,平吴之后复纳孙皓宫人数千,自此掖庭殆将万人。而并宠者甚众,帝莫知所适,常乘羊车,恣其所之,至便宴寝。"(中华书局1974年版,第962页)
③ 《李觏集》,第74页。
④ 《李觏集》,第74页。又郑玄注参见《十三经注疏(标点本)·周礼注疏》,第192页。
⑤ 这里的"九九之法",就是郑玄注所说的"女御八十一人当九夕,世妇二十七人当三夕,九嫔九人当一夕,三夫人当一夕,后当一夕,亦十五日而遍"。
⑥ 《李觏集》,第74页。贾疏参见《十三经注疏(标点本)·周礼注疏》,第196页。
⑦ 《李觏集》,第74页。

## 第二章 李觏的礼学及相关思想

和多方面的。

再有，关于子嗣及社稷，李觏还注意到天子后宫生活和后妃人选与生育子嗣及社稷继承的关系问题，并举出历史上的例证来说明这个问题的至关重要。他说：

> 至于继嗣，社稷之重事，甚有宠之人，或不宜子，非广其礼，将无及也。霍光欲上官皇后擅宠有子，虽宫人，使令皆为穷绔，多其带，后宫莫有进者，而昭帝无嗣。成帝约不负赵昭仪，掖庭中御幸生子者辄死，饮药伤堕者无数，终以国统三绝，王莽篡之，爱有所偏之过也。
>
> 薄姬输织室而生孝文，为汉太宗；晋简文宠徐贵人，弥年无子；李后在织坊，形长色黑，谓之"昆仑"，帝以大计召之，乃生孝武。天命所在，不以贵贱美恶论也。然则九九而御，使无专妒者，圣人之意远矣。①

在历史上，有很多受到皇帝宠幸的后妃，由于没有生育，对于皇室继嗣、社稷继统都造成很大影响。李觏提到两次发生在西汉宫廷的事情，一是汉昭帝时霍光为了让皇帝专宠上官皇后以便有子，让宫人都穿上改造了的"穷绔"②，后宫也不得有进御者，最终导致昭帝无子嗣。此记载出自《汉书·外戚列传上·孝昭上官皇后》："光欲皇后擅宠有子，帝时体不安，左右及医皆阿意，言宜禁内，虽宫人使令皆为穷绔，多其带，后宫莫有进者。"③ 二是汉成帝元延二年时，后宫有许美人怀子，其十一月乳。皇后赵飞燕之妹昭仪赵合德担心成帝会因此复立许氏，便以"陛下常自言'约不负女'"来要求成帝守约，成帝则回答说："约以赵氏，故不立许氏。使天下无出赵氏上者，毋忧也！"④ 于是，昭仪赵合德与人谋杀了许美人所生皇子。其间还有中宫史曹宫为成帝生子，也遭到昭仪赵合德派人逼迫饮药而死，更多有"掖庭中御幸生子者辄死，饮药伤堕

---

① 《李觏集》，第 74 页。
② 服虔曰："穷绔，有前后当（裆），不得交通也。"颜师古注云："穷绔即今之绲裆裤也。"参见《汉书》，中华书局 1962 年版，第 3960 页。
③ 《汉书》，中华书局 1962 年版，第 3960 页。
④ 《汉书》，中华书局 1962 年版，第 3993 页。

者无数"①的悲惨之事不断发生,最终导致汉成帝无皇子继嗣、继统。此记载出自《汉书·外戚列传下·孝成赵皇后》。正是因为成帝、哀帝、平帝均无子嗣继统史称"国统三绝",也是导致王莽篡汉的原因所在。如《汉书·诸侯王表第二》所说:"本朝短世,国统三绝,是故王莽知汉中外殚微,本末俱弱,亡所忌惮,生其奸心。"②李觏认为这就是当年汉成帝"爱有所偏之过"所造成的。

## 二 后妃礼仪及昏礼的意义

### (一)后妃的礼仪角色

涉及后妃在国家礼仪活动中的角色问题,李觏借着《礼记》所记孔子答鲁哀公问的话语,而强调了后妃所担当的带有国家祭祀性质的礼仪活动的意义。《礼记·哀公问》中记载:孔子回答鲁哀公问时说:"敬之至矣,大昏为大。"又说:"大昏既至,冕而亲迎,亲之也。"鲁哀公说:"冕而亲迎,不已重乎?"孔子愀然作色而对曰:"合二姓之好,以继先圣之后,以为天地宗庙社稷之主,君何谓已重乎?"李觏在引述了鲁哀公和孔子的对话后进一步引申说:

> 然则先王之所以重昏礼,为其主祭祀也。祭祀之礼,岂唯致斋于内,会君于庙,服副袆于东房,执璋瓒而亚裸,酌瑶爵,进玉豆,荐彻豆笾,以嘉魂魄而已乎!是礼之末节,一日可为者也,必竭力从事,然后为至焉。故内宰"中春,诏后帅外内命妇,始蚕于北郊,以为祭服"。又"上春,诏王后帅六宫之人而生穜稑之种③,献之于王"。④

一方面,李觏沿着孔子的思路强调后妃在主持国家祭祀之礼中的重要意义,即使是"礼之末节,一日可为者",也必须竭力从事,才能达到主持国家重礼的能力。另一方面,李觏列举《周礼》内宰之职中有关天

---

① 此话是《汉书外戚传下·孝成赵皇后》所记掖庭令吾丘遵对掖庭狱丞籍武所说。参见《汉书》,中华书局1962年版,第3995页。
② 《汉书》,中华书局1962年版,第396页。
③ 郑玄注引郑司农曰:"先种后孰谓之穜,后种先孰谓之稑。"
④ 《李觏集》,第75页。

子后妃参与国家祭祀"始蚕"和献"穜稑之种"的意义。

有关"始蚕于北郊",郑玄《周礼注》云:"蚕于北郊,妇人以纯阴为尊。郊必有公桑蚕室焉。"唐贾公彦《周礼疏》云:"内宰以仲春二月诏告也,告后帅领外命妇、诸臣之妻、内命妇、三夫人已下,始蚕于北郊。"① 有关"以为祭服",贾公彦《周礼疏》云:"《礼记·祭义》亦云'蚕事既毕,遂朱绿之,玄黄之,以为祭服'。此亦当染之以为祭服也。"② 对于"生穜稑之种,而献之于王",郑玄《周礼注》云:"六宫之人,夫人以下分居后之六宫者。古者使后宫藏种,以其有传类蕃孳之祥。必生而献之,示能育之,使不伤败,且以佐王耕事共禘郊也。郑司农云:'先种后孰谓之穜,后种先孰谓之稑,王当以耕种于藉田。'玄谓《诗》云'黍稷穜稑'是也。"贾公彦《周礼疏》云:"王亲耕,后亲蚕,皆为祭事。今后虽不耕,藏种献之者,亦是佐王耕事。"③

对于王后"亲蚕"和"佐耕"的意义,李觏则说:"夫普天王土,率土王臣。蚕者非一女也,将以为王服,有不足乎?而后且亲蚕其夫,以事先舅先姑,敢不用力焉?不可以为妇道也。耕者非一男也,将以为祭盛,有不足乎?而后且佐耕其夫,以事先舅先姑,敢不用力焉?不可以为妇道也。"④ 显然这种关乎国计民生的国家祭祀礼仪,带有表率性和象征意义,目的在于促进天下百姓家庭男耕女织,尽力孝亲,所以李觏接着说:"王后之尊而亲蚕,天下之女子有不遵微行求柔桑者乎?王后之尊而佐耕,天下之女子有不馌南亩喜田畯者乎?王后之尊而为妇道,天下之女子有不承先祖共祭祀者乎?明王之以孝治天下,此其一助也。"⑤ 有了天子后妃做出的表率作用,天下之万众女子哪里还有"不可以为妇道""不馌南亩喜田畯"和"不承先祖共祭祀"的呢?这就是所谓从宫廷后妃道德到民间百姓道德的上行下效的影响力和示范性作用的体现。

李觏还对历史上不知百姓劳作疾苦,只顾奢靡享受后宫生活的状况提出批评,他说:"不知耕之劳,则以为田自生穀;不知蚕之苦,则以为桑自生丝。自古愚妇人,粪土货财,焦烂府库,农夫病,工女死,而求

---

① 《十三经注疏(标点本)·周礼注疏》,第184页。
② 《十三经注疏(标点本)·周礼注疏》,第184页。
③ 《十三经注疏(标点本)·周礼注疏》,第186页。
④ 《李觏集》,第75页。
⑤ 《李觏集》,第75页。

之不已者,不知民事之难也。"并且称引东晋干宝的著述而举出晋朝类似的实例来加以证明说:"干宝之论《晋纪》曰:'其妇女妆梳织纴皆取成于婢仆,未尝知女工丝枲之业,中馈酒食之事也。'"① 李觏认为这也就是"晋之礼法于此大坏",而当年"周之兴也宜矣"的原因之一。

(二) 皇亲国戚之女的伦理规范

就《周礼》中的女性职官而论,除了《周礼·天官》中有宫廷女官之外,在《周礼·春官》中也有女官。如世妇、内宗、外宗即是。所以李觏也注意到了这个方面。他在列举了"内宗""外宗"的皇亲国戚身份和职掌之后,而特别指出这些身份的女性,如果"富贵骄人",对于下嫁的夫家也是借势而为的话,其家庭生活恐怕是很难和睦的。他说:

> 《春官》"内宗,凡内女之有爵者"。内女,王同姓之女;有爵,其嫁于大夫及士者;其职"掌宗庙之祭祀,荐加豆笾,及以乐彻,则佐传豆笾,宾客之飨食,亦如之。王后有事,则从"。"外宗,凡外女之有爵者。"外女,王诸姑姊妹之女,其职"掌宗庙之祭祀,佐王后荐玉豆,眡豆笾,及以乐彻,亦如之。王后以乐羞齍,则赞。凡王后之献,亦如之。王后不与,则赞宗伯。小祭祀,掌事宾客之事亦如之"。
> 夫富贵骄人,自然之势,苟非明哲,其能免乎?矧伊女子,生于王族,虽有葭莩之亲者,犹乘势以轻其家,不顺于舅姑,不和于室人,庸奴其夫者多矣。②

这里,李觏同样约略地引述了郑玄注对《春官序官》的"内宗"和"外宗"的解释,原注为:"内女,王同姓之女,谓之内宗。有爵,其嫁于大夫及士者。凡,无常数之言。"又:"外女,王诸姑姊妹之女,谓之外宗。"③ 为了更清楚地理解所谓内宗、外宗,我们不妨参考一下唐贾公彦的解释。贾疏说:"言'内女',明是王之族内之女,故云'王同姓之

---

① 《李觏集》,第75页。干宝之论,参见梁萧统编、唐李善注《文选注》卷四十九《史论》干令升《晋纪总论》。
② 《李觏集》,第76页。
③ 《十三经注疏(标点本)·周礼注疏》,第438页。

女为内宗'也。云'有爵,其嫁于大夫及士'者,但妇人无爵,从夫之爵;今言内女有爵,明嫁与卿大夫及士。周之法,爵亦及士,故兼言士也。不言数而言凡,故郑云'凡,无常数之言',以其王之族内之女无定数故也。"又说:"郑知外宗是'王诸姑姊妹之女'者,以其称'外',明非己族,故称外宗外女也。郑不解'有爵者',已于《内宗》注讫,明此亦是嫁与大夫及士可知也。言'凡',亦是无常数之言也。"①

这样,我们就清楚了李觏于此所关注的是后妃以外的、属于皇亲国戚的同姓和异姓的女性,她们也都属于皇家内治的范围。李觏引述两者的职文则是明确他们的职责所在,而"夫富贵骄人"以下的指摘,又是就历史和现实经验的感触而言。于是,李觏又从一般的夫妇之道的角度而强调由上至下地保障其关系合乎天地自然之道和人伦礼仪道德的原则和合理性,又从逻辑推理上强调将这些皇亲国戚身份的女子列于礼官之属的深刻寓意。所以他议论说:

> 夫妇之道,天地之象,人之大伦也。乃由宗室乱之,非所以示天下也。圣人有作,安得不大为之坊?夫礼,禁乱之所由生,犹坊止水之所自来也。故以"内女""外女"谓之"内宗""外宗",列为礼官之属,其职礼,则视必在礼,听必在礼,言必在礼,貌必在礼,思必在礼。视听言貌思,无不在礼,则其人之智愚贤不肖何如也?
>
> 祭祀宾客,非有切身之急,而不敢不以礼,则己之所以为妇者,敢有不恭乎?观后之事宗庙,则知所以顺其舅姑;观后之飨同姓诸侯,则知所以和其室人;观后之亚王祼献,则知所以从其夫。顺于舅姑,和于室人,而当于夫,是故妇顺备而内和理,内和理而家可长久也。《召南·何彼襛矣》,美王姬之诗,谓"虽则王姬,亦下嫁于诸侯,车服不系其夫,下王后一等,犹执妇道,以成肃雍之德"。彼天子所生而若此,况于同姓姑姊妹之女乎?是其所以为王化之基也。②

李觏无非是要指出,作为皇亲国戚的内女、外女们,在《周礼》中是被"列为礼官之属"的,既然职掌礼事,则"视听言貌思,无不在

---

① 《十三经注疏(标点本)·周礼注疏》,第438、439页。
② 《李觏集》,第76、77页。

礼",当然在能力和品德方面会有相应的表现才行;而且,内女、外女们时常面对祭祀宾客的"不敢不以礼",以及时常观看后妃们在"事宗庙""飨同姓诸侯"和"亚王祼献"时候的模范表现,内女、外女们自己"之所以为妇者",又怎么"敢有不恭",也当然应该"知所以顺其舅姑""知所以和其室人"和"知所以从其夫"的了;这也就合乎《礼记·昏义》所说的"妇顺备而后内和理,内和理而后家可长久也"。

于此,李觏还进一步以周天子时代王姬的表现为参照,从而提到《诗经·召南·何彼襛矣》①,并引述《毛诗传》对其内容的概括性解释。按照唐孔颖达《毛诗正义》中的解释:"王姬,武王女。姬,周姓也。杜预云:'王姬以上为尊。'"又说:"作《何彼襛矣》诗者,美王姬也。以其虽则王姬,天子之女,亦下嫁于诸侯。其所乘之车,所衣之服,皆不系其夫为尊卑,下王后一等而已。其尊如是,犹能执持妇道,以成肃敬雍和之德,不以己尊而慢人。……此诗主美肃雍之德,因言颜色之美。以善道相求之事,叙者本其作意,略不言耳。王姬者,王女而姬姓。《春秋》'筑王姬之馆于外',杜预云'不称字,以王为尊'是也。"② 由此,我们可以知道此诗的寓意了。那么,李觏提及此诗的意思则在于强调,既然当年周天子所生之女都能如此"执妇道,以成肃雍之德",更何况是宫室中"同姓姑姊妹之女",又有什么不能做到的呢?

(三)昏礼的意义

最后,李觏列举《周礼·地官·媒氏》的职掌而说明其存在的意义。他说:

"媒氏,掌万民之判。凡男女自成名以上,皆书年月日名焉。令男三十而娶,女二十而嫁。凡娶判妻入子者,皆书之。中春之月,令会男女。于是时也,奔者不禁。司男女之无夫家者而会之。"

夫昏姻之礼,要在及时。故国无鳏民,则《桃夭》之咏作;丧其妃耦,则《有狐》之刺兴。彼室家之好,而系之王者之风,为人

---

① 参考《诗经·召南·何彼襛矣》原文:"何彼襛矣,唐棣之华!曷不肃雝?王姬之车。何彼襛矣,华如桃李!平王之孙,齐侯之子。其钓维何?维丝伊缗。齐侯之子,平王之孙。"

② 参见《十三经注疏(标点本)·毛诗正义》,第102页。

上者，不可不察也。①

这里，李觏引述了《周礼·媒氏》职掌的原文，根据媒氏的司职而指出民间昏姻之礼的意义，主要就在于适龄男女及时而成婚，组成家庭，这对于民众成家立业，人口的繁衍都是有利的。于此，李觏又以《诗经》为例，一是《国风·周南》中的《桃夭》②，《毛诗传》说："《桃夭》，后妃之所致也。不妒忌，则男女以正，昏姻以时，国无鳏民也。"郑笺云："老而无妻曰鳏。"③ 二是《卫风·有狐》④，《毛诗传》说："《有狐》，刺时也。卫之男女失时，丧其妃耦焉。古者国有凶荒，则杀礼而多昏，会男女之无夫家者，所以育人民也。"⑤ 李觏把《周礼》中的职官职掌和《诗经》中所描绘的先秦时代的实际生活联系在一起，强调了古来昏礼的经典依据以及"婚姻以时"的合乎经典与合乎自然。普通民众的"室家之好"，也是"王者之风"所系，当然应该受到为上者的重视。

李觏还引述孟子对齐宣王所讲的话，来论证王国乃至天下理想的婚姻生活状态。

> 孟子对齐宣王曰："昔者太王好色，爱厥妃。《诗》云：'古公亶父，来朝走马，率西水浒，至于岐下。爰及姜女，聿来胥宇。'当是时也，内无怨女，外无旷夫。王如好色与百姓同之，于王何有？"⑥

孟子此语是针对齐宣王所说的"寡人有疾，寡人好色"的话而言的。孟子的意思是，只要能够像周先王那样使治下范围内无怨女，外无旷夫，为王者如好色，也就与百姓一样，并不是什么困难事。对此，李觏评论说："诚哉是言也，人主知渔色而不知下无室家，知逞欲而不知下有怨

---

① 《李觏集》，第77页。
② 参考《诗经·周南·桃夭》原文："桃之夭夭，灼灼其华。之子于归，宜其室家。桃之夭夭，有蕡其实。之子于归，宜其家室。桃之夭夭，其叶蓁蓁。之子于归，宜其家人。"
③ 《毛诗传笺》，孔祥军点校，中华书局2018年版，第16页。
④ 参考《诗经·卫风·有狐》原文："有狐绥绥，在彼淇梁。心之忧矣，之子无裳。有狐绥绥，在彼淇厉。心之忧矣，之子无带。有狐绥绥，在彼淇侧。心之忧矣，之子无服。"
⑤ 《毛诗传笺》，孔祥军点校，第92页。
⑥ 《李觏集》，第77页。

旷，其可乎哉？天地不合，万物不生；有夫有妇，然后为家，上得以养父母，下得以育子孙；生民之本，于是乎在。而人主慢之，非计也。"①如此的议论，又何尝不是李觏对于与孟子所言、《诗经》中所赞颂的周先王时代正相反的，一些后世人主如晋武帝只顾自己渔色逞欲而不知或无室家，或有怨旷的民间下情之状况的一种批判呢？婚姻之礼，乃生民之本所在，为上人主若不予重视，也就绝不可能长治久安。

李觏进一步解释和引申说明《周礼·地官·媒氏》职掌的内容和意义，有些内容或见于《周礼》本文，或见于传统的经典注释的文句当中。

> 是故圣人设官，主判合之礼，子生三月，必书其名。男自二十以及二十九，女自十五以及十九，皆为盛年。其昏自季秋至于孟春，惟其所用。若男三十，女二十，为期尽，虽中春犹可行。所以蕃育人民②，是皆言其极也。及此月而父母不娶不嫁之者，相奔不禁。若无故而不用令，则罪罚之③。尝有妃匹而鳏寡者，亦察焉。先王之道如此，其至也。既为之立其家，又使之有其业，国中则典妇功掌妇式之法，野则酇长稽其女功，然而民不庶且富者，未之信也。《越语》女子十七不嫁，丈夫二十不娶，父母有罪。虽于礼为蚤，而句践报吴，亦以是也。晋泰始中，博选良家以充后宫，先下书禁天下嫁娶，噫！大可笑也。④

按照李觏的认识，《周礼》中所蕴含的先王之道，在男婚女嫁，百姓繁育方面也是有充分的制度体现的，所谓"既为之立其家，又使之有其业"，那么，"民不庶且富者，未之信也"。孔子所关注的百姓"庶、富、教"的三个方面，其中的"庶、富"问题，在这里也就有了制度保障上的开端。李觏提到《国语·越语》所记越王勾践为增加越国人口采取特殊的男女婚龄提前的婚姻政策，人口的迅速增加也为其后

---

① 《李觏集》，第77页。
② 《诗·召南·摽有梅》"求我庶士，迨其谓之"一句，《毛传》有云："不待备礼也。三十之男，二十之女，礼未备则不待礼会而行之者，所以蕃育人民也。"（《毛诗传笺》，孔祥军点校，中华书局2018年版，第26页）
③ 《周礼·地官·媒氏》："若无故而不用令者，罚之"。
④ 《李觏集》，第77、78页。

来战胜吴国提供了人力条件。李觏认为历史上最为可笑的,就是《晋书》所记载的,泰始九年,晋武帝为了自己"博选良家以充后宫",却向地方民间"先下书禁天下嫁娶"。① 这也就是李觏前面所批判的"人主知渔色而不知下无室家,知逞欲而不知下有怨旷",且同时李觏发问说:"其可乎哉?"这里,李觏则对晋武帝的行为发出了"噫!大可笑也"的斥责声。

## 结 语

自从有了经典和经学,思想家的思想就总是徜徉在各种经典与各朝代历史之间。李觏在讨论《周礼》有关宫室内廷之治的制度资源的同时,也总是想起各朝代历史上的各种相关人物及相关事件。其中有对正面形象的褒扬,也有对负面形象的贬斥。从原则精神层面来说,理想性的历史复古主义与现实性的历史批判主义交相呼应,构成了李觏借助经典来抒发自己的思想主张的一种方式。就以上所论而言,李觏从传统儒家的"齐家"思想出发,对《周礼》中关于王朝宫廷内治的制度与职官的设置等,结合历史上成败得失的经验与教训而阐明"欲治其国者,先齐其家"和"家不齐则国不治"的道理。而且,这个道理是天子内治宫室、外使百姓成家立业的上下一贯的通理。

## 第三节 李觏《周礼致太平论·国用篇》的思想价值
### ——从国家的财用积累到赋税征收与国计民生

就本节所分析论述的有关"国用"部分的内容而言,是李觏从国家财用积累到赋税征收与国计民生方面来论证《周礼》相关职官职掌的意义所在,堪称中国古典的政治经济学的篇章。李觏在"国用"主题下对《周礼》相关内容的引申和发挥也呈现出他自己的多方面主张和思想。

晚生于李觏(1009—1059)十二年的王安石(1021—1086)曾经讲

---

① 这两句话见于《晋书·后妃列传上》。又《晋书·帝纪第三》记载说:"诏聘公卿以下子女以备六宫,采择未毕,权禁断婚姻。"(并见中华书局1974年版,第953、63页)

过:"一部《周礼》,理财居其半。"① 即将《周礼》视为理财之书。李觏从国用保障这个视角出发,极大地关注其中所包含和所体现的制度保障下的财用积累和国计民生的问题。在"国用"的主题下,李觏写出了十六篇,占其《周礼致太平论》一书近三分之一的篇幅。可见其对相关问题的重视程度,还有其想要疏解和想要表达的思想的广泛和深入。如果从经济思想史和财政思想史的角度来说,李觏所论不失为一种理论探讨性的表述和主张。换言之,也可以说是中国古典政治经济学的代表性篇章。

"国用"一词,在传统经典中,一是见于《周礼·秋官·小司寇》,其云:"及大比,登民数,自生齿以上,登于天府。内史、司会、冢宰贰之,以制国用。"郑玄注云:"大比,三年大数民之众寡也。……人数定而九赋可知,国用乃可制耳。"唐贾公彦疏解释说:"小司寇至三年大按比之时,使司民之官登上民数,自生齿已上皆登之,小司寇乃登于天府。……内史掌八柄之等,司会主计会,冢宰所主兼设,故皆取副贰民数簿书。得民数,乃制国用,以其国用出于民故也。云'人数定九赋可知,国用乃可制'者,郑偏据九赋而言,至九贡九功,亦可知也。"② 二是见于《礼记·王制》,其云:"冢宰制国用,必于岁之杪,五谷皆入,然后制国用。用地小大,视年之丰耗(耗)。以三十年之通制国用,量入以为出。"郑玄注云:"制国用,如今度支经用。小国大国,丰凶之年,各以岁之收入,制其用多少,多不过礼,少有所杀。通三十年之率,当有九年之蓄。出谓所当给为。"③《礼记·王制》还说:"国无九年之畜曰不足,无六年之蓄曰急,无三年之蓄曰国非其国也。"由此,我们就可以知道李觏所论的"国用"的核心内容和他所关注的"国用"之"足"与"不足"的问题。

## 一 理财之本:量入以为出,节用而爱人

李觏首先关注的,就是国家财用的获得和积累与分配和使用,亦即

---

① 王安石说:"政事所以理财,理财乃所谓义也。一部《周礼》,理财居其半,周公岂为利哉?"(《答曾公立书》,《临川先生文集》卷七十三)参见《王文公文集》卷第八,唐武标校,上海人民出版社1974年版,第97页。
② 参见《十三经注疏(标点本)·周礼注疏》,第917、918页。
③ 参见《十三经注疏(标点本)·礼记正义》,第376页。

收入与支出的原则和制度保障问题。

（1）在李觏看来，量入以为出，节用而爱人，是国家理财之根本原则。"量入以为出"是出于上引《礼记·王制》中的总结，"节用而爱人"是先圣孔子的教导①。而李觏则指出：

> 人所以为人，足食也；国所以为国，足用也。然而天不常生，其生有时；地不徧产，其产有宜；人不皆作，其作有能；国不尽得，其得有数。一谷之税，一钱之赋，给公上者，各有定制。苟不量入以为出，节用而爱人，则哀公云"二犹不足"，《公羊》谓"大桀小桀"。诛求无已，怨刺并兴，乱世之政也。②

这里，李觏提出了赋税收入及支出与国家政治的关系问题。对于人之个体而言，足食是最基本的生存要求。先秦孔子就将"足食"视为执政者为政的重要职责③，即后世所谓"民以食为天"④，而李觏所谓"人所以为人，足食也"，也可以说是《管子·牧民》"仓廪实则知礼节"之说的另一种表述。而对于国家而言，财富足用才是国家政治可以为继的基本保障。无论是天时地利下所出物产，还是众人劳作能力，都是有限的，所以国家税赋也应当各有定制。如果国家不能采取量入以为出、节用而爱人的政策，就会像当年鲁哀公征收百分之二十的税收还嫌不足用，《公羊传》所谓征收超过百分之十税收的大小夏桀们一样，也就必然陷于一种乱世政治。这里，其一，李觏所引"哀公云"，出自《论语·颜渊》。鲁哀公问于有若曰："年饥，用不足，如之何？"有若对曰："盍彻乎？"曰："二，吾犹不足，如之何其彻也？"对曰："百姓足，君孰与不足？百姓不足，君孰与足？"当鲁哀公采取比"彻法"即什一之税更高的什二之税的政策而仍嫌收入不足用的时候，孔子弟子有若则给了鲁哀公要看

---

① 《论语·学而》："子曰：道千乘之国，敬事而信，节用而爱人，使民以时。"
② 《李觏集》，第79页。
③ 《论语·颜渊》："子贡问政。子曰：'足食，足兵，民信之矣。'子贡曰：'必不得已而去，于斯三者何先？'曰：'去兵。'"《汉书·刑法志》说："税以足食，赋以足兵。"（中华书局1962年版，第1081页）
④ 《史记·郦生陆贾列传》载郦食其说："臣闻知天之天者，王事可成；不知天之天者，王事不可成。王者以民人为天，而民人以食为天。"（中华书局1959年版，第2694页）

"百姓足"还是"百姓不足"这样明确的回答。其二,李觏所引"《公羊》谓",则见于《公羊传·宣公十五年》。其云:"什一者,天下之中正也。多乎什一,大桀小桀①。寡乎什一,大貉小貉②。"与之有关联的,则是《孟子·告子下》所云:"欲轻之于尧舜之道者,大貉小貉也;欲重之于尧舜之道者,大桀小桀也。"其三,李觏所说的"诛求无已,怨刺并兴,乱世之政也",似乎又是相对于《公羊传》所谓"什一行而颂声作矣"③而言的,所谓"怨刺并兴",就是像《汉书·礼乐志》所说的:"周道始缺,怨刺之诗起。王泽既竭,而诗不能作。"④ 由以上三点可见,李觏不仅熟读《诗》《书》经典,而且相关例证信手拈来,古典情怀与政治关怀紧密地结合在一起。

(2) 在李觏的认识中,量入以为出,节用而爱人作为国家财用之根本原则,在《周礼》也是有着充分体现的。在解读《周礼》中的相关制度时,李觏首先以《周礼·天官·大府》的职文为依据,说明了"量入以为出"原则的具体体现。

> 故大府,"凡颁财,以式法授之"。王日一举,其膳六牲,祀兵朝觐,其服有九,故"关市之赋,以待王之膳服"。诸侯来朝,卿大夫来聘,致之则有积飧饔,接之则有飨食燕,故"邦中之赋,以待宾客"。牛马之食,其用刍禾,车秅之数,皆眡牢礼,故"四郊之赋,以待稍秣"。功懋懋赏,以驭其幸,所受之物,邦之大用,故

---

① 东汉何休注云:"奢泰多取于民,比于桀也。"唐徐彦疏解云:"夏桀无道,重赋于人,今过什一,与之相似。若十取四五,则为桀之大贪;若取二三,则为桀之小贪。故曰多乎什一,大桀小桀。所以不言纣者,略举以为说耳。旧说云不言纣者,近事不嫌不知。"(参见李学勤主编《十三经注疏(标点本)·春秋公羊传注疏》,北京大学出版社1999年版,第360页)

② 何休注云:"蛮貉无社稷宗庙百官制度之费,税薄。"徐彦疏解云:"若十四五乃取其一,则为大貉行;若十二、十三乃取一,则为小貉行。故曰寡于什一则大貉小貉也。然则多于什一,则有为桀之讥;寡于什一,则有蛮貉之耻;是以什一而税,三王所不易。故《传》比于中正之言。"(参见《十三经注疏(标点本)·春秋公羊传注疏》,第360页) 再有,"大貉小貉"又有作"大貊小貊",如《尚书大传》有云:"古者十税一。多于十税一,谓之大桀小桀;少于十税一,谓之大貊小貊。"(见王应麟《困学纪闻》卷二《书》所引。参见全校本《困学纪闻》,翁元圻等注,栾保群、田松青、吕宗力校点,上海古籍出版社2008年版,上册,第242页)

③ 何休注云:"颂声者,太平歌颂之声,帝王之高致也。"(参见《十三经注疏(标点本)·春秋公羊传注疏》,第360页)

④ 《汉书》,中华书局1962年版,第1042页。

"家削之赋,以待匪颁"。冬官百工,取材非一,五库之量,毋或不良,故"邦甸之赋,以待工事"。问劳赠贿,酬爵侑食,皆为筐实,将其厚意,故"邦县之赋,以待币帛"。大祀小祭,事神之礼,牲币玉器,不奢不俭,故"邦都之赋,以待祭祀"。股肱或亏,君之所痛,赗襚含赙,阙一不可,故"山泽之赋,以待丧纪"。王及冢宰,时有所善,燕好之用,亦以推恩,故"币余之赋,以待赐予"。王于诸侯,分灾救患,凶礼五事,其费则多,故"邦国之贡,以待吊用"。国家闲暇,要在多积,积贮之道,天下大命,故"万民之贡,以充府库"。难得之货,饥不可食,燕游所用,非国之急,故"式贡之余财,以共玩好之用"。①

这样,李觏就把《周礼·大府》职文中有关各种赋税来源及其所用一一对应地解说得很清楚,以表明《周礼》量入以为出的理财制度之完备。用现代财政学的说法,这种理财制度也就是财政预算制度。

有关中国古代财政预算制度的起源,从当代研究简要而言,有夏代说、周代说和战国说。② 第一种说法,是根据《史记·夏本纪》所说的"自虞夏时,贡赋备矣。或言禹会诸侯江南,计功而崩,因葬焉,命曰会稽。会稽者,会计也",从而认为"夏代设会计之位,必谋会计之责,可以推测夏王朝安排专门人员负责财政收支,进行计划管理,也就是说已有了预(决)算的雏形"③。不过,也有学者谨慎地指出"商代的财政是否注意到收支平衡,是否有类似后世预算、决算的考虑,就今天所能见到的材料,我们还不能作出回答"④。第二种说法中,有学者认为,《周礼》记载,"九赋九式都规定着专门的来源和用途,即规定着分配关系";"我们虽然没有根据证明九赋与九式就是财政收支的预算,但说它是雏形也并不是完全没有根据的"⑤。还有学者明确地说,在周公时代,"以'式法制财'作为管理财政的控制规范",而且"确定'量入为出'为财

---

① 《李觏集》,第79页。
② 参考陈光焱《中国预算制度的历史变迁与现今改革》对各种说法的引述,《地方财政研究》2008年第5期。
③ 刘汉屏:《也谈中国预(决)算制度起源问题》,《江西财经大学学报》1986年第2期。
④ 杨升南:《商代财政制度》,《历史研究》1992年第5期。
⑤ 许毅、陈宝森主编:《财政学》,中国财政经济出版社1985年版。

政预算编制的原则"①。第三种说法认为"作为国家预算、决算制度是否就从夏商周三代开始,还不能肯定。但根据《礼记·王制》的记载,最晚也不会晚于战国"②。

那么,北宋时的李觏既然相信《周礼》是"周公致太平者",则当然其中完备的"制国用"制度就是周公时代已经确立了的,而且对于后世也是极其具有指导和借鉴意义。所以他做出结论说:"凡其一赋之出,则给一事之费,费之多少,一以式法,如是而国安财阜非偶然也。"③

(3)李觏所要说明《周礼》体现的国家财用之根本原则的另一方面,则是"节用而爱民"。就此,李觏以《周礼·天官》"大府"以下的"玉府""内府"的职文进行了论证。李觏先引述各职官的职掌说:"玉府'掌王之金玉、玩好、兵器,凡良货贿之藏';'燕衣服、衽席、床第,凡亵器';'凡王之献金玉、兵器、文织、良货贿之物,受而藏之。凡王之好赐,共其货贿。'""内府'掌受九贡、九赋、九功之货贿,良兵、良器,以待邦之大用。凡四方之币献之金玉、齿革、兵器、凡良货贿,入焉。凡适四方使者,共其所受之物而奉之。凡王及冢宰之好赐予,则共之。'"接着李觏论证说:"按其职文,掌天子器用、财贿、燕私之物及受贡献,以备赏赐。此帑藏之在宫中官职之最私亵者,然而为冢宰之属,列大府以下,与凡治藏之官不异者何也?盖王者无外,以天下为家,尺地莫非其田,一民莫非其子,财物之在海内,如在槖中,况于贡赋之入,何彼我之云哉?历观书传,自《禹贡》以来未闻天子有私财者。"④李觏所说的这种情况,即如中国财政史研究学者所总结的那样,"至少在战国之前,还谈不上国家财政与皇室财政的区别,二者在夏商周时期是基于宗法制度的统一体。国家财政与皇室财政的分离,应当是中央集权官僚制度的产物",在秦国后期才渐趋明朗化的。⑤然而,李觏是从国家之公的角度,来确认"王者无外,以天下为家"和"自《禹贡》以来未闻天子有私财者"的说法的。

关于《禹贡》,《尚书·禹贡序》本有云:"禹别九州,随山浚川,

---

① 徐时钜:《历代理财人物选记》,中国财政经济出版社1983年版,第5、7页。
② 孙翊刚编:《中国财政史》,中央广播电视大学出版社1984年版。
③ 《李觏集》,第80页。
④ 《李觏集》,第80页。
⑤ 叶振鹏主编:《20世纪中国财政史研究概要》,湖南人民出版社2005年版,第8页。

## 第二章　李觏的礼学及相关思想

任土作贡。"孔安国传云："分其圻界，刊其木，深其流，任其土地所有，定其贡赋之差。此尧时事，而在《夏书》之首，禹之王以是功。"又在《禹贡》篇名后，孔安国传云："禹制九州贡法。"① 对此，有当代学者指出："历来的史学家常把《禹贡》所记，作为我国水利地理的创始，往往忽视了它的重心在于'贡'。"于是认为："夏禹的'任土作贡'，对其后几千年封建王朝制定财政政策和赋税制度，具有深远的影响。"② 其实，唐代孔颖达《尚书正义》中对此已有详细解说，以说明"贡"的意义：

> 九州之土，物产各异，任其土地所有，以定贡赋之差，既任其所有，亦因其肥瘠多少不同，制为差品。郑玄云："任土谓定其肥硗之所生。"是言用肥瘠多少为差也。"赋"者，自上税下之名，谓治田出谷，故经定其差等，谓之"厥赋"。"贡"者，从下献上之称，谓以所出之谷，市其土地所生异物，献其所有，谓之"厥贡"。虽以所赋之物为贡用，赋物不尽有也，亦有全不用赋物，直随地所有，采取以为贡者，此之所贡，即与《周礼·太宰》"九贡"不殊，但《周礼》分之为九耳。其赋与《周礼》"九赋"全异，彼赋谓口率出钱。不言"作赋"而言"作贡"者，取下供上之义也。③

值得注意的是，孔颖达这里也提到了《禹贡》的"贡"字与《周礼》当中的"贡赋"概念的关联及差异。那么，李觏所关注的是《禹贡》以来的"先王之法"已经将各种贡赋当作国家财政收入而非天子私财，所以李觏对后世天子私财的出现提出指摘说："汉汤沐邑，为私奉养，不领于经费；灵帝西园，万金常聚为私藏；皆衰乱之俗，非先王之法也。"④ 李觏提到的所谓"汉汤沐邑"，即《史记·平准书》所记载的："自天子以至于封君汤沐邑，皆各为私奉养焉，不领于天下之经

---

① 参见《十三经注疏（标点本）·尚书正义》，第132、133页。
② 徐时钜：《历代理财人物选记》，中国财政经济出版社1983年版，第1页。徐氏还指出："'任土作贡'，就是实行因地制宜，区别情况，分定等级向国家缴纳贡赋的办法。"
③ 参见《十三经注疏（标点本）·尚书正义》，第132、133页。
④ 《李觏集》，第80页。

费。"①《汉书·高帝纪下》所记"其以沛为朕汤沐邑"句下,唐颜师古注曰:"凡言汤沐邑者,谓以其赋税供汤沐之具也。"② 而"灵帝西园,万金常聚",是指汉灵帝在西园建了一个叫作"万金堂"的金库用来贮藏卖官所得收入,以供自己肆意挥霍之用。事见于《后汉书·灵帝纪》及《后汉书·宦者列传》。③ 李觏认为这当然都是些不合先王之法的"衰乱之俗"。其实,历史上如此的事情数不胜数,李觏不过是以此为例而加以批评的。

不能不说,李觏是以一种古典的理想主义来批判历史上天子私财集中的现象。所以,他即以《周礼·天官》大府以下诸官所职为理想和规范的制度设置而说:"故虽天子器用、财贿、燕私之物,受贡献、备赏赐之职,皆属于大府;属于大府,则日有成,月有要,岁有会。职内之入,职岁之出,司书之要贰,司会之钩考,废置、诛赏之典存焉。如此,用安得不节,财安得不聚?"④ 这里,职内、职岁、司书、司会和大府一样,都是《周礼·天官冢宰》的属官。李觏所说的"日有成,月有要,岁有会",在《周礼》司会的职掌有"以参互考日成,以月要考月成,以岁会考岁成",郑玄注云:"参互谓司书之要贰,与职内之入,职岁之出。"贾公彦疏又有解释说:"'以参互考日成'者,司会钩考之官,以司书之等,相参交互,考一日之成。一日之中计算文书也。'以月要考月成'者,月计曰要,亦与诸职参互,考一月成事文书也。'以岁会考岁成'者,岁计曰会,以一岁之会计考当岁成事文书。"贾公彦还就郑玄注而解释说:"言'参互谓司书之要贰'者,案《司书职》云:'凡税敛掌事者受法焉,及事成则入要贰焉。'又案《职内》云'掌邦之赋入'。又案《职岁》云'掌邦之赋出'。云参互钩考,明知有此三官,出内事共钩考之。"⑤ 这样,李觏说法的经典依据就清楚了。由此可知,李觏的意思是,

---

① 《史记》,中华书局1959年版,第1418页。

② 《汉书》,中华书局1962年版,第75页。

③ 前者记载,汉灵帝中平二年"造万金堂于西园"。后者记云:"又造万金堂于西园,引司农金钱缯帛,仞积其中。"(《后汉书》,中华书局1965年版,第352、2536页)又《晋书·食货志》记载说:"(灵)帝出自侯门,居贫即位,常曰:'桓帝不能作家,曾无私蓄。'故于西园造万金堂,以为私藏。复寄小黄门私钱,家至巨亿,于是悬鸿都之牓,开卖官之路,公卿以降,悉有等差。"(《晋书》,中华书局1974年版,第781页)

④ 《李觏集》,第80页。

⑤ 参见《十三经注疏(标点本)·周礼注疏》,第165页。

如果天子的器用、财贿、燕私之物，受贡献、备赏赐，都纳入大府及其他属官的职掌范围，各司其职，而且又有如《周礼》大宰职掌所谓"岁终，则令百官府各正其治，受其会，听其致事，而诏王废置。三岁，则大计群吏之治，而诛赏之"这样的"废置、诛赏之典存焉"来监督，天子那里就不会有"用不节，财不聚"的情况发生。然而，相反的话，"若以御府禁钱捐之亲幸之手，省闼之中，外人弗睹，法制所不行，校比所不及，则伤财害民，非细事也"①。所谓"御府禁钱"，就是皇帝府库的私用钱，《汉书》卷六十四《贾捐之传》有"大司农钱尽，乃以少府禁钱续之"一句，颜师古注曰："少府钱主供天子，故曰禁钱。"② 所谓"省闼"，就是指禁中、宫中。李觏的意思是，如果皇帝以内府的私用钱随意捐给亲幸的人而得不到监督和限制，则是以私伤公，伤财害民，而并非小事。这里，李觏仍然是以天下为公的政治理念来理解国家财用的支配和使用方式的。这其中也包含着就像后来元代马端临在《文献通考·自序》中所概括的"盖古之帝王，未尝以天下为己私，而古之诸侯，亦未尝视封内为己物。上下之际，均一至公"，以及所谓"三代而上，天下非天子所得私也"③ 的说法体现出的一种历史意识。

值得注意的是，明代儒者丘濬对李觏《周礼致太平论·国用第二》的文字有进一步议论，他说：

> 臣按：成周之制，内府在内，所供者乃邦之用；外府在外，所供者乃王及后世子衣服之用；内外交相稽考，用之于外者，取之于内，用之于内者，取之于外；此官中府中共为一体，而内外之情通，而不至于相隔绝。外有所费，内无不知，内有所费，外无不知，或者深宫之中燕好之私，欲有所妄费，恐外人知而或至于中止也，亦有之矣。此古人之深意，后世所以不及欤。④

---

① 《李觏集》，第81页。
② 《汉书》，中华书局1962年版，第2834页。
③ 《文献通考》，中华书局2011年版，第4、17页。
④ 在《大学衍义补》卷二十三《治国平天下之要·制国用·经制之义上》中引述"李觏曰玉府内府之职掌……"一段之后。见于《文渊阁四库全书》，第712册，第320页。

显然，丘濬是理解和认同李觏的古典理想主义原则的。①

## 二　材贡之基：生业分工，土地分配，农本机制

在这些方面，李觏首先所关注的是《周礼》中有劳动力的分工和作为生产资料之一的土地分配，还有作为传统社会财富基础的农业生产的保障等问题。

（1）《周礼》中有对各种生民之业具体分工的设计，如李觏引述《周礼·天官》大宰的职文说："以九职任万民，一曰三农，生九谷；二曰园圃，毓草木；三曰虞衡，作山泽之材；四曰薮牧，养蕃鸟兽；五曰百工，饬化八材；六曰商贾，阜通货贿；七曰嫔妇，化治丝枲；八曰臣妾，聚敛疏材；九曰闲民，无常职，转移执事。"

对此，李觏有所解释和议论说："天之生民，未有无能者也。能其事而后可以食，无事而食，是众之殃，政之害也。是故圣人制天下之民，各从其能，以服于事，取有利于国家，然后可也。"② 这里李觏是强调有各种事业的分工，能够"各从其能，以服于事"，才能避免"无事而食"所造成的"众之殃，政之害"。

有了具体的事业分工，就有各种的产出可以供国家之材用。所以李觏又引述了《地官》闾师的职掌加以说明："太宰授之职，闾师责其功，故曰：'任农以耕事，贡九谷；任圃以树事，贡草木；任工以饬材事，贡器物；任商以市事，贡货贿；任牧以畜事，贡鸟兽；任嫔以女事，贡布帛；任衡以山事，贡其物；任虞以泽事，贡其物。凡无职者，出夫布'也。"而且李觏议论说："人各有事，事各有功，以兴材征，以济经用。无惰而自安，无贼于粮食，是富民之大本，为国之上务。虽关百圣，何

---

①　丘濬《大学衍义补》当中引述李觏有九处，1."李觏曰大司徒以保息六养万民……彼推理而诛者果何人也。"（卷十三）2."李觏曰司救以王命施惠……人主所宜动心矣。"（卷十六）3."李觏曰太宰以九赋之财给九式……而国安财阜非偶然也。"（卷二十三）4."李觏曰玉府内府之职……伤财害民非细事也。"（卷二十三）5."李觏曰理财之道……祸自此始也。"（卷二十五）6."李觏曰一命者天子之下士……非敢居其上也。"（卷五十三）7."李觏曰孟子曰无君子……所以责其廉也。"（卷九十八）8."李觏曰先王之时……毋使人见之也。"（卷一百零七）9."李觏曰管仲相桓公作内政……固尝试之矣。"（卷一百一十七）参见《文渊阁四库全书》，第712、713册。

②　《李觏集》，第81页。

以易此?"① 事业有分工，各业有产出，使人无懒惰，粮食有保障，这些都是"富民之大本，为国之上务"，也是百代不易的政治经济原则。

李觏注意到，即使对于一些特殊身体情况的人，即所谓"废疾之人"而言，也是要有使之尽其所能、自食其力的机会，历史上就有这样的实例，比如"昔胥臣对晋文公谓：戚施植镈，蘧蒢蒙璆，侏儒扶卢，矇瞍修声，聋聩司火。《王制》：瘖聋、跛躃、断者、侏儒，各以其器食之"②。胥臣与晋文公的对话见于《国语·晋语四》，是关于对待八种废疾之人的职业安排问题。胥臣先有言说："蘧蒢不可使俯，戚施不可使仰，僬侥不可使举，侏儒不可使援，蒙瞍不可使视，嚚瘖不可使言，聋聩不可使听，童昏不可使谋。"晋文公说："奈夫八疾何！"胥臣对曰："官师之所材也，戚施直镈，蘧蒢蒙璆，侏儒扶卢，蒙瞍修声，聋聩司火。童昏、嚚瘖、僬侥，官师之所不材也，以实裔土。夫教者，因体能质而利之者也。若川然有原，以卬浦而后大。"③ 如果做一些解释的话，戚施，即驼背的人，不能仰视，可以站在那里敲钟，如韦昭注所说："直，主击镈，镈，钟也。"蘧蒢，即脊椎僵直的人，不能俯身，可以安装磬，如韦昭注所说："蒙，戴也。璆，玉磬也。不能俛，故使之戴磬。"侏儒，身材矮小，可以攀缘矛戟之柄为杂技之戏，即如韦昭注所说："扶，缘也。卢，矛戟之柲。缘之以为戏。"蒙瞍，盲人，眼睛看不见，对声音敏感，可以校正声律，即如韦昭注所说："无目，于音声审，故使修之。"聋聩，聋人，视力没问题，可以主管火事，即如韦昭注所说："耳无闻，于视则审，故使主火。"④ 还有李觏提到《礼记·王制》所说"跛躃、断者"肢体残疾的人，也是要"各以其器食之"。这也是人类社会文明的标志，应该不断地保持和发扬才行。所以李觏说："古者废疾之人，犹有所役。后之游民，作无益以害有益者，肩相摩，毂相击，而吏不以是罪之，主不以是弃之，谓之何哉？"⑤ 李觏认为，对于无所事事的游民，不能任其"作无益以害有益"，应该引起官吏的关注和合理的职业安排。

中国古代传统的生计，根本在于农业，而农业的根本在于土地，土

---

① 《李觏集》，第81页。
② 《李觏集》，第81页。
③ 《国语》，上海古籍出版社1978年版，第386、387页。
④ 韦注均见《国语》，上海古籍出版社1978年版，第390页。
⑤ 《李觏集》，第81页。

地的分配又直接影响到农业的基础。李觏二十八岁时即作《平土书》二十章①,在序中他指出土地分配的意义说:"土地,本也;耕获,末也。无地而责之耕,犹徒手而使战也。法制不立,土田不均,富者日长,贫者日削,虽有耒耜,谷不可得而食也。食不足,心不常,虽有礼义,民不可得而教也。尧舜复起,末如之何矣!故平土之法,圣人先之。夏商以前,其传太简。备而明者,莫如周制。自秦用商鞅,废井田,开阡陌,迄今数千百年,学者因循,鲜能道平土之谓,虽道之,犹卤莽未见其详。于戏!古之行王政必自此始。"所以李觏根据《周礼》《司马法》《礼记·王制》《诗经》等经典,"本诸经,该诸传记,条而辩之"②。而其作《周礼致太平论》,则更注意到作为周代的土地分配制度的井田制的特点而加以称赞,如其所说:"言井田之善者,皆以均则无贫,各自足也",而这不过是"知其一,未知其二";其实井田制的关键在于"必也人无遗力,地无遗利,一手一足无不耕,一步一晦无不稼",也就是充分利用劳动力及可耕地的效率,这样才能"谷出多而民用富,民用富而邦财丰"③。

(2)对于《周礼》职官职掌中有关土地分配制度方面的内容,李觏有所引述和议论。

其一,《周礼·地官》大司徒的职掌中有:"凡造都鄙,制其地域而封沟之,以其室数制之。不易之地,家百亩。一易之地,家二百亩。再易之地,家三百亩。"对此,李觏完全采用了郑玄注引郑司农的解释:"不易之地岁种之,地美,故家百亩。一易之地休一岁乃复种,地薄,故家二百亩。再易之地休二岁乃复种,故家三百亩。"④

其二,《周礼·地官》遂人的职掌中有:"辨其野之土,上地、中地、下地,以颁田里。上地,夫一廛田百亩,莱五十亩。余夫亦如之。中地,夫一廛田百亩,莱百亩,余夫亦如之。下地,夫一廛田百亩,莱二百亩。余夫亦如之。"对此,李觏也采用了郑玄注:"莱,谓休不耕者。"以及郑玄注引郑司农的解释:"户计一夫一妇而赋之田,其一户有数口者,余夫

---

① (宋)魏峙:《李直讲年谱》,参见《李觏集》,第532页。
② 《李觏集》,第191页。
③ 《李觏集》,第82页。
④ 《李觏集》,第82页。郑玄注引"郑司农云",参见《十三经注疏(标点本)·周礼注疏》,第257页。

## 第二章 李觏的礼学及相关思想

亦受此田也。"①

其三,《周礼·地官》载师的职掌中有:"以宅田、士田、贾田,任近郊之地;以官田、牛田、赏田、牧田,任远郊之地。"对此,李觏采用了郑玄注的解释:"宅田,致仕者之家所受田也。士田,仕者亦受田。贾田,在市贾人其家所受田也。官田,庶人在官者其家所受田也。牛田、牧田,畜牧者之家所受田也。"②

最后,李觏议论说:"若余夫、致仕者、仕者、贾人、庶人在官者、畜牧者之家,皆受田,则是人无不耕。无不耕,则力岂有遗哉? 一易再易,莱皆颁之,则是地无不稼。无不稼,则利岂有遗哉?"由此可见,李觏对《周礼》所体现的土地分配制度亦即授田制所具有的"人无不耕,地无不稼"的性质给以极大的肯定。而且因此对战国的"开阡陌"的土地私有化制度③提出了批判:"自阡陌之制行,兼并之祸起。贫者欲耕而或无地,富者有地而或乏人。野夫有作惰游,况邑居乎? 沃壤犹为芜秽,况瘠土乎? 饥馑所以不支,贡赋所以日削。孟子曰'仁政必自经界始'④,师丹言'宜略为限'⑤,不可不察也。"⑥ 这里,李觏以孟子和西汉哀帝时的大臣师丹的话并提,让读者关注不同时代的贤者对土地制度与国家政治关系的认识,同时也间接地表明了他自己的立场。

---

① 《李觏集》,第82页。郑玄注及所引"郑司农云",参见《十三经注疏(标点本)·周礼注疏》,第392页。

② 《李觏集》,第82页。郑玄注参见《十三经注疏(标点本)·周礼注疏》,第329、330页。

③ 如《汉书·食货志上》所载董仲舒的话说:"至秦则不然,用商鞅之法,改帝王之制,除井田,民得卖买。富者连阡陌,贫者无立锥之地。"(中华书局1962年版,第1137页)

④ 此语出自《孟子·滕文公上》。滕文公"使毕战问井地"。即如赵岐注所说:"毕战,滕臣也。问古井田之法。时诸侯各去典籍,人自为政,故井田之道不明也。"于是,孟子回答说:"夫仁政必自经界始。经界不正,井地不均,谷禄不平,是故暴君污吏必慢其经界。经界既正,分田制禄,可坐而定也。"(参见清焦循撰,沈文倬点校《孟子正义》,中华书局1987年版,第348、349页)

⑤ 西汉师丹建议限田,以抑制土地兼并。《汉书·食货志》记载说:"哀帝即位,师丹辅政,建言:'古之圣王莫不设井田,然后治乃可平。孝文皇帝承亡周乱秦兵革之后,天下空虚,故务劝农桑,帅以节俭。民始充实,未有并兼之害,故不为民田及奴婢为限。今累世承平,豪富吏民訾数巨万,而贫弱俞困。盖君子为政,贵因循而重改作,然所以有改者,将以救急也。亦未可详,宜略为限。'天子下其议。"(中华书局1962年版,第1142页)

⑥ 《李觏集》,第82、83页。

（3）李觏三十一岁所作《富国》《强兵》《安民》三十策①的《安民策》第十当中说过："前志有之，王法必本于农。嗟乎！衣食之急，生人之大患也，仁君善吏所宜孳孳也。"②而在解读《周礼》中的土地制度的基础上，李觏还从以农为本的视角来理解和认识《周礼》中各种职官相关职掌的意义，可以说是对其中所体现的传统的农本思想与制度的肯定。就相关制度而言，则包括农政制度、耕作制度、田赋制度和农田水利建设等几个方面。

第一，作为农本社会，对于土地所宜与农业生产的关注是十分自然的事情。而且自古以来就有关于农业起源的认识和重视农业生产的说教，相关的制度也就构成了国家的农政机制。李觏即通过引述传统经典说明了农业生产的至关重要和与国计民生的关系。他引述《易传·系辞》中的"包牺氏没，神农氏作，斫木为耜，揉木为耒，耒耜之利，以教天下，盖取诸《益》"一段，从而议论说："是圣人之于农，必制器以利其用也。"他又引述《尚书·舜典》"弃，黎民阻饥，汝后稷播时百谷"两句，从而议论说："是圣人之于农，必命官以掌其政也。"此所谓"掌其政"，当然就是农政了③。李觏还依据《周礼》而解释说"故遂大夫'正岁简稼器，修稼政'，稼器，耒耜镃基之属；稼政，孟春之《月令》所云'皆修封疆，审端径术，善相丘陵、阪险、原隰、土地所宜，五谷所殖，以教道民，必躬亲之'之比也。器不简，则贫人或不能备物；政不修，则愚者或不能得宜；不备物，则虽良田将不耕；不得宜，则虽嘉种将不获。若是，不可不慎也"④。显然，在李觏看来涉及农业生产的各种职官设置、管理政策和具体措施是实施农政的体现，也是维系农业生产的基本保障。

第二，李觏还结合《周礼》而对古代农业耕作制度有所解释。他说："至如'二耜为耦'，一夫不足独举，必通功易事，两人相助而后可也。故里宰'以岁时合耦于锄，以治稼穑，趋其耕耨，行其秩叙'。锄者，里宰治处，于此合耦，使相佐助。秩叙，相佐助之次第也。又五谷熟时，

---

① 魏峙：《李直讲年谱》。参见《李觏集》，第524页。
② 《李觏集》，第189页。
③ 值得一提的是，北宋初，太宗皇帝就很关心农政，《宋史》卷二五六《赵安易传》有记载说："初，太宗尝问农政，安易请复井田之制。"（参见中华书局1977年版，第8942页）
④ 《李觏集》，第84页。

有风雨之急,是谓'力耕数耘,收获如寇盗之至'者也。然一夫又不足为,故遂师'巡其稼穑,而移用其民,以救其时事',谓'使转相助,救时急事也'。"① 这里李觏先提到"二耜为耦"以及后面的说明,当是根据郑玄对上面里宰职文作注所云"《考工记》曰:'耜广五寸,二耜为耦。'此言两人相助耦而耕也"②。而里宰职文后的"耡者……次第也"两句,也是约略郑玄的注文。随后的"力耕数耘,收获如寇盗之至"一句,是根据《汉书·食货志上》,而颜师古有注曰:"如寇盗之至,谓促遽之甚,恐为风雨所损。"③ 而遂师职文后面的话也是引述郑玄的注文。④ 对于上述内容,李觏感叹说:"古之治天下,至纤至悉如此,奈何民不富,国不实也!"⑤ 其中充满了极其浓厚的颂古意识。

李觏还特别举出汉武帝末年赵过实行代田法的历史,来说明传统耕作制度的合理性。他约略地引述《汉书·食货志上》的记载说:"汉赵过能为代田,一亩三甽,一夫三百甽,而播种于甽中。苗生叶,稍耨陇草,因隤其土以附苗根。比盛暑,陇尽而根深,能风与旱。其耕耘下种,田器皆有便巧。用耦犁,二牛三人。一岁之收,常过缦田亩一斛以上,善者倍之。民或苦少牛,过奏故平都令光以为丞,教民相与庸挽犁,以故田多垦辟,用力少而得谷多。"⑥ 因为《汉书·食货志上》中说过"代田,古法也,后稷始甽田,以二耜为耦",并且说明了赵过推行代田法和

---

① 《李觏集》,第84页。
② 参见《十三经注疏(标点本)·周礼注疏》,第402页。
③ 《汉书》,中华书局1962年版,第1120、1121页。
④ 参见《十三经注疏(标点本)·周礼注疏》,第397页。
⑤ 《李觏集》,第84页。
⑥ 《李觏集》,第85页。这里可以对比一下《汉书·食货志上》的记载:"武帝末年,悔征伐之事,乃封丞相为富民侯。下诏曰:'方今之务,在于力农。'以赵过为搜粟都尉。过能为代田,一晦三甽。岁代处,故曰代田,古法也。后稷始甽田,以二耜为耦,广尺、深尺曰甽,长终晦。一晦三甽,一夫三百甽,而播种于甽中。苗生叶以上,稍耨陇草,因隤其土以附苗根。故其《诗》曰:'或芸或芋,黍稷儗儗。'芸,除草也。芋,附根也。言苗稍壮,每耨辄附根。比盛暑,陇尽而根深,能风与旱,故儗儗而盛也。其耕耘下种田器,皆有便巧。率十二夫为田一井一屋,故晦五顷,用耦犁,二牛三人,一岁之收,常过缦晦一斛以上,善者倍之。(赵)过使教田太常、三辅,大农置工巧奴与从事,为作田器。二千石遣令长、三老、力田及里父老善田者受田器,学耕种养苗状。民或苦少牛,亡以趋泽,故平都令光教过以人挽犁。过奏光以为丞,教民相与庸挽犁。率多人者田日三十晦,少者十三晦,以故田多垦辟。过试以离宫卒田其宫壖地,课得谷皆多旁田晦一斛以上。令命家田三辅公田,又教边郡及居延城。是后边城、河东、弘农、三辅、太常民皆便代田,用力少而得谷多。"(中华书局1962年版,第1138、1139页)

耦犁的效果，所以李觏则说：“斯近古之事，效验甚明，而历代莫以为意，何也？”① 实际上，李觏不过是将一种古老的耕作制度与《周礼》的相关设计对应起来思考的，由此认为后世没有多少人这样认识《周礼》的价值而感到失望罢了。

可以参考的是，在上述《周礼》里宰职文的郑玄注中还有"合人耦，则牛耦亦可知也"一句，唐贾公彦疏有云：“云'合人耦则牛耦亦可知也'者，周时未有牛耦耕，至汉时，搜粟都尉赵过始教民牛耕。今郑云合牛耦可知者，或周末兼有牛耦，至汉赵过乃绝人耦，专用牛耦，故郑兼云焉。”② 那么，李觏引述《汉书·食货志》的记载，也当然是肯定了从人耦到耦犁即牛耦的历史进步的。

承接以上两个方面，第三，李觏还根据《周礼》而关注田地赋税制度，他引述《周礼·地官·载师》的职掌"凡宅不毛者，有里布；凡田不耕者，出屋粟；凡民无职事者，出夫家之征"；并完全引述郑玄注的解释说：“谓宅不毛者，罚以一里二十五家之泉。空田者，罚以三家之税粟。民虽有间无职事者，犹出夫税、家税。夫税者，百亩之税。家税者，出士徒车辇、给繇役也。”李觏又引述《周礼·地官·闾师》的职掌"凡庶民，不畜者祭无牲，不耕者祭无盛，不树者无椁，不蚕者不帛，不绩者不衰"；并约略地引述贾公彦疏解释说：“谓'庶人五母鸡，二母彘，无失其时'③，是以不畜者罚之，死后祭无牲也。黍稷曰盛，耕者所以殖黍稷。今田不耕，非直罚以屋粟。又死后祭无盛也。'五亩之宅，树以桑麻'④，今宅不毛，非直罚以里布，死后又无椁也。蚕则得帛，不蚕故身不得衣帛。绩则得布，不绩故死则不为之着衰，以罚之也。”⑤ 然后，针对以上内容，李觏发表自己的议论说：“夫财赋力征，人所吝啬，与其无事而重，孰若有业而轻？以此罚之，敢或不勉者乎？帛，所以养老；衰，所以送死。葬礼、祭礼，乃为令终，一有解惰，则不得用。以此罚之，

---

① 《李觏集》，第85页。
② 参见《十三经注疏（标点本）·周礼注疏》，第402、403页。
③ 此为贾公彦引孟子云。参见《十三经注疏（标点本）·周礼注疏》，第342页。
④ 此也是贾公彦引孟子云。参见《十三经注疏（标点本）·周礼注疏》，第342页。
⑤ 《李觏集》，第85页。贾公彦疏文参见《十三经注疏（标点本）·周礼注疏》，第342页。

敢或不勉者乎？是圣人驱民以反本之术也。"① 这里李觏认为，由于《周礼》中针对"宅不毛者""空田者""不畜者""不耕者""不树者""不蚕者""不绩者"预设了一定形式的处罚措施，所以哪里还有"敢或不勉者乎"？说到底，这就是"圣人驱民以反本之术也"，而此所谓"反本"，当然就是归于农本的。

李觏也谈到历史上在尚农、重农等农本主义国策之下，对商贾的待遇有所不同的问题。他结合西汉初年的相关政策说："汉高祖令贾人不得衣丝、乘车，重税租以困辱之。孝惠、高后时，为天下初定，复弛商贾之律，然市井子孙，亦不得为官吏。商贾乃在四民之目，而前代且谪之。后之游惰去四民远甚者，其类不可胜数，为国者非徒函容或尊宠之，伤哉！"② 李觏认为，作为士农工商四民之一的商贾，自有其生业，但在西汉时尚且受到贬谪性限制，即所谓重农抑商。而如后世游手好闲并非有四民生业者不在少数，为国政者对待他们采取的不仅仅是包容甚至是尊宠之的政策，那实在是令人感到悲哀。可见，李觏更强调农本基础上的人乐其业，人无闲人。

第四，在有关防治农地水旱之灾的农田水利建设方面，李觏一方面感叹说："地利之食于人，博哉！农既得其时，种既得其宜，然且不熟者，水旱贼之也。"另一方面又强调水旱之灾的可以防范和可以治理，他说："水旱之灾虽天所为，至于人力亦有可及矣。"③ 所以，李觏进一步指出《周礼》乡遂田制上的沟洫设施就具有防治水旱的功能，从而他引述《周礼·地官》遂人的职掌说："故遂人'凡治野，夫间有遂，遂上有径，十夫有沟，沟上有畛。百夫有洫，洫上有涂。千夫有浍，浍上有道。万夫有川，川上有路。'此乡遂之田制也。"他又引述《周礼·冬官·考工记》中匠人的职掌说："'匠人为沟洫，耜广五寸，二耜为耦，一耦之伐，广尺深尺，谓之𤰈。田首倍之，广二尺、深二尺，谓之遂。九夫为井，井间广四尺、深四尺，谓之沟。方十里为成，成间广八尺、深八尺，谓之洫。方百里为同，同间广二寻、深二仞，谓之浍。'此都鄙之田制也。"对此，李觏又有进一步的说明："川大于浍，浍大于洫，洫大于沟，沟大

---

① 《李觏集》，第85、86页。
② 《李觏集》，第86页。
③ 《李觏集》，第83页。

于遂，遂大于甽。甽通水以入于遂，遂入于沟，沟入于洫，洫入于浍，浍入于川。然则虽大雨霖，其水有所溇，能为害者希矣。"① 其中的一部分文句，后为清代学者陆世仪所引用，以证明井田制的合理性，他说的是："凡为沟洫，必相地形，度出水高下，田皆横亩入于遂，遂入于沟，沟入于洫，洫入于浍，浍入于川。"②

李觏还引述《周礼·地官》稻人的职掌说："稻人'掌稼下地。以潴畜水，以防止水，以沟荡水，以遂均水，以列舍水，以浍写水，以涉扬其芟作田。'"并且约略地引述郑玄注而解释说："潴，谓'畜流水之陂'。'防，潴旁堤也'。然则虽久不雨，其水可以得，能为害者希矣。圣人之于水旱，不其有备哉？"③ 在李觏看来，古代圣人发明的合理而完备的田地水旱防治设施之设计足令后人叹为观止，体现了古人的智慧。而且，李觏还列举出春秋战国史上的治水事例，来说明古人这种智慧的具体实践，他说："芳掩规偃潴，君子以为礼。史起引漳水，舄卤生稻。梁郑国凿泾水，关中为沃野。古之贤人，未有不留意者也。"④ 其一，就前一个史例，在上述稻人职文"以涉扬其芟作田"后的郑玄注中有称："郑司农说猪防以《春秋传》曰'町原防，规偃猪'。"就提到这个例证。唐贾公彦疏则解释说："《春秋传》者，事在襄二十五年，楚蔿掩书土田法以授子木之事。彼云：'町原防、规偃猪。'是楚之恶地有防猪之法，与此防偃同，故引为证也。"⑤ 对此，李觏当有所参考。而李觏所说"君子以为礼"，则是根据《左传》原文的判断⑥。其二，就中间"史起引漳水"的史例，恰好在《左传·襄公二十五年》"蔿掩书土田……表淳卤"句后，唐孔颖达疏中引述说："《吕氏春秋》称魏文侯时，史起为邺令，

---

① 《李觏集》，第 83 页。
② （清）陆世仪：《思辨录辑要》卷十九《治平类·井田》。《文渊阁四库全书》，第 724 册，第 161 页。
③ 《李觏集》，第 83 页。
④ 《李觏集》，第 83 页。
⑤ 参见《十三经注疏（标点本）·周礼注疏》，第 412 页。
⑥ 以上诸说，参考《左传》原文即可了然。"楚蔿掩为司马，子木使庀赋，数甲兵。甲午，蔿掩书土田，度山林，鸠薮泽，辨京陵，表淳卤，规偃猪，町原防，牧隰皋，井衍沃，量入修赋。赋车籍马，赋车兵、徒兵、甲楯之数。既成，以授子木，礼也。"（《左传·襄公二十五年》）

引漳水以灌田。民歌之曰：'决漳水以灌邺旁，终古斥卤生稻粱。'"① 这段故事在《汉书·沟洫志》中也有记载。李觏或是对经史记载都有参考而言之的②。其三，郑国凿泾水的史事，《史记·河渠书》《汉书·沟洫志》都有比较详细的记载③，《汉书·地理志下》则简明地记载说："始皇之初，郑国穿渠引泾水溉田，沃野千里，民以富饶。"④ 李觏则当是据《史记》《汉书》而言之的。

根据以上事例，李觏主张结合古代贤人的智慧，针对农田水旱问题积极有为地加以防治和防范，而不能将因水官失职、水利失修所造成的水旱之灾简单地归结为天灾，所以最后他说："水官不修，川泽沟渎无有举，掌机巧趋利之民，得行其私，日侵月削，往往障塞，雨则易以溢，谓之大水，岂天乎？霁则易以涸，谓之大旱，岂天乎？如是而望有年，未之思矣。"⑤ 这里两次反问道"岂天乎"，实际就是强调具体职官的职责和努力的效果才是最重要的。

---

① 事见《吕氏春秋·先职览·乐成》。"魏襄王与群臣饮，酒酣，王为群臣祝，令群臣皆得志。史起兴而对曰：'群臣或贤，或不肖，贤者得志则可，不肖者得志则不可。'王曰：'皆如西门豹之为人臣也。'史起对曰：'魏氏之行田也以百亩，邺独二百亩，是田恶也。漳水在其旁，而西门豹弗知用，是其愚也。知而弗言，是不忠也；愚与不忠，不可效也。'魏王无以应之。明日，召史起而问焉，曰：'漳水犹可以灌邺田乎？'史起对曰：'可。'王曰：'子何不为寡人为之？'史起曰：'臣恐王之不能为也。'王曰：'子诚能为寡人为之，寡人尽听子矣。'史起敬诺，言之于王曰：'臣为之，民必大怨臣。大者死，其次乃藉臣。臣虽死藉，愿王之使他人遂之也。'王曰：'诺。'使之为邺令。史起因往为之，邺民大怨，欲藉史起，史起不敢出而避之，王乃使他人遂为之。水已行，民大得其利，相与歌之曰：'邺有圣令，时为史公，决漳水，灌邺旁，终古斥卤，生之稻粱。'"（参见陈奇猷《吕氏春秋校释》，学林出版社1984年版，第990、991页）又孔颖达疏文参见《十三经注疏（标点本）·春秋左传正义》，北京大学出版社1999年版，第1025页。

② 不过，《史记·河渠书》的记载是"西门豹引漳水溉邺，以富魏之河内。"有关《史记》与《汉书》记载不同的原因，参考辛德勇《漳水十二渠始创者辨析：兼论今本〈史记·河渠书〉的真伪》一文，载《历史的空间与空间的历史》，北京师范大学出版社2006年版。

③ 《史记》与《汉书》的记载大同小异。《史记·河渠书》的记载是："而韩闻秦之好兴事，欲罢之，毋令东伐，乃使水工郑国间说秦，令凿泾水，自中山西邸瓠口为渠，并北山东注洛，三百余里，欲以溉田。中作而觉，秦欲杀郑国。郑国曰：'始臣为间，然渠成亦秦之利也。'秦以为然，卒使就渠。渠就，用注填阏之水，溉泽卤之地四万余顷，收皆亩一钟。于是关中为沃野，无凶年，秦以富强，卒并诸侯，因命曰郑国渠。"（中华书局1959年版，第1408页）

④ 《汉书》，中华书局1962年版，第1642页。

⑤ 《李觏集》，第83页。

### 三　财用收支：尚俭为礼，税赋中正，控制买卖与市场

在涉及财用收支和控制市场的相关问题方面，李觏从对《周礼》相关职官职掌的文字中引出多方面的思考和议论。

（1）关于俭奢的问题，李觏根据《周礼》而提出"尚俭去奢，以礼为俗"的原则。他说："一夫之耕，食有余也。一妇之蚕，衣有余也。衣食且有余，而家不以富者，内以给吉凶之用，外以奉公上之求也。而况用之无节，求之无艺，则死于冻馁者，固其势然也。"① 这里，李觏是讲，普通之家一夫一妇的劳动收获足以生计有余，但是因为还有日常额外的家庭喜丧之事、国家赋税之征，所以不会显得富有，如若财用和赋税不能有度，势必会导致民人有死于冻馁的悲惨情况出现。

那么，在李觏看来，《周礼》中有相应的职官职掌体现着相关原则和具体的政令措施。于是，李觏引述《周礼·地官》土均的职掌说："掌和邦国都鄙之政令、刑禁，与其施舍。礼俗、丧纪、祭祀，皆以地媺恶为轻重之法而行之，掌其禁令。"并且引述郑玄注的文字："礼俗，邦国都鄙民之所行，先王旧礼也。君子行礼，不求变俗，随其土地厚薄为之制丰省之节耳。"② 李觏又引述《周礼·天官》司书的职掌说："三岁则大计群吏之治，以知民之财［用］器械之数，以知田野夫家六畜之数，以知山林川泽之数，以逆群吏之政令。"并约略地引述贾公彦疏的解释说："逆，谓钩考也。恐其群吏滥税敛万民，故知此本数，乃钩考其政令也。"③

接着，李觏发表议论说："夫奢则以为荣，俭则以为辱，不顾家之有亡，汲汲以从俗为事者，民之常情也。是故为之禁令，地媺收多则用之丰，地恶收少则用之省。如此，民皆知惜费矣。亏下以益上，贪功以求赏，不恤人之困乏，皇皇以言利为先者，吏之常态也。是故为之钩考，虽器械、六畜、山林、川泽，必知其数。如此，吏不敢厚敛矣。民皆知恤费，吏不敢厚敛，而不免冻馁者，未尝闻也。《礼器》曰：'居山以鱼鳖为礼，居泽以鹿豕为礼，君子谓之不知礼。'然则地之恶，礼不可轻

---

① 《李觏集》，第86页。
② 《李觏集》，第86页。郑玄注则参见《十三经注疏（标点本）·周礼注疏》，第409页。
③ 《李觏集》，第86页。贾公彦疏参见《十三经注疏（标点本）·周礼注疏》，第167页。

## 第二章 李觏的礼学及相关思想

耶？有若曰：'百姓不足，君孰与足？'然则民之财，官可不知耶？是先王之所以得，后世之所以失也。"① 李觏这里所说的"民之常情"，也是李觏经常提到的当时社会存在的现象，比如他说："古者锦文不粥于市，不示民以奢也。今也庶民之家，必衣重锦、厚绫、罗縠之衣，名状百出，弗可胜穷"、"今也民间，淫侈无度，以奇相曜，以新相夸"（《富国策》第三、第四）；而对于"言利为先"的官吏，李觏在《周礼致太平论》之外也有说法："况今言利之臣乎，农不添田，蚕不加桑，而聚敛之数岁月增倍。辍衣止食，十室九空，本之既苦则去而逐末矣"（《寄上范参政书》）。② 李觏认为，如上述《周礼》中相关职官的职掌所体现的制度，就是足以使得在下"民皆知恤费"，在上"吏不敢厚敛"的具体措施和经典依据，也是在政治上先王时代之"所以得"而后世帝王之"所以失"的根由所在。

（2）关于各种赋税问题，即如本节前面论述过的那样，李觏已经关注到赋税收入及支出与国家政治的关系问题，以及《周礼·大府》职文中有关各种赋税来源及其所用所体现的量入付出的理财制度，还有《周礼·地官》载师的职掌所涉及的田税制度，并有所议论。

在此，李觏先讲到贡赋，他引述《周礼·夏官》职方氏的职掌说："凡邦国，小大相维，王设其牧，制其职各以所能，制其贡各以其所有。"并先后引述郑玄注和贾公彦疏的解释说："谓'国之地物所有'也。诸侯'得税，大国半，次国三之一，小国四之一，皆市取当国所有，以贡于王'也。"③ 李觏又引述《周礼·地官·土训》的职掌说："掌道地图，以诏地事。道地慝，以辨地物而原其生，以诏地求。"并引述郑玄注和约略贾公彦疏的解释说："'辨地物者，别其所有所无；原其生，生有时也。以此二者告王'，'虽是当州所有，而生有时，地所无，及物未生，则不求也。'"④ 对此，李觏加以议论说：

---

① 《李觏集》，第86、87页。
② 以上分别见于《李觏集》，第142、143、315页。
③ 《李觏集》，第87页。郑注、贾疏参见《十三经注疏（标点本）·周礼注疏》，第880页。
④ 《李觏集》，第87页。郑注、贾疏参见《十三经注疏（标点本）·周礼注疏》，第414页。

> 大哉圣人！念民勤，恤财匮，如是其著也。地所有而官不用，则物必贱；地所无而反求之，则价必贵。况天时所不生，则虽有如无矣。买贱卖贵，乘人之急，必劫倍徙之利者，大贾蓄家之幸也。为民父母，奈何不计本末，罔农夫以附商贾？令下之日，吏旁为奸，公不获皮毛而私啄其髓矣。坏民家，败民产，此其甚也。《夏书》"任土作贡"，厥贡厥篚，九州不同。前圣后圣，岂非一揆者乎？①

这里，李觏认为《周礼》中在贡赋制度上是圣人"念民勤，恤财匮"原则的体现。如果是"地所有而官不用"，或是"地所无而反求之"，那么必将相应地导致"物必贱"，或"价必贵"，从而出现"买贱卖贵，乘人之急"的局面，最终获益的将是"大贾蓄家"，那样，"令下之日，吏旁为奸，公不获皮毛而私啄其髓矣"，甚至是"坏民家，败民产"，再次提到《尚书·禹贡》中"任土作贡，九州不同"的制度。李觏所引《禹贡》"厥篚厥贡"的词语，也就是上面李觏引述《周礼·职方氏》的职掌后引的贾公彦疏的后文中所提到过的。而且《尚书正义·禹贡》孔颖达有解释说："'贡'者，从下献上之称，谓以所出之谷，市其土地所生异物，献其所有，谓之'厥贡'。"孔颖达还说："'篚'是入贡之时盛在于篚，故云'盛之筐篚而贡焉'。郑玄云：'贡者百功之府受而藏之。其实于篚者，入于女功，故以贡篚别之。'"② 确实，《禹贡》的"任土作贡"和《周礼·职方氏》的"制其贡各以其所有"也有一致的地方，李觏议论当然是在对这种不同时期的古代制度认同的基础上做出的，所以才说"前圣后圣，岂非一揆者乎"！李觏进而又以汉武帝时桑弘羊（前152—前80）实行的"平准"制度而论证这种贡赋制度的合理性，他说：

> 汉桑都尉"领大农"，"以诸官各自市相争，物以故腾跃，而天下赋输或不偿其僦费，乃请置大农部丞数十人，分部主郡国"，"令远方各以其物如异时商贾所转贩者为赋"，"置平准于京师，都受天下委输。""大农诸官，尽笼天下之货物。""如此，富商大贾亡所牟大利则反本，而万物不得腾跃。故抑天下之物，名曰'平准'。""桑

---

① 《李觏集》，第87页。
② 参见《十三经注疏（标点本）·尚书正义》，第132、141页。

虽聚敛之臣，然此一役，岂无法耶？孝武时国用饶给，而民不益赋，诚有以也。"①

这段史事的根据《史记·平准书》和《汉书·食货志下》的记载，汉武帝元封元年，桑弘羊任治粟都尉后推行了一系列贡赋制度的改革，最终使"民不益赋而天下用饶"。李觏所谓"桑虽聚敛之臣，然此一役，岂无法耶"的一句断语，显示了其对桑弘羊业绩的肯定。成为《禹贡》和《周礼》的"前圣后圣"之理想制度设计在后世找到成功地为国理财的典范。

（3）涉及有关地税，李觏先称引《周礼·地官》司稼的职掌"巡野观稼，以年之上下，出敛法"，并引述郑玄注而解释说："'敛法者，丰年从正，凶年则损'也。"② 又称引《周礼·地官》廪人之职"掌九谷之数，以岁之上下数邦用，以知足否，以诏谷用，以治年之凶丰。凡万民之食食者，人四鬴，上也；人三鬴，中也；人二鬴，下也③。若食不能人二鬴，则令邦移民就谷，诏王杀邦用"；并且引述贾公彦疏的解释说："谓'以岁之丰凶得税物多少之帐，计国之用，以知足否。若岁凶，税物少而用多，则不足。廪人既知多少、足否，乃诏告在上用谷之法'也。"④

李觏则根据历史上的经典记载而议论说："夫什一而税，天下中正，是故谓之彻。彻者，通也。然耕获之事，丰俭亡常，不幸凶旱水溢，或螟螣蟊贼，农虽尽力，谷有不登，而有司必求如法，于理安乎？"⑤ 其中，"什一而税，天下中正"的说法，出自本章前面曾经引述过的《公羊传·宣公十五年》，其云："什一者，天下之中正也。多乎什一，大桀小桀。寡乎什一，大貉小貉。"又其中"是故谓之彻。彻者，通也"的说法，见于《论语注疏·颜渊》"哀公问于有若曰：'年

---

① 《李觏集》，第87、88页。所引《汉书·食货志》，参见中华书局1962年版，第1174、1175页。

② 《李觏集》，第88页。

③ 对以上诸句，郑玄注云："此皆谓一月食米也。六斗四升曰鬴。"参见《十三经注疏（标点本）·周礼注疏》，第425页。

④ 《李觏集》，第88页。贾疏参见《十三经注疏（标点本）·周礼注疏》，第425页。

⑤ 《李觏集》，第88页。贾疏参见《十三经注疏（标点本）·周礼注疏》，第425页。

饥,用不足,如之何?'有若对曰:'盍彻乎'"一段何晏注引郑(玄)曰:"盍,何不也。周法,什一而税谓之彻,彻,通也,为天下之通法。"① 还有《诗经·大雅·公刘》"度其隰原,彻田为粮"句下,郑玄《毛诗笺》有云:"度其隰与原田之多少,彻之使出税以为国用。什一而税谓之彻。"② 那么在李觏看来,即使什一而税,如果遇到水旱、病虫、盗抢等天灾人祸导致歉收,按理官府也不能一味地"必求如法",而应当有所宽缓的。

接着李觏又引述孟子的话来证明自己上述的观点。他在"孟子道龙子之言曰"后面引述《孟子·滕文公上》中的一段说:"'治地莫善于助,莫不善于贡。'贡者,校(数)岁之中以为常。乐岁,粒米狼戾,多取之而不为虐,则寡取之。凶年,粪其田而不足,则必取盈焉。为民父母,使民盻盻然,将终岁勤动,不得以养其父母,又称贷而益之,使老稚转乎沟壑,恶在其为民父母也?"据此,李觏又议论说:"故圣人设官,必于谷之将熟,巡于田野,观其丰凶,而后制税敛焉。丰年从正,亦不多取也。凶荒则损,何取盈之有哉?然则龙子所见,盖周之末世。周公虽贡,未尝闻其不善也。然而取之少则用不得不杀,取少而用不杀,则国不能自济,非反乎民,将焉得也?宜其知足否而诏谷用焉。《王制》曰:'冢宰制国用,必于岁之杪,五谷皆入,然后制国用。用地小大,视年之丰耗,以三十年之通制国用,量入以为出。'由此道也,后世作者,除减敛法则既闻之矣。至于邦用,其可忽诸?"③ 其实,孟子已经讲到"夏后氏五十而贡,殷人七十而助,周人百亩而彻,其实皆什一也"。只是孟子借着龙子的话所发的议论是强调贡法的缺点和周代彻法的合理性,李觏则进一步强调要遵循自然规律,"取之少则用不得不杀",否则就"国不能自济,非反乎民,将焉得也?"归根到底,还是要如前引《周礼·司稼》的职掌"巡野观稼,以年之上下,出敛法"和郑玄注所说"丰年从正,凶年则损",还有《周礼·廪人》的职掌"以岁之上下,数邦用,以知足否,以诏谷用,以治年之凶丰",所体现出的"圣人设官"的原则,以及《礼记·王制》中"以三十年之通制国用,量入以为出"

---

① 参见《十三经注疏(标点本)·论语注疏》,第161页。
② 参见《毛诗传笺》,孔祥军点校,中华书局2018年版,第396页。
③ 《李觏集》,第89页。

第二章　李觏的礼学及相关思想

的意义所在。于此，李觏再次将《周礼》《孟子》《礼记·王制》所承载的先王制度贯通性地联系起来，总而论之，以作为后世效法的理想制度典范。

（4）作为理财之道，控制买卖与市场也是十分重要的方面。李觏引述《周礼·地官》泉府之职掌说："泉府掌以市之征布，敛市之不售，货之滞于民用者，以其贾买之，物楬而书之，以待不时而买者，买者各从其抵，都鄙从其主，国人郊人从其有司，然后予之。凡赊者，祭祀无过旬日，丧纪无过三月。凡民之贷者，与其有司辨而授之，以国服为之息。"随之李觏约略地引述郑玄注引郑司农云、还有贾公彦疏而解释说："'物楬而书之，物物书其贾也。不时买者，谓求急者也。'① 赊，谓'祭祀丧纪二者事大，故赊，与民不取利'② 也。'贷者，即今之举物生利'③ 也。与其有司，'别其所授之物'④，所出之利，各依其服事之税，若其人'受园廛之田而贷万泉，则莩出息五百'⑤，他仿此也。"⑥

在引述以上内容的基础上，李觏便展开议论说：

> 天之生物，而不自用，用之者人，人之有财，而不自治，治之者君。《系辞》曰"理财正辞，禁民为非曰义"是也。君不理，则权在商贾，商贾操市井之权，断民物之命。缓急，人之所时有也，虽贱不得不卖，裁其价太半可矣；虽贵不得不买，倍其本什百可矣。如此，蚩蚩之氓，何以能育？是故不售之货则敛之，不时而买则与之，物楬而书，使知其价，而况赊物以备礼，贷本以治生，皆所以纾贫窭而钳并兼，养民之政，不亦善乎？⑦

这里，李觏讲的就是一种市场管理和国家理财之关系方面的道理，同时也包含着"禁民为非曰义"的道德正义与政治正义的原则。国家当

---

① 郑司农所云。参见《十三经注疏（标点本）·周礼注疏》，第380页。
② 贾公彦疏语。参见《十三经注疏（标点本）·周礼注疏》，第381页。
③ 贾公彦疏语。参见《十三经注疏（标点本）·周礼注疏》，第381页。
④ 贾公彦疏语。参见《十三经注疏（标点本）·周礼注疏》，第381页。
⑤ 郑玄注语。参见《十三经注疏（标点本）·周礼注疏》，第382页。
⑥ 《李觏集》，第90页。
⑦ 《李觏集》，第90页。

然不能够放任"商贾操市井之权,断民物之命",否则,"蚩蚩之氓,何以能育",如上述《周礼·泉府》的职掌,目的就是要"纾贫窭而钳并兼"的,如此的"养民之政","不亦善乎"?

同样,历史上的理财贤臣在协助国家君主推行合理的市场管理政策措施方面的经验,不仅是效法古代圣王之法的结果,也给后世做出了榜样,所以李觏说:"管仲通轻重而桓公以霸,李悝平籴而魏国富强,耿寿昌筑常平而民便之,师古之效也。宜其流风遂及于今,必也事责其实,官得其人,亦何愧彼哉!"①

有关管仲通轻重助桓公以霸的事迹,见于《史记·平准书》的记载,所谓"齐桓公用管仲之谋,通轻重之权,徼山海之业,以朝诸侯,用区区之齐,显成霸名"②。《史记·货殖列传》则称管子"设轻重九府",唐张守节《史记正义》有解释说:"《管子》云'轻重'谓钱也。夫治民有轻重之法,周有大府、玉府、内府、外府、泉府、天府、职内、职金、职币,皆掌财币之官,故云九府也。"③ 传本《管子》一书当中有很多谈论"轻重之术"的地方,主要是涉及国家理财方面的货币政策和价格政策。比如,其《国蓄》有云:"夫物多则贱,寡则贵。散则轻,聚则重。人君知其然,故视国之羡不足而御其财物。谷贱则以币予食,布帛贱则以币予衣,视物之轻重而御之以准。故贵贱可调,而君得其利。"又如《山至数》有云:"今刀布藏于官府,巧币万物之轻重,皆在贾之。彼币重而万物轻,币轻而万物重,彼谷重而谷轻。人君操谷币金衡,而天下可定也。此守天下之数也。"④ 历史上认为正是管仲成功才使齐桓公得以称霸诸侯的。

有关李悝平籴而魏国富强的事迹见于《汉书·食货志上》,"籴"是买进谷物的意思,与"粜"相对。所谓"平籴"就是官府在谷物丰收时用平价买进,待荒年时平价卖出,以稳定谷价。而推行"平籴法"是战国时魏国李悝变法的内容之一。记载说:"李悝为魏文侯作尽地力之教,……又曰:籴,甚贵伤民,甚贱伤农。民伤则离散,农伤则国贫,

---

① 《李觏集》,第90页。
② 《史记》,中华书局1959年版,第1442页。
③ 《史记》,中华书局1959年版,第3255页。
④ 以上两段参见黎翔凤撰,梁运华整理《管子校注》,中华书局2004年版,第1342页

故甚贵与甚贱，其伤一也。善为国者，使民毋伤而农益劝。……农夫所以常困，有不劝耕之心，而令籴至于甚贵者也。是故善平籴者，必谨观岁有上、中、下孰。上孰其收自四，余四百石；中孰自三，余三百石；下孰自倍，余百石。小饥则收百石，中饥七十石，大饥三十石，故大孰则上籴三而舍一，中孰则籴二，下孰则籴一，使民适足，贾平则止。小饥则发小孰之所敛，中饥则发中孰之所敛，大饥则发大孰之所敛，而粜之。故虽遇饥馑、水旱，籴不贵而民不散，取有余以补不足也。行之魏国，国以富强。"①

有关耿寿昌筑常平仓的事迹同样见于《汉书·食货志上》的记载。"宣帝即位，用吏多选贤良，百姓安土，岁数丰穰，谷至石五钱，农人少利。时大司农中丞耿寿昌以善为算能商功利，得幸于上，五凤中奏言：'故事，岁漕关东谷四百万斛以给京师，用卒六万人。宜籴三辅、弘农、河东、上党、太原郡谷，足供京师，可以省关东漕卒过半。'又白增海租三倍，天子皆从其计。御史大夫萧望之奏言：'故御史属徐宫家在东莱，言往年加海租，鱼不出。长老皆言武帝时县官尝自渔，海鱼不出，后复予民，鱼乃出。夫阴阳之感，物类相应，万事尽然。今寿昌欲近籴漕关内之谷，筑仓治船，费值二万万余，有动众之功，恐生旱气，民被其灾。寿昌习于商功分铢之事，其深计远虑，诚未足任，宜且如故。'上不听。漕事果便，寿昌遂白令边郡皆筑仓，以谷贱时增其贾而籴，以利农，谷贵时减贾而粜，名曰常平仓。民便之。"② 《汉书》的上述记载体现了汉宣帝对耿寿昌的知人善任以及耿寿昌的不辱使命，其常平仓之设体现了对李悝平籴古法的继承。

实际上，有关以"平籴法"作为国家理财手段的论述，李觏在《富国策》第六中就有论述，如其所说："古人有言曰：'谷甚贱则伤农，贵则伤末。'谓农常粜而末常籴也，此一切之论也。"③ 这里的古人指的就是李悝。李觏所论除了提到管仲、李悝、耿寿昌推行平籴法，还讲到后世到宋朝的平籴历史说："自晋迄隋，时或兴废，厥闻未昭。唐天宝中，天下平籴殆五百万斛，兹全盛之事也。大宋受命，将百年矣。谷入之藏，

---

① 《汉书》，中华书局1962年版，第1124、1125页。
② 《汉书》，中华书局1962年版，第1142页。
③ 《李觏集》，第147页。

所在山积，平籴之法，行之久矣。盖平籴之法行，则农人秋籴不甚贱，春籴不甚贵，大贾蓄家不得豪夺之矣。"①

那么，在此处论及国用时，李觏也是以历史主义的态度和经史为据的理念，而倡导着一种讲求实际效用的经世思想，实际上就是在重农主义观念下的市场控制思想在李觏思想体系当中的具体体现。从而也构成了中国古典政治经济学的一个重要方面。

（5）作为纯粹意义上的商品市场控制与管理思想的体现，李觏还引述了《周礼·地官·司市》中"凡治市之货贿、六畜、珍异，亡者使有，利者使阜，害者使亡，靡者使微"之说，并且引述郑玄注的解释说："利，利于民，谓物实厚者；害，害于民，谓物行苦者；使有、使阜，起其贾以征（召）之也。使亡、使微，抑其贾以却之也。侈靡细好，使富民好奢微之而已。"②李觏又引述《司市》职文说："伪饰之禁，在民者十有二，在商者十有二，在贾者十有二，在工者十有二。"还有郑玄注引郑司农曰："所以俱十有二者，工不得作，贾不得粥，商不得资，民不得畜。"以及郑玄注云："（玄谓）《王制》曰：'用器不中度，不粥于市；兵车不中度，不粥于市；布帛精粗不中数，幅广狭不中量，不粥于市；奸色乱正色，不粥于市；五谷不时，果实未熟，不粥于市；木不中伐，不粥于市；禽兽鱼鳖不中杀，不粥于市。'亦其类也。"③

对以上《周礼》经注的内容，李觏则议论说："夫理财之道，去伪为先。民之诈伪，盖其常心，矧兹市井④，饰行儥慝，何所不至哉？奸伪恶物而可杂乱欺人以取利，则人竞趋之矣，岂唯愚民见欺邪？使人妨日废业以作无用之物，人废业则本不厚矣，物无用则国不实矣。下去本而上失实，祸自此始也。至于侈靡皆为人费，虽不可尽去，亦当制节，使微少矣。孟冬之《月令》曰：'毋或作为淫巧，以荡上心，必功致为上。'《书》曰：'不贵异物、贱用物，民乃足。'此之谓也。噫！为国家者，孰

---

① 《李觏集》，第148页。
② 《李觏集》，第91页。郑玄注参见《十三经注疏（标点本）·周礼注疏》，第371页。
③ 《李觏集》，第91页。郑玄引郑司农及郑注参见《十三经注疏（标点本）·周礼注疏》，第372页。
④ 《管子·小匡》有云："处商必就市井。"尹知章注曰："立市必四方，若造井之制，故曰市井。"（参见黎翔凤撰，梁运华整理《管子校注》，中华书局2004年版，第400页）

不有意哉？言而必信，令而必行，鲜矣。"①

于此，李觏一方面以"理财之道，去伪为先"的意识，揭露了人们在商品流通领域的欺诈行为将对国家财政所导致的危害性问题。他从人性恶的角度强调了"民之诈伪，盖其常心"，认为其体现在商业行为上，更会"饰行儥慝"，无所不至。那么当假冒伪劣得以欺人获利的时候，人们就会竞相追随，趋之若鹜，那就不只是民众遭受欺骗了。人们不务正业地造作假冒伪劣无用之物，正业废将导致国本薄弱，无用物多将导致国财虚假，最终将由此引发祸患。另一方面，李觏主张节制奢靡之费，即限制如《礼记·月令》和《尚书·旅獒》②所说的"淫巧""异物"等对正常生产的影响，这是国家为政者应当重视的事情。然而，李觏不能不感叹真正做到"言信""令行"，也并不是那么容易的。

值得注意的是，明代丘濬《大学衍义补》卷五十三《治国平天下之要·制国用·市籴之令》一节中，不仅和李觏一样引述了《礼记·王制》"用器不中度，不粥于市……禽兽鱼鳖不中杀，不粥于市"一段，之后又引述了上面李觏所言"理财之道，去伪为先……祸自此始也"一段，而且还加上按语说："臣按：市肆所陈，虽商贾之事，然而风俗之奢俭、人情之华实、国用之盈缩，皆由于斯焉。"③ 由此可见，在作为理财手段的市场管理政策措施方面，丘濬与先贤之一的李觏对经典的理解和认识再一次达成了一致。

**四　国家救济：百姓的生存保障，力役之使、财赋之征当有所免除**

从国计民生的角度探讨国家救济与百姓的生存保障方面的问题，寻找力役之使、财赋之征在什么情况下当有所免除的经典依据，构成了李觏解读和认识《周礼》的又一个角度。

（1）作为国家财富积累与分配的一个重要方面，李觏还关注到国家救济与百姓保障方面的问题。而《周礼》中的职官职掌对这个方面也有所设计，所以李觏引而述之，并加以引申。李觏引述《周礼·地官·遗人》职掌说："遗人掌邦之委积，以待施惠；乡里之委积，以恤人之囏

---

① 《李觏集》，第91—92页。
② 李觏所引参见李学勤主编《十三经注疏（标点本）·尚书正义》，第329页。
③ 《文渊阁四库全书》，第712册，第340、341页。

厄；门关之委积，以养老孤；郊里之委积，以待宾客；野鄙之委积，以待羁旅；县都之委积，以待凶荒。"又约略地引述郑玄注说："委积者，计九谷之数，足国用，以其余共之也。"又约略地引述贾公彦疏而解释说："囏厄，谓'民有困乏则振恤之'。门关，谓'出入有税'，'足国用之外，留之'，以'养死政之老与其孤'也。郊里，'六乡之民居郊者，其委积以待宾客'，至郊与王国使者接，因与之廪饩也。野鄙，谓六遂'客有羁絷未得去者，则于此惠之'。县都，谓四百里五百里中，年谷不登，则畿内畿外通给之也。"①

在上述《周礼·遗人》有关邦、乡里、门关、郊里、野鄙、县都等各种层面的财用结余而用于不同方面的保障的内容基础上，李觏进一步引申而议论说："世之有饥穰，天之行也，禹汤之圣，犹弗能免。至于困穷孤独寄客之人，皆国所常有，安坐而视其死，则非仁人在上'视民如伤'者之意②，皆（将）推其恻隐，则邦用有经。仓之谷孰为闲粒，府之帛孰为羡缕？如是而辍焉，祸盖博矣。故宜于大有年时，畜积以备之仓，人有余则藏之以待凶。而颁之职内，叙其财以待邦之移用，亦谓此也。"显然，李觏以经典为依据的话语还有着强烈的自然与社会历史的逻辑证明性，在天之不测面前，如何使困穷孤独寄客之人有所保障，本是仁人君主"视民如伤"的恻隐之心的体现，国家财富的积累与分配也有合理的机制保障，如果仓廪实而闲置，府库足而多羡，财富的积累又有什么意义呢，分配的不合理就会导致祸患。所以"人有余则藏之以待凶""叙其财以待邦之移用"才是合理的积累和分配与保障相结合的机制。李觏接着说："然而《洪范》云：'臣无有作福。'③晏子称：

---

① 《李觏集》，第92页。郑玄注及贾公彦疏参见《十三经注疏（标点本）·周礼注疏》，第344页。

② 《左传·哀公元年》有记载说："臣闻国之兴也，视民如伤，是其福也；其亡也，以民为土芥，是其祸也。"

③ 《尚书·洪范》云："惟辟作福，惟辟作威，惟辟玉食。臣无有作福作威玉食。臣之有作福作威玉食，其害于而家，凶于而国，人用侧颇僻，民用僭忒。"孔安国传云："言惟君得专威福，为美食。"又云："在位不敦平，则下民僭差。"（参见《十三经注疏（标点本）·尚书正义》，第312页）

'家施不及国。'① 使民弗知主恩，而谓为己力，乃人臣之常过，国家之大患也。故乡师'以岁时巡国及野，而赒万民之囏厄，以王命施惠'，此虑之深，礼之至也。然则义仓之法，亦有取焉耳。"② 这里李觏引述《洪范》之语和晏子的话，意在说明作为国臣是不能替代君主行使权力而施惠于百姓，要像《周礼·乡师》中规定"以王命施惠"那样才合乎礼的深意。不过李觏提到后世的义仓之法也是可以采取的惠民措施。对此，《宋史·食货志上》四（屯田、常平、义仓）有所记载："常平、义仓，汉、隋利民之良法，常平以平谷价，义仓以备凶灾。周显德中，又置惠民仓，以杂配钱分数折粟贮之，岁歉，减价出以惠民。宋兼存其法焉。"③而且，在此段随后的记载中，《宋史》还记述了太祖以至南宋所行常平、义仓的历史情况做参考。而李觏显然是在讨论国家保障百姓凶荒无忧方面的具体制度时，联想到了古来的义仓制度。其实，在《富国策》第七中，李觏就已经讨论过这个问题，并主张"踵唐之制"而建立义仓的。如他所说："水旱之忧，圣王所不免，尧汤之事，贤愚尝共闻也。故君人者，务多蓄积，以为之备"，"愚窃迹古制之宜于时者，莫若义仓之为愈也。盖丰年损其有余，俭年救其不足。事至纤悉，功垂无穷。故隋开皇中始立社仓，终于文皇，得无饥馑。唐太宗曰：'既为百姓先作储贮，官为举掌，以备凶年。非朕所须横生赋敛，利人之事深足可嘉。'今宜于天下县治，各建仓廪，踵唐之制，以义为名。"④ 可见，在作《周礼致太平论》的时候，李觏便将一贯的思考融会其中了。

（2）作为涉及保障国家百姓在天灾凶荒时节有所救济的措施，李觏

---

① 出自《左传·昭公二十六年》齐景公与晏婴的对话："齐侯与晏子坐于路寝，公叹曰：'美哉室，其谁有此乎！'晏子曰：'敢问何谓也？'公曰：'吾以为在德。'对曰：'如君之言，其陈氏乎？陈氏虽无大德，而有施于民，豆、区、釜、钟之数，其取之公也薄，其施之民也厚。公厚敛焉，陈氏厚施焉，民归之矣。《诗》曰："虽无德与女，式歌且舞。"陈氏之施，民歌舞之矣。后世若少惰，陈氏而不亡，则国其国也已。'公曰：'善哉！是可若何？'对曰：'唯礼可以已之。在礼，家施不及国，民不迁，农不移，工贾不变，士不滥，官不滔，大夫不收公利。'"对于"家施不及国"一语，孔颖达《正义》有解释说："大夫称家，家之所施，不得施及国人，言国人是国君之所有，大夫不得妄施遗之，以树己私惠。陈氏施及国人，是违礼也。"（参见《十三经注疏（标点本）·春秋左传正义》，第1479页）
② 《李觏集》，第92页。
③ 《宋史》，中华书局1977年版，第4275页。
④ 《李觏集》，第149、150页。

还引述《周礼》中相关职官的职掌，并以"由是观之"而有所议论。

第一，《地官》司救的职掌中有所谓"凡岁时有天患民病①，则以节巡国中及郊野，而以王命施惠"，李觏说："由是观之，非直凶荒而后施与也，疾疫亦有之矣。夫四时之厉，或连月不愈，或阖门不起，丁壮卧于床蓐，则老稚无能为。饮食所不给，医药所不济，以至于死者，岂天命乎？人主所宜动心矣！"②这里，李觏特别提到，从《周礼》来看，国家救济并非只是表现在凶荒之后而有所施与，当民间发生疾疫病患导致生活上各种窘困局面的时候，政府也是有相应的救济保障的。否则，面临各种艰难困苦的民众百姓"以至于死者"，难道就是天命如此吗？这是国家君主应该关心的事情。

还有，《地官》贾师的职掌中有所谓"凡天患，禁贵儥者，使有常（恒）价（贾）"，在李觏看来，"亦为此也"③，同样是在灾患时节对趁火打劫的商业投机行为的防范和限制措施。按照郑玄注之说："恒，常也。谓若贮米谷棺木，而睹久雨疫病者贵卖之，因天灾害厄民，使之重困。"又贾公彦《周礼疏》解释说："郑云'谓若贮米棺木'者，以其天患无过凶荒札丧，故郑知富人豫贮米谷以拟凶荒，豫贮棺木以拟死，而睹久雨疫病卖之也。"④据此，李觏之意可以了然。

第二，《地官》司关的职掌中有所谓"国凶札，则无关门之征，犹几"，李觏说："由是观之，凶年非直除减田租，彼货贿之征皆舍之，疾疫亦然。夫阻饥之人，营求衣食，固无所不至，又将笼其货贿，则何以措手足乎？况于疾疫之世，安得助天为虐耶？人主所宜动心矣！"⑤这里，参考郑玄注的说法可知："无关门之征者，出入关门无租税。犹几，谓无租税犹苛察，不得令奸人出入。《孟子》曰：'关几而不征，则天下之行旅皆说而愿出于其涂。'"⑥那么，李觏认为，从《周礼》的规定看，在凶荒之年国家不仅会减除田租，也会免征关税，当有疾疫病患发生时也

---

① 郑玄注云："天患，谓灾害也。"贾公彦疏云："'天患，谓灾害也'者，谓天与人物为灾害，谓水旱之灾及疫病之害也。"（参见《十三经注疏（标点本）·周礼注疏》，第355页。）
② 《李觏集》，第93页。
③ 《李觏集》，第93页。
④ 郑注、贾疏参见《十三经注疏（标点本）·周礼注疏》，第378页。
⑤ 《李觏集》，第93页。
⑥ 参见《十三经注疏（标点本）·周礼注疏》，第385页。

第二章　李觏的礼学及相关思想　　195

是采取同样政策措施。否则，面临饥困之民再被增加关税负担，他们哪里还有办法？何况在疾疫之世，国家怎么能"助天为虐"？这也是国家君主应该关心的事情。

　　第三，如《秋官》掌客的职掌中有所谓"凡礼宾客，国新杀礼，凶荒杀礼，札丧杀礼，祸灾杀礼，在野在外杀礼"，李觏说："由是观之，非直以岁之下则杀邦用，若新建国及札丧、祸灾、在野在外皆杀礼也。礼许俭不非无，安得重困于无聊之民，求备乎笾豆之事也？人主所宜动心矣！"① 按照郑玄注，所谓各种的"杀礼"，"皆为国省用爱费也"②。那么李觏认为，从《周礼》来看，国家并非只是在年岁收入没有达到预期标准时才减省财政费用，在很多的情况下也会减省各种礼仪上的国家财政支出。不仅可以减省，以至于无也不应遭到非议，怎么能让窘困之民再加负担，以追求礼仪形式上的完备呢？这也是国家君主应该关心的事情。

　　第四，《天官》膳夫的职掌中有所谓"大荒则不举，大札则不举，天地有灾则不举，邦有大故则不举"，李觏说："由是观之，非直于外事杀礼，若王膳亦为之贬也。譬诸父母，其子之不哺而日余膏粱可哉？人主所宜动心矣！"③ 参考郑玄注的说法："大荒，凶年。大札，疫疠也。……大故，寇戎之事。郑司农云：'大故，刑杀也。'《春秋传》曰：'司寇行戮，君为之不举。'"贾公彦《周礼疏》解释说："云'大札，疫疠也'者，即《春秋》'天昏札瘥，民有疫疠，为之不举，自贬也'。"又说："不举者，谓不举乐；此经数事不举，司农意亦谓不举乐，故引以为证。"④ 那么，李觏认为，从《周礼》来看，当国家有各种大不幸的事情发生时，不仅是有关外事要减省礼仪之费，就连天子的膳食礼乐也是要减省的。正如为人父母者，其子得不到哺育，而家中却有剩余的膏粱，这难道是可以的嘛？这也是国家君主应该关心的事情。

　　在上述李觏的议论中，有一连四个"人主所宜动心矣"为结束句的慨叹之语，形成了一个排比段落，显出李觏一再强调国家首脑、百姓之

---

① 《李觏集》，第93页。
② 参见《十三经注疏（标点本）·周礼注疏》，第1048页。
③ 《李觏集》，第93页。
④ 郑注、贾疏参见《十三经注疏（标点本）·周礼注疏》，第83页。

主所应担负的重大惠民责任之意。

最后，李觏还从《礼记》中找到相关的经典依据说："故《曲礼》曰：'凶荒，年谷不登，君膳不祭肺，马不食谷，驰道不除，祭事不县，大夫不食粱，士饮酒不乐。'皆自贬损，忧民之道也。如此，天不为之感，人不为之悦，用度不足，海内不安，未之前闻也。"[①] 李觏认为，《曲礼》之说也体现着君主在凶荒之年，于礼事方面"皆自贬损"的"忧民之道"，推而广之，将无不为之天感人悦，以至用足国安。圣贤政治的目的本来不是就在于此吗？当然也是要通过合理的政策推行来实现的。

（3）作为一种国家对百姓的保障性政策和制度的体现，还在于对力役之使、财赋之征的有所免除方面。李觏引述《周礼·地官》中一些职官的职掌，比如乡师"以国比之法，以时稽其夫家众寡，辨其老幼、贵贱、废疾、马牛之物，辨其可任者与其施舍者，掌其戒令纠禁，听其狱讼"；又如乡大夫"以岁时登其夫家之众寡，辨其可任者，国中自七尺以及六十，野自六尺以及六十有五，皆征之。其舍者，国中贵者、贤者、能者、服公事者、老者、疾者，皆舍，以岁时入其书"[②]。

对此，李觏解释说："征之者，谓给公上筑作、挽引、道渠之役也。"此句当是根据郑玄注引郑司农云："征之者，给公上事也。"还有贾公彦疏所谓："所征税者，谓筑作、挽引、道渠之役及口率出钱。"[③] 接着李觏又说："国中复除者多，役使者少，人少则劳，故晚役而早免之，二十以及六十是也。野复除者少，役使者多，人多则逸，故早役而晚免之，十五以及六十五是也。"这是根据郑玄注所谓："国中，城郭中也。晚赋税而早免之，以其所居复多役少。野早赋税而晚免之，以其复少役多。"还有贾公彦疏说的"七尺谓年二十""六尺谓年十五"[④]。这里李觏归纳说，因为国中免除赋役的人多，足以役使的人手少，人手少就辛劳，所以《周礼》才规定"晚役而早免之"即缩短服徭役赋税的年限；相反，乡野免除徭役的人少，足以役使的人手多，人手多就闲逸，所以《周礼》才

---

① 《李觏集》，第93—94页。
② 《李觏集》，第94页。
③ 《李觏集》，第93、94页。郑注、贾疏参见《十三经注疏（标点本）·周礼注疏》，第295、296页。
④ 《李觏集》，第94页。郑注、贾疏参见《十三经注疏（标点本）·周礼注疏》，第295、296页。

## 第二章 李觏的礼学及相关思想

规定"早役而晚免之"即延长服徭役赋税的年限。那么,李觏进一步引申说:"君子之于人,裁其劳逸而用之,可不谓义乎?世有仕学之乡,或舍役者半,农其间者不亦难乎?而上弗之恤,悖矣!贵者有爵命,服公事者有功劳,诚不可役,然复其身而已。世有一户皆免之,若是则老者、疾者亦可以阖门不使耶?至于马牛皆辨其可任,善夫。世有人未尝刍秣而责以牵傍,其僦费败家者众矣①,况乎水旱疾疫之岁,饥饿之弗察,死亡之弗图,而临以定制,驱之给使可乎?"② 这其中包含了李觏对于体现在赋役分配上的社会公平原则的理想追求。在他看来,国家根据劳逸平衡的情况来确定人手的使用,这是合乎"义"之原则的。但是世间实际情况往往是,有享受免除徭役待遇的人多到半数的时候,那么农耕于其间者就会感到赋役负担而难以承受,再加上得不到政府的体恤,也就不太合乎"义"之情理了。还有,对于有身份的人,"诚不可役,然复其身而已",赋税还是要缴纳的。③ 如果世间有一家全免除徭役者,则如有老人、病人的家庭也可以全家不服徭役了。至如对于马牛,还没有为其备足饮食,就急着驾驭其出力了,以致很多人因雇运费用而导致败家。那么就人而言,在面临水旱疾疫之年的时候,如果政府不考虑百姓民众的饥困死亡的威胁,而一味地按照定制加以征缴赋役的话,必将陷于"不义"的境地。这里,李觏主张爱民、惠民的思想再次得以体现。

在涉及力役之征的问题时,李觏引述《周礼·地官》并议论说:"故均人'凡均力政,以岁上下,丰年则公旬用三日焉,中年则公旬用二日焉,无年则公旬用一日焉,凶札则无力政,无财赋'也。古者使民,岁不过三日,而'秦法月为更卒,已复为正,一岁屯戍,一岁力役,三十倍于古',何不仁之甚也!天下畔之晚矣。"④ 这里,李觏所提到的"古者",也就是贾公彦疏说的:"故《礼记·王制》云'用民之力,岁不过三日。'"⑤ 而所谓"秦法月为更卒……三十倍于古"一段话,则是引述

---

① 僦费,指雇运的费用。《史记·平准书》有:"弘羊以诸官各自市,相与争,物故腾跃,而天下赋输或不偿其僦费。"司马贞《索隐》引服虔说:"雇载云僦,言所输物不足偿其雇载之费也。"(中华书局1959年版,第1441页。)
② 《李觏集》,第94页。
③ 张景贤:《略谈"复其身"的涵义》,《历史教学》2002年第7期。
④ 《李觏集》,第94页。
⑤ 贾疏参见《十三经注疏(标点本)·周礼注疏》,第347页。

《汉书·食货志》所述董仲舒之言。借此，李觏评论秦政的"不仁之甚"，等到天下背叛再改正而为时已晚。

最后，在富民安民、国富民强、民富国强的政治经济原则之下，李觏引述《周礼》并议论说："大司徒以'保息六养万民'，'六曰安富'，谓'平其繇役，不专取'①也。大哉先王之法！其所以有天下而民不敢者乎？孔子谓：'既庶矣，富之；既富矣，教之。'《管子》有言：'仓廪实知礼节，衣食足知荣辱。'然则民不富，仓廪不实，衣食不足，而欲教以礼节，使之趋荣而避辱，学者皆知其难也。及其为国家，则有反是者矣。田皆可耕也，桑皆可蚕也，材皆可饬也，货皆可通也。独以是富者，心有所知，力有所勤，夙兴夜寐，攻苦食淡，以趣天时，听上令也。如此而后可以为人之民，反疾恶之，何哉？疾恶之，则任之重，求之多，劳必于是，费必于是，富者几何其不黜而贫也。使天下皆贫，则为之君者，利不利乎？故先王平其繇役，不专取，以安之也。"② 这里孔子的话，是约略孔子和冉有的对话，见于《论语·子路》。③《管子》之言，则见于《管子·牧民》和《管子·国准》当中。成为后世引述先贤爱民惠民思想的名句。有意思的是，将孔子的话和管子的话同时列举而论之的例子，在唐代杜佑（734—812）的《通典》中出现过两次。④ 在白居易（772—846）回答策问的篇章中出现过一次。⑤ 李觏此处孔子的话与《管子》之言并举或可谓与杜佑、白居易在继承先贤思想学说方面是心同理一，或者是直接参考过他们的著作。不过，李觏所关注的是造成民不富，仓廪

---

① 此为郑玄注所言。参见《十三经注疏（标点本）·周礼注疏》，第261页。
② 《李觏集》，第95页。
③ 其文为："子适卫，冉有仆。子曰：'庶矣哉！'（注：庶，众也。言卫人众多。）冉有曰：'既庶矣，又何加焉？'曰：'富之。'曰：'既富矣，又何加焉？'曰：'教之。'"
④ 其一为："夫理道之先，在乎行教化；教化之本，在乎足衣食。《易》称聚人曰财；《洪范》八政，一曰食，二曰货。《管子》曰：'仓廪实知礼节，衣食足知荣辱。'夫子曰：'既富而教。'斯之谓矣。"（唐杜佑著《通典》卷一，中华书局1988年版，第1页）其二为："论曰：昔贤云：'仓廪实知礼节，衣食足知荣辱。'夫子适卫，冉子仆焉。曰：'美哉庶矣。既庶矣，又何加焉？'曰：'富之。''既富矣，又何加焉？'曰：'教之。'固知国足则政康，家足则教从，反是而理者，未之有也。"（唐杜佑著《通典》卷七《食货七》，中华书局1988年版，第156页）
⑤ "臣闻仲尼之训也，既庶矣而后富之，既富矣而后教之。《管子》亦云：'仓廪实知礼节，衣食足知荣辱。'然则食足财丰，而后礼教所由兴也。礼行教立，而后刑罚所由措也。"（《白氏长庆集》卷六十五《策林四·五十五·止狱措刑·在富而教之》。参见《白居易文集校注》谢思炜校注，中华书局2011年版，第1549页）

第二章　李觏的礼学及相关思想

不实，衣食不足的重要原因，就在于"任之重，求之多，劳必于是，费必于是"，以至于"富者几何其不黜而贫也"。所以，推行"平其繇役，不专取"这样的先王之法，才是安民良策。如贾公彦《周礼疏》所言："云'安富，平其繇役，不专取'者，言繇役均平，又不专取，则富者安，故云安富也。"①

在上述思想的引领下，李觏对汉武帝时（即前119年②）实行的对商人、高利贷者征税即"算缗钱"的史事有所评论。由此可见，李觏所关注的富民对象是一个比较广泛的阶层。他说：

>  汉武帝时，算贾人之缗，"匿不自占，占不悉，戍边一岁，没入缗钱。有能告者，以其半畀之"，"即治郡国缗钱，得民财物以亿计，奴婢千万数；田，大县数百顷，小县百余顷；宅亦如之。商贾中家以上大氐破，民媮甘食好衣，不事畜藏之业"。当是之时，天下何如？其不亡者，幸也！世俗不辨是非，不别淑慝，区区以击强为事。噫！富者乃强邪？彼椎埋而诛者，果何人也？③

李觏所引文字分别见于《史记·平准书》和《汉书·食货志下》，从引述文字的差异上看，当是根据《汉书·食货志下》的内容。汉武帝时，行算缗令的理由就是"商贾以币之变，多积货逐利"，于是有公卿对汉武帝说："郡国颇被灾害，贫民无产业者，募徙广饶之地。陛下损膳省用，出禁钱以振元元，宽贷，而民不齐出南亩，商贾滋众。贫者畜积无有，皆仰县官。"所以公卿们提出建议："异时算轺车、贾人之缗钱皆有差，请算如故。诸贾人末作贯贷卖买，居邑贮积诸物，及商以取利者，虽无市籍，各以其物自占，率缗钱二千而算一。"④ 李觏所引"匿不自占……以其半畀之"的话，就是出自公卿们的建议。后来有"豪富皆争匿财"，所以"杨可告缗遍天下，中家以上大氐皆遇告"。李觏所引"即治郡国缗钱……不事畜藏之业"一段，就是告缗、算缗的成效。那么李觏认为，

---

①　参见《十三经注疏（标点本）·周礼注疏》，第262页。
②　《汉书·武帝纪》记载说：元狩四年冬，"初算缗钱"。（《汉书》，中华书局1962年版，第178页。）
③　《李觏集》，第95页。
④　《汉书》，中华书局1962年版，第1166页。

如此严重地剥夺富人的财富,而没有导致天下倾覆已经是庆幸了,居然有世俗之人不辨是非善恶,以此作为打击强人的手段,难道富人们很强吗?那些遭到椎杀而埋方式诛杀的又都是些什么人呢?李觏对这些富人的同情,其中一个重要原因就是把他们归于富民的阶层。按照传统的"四民"之分,士农工商均属于民的身份。这里李觏并非以重农抑商的角度来认识,而是对如汉武帝这样地剥夺富民的财富目的在于维持朝廷没有节制的耗费的政策措施提出质疑。这就回到前面开始我们曾经论述过的李觏所主张的理财之本在于量入以为出、节用而爱人的原则上了,可见其相关思想和讨论问题的首尾一贯性。汉武帝实行算缗以及包括其他增加财政收入的措施,其背景就如同唐杜佑所描述的那样:"汉武攘四夷,平百越,边用益广,杼轴其空。于是置平籴①,立均输,起漕运,兴盐铁,开鬻爵,设榷酤,收算缗,纳杂税,更造钱币,蕃货长财。虽经费获济,而下无聊矣。"②而年岁稍长于李觏的宋仁宗时宰相贾昌朝(997—1065),曾在宝元元年以天章阁待制的身份写的《上仁宗乞减省冗费》的奏议中,将汉武帝算缗政策与前后做比较。他说:

>自三代而下,称王业盛者唯汉尔。文景以恭俭,故风俗厚,财用足。至于武帝,务勤征伐,始算缗钱、榷酤以助军旅之给,而天下萧然矣。至昭帝议盐铁,罢榷酤,省徭役,笃耕种。凡侵蠹民利者,一切宽贷之。时赐租赋,使民得以足衣食,内则省宰夫乐工,希文景之风以厚储蓄,数百年间四夷咸服,百姓不厌汉德者,无他道也,节用爱人,崇本抑末之所致也。③

据《宋史·食货志十八》记载:宋仁宗时,也有人提出用算缗来增加财政收入。"天圣(1023—1032)以来,国用浸广,有请算缗钱以助经费者,仁宗曰:'货泉之利,欲流天下通有无,何可算也。'"④ 此间,也

---

① "籴"原讹作"粜",根据中华书局校勘本改。
② (唐)杜佑:《通典·食货四·赋税上》,中华书局1988年版,第70页。
③ 见于宋赵汝愚编《宋名臣奏议》卷一百一《财赋门·理财上》,以及明杨士奇等撰《历代名臣奏议》卷一百九十一《节俭》。(分别参见《文渊阁四库全书》,第432册,第225、226页;第438册,第462页。)
④ 《宋史》,中华书局1977年版,第4542—4543页。

正是李觏写作《富国》《安民》诸策和《周礼致太平论》的时期。那么，贾昌朝、李觏对汉武帝实行算缗政策的评价，当然都是有着现实的和历史的双重认识基础的。而且，李觏以"国用"为主题的理财思想的表述，至此也达到了整体性和系统性的统一。

## 结　语

李觏《周礼致太平论》中的《国用》十六篇，在形式上是以对《周礼》相关职官的职掌所体现的先王之制的解释和说明为引领，在内容上则是结合其此前所著的《富国》《安民》诸策，以及《平土书》中的相关思考而进一步论述和呼应。在关乎国家财富、土地政策、赋税政策、徭役政策、安民政策等方面继续阐发自己的思想主张，为其崇尚周代先王政治与制度的复古理想又加上了浓重的笔墨。

18世纪下半叶英国资产阶级经济学家亚当·斯密名著《国民财富的性质和原因的研究》[①] 一书，当我们看到其中在有关"论劳动生产力增进的原因"和"论劳动生产物自然而然地分配给各阶级人民的顺序"的主题下，所包含的"论分工""论地租"的内容，以及主题为"论资财的性质及其蓄积和用途""论重农主义即政治经济学中把土地生产物看作各国收入及财富的唯一来源或主要来源的学说""论君主或国家的收入"，从而展开的研究和论述的时候，我们不能不联想到，在公元11世纪上半叶，处于中国封建社会发展阶段上的思想家李觏，也有相关的论题提出，并以多种著作形式加以论述。还有15世纪明代的思想家丘濬（1421—1495）的相关著述。[②] 难道不可以将其冠之以"中国古代的古典政治经济学"而加以深入地比较研究吗？

凡是追求人类生存理想，以促进人类生存进步和社会发展的思想，都是人类共同的精神财富，而无论其产生时是处于哪一个人类社会性质不同的发展阶段和思想风貌不同的发展阶段。

---

① 原书出版于1776年，严复译作《原富》（1902），郭大力、王亚南初译为《国富论》（1931）。郭大力、王亚南1965年重新校译，商务印书馆1972年出版。

② 其所著《大学衍义补》当中，在"治国平天下之要·制国用"的主题下，列出十一个子目，分别采集历代经传子史中的相关文献，也包括李觏的言论，并附以己见而论之，从而构成了讨论国家政治与经济方面的史论篇章。

# 第三章

# 王安石《周官新义》的礼学特色及其历史影响

纵观中国古代经学与政治关系的历史，就北宋王安石的位置来说，似乎可以得出这样的印象：在历代的政治家当中，没有比王安石在经学上所产生的影响更大的人物了；而在历代的经学家当中，也没有比王安石在政治上所产生的影响更大的人物了。北宋时代的经学与政治，先后发生了不止一次的更新与变革，政治与学术始终纠葛在一起，不同的政治派别与学术派别之间彼此论争不断。当王安石在宋神宗朝身居相位主理朝政的时候，分别在政治上和在经学上进行了一番变革，前者为新法，后者为新学，这两个方面对于北宋时期的政治与学术，乃至后世的政治与学术都有着极其深远的历史影响。

若以经典政治的实践和经典学术的承传这两个方面来说，对于王安石在政治上的作为和在经学上的建树，以及王安石的变法革新与经典诠释之间的联系，亦即其借重经典依据而实行变法的轨迹，在当时以及后世所形成的评价和议论当中，最引人深思的也就是，在王安石的新法与新学之间，究竟是否有着直接的联系，到底是政治影响到了学术，还是学术影响到了政治。对于这个问题，处在不同的历史时期、不同的政治或学术的立场，也就有着不同的褒贬。一般说来，在后世对于王安石的评价上，多数是集合了一些负面的和否定性的历史认识。这样的传统性的历史认识在今天看来是否适当，如何就王安石的政治作为和学术作为之间的关系给出一个恰当的历史定位，长期以来为学术界所关注，但在认识上歧见纷呈，至今未有公论。[①]

---

[①] 李华瑞《王安石变法研究史》（人民出版社2004年版）一书，就南宋以后至于20世纪对王安石及其变法的议论、评价和研究，进行了集中全面的考察，使我们可以看到历史上的多种见解。

就王安石的新学而论，本身是有着多种背景的，既有政治的背景，又有学术的背景，当然还有思想变迁的背景。至于作为王安石新经学的组成部分的《周官新义》一书，在学术史上有着不小的影响。历史上也有将其新法的构想与此书的撰作联系在一起的认识。本章的主题就是从经学思想发展的角度对王安石《周官新义》的出现、经学价值和意义，以及与其变法之间关系、历史评价和影响等问题进行考察，以呈现其在经学思想史上的独特风貌。

## 第一节 王安石新经学确立的各种背景及《周官新义》的撰作①

正如以往研究多所关注的那样，王安石新经学的特点就在于重视经义、以经术义理来诠解经典。这一思想精神，一方面在王安石对于科举制（贡举法）的改革中有所体现，另一方面又可以找到其与宋初以来经学风气转变的直接联系。

### 一 王安石新经学确立的各种背景

王安石的新经学是以他在政治上的变法革新举措为先导的。作为变法革新的一个组成部分，就是王安石于熙宁四年（1071）在宋神宗的支持下对科举制所进行的改革。这一改革，在形式上，包括"罢明经科"，"进士罢诗、赋、帖经、墨义"，"令治《诗》、《书》、《易》、《周礼》、《礼记》一经，兼《论》《孟》之学"②，"专以经义、论、策试进士"③；"立新科明法，试律令、《刑统》、大义、断案"④；在思想上，则意在以经术义理相统一，为朝廷选拔具有专门知识和精神素养的人才提供根本的保证。这既是对范仲淹在宋仁宗庆历新政时科举改革的延续，又是将

---

① 《河南大学学报》（社会科学版）1985年第4期发表的刘坤太《王安石〈周官新义〉浅识》一文是比较早地注意到王安石《周官新义》的修撰背景、特色及流传情况等相关问题的学术论文，本章写作中有所参考。

② （宋）王应麟：《玉海》卷一百十六《选举》。《文渊阁四库全书》，第946册，第145页。

③ （宋）李焘：《续资治通鉴长编》卷三百七十一，中华书局2004年版，第8976页。

④ （元）脱脱等：《宋史·选举志》，中华书局1977年版，第3618页。

范仲淹的改革彻底化。

早在宋仁宗庆历时,作为新政的一个方面,在范仲淹的主持下,科举考试曾实行改革,"先策,次论,次诗赋,通考为去取,而罢帖经、墨义,士通经术愿对大义者,试十道"。后来,随着新政的失败,"仲淹既去,而执政意皆异"。又因"言初令不便者甚众,以为诗赋声病易考,而策论汗漫难知;祖宗以来,莫之有改,且得人尝多矣"。于是,"天子下其议,有司请如旧法。乃诏曰:'科举旧条,皆先朝所定也,宜一切如故,前所更定令悉罢。'"此项改革最终不了了之。[①]

到了宋神宗熙宁时,身为宰相的王安石意欲继续改革科举考试,从而对宋神宗进言说:

> 今人材乏少,且其学术不一,异论纷然,不能一道德故也。一道德则修学校,欲修学校,则贡举法不可不变。若谓此科尝多得人,自缘仕进别无他路,其间不容无贤;若谓科法已善,则未也。今以少壮时,正当讲求天下正理,乃闭门学作诗赋,及其入官,世事皆所不习,此科法败坏人材,致不如古。[②]

如果说范仲淹改革科举的主张目的在于推动"庠序之教"的郡县之学"教以经济之业,取以经济之才"[③],那么王安石则从道德与学术的角度出发,希望通过改革作为选官形式之一的"贡举法"而实现"一学术",进而最终达到"一道德"的选拔政治人才的目的,这就是王安石主张改革科举的思想基础。所以,作为科举改革的举措之一,熙宁六年(1073)三月经义局(又称经义所)的设置,也为王安石统一经义、推进新经学打开了方便之门。《续资治通鉴长编》有如下的两条记载,其一是:

> (宋神宗熙宁五年正月)戊戌,王安石以试中学官等第进呈,且言黎侁、张谔文字佳,第不合经义。上曰:"经术今人人乖异,何以

---

[①] 以上均见《宋史》卷一五五《选举志》,中华书局1977年版,第3613、3614页。
[②] 《宋史》卷一五五《选举志》,中华书局1977年版,第3617页。
[③] 《答手诏条陈十事》,《范仲淹全集》,江苏古籍出版社2004年版,第523页。

一道德？卿有所著，可以颁行，令学者定于一。"安石曰："《诗》已令陆佃、沈季长作义。"上曰："恐不能发明。"安石曰："臣每与商量。"季长，钱塘人，安石妹婿也。①

其二是，宋神宗熙宁六年三月"庚戌，试特奏名进士，上以特奏名人阘茸，而多与官害治，又言学校法终当革。"对此，王安石称："此余事恐久远须立法。"随后"命知制诰吕惠卿兼修撰国子监经义，太子中允、崇政殿说书王雱兼同修撰"。在此之先，上谕执政有曰："今岁南省所取多知名举人，士皆趣义理之学，极为美事。"王安石对曰："民未知义，则未可用，况士大夫乎？"上曰："举人对策，多欲朝廷早修经义，使义理归一。"于是，乃命吕惠卿及王雱，而王安石以判国子监沈季长亲戚之嫌，"固辞雱命，上弗许。已而又命安石提举，安石又辞，亦弗许。（丁卯旧纪书，诏王安石设局置官，训释《诗》、《书》、《周礼》义，即此事也，今不别出。）"②

根据《续资治通鉴长编》和《宋史》的记载，先后有很多的科举人才被选拔到经义局参与《新经义》的修撰、检讨，从而成为王安石新经学建设的有生力量。

先从《续资治通鉴长编》的记载来看：

徐禧与吴著、陶临等，皆以白衣为修撰经义所检讨。③

吕升卿为馆阁校勘提举，详定修撰经义所检讨。吕升卿，吕惠卿弟。王安石极称之，故有是命。④

在新赐进士及第当中，余中为大理评事，朱服为淮南节度推官，邵刚为集庆军节度推官，叶唐懿为处州军士推官，叶秋为秀州司户参军，练亨甫为睦州司法参军，并充国子监修撰经义所检讨。神宗起初怀疑叶秋等未称职，王安石进言说："今乏人检讨文字，若修撰即自责成吕惠卿。"神宗乃许之。朱服，为乌程人；邵刚，为常州人；叶唐懿，为南剑

---

① （宋）李焘撰，上海师大古籍所、华东师大古籍所点校：《续资治通鉴长编》卷二百二十九，中华书局2004年版，第5570页。（本书以下不出作者、点校者及版本）
② 《续资治通鉴长编》卷二百四十三，第5917页。
③ 《续资治通鉴长编》卷二百四十八，第6056页。
④ 《续资治通鉴长编》卷二百四十三，第5926页。又《续资治通鉴长编》二百五十六记载"命太子中允、馆阁校勘、崇政殿说书吕升卿兼同修撰经义"。（第6249页）

州人；叶杕、练亨甫皆建州人。①

吴县尉曾旼、新成都府户曹参军刘泾，为提举修撰经义所检讨。②

吴县尉、提举修撰经义所检讨曾旼并兼充编修删定官。③

在熙宁八年，宋神宗说："经义所辟检讨刘谷，谷必通经义，惠卿言其人有学问，有行。"王安石对言："臣亦闻其有行，但不识之。"宋神宗又说："检讨须有补于修经，不然，虽有行，何补？有行之士，自别有用处。"④ 由此，也可见宋神宗对《新经义》专门修撰之事的重视程度。

再从《宋史》的记载来看：

> 徐禧，字德占，洪州分宁人。少有志度，博览周游，以求知古今事变风俗利疚，不事科举。熙宁初，王安石行新法，禧作《治策》二十四篇以献。时吕惠卿领修撰经义局，遂以布衣充检讨。⑤

> 朱服，字行中，湖州乌程人，熙宁进士甲科，以淮南节度推官充修撰经义局检讨。⑥

> 刘泾，字巨济，简州阳安人，举进士。王安石荐其才，召见，除经义所检讨，以之为太学博士。⑦

正是在宋神宗的支持下，由王安石领衔主持，设经义局，置官，以训释《诗》《书》《周礼》三部经典的经义为中心而开创的所谓新经学，目的无非是要确定一种具有官学意义的经典文本，以作为普及经学教育的基本范本。据《文献通考》记载："熙宁八年，颁王安石《诗》《书》《周礼》义于学官，谓之《三经新义》。"⑧ 由此确立了王安石新经学的官学地位，《三经新义》遂成为官定的经学解说的标准范本。尽管这项工作是以王安石为核心而展开的，而且直接参与其事者也不是很多，但却并

---

① 《续资治通鉴长编》卷二百四十四，第5939页。
② 《续资治通鉴长编》卷二百五十三，第6192页。又卷二百六十五记载"曾旼检讨在七年五月七日"（第6489页）。
③ 《续资治通鉴长编》卷二百五十四，第6220页。
④ 《续资治通鉴长编》卷二百六十四，第6220页。
⑤ 《宋史》卷三百三十四，第10721页。
⑥ 《宋史》卷三百四十七，第11004页。
⑦ 《宋史》卷四百四十三，第13104页。
⑧ （元）马端临：《文献通考》卷三十一《选举考》四，中华书局2011年版，第910页。

## 第三章　王安石《周官新义》的礼学特色及其历史影响

不影响其作为官方行为以及确定官方经学范本的意义和作用，而且其官学地位一直持续到北宋末年。

实际上，就当时的学术背景而言，北宋的经学发展已经呈现出与汉唐时代不同的风貌，学者们的着眼点日益从章句注疏之学转向经义诠释与阐发的路数上来。

从传统学术的角度来看，宋代和以后学者多认为，以刘敞《七经小传》的问世为标志，开启了宋代新的经学诠释的路径。就刘敞经学的特色及其《七经小传》对当时学术风气的影响，宋代学者略有点评。如陈振孙说："前世经学，大抵祖述注疏，其以己意言经，著书行世，自敞倡之，惟《春秋》既有成书，而《诗》、《书》、《三礼》、《论语》见之《小传》，又《公羊》、《左氏》、《国语》三则附焉，故曰七经。"[①] 再如王应麟则称："自汉儒至于庆历间，谈经者守训故而不凿。《七经小传》出而稍尚新奇矣，至《三经义》行，视汉儒之学若土梗。"[②]

再有，明确地将王安石的新经学与刘敞的经学联系起来的说法，还有以下的记述：

吴曾称："国史云：庆历以前，学者尚文辞，多守章句注疏之学。至刘原父为《七经小传》，始异诸儒之说。王荆公修经义，盖本于原父云。英宗尝语及原父、韩魏公，对以有文学。欧阳文忠公曰：刘敞文章未甚佳，然博学可称也。"[③]

晁公武称："右皇朝刘敞原甫撰。所谓七经者，《毛诗》、《尚书》、《公羊》、《周礼》、《仪礼》、《礼记》、《论语》也。元祐史官谓，庆历前，学者尚文辞，多守章句注疏之学，至敞始异诸儒之说。后王安石修经义，盖本于敞。予观原甫伊尹相汤伐桀升自陑之说之类，经义多剿取之，史官之言，良不诬也。"[④]

---

[①]（宋）陈振孙：《直斋书录解题》卷三《七经小传三卷》条下，徐小蛮、顾美华点校，上海古籍出版社1987年版，第82页。

[②]（宋）王应麟：《困学纪闻》卷八《经说》，全校本《困学纪闻》，翁元圻等注，栾保群、田松青、吕宗力校点，上海古籍出版社2008年版，中册，第1094页。

[③]（宋）吴曾：《能改斋漫录》卷二"注疏之学"条，《文渊阁四库全书》，上海古籍出版社1987年版，第850册，第520页。

[④]（宋）晁公武：《郡斋读书志校证》，《七经小传》五卷条下，孙猛校证，上海古籍出版社2011年版，第143页。

不过，清代四库馆臣的看法则有所不同。《四库全书总目·七经小传提要》称："是编乃其杂论经义之语，……盖敞本欲作《七经传》，惟《春秋》先成，……其说亦往往穿凿，与安石相同，故流俗传闻，致遭斯谤。然考所著《弟子记》，排斥安石不一而足，实与新学介然异趣。且安石刚愎，亦非肯步趋于敞者。谓敞之说经开南宋臆断之弊，敞不得辞；谓安石之学由于敞，则窃鈇之疑矣。"① 可见，清儒并不认同"安石之学由于敞"的判断。对此，我们将在后面再作具体考察和辨析。

其实，如果从当代学者研究宋学的形成和发展的角度来说，为宋代经学开启新路，大概从宋初的欧阳修，以及胡瑗、孙复、石介等人开始的。正如漆侠先生所论述的那样：早在宋学形成的阶段，从欧阳修，到胡瑗、孙复、石介，"他们治经的路子是相同的，即摆脱传注的束缚，直至经学的堂奥，根据自己的认识能力，来阐发经学的宏旨大义，这就是人们所说的宋的义理之学"。再向前追溯的话，唐代的啖助、赵匡和陆质，就已经以这样的思路和方法来对待《春秋》了。"欧阳修、胡瑗等三先生则将啖助等研治《春秋》的特殊方法，变成了研治六经的普遍方法。而且，这个方法经过宋初学者的实际应用，对经学的探索起了重大的推动作用，于是成为普遍的方法，为更多的学者所接受和使用。这样一来，对比之下，宋代义理之学同汉代章句之学形成两种不同的探索经学的方法，就日益明朗化了。宋代以义理之学代替汉代章句之学，在宋学形成时期已经非常明显了。"②

那么，王安石的新经学在宋学中的定位又如何呢？可以说，与宋初学者的疑经和不信传注的风气有所不同，以《三经新义》为标志，王安石的新经学则表现出别立经注以解经义的特点，这不能不说是从形式上对汉唐经注的发展，特别是王安石亲手撰作的《周官新义》的内容，更集中体现出其经注形式上的义理之学的特点。略早于王安石的李觏（1009—1059）曾经说过："郑氏之学，其实不能该礼之本，但随章句而解之。句东则东，句西则西，百端千绪，莫能统率。"③ 在我们今天研究

---

① 《四库全书总目》，中华书局1965年版，第270页。
② 漆侠：《宋学的发展和演变》，河北人民出版社2002年版，第204、205页。
③ 《李觏集》，第15页。

郑玄《三礼注》为核心的经注学之后来看，这种批评不免有些苛求于古人。一方面，以郑玄经注学为代表的汉代经学，不过是以章句之学的形式为解读经典的方式；而且另一方面，在其解经的文字当中，也不乏义理方面的内容和十分深刻的思想内涵。而王安石的《周官新义》正是从这两个方面，即在形式和内容上，都有着承继汉唐经学传统的印记。其具体表现在本章后面的考察中即可看到。

## 二 《周官新义》的撰作

有关《周官新义》的撰作，让我们先来看一看王安石自己所写的《周官新义序》是怎样说的吧：

> 士弊于俗学久矣，圣上闵焉，以经术造之，乃集儒臣，训释厥旨，将播之校学，而臣某实董《周官》。惟道之在政事，其贵贱有位，其后先有序，其多寡有数，其迟数有时。制而用之存乎法，推而行之存乎人。其人足以任官，其官足以行法，莫盛于成周之时。其法可施于后世，其文有见于载籍，莫具于《周官》之书。盖其因习以崇之，赓续以终之，至于后世，无以复加，则岂特文武周公之力哉？犹四时之运，昼夜积而成寒暑，非一日也。自周之衰，以至于今，历岁千数百矣。太平之遗迹，扫荡几尽。学者所见，无复全经。于是时也，乃欲训而发之，臣诚不自揆，然知其难也。以训而发之为难也，则又以知夫立政造事，追而复之之为难。然窃观圣上致法就功，取成于心，训迪在位，有冯有翼，亹亹乎乡六服承德之世矣。以所观乎今，考所学于古，所谓见而知之者，臣诚不自揆，妄以为庶几焉。故遂昧冒自竭，而忘其材之弗及也。谨列其书为二十有三卷，凡十余万言，上之御府，副在有司，以待制诏颁焉。谨序。[①]

对以上文字略加解读我们可以看到，在寥寥数语当中，充分体现出了王安石对周代政治以及《周官》一书的推崇。首先，其所谓"惟道之

---

[①] 参见《王安石全集》本《周礼新义》，王水照主编，程元敏等整理，复旦大学出版社2017年版，第29、30页。

在政事，其贵贱有位，其后先有序，其多寡有数，其迟数有时。制而用之存乎法，推而行之存乎人"，所说的"道"，实际上就是"礼"，或者说是"法"。就传统政治来说，"其人足以任官，其官足以行法，莫盛于成周之时"；就传统政治的经典依据来说，"其法可施于后世，其文有见于载籍，莫具于《周官》之书"。可见，和历史上的许多儒者一样，王安石也是以文、武、周公的成周时代为理想的政治时代，以《周官》为理想的政治经典的。作为《周官》一书，王安石虽然没有明确地说就是周公所作，但是他认为其中所体现的文、武、周公的政治智慧和礼法之治的精神，有着可行可法的政治经典的价值，这则是极为明确的，所以他才说："盖其因习以崇之，庚续以终之，至于后世，无以复加，则岂特文武周公之力哉？"而且，也正是在王安石所认为的"自周之衰，以至于今，历岁千数百矣。太平之遗迹，扫荡几尽。学者所见，无复全经"这样的历史背景之下，他才对《周官》一书"乃欲训而发之"，尽管其深感"以训而发之之为难也，则又以知夫立政造事，追而复之之为难"，但是为了改变"士弊于俗学久矣"的局面，达到"以经术造之""训释厥旨，将播之校学"的目的，王安石可谓知难而进，当仁不让，竭力而为之。这也就是其撰作《周官新义》的原委。同时又可知《周官新义》原书为二十有三卷，凡十余万言。

除了王安石的自述之外，还有如下一些相关文献记录，反映了宋人对《周官新义》的普遍认识。

宋蔡绦撰《铁围山丛谈》卷四记载说："王元泽奉诏修《三经义》，时王丞相介甫为之提举，盖以相臣之重，所以假命于其子也。吾后见鲁公与文正公二父相与谈往事，则每云：'《诗》、《书》盖出元泽暨诸门弟子手，至若《周礼新义》实丞相亲为之笔削者。'及政和时，有司上言天府所籍吴氏资居检校库，而吴氏者，王丞相之姻家也，且多有王丞相文书，于是朝廷悉命藏诸秘阁。用是吾得见之，《周礼新义》笔迹，犹斜风细雨，诚介甫亲书，而后知二父之谈信。"[①]

宋晁公武撰《郡斋读书志》卷二《新经周礼义》二十二卷条下记载称："皇朝王安石介甫撰。熙宁中，设经义局，介甫自为《周官义》十余

---

[①] （宋）蔡绦：《铁围山丛谈》，冯惠民、沈锡麟点校，中华书局1983年版，第58页。

第三章　王安石《周官新义》的礼学特色及其历史影响　211

万言，不解《考工记》。"① 从中可见对其书不解《考工记》这一特点的提示。

宋陈振孙撰《直斋书录解题》卷二载："《周礼新义》二十二卷，王安石撰。其序言：'自周衰至今历载千数，而太平遗迹扫荡殆尽，学者所见无复全经。于是时乃欲训而发之，臣诚不自揆，知其难也（案自周衰以下七句原本脱漏，今据《文献通考》补入），以训而发之之为难。又知夫立政造事追而复之之为尤难也。'新法误国，于此可推其原矣。熙宁八年，诏颁之国子监，且置之义解之首。其解止于《秋官》不及《考工记》。"② 其中也有将王安石新法与其作《周官新义》相联系而予以"误国"之原的负面评价。

再有就是清代编修的《四库全书·周官新义提要》中所记述的其书撰作的原委，文字中在综述前人记载的同时，又加上新的评论：

《周官新义》十六卷，附《考工记解》二卷，宋王安石撰。安石事迹具《宋史》本传，晁公武《读书志》曰："熙宁中，置经义局，撰《三经义》，皆本王安石经说。"三经，《书》、《诗》、《周礼》也，新经《毛诗义》凡二十卷，《尚书义》凡十三卷，今并佚。《周官新义》本二十二卷，明万历中重编内阁书目尚载其名。故朱彝尊《经义考》不敢著其已佚，但注曰未见。然外间实无传本，即明以来内阁旧籍亦实无此书。惟《永乐大典》者所载最夥，盖《内阁书目》据《文渊阁书目》，《文渊阁书目》即修《永乐大典》所征之书，其时得其完帙，故采之最详也。考蔡绦《铁围山丛谈》曰："王元泽奉诏为《三经义》时，王丞相介甫为之提举，《诗》、《书》盖多出元泽及诸门弟子手。《周官新义》实丞相亲为之笔削者。政和中，有司上言，天府所籍吴氏资多有王丞相文书，于是朝廷命藏诸秘阁用。是吾得见之《周官新义》，笔迹犹斜风细雨，诚介甫亲书"云云。然则《三经义》中，惟《周礼》为安石手著矣。

安石以《周礼》乱宋学者，类能言之，然《周礼》之不可行于

---

① （宋）晁公武：《郡斋读书志校证》，孙猛校证，上海古籍出版社2011年版，第81页。
② （宋）陈振孙：《直斋书录解题》，徐小蛮、顾美华点校，上海古籍出版社1987年版，第44页。

后世，微特人人知之，安石亦未尝不知也。安石之意，本以宋当积弱之后而欲济之以富强，又惧富强之说必为儒者所排击，于是附会经义以钳儒者之口，实非真信《周礼》为可行。迨其后用之不得其人，行之不得其道，百弊丛生，而宋以大坏，其弊亦非真缘《周礼》以致误。罗大经《鹤林玉露》咏安石放鱼诗曰："错认苍姬六典书，中原从此变萧疏。"是犹为安石所绐，未究其假借六艺之本怀也。因是而攻《周礼》，因是而攻安石所注之《周礼》，是宽其影附之巧谋，而科以迂腐之薄谴矣。故安石怙权植党之罪万万无所辞，安石解经之说则与所立新法各为一事。程子取其《易解》，朱子、王应麟均取其《尚书义》，所谓言各有当也。今观此书，惟训诂多用《字说》，病其牵合，其余依经诠义，如所解八则之治都鄙、八统之驭万民、九两之系邦国者，皆具有发明，无所谓舞文害道之处。故王昭禹、林之奇、王与之、陈友仁等注《周礼》颇据其说。钦定《周官义疏》亦不废采用，又安可尽以人废耶。

安石神宗时所上《五事札子》及《神宗日录》载安石所引《周官》及杨时《龟山集》中所驳平颁兴积一条，其文皆在《地官》中。今《永乐大典》阙《地官》《夏官》二卷，其说遂不可考，然所佚适属其瑕颣，则所存者益不必苛诋矣。安石本未解《考工记》而《永乐大典》乃备载其说，据晁公武《读书志》盖郑宗颜辑安石《字说》为之以补其阙，今亦并录其解备一家之书焉。①

在以上的文字当中，不仅记述了《周官新义》成书的来龙去脉，而且提出"安石解经之说则与所立新法各为一事"，从而否认《周官新义》的撰作与王安石变法之间的直接关系，并且认为王安石对《周礼》的解说往往"具有发明"而"无所谓舞文害道之处"，同时还指出如王昭禹、林之奇、王与之、陈友仁等"注《周礼》颇据其说"，反映出《周官新义》后来的学术影响。有关这些方面的情况到底如何，则是我们下文将要详加考察的内容。

至于《周官新义》的规模，从现存文渊阁四库全书本《周官新义》

---

① 《四库全书总目》，中华书局1965年版，第149、150页。其《考工记解》则是郑宗颜辑王安石《字说》所补［（清）蔡上翔撰《王荆公年谱考略》卷十九］。

来看，其注文共有十六卷、四百五十二条。卷一至卷五为《天官》一至五，计一百三十条（一，1—25；二，26—46；三，47—72；四，73—93；五，94—130）。卷六、七为《地官》一、二，计五十三条（一，1—23；二，24—53）。卷八、九、十、十一为《春官》一至四，计一百二十三条（一，1—19；二，20—44；三，45—76；四，77—123）。卷十二、十三为《夏官》一、二，计四十三条（一，1—22；二，23—43）。卷十四、十五、十六为《秋官》一、二、三，计一百三条（一，1—33；二，34—83；三，84—103）。附卷《考工记》上下，计三十三条（上1—22，下23—33）。那么，除了《考工记》部分之外，共有四百五十二条注文。①

值得注意的是，依照前引《四库提要》所说的"安石本未解《考工记》而《永乐大典》乃备载其说，据晁公武《读书志》盖郑宗颜辑安石《字说》为之以补其阙"，从而可以明确《周官新义·考工记》部分并非王安石所撰，实为郑宗颜《周官讲义》所辑。这一点常常容易被引用《周官新义》文字者所忽视而出现误读。

## 第二节 《周官新义》的解经方式及其特点

说到《周官新义》之新，首先是体现在其解经方式上，又由其解经方式而决定了其所具有的一些特点。清人全祖望《荆公〈周礼新义〉题辞》曾对王安石解经的特点有所概括：此："荆公解经，最有孔、郑诸公家法，言简意赅，惟其牵缠于《字说》者，不无穿凿，是故荆公一生学术之秘，不自知其为累也。"②

以我们今天考察经学的学术眼光来解读王安石的《周官新义》，其确实是在东汉郑玄《周礼注》、唐代贾公彦《周礼疏》的基础上，有着更具特色的解说方式和更为丰富的解说文字，特别在思想意识上也继承了古

---

① 值得一提的是，中国台湾学者程元敏所著《三经新义辑考汇评·周礼》（上、下，"国立"编译馆，1987年10月初版）对于今天我们考察《周官新义》的本文是具有重要参考价值的研究成果，笔者在本章的写作中就多有参考。又参考后来出版的华东师范大学出版社2011年版《程元敏著作集》本《三经新义辑考汇评·周礼》。还有《文渊阁四库全书》本《周官新义》，以及王永照主编《王安石全集》第三册《周礼新义》，复旦大学出版社2017年版。

② 《宋元学案》卷九十八，中华书局1986年版，第3252页。

代经学思想发展过程中所形成的推重三代先王,推崇孔孟圣贤的思想宗旨,最终不仅是要提供一个普及性的《周礼》解说范本,更在于传播传统经典的制度与思想,并以其为资源而用之于当世的治国安邦、执政理财、礼乐生活,以期归于合乎先王理想的礼仪政治和道德政治。以下,我们就对《周官新义》的解经方式及其特点进行考察和说明。

**一 解说经文,有根有据,平实易懂**

《周官新义》作为宋神宗朝的官定经学范本之一,无疑带有明显的为士子科举考试提供标准解释的性质。从其解说的形式来看,首先是说明性的文字占有很大的比重,这显然是为了便于读者对《周礼》本经的理解。诸如"……,……所谓……是也","……者,……故也","……,谓之……","……,故谓之……","……,……而已",等等,这样的解说句式和文字在《周官新义》中可谓比比皆是。兹列举一些实例如下。

(一)《天官》部分

①《天官·冢宰》序官的"上士""中士""下士"的"士",《新义》云:"士,事人者也,故士又训事,事人则未能以智帅人,非人之所事也,故未娶谓之士。"[①]

②《天官·冢宰》大宰之职有"以九赋敛财贿",《新义》云:"下以职共谓之贡,上以取政谓之赋。以九赋敛财贿者,才之以为利谓之财,有之以为利谓之贿;谓之财贿,则与言货贿异矣。货言化之以为利,则商贾之事也。"[②]

③《天官·冢宰》小宰之职有"以听官府之六计,弊群吏之治,一曰廉善,二曰廉能,三曰廉敬,四曰廉正,五曰廉法,六曰廉辨",《新义》云:"治污谓之污,治荒谓之荒,治乱谓之乱,治扰谓之扰,则治弊谓之弊矣。所谓'弊群吏之治'者,治弊之谓也。善其行谓之善,善其

---

① 《程元敏著作集》本《三经新义辑考汇评·周礼》,第7页;《王安石全集》本《周礼新义》,第35页。

② 《程元敏著作集》本《三经新义辑考汇评·周礼》,第32页;《王安石全集》本《周礼新义》,第59页。二者此段一句作"才之以为利,谓之财;有之以为利,谓之贿",笔者认为仿开头句这里也可以作不断开处理。

事谓之能,能直内谓之敬,能正直谓之正,能守法谓之法,能辨事谓之辨。"①

④《天官·冢宰》宰夫之职有"凡朝觐,会同、宾客,以牢礼之法,掌其牢礼、委积、膳献、饮食、宾赐之飧牵,与其陈数";《新义》云:"牛羊豕谓之牢,米禾薪刍谓之委积,夕食谓之飧。牢生可牵谓之牵。牢礼,则大行人掌客牢礼之等数是也。牢礼之法,则其掌之又有法焉。委积,则上公五积之属是也;膳,则饮膳大牢之属是也;献,则上介有禽兽之属是也;饮,则壶四十之属是也;食,则食四十之属是也;飧,则飧五牢之属是也;宾之飧牢,则有司所共;赐之飧牵,则王所好赐;陈数,则以爵等为之牢礼之陈数是也。"②

⑤《天官·冢宰·庖人》有"共祭祀之好羞,共丧纪之庶羞,宾客之禽献。"《新义》云:"共丧纪之庶羞,共宾客之禽献,则仁丧纪宾客,故使共王膳羞之官共之也。或言丧事,或言丧纪之事。丧事,丧之在我者也。丧纪,丧之在彼者也。丧纪之事,丧在彼而我有事焉者也。丧在彼,我以礼数纪之,故谓之丧纪。"③

(二)《地官》部分

《地官·司徒》小司徒之职有"乃经土地,而井牧其田野;九夫为井,四井为邑",《新义》说:"田亩有类于井,而公田之中又凿井焉,故谓之井田。一井之田九百亩,八家八百亩,公田居中百亩,除二十亩,八家分之得二亩半,以为庐舍,合保城之地二亩半。《孟子》所谓'五亩之宅'是也。"④

(三)《春官》部分

①《春官·宗伯》大宗伯之职有"王大封,则先告后土,乃颁祀于邦国、都家、乡邑",《新义》说:"'王大封,则先告后土,乃颁祀于

---

① 《程元敏著作集》本《三经新义辑考汇评·周礼》,第61页;《王安石全集》本《周礼新义》,第87页。

② 《程元敏著作集》本《三经新义辑考汇评·周礼》,第74页;《王安石全集》本《周礼新义》,第99页。

③ 《程元敏著作集》本《三经新义辑考汇评·周礼》,第97页;《王安石全集》本《周礼新义》,第121页。

④ 《程元敏著作集》本《三经新义辑考汇评·周礼》,第186页;《王安石全集》本《周礼新义》,第202页。

(邦国、)都家、乡邑'者,建邦国而封之,所谓大封,其颁祀则及其都家与其乡邑。盖诸侯之卿与其子弟所食采,亦谓之都,《书》所谓'简恤尔都',《左氏传》所谓'邑有先君之主曰都'是也。"①

②《春官·宗伯》小宗伯之职有"若国大贞",《新义》说:"大贞,卜大事而贞之,贞与《书》所谓'我二人共贞'同义。"②

(四)《夏官》部分

①《夏官·大司马》有"乃以九畿之籍,施邦国之政职:方千里曰国畿,其外方五百里曰侯畿,又其外方五百里曰甸畿,又其外方五百里曰男畿,又其外方五百里曰采畿,又其外方五百里曰卫畿,又其外方五百里曰蛮畿,又其外方五百里曰夷畿,又其外方五百里曰镇畿,又其外方五百里曰蕃畿",《新义》释云:"方千里曰畿,则《禹贡》所谓'甸服'。甸服面五百里则为方千里矣。其外侯服、甸服,《禹贡》所谓'侯服'也。又其外男服、采服,《禹贡》所谓'绥服'也。又其外卫服、蛮服,《禹贡》所谓'要服'也。又其外夷服、镇服,《禹贡》所谓'荒服'也。又其外蕃服,在《禹贡》五服之外。"③

②《夏官·司马》圉师之职"射则充椹质,茨墙则翦阖",《新义》释云:"次草谓之茨,《诗》曰'墙有茨'。苫谓之阖,以剡草为苫。"④

③《夏官·职方氏》有扬州、荆州、豫州、青州、兖州、雍州、幽州、冀州、并州的"九州"之序,《新义》则说:"九州之序,《禹贡》始于冀,次以兖,而终于雍;《职方》始于扬,次以荆,而终于并者,盖《禹贡》言治水之序,《职方》言远近之序。治水自帝都而始,然后顺水性所便,自下而上,故自兖至雍而止。以远近言之,则周之化,自北而南,以南为远,故《关雎》、《鹊巢》之诗,分为二南,《汉广》亦言文王之道,被于南国,德化所及,以远为至故也。始于扬州,则以扬在东

---

① 《程元敏著作集》本《三经新义辑考汇评·周礼》,第290页;《王安石全集》本《周礼新义》,第302页。

② 《程元敏著作集》本《三经新义辑考汇评·周礼》,第293页;《王安石全集》本《周礼新义》,第305页。

③ 《程元敏著作集》本《三经新义辑考汇评·周礼》,第402页;《王安石全集》本《周礼新义》,第407页。

④ 《程元敏著作集》本《三经新义辑考汇评·周礼》,第451页;《王安石全集》本《周礼新义》,第453页。

## 第三章　王安石《周官新义》的礼学特色及其历史影响

南；次以荆，则以荆在正南；终于并，则以并在正北；先远而后近也。"①

（五）《秋官》部分

①《秋官·司寇序官》有"萍氏，下士二人，徒八人"，《新义》释云："萍之浮物，不沈溺，又胜酒，故掌国之水禁；几酒、谨酒、禁川游者，谓之萍氏。"② 其"故掌国之水禁……禁川游者"一段又是引述萍氏职文。③

②《秋官·司寇》司刺之职有"三赦曰憃愚"，《新义》云："憃愚，憃而愚也。孔子曰：'古之愚也直，今之愚也诈而已。'所谓憃愚，则异乎今之愚矣。"④

③《秋官·司寇》司厉之职有"凡有爵者，与七十者，与未龀者，皆不为奴"，《新义》云："则郑氏谓'奴从坐，没入县官者'是也。盖盗贼之罪，有杀不足以惩之者，所谓'无余刑非杀'也。"⑤

④《秋官·司寇》薙氏之职"若欲其化也，则以水火变之"，《新义》："'若欲其化也，则以水火变之'者，《月令》所谓'烧薙行水也，于是草化焉'。郑氏谓'含实曰绳'，盖以绳为脽。"⑥

⑤《秋官·司寇》掌讶之职"至于朝，诏其位，入，复，退亦如之"，《新义》云："'至于朝，诏其位，入，复，退亦如之'者，退亦入复。若孔子所谓'宾不顾矣'。"⑦

在以上列出的例证当中我们可以看到，《周官新义》的解说有不少是依据传承的经典，诸如以《诗》《书》中的文句，还有以孔子、孟子、郑玄等人的说法来解释的。就对《周礼》内容的解说而言，无论是职官、

---

① 《程元敏著作集》本《三经新义辑考汇评·周礼》，第454页；《王安石全集》本《周礼新义》，第455页。

② 《程元敏著作集》本《三经新义辑考汇评·周礼》，第461页；《王安石全集》本《周礼新义》，第461页。

③ 《程元敏著作集》本《三经新义辑考汇评·周礼》，第525页。

④ 《程元敏著作集》本《三经新义辑考汇评·周礼》，第511页；《王安石全集》本《周礼新义》，第504页。

⑤ 《程元敏著作集》本《三经新义辑考汇评·周礼》，第515页；《王安石全集》本《周礼新义》，第508页。"无余刑非杀"一句，见于《古文尚书·周书·文侯之命》。

⑥ 《程元敏著作集》本《三经新义辑考汇评·周礼》，第535页；《王安石全集》本《周礼新义》，第526页。

⑦ 《程元敏著作集》本《三经新义辑考汇评·周礼》，第563页；《王安石全集》本《周礼新义》，第550页。

还是名物，无论是制度、还是礼仪，无论是字句，还是意思，都旨在有根有据，且平实易懂。这样就十分符合所谓"新义"的目的，从而构成了其鲜明的普及性特色，亦即为士人学子的经学教育提供权威性的释读范本。

如果说汉唐时期儒家经典的注疏学意义还只是在相对狭小的范围内体现出其传播的功能和作用，那么随着科举制的建立和进一步广泛化，以及宋代文官制度下的选材需要，使经学的进一步普及达到新的历史时期，其间，作为一代官学的王安石经学和《三经新义》的范本出现，无疑对于经学普及起到了推波助澜的作用。

## 二 析字解词，辨说其理，以求本义

在《周官新义》中，有不少对《周礼》中的文字进行解析的内容，对此，《钦定四库全书考证》卷八有云："案：安石集《字说》序云：'声之抑扬开塞，合散出入，形之衡从、曲直、邪正、上下、内外、左右，皆有自然之义，非私智所能为。余读《说文》，时有所悟，因作《字说》以所推经义附之。'则'极字，从木，从亟'云云，其初本用以解经，其后乃彙为《字说》也。"①

以下我们对王安石所解析的文字进行具体考察，以见其特点。

（1）《周礼·天官冢宰》有云："惟王建国，辨方正位，体国经野，设官分职，以为民极。"《新义》说："设官分职，内以治国，外以治野，建置在上，如屋之极，使民于是取中而芘焉。故曰'以为民极'。极之字，从木，从亟。木之亟者，屋极是也。"② 东汉许慎《说文解字》卷六有云："极，栋也，从木，亟声。"③ 郑玄《周礼注》在"以为民极"一句下有注云："极，中也。令天下之人各得其中，不失其所。"唐贾公彦《周礼疏》解释说："极，中也。言设官分职以治民，令民得其中正，使不失其所故也。"又说："'极，中也'，《尔雅》文。案《尚书·洪范》云：'皇建其有极，惟时厥庶民于汝极'，谓皇建其有中之道，庶民于之

---

① 《文渊阁四库全书》，第1497册，第204页。
② 《程元敏著作集》本《三经新义辑考汇评·周礼》，第4页；《王安石全集》本《周礼新义》，第5页。
③ 中华书局1963年影印本，第120页。

## 第三章 王安石《周官新义》的礼学特色及其历史影响

取中于下。"① 在这里，王安石对"极"字以"屋极"进行的解析，具体而形象，比起郑、贾的解说更加便于理解。

（2）《周礼·天官冢宰》有云："乃立天官冢宰，使帅其属而掌邦治，以佐王均邦国。"

①《新义》说："宰，治官之上也，故宰之字，从宀，从辠省，宀覆人罪之意，宰以治割调和为事。"② 许慎《说文解字》卷七有云："宰，辠人，在屋下执事者。从宀，从辛。辛，辠也。"③ 王安石袭用此解。又唐陆德明《经典释文》卷八《周礼音义》录晋干宝语云："济其清浊，和其刚柔，而纳之中和曰宰。"④ 王安石所云"宰以治割调和为事"或本于此。

②《新义》又说："凡言邦、言国者，王国也，亦或诸侯之国。国于文，从或，从囗，为其或之也，故囗之。故凡言国，则以别郊野。邦于文，从邑，从丰，是邑之丰者，故凡言邦，则以别于邑都，亦或包邑都而言焉。"⑤ 许慎《说文解字》卷六下说："国，邦也，从囗，从或。"又："邦，国也，从邑，丰声。"又："邑，国也，从囗。先王之制尊卑，有大小。从卪。凡邑之属皆从邑。"⑥ 显然，王安石的解说是全采许慎之说并有所引申。

（3）《周礼·天官冢宰序官》有云："治官之属，大宰，卿一人；小宰，中大夫二人；宰夫，下大夫四人，上士八人，中士十有六人，旅下士三十有二人。"

①《新义》说："大宰，卿；小宰，中大夫；则卿上大夫也。……卿之字，从卯，卯，奏也，从卪，卪，止也。左从卯，右从卪，知进止之意。从皀，黍稷之气也。黍稷，地产，有养人之道，其皀能上达，卿，虽有

---

① 《十三经注疏（标点本）·周礼注疏》，第5、6页。
② 《程元敏著作集》本《三经新义辑考汇评·周礼》，第5页；《王安石全集》本《周礼新义》，第33页。
③ 中华书局1963年影印本，第151页。
④ 《十三经注疏（标点本）·周礼注疏》，第6页；又见张一弓点校《经典释文》，上海古籍出版社2012年版，第170页上栏。
⑤ 《程元敏著作集》本《三经新义辑考汇评·周礼》，第6页；《王安石全集》本《周礼新义》，第33页。
⑥ 《说文解字》，中华书局1963年影印本，第129、131页。

养人之道而上达，然地类也，故其字如此。"① 东汉许慎《说文解字》卷九上说："卿，章也。……从卯，皂声。"② 这里是作两部分解释，王安石则将是"卿"字解析成三个部分来解说的。而对于"卯""卪""皂"的解说，许慎《说文解字》卷九上分别为："卯，卪也阙"③，又："卪（卪），瑞信也。守国者用玉卪，守都鄙者用角卪，使山国者用虎卪，土国者用人卪，泽国者用龙卪，门关者用符卪，货贿用玺卪，道路用旌卪，象相合之形。凡卪之属，皆从卪"④，又："皂，谷之馨香也。象嘉谷在裹中之形，匕所以扱之。或说，皂，一粒也。凡皂之属，皆从皂。又读若香。"⑤ 可见，上述王安石的解说与许慎对相关字的解说是有所关联的。

②《新义》又说："夫之字，与天皆从一，从大。夫者，妻之天故也。天大而无上，故一在大上。夫，虽一而大，然不如天之无上，故一不得在大上，夫，以智帅人者也，大夫，以智帅人之大者也。"⑥ 许慎《说文解字》卷十下有云："夫，丈夫也，从大，一以象簪也。周制以八寸为尺，十尺为丈，人长八尺，故曰丈夫。凡夫之属，皆从夫。"又有："天，颠也，至高无上。从一大。"⑦ 王安石是循从许慎的解说而又有所引申。

③《新义》又说："士之字，与工，与才皆从二，从丨。才，无所不达，故达其上下，工具人器而已。故上下皆弗达，士非成才，则宜亦皆弗达。然志于道者，故达其上也。士，事人者也，故士又训事，事人则未能以智，帅人非人之所事也，故未娶谓之士。"⑧ 许慎《说文解字》卷一上有云："士，事也。数始于一，终于十。从一，从十。孔子曰：推十

---

① 《程元敏著作集》本《三经新义辑考汇评·周礼》，第7页；《王安石全集》本《周礼新义》，第34页。

② 《说文解字》，第187页。

③ 《说文解字》，第187页。

④ 《说文解字》，第186、187页。

⑤ 《说文解字》，第106页。

⑥ 《程元敏著作集》本《三经新义辑考汇评·周礼》，第7页；《王安石全集》本《周礼新义》，第34、35页。

⑦ 《说文解字》，第216、217页。

⑧ 《程元敏著作集》本《三经新义辑考汇评·周礼》，第7页；《王安石全集》本《周礼新义》，第35页。

第三章 王安石《周官新义》的礼学特色及其历史影响　　221

合一为士。凡士之属,皆从士。"① 王安石的解说与许慎有异有同。

④《新义》又说:"下士谓之旅,则众故也。旅之字,从放,从从,众矣,则从旌旗指挥故也。从旌旗指挥,则从人而不自用,下士之为旅,则亦从人而不自用者也。"② 而许慎《说文解字》卷七上则有云:"军之五百人为旅,从放,从从,从俱也。"③

⑤《新义》又说:"府之字,从广,从付。则其藏也,付则以物付之。"④ 许慎《说文解字》有云:"文书藏也。从广,付声。"⑤

⑥《新义》又说:"叓之字,从中,从又,设官分职以为民中,叓则所执在下,助之而已。"⑥ 许慎《说文解字》卷三下有云:"史,记事者也。从又,持中,中正也。凡史之属皆从史。"⑦

⑦《新义》又说:"胥之字,从疋,从肉,疋则以其为物下体,肉则以其亦能养人。其养人也,相之而已,故胥又训相也。卿从皀,胥从肉,皆以养人为义,则王所建置,凡以养人而已。"⑧ 许慎《说文解字》卷四下有云:"胥,蟹醢也,从肉,疋声。"⑨

⑧《新义》又说:"徒之字,从辵,从土。徒无车,从也。其辵而走,则亲土而已,故无车而行,谓之徒行也。"⑩ 许慎《说文解字》卷二下有云:"(辻),步行也,从辵,土声。"⑪

(4)《周礼·天官冢宰序官》有云:"酒人,……奚三百人。"《新

---

① 《说文解字》,中华书局1963年影印本,第14页。
② 《程元敏著作集》本《三经新义辑考汇评·周礼》,第7页。《王安石全集》本《周礼新义》,第7页。《王安石全集》本《周礼新义》,第35页。
③ 《说文解字》,第141页。
④ 《程元敏著作集》本《三经新义辑考汇评·周礼》,第7页;《王安石全集》本《周礼新义》,第35页。
⑤ 《说文解字》,第192页。
⑥ 《程元敏著作集》本《三经新义辑考汇评·周礼》,第7页;《王安石全集》本《周礼新义》,第35页。
⑦ 《说文解字》,第65页。
⑧ 《程元敏著作集》本《三经新义辑考汇评·周礼》,第7页;《王安石全集》本《周礼新义》,第35页。
⑨ 《说文解字》,第89页。
⑩ 《程元敏著作集》本《三经新义辑考汇评·周礼》,第7页;《王安石全集》本《周礼新义》,第35页。
⑪ 《说文解字》,第39页。

义》说:"奚之字,从系,从大。盖给使之贱,系于大者故也。"① 许慎《说文解字》卷十下有云:"奚,大腹也,从大,𦳋省声。𦳋,籀文系字。"②

(5)《周礼·天官冢宰序官》有"九嫔、世妇、女御"。《新义》说:"嫔字从宾,则有宾之义。妇之从帚,妇则卑于嫔矣;而御则尤卑,如马之在御,迟速缓急,唯御者之听故也。"③ 许慎《说文解字》卷十二下有云:"服也,从女,宾声。"又:"妇,服也,从女,持帚洒埽也。"④

(6)《周礼·天官》有云:"大宰之职,掌建邦之六典,以佐王治邦国。"《新义》说:"典之字,从册,从丌。从册,则载大事故也;从丌,则尊而丌之也。则之字,从贝,从刀。从贝者,利也;从刀者,制也。灋之字,从水,从廌,从去。从水,则水之为物,因地而为曲直,因器而为方圆,其变无常而常,可以为平;从廌,则廌之为物,去不直者;从去,则灋将以有所取也。"⑤ 于此,王安石对"典""则""法"的解析,可以说是为《周礼》后文的"以八法治官府""以八则治都鄙"和"凡治,以典待邦国之治,以则待都鄙之治,以灋待官府之治"等当中的"典""则""法"提前做了解说。许慎《说文解字》卷五上有云:"典,五帝之书也。从册,在丌上,尊阁之也。庄都说,典,大册也。"卷四下又说:"则,等画物也。从刀,从贝,贝,古之物货。"⑥

(7)《周礼·天官》有云:"祀五帝,则掌百官之誓戒与其具修……祀大神示亦如之,享先王亦如之。"《新义》说:"凡在天者,皆神也,故昊天为大神;凡在地者,皆示也,故大地为大示。神之字,从示,从申,则以有所示无所屈故也。示之字,从二,从小,则以有所示故也。效灋之谓坤,言有所示也,有所示则二而小矣。故天从一,从大;示从二,从小。从二从小为示,而从一从大不为神者,神无体也,则不可以言大;

---

① 《程元敏著作集》本《三经新义辑考汇评·周礼》,第13页;《王安石全集》本《周礼新义》,第40页。

② 《说文解字》,第215页。

③ 《程元敏著作集》本《三经新义辑考汇评·周礼》,第15页;《王安石全集》本《周礼新义》,第43页。

④ 《说文解字》,第262、259页。

⑤ 《程元敏著作集》本《三经新义辑考汇评·周礼》,第17页;《王安石全集》本《周礼新义》,第44页。

⑥ 《说文解字》,第99、51页。

神无数也,则不可言一。有所示则二而小,而神亦从示者,神妙万物而为言,固为其能大能小,不能有所示,非所以为神;惟其无所屈,是以异于是也。"① 这里,从"神"的字形与含义上解说天地作为大神大示的特殊地位。

(8)《周礼·天官》有云:"宫正,掌王宫之戒令纠禁。"《新义》说:"戒之字,从戈,从廾,两手奉戈有所戒之意。令之字,从亼,从卩,下守以为节,参合乎上之意。纠之字,从系,从丩,若纠丝然纠其缓散之意。禁之字,从林,从示,示使知阻,以仁芘焉之意。然则,戒,戒其怠忽;纠,纠其缓散;令,使为之;禁,使勿为也。"②

(9)此外,《周礼·考工记》有云:"坐而论道,谓之王公;作而行之,谓之士大夫;审曲面埶以饬五材,以辨民器,谓之百工;通四方之珍异以资之,谓之商旅;饬力以长地财,谓之农夫;治丝麻以成之,谓之妇功。"

在郑宗颜《考工记讲义》中也有类似的析字解词,以求本义的解说,即所谓:"韩非曰:'自营为厶,背厶为公。'王公之公,人臣尊位,故以自营为戒。公又训事,公虽尊人,亦事人,亦事事。《易》曰:'地势坤。'太下则为势衰,太高则为势危。垚,睦也,高而平,得埶者也。垚,睦也,彼已睦矣,合而成埶,得埶而弗失者,善其孰故也。或又从力,以力为势,斯为下。从辛者,商以迁有资无为利,下道也,干上则为辛焉,从内者,以入为利,从口者,商其事,故为商贾、商度、宫商之字。商为臣,如斯而已。于饬能力者,饬也。农,致其爪掌,养所受乎天五者,故从臼,从囟;欲无失时,故从辰;辰,地道也。农者,本也,故又训厚;浓,水厚;醲,酒厚;襛,衣厚;永木上,中极矣,则别而落,无以下门焉。麻,木谷也,其中不一,卒于披而别之。男服尚之,于庙、于庭、于序、于府,皆广也。王后之六服,或素或沙,皆丝。丝,阳物也,故阴尚之;六冕,皆麻;麻,阴物也,故阳尚之。系,幺,

---

① 《程元敏著作集》本《三经新义辑考汇评·周礼》,第44页;《王安石全集》本《周礼新义》,第71页。
② 《程元敏著作集》本《三经新义辑考汇评·周礼》,第77页;《王安石全集》本《周礼新义》,第102页。

可饰物，合系为丝，无所不饰焉。凡从系，不必丝也。"①

许慎《说文解字》卷九上有云："厶，奸衺也。韩非曰：'苍颉作字，自营为厶。'凡厶之属，皆从厶。"② 卷二上又云："公，平分也。从八，从厶，八犹背也。韩非曰：'背厶为公'。"③ 可见，这里所引韩非之说应是袭自许慎《说文解字》的。许慎《说文解字》卷三上又云："农，耕也，从晨，囟声。"还有："晨，早昧爽也，从臼，从辰，辰，时也，辰亦声，丮夕为夙，臼辰为晨，皆同意，凡晨之属皆从晨。"④ 由此可知，郑宗颜《讲义》上文对"农"的解析，或出自王安石的《字说》，也是本自许慎的《说文解字》。

（10）《周官新义》还有两处直接称引许慎之说来解释字义的例子。

① 《春官·甸祝》"掌四时之田，表貉之祝号。舍奠于祖庙，祢，亦如之。师甸致禽于虞中，乃属禽及郊，馌兽舍，奠于祖祢，乃敛禽禂牲、禂马。皆掌其祝号。"《新义》"禂牲、禂马，许慎以为禂，祷，牲马之祭，而引《诗》'既伯既禂'以释之，今《诗》'禂'为'祷'，则禂、祷盖同义。"⑤

② 《地官·遂人》"以岁时稽其人民，而授之田野，简其兵器，教之稼穑。凡治野，以下剂致甿，以田里安甿，以乐昏扰甿，以土宜教甿稼穑，以兴锄利甿，以时器劝甿，以疆予任甿。"《新义》说："《孟子》曰：'唯助为有公田。'许慎释'锄'以'商人七十而锄'。则助、锄一也。兴之以助公田，则甿得所私焉，所以利之。"⑥

由上可见，在对《周礼》本文文字意涵的解说方面，《周官新义》是颇具特色的，尽管有些被认为牵强附会，但是从普及知识、便于理解经典文字的角度来说，还是有意义的，况且有不少内容都可以从汉代许慎的《说文解字》中找到根据。因为，对经典文字的字义与读音的解释和

---

① 《程元敏著作集》本《三经新义辑考汇评·周礼》，第568页；《王安石全集》本《周礼新义》，第555页。

② 《说文解字》，第189页。

③ 《说文解字》，第28页。

④ 《说文解字》，第189、60页。

⑤ 《程元敏著作集》本《三经新义辑考汇评·周礼》，第370页；《王安石全集》本《周礼新义》，第378页。

⑥ 《程元敏著作集》本《三经新义辑考汇评·周礼》，第246页；《王安石全集》本《周礼新义》，第621页。

说明，从来就是经典传授中重要的和基本的科目。由对孔子"雅言"之论来看，何尝不是经典传承中的重要方面呢？唐代陆德明《经典释文》也更多地包含这方面的内容，从而成为传世名著。《周官新义》中的解字内容的重要性恐怕也是不能低估的。

### 三 称引郑玄，或有引申辨析，或直书其误

在现存《文渊阁四库全书》本《周官新义》中，称引郑氏有四十余处，根据内容，可以分为以下几种类型。

（1）直接称引郑氏而认同其说者，或解礼之名物，或解礼之仪节。于此仅举其解礼之名物的三例，别例详见后述。

①《天官·宫正》有云："掌王宫之戒令纠禁……凡邦之大事，令于王宫之官府次舍，无去守而听政令。春秋，以木铎修火禁。"《新义》说："凡邦之大事，令于王宫之官府次舍，无去守而听政令。郑氏谓'使居其处，待所为'也。春秋，以木铎修火禁，郑氏谓'火以春出，以秋入，因天时以戒'也。春秋修火禁，则若今皇城四时戒火矣。"①

②《天官·疡医》有云："掌肿疡、溃疡、金疡、折疡之祝药劀杀之齐"，《新义》说："《素问》曰：'上古移精变气，祝由而已。'医之用祝尚矣，而疡尤宜祝。后世有以气封疡而徙之者，盖变气祝由之遗法也。祝之不胜，然后举药；药之不胜，然后劀；劀之不胜，然后杀。郑氏谓'杀以药，食其恶肉'是也。"②

③《春官·宗伯》"鸡人，掌共鸡牲，辨其物。大祭祀，夜嘑旦以嘂百官"，《新义》说："辨其物，郑氏谓'阳祀用騂，阴祀用黝'。夜嘑旦以嘂百官，郑氏谓'警使夙兴'。"③

（2）在称引郑氏之后复加以引申者，其例有：

①《天官·冢宰序官》"治官之属，大宰卿一人……府六人，史十有二人，胥十有二人，徒百有二十人"，《新义》说："郑氏以为

---

① 《程元敏著作集》本《三经新义辑考汇评·周礼》，第78页；《王安石全集》本《周礼新义》，第104页。
② 《程元敏著作集》本《三经新义辑考汇评·周礼》，第118页；《王安石全集》本《周礼新义》，第141页。
③ 《程元敏著作集》本《三经新义辑考汇评·周礼》，第303页；《王安石全集》本《周礼新义》，第313页。

'府史胥徒皆其官长所自辟除',盖自下士以上,皆王命也。而穆王命大仆曰:'慎简乃僚',则虽以王命命之,而为之长者,得简之也。府史胥徒虽非士,而先王之用人无流品之异,其贱则役于士大夫而不耻,其贵则承于天子而无嫌。""慎简乃僚"一语,出于《周书·冏命》。①

②《天官·冢宰序官》"九嫔,世妇,女御",《新义》说:"九嫔,世妇,女御,皆统于冢宰,则王所以治内可谓至公而尽正矣。郑氏曰:'不列夫人于此官者,夫人之于后,犹三公之于王,坐而论妇礼,无官职。'然则九嫔视卿,世妇视大夫,女御视士。视大夫士而不言数者,郑氏以为'有妇德则充,无则阙'。然九嫔以教九御,则世妇之数不过二十七,女御之数不过八十一也。"②

(3) 明确以郑氏之解为错误者,其例有:

①《天官·宫正》有云:"掌王宫之戒令纠禁,……凡邦之事,跸。宫中、庙中则执烛",《新义》说:"凡邦之事,跸,郑氏谓'事,祭事也',误矣。凡邦之事,则孰非事也?何特祭祀而已?宫中、庙中则执烛,郑氏谓'祭社稷五祀于宫中,祭先王先公于庙中,则执烛',亦误矣。凡在宫庙中则执烛,何特祭社稷五祀先王先公之时?凡邦之事,跸,则以严于禁止为事。宫中、庙中执烛,则以明于照察为事。"③

②《天官·庖人》"凡用禽献,春行羔豚,膳膏香;……冬行鱻羽,膳膏膻",《新义》说:"郑氏以羽为雁,误矣。谓之羽,岂特雁而已?"④

(4) 不以郑氏之说为尽然者,其例有:

①《天官·医师》有云:"掌医之政令……岁终,则稽其医事,以制其食,十全为上,十失一次之,十失二次之,十失三次之,十失四为下。"《新义》说:"岁终则稽其医事以制其食者,饩廪称事,然后能者劝,不能者勉,故十全为上。郑氏为'全,犹愈也。'人之疾,固有不可

---

① 见《十三经注疏(标点本)·尚书正义》,北京大学出版社1999年版,第530页。
② 《程元敏著作集》本《三经新义辑考汇评·周礼》,第15页;《王安石全集》本《周礼新义》,第42页。
③ 《程元敏著作集》本《三经新义辑考汇评·周礼》,第77、78页;《王安石全集》本《周礼新义》,第104页。
④ 《程元敏著作集》本《三经新义辑考汇评·周礼》,第99页;《王安石全集》本《周礼新义》,第123页。

治者，苟知不可治而信，则亦全也，何必愈？"①

②《天官·酒正》"掌酒之赐颁，皆有灋以行之。凡有秩酒者，以书契授之"。《新义》"凡有秩酒者，有常赐之酒也。郑氏以《王制》'九十日有秩'而谓有秩酒者，老臣也。老臣固宜有秩酒，然有秩酒则非特老臣而已"②。

③《春官·宗伯·巾车》"服车五乘，孤乘夏篆，卿乘夏缦，大夫乘墨车，士乘栈车，庶人乘役车。"《新义》："役车，郑氏谓'可载任器以共役'，然谓之乘，则非特以载任器矣。"③

除了以上所列举的例证之外，我们不妨将其他的称引再分别按制度、名物、仪节、义理、职官等的分类附列于下，从而可以进一步认识到《周官新义》以郑玄之说为解说依据的特点所在。

（1）制度

①《天官·酒正》"掌酒之政令，以式灋授酒材，凡为公酒者，亦如之。"《新义》云："凡为公酒亦如之者，郑氏谓'乡射饮酒，以公事作酒者，亦以式法及酒材授之，使自酿之'也。"④

②《天官·幕人》"掌帷幕幄帟绶之事"，《新义》云："幕人掌帷幕幄帟绶之事，郑氏以为'王出宫则有是事'，以掌次考之，则王出宫，有掌次掌其法，以待张事，幕人共张物而已。"⑤

③《春官·肆师》"凡师甸，用牲于社宗，则为位；类造上帝，封于大神，祭兵于山川，亦如之"。《新义》云："郑氏谓'社，军社；宗，迁主。'迁，可以谓之祖，亦可以谓之宗，谓之宗则以其继太祖故也。"⑥

---

① 《程元敏著作集》本《三经新义辑考汇评·周礼》，第113页；《王安石全集》本《周礼新义》，第136页。
② 《程元敏著作集》本《三经新义辑考汇评·周礼》，第125页；《王安石全集》本《周礼新义》，第146页。
③ 《程元敏著作集》本《三经新义辑考汇评·周礼》，第390页；《王安石全集》本《周礼新义》，第396页。
④ 《程元敏著作集》本《三经新义辑考汇评·周礼》，第122页；《王安石全集》本《周礼新义》，第144页。
⑤ 《程元敏著作集》本《三经新义辑考汇评·周礼》，第140页；《王安石全集》本《周礼新义》，第161页。
⑥ 《程元敏著作集》本《三经新义辑考汇评·周礼》，第299页；《王安石全集》本《周礼新义》，第310页。

④《春官·典祀》"掌外祀之兆守,皆有域,掌其禁令"。《新义》云:"郑氏谓'外祀,所祀于四郊;域,兆表之域。'守,则守其兆域也。"① 此处称引有所简约,且有所发挥。

⑤《春官·大史》"大丧,执灋以莅劝防,遣之日,读诔。凡丧事考焉。小丧,赐谥"。《新义》云:"郑氏谓史读诔,大师帅瞽作谥,王诔谥成于天道。"②

⑥《秋官·乡士》"掌国中,各掌其乡之民数",《新义》云:"郑氏谓'乡士八人,四人而分掌三乡'也。"③

(2)名物

①《地官·大司徒》"以土会之灋,辨五地之物生,一曰山林,其动物宜毛物,……五曰原隰,其动物宜臝物",《新义》"郑氏以虎豹之属为臝物,正所谓毛物,臝物宜谓鼃蟈之属,然郑氏所说,出于《考工》,不知《考工》所记何据而然"④。

②《春官·鸡人》"掌共鸡牲,辨其物。大祭祀,夜嘑旦以嘂百官"。《新义》:"辨其物,郑氏谓'阳祀用骍,阴祀用黝。'夜嘑旦以嘂百官,郑氏谓'警使夙兴'。"⑤

③《春官·小胥》"正乐县之位,王宫县,诸侯轩县,卿大夫判县,士特县,辨其声。凡县钟磬,半为堵,全为肆"。《新义》:"堵言半,半合是以为宫;肆言全,而后可肆也。郑氏谓'宫四面,象宫室;轩,去其一面;判,又去其一面。'"⑥ 此处称引,实为郑玄《周礼注》中称引郑司农(众)的解说。

---

① 《程元敏著作集》本《三经新义辑考汇评·周礼》,第321页;《王安石全集》本《周礼新义》,第331页。

② 《程元敏著作集》本《三经新义辑考汇评·周礼》,第376页;《王安石全集》本《周礼新义》,第383页。

③ 《程元敏著作集》本《三经新义辑考汇评·周礼》,第496页;《王安石全集》本《周礼新义》,第491页。

④ 《程元敏著作集》本《三经新义辑考汇评·周礼》,第179页;《王安石全集》本《周礼新义》,第195页。

⑤ 《程元敏著作集》本《三经新义辑考汇评·周礼》,第303页;《王安石全集》本《周礼新义》,第313页。

⑥ 《程元敏著作集》本《三经新义辑考汇评·周礼》,第340页;《王安石全集》本《周礼新义》,第349页。

## 第三章 王安石《周官新义》的礼学特色及其历史影响

④《秋官·犬人》"掌犬牲，凡祭祀，共犬牲，用牷物；伏瘗，亦如之"。《新义》："郑氏谓'伏，伏犬，以车轹之。瘗，地祭也。'"①

⑤《秋官·薙氏》"掌杀草，……秋绳而芟之，……若欲其化也，则以水火变之"。《新义》"若欲其化也，则以水火变之者，《月令》所谓'烧薙行水也，于是草化焉'。郑氏谓'含实曰绳'，盖以绳为脵"②。

⑥《秋官·庭氏》"掌射国中之夭鸟，若不见其鸟兽，则以救日之弓与救月之矢射之。若神也，则以大阴之弓与枉矢射之"。《新义》："鸟兽言夜射，则神以昼射矣。尝用此救日月焉，故其精气足以胜天。郑氏谓：'太阴之弓，救月者也；枉矢，救日者也。'"③

⑦《秋官·伊耆氏》"掌国之大祭祀，共其杖咸。军旅，授有爵者杖，共王之齿杖"。《新义》说："杖咸，郑氏谓'去杖以函盛之，既事乃受。'共王之齿杖，郑氏谓'王所以赐老者之杖'；唯大祭祀共杖函盖，非大祭祀则杖于朝者弗豫焉。"④

⑧《秋官·环人》"掌送逆邦国之通宾客，以路节达诸四方"，《新义》："路节，郑氏谓'旌节也'。"⑤

（3）仪节

①《春官·小史》"大祭祀，读礼灋，史以书叙昭穆之俎簋，……凡国事之用礼灋者，掌其小事，卿大夫之丧，赐谥读诔"。《新义》"郑氏谓'小史叙俎簋'，以大史与群执事读礼灋为节。……郑氏所谓'读诔'，亦以大史赐谥为节，事相成"⑥。

②《秋官·小行人》"凡四方之使者，大客则摈，小客则受其币而听

---

① 《程元敏著作集》本《三经新义辑考汇评·周礼》，第516页；《王安石全集》本《周礼新义》，第508页。
② 《程元敏著作集》本《三经新义辑考汇评·周礼》，第536页；《王安石全集》本《周礼新义》，第526页。
③ 《程元敏著作集》本《三经新义辑考汇评·周礼》，第539页；《王安石全集》本《周礼新义》，第529页。
④ 《程元敏著作集》本《三经新义辑考汇评·周礼》，第540页；《王安石全集》本《周礼新义》，第530页。
⑤ 《程元敏著作集》本《三经新义辑考汇评·周礼》，第558页；《王安石全集》本《周礼新义》，第547页。
⑥ 《程元敏著作集》本《三经新义辑考汇评·周礼》，第377页；《王安石全集》本《周礼新义》，第384页。

其辞"。《新义》:"凡四方之使者大客则摈,郑氏谓'摈而见之王,使得自言。'小客则受其币而听其辞,郑氏谓'听之以入告。'"①

③《秋官·司仪》"诏王仪,南乡见诸侯,土揖庶姓,时揖异姓,天揖同姓";《新义》:"郑氏谓'土揖,下手揖之;时揖,平手揖之;天揖,举手揖之。'"②

④《秋官·司仪》"凡行人之仪,不朝不夕,不正其主面,亦不背客";《新义》:"不朝不夕,不正其主面,亦不背客者,郑氏谓:'不正东乡,不正西乡,尝视宾主之间,得两乡之而已。'"③

(4) 义理

①《春官·占梦》"掌其岁时,观天地之会,辨阴阳之气,以日月星辰占六梦之吉凶,一曰正梦,……四曰寤梦"。《新义》:"寤梦,若狐突梦太子申生;正梦,郑氏谓'平安自梦'"④。

②《春官·巾车》"王之丧车五乘,木车,蒲蔽,犬裶,尾囊,疏饰,小服皆疏;素车,……;藻车,……";《新义》:"丧车之制,皆不可考,然木车蔽裶囊服皆疏,则必始丧所乘。……郑氏以为'始丧,君道尚微',与《书》以'虎贲百人逆子钊'同意。盖素车去囊,藻车去服,则宅宗久位定矣,浸可以不戒也。"⑤ 此引《书》见于《尚书·牧誓》。

③《秋官·方士》有"掌都家,听其狱讼之辞,……三月而上狱讼于国"。《新义》云:"方士三月而上狱讼于国,郑氏谓'变朝言国,以其自有君异之'也。"⑥

---

① 《程元敏著作集》本《三经新义辑考汇评·周礼》,第549页;《王安石全集》本《周礼新义》,第539页。
② 《程元敏著作集》本《三经新义辑考汇评·周礼》,第554页;《王安石全集》本《周礼新义》,第543页。
③ 《程元敏著作集》本《三经新义辑考汇评·周礼》,第556页;《王安石全集》本《周礼新义》,第545页。
④ 《程元敏著作集》本《三经新义辑考汇评·周礼》,第358页;《王安石全集》本《周礼新义》,第367页。
⑤ 《程元敏著作集》本《三经新义辑考汇评·周礼》,第388页;《王安石全集》本《周礼新义》,第395页。
⑥ 《程元敏著作集》本《三经新义辑考汇评·周礼》,第499页;《王安石全集》本《周礼新义》,第494页。

第三章　王安石《周官新义》的礼学特色及其历史影响　　231

④《秋官·方士》还有"狱讼成，士师受中，书其刑杀之成，与其听狱讼者"。《新义》云："书其刑杀之成，与其听讼狱者，郑氏谓'备反复有失实者'。"①

⑤《秋官·司厉》有"掌盗贼之任器货贿，……凡有爵者，七十者，与未龀者，皆不为奴"。《新义》云："凡有爵者、七十者，与未龀者，皆不为奴。则郑氏谓：'奴从坐没入县官者'是也。盖盗贼之罪有杀不足以惩之者，所谓'无余刑非杀'也。"②

⑥《秋官·司烜氏》有"掌以夫遂取明火于日，以鉴取明水于月，以共祭祀之明齍明烛，共明水"。《新义》云："明烛，以明火为烛，明齍以明水为齍。郑氏谓：'取火于日，取水于月，欲得阴阳之洁气也。'"③

（5）职官

①《天官·冢宰》有"治官之属，大宰，卿一人，……府六人，史十有二人，胥十有二人，徒百有二十人"，《新义》云："郑氏以为府史胥徒皆其官长所自辟除。盖自下士以上皆王命也。"④

②《秋官·方士》有"以时修其县法，若岁终，则省之而诛赏焉"。《新义》云："郑氏谓'县法，县师之职也。'"⑤

③《秋官·朝大夫》有"掌都家之国治，……凡都家之治，有不及者，则诛其朝大夫。在军旅，则诛其有司"。《新义》云："掌都家之国治者，都家有治于国，则朝大夫掌之；在军，诛其有司者，郑氏谓'有司，都家司马。'"⑥

（6）其他

---

①《程元敏著作集》本《三经新义辑考汇评·周礼》，第 499 页；《王安石全集》本《周礼新义》，第 494 页。
②《程元敏著作集》本《三经新义辑考汇评·周礼》，第 515 页；《王安石全集》本《周礼新义》，第 508 页。
③《程元敏著作集》本《三经新义辑考汇评·周礼》，第 527 页；《王安石全集》本《周礼新义》，第 517 页。
④《程元敏著作集》本《三经新义辑考汇评·周礼》，第 7 页；《王安石全集》本《周礼新义》，第 35 页。
⑤《程元敏著作集》本《三经新义辑考汇评·周礼》，第 500 页；《王安石全集》本《周礼新义》，第 495 页。
⑥《程元敏著作集》本《三经新义辑考汇评·周礼》，第 566 页；《王安石全集》本《周礼新义》，第 553 页。

①《天官·医师》有"岁终，则稽其医事，以制其食，十全为上，十失一次之。"《新义》云："郑氏为'全犹愈也'。人之疾固有不可治者，苟知不可治而信则亦全也，何必愈。"①

②《天官·冢宰·序官》"酒人"有"奄"，《新义》云："郑氏以奄为精气闭藏者。盖民之有是疾，先王因择而用焉，与籩篠蒙镠、戚施直鏄、聋瞶司火、瞽蒙修声同，若以是为刑人，则国君不近刑人，而况于王乎。若以为刑无罪之人而任之，则宜先王之所不忍也。"②

仅从以上《周官新义》称引郑氏（玄）的诸多例证可以看到，王安石对郑玄的解说采取的基本态度是，是其是，非其非，均从解说本经出发，并没有更多的指摘和非议。这似乎与徐筠、魏了翁、叶时等宋儒对郑玄所持尖锐的批评态度是大相径庭的，或许可以说明，王安石撰作《周官新义》乃至所谓新经学的目的，并不在于标树自己的经学见解，根本上还在于传播和普及经典本身的知识及思想，作为一种官方教材式的经学解说范本，持论不以执意、尖锐、偏激，这样才有可能使研习者不至于顾此而失彼，或者舍本而逐末。

## 四 以当时的制度、律令、礼俗等相比拟来解说《周礼》

郑玄《周礼注》常常以汉代的制度、律令、礼俗等相比拟，来解说《周礼》中的文字，王安石《周官新义》也采用这样的笔法，常常以"若今"之"……"、"盖今"之"……"等来加以解释说明《周礼》的文字，显然是为了使读者更明确地理解本经的内容，也进一步表明《周官新义》作为普及经义的基本知识方面的解释文本的功能和作用。兹举若干例证如下：

①《周礼·天官·小宰》"以官府之八成经邦治……四曰听称责以傅别"，《新义》云："听称责以傅别者，傅朝士所谓地傅也，责傅其事者，

---

① 《程元敏著作集》本《三经新义辑考汇评·周礼》，第　页；《王安石全集》本《周礼新义》，第113页。

② 《程元敏著作集》本《三经新义辑考汇评·周礼》，第13页；《王安石石全集》本《周礼新义》，第40页。此处的"与籩篠蒙镠、戚施直鏄、聋瞶司火、瞽蒙修声同"断句，与程元敏所作的"与籩篠、蒙镠、戚施、直鏄、聋瞶、司火、瞽蒙、修声同"的断法不同。因为很显然，"籩篠、戚施、聋瞶、瞽蒙"指有残疾的人，而"蒙镠、直鏄、司火、修声"指他们分别能够从事的职事，故在人和职事之间是不可以断开的。

第三章　王安石《周官新义》的礼学特色及其历史影响　　233

若今责契立保也。"①

②《周礼·天官·小宰》"凡祭祀，赞玉币爵之事、祼将之事；凡宾客，赞祼"，《新义》云："宗庙之祼，求神于阴；宾客之祼，则若今礼饮宾客祭酒也。"②

③《周礼·天官》"宫正，掌王宫之戒令纠禁……夕击柝而比之；……春秋，以木铎修火禁"，《新义》云："夕击柝而比之，则若今酉点，有故则令宿；其比亦如之，则若今坐甲辨外内。"《新义》又云："春秋修火禁，则若今皇城四时戒火矣。"③

④《周礼·天官》"宫伯，掌王宫之士庶子……以时颁其衣裘"，《新义》云："以时颁其衣裘，则若今赐春冬衣也。"④

⑤《周礼·天官》"掌舍……无宫则共人门"，《新义》云："人门，若今卫士之有行门。"⑤

⑥《周礼·秋官·小司寇》"以八辟丽邦瀳附刑罚，一曰议亲之辟，二曰议故之辟，三曰议贤之辟，四曰议能之辟，五曰议功之辟，六曰议贵之辟，七曰议勤之辟，八曰议宾之辟"，《新义》云："丽邦法，附刑罚，则若今律称在八议者，亦称定行之律也。谓之议，则刑诛赦宥未定也。"⑥

⑦《周礼·夏官·县士》"异其死刑之罪而要之"，《新义》云："异其死刑之罪而要之者，死刑之罪，定而又要之，若今责伏辨矣。"⑦

⑧《周礼·天官·小宰》"以宫刑宪禁于王宫"，《新义》云："为宫

---

①　《程元敏著作集》本《三经新义辑考汇评·周礼》，第59页；《王安石全集》本《周礼新义》，第85页。
②　《程元敏著作集》本《三经新义辑考汇评·周礼》，第65页；《王安石全集》本《周礼新义》，第90页。
③　《程元敏著作集》本《三经新义辑考汇评·周礼》，第77、78页；《王安石全集》本《周礼新义》，第103、104页。
④　《程元敏著作集》本《三经新义辑考汇评·周礼》，第81页；《王安石全集》本《周礼新义》，第107页。
⑤　《程元敏著作集》本《三经新义辑考汇评·周礼》，第139页；《王安石全集》本《周礼新义》，第160页。
⑥　《程元敏著作集》本《三经新义辑考汇评·周礼》，第479页；《王安石全集》本《周礼新义》，第476页。
⑦　《程元敏著作集》本《三经新义辑考汇评·周礼》，第496页；《王安石全集》本《周礼新义》，第492页。

刑而令独曰国有大刑，则以宫刑宜严于官府。今律：宫殿中所坐，比常法有加，亦是意也。"①

⑨《周礼·天官》"盐人，掌盐之政令……祭祀，共其苦盐、散盐；宾客，共其形盐、散盐；王之膳羞，共饴盐"，《新义》云："苦盐，盐之苦者，盖今颗盐是也。饴盐，盐之甘者，盖今戎盐是也。散盐，盐之散者，盖今末盐是也。"②

⑩《周礼·秋官》"壶涿氏，掌除水虫……若欲杀其神，……则其神死，渊为陵"，《新义》云："今南方有所谓渊神者，民犯之能出为祟。"③

## 五　称述孔孟言行来解说《周礼》文字以见对孔孟的推崇

对于孔子，王安石不仅在对皇帝的上言中有称："在上之圣人，莫如文王；在下之圣人，莫如孔子。"④而且有诗句云："谁为尧舜徒，孔子而已矣。人皆是尧舜，未必知孔子。"⑤（《读墨》）更在诗作中感叹道"悲哉孔子没"，"申韩百家爇火起，孔子大道寒于灰"。在《临川文集》中常常提及孔子，或称述孔子言论，或对孔子的议论评价，亦可谓言必称孔子，足见孔子在王安石的心目中的位置极为崇高。

对于孟子，王安石也有诗云："柴门半掩扫鸟迹，独抱残编与神遇，韩公既去岂能追，孟子有来还不拒。"（《秋怀》）又："欲传道义心犹在，强学文章力已穷，他日若能窥孟子，终身何敢望韩公。"（《奉酬永叔见赠》）而在《临川文集》中，提及孟子之处也很多，也是或称述其言论，或对其加以议论评价。

王安石还将孔子与孟子并提，或以其为圣人，或以其为士大夫的优秀代表。比如，有云："治教政令，圣人之所谓文也，书之策，引而被之天下之民，一也。圣人之于道也，盖心得之，作而为治教政令也。……

---

① 《程元敏著作集》本《三经新义辑考汇评·周礼》，第66页；《王安石全集》本《周礼新义》，第92页。

② 《程元敏著作集》本《三经新义辑考汇评·周礼》，第136页；《王安石全集》本《周礼新义》，第158页。

③ 《程元敏著作集》本《三经新义辑考汇评·周礼》，第538页；《王安石全集》本《周礼新义》，第528页。

④ 《临川集·上仁宗皇帝言事书》；参见《王文公文集》上册，唐武标校，上海人民出版社1974年版，第15页。

⑤ 《王文公文集》上册，唐武标校，上海人民出版社1974年版，第449页。

二帝三王引而被之天下之民而善者也,孔子、孟子书之策而善者也,皆圣人也。"(《与祖择之书》)① 又云:"盖无常产而有常心者,古之所谓士也。士诚有常心,以操圣人之说而力行之,则道虽不明乎天下,必明于己;道虽不行于天下,必行于妻子。内有以明于己,外有以行于妻子,则其言行必不孤立于天下矣。此孔子、孟子、伯夷、柳下惠、扬雄之徒所以有功于世也。"(《王逢原墓志铭》)②

正是由于孔子、孟子在王安石本人心目中的位置特别崇高,那么《周官新义》中称述孔孟来解说经文的内容也就有着特别的意义。

在现存文渊阁四库全书本《周官新义》中,称述孔子言行的有十几处。如果说《周官新义》中有如前面的,或称引郑玄,或比拟当今,都是为了便于对《周礼》经文的理解,那么,频繁地称述孔子言行,除了便于理解经文之外,大概也包含着对孔子"吾从周"之意的确信和推崇,在这里,孔子的言行已经成为理解《周礼》的一个标准,而以孔子的价值判断来解说《周礼》应该说是最恰当不过的了。以下就略加考察以见其详。

(1)《周礼·天官·膳夫》有"王齐日三举",《新义》说:"孔子齐必变食者,致养其体气也。王齐日三举,则与变食同意。孔子之齐,不御于内,不听乐,不饮酒,不膳荤,丧者则弗见也,不蠲则弗见也,盖不以哀乐欲恶贰其心。又去物之可以昏愦其志意者,而致养其气体焉,则所以致精明之至也,夫然后可以交神明矣。然此特祭祀之齐,尚未及夫心齐也。所谓心齐,则圣人以神明其德者是也。故其哀乐欲恶将简之弗得,尚何物之能累哉? 虽然,知致一于祭祀之齐,则其于心齐也亦庶几焉。"③

"孔子齐必变食"一语,本自《论语·乡党》的"齐必变食,居必迁坐"。而关于斋戒"变食"之说,根据杨伯峻的考察,有三种说法,其一是见于《庄子·人世间》中颜回与孔子的问对,其二是此处《周礼·膳夫》的"王齐日三举",其三是清人金鹗《求古录·礼说补遗》的说

---

① 参见《王文公文集》上册,唐武标校,上海人民出版社 1974 年版,第 63 页。
② 参见《王文公文集》下册,唐武标校,上海人民出版社 1974 年版,第 959 页。
③ 《程元敏著作集》本《三经新义辑考汇评·周礼》,第 88 页;《王安石全集》本《周礼新义》,第 113 页。

法①。《庄子·人世间》之文如下：

> 颜回曰："吾无以进矣，敢问其方。"仲尼曰："斋，吾将语若。有心而为之，其易邪？易之者，暤天不宜。"颜回曰："回之家贫，唯不饮酒不茹荤者数月矣。如此，则可以为斋乎？"曰："是祭祀之斋，非心斋也。"回曰："敢问心斋。"仲尼曰："若一志，无听之以耳而听之以心，无听之以心而听之以气！听止于耳，心止于符。气也者，虚而待物者也。唯道集虚。虚者，心斋也。"

这里，颜回所说的"唯不饮酒不茹荤者数月矣"，就是斋戒"变食"的一种形式。而孔子所说的"心斋"，也就是上引《周官新义》中所申论的"心齐"。可见，王安石正是根据《论语·乡党》和《庄子·人世间》所记述的斋戒"变食"之礼数，来解说《周礼》"王齐日三举"一句的，结论就是"盖不以哀乐欲恶贰其心"。至于对祭祀之"齐"与"心齐"的区别，王安石也是认同《庄子·人世间》所述孔子的说法并有所申论的，所谓"知致一于祭祀之齐，则其于心齐也亦庶几焉"，也就是说，能够恪守祭祀之齐所规定的各种礼数，其于"心齐"也就不算远了。

（2）《周礼·天官》庖人之职有"共祭祀之好羞，共丧纪之庶羞，宾客之禽献"。《新义》说："共祭祀之好羞者，先王先公及先后夫人平生所好；祭祀则特羞之事，亡如存之意。夫齐则思其所嗜，则其祭也可以不羞其好哉？虽然求所难致，伤财害民以昭其先之好僻，则君子亦不为也。孔子为政于鲁，先簿正祭器，不以四方之食共簿正，则先王不肯求所难致以伤财害命可知矣。"② 这里的"孔子为政于鲁，先簿正祭器，不以四方之食共簿正"一句，本自《孟子·万章下》篇万章和孟子的问对当中，其文如下：

> （万章）曰："今之诸侯取之于民也，犹御也。苟善其礼际矣，斯君子受之，敢问何说也？"（孟子）曰："子以为有王者作，将比今

---

① 杨伯峻：《论语译注》，中华书局1980年版，第102页。
② 《程元敏著作集》本《三经新义辑考汇评·周礼》，第96页；《王安石全集》本《周礼新义》，第120页。

## 第三章 王安石《周官新义》的礼学特色及其历史影响

之诸侯而诛之乎？其教之不改而后诛之乎？夫谓非其有而取之者盗也，充类至义之尽也。孔子之仕于鲁也，鲁人猎较，孔子亦猎较。猎较犹可，而况受其赐乎？"曰："然则孔子之仕也，非事道与？"曰："事道也。"曰："事道奚猎较也？"曰："孔子先簿正祭器，不以四方之食供簿正。"①

对于这句话，朱熹《四书章句集注》中有云：

先簿正祭器，未详。徐氏曰："先以簿书正其祭器，使有定数，不以四方难继之物实之。夫器有常数，实有常品，则其本正矣。彼猎较者，将久而自废矣。"未知是否也。②

那么，比较《周官新义》与朱子所引徐氏（筠？）的解说，王安石引用《孟子》此文的目的在于强调，凡"共祭祀之好羞"，"虽然求所难致，伤财害民以昭其先之好僻，则君子亦不为也"，一如孔子为政于鲁时的"不以四方之食共簿正"，于是"则先王不肯求所难致以伤财害命可知矣"。孔子的"为政以礼"之意与先王的悲悯庶民之心，在王安石的解说中进一步再现。

有意思的是，王安石还就此作过《猎较诗》并序，其序云："《猎较》，刺时也。昔孔子仕于鲁，鲁人猎较，孔子亦猎较。或问乎孟轲曰：'孔子之仕，非事道欤？'曰：'事道也。''事道奚猎较也？'曰：'孔子先簿正祭器，不以四方之食共簿正。'不猎较，则若无以祭然。盖孔子所以小同于俗，犹有义也，义固在于可为之域。而后之人习于随者，一不权以义之可否，污身贬道。"③ 其诗则云："猎较猎较，谁禽我有，国人之恻，君子所丑。猎较猎较，祭占其祥，国人之序，君子何伤？"④ 由此可见，《周官新义》的注文内容与王安石往常的思索有着密切的联系。

（3）《周礼·天官》有"阍人，掌守王宫之中门之禁，丧服凶器不

---

① 朱熹：《四书章句集注》，中华书局1983年版，第320页。
② 朱熹：《四书章句集注》，中华书局1983年版，第320页。
③ 《王安石全集》本《临川文集》卷三十八，第739页。
④ 《王安石全集》本《临川文集》卷三十八，第739页。

入宫,潜服贼器不入宫,奇服怪民不入宫"。《新义》云:"孔子见齐衰者,虽少必作,过之必趋,盖内有感恻则外为之变动。丧服、凶器不入宫,恐震动至尊。潜服、贼器不入宫,则严禁卫。奇服、怪民不入宫,则王宜非礼弗视,非义不听。"①

这里所称述的"孔子见齐衰者,虽少必作,过之必趋"一句,出于《论语·子罕》,其文为:"子见齐衰者、冕衣裳者、与瞽者,见之虽少,必作,过之必趋。"宋陈祥道《论语全解》解释说:"君子以仁存心,故见齐衰者则不忍;以礼存心,故见衣裳者则不慢;以诚存心,故见瞽者则不欺;见之虽少必作,于长者敬之可知矣。过之必趋,于与处者敬之可知矣。见之、过之而未必狎;见齐衰,虽亵必以貌,见冕与瞽,虽狎必变。夫子居乡之容也。"② 显然,在王安石看来,孔子如此的居处举止以礼,"盖内有感恻则外为之变动";而《周礼·阍人》职文的如上规定,则在于"恐震动至尊"和"王宜非礼弗视,非义不听";两者都是强调在行为上要以礼为准则,体现礼的道德精神。

(4)《周礼·春官·大司乐》有云:"以乐德教国子:中、和、祗、庸、孝、友。"《新义》云:"中、庸,三德所谓至德。和,六德所谓和;孝,三德所谓孝;祗,则顺行之所成;友,则友行之所成也。行自外作,立之以礼;德由中出,成之以乐。立之以礼,则为顺行、友行;成之以乐,则为祗德、友德。盖事师长所以成敬,不言敬而言祗,则敬之在乐,必达而为祗故也。中,所以本道之体,其义达而为和,其敬达而为祗,能和能祗,则庸德成焉。庸言之信,庸行之谨,在《易》之乾所为君德,故继之以孝。孔子曰:'圣人之德,又何以加于孝乎?'友则乐德所成终始,圣人之德,无以加于孝,则孝与圣何以异?曰:圣人之于人道也,孝而已。圣人之于天道,则孝不足以言之。此孝与圣所以异。圣人之德,无以加于孝,而孝于三德为下,则三德之孝,以知逆恶而已。乐德之孝,成于乐者也;诸侯之孝,不豫焉,非特以知逆恶已也。"③

这里的"三德"是指《周礼·地官·师氏》的"掌以媺诏王以三德

---

① 《程元敏著作集》本《三经新义辑考汇评·周礼》,第163页;《王安石全集》本《周礼新义》,第180页。
② 参见《文渊阁四库全书》,上海古籍出版社1987年版,第196册,第135页。
③ 《程元敏著作集》本《三经新义辑考汇评·周礼》,第330页;《王安石全集》本《周礼新义》,第339页。

教国子，一曰至德，以为道本；二曰敏德，以为行本；三曰孝德，以知逆恶。教三行，一曰孝行，以亲父母；二曰友行，以尊贤良；三曰顺行，以事师长。"这里的"六德"是指《周礼·秋官·大司徒》的"以乡三物教万民，而宾兴之：一曰六德，知、仁、圣、义、忠、和；二曰六行，孝、友、睦、姻、任、恤"。这里的孔子之语则出于《孝经·圣治章》。在这里，王安石以《周礼》本身的内容，以及孔子之言，对"中、和、祗、庸、孝、友"的六种"德目"进行了解说并有所引申发挥。

（5）《周礼·春官》有"大胥，掌学士之版，以待致诸子。春入学，舍采，合舞；秋颁学，合声。以六乐之会，正舞位，以序出入舞者；比乐官，展乐器。凡祭祀之用乐者，以鼓征学士，序宫中之事"。《新义》云："《书》曰：'诗言志，歌永言，声依永，律和声。'乐之声以言为本，以六乐之会正舞位，以序出入舞者，则会六乐而舞之，其列众，其变繁易乱而难治故也。六乐有文舞焉，有武舞焉，征诛揖让之序尽此矣；盖其义，则有孔子为之三月不知肉味者，非穷神知化，孰能究此哉？故先王成人终始于此而已。"① 这里提及所谓"孔子闻《韶》，三月不知肉味"的典故，意在说明圣人对于先王之乐的内涵有着深刻的理解与共鸣已达到"穷神知化"的境界，同时，还想说明先王之乐的成人教化功能之所在。

（6）《周礼·秋官·士师》有"凡以财狱讼者，正之以傅别、约剂"。《新义》云："以此正狱讼，则民知无傅别、约剂之不可治，皆无敢苟简于其始，讼之所由省也。孔子听讼，吾犹人也，故于讼，欲作事，谋始，始之不谋，及其卒也，虽圣人亦末如之何矣。"② 孔子一语出自《论语·颜渊》的"听讼，吾犹人也，必也使其无讼乎？"

（7）《周礼·秋官·朝士》有"帅其属而以鞭呼，趋且辟。禁慢朝、错立族谈者"。《新义》云："以鞭呼趋且辟，呼朝者使趋焉，又为之辟也。呼趋则戒以肃，辟则使人避焉。禁慢朝、错立族谈者，朝当如此。

---

① 《程元敏著作集》本《三经新义辑考汇评·周礼》，第 339 页；《王安石全集》本《周礼新义》，第 348 页。
② 《程元敏著作集》本《三经新义辑考汇评·周礼》，第 491 页；《王安石全集》本《周礼新义》，第 487 页。

故孔子在朝廷，便便言，唯谨尔。孟子不踰阶而揖，不历位而言。"① 此孔子之行礼出自《论语·乡党》，孟子之行见于《孟子·离娄下》，其文为"孟子闻之曰：'礼，朝廷不历位而相与言，不逾阶而相揖也。'"

（8）《周礼·秋官·司刺》有"掌三刺三宥三赦之法，……三赦曰蠢愚"，《新义》云："蠢愚，蠢而愚也。孔子曰'古之愚也直，今之愚也诈'而已。所谓蠢愚，则异乎今之愚矣。"② 孔子"古之愚也直，今之愚也诈"一语出于《论语·阳货》。

（9）《周礼·秋官·掌讶》有"至于朝，诏其位，入复，及退，亦如之"，《新义》云："至于朝，诏其位，入复，退亦如之者，退亦入复。若孔子所谓'宾不顾矣'。"③ 孔子此语出于《论语·乡党》，王安石引此，意在与《周礼》的礼仪文字互证。

在《周官新义》中，对于孟子的称引，除了上引一例之外，还有以下诸例：

（1）《周礼·天官·兽医》有"掌疗兽病，疗兽疡"，《新义》云："兽言病而不言疾者，《孟子》曰：'舜明于庶物，察于人伦。'以为物之难知，不若人之可察也。唯其不可察也，故病而后可知也。"④ 孟子此语出于《离娄下》。此引孟子意在说明人与兽智能反应上的差别。

（2）《周礼·地官·小司徒》有"乃经土地而井牧其田野，九夫为井"，《新义》云："田亩有类于井，而公田之中又凿井焉，故谓之井田。一井之田九百亩，八家八百亩，公田居中百亩，除二十亩，八家分之，得二亩半，以为庐舍，合保城之地二亩半，孟子所谓'五亩之宅'是也。公田八十亩，八家耕之，是为助法。庐舍居中，贵人也。私田环列于公田之外，盖卫王之意。八家私百亩，至于兴兵之际，乃八阵图之法。"⑤

---

① 《程元敏著作集》本《三经新义辑考汇评·周礼》，第 502 页；《王安石全集》本《周礼新义》，第 497 页。

② 《程元敏著作集》本《三经新义辑考汇评·周礼》，第 511 页；《王安石全集》本《周礼新义》，第 504 页。

③ 《程元敏著作集》本《三经新义辑考汇评·周礼》，第 563 页；《王安石全集》本《周礼新义》，第 551 页。

④ 《程元敏著作集》本《三经新义辑考汇评·周礼》，第 121 页；《王安石全集》本《周礼新义》，第 143 页。

⑤ 《程元敏著作集》本《三经新义辑考汇评·周礼》，第 186 页；《王安石全集》本《周礼新义》，第 202 页。

此引孟子在于说明古代的井田制。

（3）《周礼·地官·遂人》有"以岁时稽其人民，而授之田野，……以兴锄利甿"，《新义》云："孟子曰：'唯助为有公田。'许慎释锄以商人七十而锄，则助锄一也。兴之以助公田，则甿得所私焉，所以利之。"① 这也是在说明井田制的特点。

（4）《周礼·秋官·翨氏》"掌攻猛鸟，各以其物为媒而掎之，以时献其羽翮"，《新义》云："攻猛鸟以除人物之害焉，非特利其羽翮而已。孟子曰：'鸟兽之害人者消，然后人得平土而居之。'"② 孟子此语出于《滕文公下》。在传本《周礼集说》卷九所称引的"王介甫曰"中，在孟子语后有"则正以除害为主也"一句③，当是王安石的断语，可见此引孟子意在说明翨氏的职掌。

## 六 称述先王，发挥经义，展示理想政治理念

在《周官新义》中，先王观念构成解说经义的重要观念，体现出王安石对《周礼》与先王之德、先王之礼、先王之制之间关系的理解和认识，从而也成为其理想政治观念的一种体现。如果以礼乐刑政的事类来区分的话，可以列举如下。

### （一）先王之礼仪制度

①在解说《周礼·天官·大宰》"正月之吉，始和，布治于邦国、都鄙，乃县治象之灋于象魏，使万民观治象，挟日而敛之"一段时，《新义》有特别的解说，所谓："元者，德也。正者，政也。德欲终始如一，故即位之一年谓之元年。政欲每岁改易，故改岁之一月谓之正月。正月之吉，则朔月也。朔月谓之吉，则明生之几故也。三代各有正月，而周以建子之月为正，夏以建寅之月为正，夏正据人所见故谓之人正，授民事则宜据人所见，故周亦兼用夏时，而以夏之正月为正岁。始和布治，以周之正月。而正岁又观象灋，则以兼用夏时故也。兼用夏时，而以正

---

① 《程元敏著作集》本《三经新义辑考汇评·周礼》，第246页；《王安石全集》本《周礼新义》，第262页。
② 《程元敏著作集》本《三经新义辑考汇评·周礼》，第534页；《王安石全集》本《周礼新义》，第524页。
③ 程元敏对此也有辑考。《程元敏著作集》本《三经新义辑考汇评·周礼》，第534页；《王安石全集》本《周礼新义》，第524页。

月之吉,使万民观治象,则正岁,先王之正也。正月之吉,时王之正也,万民取正于时王而已。若夫百官,则又当取正于先王也。"① 这里在于解说《周礼》与三代先王之制的联系,亦即有着先王历史上的依据,因此才有特别的经典价值。

②《周礼·秋官·大行人》有"王之所以抚邦国诸侯者,岁徧存,三岁徧眺,五岁徧省;七岁属象胥,谕言语,协辞命;九岁属瞽史,谕书名,听声音;十有一岁达瑞节,同度量,成牢礼,同数器,修灋则;十有二岁王巡守殷国。"对此,《新义》云:"岁徧存,使问而存之也;三岁徧眺,使问而视之也;五岁徧省,使巡而察之;七岁属象胥谕言语协辞命者,象胥主译其言,译其言然后言语可谕,言语可谕然后辞命可协也。九岁属瞽史谕书名听声音者,瞽主乐,史主书;谕书名,故属史;听声音,故属瞽;谕之听之,则亦协之而已。或言协,或言听谕,相备也。先瞽而后声音,后史而先书名,则明声音书名无所先后。十有一岁达瑞节、同度量、成牢礼、同数器、修法则者,瑞节所以达四方而交之,度量所以同四方而一之。以交之也,故成其牢礼;以一之也,故同其数器;则尊卑异数,贵贱异用,而同乎王之所制。道有升降,礼有损益,则王之所制,宜以时修之,修法则为是故也。言语辞命以声音书名为本,书名声音以度量法则为主,度量法则王之所制也。书名虽未之有,可以义制;声音虽未之有,可以理作;故王所以一天下,始于言语辞命,中于书名声音,终于度量灋则。十有二岁王巡守殷国,则亲出而省焉,或巡守,或殷国,其出而省焉一也。及夫世丧道失,道德之意毁于书名之不达礼乐之数,熄于度量之不存,则先王所以谕而同之,可谓知要矣。"② 这可以说是一个比较长的解说文字,体现出王安石对先王制度比较深入的理解。

③《周礼·地官·保氏》有"掌谏王恶,而养国子以道,乃教之六艺……,乃教之六仪……",《新义》解说道:"先王本道以达为艺,缘道

---

① 《程元敏著作集》本《三经新义辑考汇评·周礼》,第40页;《王安石全集》本《周礼新义》,第66页。

② 《程元敏著作集》本《三经新义辑考汇评·周礼》,第546、547页;《王安石全集》本《周礼新义》,第536、537页。

而制为仪。"①

④在解说《周礼·春官序官·大卜》时，《新义》有云："大卜以下大夫为之，而其官属甚众，盖先王重其事故也。大卜掌其法，龟人辨其名物体色，攻之取之以其时。上春则衅之，而祭祀先卜。及其卜也，卜师又辨其左右上下阴阳授命龟者而诏相之，其爇燋以明火。其占也，君占体，大夫占色，史占墨，卜人占坼。既事则系币以比其命，岁终则计其占之中否。先王用卜如此，故卜可恃以知吉凶。"②

⑤《周礼·春官·郁人》有"大祭祀，与量人受举斝之卒爵而饮之"，《新义》云："举斝，《礼记》所谓'举斝角，诏妥尸'也，卒爵，若《仪礼》所谓'皇尸卒爵'也。斝，先王之爵，唯王礼用焉。"③

⑥在解说《周礼·秋官·掌客》"掌四方宾客之牢礼、饩献、饮食之等数，与其政治。……凡礼宾客，国新，杀礼；凶荒，杀礼；札丧，杀礼；祸烖，杀礼；在野在外，杀礼"的内容时，《新义》有云："言王合诸侯而飨礼，遂言王巡狩殷国，国君膳以牲犊，礼务施报故也。上公牲三十有六，侯伯牲二十有七，子男牲十有八。……先王制宾客之礼，有余勿过是也。国新、凶荒、札丧、祸烖、在野外，则杀焉。制其正，不制其杀，则礼之本宁俭而已。"④ 这是讲先王制礼的原则的。

⑦《周礼·春官·典瑞》云："掌玉瑞玉器之藏，辨其物名，与其用事，设其服饰。……璧羡，以起度"，《新义》解说称："璧羡，为璧而羡之也，以起度，则度尺以为度。度在乐则起于黄钟之长，在礼则起于璧羡。先王以为度之不存，则礼乐之文熄，故作此，使天下后世有考焉。"⑤

⑧《周礼·春官·冢人》云："掌公墓之地，辨其兆域而为之图，先王之葬居中，以昭穆为左右。凡诸侯居左右以前，卿大夫士居后，各以

---

① 《程元敏著作集》本《三经新义辑考汇评·周礼》，第202页；《王安石全集》本《周礼新义》，第216页。
② 《程元敏著作集》本《三经新义辑考汇评·周礼》，第276页；《王安石全集》本《周礼新义》，第288页。
③ 《程元敏著作集》本《三经新义辑考汇评·周礼》，第301页；《王安石全集》本《周礼新义》，第311页。
④ 《程元敏著作集》本《三经新义辑考汇评·周礼》，第562页；《王安石全集》本《周礼新义》，第550页。
⑤ 《程元敏著作集》本《三经新义辑考汇评·周礼》，第311页；《王安石全集》本《周礼新义》，第322页。

其族。凡死于兵者，不入兆域。凡有功者居前，以爵等为丘封之度，与其树数。"《新义》解说道："死政者，养其老孤，而又飨之，所以劝也。凡死于兵者不入兆域，则死政与绌焉。盖劝之以明其有义，绌之以明其非孝，欲人两得之而已。必于葬绌之，则父母全而生之，子全而归之，然后为孝故也。以昭穆为左右，各以其族，尚亲也。凡死于兵者不入兆域，尚德也。凡有功者居前，尚功也。以爵等为丘封之度与其树数，尚贵也。盖先王所以治死者如此。"① 据此，"尚亲""尚德""尚功""尚贵"是先王制定丧葬之礼的原则。

（二）先王之乐教

① 《周礼·春官·大司乐》有"以乐舞教国子，舞云门、大卷、大咸、大磬、大夏、大濩、大武"，《新义》解说道："先王之乐多矣。大司乐用以教国子，此则六乐而已。云门大卷则所谓云门，大咸则所谓咸池，大磬则所谓九磬，谓之九磬，盖以其九成。"② 宋陈旸撰《乐书》卷四十《周礼训义》中称引这里的"先王之乐多矣大司乐用以教国子则此六乐而已"一句，③ 或又可见《周官新义》解说文字的流传影响。

② 《周礼·春官·大司乐》还有"以六律、六同、五声、八音、六舞大合乐，以致鬼神示，以和邦国，以谐万民，以安宾客，以说远人，以作动物"，《新义》解说称："大合乐则幽足以致鬼神示，明足以和邦国，内足以谐万民，外足以安宾客，远足以说远人，微足以作动物。致鬼神示，作乐所先，故《易》之《豫》言先王作乐曰'殷荐之上帝，以配祖考'而已。"④

③ 《周礼·春官·乐师》有云"教乐仪，行以肆夏，趋以采荠，车亦如之，环拜以钟鼓为节。凡射，王以驺虞为节，诸侯以狸首为节，大夫以采苹为节，士以采繁为节"，《新义》解说称："凡射王以驺虞为节者，乐仁而杀以时；诸侯以狸首为节者，乐御而射以礼；大夫以采苹为

---

① 《程元敏著作集》本《三经新义辑考汇评·周礼》，第 323 页；《王安石全集》本《周礼新义》，第 334 页。

② 《程元敏著作集》本《三经新义辑考汇评·周礼》，第 331 页；《王安石全集》本《周礼新义》，第 340 页。

③ 《文渊阁四库全书》，第 211 册，第 202 页。

④ 《程元敏著作集》本《三经新义辑考汇评·周礼》，第 332 页；《王安石全集》本《周礼新义》，第 341 页。

节者，乐循法；士以采蘩为节者，乐不失职；采蘩取不远于法而已。在诸侯之义则为能制节，在士之义则为足以循法，盖非先王之法言不敢言，非先王之德行不敢行，非先王之法服不敢服，是为卿大夫之孝，非士所及。故乐循法者，大夫；而乐不失职者，士。射，士职也。不言孤卿，则以射人见之。"①

（三）先王之设官分职

①在解说《周礼·天官序官》中所列的"府史胥徒"等职时，《新义》有云："府史胥徒虽非士，而先王之用人，无流品之异，其贱则役于士大夫而不耻，其贵则承于天子而无嫌。"② 意在说明在先王政治的体制之下，无论职位高低贵贱，人各有所归职。

②与前一例相类，《周礼·天官序官·酒人》之下有"奄"，《新义》解说道："郑氏以奄为'精气闭藏者'，盖民之有是疾，先王因择而用焉。与篷篌蒙镣，戚施直镈，聋聵司火，瞽蒙修声同。若以是为刑人，则国君不近刑人，而况于王乎？若以为刑无罪之人而任之，则宜先王之所不忍也。"③ 其中所谓"篷篌蒙镣，戚施直镈，聋聵司火，瞽蒙修声"，也是说先王之政，对于残疾之人也是尽其才而用之。

此外，宋黄伦撰《尚书精义》卷十亦云："物无弃物而天下无弃才，至如篷篌蒙镣，戚施直镈，聋聵司火，瞽蒙修声，其上又如贤者用为公卿，才者用为大夫。"④ 从该书二十多处称引"荆公曰"，一处称引"王介甫曰"，可知这里的解说文字，或许也是受了《周官新义》解说的影响。又，宋哲宗绍圣三年监察御史蔡蹈在"论臣僚上殿不得差遣"的上奏之言中有曰："先王之时务得人材，虽侏儒聋聵，有司火修声，篷篌蒙镣之用，所谓器而使之者也。"⑤ 其所言或许也是受了《周官新义》文字

---

① 《程元敏著作集》本《三经新义辑考汇评·周礼》，第337页；《王安石全集》本《周礼新义》，第346页。

② 王安石在《上仁宗皇帝言事书》中说道："盖古者有贤不肖之分，而无流品之别，故孔子之圣，而尝为季氏吏。盖虽为吏，而亦不害其为公卿。"表述的也是同样的意思。《王文公文集》，上海人民出版社1974年版，第11页。

③ 《程元敏著作集》本《三经新义辑考汇评·周礼》，第13页；《王安石全集》本《周礼新义》，第40页。

④ 《尚书精义》，《文渊阁四库全书》，第58册，第244页。

⑤ （明）杨士奇等：《历代名臣奏议》卷一百四十录《绍圣三年监察御史蔡蹈论臣僚上殿不得差遣上奏》。《文渊阁四库全书》第436册，第862页。

的影响。

③《周礼·春官·诅祝》有"掌盟诅、类造、攻说、䄏禜之祝号，作盟诅之载辞，以叙国之信用，以质邦国之剂信"，《新义》解说称："于人也，盟诅以要之；于鬼神也，类造、攻说、䄏禜以求之，民之所不能免也。先王与同患焉，因为典礼而置官以掌之。弭乱救灾，于是乎在矣。"①

④《周礼·夏官·射鸟氏》有"掌射鸟，祭祀，以弓矢殴乌鸢。凡宾客、会同、军旅，亦如之"，《新义》解说称："先王置官大抵兼职，射鸟氏虽无所兼，其所射以共宾祭膳献，亦足以偿禄矣。"②

⑤《周礼·秋官·蝈氏》有"掌去鼃黾，焚牡蘜，以灰洒之则死，以其烟被之，则凡水虫无声"，《新义》解说称："去鼃黾，使水虫无声，亦置官者，养至尊，具官备物焉。且先王之斋，去乐以致一，方是时也，虫之怒鸣，安可以弗除，除则宜有掌之者矣。"③

⑥《周礼·秋官·司仪》有"凡四方之宾客礼仪、辞命、饔牢、赐献，以二等，从其爵而上下之。凡宾客送逆同礼。凡诸侯之交，各称其邦而为之币，以其币为之礼。凡行人之仪，不朝不夕不正其主面，亦不背客。"《新义》则云："每门止一相，为将致敬于庙故也。及庙，唯上相入，则致敬故也。每门止一相，唯君相入，则客相不入焉。客再拜稽首，君答拜则拜而不稽首，主君而客臣故也。宾继主君皆如主国之礼，则宾所以继主君，无过不及焉。凡诸侯之交，各称其邦而为之币、为之礼，则主君所以礼宾，亦无过不及焉。夫邦国之君臣，相为宾客，而先王设官焉，问劳赠送，物为之数，拜揖辞受，事为之节。观春秋之时，一言之不雠，一拜之不中，而两国为之暴骨，则《周官》图民祸难，岂为不豫哉？"④ 这里是解说先王所以设官制礼。

---

① 《程元敏著作集》本《三经新义辑考汇评·周礼》，第 371 页；《王安石全集》本《周礼新义》，第 379 页。

② 《程元敏著作集》本《三经新义辑考汇评·周礼》，第 421 页；《王安石全集》本《周礼新义》，第 424 页。

③ 《程元敏著作集》本《三经新义辑考汇评·周礼》，第 537 页；《王安石全集》本《周礼新义》，第 528 页。

④ 《程元敏著作集》本《三经新义辑考汇评·周礼》，第 556 页；《王安石全集》本《周礼新义》，第 545 页。

## 第三章　王安石《周官新义》的礼学特色及其历史影响

（四）先王之治理万民

①《周礼·夏官·司右》有"掌群右之政令，凡军旅、会同，合其车之卒伍，而比其乘，属其右。凡国之勇力之士，能用五兵者属焉，掌其政令"，《新义》解说称："比其乘，则比其乘之马，使齐力；属其右，则属其右之人，使同心。先王既合万民之卒伍，以时习之，皆使知战。又属勇力之士能用五兵者于司右，使掌其政令，则军旅之事，有选锋以待敌，齐民得免死焉。无事之时，武夫皆寓于官府，无所奋其私斗矣。"①

②《周礼·秋官·大司寇》有"以圜土聚教罢民，凡害人者，寘之圜土而施职事焉，以明刑耻之；其能改者，反于中国，不齿三年；其不能改而出圜土者，杀"，《新义》解说称："凡害人者，谓有过失而丽于法者也。其狱谓之圜土，则有生养之意也。其人谓之罢民，则不自强以礼故也。施职事焉，则使知自强；以明刑耻之，则使知自好。其能改者，反于中国，不齿三年者，寘之圜土，外之于中国也。故其能改而反也，谓之反于中国。其收之也，三让而罚，三罚而归之圜土，及与其能改，亦不可以一年而足，故不齿三年，三年无违则亦久矣，于是以伦类序之。其不能改而出圜土者杀，则上所以宥而教之至矣，既不能改又逃焉，杀之义也。先王之于民也，德以教之，礼以宾之，仁以宥之，义以制之，善者怙焉，不善者惧焉，故居则易以治，动则易以服。"②

③《周礼·秋官·大司寇》有"以嘉石平罢民，凡万民之有罪过而未丽于法而害于州里者，桎梏而坐诸嘉石，役诸司空。重罪旬有三日坐朞役，其次九日坐九月役，其次七日坐七月役，其次五日坐五月役，其下罪三日坐三月役；使州里任之，则宥而舍之"，《新义》解说称："嘉，合礼之善也。以嘉石平罢民，罢民不能自强以礼故也。万民之有罪过而未丽于法而害于州里者，则司救所谓衺恶也。凡害人者，则司救所谓过失是也。过失不谓之罪而得罪反重于衺恶，则为其已丽于法故也。惟其过失是以未入于刑，不亏其体，而以圜土教之也。衺恶谓之罪，而得罪反轻于过失，为其未丽于法故也。……先王善是法，以为其刑人也，不

---

① 《程元敏著作集》本《三经新义辑考汇评·周礼》，第 427 页；《王安石全集》本《周礼新义》，第 430 页。

② 《程元敏著作集》本《三经新义辑考汇评·周礼》，第 464 页；《王安石全集》本《周礼新义》，第 463 页。

亏体；其罚人也，不亏财；非特如此而已。司空之役不可废也，与其徭平民而苦之，孰若役此以安州里之为利也。"①

④《周礼·秋官·司刑》有"掌五刑之法，以丽万民之罪，墨罪五百，劓罪五百，宫罪五百，刖罪五百，杀罪五百。若司寇断狱弊讼，则以五刑之法诏刑罚，而以辨罪之轻重"，《新义》解说称："先王之惩民也，以让为不足，然后罚；以罚为不足，然后狱之圜土，役之司空；以狱而役之为不足，然后墨；以墨为不足，然后劓；以劓为不足，然后宫；以宫为不足，然后刖；以刖为不足，然后杀。墨劓宫刖杀，弃人之刑也。以杀为不足，则又有奴其父母妻子者，奴其父母妻子，非刑之正也。故不列于此。"②

⑤《周礼·秋官·司盟》有"掌盟载之法，凡邦国有疑，会同，则掌其盟约之载，及其礼仪，北面诏明神；既盟，则贰之。盟万民之犯命者，诅其不信者，亦如之。凡民之有约剂者，其贰在司盟；有狱讼者，则使之盟诅。凡盟诅，各以其地域之众庶，共其牲而致焉。既盟，则为司盟共祈酒脯。"《新义》解说称："谓之明神，则宜乡明者也，故北面诏之，质于明神以相要者，民之所不免也。先王因以覆盟诅为大戮，而躬信畏以先之。至其成俗，盟邦国不协，与民之犯命而诅其不信者，有狱讼者，使之盟诅，弭乱息争，岂小补哉？及后世王迹熄，慢神诬人，实倍其上，神亦既厌，莫之顾省，则区区牲血酒脯，不足以胜背诞之众矣。盖治有本末，本之不图，无事于末。故君子屡盟，《诗》以为乱是用长，郑伯诅射颍考叔者，《传》以为失政刑矣。"③

从以上的例证可以看到，在提及先王的时候，王安石对《周礼》内容的解说，与其说是在解说，不如说是对先王制度与思想的一种追述，这种追述又何尝不是王安石所怀抱的一种政治理想的别样表述呢？实际上，在王安石的意识中，《周礼》作为先王制度与先王思想的载体，包含着丰富的制度资源和思想资源，惟其如此，《周礼》才成为其变法实践的依据所在。也就是说，先王意识成为王安石政治实践的理论源泉，《周

---

① 《程元敏著作集》本《三经新义辑考汇评·周礼》，第467页；《王安石全集》本《周礼新义》，第466页。
② 《程元敏著作集》本《三经新义辑考汇评·周礼》，第510页；《王安石全集》本《周礼新义》，第503页。
③ 《程元敏著作集》本《三经新义辑考汇评·周礼》，第514页；《王安石全集》本《周礼新义》，第507页。

礼》成为其变法实践的古典蓝本①。

## 第三节　王安石的先王意识及其对先王政治理念的阐发

如果说正像前一节中我们所看到的那样，在解说《周礼》时，王安石是将其作为先王之遗典来看待的，并且在解说的文字当中充分体现出推重先王的经典意识，那么，在王安石的政治生涯以及在变法中实践《周礼》的历程中，先王观念更成为其最基本的政治理念和理想原则。因此，在考察王安石变法与《周礼》的关系之前，我们有必要先来考察一下王安石的"先王观"以及他的先王政治论。这些思想内容集中体现在王安石《周官新义》以外的其他著述以及对宋仁宗的上书当中。

### 一　作为历史普遍意识的先王观念

自有史书记载以来，称述"先王"就已经成为历史记述的一个传统，随之也成为历代思想人物追溯古代理想政治与理想道德的模范标准。从春秋战国时代开始以至于汉唐时期，人们时常称述的"先王"，更多的是指包括从传说时代到文明历史当中的政治开明、道德圣贤的古代帝王，比如唐尧、虞舜、夏禹、商汤、周文（或周武），亦即"二帝三王"。从孔子的"祖述尧舜，宪章文武"，到西汉扬雄所谓"昔在二帝三王"云云②，再到唐代韩愈所云"如吾徒者，宜当告之以二帝三王之道"③，李

---

① 当然值得注意的是，王安石也并非将《周礼》的文字全部看作是如周公之法的体现，比如他在《复仇解》一文中就说："《周官》之说曰：'凡复仇者，书于士，杀之无罪'。疑此非周公之法也。"《周礼》原文为"凡报仇雠者，书于士，杀之无罪。"见于《秋官·朝士》职文。王安石以"非治世之道也"而予以否定。（《王文公文集》，上海人民出版社1974年版，第383页）

② 《汉书》卷八十七下《扬雄传》有云："昔在二帝、三王，宫馆、台榭、沼池、苑囿、林麓、薮泽，财足以奉郊庙、御宾客、充庖厨而已，不夺百姓膏腴谷土桑柘之地。女有余布，男有余粟，国家殷富，上下交足，故甘露零其庭，醴泉流其唐，凤皇巢其树，黄龙游其沼，麒麟臻其囿，神爵栖其林。昔者禹任益虞而上下和，草木茂；成汤好田而天下用足；文王囿百里，民以为尚小；齐宣王囿四十里，民以为大；裕民之与夺民也。……然至羽猎、田车、戎马、器械、储偫、禁御所营，尚泰奢丽夸诩，非尧、舜、成汤、文王三驱之意也。"中华书局1962年版，第3540—3541页。

③ 《韩昌黎文集·送浮屠文畅师序》，上海古籍出版社2014年版，第282页。

翱所谓"大礼既明,永息异论,可以继二帝三王,而为万代法"①,白居易所谓"二帝三王所以直道而行、垂拱而理者"②云云,可以说,在千百年漫长的历史跨度当中,以"二帝三王"为代表的先王,完全成为一种普遍的政治理念和道德理念的代名词。

到了宋代,这种先王观念得到传承,先王意识也成为一种普遍的意识。在王安石时代前后,无论是政治家还是思想家,都常常在追述和解说传统经典的同时而想起先王时代,想起先王的一切德行制度和礼乐刑政,从而成为他们理想政治理念和道德理念的代表性的表述形式。

比如范仲淹,他是把闻先王之道加以体会来当成自己的日常功夫的。故而有云:"臣闻《书》曰:'先王坐以待旦,旁求俊彦。'盖天下治乱,系之于人,得人则治,失人则乱,故先王尽心焉。"(《奏杜杞等充馆职》)又说:"臣闻先王爵以尚德,禄以报功,诸侯之失德者,降其爵;诸侯之有功者,增其禄。此百代不易之典也。"(《让观察使第一表》)还说:"先王修德以服远人,然安不忘危,故不敢去兵以恃德也。"(《论西京事宜札子》)③

又如欧阳修认为,以六经为载体使先王之道得以存续,那么如何认识和体会其中所包含的古典的制度和观念,并思考其是否可以行于当今之世,这是参加科举考试的士人学子必须思考和回答的问题。所以欧阳修在《问进士策》中把六经看作是先王之治具、后世之取法的典范。如其所言:"六经者,先王之治具,而后世之取法也。""《书》载典谟,实二帝三王之道。"并且设问说:"夫先王之遗文具在,凡岁时吉凶聚会,考古礼乐可施民间者,其别有几?顺民便事可行于今者有几?行之固有次第,其所当先者又有几?"④ 这其中体现出他自己对先王观念的独特理解。

再如李觏,他是和王安石一样提出以礼学经典作为当时政治实践之蓝本的思想家,他主张通过对经典文本的解读来反观和追述、体会并理解先王时代的制度与精神的,当然更希冀其能够在当今皇朝政治中得到

---

① 《旧唐书》,中华书局1975年版,第4207页。
② 《旧唐书》,中华书局1975年版,第4345页。
③ 以上参见《范仲淹全集》,凤凰出版社2004年版,第565、352、402页。
④ 以上参见《欧阳修全集》,李逸安点校,中华书局2001年版,第673、1030页。

继承和弘扬。在他的《周礼致太平论》等篇章中，时常论及"先王之道""先王之法""先王之制""先王之礼"等。充分体现出李觏对传统先王观念的认同和表彰。例如他说："历观书传，自《禹贡》以来未闻天子有私财者，汉汤沐邑为私奉养，不领于经费，灵帝西园万金，常聚为私藏，皆衰乱之俗，非先王之法也。"（《国用》第二）又说："大司徒以保息六养万民，六曰安富，谓平其徭役，不专取也。大哉先王之法！其所以有天下而民不戁者乎！"（《国用》第十六）又说："先王之道，取于民有制。"（《安民策》第九）又说："父母不娶不嫁之者，相奔不禁，若无故而不用令则罪罚之，尝有妃匹而鳏寡者，亦察焉，先王之道如此其至也。"（《内治》第七）又说："先王之制，虽同族，虽有爵，其犯法当刑，与庶民无以异也。"（《刑禁》第四）①

还有就是司马光，无论是对传统经典的解说，还是对古代理想历史的感怀与赞美，先王总是出现在他的文字当中。比如在谈及礼的观念与制度的产生时，他说："民生有欲，喜进务得而不可厌者也。不以礼节之，则贪淫侈溢而无穷也。是故先王作为礼以治之，使尊卑有等，长幼有伦，……此先王制世御民之方也。"（《温公易说》卷一）在谈及君子的德行时，他又说："君子进德修业，反复以求先王之道而力行之。"（《温公易说》卷一）② 即使在诗作与策问当中，也不忘记提及先王："愿推赐书意，直以古义陈，士本学先王，所求谊与仁。"（《传家集》卷五）又："先王之治盛矣，其遗文余事可见于今者，《诗》《书》而已矣。"（《传家集》卷七十五）③

从以上列举的文例来看，这些人物的称述"先王"似乎没有什么特别之处，也称不上是时代风貌，不过就是儒家以往标树"先王"的传统在宋代士大夫的思想观念中进一步得以承袭和延续罢了。然而，如果将上述人物的先王意识和先王观念与王安石的表述方式加以比较的话，即可以看到，没有比王安石对"先王"的表述更为系统，更为全面，并与其变法实践直接相联系而更具有古典政治理论意义上的原则指导性了。

---

① 以上参见《李觏集》，王国轩点校，中华书局2011年版，第80、95、187、78、104页。
② 以上所引见《文渊阁四库全书》，上海古籍出版社1987年版，第8册，第583、570页。
③ 以上所引见《文渊阁四库全书》，上海古籍出版社1987年版，第1094册，第51、681页。

## 二 王安石的先王观念及其内涵

在王安石的著述当中所包含先王观念和先王意识，如清人钱大昕所说的"动必称先王"①。除了前面所考察的《周官新义》中称述"先王"之外，在《临川文集》中，也常常有提及先王的地方。其中除了如引用"孟子曰：先王有不忍人之心，斯有不忍人之政"的形式之外，更多的还是王安石本人对传统先王观念的感召性所产生的强烈意识而引发的表述。而仅在王安石《上仁宗皇帝言事书》一文中，就有四十余处提起先王。可以看到，王安石的先王观念，分别由"先王之道德""先王之政""先王之道""先王之意""先王之时""先王之天下""先王之法""先王之事""先王之取人""先王之处民才""先王之制国""先王之位"等一系列的提法所构成，可见先王观念在王安石的意识中已经成为一套观念系统，而且也成为王安石政治理想与抱负的资源所在。②

第一，在王安石的先王观念系统中，先王之道德可以说是最具有核心精神的意味，所以他说："余闻之也，先王所谓道德者，性命之理而已。其度数在乎俎豆、钟鼓、管弦之间，而常患乎难知，故为之官师，为之学，以聚天下之士，期命辩说，诵歌弦舞，使之深知其意。夫士，牧民者也。……先王之道德出于性命之理，而性命之理出于人心。《诗》《书》能循而达之，非能夺其所有而予之以其所无也。经虽亡，出于人心者犹在，则亦安能使人舍己之昭昭而从我于聋昏哉！"（《虔州学记》）③又说："伏羲八卦，文王六十四，异用而同制，相待而成易，先王以为不可忽而患天下后世失其法，故三岁一同，同之者一道德也。"（《熙宁字说序》）④还说："先王治心守身，经理天下之意。"（《赠司空兼侍中文元贾魏公神道碑》）⑤

第二，先王之道是后人对先王政治的归纳和总结，所以王安石明确地说："是故先王之道可以传诸言，效诸行者，皆其法度刑政，而非神明

---

① （清）钱大昕：《潜研堂集·王安石论》，上海古籍出版社1989年版，第32页。
② 以下所引均见于《王文公文集》，上海人民出版社1974年版。
③ 《王文公文集》，第401、402页。
④ 《王文公文集》，第428页。最后一句作"同者，所以一道德也"，与《文渊阁四库全书》本《临川文集》卷八十四有不同。
⑤ 《王文公文集》，第887页。

## 第三章　王安石《周官新义》的礼学特色及其历史影响

之用也。"(《礼乐论》)① 而能否实行先王之道,就是后世政治是否合于理想的标准,所以王安石有云:"天下之吏,不由先王之道,而主于利,其所谓利者,又非所以为利也,非一日之积也。公家日以窘,而民日以穷而怨,常恐天下之势,积而不已,以至于此。"(《上运使孙司谏书》)② 又说:"孔子所以极其说于知命不忧者,欲人知治乱有命而进不可以苟,则先王之道得伸也。"(《与王逢原书》)③ 还感叹道:"呜呼!吾是以见先王之道难行也,先王之道不讲乎天下,而不胜乎小人之说,非一日之积也。"(《闵习》)④ 并且将"明先王之道,觉后世之民"(《王深父墓志铭》)⑤ 和"能道先王之言,及通当世之务"(《谢知制诰启》)⑥ 视为一个人的政治生涯的最高境界。

第三,先王之政是理想的政治模式,当然应该加以效法实践,所以王安石在针对司马光称其变法是所谓"天下侵官、生事、征利、拒谏,以致天下怨谤"的指摘,而非常自信地表明其变法革新是"受命于人主,议法度而修之于朝廷,以授之于有司,不为侵官",其意志就在于"举先王之政,以兴利除弊,不为生事;为天下理财,不为征利",因此而"至于怨诽之多,则固前知其如此也",对之深表不为所动(《答司马谏议书》)。⑦ 可见还是先王理想的信念给了王安石强大的支撑。他还说:"因一时之好恶而能成天下之风俗,况于行先王之治哉?"(《芝阁记》)⑧ 又说:"以赏罚用天下,而先王之俗废。"(《通州海门兴利记》)⑨

第四,先王之法是关乎政治经济等多方面的合理的措施。所以王安石有云:"窃观先王之法,自畿之内,赋入精粗以百里为之差,而畿外邦国,各以所有为贡,又为经用通财之法,以懋迁之。其治市之货财则亡者使有,害者使除,市之不售货之滞于民用,则吏为敛之,以待不时而买者。凡此非专利也。盖聚天下之人,不可以无财,理天下之财,不可

---

① 《王文公文集》,第335页。
② 《王文公文集》,第42页。
③ 《王安石全集》本《临川先生文集》卷七十,第1335页。
④ 《王文公文集》,第381页。
⑤ 《王文公文集》,第961页。
⑥ 《王文公文集》,第270页。此本"及"作"又"。
⑦ 《王文公文集》,第96页。
⑧ 《王文公文集》,第408页。
⑨ 《王文公文集》,第417页。

以无义。夫以义理天下之财，则转输之劳逸不可以不均，用度之多寡不可以不通，货贿之有无不可以不制，而轻重敛散之权不可以无术。"（《乞制置三司条例》）① 又说："今之守吏，实古之诸侯，其异于古者，不在乎设施之不专，而在乎所受于朝廷未有先王之法度；不在乎无所于教，而在乎所以教未有以成士大夫仁义之材。"（《虔州学记》）②

第五，先王之礼乐有着特定的内容。所以王安石在《策问六》中问道："述《诗》《书》《传》《记》百家之文，二帝三王之所以基太平而泽后世，必曰礼乐云。若政与刑乃其助尔。礼节之，乐和之，人已大治，之后其所谓助者，几不用矣。下三王而王者，亦有议礼乐之情者乎？其所谓礼乐如何也？儒衣冠而言制作者，文采声音云而已。基太平而泽后世，傥在此邪，宋之为宋久矣，礼乐不接于民之耳目，何也？抑犹未可以制作邪。董仲舒、王吉以为王者未制作，用先王之礼乐宜于世者，如欲用先王之礼乐，则何者宜于世邪？"③ 又说："先王酌乎人情之中以制丧礼，……今季子三号遂行，则于先王之礼为不及矣……君臣父子之义，势足以两全，而不为之尽礼也，则亦薄于骨肉之亲，而不用先王之礼尔。"（《季子》）④ 又说："先王所以交于神明，坛坎、牲币、罍服、时日、形色、度数，莫不依其象类。"（《议郊祀坛制札子》）⑤

第六，值得考察的是，何谓先王，先王何指。王安石所言称的"先王"，明确地是指那些历史人物呢？王安石有言："昔者道发乎伏羲，而成乎尧舜，继而大之于禹汤文武，此数人者皆居天子之位，而使天下之道寖明寖备者也。"（《夫子贤于尧舜》）⑥ 可见，正如我们前面所说过的，王安石所言称的"先王"当然就是指传说时代的政治开明、道德圣贤的君王以至夏商周三代的开国君王，更具体的则是指所谓"二帝三王"。而且不仅可以从孔子当年的"祖述尧舜，宪章文武"的事业中找到根据，还可以从《礼记·礼运》篇所列举的"尧舜禹汤文武"中找到经典依据，二帝即指尧舜，三王即指夏禹、商汤、周文（或周武）。

---

① 《王安石全集》本《临川先生文集》卷七十，第1261页。
② 《王安石全集》本《临川先生文集》卷七十，第403页。
③ 《王安石全集》本《临川先生文集》卷七十，第1266页。
④ 《王文公文集》，第303页。
⑤ 《王安石全集》本《临川先生文集》卷四十二，第811页。
⑥ 《王文公文集》，第323页。

### 三 王安石《上仁宗皇帝言事书》对先王政治的论说

王安石是在熙宁二年（1069），被宋神宗赵顼拜任为相的。而早在十一年前的宋仁宗嘉祐三年（1058）王安石37岁时，因受到欧阳修的举荐，从地方调回中央朝廷任职。王安石针对当时朝廷所面临的财政匮乏、边疆弱败、人才缺乏、官僚体制守旧因循，在他的头脑里凝结出强烈的变法革新的政治意识，激情满怀地写下了《上仁宗皇帝言事书》这篇长达八千多字的议政文字①。

《言事书》通篇有四十余处提到"先王"。与其说是王安石的先王观，不如说是他借着对先王时代各种政治理想状态的说明、论证和阐发，表达了自己的政治观、历史观，或者说是政治论、君主论。在《言事书》中，王安石历数了自己所关注和所能想到的有关先王政治的全部内容，并加以说明和阐发，其中包括"先王之时""先王之位""先王之政""先王之道""先王之意""先王之法""先王之事""先王之取人""先王之处民才""先王之制国""先王之天下"等不同的方方面面。同时，也可以注意到，一方面，王安石在《周官新义》对《周礼》的解说中融会了其先王观念上的认识和理解。另一方面，在王安石的意识里，《周礼》作为先王之遗典，无疑是先王政治的多种精神的集中保存。他在后来的变法革新的实践中，也就自然而然地引入了《周礼》中具有先王政治经典意义的制度资源和思想资源。

以下，我们就循着王安石的这篇一再称述先王的文字，来体会其理想的同时又是复古的政治诉求和主张，并且感受这些诉求和主张与《周礼》乃至《周官新义》之间直接的和间接的联系。

在《言事书》中，王安石首先提出以"合先王之意"作为"改易更革天下之事"的标准的问题。他明确地指出"方今之法度多不合乎先王之政"，并借孟子的话来说"有仁心仁闻而泽不加于百姓者，为政不法于先王之道故也"。孟子的原话见于《孟子·离娄下》，其言曰："今有仁心仁闻而民不被其泽，不可法于后世者，不行先王之道也。"由此可见王安石的先王观念与孟子学说的直接联系。王安石还提起了"二帝三王"，并提出了类似于商鞅以"三代不同礼而王"为根据的变法主张。他认为，

---

① 《王文公文集》，第1—16页。

一方面,"二帝三王相去盖千有余载,一治一乱,其盛衰之时具矣。其所遭之变,所遇之势,亦各不同,其施设之方亦皆殊";另一方面,"其为天下国家之意,本末先后,未尝不同也",因此,他提出了"当法其意而已"的政治实践原则。只要做到了"合先王之意","则吾所改易更革,不至乎倾骇天下之耳目,嚣天下之口,而固已合乎先王之政矣"①。显然,王安石是把改革当今政治与法度的理想抱负全部寄托在"合先王之意"的信念当中的。

接着,王安石提出的是如何以"先王之道"作为当今培养人才的标准的问题。在王安石所一再强调的"合于先王之意"的政治尺度之下,在国家政治的各种职位上而"其能讲先王之意,以合当时之变者"的人才问题就突出出来。可是当今之时,"在位之人才不足而草野间巷之间亦未见其多也",再借孟子的话来说就是"徒法不能以自行"②。王安石明确地指出,只有朝廷上下有了足够的相应人才可以任用,才能"然后稍视时势之可否而因人情之患苦,变更天下之弊法,以趋先王之意甚易也"。进一步来说,"今之天下亦先王之天下",可是"先王之时,人才尝众矣,何至于今而独不足乎?"问题的关键就在于"陶冶而成之者非其道故也"。在"先王之道"的引领下培养和任用人才的问题。

对追述的先王时代的历史,《言事书》也是大加议论。王安石指出,商周之际"天下尝大乱矣,在位贪毒祸败皆非其人,及文王之起而天下之才尝少矣";然而"文王能陶冶天下之士,而使之皆有士君子之才,然后随其才之所有而官使之",正是这样的努力,以至于"微贱兔罝之人,犹莫不好德","以征则服,以守则治","文武各得其才而无废事也"。其后,"及至夷厉之乱,天下之才又尝少矣。至宣王之起,所与图天下之事者,仲山甫而已"。不过,"宣王能用仲山甫,推其类以新美天下之士,而后人才复众。于是内修政事,外讨不庭,而复有文武之境土"。那么,"由此观之,人之才,未尝不自人主陶冶而成之者也",而关键就在于"所谓陶冶而成之者",也就是"教之、养之、取之、任之,有其道而

---

① 《王文公文集》,第2页。
② 《王文公文集》,第2页。孟子的原话是接着上引《离娄下》一句而说的,即所谓"徒善不足以为政,徒法不能以自行"。

已"①。而这些，都可以在古者先王那里找到根据，先看"教之之道"：

> 古者天子诸侯，自国至于乡党皆有学，博置教导之官而严其选，朝廷礼乐刑政之事，皆在于学士所观而习者，皆先王之法言德行治天下之意，其材亦可以为天下国家之用。苟不可以为天下国家之用则不教也。苟可以为天下国家之用者，则无不在于学。此教之之道也。②

在接下来所说明的"养之之道"，即所谓"饶之以财，约之以礼，裁之以法"方面，也都可以找到先王时代的根据：

> 何谓饶之以财？人之情，不足于财，则贪鄙苟得无所不至，先王知其如此，故其制禄，自庶人之在官者，其禄已足以代其耕矣。由此等而上之，每有加焉，使其足以养廉耻而离于贪鄙之行。犹以为未也，又推其禄以及其子孙，谓之世禄，使其生也，既于父子兄弟妻子之养，昏姻朋友之接，皆无憾矣。其死也，又于子孙无不足之忧焉。
>
> 何谓约之以礼？人情足于财而无礼以节之，则又放僻邪侈无所不至。先王知其如此，故为之制度，婚丧祭养燕享之事，服食器用之物，皆以命数为之节，而齐之以律度量衡之法，其命可以为之而财不足以具，则弗具也。其财可以具而命不得为之者，不使有铢两分寸之加焉。
>
> 何谓裁之以法，先王于天下之士，教之以道艺矣，不帅教则待之以屏弃远方终身不齿之法。约之以礼矣，不循礼则待之以流杀之法。《王制》曰："变衣服者，其君流。"《酒诰》曰："厥或诰曰：群饮，汝勿佚，尽执拘，以归于周，予其杀。"夫群饮、变衣服，小罪也；流杀，大刑也。加小罪以大刑，先王所以忍而不疑者，以为不如是不足以一天下之俗，而成吾治。③

---

① 《王文公文集》，第3页。
② 《王文公文集》，第3、4页。此本"学士"二字前有"学"字。
③ 《王文公文集》，第4页。

在继续说明的"取之之道""任之之道"方面，同样也可以在先王那里找到根据：

> 先王之取人也，必于乡党，必于庠序，使众人推其所谓贤能，书（出）之以告于上而察之。诚贤能也，然后随其德之大小，才之高下，而官使之。……虽尧之用舜亦不过如此而已，又况其下乎？
> 
> 人之才德，高下厚薄不同，其所任有宜有不宜，先王知其如此，故知农者以为后稷，知工者以为共工。其德厚而才高者，以为之长；德薄而才下者，以为之佐属。又以久于其职，则上狃习而知其事，下服驯而安其教，贤者则其功可以至于成，不肖者则其罪可以至于著，故久其任而待之以考绩之法。……尧舜之所以理百官而熙众工者，以此而已。《书》曰："三载考绩，三考，黜陟幽明。"此之谓也。然尧舜之时，其所黜者则闻之矣，盖四凶是也。其所陟者则皋陶、稷、契，皆终身一官而不徙。盖其所谓陟者，特加之爵命禄赐而已耳。此任之之道也。①

最后，王安石进一步就关乎人才方面的所谓"教之、养之、取之、任之"的原则和宗旨所体现的先王之道加以引申和倡明，更多的则是在古今对比中，明确地表示出对古者先王时代的认同，从而提出相应的政治主张。

既然是"教之"，那么就要使人能够"专其业"，亦即专于学习先王之道，如王安石所说："夫人之才，成于专而毁于杂，故先王之处民才，处工于官府，处农于畎亩，处商贾于肆，而处士于庠序，使各专其业而不见异物，惧异物之足以害其业也。所谓士者又非特使之不得见异物而已，一示之以先王之道，而百家诸子之异说，皆屏之而莫敢习者焉。"又说："夫古之人，以朝夕专其业于天下国家之事，而犹才有能有不能"，而今之教者，"非特不能成人之才，又从而困苦毁坏之使不得成才也"。再有，既然"教之"，就应该注重"文武之道"，如王安石所说："先王之时，士之所学者，文武之道也。士之才有可以为公卿大夫，有可以为士，其才之大小，宜不宜则有矣，至于武事则随其才之大小，未有不学

---

① 《王文公文集》，第5页。

者也。故其大者居则为六官之卿，出则为六军之将也。其次则比闾族党之师，亦皆卒两师旅之帅也。故边疆宿卫皆得士大夫为之，而小人不得奸其任。……故古者教士，以射御为急，其它技能则视其人才之所宜而后教之，其才之所不能则不强也。……《易》曰：'弧矢之利以威天下。'先王岂以射为可以习揖让之仪而已乎？固以为射者，武事之尤大，而威天下守国家之具也。居则以是习礼乐，出则以是从战伐。士既朝夕从事于此而能者众，则边疆宿卫之任皆可以择而取也。……夫士尝学先王之道，其行义尝见推于乡党矣，然后因其才而托之以边疆宿卫之事，此古之人君所以推干戈以属之人，而无内外之虞也。"①

既然是"养之"，那么在制禄财用方面，就要根据人的一般的所谓"中人"的素质基础来加以确定，同样是先王之意的体现。因为"穷而为小人，泰而为君子者，则天下皆是也"，所以"先王以为众不可以力胜也，故制行不以己，而以中人为制，所以因其欲而利道之，以为中人之所能守，则其志可以行乎天下而推之后世"②。而且，"自古治世，未尝以不足为天下之公患也，患在治财无其道耳"。王安石指出，唯有在预先对于相应的人才有所"教之""养之""任之"的前提下，而后才能够对其严格规范，"刑以待之"，这是先王之法所要求的，即所谓"夫不先教之以道艺，诚不可以诛其不帅教；不先约之以制度，诚不可以诛其不循理；不先任之以职事，诚不可以诛其不任事；此三者，先王之法所尤急也"。③

再以"取之"来说，王安石指出，"先王之时，尽所以取人之道，犹惧贤者之难进，而不肖者之杂于其间也"；且实际上，"夫古之人有天下者，其所以慎择者，公卿而已。公卿既得其人，因使推其类以聚于朝廷，则百司庶府无不得其人也"；而当今则是"悉废先王所以取士之道"，以至使得"彼通先王之意而可以施于天下国家之用者，顾未必得与于此选也。"④ 而且，"古者有贤不肖之分，而无流品之别，故孔子之圣而尝为季氏吏，盖虽为吏而亦不害其为公卿"，这正是先王"取之之道"的体现。可是"及后世有流品之别，则凡在流外者，其所成立固尝自置于廉耻之

---

① 《王文公文集》，第7页。
② 《王文公文集》，第8页。
③ 《王文公文集》，第9页。
④ 《王文公文集》，第10页。

外，而无高人之意矣"①，这无疑是有违先王之道的。

至于"任之"，王安石说："在位非其人，而恃法以为治，自古及今未有能治者也。即使在位皆得其人矣，而一二以法束缚之，不使之得行其意，亦自古及今未有能治者也。"这是因为，"夫取之既已不详，使之既已不当，处之既已不久，任之又不专，而一二之以法束缚之，故虽贤者在位，能者在职，与不肖而无能者，殆无以异。"那么，"不能任人以职事，而无不任事之刑以待之"②，这样当然也就无法实现以先王之道任用人才的理想目标了。

在历数了"方今"时代于人才问题上突出存在的"教之非其道也""治之非其道也""取之非其道也"的多种弊端之后，更在一种乱亡攸关的忧患意识的引导下，王安石对当今朝廷的人才危机提出了警示，并且对宋仁宗报以极大的期望。他说："夫教之、养之、取之、任之，有一非其道，则足以败天下之人才，又况兼此四者而有之？"又说："夫在位之人才不足矣，而闾巷草野之间亦少可用之才，则岂特行先王之政而不得也，社稷之托，封疆之守，陛下其能久以天幸为常，而无一旦之忧乎？"又说："臣愿陛下鉴汉唐五代之所以乱亡，惩晋武苟且因循之祸，明诏大臣，思所以陶成天下之才，虑之以谋，计之以数，为之以渐，期为合于当世之变，而无负于先王之意，则天下之人才不胜用矣。"③

再有，王安石还反复说明先王之道的内涵体现。他说："臣始读《孟子》，见孟子言王政之易行，心则以为诚然。及见与慎子论齐鲁之地，以为先王之制国，大抵不过百里者；以为今有王者起，则凡诸侯之地，或千里或五百里，皆将损之，至于数十百里而后止。于是疑孟子虽贤，其仁智足以一天下，亦安能毋劫之以兵革，而使数百千里之强国，一旦肯损其地之十八九，比于先王之诸侯？"④可见，在一天下的过程中，启用兵革是不能缺少的手段，那么王政也就不是如何易行的了。王安石又说："然先王之为天下，不患人之不为，而患人之不能；不患人之不能，而患己之不勉。何谓不患人之不为而患人之不能？人之情所愿得者，善行、

---

① 《王文公文集》，第11页。
② 《王文公文集》，第12页。
③ 《王文公文集》，第12、13页。
④ 《王文公文集》，第13页。

美名、尊爵、厚利也,而先王能操之以临天下之士。……何谓不患人之不能而患己之不勉?先王之法,所以待人者尽矣,自非下愚不可移之才,未有不能赴者也。然而不谋之以至诚恻怛之心力行而先之,亦未有能以至诚恻怛之心力行而应之者也。"① 这里强调对不同层面的政治把握与用人之道上的忧患意识,是成败得失的关键所在。王安石还说:"夫法度立,则人无独蒙其幸者,故先王之政,虽足以利天下,而当其承弊坏之后,侥幸之时,其创法立制,未尝不艰难也。以其创法立制,而天下侥幸之人亦顺悦以趋之,无有龃龉,则先王之法至今存而不废矣。惟其创法立制之艰难,而侥幸之人不肯顺悦而趋之,故古之人欲有所为,未尝不先之以征诛,而后得其意。《诗》曰:'是伐是肆,是绝是忽,四方以无拂。'此言文王先征诛而后得意于天下也。夫先王欲立法度,以变衰坏之俗而成人之才,虽有征诛之难,犹忍而为之,以为不若是不可以有为也。及至孔子,以匹夫游诸侯,所至则使其君臣,捐所习,逆所顺,强所劣,憧憧如也,卒困于排逐。然孔子亦终不为之变,以为不如是不可以有为。此其所守,盖与文王同意。夫在上之圣人,莫如文王;在下之圣人,莫如孔子。而欲有所施为变革,则其事盖如此矣。"② 于此,王安石再次将"立法度"和"成人之才"作为核心主张而与其先王理想联系起来,而且又再一次提到周文王的作为,并对当今朝廷上下"至于大伦大法,礼义之际,先王之所力学而守者,盖不及也。一有及此,则群聚而笑之,以为迂阔"的议论氛围深感困惑。最终深切地期待着当今皇帝,如何借助"今有天下之势,居先王之位","诚有意乎成天下之才"③。

最后,王安石举出唐太宗与魏征的例证来表明自己的政治情怀和政治期待。他说:"昔唐太宗贞观之初,人人异论,如封德彝之徒,皆以为非杂用秦汉之政,不足以为天下。能思先王之事开太宗者,魏文贞公一人尔。其所施设,虽未能尽当先王之意,抑其大略可谓合矣。故能以数年之间而天下几致刑措,中国安宁,夷蛮顺服,自三王以来未有如此盛时也。唐太宗之初,天下之俗犹今之世也,魏文贞公之言,固当时所谓迂阔而熟烂者也,然其效如此。贾谊曰:今或言德教之不如法令,胡不

---

① 《王文公文集》,第14页。
② 《王文公文集》,第14、15页。
③ 《王文公文集》,第15页。

引商周秦汉以观之。然则唐太宗之事亦足以观矣。"① 由此说来，王安石在抒发自己的期待推进朝廷能够"改易更革天下之事"以行先王之道的政治愿望的时候，还是有一个可望可及的现实目标的，也就是若能达到唐朝"贞观之治"这样的在"其所施设"是否合于"先王之意"方面还称得上是"大略可谓合矣"，从而能够在数年之间保持一个"天下几致刑措，中国安宁，蛮夷顺服，自三王以来未有如此盛时也"的局面，何尝不是仍然需要当今朝廷上下皇帝众臣齐心协力才能够实现的目标呢？而王安石后来在宋神宗支持下所进行的一系列的"改易更革天下之事"的变法行为，也正是在这样的充满了期待和追求的背景下进行的。

通过以上的摘引，我们将王安石的这篇上书中所提及的先王观念一一进行粗略的解析，从中可以清楚地看到其与《周礼》乃至《周官新义》文字精神的内在的联系。正是在这种先王意识之下，《周礼》才成为王安石变法最直接的参照，而且"法其意"，也就是法"先王之意"才是王安石的理论支柱和精神支柱。在王安石那里，学术是为了造就人才，政治是为了推行法度。两方面的根据都汇集在先王的理念、圣贤的话语之中，更何况还有一部经典——《周礼》可以依据，岂有不可为之理？王安石的学术自信和政治自信就源于此。

## 第四节　王安石变法与《周礼》的关系辨析

如果从时间上来考察，《周官新义》的撰作与王安石的全面实行变法，既可以说是王安石新学与变法相结合的两方面成果的体现，又可以说是古典政治时代学术与政治相联系或者相结合的一种表现。史载："（熙宁）八年，颁王安石《诗》、《书》、《周礼》义于学官，谓之《三经新义》。"② 这也正是在王安石变法全面展开的过程之中完成的。在这个过程中，王安石对《周礼》的基本见解乃至对其中制度资源和思想资源的吸收与借鉴，也是对先王传统的制度资源和思想资源的吸收与借鉴的集中体现，其中既有复古主义的倾向，也有理想主义的倾向。他的所谓"新法"，确实带有维新变革的性质。在他实行变法革新的理念当中，"周

---

① 《王文公文集》，第16页。
② （元）马端临：《文献通考》卷三十一，中华书局2011年版，第910页。

虽旧邦,其命维新"这一千年古训所昭示的就是,《周礼》虽然是古老的经典,但却不失其经典的价值。他要以变法的形式对《周礼》的制度和精神进一步加以实践。① 王安石与战国时代商鞅的"三代不同礼"的变法思路有所不同,似乎更接近于西汉时代王莽对包括《周礼》在内的经典政治的全面实践的历史情形,因此也就无怪乎当时以及后来的非议者常常将王安石与王莽相类比,而被视为误用《周礼》的罪人。其实,王安石与王莽处在不同的历史时期,尽管在吸收经典的制度与思想的资源方面有不少相近之处,但是在所要解决的问题和具体的制度借鉴上还是有很大差异的,所以不能用简单的成败论来相类比的。

王安石变法与《周礼》的关系可以说集中表现为两个方面的问题,其一是《周礼》是否可行的问题,也就是说《周礼》的一些制度能否在具体的政治实践中加以推行的问题,这在历代就有争论,这一争论随着王安石的推重《周礼》而进一步延续了下来。其二是王安石变法与《周礼》的关系到底如何,因为也确有学者认为王安石变法与其推重《周礼》本来是各为一事的。这个问题是需要认真考察的。似乎可以说,王安石正是把一些往常的思考引入对《周礼》的解说之中,又把对《周礼》解说所引发的政治智慧引入朝廷理政和变法革新的具体实践当中,而在其具体的政治实践中,《周礼》之可行与否自然也就有答案了。

对于有关《周礼》中的各种制度是否真正可以实行,在与王安石同时代而稍早的北宋政治家兼学者欧阳修那里,是提出了很强烈地质疑的。在《问进士策》中,欧阳修针对《周礼》提出如下的一些问题:

> 问:六经者,先王之治具,而后世之取法也。……况乎《周礼》,其出最后,然其为书备矣。其天地万物之统,制礼作乐,建国君民,养生事死,禁非道善,所以为治之法,皆有条理。三代之政,美矣!而周之治迹,所以比二代而尤详见于后世者,《周礼》著之故也。然汉武以为渎乱不验之书,何休亦云六国阴谋之说,何也?然今考之,实有可疑者。

---

① 其他一些宋代学者,尤其是那些未能居高官位置者,则试图以经典诠释的传学方式,来展现其复古主义和理想主义的政治抱负。如二程、朱熹等即是其中的代表人物。参见本书第四章《程颢程颐礼学思想述论》、第五章《朱熹的礼学及其思想》。

夫内设公卿大夫士，下至府史胥徒，以相副贰；外分九服，建五等，差尊卑，以相统理，此《周礼》之大略也。而六官之属，略见于经者五万余人，而里闾县鄙之长、军师卒伍之徒不与焉。王畿千里之地，为田几井，容民几家？王官王族之国邑几数，民之贡赋几何？而又容五万人者于其间，其人耕而赋乎？如其不耕而赋，则何以给之？夫为治者，故若是之烦乎？此其一可疑者也。

秦既诽古，尽去古制。自汉以后，帝王称号，官府制度，皆袭秦故。以至于今，虽有因有革，然大抵皆秦制也。未尝有意于《周礼》者，岂其体大而难行乎？其果不可行乎？夫立法垂制，将以遗后也，使难行而万世莫能行，与不可行等尔。然则反秦制之不若也，脱有行者，亦莫能兴，或因以取乱，王莽、后周是也。则其不可用决矣！此又可疑也。

然其祭祀衣服车旗，似有可采者，岂所谓郁郁之文乎？三代之治，其要如何？《周礼》之经，其失安在？宜于今者，其理安从？其悉陈无隐。（《居士集》卷四十八）①

通过以上文字中一连串的发问，即所谓"一可疑"，"又可疑"，使人可以深深地感受到欧阳修对《周礼》质疑的强烈程度。这不仅是出于他在学术上的"疑经"意识，更是出于他对历史的认识和对历史经验的总结。那么，欧阳修当然希望现实中那些确信《周礼》具有实践价值的人能够就他的质疑予以全面地回答。

在我们今天看来，大概当时唯有王安石才能站出来回应欧阳修的这些质疑吧。王安石在与宋神宗谈论文章的时候，的确从侧面对欧阳修"非《周礼》"的态度提出了责难。熙宁三年，宋神宗"论文章，以为华辞无用，不如吏材有益"，王安石说道："华辞诚无用，有吏材则能治，人人受其利。若从事于放辞而不知道，适足以乱俗害理。如欧阳修，文章于今诚为卓越，然不知经，不识义理，非《周礼》，毁《系辞》，中间学士为其所误，几至大坏。"② 王安石对包括《周礼》在内的古代经典价值的认识与欧阳修的不同，由此可见一斑。

---

① 《欧阳修全集》，中华书局2009年版，第673—674页。
② 《续资治通鉴长编》卷二百十一，第5135页。

第三章 王安石《周官新义》的礼学特色及其历史影响 265

就有关王安石变法与《周礼》之间的关系来说，历来有一种见解从维护《周礼》经典地位的立场出发，认为王安石并非真正理解《周礼》的价值，不过是伪托于《周礼》之名而已。比如清人钱大昕即有论曰："世称王安石误用《周礼》而宋以亡，非也。安石何尝用《周礼》哉？"又说："所以尊《周礼》者，将以便其新法也。……独取泉府一官，以证其青苗、市易之法，……其托于用《周礼》者，安石之伪也。"① 其后，孙诒让在论及包括前代的刘歆、苏绰、李林甫以至王安石等与《周礼》的关系而说到"王安石托之（周礼）以行新法而宋亦乱"的时候，则认为他们全都不过是"以其诡谲之心，刻核之政，伦效于旦夕，校利于黍秒，而谬托于古经以自文，上以诬其君，下以欺天下之口，不探其本而饰其末，其徼幸一试，不旋踵而溃败不可振，不其宜哉。"而且，针对怀疑《周礼》之可行者，孙诒让又说："而惩之者遂以为此经诟病，即一二闳揽之士，亦疑古之政教不可施于今，是皆胶柱锲舟之见也。"②

具体考察王安石变法与《周礼》的联系，我们可以从三个方面来取证，第一是王安石自己的见解，第二是反对变法者的指摘，三是后世经注学家的认识。这三个方面应该足以形成论证王安石变法与《周礼》关系的一个完整的逻辑线索。

## 一 王安石对以《周礼》为依据而用于具体变法的基本见解

首先，让我们看一段史籍所载有关王安石实施变法的情形以及与《周礼》之间的关系。明代冯琦原编、陈邦瞻增辑《宋史纪事本末》卷八有《王安石变法》一节，其中对于王安石从被宋神宗启用到担纲实行变法的史实有简明扼要的记述：

（宋神宗熙宁）二年春二月庚子，以王安石参知政事。
初，（神宗）帝欲用安石，曾公亮力荐之。
唐介言："安石难大任。"帝曰："文学不可任邪，经术不可任邪，吏事不可任耶？"介对曰："安石好学而泥古，故议论迂阔，若使为政，必多所更变。"介退谓曾公亮曰："安石果大用，天下必困

---

① （清）钱大昕：《潜研堂集·王安石论》，上海古籍出版社1989年版，第32页。
② （清）孙诒让：《周礼正义序》，《周礼正义》第1册，中华书局1987年版，第3页。

扰，诸公当自知之。"

帝问侍读孙固曰："安石可相否？"固对曰："安石文行甚高，处侍从献纳之职可矣。宰相自有度，安石狷狭少容。必欲求贤相，吕公著、司马光、韩维，其人也。"

帝不以为然，竟以安石参知政事。谓之曰："人皆不能知卿，以卿但知经术，不晓世务。"安石对曰："经术正所以经世务。"帝曰："卿所施设，以何为先？"安石对曰："末世风俗，贤者不得行道，不肖者得行无道；贱者不得行礼，贵者得行无礼。变风俗，立法度，正方今之所急也。"帝深纳之。

甲子，议行新法。王安石言："周置泉府之官，以榷制兼并，均济贫乏，变通天下之财，后世唯桑弘羊、刘晏粗合此意。学者不能推明先王法意，更以为人主不当与民争利。今欲理财，则当修泉府之法，以收利权。"帝纳其说。

安石乃复言："人才难得亦难知。今使十人理财，其中容有一二败事，则异论乘之而起，尧与群臣共择一人治水，尚不能无败事，况所择而使非一人，岂能无失。要当计利害多少，不为异论所惑。"帝曰："有一人败事而遂废所图，此所以少成事也。"乃立制置三司条例司，掌经画邦计，议变旧法，以通天下之利，命陈升之、王安石领其事。[①]

从上文中可见，王安石所言清楚地表明，他对于周代置泉府之官"以榷制兼并，均济贫乏，变通天下之财"这样的理财制度极为认同，从而批评当时的学者"不能推明先王法意，更以为人主不当与民争利"，自己则主张在理财方面要采用周制中的"泉府之法"，并且以西汉桑弘羊、唐代刘晏为实践的楷模，目的就是要为朝廷实现"以收利权"。

我们知道，《周礼·地官·司徒》中有"泉府"之职官，其职文为："掌以市之征布，敛市之不售，货之滞于民用者，以其贾买之；物楬而书之，以待不时而买者。买者各从其抵，都鄙从其主；国人、郊人从其有司；然后予之。凡赊者，祭祀无过旬日，丧纪无过三月。凡民之贷者，与其有司辨而授之，以国服为之息。凡国事之财用，取具焉。岁终，则

---

[①] 中华书局 1977 年版，第 326、327 页。

会其出入，而纳其余。"作为理财制度，讲的是如何通过官方采买的方式来调节市场供需，以及通过官方赊贷之法以应百姓丧纪祭祀之急需。

在《文渊阁四库全书》本《周官新义》中并没有王安石就此解说的文字，《钦定四库全书考证·周官新义》"泉府"条下有云："案：安石与友人论青苗云'一部《周礼》理财居其半，必贷之而后可以待其饥不足'①，此误解《周礼》以祸宋之由也。历代诸儒皆力辩之，今《地官》原本阙，其说不可考矣。"②

不过，当时以及后来的文献中还是略有称引王安石相关解说的文字可以参考，而且有不少记录王安石有关"《周礼》泉府之职"议论的文字，当时和后世的学者更有不少评论也可以参考。③

熙宁五年十一月，王安石与宋神宗有所问对，其中言及有关《周礼》"泉府之法"，由此可以看到王安石对《周礼》之法的现实可行性的具体表述：

> 上谓王安石曰："市易卖果实，审有之，即太繁细，令罢之如何？"
>
> 安石曰："市易司但以细民上为官司科买所困，下为兼并取息所苦，自投状乞借官钱出息，行仓法供纳官果实。自立法已来，贩者比旧皆即得见钱，行人比旧官司兼并所费十减八九，官中又得好果实供应，此皆逐人所供状及案验事实如此。每年行人为供官不给，辄走却数家，每纠一人入行，辄诉讼不已。今自立法数月以来，乃有情愿投行人，则是官司利便可知。止是此等皆贫民无抵当，故本务差人逐日收受合纳官钱，初未尝官卖果实也。陛下谓其繁细，有伤国体，臣愚切谓不然。今设官监酒，一升亦卖，设官监商税，一钱亦税，岂非细碎？人不以为非者，习见故也。臣以为酒税法如此，不为非义，何则？自三代之法固已如此。《周官》固已征商，然不云须几钱以上乃征之。泉府之法，物货之不售，货之滞于民用者，以

---

① 这句话见于后面所引《临川文集》卷七十三《答曾公立书》。
② 《钦定四库全书考证》卷八，《文渊阁四库全书》第 1497 册，第 206 页。
③ 程元敏《三经新义辑考汇评·周礼》中将这些内容作为"佚文"或"同佚文"加以汇辑，还有当时及后世即宋元明清学者的大量评论（华东师范大学出版社 2011 年版，第 212—242 页），极大地方便了学者们参考。

释天下之农,归于畎亩;苟不得其人而行,则五等必不平,而募役必不均矣。

保甲之法,起于三代丘甲,管仲用之齐,子产用之郑,商君用之秦,仲长统言之汉,而非今日之立异也。然而天下之人,凫居雁聚,散而之四方而无禁也者,数千百年矣。今一旦变之,使行什伍相维,邻里相属,察奸而显诸仁,宿兵而藏诸用;苟不得其人而行之,则摇之以追呼,骇之以调发,而民心摇矣。

市易之法,起于周之司市,汉之平准。今以百万缗之钱,权物价之轻重,以通商而贳之,令民以岁入数万缗息。然甚知天下之货贿未甚行,窃恐希功幸赏之人,速求成效于年岁之间,则吾法骦矣。

臣故曰:三法者,得其人缓而谋之则为大利,非其人急而成之则为大害。故免役之法成,则农时不夺而民力均矣;保甲之法成,则寇乱息而威势强矣;市易之法成,则货贿通流而国用饶矣。①

在王安石看来,其所实施的免役之法、保甲之法、市易之法,都有着远承三代的历史渊源,若以直接的经典依据来说,则无疑可以归结到《周礼》一书。

此外,王安石还曾以《周礼》作为论证某些法令的理论依据。比如《续资治通鉴长编》卷二百十八有所记载:

(熙宁三年十二月)他日,上谓王安石曰:"用募兵与民兵亦无异,若役之过苦则亦变矣。"安石曰:"役之过苦则变,诚然。募兵多浮浪不顾死亡之人,则其喜祸乱,非良农之比。然臣已尝论奏,募兵不可全无。《周官》,国之勇力之士属于司右,有事则可使为选锋,又令壮士有所羁属,亦所以弭难也。"上论变义勇为民兵,当先悦利其豪杰,则众可驱而听。因言汉高祖封赵子弟事。安石曰:"何独汉高祖,先王为天下亦然。盖周得天下之父二人,则天下从之矣。有天下之父,有一国之父,有一乡之父。能得一乡之父,则足以收一乡;能得一国之父,则足以收一国;能得天下之父,则足以收天下。"上曰:"民兵虽善,止是妨农事,如何?"安石曰:"先王以农

---

① 《王文公文集》,第19页。

为兵，因乡遂寓军旅，方其在田，什伍已定，须有事乃发之以战守，其妨农之时少。今边陲农人则无什伍，不知战守之法，又别募民为戍兵，尽边人，耕织不足以给衣粮，乃至官司转输劳费尚患不足，遇有警急，则募兵反不足以应敌。无事则百姓耕种不足以给之，岂得为良法也！"①

于此，我们再次看到王安石在称述《周礼》的同时而称述先王，两者是如此的密切相关，不可分割。

又，王安石在为皇帝撰拟的诏敕中，也有称述《周礼》以为依据的，以下有两例。比如，《屯田员外郎谢景初可都官员外郎制》有云："敕某，《周官·司士》，三岁则稽士任，进其爵禄。而方今审官之法用焉。尔名臣之子，操行修洁文学政事，有称于时。审官序劳，当以时进。往践尔位，厥维懋哉。可。"②

再如，《张服尹忠恕张慎言孙昱太子中舍制》有云："敕某，《周官》'三岁则大计群吏之治而诛赏之。'故朕时宪以为考绩之法。夫吏者三岁能率职砥行而无罪悔，是宜有赏。序官一等，以慰尔劳，维尔良能，宜加报称。可。"③

可见，从言必称先王到言必称《周官》，反映了王安石对出自先王的政治经典的确信和具体地参考实施。

以上就是王安石以《周礼》为依据而用于具体变法的自我认识和相关议论。

## 二　新法反对者对王安石借用《周官》理财之法的批评和指摘

那么，当时朝野上下那些王安石新法的反对者们，又是怎样把王安石变法与所谓其对《周礼》的误读联系在一起的呢？最为突出的就是，他们纷纷将青苗法的颁行与王安石对《周礼》的误读联系在一起，认为王安石是有意假借《周礼》之文而颁行与民争利的理财诸法令，所以他们不断上书于皇帝，要求废止此法。

---

① 第5299—5300页。
② 《王安石全集》本《临川先生文集》卷五十，第937页。
③ 《王安石全集》本《临川先生文集》卷五十一，第955页。

《宋史·神宗本纪》记载："（神宗三年）三月丙申，孙觉、吕公著、张戬、程颢、李常上疏极言新法，不听。"① 其中最有代表性的就是在李常、孙觉的上书中，都将王安石的新法与《周礼》的文字进行了对比，或以为其有违《周礼》本文，或以为《周礼》本文以及郑众、郑玄的注疏都不明确，因此导致王安石的错误和任意的解读，当然也就为新法的失败埋下了伏笔。

宋神宗时担任谏官左正言、右正言官职的李常，先后多次上书议论青苗法。在第二次的《上神宗论青苗》（第二状）的上书中，李常将《汉书·食货志》中所记载的王莽采用《周礼》实施改制的史实与王安石所推行的变法进行对比，明确地认为王安石是"一切以利为言而不顾"的。其文言称：

> 伏观班固述王莽事，其详如此。其所施置，盖皆略本先王，而其初为说，非不美也。及乎缪戾，至使百姓无聊，摇手触禁，富者不得自保，贫者无以自存，而起为盗贼，卒以败亡者何也？志于利故也。夫苟志于利，虽纯法三王，其法则犹不可行，况徒用其言以欺世耶？孔子曰：放于利而行多怨。此明验也。今青苗法与王莽事无以异，寖违爱民之初意，一切以利为言而不顾，此臣所以知不复可行而愿罢也。（熙宁二年十二月上，时为右正言）②

李常指出，从本于先王的方面来说，王莽最初借助《周礼》的主张"非不美也"，然而王莽的败亡，归根到底在于其"志于利故也"，由此也说明了"夫苟志于利，虽纯法三王，其法则犹不可行，况徒用其言以欺世耶？"那么在李尝看来，王安石变法尽管也推重先王之道，但仍然不过是"用其言以欺世"的表现。

在其第三次的《上神宗论青苗》的上书中，李常则明确地批评王安石以《周礼》中的职文为依据而实施变法，是"妄取经据，傅会其说，谓周人国事之财用取具于息钱，而不知'泉府'实受'廛人'之五布"。并且将自己对《周礼》的理解进行了一番说明，以证明因为王安石对

---

① 《宋史》，中华书局1977年版，第275页。
② 宋赵汝愚编：《宋名臣奏议》卷一百十一，《文渊阁四库全书》，第432册，第365页。

《周礼》的误读而导致"上以惑陛下之聪明,下以欺天下之耳目",其文如下:

> 臣考之《周官》,凡周所以佐国用者,有九赋敛财贿,有九贡致邦国之用,又以九式均节之太府,以关市之赋待王之膳服,邦中之赋以待宾客,四郊之赋以待稍秣,家削之赋以待匪颁,邦甸之赋以待工事,邦县之赋以待币帛,邦都之赋以待祭祀,山泽之赋以待丧纪,币余之赋以待赐予,而不言贷民之息待邦用者。今日周之国事取具息钱,亦已困矣。上以惑陛下之聪明,下以欺天下之耳目,而贻弊后世,可为痛悼,可为太息。抑臣观《周礼》所以必贷民者,盖先王推至仁爱物回旋曲折之深意也,所以使出息者,不使其幸得而惰于业也。周人井牧其田野,其六乡,使五家为比,则有比长;五比为闾,则有闾胥;四闾为族,则有族师;五族为党,则有党正;五党为州,则有州长;五州为乡,则有乡士大夫。六遂亦然。其小大相临,上下相察,使相保爱,使相葬埋,匹夫匹妇,受田百亩,鳏寡孤独,复有常饩。又十一而税之,宜无一人不足者矣。唯死丧疾病冠昏之类,乃其不幸而不得济者,间有贫不能周于用,于是命泉府之官,掌其祭祀丧纪者有赊,而服田者有贷,方是之时,民日被上之仁爱,上悉知民之有无;下如子之怙其父,上如父之育其子。乡遂闾井之间,不足而贷者,岁亦无几人,呜呼!先王之于民,回旋曲折之意,可谓尽矣。此所谓保民若赤子,所谓无一夫不获者也。故孟子能具道平治时之事曰:"春省耕以补不足,秋省敛以助不给。"又称夏之谚曰:"吾王不游,吾何以休;吾王不豫,吾何以助。"又知补助之仁,不独周为然也。

> 今则不然,田无多少之限,民无贫富之常。吏不识其民,民不信其上。租税之入,非贿赂不可输也。催科之严,非鞭笞不能办也。税敛重数,民畏公家如鸟兽之避网罟。政令不一,吏残其民犹弋猎之待鸟兽。离居散处,非有比闾族党之相伍也,非有胥长师正之相统也。而又愚瞽顽罢不能远计,其贫下无赖习为逋逃之人,知千百为群,十五为保,执一纸之券而空手得钱则不愿者,亦寡矣。及其出贿赂,贲粮食,与市博博易妄用之外,实能持钱至其家而致力于畎亩之间者,亦无几矣。迨其偿也,百亩之收二税,徭役之外,有

支移，有折变，有配买，有和市，有贷粮，有麦本。今又出青苗之本利，至时不足，则卖其衣食之资；又不足，则卖牛具；又不足，则卖田畴；又不足，则卖妻孥；或逃去乡井，或群起为盗贼矣。此臣前日札子所以言，虽一切取民便不免使其易于得财，侈于妄费，不计后日输官之难，而临时迫蹙者也。今取其愿犹且如是，况希合小人与畏罪之吏措置乖方者，其为患百十倍，于是与其贷于兼并者异也。凡百姓所以贷于兼并者，盖皆其邻里近村之人其来贷也，诚皆穷乏饥饿不得已者也。苟可以适朝昏，备农事，则不往贷矣。其贷与之家，亦皆日见其实为乏绝，素有诚信，真以赡妻孥资耕获者也。苟欲以侈口腹、事饮博、为利陷法之事，则不贷之矣。以是观之，岁贷于人者，亦无几也。然则青苗之法，适所以误妄费不思之穷民尔。今法言利之，卒所以病之也。昔者子产以乘舆济人于溱洧之上，孟子曰惠而不知为政，以其人人而悦之也。今为法，不免于人人而病之，可乎？又况志在于蓄积者乎？今党蔽掊克小人，公言利息纷如，而欲天下之吏不希合而强民，臣不信也。

今陛下欲劝农桑、兴水利、省徭役、复常平，此先王不忍之心也，而献议之臣直以此扰扰，蔽惑天听，苟有志于朝廷社稷者，莫不以为忧勤也。《诗》曰："民亦劳止，汔可小康，惠此中国，以绥四方。"臣愿陛下诏天下悉罢青苗法，谨择转运使而久天下县令之任。（熙宁三年三月上，时为左正言）①

之后，李常又有《上神宗论王安石》的上书，也同样将王安石的变法与其对《周礼》的误读联系起来：

安石乃首建制置三司条例，天下之人始议其身任大政而专有司之事，然善士犹或恕之。谓其先公家之所不足，将佐陛下以仁义理财赋，节俭先天下，交物以道，奉养以礼，重损浮费，图实廪庾。凡教化之事，犹有待也。已而立均输之议、造青苗之法，天下之人固已大骇，而善士犹未之深议。谓其志在便民，均一有无，远希先王补耕助敛，以为于理无嫌。及降诏取利，牵合经旨，谓周公资用

---

① 《宋名臣奏议》卷一百一十三，《文渊阁四库全书》，第 432 册，第 395—397 页。

于国服之息，利害已白，而持之不改。虽善士不复以为是，直谓其诳惑朝廷，愚瞽海内，所以议论交起，不可抑止者，其故何也？义与利之为道异也。始称仿古以行义，故君子犹或恕之，终则不顾以嗜利，虽众人莫之与也。及发七难以拒言者，其辞迂，其理僻，天下之人益知其所存尽于此，不复有义理之实，徒欲文过求胜，岂以生灵存亡之命，社稷安危之机为计哉？（熙宁三年四月上，时为右正言）①

再有，在同样身任谏官右正言的孙觉《上神宗论条例司画一申明青苗事》的上书中也可以看到，其是如何从王安石新法与《周礼》的关系的角度来加以议论的。兹节录其文如下：

> 新法云《周礼·泉府》以谓民之贷者，有至二十而五，而曰国事之财用取具焉。今者不过三分，即此贷民取息，已不为多。今常平之物，不领于三司，比周公之法，乃不以取具国事之财用，故云公家无所利其入。臣窃以谓，周家纲纪天下，其法至密，小大详略之设，有条本末；先后之施，有序所治；大者不领其详，所当后者不先于本。故其法始于治地，而其效至于天下无一人之狱，此其积累乃自于文王、武王、周公三圣人者，上取尧舜夏商之遗法，损益弥缝之，至是而始备，呜呼！其亦难成矣哉！周之法如此，其详且备矣；民之养生丧死者，既已无憾，则又虑夫祭祀丧纪，与夫不可知之乏绝，故为之立赊贷之法，以阴相之，所以备民之艰难而示弥缝之至也。以其时考之，宜若四民皆有作，而无一人得为惰游之民者。今《天官》九职，其九曰闲民无常职，转移执事，则是周法虽密，而先王亦恐其疏，而或有脱焉者，故又设闲民之职以待转移之人，亦犹赊贷之所以待非常也。赊贷者，不可以徒予，必使以国服输息，盖又寓勤生节用之意，以俟其怠惰者耳。若夫国事之财用取具者，盖谓泉府所领，若市之不售，货之滞于民用，有买有予，并赊贷法而举之焉。若专取于泉府，则冢宰九赋之类将安用耶？至国服之息，说者不明，先郑、后郑，各为一解。康成曰："于国事受园

---

① 《宋名臣奏议》卷一百一十四，《文渊阁四库全书》，第432册，第414—415页。

廛之田而贷万泉者，期出息五百"，则是一岁之中，贷钱十千而出五百之息，是为一十而一矣。又曰："王莽时，民贷以治产业者，但计赢所得受息，无过岁计什一。"则是莽时虽计多少为定，及其科催，唯据所赢多少，假令所贷百千，岁赢十千取一千，五千取五百，是计赢所得受息无过岁计什一也。康成虽引《载师》园廛为比，然卒以莽时为据，其意盖为周制，亦当尔也。不应周公取息，反重于王莽之时。夫以王莽贪乱败亡之法，尚不至于以本计息，奈何谓《周礼》太平之制而取息之厚，乃至是耶？况载师所任，自园廛二十而一，至漆林二十而五，其征五等，而漆林之征最重。以其末作妨农，所以抑之，使归本邑。今以农民乏绝，将以补耕助敛，乃欲二十而五，以比漆林之征，则是为本末者无以异，与《周礼》之意相违甚矣。况《周官》载治法甚详，必欲举而行之，宜有先于此者。如赊贷之法，刘歆行于新室已不效矣，莽之亡虽不专以此，然亦取亡之一道也。故臣谓圣世讲求，宜讲求先王之法章明较著已试而效者，推而行之，不当取疑文虚说，苟以图治焉。

新制以谓《周礼》国事财用取具于泉府之官，赊贷之息，今常平之物不领于三司，专以振民乏绝比周公之法，乃不以取具国事之财用，故云公家无所利其入也。臣切以谓箕子见象箸而叹曰："必为玉杯。"其后果以奢泰亡国。孔子以谓为刍灵者为善，为俑者不仁。盖俑疑于人，而后世有用殉者矣。仁圣之防微虑远，其深矣乎！今以泉府不明之法，施于主上仁民爱物之时，虽云取息二分，将以广施散利补助耕敛之乏绝。然臣切亦私忧使者不皆得其人，州县不能深知朝廷之微意，而并缘为奸，聚敛希旨，则单弱之民或受其弊，九重万里何由察而知之？今者朝廷清明，法令备具，而将漕之臣迫于财赋之不足，州县之吏畏惮监司之谴诃，尚且公为掊敛百出千名，朝廷明有取息之文，俗吏不能通知经义，则臣又切怀箕子之私忧，与仲尼之远虑也。以陛下之睿明天姿仁恕，推仁民爱物之心而创行新法，臣恐万世之后失其本真，有剥肤椎髓应上之求者矣，则为玉杯以亡国，与用人而殉死，可不深防其渐欤。（熙宁三年三月上，时为右正言）①

---

① 《宋名臣奏议》卷一百一十二，《文渊阁四库全书》，第 432 册，第 390—393 页。

在上文中，孙觉通过对《周礼·泉府》的职文，以及先郑（郑众）、后郑（郑玄）的《周礼》注文，还有王莽的具体实践的辨析，详尽地说明自己对周代先王法度的认识和理解，从而提出"以王莽贪乱败亡之法，尚不至于以本计息，奈何谓《周礼》太平之制而取息之厚，乃至是耶"的疑问，并且认为当今在法令方面所要讲求的，"宜讲求先王之法章明较著已试而效者，推而行之，不当取疑文虚说，苟以图治焉"；而王安石的赊贷之新法，则是"以泉府不明之法，施于主上仁民爱物之时"，以致出现"使者不皆得其人，州县不能深知朝廷之微意，而并缘为奸，聚敛希旨，则单弱之民或受其弊"的局面也就难以避免了。

此外，还有范纯仁《上神宗乞罢均输》的上书则明确指出，王安石推行的均输法也同样是表面上借重《周礼》的"赊敛之制，理市之法"，而实际上所采用的是"桑弘羊商贾之术"。他说："臣伏观近降敕命委江淮发运司行均输之法，此盖制置条例之臣不务远图，欲希近效略取《周礼》赊敛之制，理市之法，而谓可以平均百物，抑夺兼并，以求陛下之信，其实用桑弘羊商贾之术。"①

以上所列举的例证，足见当时新法反对者们对王安石借重《周礼》中的先王制度内容来推行新法所持的非议、质疑和反对的态度，也从相反的方面反映出了王安石新法与《周礼》之间的关系和内在联系。

**三 一些思想家、经注学家对王安石依据《周礼》实施变法的质疑和批评**

在王安石之后，有不少的思想家、经注家也对王安石依据《周礼》实施变法而提出质疑，这里我们列举一下包括杨时（1053—1135）、陈傅良（1137—1203）、郑锷、陈汲、王与之、叶时等人的评论，以见其思想与学术的是非关联。

（1）首先看一下杨时的议论。在《龟山集》卷六《神宗日录辨》和《龟山集》卷十《语录》中分别有两段文字，是杨时针对王安石新法与《周礼》关系的议论，其文如下：

> 《周官》平颁其兴积，《新义》曰"无问其欲否，概与之也，故

---

① 《宋名臣奏议》卷一百零九，《文渊阁四库全书》，第432册，第340页。

谓之平",则俵粟不取情愿,盖其本旨也。故台谏言广渊,不惟不以广渊为罪,乃更以为尽力。夫《周官》所谓平者,岂概与之谓哉?谓无偏陂而已。为是说者,特矫诬先王之法以为己资耳。泉府,凡民之贷者,与其有司辨而授之,以国服为之息。盖贷民,所以助不给,田不耕,宅不毛,犹使之出屋粟、里布,则游惰之民自致困乏,与夫实非不给而妄冒称贷者,有司辨之,宜若弗授也。又以国服为之息,则民不轻贷矣。莘老(孙觉)所谓欲民勤生节用不妄称贷,未为过论也。今兼并之家,能以其资困细民者,初非能抑勒使之称贷也,皆其自愿耳。然而其求之艰,其出息重,非迫于其急不得已,则人孰肯贷也。今比户之民,概与之,岂尽迫于其急不得已哉?细民无远虑,率多愿贷者,以其易得而息轻故也。以易贷之金资不急之用,至期而无以偿,则荷校束手为囚虏矣。乃复举贷于兼并之家,出倍称之息以还官逋,明年复贷于官以还私债,岁岁转易,无穷已也。欲摧兼并,其实助之,兴利之源,盖自兹始。而莘老之比作俑者,亦不为过论也。余以为青苗利害不在愿与不愿,正在官司以轻息诱致之也。孟子曰:"徒善不足以为政,徒法不能以自行。"青苗其意乃在取息而已,行周公之法而无仁心仁闻,是谓徒法,然则周公法今法安得不为异。①(按:杨时此段议论是针对王安石《神宗日录》中的一段文字而发的,《神宗日录》其文曰:"呈程颢奏'王广渊不当妄意迎合俵粟,乞俵丝钱及折税绢作纳钱'云云。呈孙觉札子'至周公时天下已无兼并,又公私富实,故为此法阴相之,不专用此为治'。余曰:无兼并又公私富实,尚须此相,民兼并多,民之绝者众,则此法岂可少。")②

《周官》平颁其兴积,说者曰:"无问其欲否,概与之也。"故假此为青苗之法,当春则平颁,秋成则入之,又加息焉。以为不取息则舟车之费,鼠雀之耗,官吏之俸给,无所从出,故不得不然。此为之辞耳。先王省耕敛而为之补助,以救民急而已。方其出也,未尝望入,岂复求息?取其息而曰非渔利也,其可乎?孟子论法,以为凶年粪其田而不足则必取盈焉,使民终岁勤动不得以养其父母,

---

① 《龟山集》卷六《辨一》,参见《杨时集》,中华书局2018年版,第120页。
② 《龟山集》卷六《辨一》,参见《杨时集》,中华书局2018年版,第119页。

## 第三章　王安石《周官新义》的礼学特色及其历史影响

又称贷而益之，是为不善。今也无问其欲否而颁之，亦无问年之丰凶而必取其息，不然则以刑法加焉，《周官》之意果如是乎？①

在这两段中，杨时所引《周官》"平颁其兴积"一语，见于《周礼·旅师》，其职文为："掌聚野之锄粟、屋粟、闲粟而用之，以质剂致民平颁其兴积，施其惠，散其利，而均其政令。凡用粟，春颁而秋敛之。凡新畈之治，皆听之，使无征役，以地之媺恶为之等。"可是，《文渊阁四库全书》本《周官新义》的解说有："掌聚野之锄粟、屋粟、闲粟而用之者，聚此三粟而用以颁、以施、以散也。施其惠，若民有艰阨，不责其偿。"而并没有杨时在上文前段所引的"《新义》曰：'无问其欲否，概与之也，故谓之平'"一句，或当时《周官新义》原本有此，故杨时据之而发议论。

在杨时看来，无论是《周官新义》的解说，还是王安石新法之所为，都不过是"特矫诬先王之法以为己资耳"，所以说"青苗其意乃在取息而已"。杨时又批评王安石新法"行周公之法而无仁心仁闻，是谓徒法"，并一再提出"然则周公法、今法安得不为异"和"《周官》之意果如是乎"这样的质疑。可见，杨时也确认王安石是"假此为青苗之法"的。

（2）再来看南宋陈傅良②的议论。王与之《周礼订义》卷二十四《总说》载有陈君举（陈傅良）曰：

> 王荆公尝谓《周礼》一书，理财居其半，自有《周礼》以来，刘歆辅王莽专为理财，至荆公熙宁亦专理财。所以先儒多疑于《周礼》，今细考之，亦诚有可疑。且以廛人一官论之，所谓絘布者，郑氏谓列肆之税，即今之房廊钱；所谓廛布者，郑氏谓诸物邸舍之税，即今之白地钱；又有罚布者，卖买不平之罚；质布者，质人巡考犯禁之罚，即今之搭地钱。又有緫布者，子春谓无肆立持之税，若熙宁间不系行钱人。凡屠者敛皮角筋骨入于玉府，即今所谓纳筋骨者。敛珍异之滞者入于膳府，则以供一人之玩好者。德宗宫市之弊，其初只教官与百姓交易，后乃用宦者，为使买之多不偿其本钱。熙宁

---

① 《龟山集》卷十《语录》，参见《杨时集》，中华书局2018年版，第263页。
② 陈傅良，属永嘉学派，著有《周礼说》。有其门人曹叔远所编《止斋集》五十一卷，凡《诗》九卷、《文》四十二卷。

不系行钱，郑侠奏议谓负水拾发担粥提茶皆有免行，然则廛人之弊，安得不至于此。其它自山虞以至泽虞，自廿人以至掌炭，又有上项征税。如此其未至市肆者，在川则有川禁，泽则有泽禁，金玉铅锡则有禁，齿革羽毛则有禁，絺绤薪炭则有禁，所以取民者，无一不备与。夫司门犯禁之财，司关举货之罚，巾车之车折则入赍，马质之马死则物更。先王所以不与民争利者，全不见于此书。所以王莽用《周礼》，遂有五均六干，列肆里区无不征之。荆公用《周礼》，遂有坊场、河渡、白地、房廊、搭罚、六色、免行、市例之类，无所不有。至使《周礼》之书，后人不得尝试。夫周家之法，果如是耶？抑用之者，失其实耶？①

在上文中，陈傅良专从参用《周礼》以理财的角度而提出"所以先儒多疑于《周礼》，今细考之，亦诚有可疑"，并且以《周礼·廛人》职掌来加以议论，以至提出"先王所以不与民争利者，全不见于此书"，所以不仅导致王莽之用《周礼》和王安石之用《周礼》的取利之法"无所不有"，"至使《周礼》之书，后人不得尝试"。更提出疑问说："夫周家之法，果如是耶？抑用之者，失其实耶？"意在还应该从对《周礼》的采用者及施行者那里寻找失其本真的原因才是。

此外，陈傅良还说：

或问载师凡地以何人耕？曰：只是使食公田之税耳。且如古人以公田养士大夫之家，仕宦于朝则有常禄，禄食如汉飧钱之类。汉虽关内侯亦未尝有地，如二千石以下皆受谷于司农，掌金谷之渊。唐室无赋禄之制，但令以房廊钱自给。当时虽有促钱令史，终唐之世，赋禄不能定，其实封有户者，亦不过几人。至太祖始立禄格，如俸钱供给钱者，皆王介甫始制，此事最是。然其无收处，却令州县供给钱仰给于公使库，公使库不能办此，其势只得将军资库钱制而用之，如此立法，是教天下之

---

① 引自《文渊阁四库全书》本王与之《周礼订义》卷二十四，上海古籍出版社1987年版，第93册，第397、398页。

第三章　王安石《周官新义》的礼学特色及其历史影响　　283

人将军资、公使库合而为一也。①

于此，陈傅良似乎也在《周礼》中为王安石的相关立法找到了根据，然而在予以认同的同时又不免有些疑问，所谓"如此立法，是教天下之人将军资、公使库合而为一也"。也就是将本来不同机构的职责混合为一，从而引发混乱局面。

再有，陈傅良在《夏休井田谱序》中对周礼是否可行的问题有所议论，他说：

> 谓《周礼》为非圣人之书者，则以说之者之过，尝试之者不得其传也。《周礼》说甚众，独郑氏学至今行于世。郑经生，志以为之传焉耳。于其说不合，即出己见附会穿凿，其举而措之，斯世可不可复古，郑虑不及此也，故曰说之者过。自刘歆以其术售之新室，民不聊生，东都之舆服，西魏之官制，亦颇采《周礼》，然往往抵牾。至本朝熙宁间，荆公王安石又本之为青苗、助役、保甲之法，士大夫争以为言，安石谓俗儒不知古谊，竟下其法，争不胜。自是百年天下始多故矣，故曰尝试之者不得其传也。以是二者，至非《周礼》，此与因噎废食者何异？②

在陈傅良看来，之所以招致人们发出"《周礼》为非圣人之书"的怀疑，一是因为说之者之过，二是因为"尝试之者不得其传"。而"荆公王安石又本之为青苗、助役、保甲之法"，导致论争四起，不能相胜，"自是百年天下始多故矣"，则可以说是"尝试之者不得其传"的体现。

---

①　引自《文渊阁四库全书》本王与之《周礼订义》卷二十一，上海古籍出版社1987年版，第93册，第344页。
②　（宋）陈傅良：《止斋集》卷四十；《文渊阁四库全书》，第1150册，第813页。

(3) 再看一下陈汲（及之）① 的议论。在王与之的《周礼订义》中记录有陈汲评论王安石新法与《周礼》关系的文字，内容涉及王安石所推行的市易法、青苗法和保马法。

① 针对市易法，陈汲评论说：

熙宁间置市易务，且谓成周之市法，内帑出钱数百万以为本，市易司遣人于岭南诸处市货，以压富商之利，原其意为利耳，岂泉府之法哉？②

先王之时，凡民于田税之外，至有趋末作者，一切征其物，大意欲抑末重本。熙宁间，京师市井凡贩卖小民，虽拾发鬻薪提茶等类，悉出免行钱，不出者毋得贩鬻市道。其意亦曰抑末作游手之民，然不知先王之世，民无不受田者，虽商贾家亦受田，特减于农民，抑其末作，使反其本，则退有可耕之田，不至失业饥寒。自井田既坏，小民亡立锥之地，势不免贩卖以自资。今而曰抑之归农，则退岂有可耕之地哉？故重税适所以启其怨咨之心，饥寒之患，而曰使之务本，恶在其为政也。介甫常曰：《周礼》一书，理财者几半。周公岂好利者哉？观此言，若非为利，然安在其不为利也。③

② 针对青苗法，陈汲评论说：

周家之为民虑至矣，岁有凶荒，则有补助之政。旅师实掌其事，平其所兴征者，颁其所积聚者。凡质剂所致者，悉补助之。施其惠，

---

① 陈汲，王与之《周礼订义序目·编类姓氏世次》在"永嘉陈氏"条下称："汲字及之，间有辨疑。今作陈及之。"《文渊阁四库全书》，第93册，第18页。《周礼订义》注释文字中对其说多有引述。又《浙江通志》卷二百四十二《经籍》二《经部》下《礼》《周礼辨疑》条下载："陈汲撰，字及之，永嘉人。"再有，清朱彝尊《经义考》卷一百二十《周礼》一中录有陈汲所曰："《周礼》一书，周家法令政事所聚，或政典，或九州，或司马教战之法，或考工记，后之作者纂其典章法度而成一代之书。有周公之旧章，有后来更续者。信之者以为周公作，不信者以为刘歆作，皆非也。"又曰："《周礼》虽以设官三百六十为额，然职事员数不止此。……"云云。参见林庆彰等主编《经文考新校》，上海古籍出版社2010年版，第2223、2224页。

② 引自王与之《周礼订义》卷二十四，《文渊阁四库全书》，第93册，第403页。

③ 引自王与之《周礼订义》卷二十八，《文渊阁四库全书》，上海古籍出版社1987年版，第93册，第474页。

散其利，而均其政令，盖无有偏党不均之患矣。此先王所以待凶荒之民，而大司徒十有二教之所谓散利也，郑氏乃以均其政令为使之出息。夫岂有补助之政而俾之出息乎？介甫青苗之法，遂取以为证，又以平颁为不问其所欲否而概与之，殊不知旅师之法，特救荒政耳，意在救民，苟乐岁，粒米狼戾则民自有余，何至贷于官府哉？青苗之法，每岁再行取二分之息，意谓贷者必穷民，否则大奸猾而富足之家则不愿取夫贷，于穷民及奸猾，则未必能出息，故为无问其所欲否而概与之说，则富足之家亦强使贷矣。①

③针对保马法，陈汲评论说：

> 周制，甸出革车一乘，马四匹，则是马亦民自备也。校人云：凡军事物马而颁之者，亦颁于官府，共军事者耳。不然，校人六厩，凡三千四百匹，安能及庶民乎？自井田既坏，凡征战则国家赋马与民。汉时，大仆牧师诸苑三十六所，分布西北边，养马三十万头。武帝时，天下亭亭有马，自是以来未尝俾民自养马也。虽唐府兵之制，有井田遗意，而当给马者，予其直市之，每匹予钱二十五千。刺史折冲果毅，岁阅不任战事者，鬻之以其钱，更市不足，则一府共之。熙宁间，介甫罢祖宗马监，令民自养马，每一都限马十五匹，十五年而足，谓之保马。郡县苟阿上意，不二三年而足，于是天下骚然病矣。②

由以上可见，陈汲的评论，一方面体现出作为长于《周礼》的经学家从对《周礼》文句的诠释和解读上对王安石新法的经典依据进行釜底抽薪，另一方面则从时事政治的角度体现出对王安石新法的不予认同和质疑。

（4）王与之也有对王安石变法与《周礼》关系的议论。针对《周

---

① 引自王与之《周礼订义》卷二十六，《文渊阁四库全书》，上海古籍出版社1987年版，第93册，第444页。
② 引自王与之《周礼订义》卷五十五，《文渊阁四库全书》，上海古籍出版社1987年版，第94册，第150页。

礼·泉府》中的"凡民之贷者,与其有司辨而授之,以国服为之息"一句,王与之在总结评点了各家之说以后又作了自己的解说,并对王安石的新法有所评论,他说:

> 愚案:"国服",陈止斋读"服"如服公事之"服",谓民之贷者还本之后,更以服役公家几日为息。徐牧斋读"服"如侯甸服之"服",谓民之贷者,以其服之所出来输,彼此价直必不等,除得本之外,余皆为息。二说俱胜注疏。至李叔宝欲矫责偿出息之说,以廛人所征之布贷之于民,使因其所服之业为生生之计,如农服田野之事,嫔妇服丝枲之事;息者,亦如司徒以保息六养万民,所以保之使生息,非责其利。此说固好,恐非泉府之所能继。盖泉府所征之布,将以敛商贾之滞货,不时而买者,既楬以元贾;有急而赊者,复偿以元直;至于民之称贷,又以财生息之则,其法穷矣。不如陈及之之说曰:立法不惟以便下,苟下得其利,而官失其物,则非法也。泉府藏物多矣,不赊贷与人,则必至弊坏,岁月既久,不可用。赊贷与民,民转徙于他所,既得其利,异时以元物入官,各贡所有为息,则官府亦得其便矣。不特是也,《周礼》凡商贾悉有税,今市泉府物而贷之,则免其税。既免其税而贡息焉,何不可之有?然必与有司辨而授之者,防民之伪也。世之奸猾无行者,巧伪曲说,至官府而赊贷,官府不知其奸而与之,则异日未必能偿,与其有司辨则不复有此患。凡此等制得贤而后可行,否则不胜其弊。王荆公、吕嘉问为市易官,掊克细民,聚敛滋甚,豪商大贾,怨咨盈道,及人有言,则曰泉府。呜呼!吾不知先王之法使人怨咨而尚不顾哉![①]

很显然,王与之对以《周礼》"泉府"职文作为市易法的依据不予认同,对于王安石推行市易法所引出的民损商怨的问题,而发出了"呜呼!吾不知先王之法使人怨咨而尚不顾哉"这样的慨叹。并且随后引出郑锷的话"后世青苗取息,名曰利之,适以祸之,非周家立法之意",进一步表明深有同感之意。可见,虽说是经学人物,在具体的经典解说上或有

---

① (宋)王与之:《周礼订义》卷二十四,《文渊阁四库全书》,上海古籍出版社1987年版,第93册,第404页。

异同，但是在对于王安石变法借重《周礼》、托名周代法度的是非判断上，却体现出一致的意见。这或许也有着学派上的分别的影响，但更多的恐怕还是学术见解与政治见解之间"见仁见智"的选择上的不同使然。从学术见解的判断出发来论其是非不易，从政治见解的判断出发而论其是非更难，其难就难在对变法实施效果的如何确切地认定上，而这似乎已经超出了经学家本身的视野，所以也就难免人云亦云。

（5）南宋叶时《礼经会元·市治》卷三上有云："故必有《关雎》、《麟趾》之意，而后可以行《周官》之法度。不然，则如刘歆之辅王莽，开五均，设六斡，长安、洛阳、邯郸、临淄、宛、成都诸处，皆立五均，商市、钱府，官列肆、里、区、谒舍，皆有征，其下骚然受其弊矣。后来王安石亦以《周礼》变而为新法，其害尤甚。歙布变而为房廊钱，廛布变而为白地钱，质布变而为搭罚钱，緫布变而为不系行钱。有如郑侠奏议所谓负水、绐发、担粥、提茶，皆有免行，效一廛人之法而遗害至此，周法果如是耶？"① 这也是和前面几位近似的否定性的观点。

总之，对王安石变法依据的合理性和合经典性的认识，当时以及后世的人们均可谓是见仁见智。但是要知道，王安石对《周礼》的借鉴和称述，从来都不是纯学术意义上的借鉴和称述，而是具有"法先王之意"的理想政治意义的借鉴和称述。本来，《周礼》中所包含的制度和思想足以给后人的政治实践提供富有启发性的资源，王安石不过是极其重视这样的资源并引以为借鉴而运用到具体的制度建设当中。至于效果如何，在理想与现实之间，学术与政治之间，成败与否总有些因果关系是王安石所始料不及的。立场的不同，出发点的不同，见解的不同，等等，由此而引发的来自多方面的非议与恶评也就多不可避免的了。

## 第五节 《周官新义》在经学思想史上的地位和影响

从我们以上的考察来说，王安石在学术与政治的两方面的心路历程，

---

① 《文渊阁四库全书》，第92册，第105页。叶时，字秀发，号竹野愚叟，钱塘（今浙江杭州）人。孝宗淳熙十一年（1184）进士（《四库全书总目》卷十九，中华书局1965年版，第151页）。

表现为一种在政治理想上言必称先王,在经典依据上言必称《周官》,在圣贤楷模上言必称孔孟。如果《周官新义》的撰作可以说是其造就政治人才的理想的一个组成部分的话,那么其以《周礼》为经典依据而实施变法,则是其追寻和实现先王政治的理想的一个组成部分。

然而,无论是王安石的变法,还是王安石的新学,在其身后的历史上的评价却是很值得深入思考的问题,已有学者对此进行专门的研究。在这里,我们则就包括《周官新义》在内的王安石的《三经新义》及其新学,在北宋后期乃至南宋以后的历史上的议论和评价的文献进行一些梳理,以见其在经学思想史上的地位和影响。

## 一 宋哲宗时期有关《三经新义》官学地位的争论

伴随着宋神宗、宋哲宗两朝的更替和王安石的退出政治历史舞台,还有其变法的被否定,王安石的新经学也遭受了冲击。所以,宋哲宗时在朝臣中曾引发了关于是否继续以王安石《三经新义》作为官学教授和科场考试的范本的议论。不过,作为官方经学范本,包括《周官新义》在内的《三经新义》还在流传和应用于官学教授之中而不失其官学地位,更有经学人物传承其说,形成学派而蔚为大观。而到了南宋高宗时,一方面是朝廷以"靖康之变"的罪责归咎于王安石的变法和他的新学传播,另一方面是一些理学家和经学家对《三经新义》提出质疑和辩难,最终在朝廷的意志之下,《三经新义》的官学地位被废止了。

有关包括《周官新义》在内的《三经新义》在北宋后期以至后世的流传、评价和影响上的变化,清代的全祖望在《记荆公〈三经新义〉事》中有议论说:

> 荆公《三经新义》,至南渡而废业。元祐时,不过曰经义兼用注疏及诸家,不得专主王氏之解,所禁者,《字说》耳。独莆田黄隐作司业,竟焚其书。当时在廷诸公不以为然,弹章屡上。①

全祖望所提到的就是宋哲宗元祐元年(1086),也就是王安石去世的当年,因为国子司业黄隐反对再继续讲习《三经新义》而"竟焚其书",

---

① 《宋元学案》卷九十八《荆公新学略》,中华书局1986年版,第3253页。

## 第三章 王安石《周官新义》的礼学特色及其历史影响

从而招致在廷诸公纷纷上奏弹劾一事。据《续资治通鉴长编》卷三百九十记载，当时，御史中丞刘挚、殿中侍御史吕陶、监察御史上官均等人，先后有奏章针对黄隐一改前此对待王安石《新义》的态度和做法而大加批评指摘，从认同王安石的经学成就和《三经新义》的价值的立场，而主张王安石的《三经新义》可以继续在官学中教授研习。

（1）刘挚在其奏章中说："故相王安石训经旨，视诸儒义说，得圣人之意为多，故先帝以其书立之于学，以启迪多士，而安石晚年溺于《字说》、《释典》，是以近制禁学者毋习此二者而已。至其所颁经义，盖与先儒之说并行而兼存，未尝禁也。隐①微见安石政事多已更改，辄尔妄意迎合傅会，因欲废安石之学，每见生员试卷引用，隐辄排斥其说，此学者所以疑惑而怨之深也。夫安石相业虽有间然，至于经术学谊，有天下公论所在，岂隐之所能知也？朝廷既立其书，又禁学者之习，此何理哉？伏望速赐罢隐，以允清议而一风俗。"②

（2）吕陶在其奏章中说："经义之说，盖无古今新旧，惟贵其当。先儒之传注，既未全是，王氏之解，亦未必尽非，善学者审择而已。何必是古非今，贱彼贵我，务求合于世哉。方安石之用事，其书立于学官，布于天下，则肤浅之士莫不推尊信向，以为介于孔孟；及去位而死，则遂从而诋毁之，以为无足可考，盖未尝闻道而烛理不明故也。（黄）隐亦能诵记安石新义，推尊而信向之久矣。一旦闻朝廷欲议科举，以救学者浮薄不根之弊，则讽谕太学诸生，凡程试文字不可复从王氏新说，或引用者类多出降，何取舍之不一哉？诸生有闻安石之死而欲设斋致奠，以伸师资之报者，（黄）隐辄形忿怒，将绳以率敛之法，此尤可鄙也。"③

（3）上官均在其奏章中说："自（黄）隐初除学职，众论嚣嚣已不厌服。及既就官，讲学考校之际，不能推考义理，与博士等协心论议，专以区区私见，排诋王安石经义。安石自为宰辅更张政事，诚有不善，至于沉酣六经，贯通理致，学者归向固非一日。非假势位贵显，然后论说行于天下。其于解经，虽未能尽得圣人之意，然比诸儒注疏之说，浅深盖有间矣。岂隐肤陋所能通晓，此中外士大夫之所共知也。又朝廷昨

---

① 即国子司业黄隐。
② 《续资治通鉴长编》，中华书局2004年版，第9497页。
③ 《续资治通鉴长编》，中华书局2004年版，第9498页。

来指挥，止禁学者不得援引《字说》，其于《三经新义》，实许与注疏并行。而隐学无所主，任意颇僻，便以为朝廷尽斥安石之学，肆言排诋，无所顾忌，妄倡私说，取笑学者。"①

上述三人的奏章均表明，他们是在肯定王安石《三经新义》的价值的基础上，而主张继续以其作为官学范本来加以采用的。而黄隐则可以说是元祐时转而反对采用王安石《三经新义》及其学说的代表。

除了上述事件之外，还有一些议论很能说明《三经新义》地位变化的问题。

宋哲宗元祐元年（1086）夏四月，右司谏苏辙上奏说："臣欲乞先降指挥，明言来年科场一切如旧，但所对经义，兼取注疏及诸家议论，或出己见，不专用王氏之学，仍罢律义，令天下举人知有定论，一意为学，以待选试。"② 这也是主张不专用王安石之学的。

元祐初，身为秘书省正字迁校书郎著作郎的孔武仲"论科举之弊，诋《三经新义》，请复诗赋取士"。孔文仲在神宗时因"对策极论新法之害不为王安石所喜，黜不用"，到哲宗时，则"论青苗、免役之法为首困天下，论保甲保马茶盐之瀸为遗螫留蠹"③。这显然是既反对王安石新法，也反对王安石新学的，所以"诋《三经新义》"，而"请复诗赋取士"。与之相反，此时身为门下侍郎的韩维，针对当时"议者欲废《三经义》"，而提出"宜与先儒之说并行，不必废"的主张。④

元祐三年（1088）春正月监察御史赵挺之言："贡举用《三经新义》取人，近二十年。今闻外议，以为苏轼主文，意在矫革，若见引用《新义》，决欲黜落。请礼部贡院将举人引用新经与注疏文理通行考校。"诏送贡院照会。（李焘附言称："苏轼知举合书，新旧录俱脱之。按轼初无此意，挺之因浮议以献言，用情诬实。按：言者用情诬实何但此，存之

---

① 《续资治通鉴长编》，中华书局2004年版，第9500页。
② 《续资治通鉴长编》卷三百七十四，中华书局2004年版，第9060页。《栾城集》卷三十八《言科场事状》，《苏辙集》，陈宏天、高秀芳点校，中华书局1990年版，第665页。
③ （宋）王称：《东都事略》卷九十四，《文渊阁四库全书》，上海古籍出版社1987年版，第382册，第611页。
④ （宋）王称：《东都事略》卷五十八，《文渊阁四库全书》，上海古籍出版社1987年版，第382册，第364页。

第三章　王安石《周官新义》的礼学特色及其历史影响

乃所以见是非也。")①

哲宗元符元年（1098）右正言邹浩又言："伏闻臣寮上言，乞于《诗》《书》《周礼》三经义中出题试举人，蒙指挥下合属去处勘当，以为可行。臣窃谓三经之旨，久为注疏所汨。自王安石父子奉诏训释以示天下，而学者知适所从，盖二十余年矣，其有功于名教岂小哉？然而谓之义，则止是训三经而已，非所谓经也。夫以经造士而以非所谓经者杂试之，甚失先帝专用经术之意，其不可一也。不拘注疏，一概出题乃试诗赋时事引以为比，又非先帝所以改科之意，其不可二也。若谓试题有限，当以此救其弊，则《诗》《书》《周礼》固各有义矣，不知《易》与《礼记》何以待之？五经同试而事体不均，其不可三也。学者既见《三经义》文字繁多，必择用力少者而习焉。岁月之间，将尽改《易》与《礼记》，而《诗》《书》《周礼》有时而为弃物矣，其不可四也。抑恐自此以后又有建言，谓《易》与《礼记》可废，而专以有义三经取士者，势亦无以夺之，其不可五也。国体所系，尤当审察，伏望圣慈特降指挥，只令依旧遵奉先朝条制出题施行。"（《续资治通鉴长编》卷五百三，附注云："浩奏不得其时，因是月十九日命官编纂《三经音义》附见月末。其后出题讫依旧法，当是从浩言也。"）②

由上可见，在宋哲宗时期，有关《三经新义》存废的问题上是很有些争论的。可是实际上，哲宗以后直到北宋末年，科场考试基本上实行的还是兼取注疏及诸家议论，而不专用王氏之学的原则。这样也就给一些反对王学或对王学持有偏见的人造成了一种普遍印象，"熙宁以来，学者非王氏不宗"③；"是时《三经新义》行天下，学者非王氏不道"④；"《三经新义》未改科，一代元老出此涂"⑤；"（宋徽宗）崇、观间王安石学益盛，内外校官非《三经义》、《字说》，不登几案"⑥；"崇宁以来，专

---

① 《续资治通鉴长编》卷四百八，中华书局本，第 9925 页。
② 《续资治通鉴长编》卷四百八。中华书局本，第 11991 页。
③ （宋）汪藻：《浮溪集》卷十七《胡先生言行录序》，《文渊阁四库全书》，第 1128 册，第 154 页。
④ （宋）陈傅良：《止斋集》卷四十八《新归墓表》，《文渊阁四库全书》，第 1150 册，第 881 页。
⑤ （宋）朱翌：《灊山集》卷一《诸公劝楚叟应进士举以诗勉之》，《文渊阁四库全书》，第 1133 册，第 824 页。
⑥ （宋）李心传：《建炎以来系年要录》卷八十七，中华书局 1988 年版，第 1449 页。

意王氏之学,士非《三经》《字说》不用"①、"王氏学独行于世者六十年,科举之士熟于此乃合程度"②,那么也正因为如此,才有到南宋高宗以后以废止《三经义》新学为标志的矫枉过正之举。③

## 二 北宋末至南宋高宗时期时人对《三经新义》的非议和指摘

北宋末年,特别是到了南宋高宗时,对王安石《三经新义》负面的评价增多,更有将北宋朝廷中出现奸佞之臣、发生靖康之变而导致朝廷南迁的原因归咎于王安石和他的《三经新义》的说法。

如宋钦宗靖康元年(1126)八月"司业杨时上言王安石《三经新义》邪说,聋瞽学者,致蔡京、王黼因缘为奸,以误上皇,皆安石启之也"。④

又有李若水⑤《上何右丞书》中言称:"熙丰间,王安石以辩诈之才,摇神考之听,假先王之道,行商鞅之术,乃取祖宗良法美意变弄求新,庙堂纷争,道路窃议,骨鲠大臣如文彦博、韩琦、司马光之徒,亦莫能回其说。于是铨新进小生数十辈之附己者,行新法于天下,又出己意作《三经新义》、《字说》以笼学者,以困天下英豪之气。"⑥ 这种议论

---

① (宋)吴曾:《能改斋漫录》卷十二,《文渊阁四库全书》,第850册,第745页。

② (宋)陈振孙:《直斋书录解题》卷二《书义》十三卷条下,上海古籍出版社1987年版,第29页。

③ 据马端临《文献通考》卷三十二《选举考五》中说:"按熙宁四年,始罢词赋,专用经义取士,凡十五年。至元祐元年,复词赋与经义并行。至绍圣元年,复罢词赋,专用经义,凡三十五年。至建炎二年,又兼用经赋。盖熙宁、绍圣则专用经而废赋,元祐、建炎则虽复赋而未尝不兼经。然则自熙宁以来,士无不习经义之日矣。然元祐初,始复赋,欲经赋中分取人,而东坡公上疏言自复法以来,士工习诗赋者十人而七,欲朝廷随经赋人数多少各自立额取人。则知当时士虽不习诗赋者十五年,而变法之余,一习即工且多矣。至建炎、绍兴之间,则朝廷以经义取士者且五六十年,其间兼用诗赋才十余年耳。然共场而试,则经拙而赋工;分科而试,则经少而赋多;流传既久,后来所至场屋,率是赋居其三之二,盖有自来矣。"(中华书局2011年版,第924页)

④ (宋)徐梦莘:《三朝北盟会编》卷五十一,《文渊阁四库全书》,第350册,第405页。

⑤ 李若水(1097—1127),北宋末年人,靖康元年,为太学士,官至吏部侍郎。靖康二年随钦宗至金营,不屈而被害。

⑥ (宋)李若水:《忠愍集》卷一,《文渊阁四库全书》,第1124册,第669页。《四库提要》称:"若水本名若冰,钦宗为改今名,字清卿,曲周人。靖康初,以上舍登,第由太学博士,历官吏部侍郎,从钦宗如金营,以力争废立,不屈死。事迹具《宋史》本传。"《四库全书总目》卷一五五,中华书局1965年版,第1343页。

在科举上也有反映。据《宋史·选举三》记载：

> 崇宁以来，士子各徇其党，习经义则诋元祐之非，尚词赋则诮新经之失，互相排斥，群论纷纷。钦宗即位，臣僚言："科举取士，要当质以史学，询以时政。今之策问，虚无不根，古今治乱，悉所不晓。诗赋设科，所得名臣，不可胜纪，专试经义亦已五纪。救之之术，莫若遵用祖宗成宪。王安石解经，有不背圣人旨意，亦许采用。至于老、庄之书及《字说》，并应禁止。"诏礼部详议。谏议大夫兼祭酒杨时言："王安石著为邪说，以涂学者耳目，使蔡京之徒，得以轻费妄用，极侈靡以奉上，几危社稷。乞夺安石配飨，使邪说不能为学者惑。"御史中丞陈过庭言："《五经》义微，诸家异见，以所是者为正，所否者为邪，此一偏之大失也。顷者指苏轼为邪学，而加禁甚切；今已弛其禁，许采其长，实为通论。而祭酒杨时矫枉太过，复诋王氏以为邪说，此又非也。诸生习用王学，闻时之言，群起而诋詈之，时引避不出，斋生始散。"诏罢时祭酒。而谏议大夫冯澥、崔鶠等复更相辨论，会国事危，而贡举不及行矣。①

到宋高宗时，由于宋高宗本人对王安石抱有成见，所以时常与臣下议论对王安石及其学术的不满。比如尝与臣下沈与求（1086—1137）从容言王安石之罪在行新法，沈与求对曰："王安石以己意变乱先帝法度，误国害民，诚如圣训。然人臣立朝，未论行事之是非，先观心术之邪正。扬雄，名世大儒，主盟圣道新室之乱，乃为美新剧秦之文，冯道左右，卖国得罪万世。而安石于汉则取雄，于五代则取道，臣以是知其心术不正，则奸伪百出，僭乱之萌，实由于此起。自熙宁、元丰以来，士皆宗安石之学，沉溺其说，节义凋丧，驯致靖康之祸。"② 这是明确地将"靖康之祸"归咎于王安石之学的流传的。

还是在宋高宗时，绍兴九年（1145），作为杨时的弟子和女婿、右正言陈渊因面对论程颐、王安石学术同异，而有一番对话。宋高宗说："杨

---

① 《宋史》，第 3669 页。
② （宋）徐梦莘：《三朝北盟会编》卷一百四十七，《文渊阁四库全书》，第 351 册，第 339 页。

时之学能宗孔孟,其《三经义辨》甚当理。"陈渊对曰:"杨时始宗安石,后得程颢,师之,乃悟其非。"宋高宗又说:"以《三经义解》观之,具见安石穿凿。"陈渊对曰:"穿凿之过尚小,至于道之大原,安石无一不差,推行其学,遂为大害。"宋高宗问:"差者何谓?"陈渊回答说:"圣学所传,止有《论》、《孟》、《中庸》。《论语》主仁,《中庸》主诚,《孟子》主性,安石皆暗其原。仁道至大,《论语》随问答,惟樊迟问始对曰'爱人','爱'特'仁'之一端,而安石遂以爱为仁,其言《中庸》则谓中庸所以接人,高明所以处己。《孟子》七篇,专发明性善,而安石取扬雄善恶混之言,至于无善无恶,又溺于佛,其失性远矣。"① 由此可见,此时已是理学影响初露端倪,而王安石新学的影响逐渐削弱的时期。

再如,宋高宗绍兴十二年(1148)时,有学子上书乞用王安石《三经新义》,为言者所论。癸未,宋高宗说:"六经所以经世务者,以其言皆天下之公也。若以私意妄说,岂能经世乎?王安石学虽博而多穿凿以私意,不可用。"②

在宋高宗时,在学术上最为激烈地反对王学的人物莫过于杨时和王居正了。杨时著《三经义辨》,王居正著《辨学》都是有针对性地批评和指摘王安石《三经新义》中的各种问题的。

杨时在《答胡康侯书·其十》中说:"荆公黜王爵,罢配享,谓其所论多邪说,取怨于其徒多矣。此《三经义辨》,盖不得已也。如《日录》、《字说》亦有少论著,然此事不易为,更须朋友参订之也。今粗已成书,更俟审详脱稿,即缮写附去也。"又在《答胡康侯书·其十四》中说:"某近著《三经义辨》,正王氏之学缪戾处。方就俟脱藁,纳去取正左右,庶可传后学也。"③ 又在《答萧子庄书》中说:"向在谏垣,尝论王氏之失,太学诸生安于所习,閧然群起而非之,赖君相之明卒从之,今虽有定论,学者真知其非者或寡矣。屏居投闲,因摭《三经义》(辨),有害理处是正之,以示后学。

---

① (明)杨士奇等:《历代名臣奏议》卷二百七十五,(清)徐乾学《资治通鉴后编》卷一百十三记此事在绍兴九年。
② (宋)熊克:《中兴小纪》卷三十,《文渊阁四库全书》,第313册,第1091页。又见于(宋)李心传《建炎以来系年要录》卷一百四十五,中华书局2013年版,第2333页。
③ 《龟山集》卷二十,《杨时集》,中华书局2017年版,第553、557页。

文字多，未暇录去，俟小子早晚带行过仙邑可一览也。"①

正是根据杨时前后的两封书信文字，其弟子陈渊②说："以此两书之词观之，则《三经义辨》用之于王氏岂无意乎？又岂止为解释文义之不当遂欲求胜乎？诚以道术所在，万世所待，以开明者不可阙耳。"③ 又说："此书行不行，系道之存亡，故欲及今传授，以幸天下。若曰为解释文义，与王氏争当否而已，失其本意矣。"④ 可见，不仅杨时自己十分看重《三经义辨》这部书，其弟子门生也认为"此书行不行，系道之存亡"。总之认为是对王安石新学的拨乱反正。

至于王居正与杨时的关系，如熊克《中兴小纪》卷三十五所载："（王）居正素不取王安石之学，故工部侍郎杨时尝著《三经义辨》以示居正，居正继亦为《三经辨学》，与时之说相经纬。"⑤

吕祖谦在《王居正行状》中记述王居正反对王安石新学的背景时说道："初熙宁中，王荆公安石以《新义》（阙文）天下，其后章蔡更用事，概以王氏说律天下，士尽名老师宿儒之绪言余论为曲学，学辄摈斥，当是时，内外校官非《三经义》、《字说》不登几案，他书虽世通行者，或不能举其篇秩。"⑥ 又说："靖康建炎以来，朝廷惩创王氏邪说之祸，罢配享，仆坐像，更科举法，置《春秋》博士弟子员，国论略定。然余朋遗党合力诋沮，所以摇正道者万端，赖太上皇持之坚，既不得逞，则阴挟故习候伺间隙，识者惧焉。"⑦ 这完全是从负面意义上来描绘王安石新学的影响的。不过还是可以看出王安石学术影响并非在一时间就烟消云散的。

而在述及王居正本人的学术路数时，吕祖谦又说："其学根极六艺，深醇闳肆，以崇是辟非为已任。自其少年已不为王氏说所倾动，慨然欲黜其不臧，以觉世迷。于是稽参隽义，钩索圣缊，摧新学诐淫邪遁之辞，迎笔披靡，虽老于王氏学者，莫能自解。龟山杨先生时与公会毗陵，出所著《三经义辨》示公曰：'吾犹举其端以告学者而已，欲鬓栉而毫缉之未遑也，非子莫成吾志

---

① 《龟山集》卷二十一，《杨时集》，第587页。
② 陈渊，字知默，《宋史》卷三百七十六有传。
③ 《默堂集》卷十七。《文渊阁四库全书》，第1139册，第450页。
④ 《默堂集》卷十九。《文渊阁四库全书》，第1139册，第490页。
⑤ 《中兴小纪》卷三十五。《文渊阁四库全书》，第313册，第1139页。
⑥ 《东莱集》卷九。《文渊阁四库全书》，第1150册，第75页。
⑦ 《东莱集》卷九。《文渊阁四库全书》，第1150册，第79页。

者.'公愈益感厉,首尾十载迄以成书,为《毛诗辨学》二十卷,《尚书辨学》十三卷,《周礼辨学》五卷,《辨学外集》一卷。"①

在述及王居正和宋高宗的直接问对一事,吕祖谦又说:"其在兵部以事请对,上因及王安石新学为士大夫心术之害,公进曰:'臣侧闻陛下深恶安石之学久矣,不识圣心灼见其弊安在?敢请?'上曰:'安石之学,杂以霸道取商鞅富国强兵,今日之祸,人徒知蔡京、王黼之罪,而不知天下之乱生于安石。'公对曰:'祸乱之源,诚如圣训。然安石所学得罪于万世者,不止于此。为上陈安石训释经义,无父无君一二事。'上作色曰:'是岂不害名教,孟子所谓邪说者,正谓是矣。'于是请以《辨学》为献,上许之,公序上语系于《辨学》书首。"②

最后,吕祖谦有评论说:"先时名公卿斥王氏者辈出,犹不能辟,至公上《辨学》而杨先生《三经义辨》亦列于秘府,二书相经纬,孔孟之本指始明,士皆回心向道,如水赴壑,天下遂不复宗王氏,盖太上皇帝表章圣学之功,而公与龟山先生诸贤之助也。"③ 由此似乎可以说,王安石《三经新义》官学地位的废止及其在学者间影响力的减消,就是以杨时和王居正两人所作辨驳性著作的问世为标志的。

后来在李心传《建炎以来系年要录》卷八十七中对王居正著述的内容有所说明,其云:

> 兵部侍郎王居正献《辩学》四十二篇。居正尝入见,请以旧所论著王安石父子平昔之言不合于道者为献,上许之,居正乃厘为七卷。其一曰蔑视君亲,亏损恩义,凡所褒贬,悉害名教;其二曰非圣人,灭天道,诋诬孔孟,宗尚佛老;其三曰深惩言者,恐上有闻;其四曰托儒为奸,以行私意,变乱经旨,厚诬天下;其五曰随意互说,反复皆违;其六曰排斥先儒,经术自任,务为新奇,不恤义理;其七曰《三经》《字说》,自相抵牾。集而成之,谓之《辩学》,诏送秘书省。④

---

① 《东莱集》卷九。《文渊阁四库全书》,第1150册,第79页。
② 《东莱集》卷九。《文渊阁四库全书》,第1150册,第79、80页。
③ 《东莱集》卷九《文渊阁四库全书》,第1150册,第80页。
④ (宋)李心传:《建炎以来系年要录》卷八十七,绍兴五年三月,第1449页。

有意思的是，据马端临的《文献通考》记载，在宋高宗绍兴末年，王学与程学还有一段纠葛：

> 自熙、丰间，程颢、程颐以道学倡于洛，海内皆师归之。中兴以来，始盛于东南，士子科举之文，稍祖颐说。先是，陈公辅上疏诋颐学，乞行禁绝，而胡寅辨其非。至绍兴末年，正字叶谦亨上言："向者朝论专尚程颐之学，士有立说稍异者，皆不在选。前日大臣则阴右王安石，稍涉颐学，一切摈弃。程王之学，时有所长，皆有所短。取其合于孔孟者，皆可以为学也。"上曰："赵鼎主程颐，秦桧主王安石，诚为偏曲。"诏有司自今毋拘一家之说，务求至当之论。道学之禁至是稍解矣。①

而且在此间，陈公辅首先在对论中言王安石学术之害，主张宜行禁止，且言："臣初无知，未免从事王氏学，既而心知其非，遂自感悔。"转而又上疏言称"伊川之徒，伪为大言，皆宜屏绝"。程颐的弟子尹焞（和靖），甚至对宋高宗提出了"明诏多士，今次科举，将安石《三经义》与诸儒之说并行，以消偏党"的委曲求全的请求②。由此可见"绍兴学禁"中的特别情势。

### 三 南宋及元明清学者对《三经新义》的不同评价

据《宋史》记载，南宋的林之奇（1112—1176）也是反对学者继续参用王安石的《三经新义》的③。即："会朝廷欲令学者参用王安石《三经义》之说，之奇上言：'王氏三经，率为新法地。晋人以王、何清谈之罪，深于桀纣。本朝靖康祸乱，考其端倪，王氏实负王、何之责，在孔孟书正所谓邪说诐行，淫辞之不可训者。'"④ 可见，林之奇认为王安石

---

① 《文献通考》卷三十二《选举考》五，中华书局2011年版，第927页。
② 见于宋理宗宝祐间玉山汪先生（惢）《跋〈宋王苹撰〉〈王著作集〉》文中（文渊阁四库全书本《王著作集》）。又见《宋元学案》卷九十六全祖望补《元祐党案》附文所引，第3194页。
③ 据《宋史》卷四百三十三本传记载："林之奇字少颖，福州侯官人。紫微舍人吕本中入闽，之奇甫冠，从本中学。时将试礼部，行次衢州，以不得事亲而反。学益力，本中奇之，由是学者踵至。中绍兴二十一年进士第，调莆田簿，改尉长汀，召为秘书省正字，转校书郎。"（中华书局本，第12861页。）
④ 卷四百三十三本传。中华书局本，第12861页。

《三经新义》作为其实施变法的依据,是导致靖康祸乱的远期因素。但是王与之《周礼订义》却称林之奇所著《周礼讲义》是"祖荆公、昭禹所说"①,这看起来似乎有些不可思议,或许林之奇真的是将变法与《周官新义》以不同的眼光而区别看待的呢。

值得注意的是,南宋的思想及经学大家朱熹(1130—1200),似乎和与他同时且关系密切的吕祖谦有所不同,对于王安石的学说采取的是极其宽容的态度。他在《学校贡举私议》中提出,于经学可以兼取王安石《三经新义》,从而明确主张所谓:"《书》则兼取刘敞、王安石、苏轼、程颐、杨时、晁说之、叶梦得、吴棫、薛季宣、吕祖谦,《诗》则兼取欧阳修、苏轼、程颐、张载、王安石、吕大临、杨时、吕祖谦,《周礼》则刘敞、王安石、杨时。"② 这样实际上就是在当时人的经学成就上给了王安石的新经学一定的位置,而并没有主张完全废止《三经新义》的意思。他不仅对杨时攻击王学而有议论说"盖龟山长于攻王氏,然《三经义辨》中亦有不必辨者,却有当辨而不曾辨者",并且更直接地称许和肯定王安石的新经学著作说:"王氏《新经》尽有好处,盖其极平生心力,岂无见得着处?"因举书中改古注点句数处云:"皆如此读得好。此等文字,某尝欲看一过,与摭撮其好者而未暇。"而且,其对王安石改革贡举创立太学三舍法而"三舍士人守得荆公学甚固"③ 的情形也至为感叹④。⑤

相反,与朱熹同时的洪迈(1123—1202)则没有这么宽容,他在《周礼非周公书》文中说:"王安石欲变乱祖宗法度,乃尊崇其言,至与

---

① 《经义考》卷一二二,中华书局影印本,第653页。

② 《朱熹集》卷六十九《杂著》,四川教育出版社1996年版,第3638页。

③ 以上均见《朱子语类》卷一百三十"本朝四·自熙宁至靖康人物",中华书局1986年版,第3099页。

④ 就有关"三舍法",魏泰(生活在宋神宗、哲宗、徽宗时期,与王安石、王安国、王雱父子等有所交游)在所撰《东轩笔录》有曰:"王荆公在中书,作《新经义》以授学者,故太学诸生几及三千人……,又令判监') 直讲,程第诸生之业,处以上中下三舍,而人间传以为试中上舍者,朝廷将以不次升擢。于是轻薄书生,矫饰言行,坐作虚誉,奔走公卿之门者若市矣。"(参见《东轩笔录》,李裕民点校,中华书局1983年版,第71页)

⑤ 诚然,朱熹对于王安石于科举中罢废《仪礼》之科是至为不满,故在《乞修三礼札子》中说道:"熙宁以来,王安石变乱旧制,废罢《仪礼》,而独存《礼记》之科,弃经任传,遗弃本宗末,其失已甚。"《朱熹集》卷十四《奏劄》,四川教育出版社1996年版,第570页。而这是朱熹有感于应该恢复《仪礼》的经典地位而发出的议论。或者说是朱熹坚持礼学经典中的经传分别,而要反求本经之主张的体现。

《诗》、《书》均匹,以作《三经新义》……则安石所学所行实于此乎出,遂谡'一部之书,理财居其半'。"① 于此,其对王安石的学术与政治两方面的作为均提出质疑,表现出不予认同的态度。

在后来的元明清时期的学者当中,非议和批评王安石变法的不在少数,而对王安石的《三经新义》持贬抑态度的也有不少。

元代学者李冶(1192—1279),在评价王安石撰著《字说》及《三经新义》时说:"前人论议皆斥去不用,一出新意,必使天下学者皆吾之从,顾不知自谓费精神、废目力否也。文字固不足道,观其得君柄国,专以财赋为己任,至谓天变不足畏,祖宗不足法,人言不足恤,卒以召朋党相煽之祸,此岂非言语自为一人,而其事业又自为一人乎?"②

元末学者马端临(1254—1323)曾有议论说:"按熙宁之立学校,养生徒,上自天庠,下至郡县,其大意不过欲使之诵习新经,附和新法耳。绍圣、崇观而后,群憸用事,丑正益甚,遂立元祐学术之禁。又令郡县置自讼斋,以拘诽谤时政之人。士子志于进取,故过有拘忌,盖言休兵节用,则恐类元祐之学;言灾凶危乱,则恐涉诽谤之语。所谓转喉触讳者也,则惟有迎逢谄佞而已。"③

明代学者丘濬(1421—1495年)说:"王安石为人,固无足取,及其自作《三经》专用己说,欲以此一天下士子,使之遵己,固无是理。然其所制经义之式,至今用之以取士,有百世不可改者,是固不可以人废言也。"④ 又说:"徽宗以王安石配享,及祀王雱,虽是群奸私意,然亦以其有作《三经义》之功。"⑤ 可见,邱濬在崇尚义理的角度还是认同王安石《三经新义》的价值的。

明清之际的顾炎武(1613—1682)在其《日知录》卷十六《经义论策》中有议论说:"今之经义论策,其名虽正,而最便于空疏不学之人。唐宋用诗赋,虽曰雕虫小技,而非通知古今之人不能作。今之经义,始于宋熙宁中,王安石所立之法,命吕惠卿、王雱等为之。"又引陈后山(陈师道)《谈丛》而言"荆公经义行,举子专诵王氏章句,而不解义。

---

① 《容斋续笔》卷十六,上海古籍出版社1978年版,第412页。
② 《敬斋古今黈》卷八,中华书局1995年版,第181页。
③ 《文献通考》卷四十六《学校考》七,中华书局2011年版,第1345页。
④ 《大学衍义补》卷九,《文渊阁四库全书》,第712册,第128页。
⑤ 《大学衍义补》卷八十,《文渊阁四库全书》,第712册,第910页。

荆公悔之曰:'本欲变学究为秀才,不谓变秀才为学究也。'"顾炎武则评论到:"岂知数百年之后,并学究而非其本质乎?此法不变,则人才日至于消耗,学术日至于荒陋,而五帝三王以来之天下将不知其所终矣。"又称引宋人赵鼎言安石"设虚无之学,败坏人才",及陈公辅亦谓安石"使学者不治《春秋》,不读《史》、《汉》,而习其所为《三经新义》,皆穿凿破碎无用之空言也"。而后顾炎武又加以评论说:"若今之所谓时文,既非经传,复非子史,展转相承,皆杜撰无根之语。"① 何以顾炎武如此地认同赵鼎、陈公辅等人对王安石新经学的看法呢?这里不妨再看一看顾炎武对王安石变法的议论,便可知其中的思想背景了:

> 人君御物之方,莫大乎抑浮止竞。宋自仁宗在位四十余年,虽所用或非其人,而风俗醇厚,好尚端方,论世之士谓之君子道长。及神宗朝荆公秉政,骤奖趋媚之徒,深锄异己之辈。邓绾、李定、舒亶、蹇序辰、王子韶诸奸,一时擢用,而士大夫有十钻之目。干进之流,乘机抵隙。驯至绍圣崇宁,而党祸大起,国事日非,膏肓之疾,遂不可治。后之人但言其农田水利、青苗、保甲诸法为百姓害,而不知其移人心,变士习,为朝廷之害。其害于百姓者,可以一旦而更;而其害于朝廷者,历数十百年,滔滔之势,一往而不可反矣。②

由此,足以见顾炎武对王安石的学术和变法是持全面的非议态度的。清朝初年的理学家李光地(1642—1718)亦曾有议论说:"荆公变科举之制亦是,如何将孔子所定之经竟欲重加去取?去《仪礼》,又去《春秋》,至诋为'断烂朝报',而自己作《三经新义》,尽废前人之说,几几欲夺孔子之席,狂妄孰甚焉!"③

清代四库馆臣在言及《周官新义》本身在整个宋代《周礼》学中的定位时则有议论说:"《周礼》一书,得郑注而训诂明,得贾疏而名物制度考究大备。后有作者,弗能越也。周张程朱诸儒,自度征实之学,必

---

① 《日知录集释》,(清)黄汝成集释,秦克诚点校,岳麓书社1994年版,第586、587页。
② 《日知录》卷十三《宋世风俗》,《日知录集释》,岳麓书社1994年版,第473页。
③ 《榕村语录》卷二十二,参见陈祖武点校,中华书局1995年版,第399页。

不能出汉唐上,故虽盛称《周礼》,而皆无笺注之专书。其传于今者,王安石、王昭禹始推寻于文句之间(内),王与之始脱略旧文,多集新说,叶时、郑伯谦始别立标题,借经以抒议;其于经义,盖在离合之间。于是考证之学渐变为论辨之学,而郑贾几(几)乎从祧矣。"① 这固然是在清初学术考证之风气回归汉唐的背景下所得出的判断,但是王安石与其前后的周张程朱诸儒旨趣上的异同,也正是从《周官新义》中可以看出的。

从以上的记述来看,对王安石《三经新义》的历史评价,总是伴随着对其变法思想与措施的非议和指摘而遭到贬抑的。又可见受其政治评价的降低之累而对其学术评价也如此地降低了。这与王安石当年的政治的见解直接影响到其学术的见解的情形可以说是有着同样的逻辑和同样的表现的。古典政治与古典学术常常体现为这样的变迁关系,在某种政治局面的影响之下,某种学术可以从私家之学转变为官学;而在另一种政治局面的影响之下,此种学术又会从官学转变为私家之学。宋代王安石新学体现在学术与政治之间的历史命运即是如此。

### 四 荆公学派的礼学传承

就王安石的学术传人来说,以王安石为首的荆公新学一派,在当时有很大的影响,所谓"荆公之六艺,各有传者",而在礼学方面也同样有很多的传人和著述②,如《宋元学案》中所称述的,"王昭禹、郑宗颜之《周礼》,马希孟、方悫、陆佃之《礼记》"③;又如《四库全书·周官新义提要》中所提到,王安石在"依经诠义"方面,"如所解八则之治都鄙,八统之驭万民,九两之系邦国者,皆具有发明,无所谓舞文害道之处,故王昭禹、林之奇、王与之、陈友仁等注《周礼》,颇据其说"。还有陈祥道、陈旸兄弟的礼学著述等等。他们当中,既有专于《周礼》而承传王安石之说者,也有在《礼记》方面引申和发挥王安石之说者,还有专于《仪礼》名物制度而著述礼书以传王安石之说者,三礼之学,各

---

① 《四库全书总目提要·周礼注疏删翼》,参见《四库全书总目》,中华书局1965年版,第155页。
② 对此,侯外庐等主编《中国思想通史》第四卷第九章第三节"新学基本著作与新学学派"中早有关注。
③ 《宋元学案》卷九十八,第3260页。

有贯通，从而成为荆公后学中很有影响的人物，并且直接影响到整个宋代礼学传承发展的格局和面貌。以下我们就根据史籍记载而略加考察，见其景象及特色。

首先，自南宋以来，人们在言及王安石的礼学传人及其著述特点的时候，时常是将陆佃和陈祥道两人并提，可见陆佃和陈祥道在王安石的礼学传人当中是比较突出的人物。如朱熹有云："如陆农师《礼象》，陈用之《礼书》，亦该博，陈底似胜陆底。"① 清代朱彝尊撰《曝书亭集》卷三十四《聂氏三礼图序》中提到："陈用之撰《太常礼书》、陆农师撰《礼象》，皆以正聂氏之失而补其阙遗。"②

陆佃（1042—1102），作为王安石门人，史称其"从师不远千里，过金陵，受经于王安石"。宋神宗曾问大丧袭衮，"佃考礼以对"，"神宗悦，用为详定郊庙礼文官"；而后"每有所议，神宗辄曰：自王、郑以来，言礼未有如佃者"；后又"进讲《周官》，神宗称善"③。其"与礼家，名数之说尤精"④。著有《礼记解》四十卷（见清秦蕙田《读礼通考》引用书目），今佚。还有《礼象》十五卷、《述礼新说》四卷、《仪礼义》十七卷。《礼象》一书，自南宋以来时常被人提到或称引，如朱熹有议论说："昭穆是万世不可易，岂得如陆氏之说。陆氏《礼象图》中多有杜撰处，不知当时庙制后来如何不行。"⑤《四库全书·陶山集提要》说："佃本受学于王安石，……然新法之义独断，断与安石争，后竟入元祐党籍。安石之没，佃在金陵为文祭之，推崇颇过。然但叙师友渊源而无一字及国政。"又说："佃所著有《礼象》诸书，当时以知礼名。《集》中若《元丰大裘议》诸篇，大抵宗王而黜郑，理有可通，不妨各伸其说。惟其中自出新意穿凿附会者。"⑥《四库全书·礼书提要》又说："佃《礼象》今不传，惟神宗时详定郊庙礼诸议今尚载《陶山集》中，大抵多生别解，与祥道驳郑略同。"⑦ 宋王应麟所撰《玉海》、宋章如愚所撰《群书考索》

---

① 《朱子语类》卷八十四，第 2226 页。
② （清）朱彝尊：《曝书亭全集》，王利民等校点，吉林文史出版社 2009 年版，第 403 页。
③ 《宋史》卷三百四十三本传，第 10918 页。
④ 《宋元学案》卷九十八，第 3258 页。
⑤ 《朱子语类》卷八十四，第 2283 页。
⑥ 《四库全书总目》卷一百五十四，第 1333 页。
⑦ 《四库全书总目》卷二十二，第 178 页。

多有称引。

　　陈祥道，荆公门人，英宗治平四年（1067）进士。《四库全书·礼书提要》说："案：祥道为王安石之徒，见晁公武《读书志》祥道《论语解》条下。"① 李廌《师友谈记》记录陈祥道事迹云："元祐七年春末，陈祥道学士进《礼图》《仪（礼）注》，已除馆阁校勘。明年，用为太常博士。"又说："祥道许少张榜登科，礼学通博一时，少及仕宦二十七年，而官止于宣义郎。盖初仕时，父殴公人死，而祥道任其罪，久废，中间为太学博士亦坐累，故屯蹇至老。尝为《礼图》一百五十卷、《仪礼说》六十余卷。内相范公为进之，乞送秘阁及太常寺。故有是命，没齿困穷而不遇赏音也。自赐绯不余旬而卒。"② 晁公武《郡斋读书志》则称，"祥道，元祐初以左宣义郎任太常博士"，其所撰《太常礼书》一百五十卷，"解礼之名物，且绘其象，甚精博"。此书今存。③ 宋陈振孙《直斋书录解题》在提到陈祥道所著书《礼书》百五十卷的特色时，则称其"论辨详博，闲以绘画于唐代诸儒之论，近世聂崇义之图，或正其失，或补其阙"④。《四库全书·礼书提要》则指出："其中多掊击郑学，如论庙制，引《周官》、《家语》、《荀子》、《穀梁传》谓天子皆七庙，与康成天子五庙之说异；论禘祫，谓圜丘自圜丘，禘自禘，力破康成禘即圜丘之说；论禘大于祫，并祭及亲庙，攻康成禘小祫大，祭不及亲庙之说；辨上帝及五帝，引《掌次》文，辟康成上帝即五帝之说。盖祥道与陆佃皆王安石客，安石说经，既创造新义，务异先儒，故祥道与佃亦皆排斥旧说。"⑤ 可见，陈祥道的礼学确实承袭了很多王安石的学术见解。此外，陈祥道还著有《注解仪礼》三十二卷、《礼例详解》十卷。还有陈祥道弟陈旸，著有《礼记解义》十卷（《宋史·艺文志》）、《北郊祀典》三十卷⑥。

---

　　① 《四库全书总目》卷二十二，第 178 页。并参见《郡斋读书志校证》，上海古籍出版社 2011 年版，第 136 页。
　　② 《文渊阁四库全书》，上海古籍出版社 1987 年版，第 863 册，第 183 页。
　　③ 《郡斋读书志校证》，第 90 页。
　　④ （宋）陈振孙：《直斋书录解题》，徐小蛮、顾美华点校，上海古籍出版社 1987 年版，第 50 页。
　　⑤ 《四库全书总目》，第 178 页。
　　⑥ 《宋元学案》卷九十八，第 3269 页；《宋史·艺文志》。

其次，历史上对王安石的礼学传人除了以陆、陈并提之外，还常常有方、马并提。方指方悫，马指马晞（希）孟。方、马二人均著有《礼记解》。朱熹有言："场屋中《礼记》义，格调皆凡下。盖《礼记解》行于世者，如方、马之属，源流出于熙丰。士人作义者多读此，故然。"① 朱熹还说："方、马二解，合当参考。尽有说得好处，不可以其新学而黜之也。"② 卫湜《礼记集说》在集说名氏的部分称："方氏、马氏及山阴陆氏三家，书坊锓板传于世，方氏最为详悉，有补初学。然杂以《字说》，且多牵合，大为一书之累。间有与长乐陈氏讲义同者，方自序亦谓，诸家之说于王氏有合者悉取而用之。则其说不皆自己出也。马氏、陆氏皆略，马氏《大学解》又与蓝田吕氏同。朱文公《或问》以为吕氏，今从之。陆氏说多可取，间有穿凿，亦字学误之也。"③ 全祖望《周礼新义题词》说："《礼记》之方、马数家，亦禀荆公之义而为之者，至今《礼记》注中不能废。"④

方氏的《礼记解》，宋陈振孙《直斋书录解题》卷二有著录，并称："新安方悫性夫撰。（宋徽宗）政和三年（1113）表进，自为之序。以王氏父子独无解义，乃取其所撰《三经义》及《字说》申而明之，著为此解。由是得上舍出身。其所解文义，亦明白"⑤；而后朝廷"颁其书于天下，学者宗之"⑥。宋李心传《建炎以来系年要录》卷六十二记载："（绍兴三年春正月）壬申，诏左文林郎方悫许参选，悫，桐庐人，深明礼学，政和中尝献所著《礼记解义》，遂赐上舍出身，至是，法当讨论，权吏部尚书席益等言，悫所进《解义》今行于世，与进赋颂直赴殿试者不同，故有是命。"⑦ 卫湜《礼记集说》在列举解说《礼记》者的氏名之后又说："以上解义唯严陵方氏、庐陵胡氏始末全备。"⑧ 根据我们的统计，在今存《四库全书》本卫湜《礼记集说》一百六十卷中引录了方氏（悫）

---

① 《朱子语类》卷八十四，第 2187 页。
② 《朱子语类》卷八十四，第 2227 页。
③ 《文渊阁四库全书》，第 117 册，第 14 页。
④ 《宋元学案》卷九十八，第 3252 页。
⑤ （宋）陈振孙：《直斋书录解题》，徐小蛮、顾美华点校，上海古籍出版社 1987 年版，第 48 页。
⑥ 《宋元学案》卷九十八，第 3267 页。
⑦ 中华书局 1988 年版，第 1062 页。
⑧ 《文渊阁四库全书》，第 117 册，第 16 页。庐陵胡氏，字邦衡，名铨。

第三章　王安石《周官新义》的礼学特色及其历史影响　　305

的解说达1400余条，这些内容可以说是我们认识和了解方慤《礼记解》的内容以及与王安石礼学的关系的宝贵文献。

马晞（希）孟，著有《礼记解》七十卷。陈振孙《直斋书录解题》卷二称："马希孟彦醇撰，未详何人，亦宗王氏。"① 此书今佚。《宋元学案》以及朱彝尊《经义考》卷一百四十一引《江西通志》载，马希孟，庐陵人，熙宁癸丑（六年，1073）登第。② 根据我们的统计，在今存《四库全书》本卫湜《礼记集说》一百六十卷中，引录了马氏（晞孟）的解说有近610条，这些内容无疑成为我们认识和了解马晞孟《礼记解》的内容以及与王安石礼学的关系的宝贵文献。

此外，作为荆公门人而传《周礼》学的还有龚原，字深之，处州遂昌人，少与陆佃同师王安石③，以经术尊敬介甫，始终不易④。著有《周礼图》十卷⑤，朱彝尊《经义考》卷一百二十二称未见，可知其书久佚。

作为为荆公新学者，郑宗颜著有《考工记注》一卷，今存。⑥《四库全书·周礼新义提要》云："安石本未解《考工记》，而永乐大典乃备载其说，据晁氏《读书志》，盖郑宗颜辑安石《字说》为之，以补其阙。"⑦又《钦定四库全书考证》卷八中说："故其解多系字义，而经义则未之及。"⑧《文渊阁书目》卷一和《千顷堂书目》卷二均录有《周礼讲义》二卷。程元敏在辑考《周官新义》时则直接将《文渊阁四库全书》本《周官新义·考工记》部分作为《周礼讲义》的内容，而称《郑宗颜考工记讲义》⑨。

再有，对于王安石一派的《周礼》学有所传承的还有王昭禹、林之奇，清人有所谓"王昭禹述之于前，林之奇述之于后"的说法。⑩

---

① （宋）陈振孙：《直斋书录解题》，徐小蛮、顾美华点校，第48页。
② 《宋元学案》卷九十八，第3267页。《经义考新校》，第2613页。
③ 《续资治通鉴长编》卷二百二十八、《宋史》卷三百五十三本传。《宋元学案》作"字深父"。
④ 《宋元学案》卷九十八，第3257页，
⑤ 见录于《宋史·艺文志》、《经义考》卷一二二。
⑥ 《宋元学案》卷九十八，第3268页。
⑦ 《四库全书总目》，第150页。
⑧ 《文渊阁四库全书》，第1497册，第209页。
⑨ 程元敏：《三经新义辑考江评·周礼》，第567—617页。
⑩ （宋）陈振孙：《四库全书总目·周礼集说提要》，第153页。

王昭禹所著《周礼详解》四十卷，今有传本。宋陈振孙《直斋书录解题》中说："昭禹，未详何等人，近世为举子业者，多用之，其学皆宗王氏新说。"① 宋王与之《周礼订义》称其书"用荆公而加详"。② 清全祖望《王昭禹〈周礼详解〉跋》中说："方性夫、陆农师之礼，于今皆无完书。其散见诸书中，皆其醇者也。独王光远《周礼》至今无恙，因得见荆公以《字说》解经之略。荆公《周礼》存于今者五官，缺地、夏二种，得光远之书，足以补之。尝笑孔颖达于康成依阿过甚，今观此书亦然。"③《四库全书·周礼详解提要》指出，宋代王与之作《周礼订义》在类编称引姓氏世次时，将王昭禹列于杨时（龟山）之后，曰字光远，亦不详其爵里，应当为宋徽宗、钦宗时人。《四库提要》还认为，王昭禹此书，"其附会穿凿，皆遵王氏《字说》。盖当时《三经新义》列在学官，功令所悬，故昭禹因之不改。然其发明义旨，则有不尽同于王氏之学者"，"至其阐发经义有足订注疏之误者"，有不少的解说"皆为先儒所未发"，"故宋人释《周礼》者如王与之《订义》、林之奇《讲义》多引其说，固不得以遵用新说而尽废之也"④。在今天，此书有幸得以完备地保存和流传至今，成为我们考察宋代的《周礼》学，特别是荆公礼学的传承等问题的宝贵文献。

　　林之奇，前面已经有所介绍。其从紫微舍人吕本中学，《宋史·儒林传三》记载说："东莱吕祖谦尝受学焉。淳熙三年卒，年六十有五。有《书》、《春秋》、《周礼说》、《论》、《孟》、《杨子讲义》、《道山记闻》等书行于世。"⑤ 所著《周礼讲义（全解）》四十九卷，今佚。其虽非荆公门人，但王与之《周礼订义》称其书"祖荆公、昭禹所说"，⑥ 又《四库全书·周礼集说提要》在对《周官新义》"林之奇述之于后"句下附注中也称："案之奇学出吕本中，本元祐一派，而作《周礼全解》亦用安石之说，见王与之《周礼订义》。"⑦ 可见，至少在解说《周礼》上，林之

---

① （宋）陈振孙：《直斋书录解题》卷二，第45页。
② 《文渊阁四库全书》，第93册，第17页。
③ 《宋元学案》卷九十八，第3267页。
④ 《四库全书总目》，第150页。
⑤ 《宋史》，第12861页。
⑥ 《文渊阁四库全书》，第93册，第17页。
⑦ 《四库全书总目》，第153页。

奇是属于王安石一派的。宋王与之的《周礼订义》中称引"林氏曰"，正文中有21条，注释中有18条；陈友仁传《周礼集说》中称引"林氏曰"正文中有12条，注释中有1条。

最后，如果说称述和援引也是一种传承方式的话，那么王与之所著《周礼订义》和陈友仁传《周礼集说》也都有这样的价值。据《四库提要》称，王与之所著《周礼订义》八十卷，为宋理宗淳祐二年（1242）六月行在秘书省准敕访求书籍时，"牒温州宣取是编，知温州赵汝腾所奏进"。而"书前有真德秀序，作于绍定五年（1232）壬辰，下距进书时十年；又有赵汝腾后序，作于嘉熙元年（1237）丁酉，下距进书时六年"。"赵汝腾奏称素识其人，又称真德秀殁后，与之益删繁取要，由博得约，其书益精粹无疵。"该书所采旧说凡五十一家，然唐以前六家，其余四十五家则皆宋人。"凡文集语录无不搜采，盖以当代诸儒为主，古义特附存而已。真德秀序称：郑贾诸儒，析名物辨制度不为无功，而圣人微旨终莫之睹。惟洛之程氏，关中之张氏，独得圣经精微之蕴。永嘉王君其学本于程张云云。盖以义理为本，典制为末，故所取宋人独多矣。"① 而四十五家之书佚者十之八九，仅赖是编以传。那么，从今传《四库全书》本《周礼订义》来看，王与之此书主取王昭禹《周礼详解》之说，正文中称引974条，注释中称引401条。对王安石则称王氏，共有510余条的称引，其中正文中有310条有余，注释中近200条。称引陆氏（佃）正文中9条，注释中13条；称引陈祥道正文中7条，注释中5条；称引"陈氏（祥道）"正文21处，注释中23处；称引陈用之正文99条，注释中80条。可见，其中称引王安石的解说文字占有相当多的数量，不仅反映出王学传承的影响，也为今天我们对比研究宋代《周礼》学提供了可观的文本资料。

宋末元初，还有一部《周礼集说》流传，据《四库全书·周礼集说提要》所说："《周礼集说》十卷，不著撰人名氏，前有元初陈友仁序，称其友沈则正近得此书于雪，编节条理与东莱《读诗记》、《东斋书传》相类，名氏则未闻也。癸未以归，训诂未详者，益以贾氏、王氏之疏说；辨析未明者，附以前辈诸老之议论云云。盖友仁因宋人旧本重辑也。友仁，字君复，湖州人。序题丙子后九岁，丙子为宋亡之岁。友仁不题至

---

① 《四库全书总目》，第152页。

元年号，而上溯丙子以系年，盖亦宋之遗民，故仿陶潜不书年号，但称甲子之例。"又说："卷首有《总纲领》一篇，《官制总论》一篇，分条阐说，极为赅洽，每官之前，又各为总论一篇，所引注疏及诸儒之说，俱能撷其精粹，而于王安石新经义采摘尤多。盖安石《三经新义》虽为宋人所攻，而《周官新义》则王昭禹述之于前，林之奇述之于后，故此书亦相承援引，不废其文也。"①

根据《四库全书》本《周礼集说》来统计，其中，除了以称引"郑氏（玄）曰""王氏（昭禹）曰"为最多之外，称引"王介甫曰"则有150余条之多（正文中引有149条，注释中引有6条）。相比之下，从对其他宋代学者的称引情况来看，如称引"东莱曰"38条，"朱晦庵曰"4条（"晦庵曰"8条，"又曰"7条，），"程氏"6条，"杨氏曰"5条，"陈君举曰"3条，"张南轩曰"4条，"薛氏（季宣）曰"29条，"薛氏图"13条，"唐氏（仲友）曰"5条，还有"王先生（与之）曰"85条，等等。比较而言，《周礼集说》称引王安石解说的比重是很大的，又何况有"王昭禹述之于前"，称引之则更是荆公礼学传承的重要组成部分，这样也就越发地增加荆公礼学信息的含量，从而成为我们今天考察荆公礼学传承和影响的重要材料。

综上所述，从文献学的角度来说，在今存于《四库全书》中的王昭禹《周礼详解》、王与之《周礼订义》、陈友仁传《周礼集说》，以及卫湜《礼记集说》中保存的方悫、马希孟的《礼记解》文字，还有陈祥道的《礼书》等，都可以作为我们考察王安石礼学传承的最重要的和最基本的文献。

# 结　语

如果我们还可以以仕儒和学儒的区分来看待北宋时期政治与学术的形势和变迁的话，那么，在这一时期确实涌现出了很多在政治上满怀先王理想，锐意变革时弊，推进社会和谐与经济发展的风云人物，还涌现出了很多在学术上弘扬孔孟之道，推进经学发展，超越汉唐而承前启后的饱学鸿儒。由于时势变迁或者机缘际会，他们当中有不少人在仕学两

---

① 《四库全书总目》，第153页。

途之间升降游离，最终而思学精进，著述等身，弟子如云，乃至成为旷世大儒；也有不少人是仕学两途兼行并进，而且分别达到了位高权重与独领风骚的境界。他们各自有着当时以及后世人们所给定的历史位置，各自领受着当时以及后世人们所给定的名分褒贬。然而，毕竟正是他们共同的存在，才烘托出了北宋一代学人辈出，风气焕然，成就卓著，超越古人的思想文化风貌。诚然，后人在议论和评价和他们的时候，总会有要将北宋衰亡的原因归咎于他们当中的某个人或某些人的观点和认识。在我们今天看来，这也只能说是见仁见智的，或者是只看重了一些因素而忽略了另一些因素而得出的结论吧。

无疑，王安石是属于那种仕学两途兼行并进，而且分别达到了位高权重与独领风骚的境界的历史人物，甚至在某种意义上已经达到了其理想中的圣君贤相的合理存在的境界。但是，由于政治见解的分歧甚至对立，由于学术见解的不同甚至相左，以至其在政治领域当时乃至后世的反对者和批判者众多，恶评不绝，进而也扩大了对其学术的贬损程度。在前面我们的考察中，就纷纷呈现着这样的历史印迹。

客观地来说，王安石的学术成就在整个宋代学术史上是颇具特色的。然而毕竟其作为政治家而投入在政治上的精力，以致分散和影响了其投入在学术上精力。同时，在政治上，王安石的变法也并非全面获得成功，其所招致的反对更引发了党争一类的政治事件，这固然与反对声的执着强烈有关，但终究是王安石自身的政治理想与社会现实的差距和冲突使然。那么，除了客观地展现王安石的政治作为与学术作为之间的联系之外，难道就没有值得后人体会和思考的精神内涵可以发现了吗？当然不是。其实这一精神内涵就是古典的理想主义。作为一个政治家，当然是应该有理想的。而且，如何按照理想所设计的方向来变革现实，也应当是政治家不断思考和实践的课题。这一点，应该说王安石是做到了的。如果一定要以成败论英雄的话，大概可以提出的是，王安石还是应该考虑到当时的社会多种利益的协调以及承受力而实行渐进性的变革，或许就不会招致出于各个方面的多种矛盾冲突以及积怨和不满的激化，从而引发政治动荡和社会动荡。然而，即便如此，真正的历史演变结果究竟会如何，恐怕也还是有着未可知的和始料不及的因素在发挥作用吧。

历史人物的评价，总是伴随着评价者的历史认识而得出。公论性的历史评价则随着时代性的历史认识的变迁而演变。那么至今，到底给像王安石这样一个在政治上和学术上都有极大影响的著名的历史人物以怎样的一个应有的历史定位，这不能不说仍然是个历史的难题。

如果我们把着眼点再归结到有关《周礼》之是否可行的经典政治的问题上，如朱熹曾经说过的："理会《周礼》，非位至宰相，不能行其事。自一介论之，更自远在，且要就切实理会受用处。若做到宰相，亦须上遇文武之君，方可得行其志。"① 又说："《周礼》一书，圣人姑为一代之法尔。到不可用法处，圣人须别有通变之道。"② 那么，用这样的两段话来判断一下王安石得到宋神宗的支持而以《周礼》为依据来实行变法的现实政治，我们又会得出怎样的历史结论呢？

---

① 《朱子语类》卷八十四，第 2179 页。
② 《朱子语类》卷八十六，第 2205 页。

# 第四章

# 程颢、程颐的礼学思想述论

礼学，从根本上来说就是古代中国人关于人类的社会秩序与社会规范的存续、演变和发展的学说。因此，礼学体现在古代思想家的思想方面，一是对于礼学的经典文本以及先哲圣贤之言的解释和发挥，二是论者自己对相关的礼学问题在历史与现实的背景下所得出的判断和主张。从现代人文学科分类来看，礼学包含着宗教、道德、政治和法等多方面的理论；从形而上与形而下的角度来区分，又可以设定为是关于礼的观念与制度的学说。[1]

通过后面的考察我们将会看到，在二程的思想体系中，礼学为其不可缺的组成部分，或者说是二程兄弟为复归传统信仰所做努力的一种思想载体和言说载体，其全部内容也可以说就在于论证必须复归的传统信仰亦即关乎礼的信仰的天然合理性。在这些思想和言说中，承载着二程及其学派上继尧舜、孔孟等圣王先贤的信仰传统、并将这一信仰传统发扬光大的努力和期望。应该说，这就是二程礼学思想的出发点和归结点。

## 第一节 二程对古代礼学的基本看法

在中国古代学术与思想的世界里，自经学确立之后，又在科举考试

---

[1] 从礼学经典中所包含的思想性内容，到思想家通过对礼学经典中的制度性内容及思想性内容的阐述和发挥所体现的思想活动，就构成了我们对古代礼学思想体系形成和发展过程进行考察的基本对象和路径。古代礼学思想是古代思想的一种表达形式，而古代的思想又常常以讨论礼学问题的方式而得以展开。换言之，一个思想家的礼学思想，不一定是其思想表达的全部，或只是通过对礼学问题的关注和思考而得到展开，其中也常常包含着对礼的无所不包、礼学的无所不包和礼学思想的无所不包的认识与理解，以致自觉或不自觉地表达和流露出来。这也是我们梳理历代思想家或经学家的礼学思想的视阈所在。

以经学为内容的历史中，经学文本已经成为学术与思想的重要载体，那么，一提到经学，首先使人想到的就是经学文本。同样地，一提到礼学，首先使人想到当然就是礼学的文本。因此，考察二程的礼学思想，我们也就不能不先来关注一下二程对古代礼学文本的基本认识和具体看法。从中我们既可以感受到二程对古代礼学的理解和认同程度，也可以体会到二程礼学思想的出发点。

二程对于历史上传承下来的礼学文本，即以《礼记》《周礼》《仪礼》的所谓"三礼"为代表的传统礼书，均持比较保守的态度，也就是并不完全认可它们是代表了周公、孔子时代的礼仪制度和思想，而认为多是汉儒附会成篇的文字，对其字句上的训诂解说已是不甚可为的事，更遑论以其为依据而加以推行了。所以其有比较明确的说法就是："今之礼书，皆掇拾秦火之余，汉儒所傅会者多矣，而欲句为之解，字为之训，固已不可，又况一一追故迹而行之乎！"① 这就比较充分地体现出二程深受当时疑经思潮的影响和作为经学上的义理派所具有的经学态度。再从现实的立场出发，二程认为，传统的礼仪制度也不是可以令世人强而行之的，正所谓："礼仪三千，非拂民之欲而强其不能也，所以防其欲而使之入道也。"② 也就是说，礼仪规范的根本在于从人道的意义上防止世人欲望的突破，而使其趋向道德化的生活。

具体到三礼文本的本身，以《礼记》而言，尽管在唐代孔颖达的《五经正义》中已经以《礼记》为《礼》经，但是无论是作为整部《礼记》，还是其中的具体篇章，二程并没有认同《礼记》作为礼经的地位。从整体评价上看，程颐认为《礼记》四十九篇是"杂出诸儒传记，不能悉得圣人之旨。考其文义，时有抵牾"③；就《礼记》的一些篇章而言，二程也是大致相同的看法，诸如，"《礼记》之文多谬误者。《儒行》、《经解》，非圣人之言也。夏后氏郊鲧之篇，皆未可据也"④；"《礼记·儒行》、《经解》，全不是。因举吕与叔解亦云：'《儒行》夸大之语，非孔子之言，然亦不害义理。'先生曰：'煞害义理'"⑤；"《儒行》之篇，此

---

① 《二程集》，中华书局1981年版，第1206页。
② 《二程集》，第1206页。
③ 《二程集》，第669页。
④ 《二程集》，第1201页。
⑤ 《二程集》，第254页。

## 第四章 程颢、程颐的礼学思想述论

书全无义理,如后世游说之士所为夸大之说。观孔子平时语言,有如是者否?"①"孟子言三代学制,与《王制》所记不同,《王制》有汉儒之说矣。"②"恐汉儒所记未必是也。"③"《内则》谓请醮请浴之类,虽古人谨礼,恐不如是之烦。"④ 在这些话语中,充满着质疑和指摘,意思大概就是说,有如此篇章,其何堪为经典。

而且,二程在论礼时,时常称引《礼记》中的文句,或言《礼记》或直称《礼》,显得并不确信其所记礼仪内容或者对某些礼仪的解释是完全合于古人生活的。比如程颢说:"《礼》云'惟祭天地社稷为越绋而行事',似亦太早。"⑤ 程颐说:"《礼》:'我战我克,祭则受福',盖得其道,此语至常浅,孔子固能如此,但观其气象,不似圣人之言。"⑥ 在有问及"叔嫂古无服,今有之,何也"时,程颐说:"《礼记》曰:'推而远之也。'此说不是。"随后而加以辨析之⑦。

不过,二程对《礼记》的思想性内容也有认同和欣赏的地方,比如程颐有评论说:"然而其文繁,其义博。学者观之,如适大通之肆,珠珍器帛随其所取;如游阿房之宫,千门万户随其所入,博而约之,亦可以弗畔。盖其说也,粗在应对进退之间,而精在道德性命之要;始于童幼之习,而终于圣人之归。惟达于道者,然后能知其言;能知其言,然后能得于礼。然则礼之所以为礼,其则不远矣。"⑧ 这显然是将《礼记》视为一大思想宝库,而主张从精粗两方面来认识和解读《礼记》中的礼仪程式与道德学说的。并且二程对其中的一些篇章有所评价,特别是对后来成为四书的组成部分的《大学》和《中庸》两篇评价尤其高。比如程颢说:"《大学》乃孔氏遗书,须从此学则不差。"⑨ 程颐说:"《大学》,

---

① 《二程集》,第177页,伊川。
② 《二程集》,第1204页。
③ 《二程集》,第71页。
④ 《二程集》,第55页。
⑤ 《二程集》,第138页,明道。所引句出于《王制》。又有:"《礼》言'惟天地之祭为越绋而行事',此事难行。"(《二程集》,第56页)。
⑥ 《二程集》,第159页,伊川。此句出于《礼器》。
⑦ 《二程集》,第244页。所引句见于《礼记·檀弓上》。详见后论。
⑧ 《二程集》,第669页。
⑨ 《二程集》,第18页。

孔子之遗言也。学者由是而学，则不迷于入德之门也。"① 又说："《中庸》之书，决是传圣人之学不杂，子思恐传授渐失，故著此一卷书。"② 还说："善读《中庸》者，只得此一卷书，终身用不尽也"③；"《中庸》之书，其味无穷，极所玩味。"④ 此外，对于《礼记》其他的篇章，程颐还说："《礼记》除《中庸》、《大学》，唯《乐记》为最近道，学者深思自求之。《礼记》之《表记》，其亦近道矣乎！其言正。"⑤ 又说："《月令》尽是一部好书，未易破他。柳子厚破得他不是。若春行赏，秋行刑，只是举大纲如此。"⑥ 这些说法与前面对《儒行》《经解》的一些评论正好形成鲜明的对比，足见二程对礼学典籍的价值判断和取舍倾向。

至于《周礼》，程颐说："《周礼》不全是周公之礼法，亦有后世随时添入者，亦有汉儒撰入者。如《吕刑》、《文侯之命》，通谓之《周书》。"⑦ 又说："《周礼》之书多讹阙，然周公致太平之法亦存焉，在学者审其是非而去取之尔。"⑧ 又有问："《周礼》之书有讹阙否？"答曰："甚多。周公致治之大法，亦在其中。须知道者观之，可决是非也。"⑨ 从程颐的"然周公致太平之法亦存焉"的说法来看，确实反映了其与王安石、李觏等同时代思想家大致相同的认识，所以他又进而有言曰："大抵周家制作，皆周公为之，故言礼者必归之周公焉。"⑩ 还说："王者制作时，用先代之宜世者。今也法当用《周礼》，自汉以来用。"⑪ 显然，二程也是认同《周礼》在现实政治中的实用价值的。

有意思的是，二程极少提及《仪礼》。当有弟子唐棣问："如《仪礼》中礼制，可考而信否？"程颐说："信其可信，如言昏礼云，问名、纳吉、纳币，皆须卜，岂有问名了而又卜？苟卜不吉，事可已邪？若此

---

① 《二程集》，第1204页，伊川。
② 《二程集》，第153页，伊川。
③ 《二程集》，第174页，伊川。
④ 《二程集》，第222页。
⑤ 《二程集》，第323页。
⑥ 《二程集》，第375页。
⑦ 《二程集》，第404页。
⑧ 《二程集》，第1201页。
⑨ 《二程集》，第230页。
⑩ 《二程集》，第230页。
⑪ 《二程集》，第94页。

等处难信也。"① 可见，这和其对《礼记》的态度是大体相同的。

## 第二节　二程礼学思想的形而上基础及其古今意识

我们知道，中国古代的"礼"，可以区分出制度之礼和观念之礼。古代哲人们对观念之礼的阐发和诠释，以及对制度之礼的意义的解说和发挥，早已形成了礼的形而上的学术传统，比如礼学经典《礼记》中的不少篇章就具有这样的性质②，也正为后世思想家提供着思想素材和理论依据。

二程的礼学言说集中地表现为，从形而上与形而下的理解出发，确认礼的天理依据和先王制作礼仪制度的合理性，对比古今礼俗变迁，辨析人的性情本原，最终强调礼的道德化和化礼成俗的实践价值。这其中，充分体现出二程的天理自然观、历史观、道德观、性情观等多方面的带有形而上意味的理性认识和思想观念。以下我们就分别加以探讨。

### 一　天理观念下的形而上与形而下之礼

《易传》有云："形而上者谓之道，形而下者谓之器。"从一般意义上说，礼的思想观念与仪规制度也可以以"道"与"器"、形而上与形而下的分别来认识。《礼记·乐记》有云："礼也者，理之不可易者也。"宋代的理学家从形而上的方面来论说"礼"，大体依据于此。在二程的思想观念中，"礼"是区分为"理"与"文"、形而上与形而下的。程颢即明确地说："礼者，理也，文也。理者，实也，本也。文者，华也，末也。理是一物，文是一物。文过则奢，实过则俭。奢自文所生，俭自实所出。故林放问礼之本，子曰：'礼，与其奢也宁俭。'言俭近本也。"③

在二程看来，有关礼的原则是实在的、根本性的，当然也是形而上的、合乎自然之理的。因为，"万物皆只是一个天理，己何与焉？至如言'天讨有罪，五刑五用哉。天命有德，五服五章哉。'此都只是天理自然

---

① 《二程集》，第286页。
② 最具代表性的篇章莫过于《大学》《中庸》。
③ 《二程集》，第125页。

当如此"①。而且,"理则天下只是一个理,故推至四海而准,须是质诸天地,考诸三王不易之理"②。也就是说,这种形而上的礼的观念与意识,就蕴涵于具体的形而下的制度之礼和仪规之礼当中,并通过制度和仪规而显现出来。所以二程进而说道:"形而上者,存于洒扫应对之间,理无小大之故也。"③ 可见,在形而上的意义上,"礼者,理也"是最为适当的意思解释和说明。"礼"之"理",渗透在各种日常生活之中。形而上的"理"是通过形而下的"礼"而得以体现的。故程颐又进一步说:"其形而下者,具于饮食器服之用;其形而上者,极于无声无臭之微;众人勉之,贤人行之,圣人由之。"④ 又在天理自然的观念下,二程表示了对先王制作礼仪的肯定,即"先王制其本者,天理也;后王流于末者,人欲也。损人欲以复天理,圣人之教也"⑤;又"莫之为而为,莫之致而致,便是天理"⑥;还有:"人者位乎天地之间,立乎万物之上,天地与吾同体,万物与吾同气,尊卑分类,不设而彰。圣人循此,制为冠昏丧祭朝聘射飨之礼,以行君臣、父子、兄弟、夫妇、朋友之义。"⑦ 于是,礼的道德化的合理性也由此而引申出来,并有着先天的形而上的根据。程颢还说:"克己则私心去,自然能复礼,虽不学文,而礼意已得。"⑧ 这里,礼意中的道德至上性得以充分显现。最终,礼学意义上的"圣人之教",还可以从程颐所特别反复强调的孔子删《诗经》时所要体现的就是礼义精神这样的解读中找到答案,诸如:"作《诗》者未必皆圣贤,孔子之取也,取其止于礼义而已"⑨;"夫子删之,得三百篇,皆止于礼义,可以垂世立教"⑩;"圣人取其归止于礼义而已"⑪。也就是说,圣人孔子的取舍归止皆在于礼义,无论在经学意义上,还是在道德教化上,都为后

---

① 《二程集》,第30页。
② 《二程集》,第38页。
③ 《二程集》,第1175页。
④ 《二程集》,第668页。
⑤ 《二程集》,第1170页。
⑥ 《二程集》,第215页。
⑦ 《二程集》,第668页。
⑧ 《二程集》,第18页。
⑨ 《二程集》,第1208页。
⑩ 《二程集》,第1046页。
⑪ 《二程集》,第1047页。

人理解礼学的意义指引了方向。

　　再进一步来讲,在二程的思想意识中,形而上的天理是一切存在的根本依据,从礼仪制度的规定性来说也是如此。既然礼仪制度由先王造作出来,本是遵循着一种天然的秩序原则而存在的,那么这个原则归结为一种抽象的、形而上的认识,也就是对"天理"的认识。天理无处不在,通过自然世界和人类社会的秩序性体现出来的,这也就是形而上的礼。但是,人的存在已经成为一种道德化的存在,人的社会秩序实际上就是一种道德化的秩序,所以二程明确地说:"人之所以为人者,以有天理也。天理之不存,则与禽兽何异矣?"① 又说:"天理无私,一入于私,虽欲善其言行,皆非礼。"② 还说:"中庸,天理也。不极天理之高明,不足以道乎中庸。中庸乃高明之极耳,非二致也。"③ 那么,非礼就是不合天理,有礼就是合于天理,无私和中庸的道德之礼就是天理的体现,故程颐说道:"视听言动,非理不为,即是礼,礼即是理也。不是天理,便是私欲。人虽有意于为善,亦是非礼。无人欲即皆天理。"④ 从这样的逻辑论证关系上可以看出,在二程论说中,以天理的道德价值作为是否非礼的判断标准显得十分突出。诚然,二程认为,道德价值判断上的善恶的存在也是天理的体现,所谓"天下善恶皆天理"是也。然而,"谓之恶者非本恶,但或过或不及便如此,如杨、墨之类"⑤。又说:"事有善有恶,皆天理也。天理中物,须有美恶,盖物之不齐,物之情也。但当察之,不可自入于恶,流于一物。"⑥ 归根到底,道德价值判断上的善恶归属全在于人自身行动的选择,"要修持佗这天理,则在德,须有不言而信者"⑦。而且,天理本身的绝对性和永恒性不会因为人的行动上的善恶选择而改变,只是人自身应该关注自己行动上的善恶选择是否合于天理,是否合乎礼。就此,二程说:"天理云者,这一个道理,更有甚穷已?不

---

① 《二程集》,第1272页。
② 《二程集》,第1271页。
③ 《二程集》,第1181页。
④ 《二程集》,第144页。
⑤ 《二程集》,第14页。
⑥ 《二程集》,第17页。
⑦ 《二程集》,第30页。

为尧存，不为桀亡。人得之者，故大行不加，穷居不损。"① 当有人问："福善祸淫如何？"程颐回答说："此自然之理，善则有福，淫则有祸。"又问："天道如何？"程颐又回答说："只是理，理便是天道也。且如说皇天震怒，终不是有人在上震怒，只是理如此。"② 在如此的言说中，表现出二程对人类的社会秩序、道德秩序与自然秩序、天道秩序的统一的基本认识，其中自然法的惩恶扬善和天讨有罪的观念意识也得以体现。所以在解说《尚书·皋陶谟》"天讨有罪，五刑五用哉。天命有德，五服五章哉"一句时，二程作断语说"此都只是天理自然当如此"之后，又进一步说道：

> 人几时与？与则便是私意。有善有恶。善则理当喜，如五服自有一个次第以章显之。恶则理当恶（一作怒），彼自绝于理，故五刑五用，曷尝容心喜怒于其间哉？舜举十六相，尧岂不知？只以佗善未著，故不自举。舜诛四凶，尧岂不察？只为佗恶未著，那诛得佗？举与诛，曷尝有毫发厠于其间哉？只有一个义理，义之与比。③

最后，二程以为，与天理相通或者说是同一的礼乐之形而上的精神，也是无处不在的。程颐明确地提出："礼乐无处无之，学者要须识得。"④而在论及孔子的"礼云礼云，玉帛云乎哉？乐云乐云？钟鼓云乎哉"这一有关礼乐的道与器、体与用、形而上与形而下之关系的著名语句时，程颐说："此固有礼乐，不在玉帛钟鼓。先儒解者，多引'安上治民莫善于礼，移风易俗莫善于乐'，此固是礼乐之大用也。然推本而言，礼只是一个序，乐只是一个和。只此两字，含蓄多少义理。"又有问："礼莫是天地之序？乐莫是天地之和？"程颐说："固是，天下无一物无礼乐。……无序便乖，乖便不和。"⑤

把这种无处不在的礼乐精神上升到国家政治而论，程颐进而得出礼乐精神不亡，国家也就不亡的论断。程颐说："人往往见礼坏乐崩，便谓

---

① 《二程集》，第31页。
② 《二程集》，第290页。
③ 《二程集》，第30页。
④ 《二程集》，第225页。
⑤ 《二程集》，第225页。

礼乐亡，然不知礼乐未尝亡也。如国家一日存时，尚有一日之礼乐，盖由有上下尊卑之分也。除是礼乐亡尽，然后国家始亡。"接着，程颐甚至举出盗贼团伙的内部秩序为例，来说明礼乐的秩序性及其无处不在。他说："虽盗贼至所为不道者，然亦有礼乐。盖必有统属，必相听顺，乃能为盗。不然则叛乱无统，不能一日相聚而为盗也。"① 归根到底，二程强调礼乐就是一种秩序与和谐，有礼乐就有秩序与和谐，没有礼乐就没有秩序与和谐，反之亦然。礼乐完全可以成为秩序与和谐的标志。

## 二 在古今意识下论礼的意义

古今意识是一种历史意识。学论古今是一种历史主义的思路。孔子、孟子以来儒家人物的思想中无不包含着浓厚的历史意识和历史主义倾向。传统礼学中也早已融入了这样的意识和倾向。礼学思想上的以古比今和借古喻今式的褒贬，目的都在于着眼今世当时乃至后世未来，尽管在有些时候会显现出些许的历史退化论或悲观主义的倾向，但是其中也仍有理想主义的成分，哪怕是复古主义的理想。二程礼学思想中的以古论今和古今对比，就体现着这样的特点。

二程所论的"古"，既有指理想中的三代之世，也有指三代以后至于二程以前的时段，时常以先王与后世的对比而论之。固然在具有历史观意义的政治理想上，二程确实有着如同孔子的有感于"周监于二代"之"郁郁乎文哉"而倡言"吾从周"的遗风，自己则更感叹地说："礼云：'后世虽有作者，虞帝弗可及也。'如凤凰来仪、百兽率舞之事，三代以降无此也。"② 又说："学礼者考文，必先求先王之意，得意乃可以沿革。"③ 然而，在对古礼的认同与否方面，二程又是以其合理性和是否合于今世来辨析的。这其中有对今世之俗有违古礼的非议，也有对古礼难行于今世的论说。

二程认为，历史的变迁就是礼的变迁，所以说："故所以行其身与其家与其国与其天下，礼治则治，礼乱则乱，礼存则存，礼亡则亡。上自古始，下逮五季，质文不同，罔不由是。然而世有损益，惟周为备。是

---

① 《二程集》，第225页。
② 《二程集》，第122页。
③ 《二程集》，第23页。

以夫子尝曰：'郁郁乎文哉！吾从周。'"① 又说："周家制作，皆自乎周公，故言礼必归焉。"② 这后一段中所统称的"礼"，应该说是既包括形而上者，也包括形而下者的。特别地表述夫子"吾从周"之言，表明了二程上承孔子继周公之志的历史使命感。尤其是在经过五代十国的一段乱世般的历史，更印证和说明了一个颠扑不破的道理："礼一失则为夷狄，再失则为禽兽。圣人初恐人入于禽兽也，故于《春秋》之法极谨严。中国而用夷狄礼，则便夷狄之。"③ 二程所说的"古之强有力者将以行礼，今之强有力者将以为乱"④，程颐所慨叹的"后世人理（一作礼）全废，小失则入于夷狄，大失则入于禽兽"⑤，也都是出于对历史与现实对比后的一种看法，其中是古而非今的历史退化论意向十分明显。

再有，二程对古代的以礼为教深表认同，对今世的非礼风习则深感忧虑。二程说："古者家有塾，党有庠，故人未有不入学者。三老坐于里门，出入察其长幼出入揖逊之序。如今所传之《诗》，人人讽诵，莫非止于礼义之言。今人虽白首，未尝知有《诗》，至于里俗之言，尽不可闻，皆系其习也。以古所习，安得不善？以今所习，安得不恶？""今也上无所学，而民风日以偷薄，父子兄弟惟知以利相与耳。今里巷之语，不可以属耳也。以古所习如彼，欲不善得乎？以今所习如此，欲其善得乎？"⑥ 又说："古之教人，无一物不使之诚心，射与舞之类是也。"⑦ 古代礼仪的教化作用见之于礼、乐、射、御的程式之中，不惟技能性的操习训练，品德修养、心性陶冶之功显得更为重要。即如二程进一步所言："射中鹄，舞中节，御中度，皆诚也。古人教人以射御象勺，所养之意如此。"⑧ 程颐还说："学莫大于致知，养心莫大于礼义。古人所养处多，若声音以养其耳，舞蹈以养其血脉。今人都无，只有个义理之养，人又不知求。"⑨ 程颐又批评今世说："古有教，今无教。以其无教，直坏得人质如此不

---

① 《二程集》，第 668、669 页。
② 《二程集》，第 1207 页。
③ 《二程集》，第 43 页。
④ 《二程集》，第 90 页。
⑤ 《二程集》，第 177 页。
⑥ 《二程集》，第 178、1193 页。
⑦ 《二程集》，第 1193 页。
⑧ 《二程集》，第 9 页。
⑨ 《二程集》，第 177 页。

美。今人比之古人，如将一至恶物比之一至美物。"① 由此足见二程对世风日下，礼教废弛状况的痛心疾首，深恶痛绝。正是基于这样的认识，为追根寻原，二程也曾对具体的古代礼仪之教的兴复和回归做过努力。

对于历史上那些关乎社会治乱安危的礼乐、礼仪制度的兴废，以及关乎宗法社会的存续的礼法变迁，二程都给予了特别的关注和评价。

例如，在有人问及周成王"赐周公以天子之礼乐，当否"时，程颐回答说："始乱周公之法度者，是赐也。人臣安得用天子之礼乐哉？成王之赐、伯禽之受，皆不能无过。《记》曰：'鲁郊非礼也，周公其衰乎！'圣人尝讥之矣。"② 这里是说，当周成王将相当于天子等级的最高规模的礼乐仪式的享用权，赐予周公之子伯禽的时候，周公所确立的君臣之礼乐法度也就被打乱了，问题在于"人臣安得用天子之礼乐哉"？圣人孔子讥刺鲁国行天子之郊祀为非礼，缘由也就在于此。故程颐又明确地说："鲁得用天子礼乐，使周公在，必不肯受。故孔子曰：'周公之衰乎！'孔子以此为周公之衰，是成王之失也。"③ 在程颐看来，"君君、臣臣、父父、子子"本是周公礼乐法度的核心原则，但是却在"成王之赐"和"伯禽之受"的过错中被打破了。接着，程颐又详而论之说：

> 说者乃云，周公有人臣不能为之功业，因赐以人臣所不得用之礼乐，则妄也。人臣岂有不能为之功业哉？借使功业有大于周公，亦是人臣所当为尔。人臣不当为，其谁为之？……臣之于君，犹子之于父也。臣之能立功业者，以君之人民也，以君之势位也。假使功业大于周公，亦是以君之人民势位做出来，而谓人臣所不能为，可乎？使人臣恃功而怀泱泱之心者，必此言矣。④

程颐的这番论说，明确地是针对王安石的见解而发的，所以程颐说："介甫谓周公有人臣不能为之功，故得用人臣所不得用之礼，非也。臣子没分外过当底事。"⑤ 这无非在于强调礼仪制度上的等级秩序和政治道德

---

① 《二程集》，第178页。
② 《二程集》，第235页。
③ 《二程集》，第257页。
④ 《二程集》，第235页。
⑤ 《二程集》，第257页。

的约束力，先圣孔子的所谓"君君、臣臣"之义尽显其间。

基于与以上同样的认识，程颐便对唐太宗李世民恃建立唐朝之功而杀兄取位之事大加非议，而且以之与后来唐肃宗灵武即位一事相提并论。前一事是指唐太宗李世民即位前，身为高祖李渊次子，时为秦王，在公元627年（贞观九年）通过发动宫廷政变，杀死其长兄太子李建成（元良）和其四弟李元吉及其家属数百人，史称"玄武门之变"。而后李世民被高祖诏立为皇太子，并于是年即皇帝位①。后一事是指唐玄宗后期发生安史之乱，公元756年（天宝十五载）长安、洛阳两京失守，在唐玄宗落荒逃亡四川途中，太子李亨在灵武即位，是为肃宗，玄宗称太上皇②。程颐说："唐太宗，后人只知是英主，元不曾有人识其恶，至如杀兄取位。……至如肃宗即位灵武，分明是篡也。"③ 又说："太宗佐父平天下，论其功不过只做得一功臣，岂可夺元良之位？太子之与功臣，自不相干。唐之纲纪，自太宗乱之。终唐之世无三纲者，自太宗始也。"④ 程颐如此的议论，实在具有政治上借古喻今的警世意味，因为在二程所处的时代，君臣关系以及相关礼仪的问题依然显得比较突出。二程以强烈的君臣意识维护着传统的政治伦理。

当有问及"十世可知"的问题时，程颐更有一段论说，纵论以往历史自秦亡及于当朝，其中礼和礼法的兴废成为其历史观的核心标准，而借古论今的目的也跃然纸上。他说：

> 秦以暴虐，焚《诗》《书》而亡。汉兴，鉴其弊，必尚宽德崇经术之士，故儒者多。儒者多，虽未知圣人之学，然宗经师古，识义理者众，故王莽之乱，多守节之士。世祖继起，不得不褒尚名节，故东汉之士多名节。知名节而不知节之以礼，遂至于苦节。故当时名节之士，有视死如归者。苦节既极，故魏晋之士变而为旷荡，尚浮虚而亡礼法。礼法既亡，与夷狄无异，故五胡乱华。夷狄之乱已甚，必有英雄出而平之，故隋、唐混一天下。隋不可谓有天下，第

---

① 《旧唐书·高祖本纪》记载："（贞观九年）六月庚申，秦王以皇太子建成与齐王元吉同谋害己，率兵诛之。诏立秦王为皇太子。"（中华书局1975年版，第1册，第17页）
② 事见《旧唐书·玄宗本纪下》，中华书局本，第1册，第234—235页。
③ 《二程集》，第178页。
④ 《二程集》，第236页，伊川。

## 第四章 程颢、程颐的礼学思想述论

能驱除尔。唐有天下，如贞观、开元，虽号治平，然亦有夷狄之风，三纲不整，无父子、君臣、夫妇，其原始于太宗也。故其后世子弟，皆不可使。玄宗才使肃宗，便篡。肃宗才使永王璘，便反。君不君，臣不臣，故藩镇不宾，权臣跋扈，陵夷有五代之乱。汉之治过于唐，汉大纲正，唐万目举。本朝大纲甚正，然万目亦未尽举。（因问"十世可知"，遂推此数端。）①

最后，出于对古代的典礼制度和礼仪生活的向往，二程对自己所处时代的制度变迁、礼仪风习状况以及当时人对礼仪生活的态度多有不满意。如程颢有《论十事札子》集中在师傅、六官、经界、乡党、贡士、兵役、民食、四民、山泽、分数等十个方面，就古今对比中礼乐制度习俗的变迁大加评论，对当时的"师傅之职不修，友臣之义未著"；"官秩淆乱，职业废弛"；经界"荡然无法"，贫富悬殊；"骄兵耗匮"，国力亦极；"师学废"，"乡射亡"；浮民众多，游手无数；"五官不修，六府不治"；"礼制未修，奢靡相尚"等现状颇显非议②。

此外二程还有一些散见的议论，比如说："嘉礼不野合，野合则秕稗也。故生不野合，则死不墓祭。盖燕飨祭祀，乃宫室中事。后世习俗废礼，有踏青，藉草饮食，故墓亦有祭。如礼望墓为坛，并墓人为墓祭之尸，亦有时为之，非经礼也。后世在上者未能制礼，则随俗未免墓祭。既有墓祭，则祠堂之类，亦且为之可也。《礼经》中既不说墓祭，即是无墓祭之文也。"③ 这里所说的"嘉礼不野合，野合则秕稗也"一句，是约略《左传·定公十年》孔子之语，取其所言燕享祭祀之礼，不可以随意在野外进行，否则就是违背礼或轻薄于礼的意思，以此表明自己对于后世习俗中的踏青、墓祭等变礼之习俗的不予认同。

二程又说："古人之法，必犯大恶则焚其尸。今风俗之弊，遂以为礼，虽孝子慈孙，亦不以为异。"④ 这是对随佛教传入而流行的火葬习俗的指摘。程颐又说："冠昏丧祭，礼之大者，今人都不以为事"⑤；又说：

---

① 《二程集》，第 236 页。
② 《二程集》，第 452—454 页。
③ 《二程集》，第 6 页。
④ 《二程集》，第 58 页。
⑤ 《二程集》，第 240 页。

"且如豺獭皆知报本①，今士大夫家多忽此，厚于奉养而薄于祖先，甚不可也。凡事死之礼，当厚于奉生者"②；这都是批评当时人们对传统的"冠昏丧祭"四礼的不重视，特别是在祭祀祖先等礼事方面的寡薄简疏，不合于传统礼法。程颐还说："伯、叔，父之兄弟，伯是长，叔是少。今人乃呼伯父、叔父为伯、叔，大无义理。呼为伯父、叔父者，言事之礼与父同也"③；这是不满于对当时人省称伯、叔，被看成是疏于当作父辈对待的礼数。当然，二程对当时的礼仪也不是全都否定，比如有问："今拜扫之礼何据？"程颐说："此礼古无，但缘习俗，然不害义理。"④ 这是针对当时已成习俗的寒食扫墓而言的。

二程对于礼俗变迁的认同与否，完全是基于对礼法制度中所包含的历史的合理性和现实的合理性的认识。也就是，一方面那些在历史的传承过程中，被人们认为是有利于保持和加强家庭生活的血缘与亲情纽带联结的传统礼仪，充分包含着礼的形而上的意义和精神，从而显现出其有着被尊奉和实行的历史的合理性；另一方面，那些随习俗而变迁，完全出于随时方便，不害义理而又"苟便于今而有法度者"的"衣服饮食宫室器用之类"，其变与不变则又显出现实的合理性。所以程颢说道："圣人创法，皆本诸人情，极乎物理，虽二帝三王不无随时因革，踵事增损之制。然至乎为治之大原，牧民之要道，则前圣后圣，岂不同条而共贯哉？盖无古今，无治乱，如生民之理有穷，则圣王之法可改。"⑤ 又说："谓如衣服饮食宫室器用之类，苟便于今而有法度者，岂亦遽当改革哉？惟其天理之不可易，人所赖以生，非有古今之异，圣人之所必为者，固可概举。"并列举出前面提到的师傅、六官、经界、乡党、贡士、兵役、民食、四民、山泽、分数等十项有代表性的"非有古今之异"的礼法加

---

① 此语是对出于《逸周书》《吕氏春秋》《礼记·月令》等古籍中的"獭祭鱼"的解释。先古时人认为，每年春季河水开冻，鱼儿上游，水獭捕之而不食，将鱼排列在水边，像是在陈列供品、取鱼以祭天一样，所以被看作有报本于天的本能。后人常以豺獭尚且如此，人类则更当懂得报本反始，祭奉祖先。

② 《二程集》，第241页。

③ 《二程集》，第243页。

④ 《二程集》，第241页。(唐)杜佑《通典》卷五十二《礼》十二有记载说："开元二十年四月，制曰：'寒食上墓，礼经无文，近代相传，浸以成俗。士庶有不谷庙享，何以用展孝思，宜许上墓同拜扫。'"（中华书局1988年版，第1451页）

⑤ 《二程集》，第452页。

以论证。① 可见，二程并不反对古今的礼法变革，关键是强调这种变革的"天理"依据。因此，在具体礼仪的继承方面，二程清楚地认识到："行礼不可全泥古，须当视时之风气自不同，故所处不得不与古异。如今人面貌，自与古人不同。若全用古物，亦不相称。虽圣人作，须有损益。"② 又说："苟或徒知泥古，而不能施之于今，姑欲循名而遂废其实，此则陋儒之见，何足以论治道哉！"③ 二程也正是以这种态度来进行礼仪的整理和实践的。

## 第三节　二程礼学思想中的性情论

性情论在中国古代思想中占有重要的位置，特别涉及人的自然属性和社会属性，以及人作为类的存在的根据和表现，为历代思想家所关注和议论。

关于礼与人的性情的关系，早期儒家多有论之，而以《礼记》中所记录者为多。其中既有论礼出于人之性情、合于人之性情的言说，又有以礼为节制人之性情的言说。这里所说的"礼"，实际上既包括观念道德之礼，又包括制度仪规之礼。二程也倡言性情论，并且以遥承《中庸》的思想理路为指归，即所谓："《中庸》首先言本人之性情，次言学，次便言三王酌损以成王道，余外更无意。"④ 又明确地说："礼乐只在进反间，便得性情之正。"⑤ 其所议论，在人之性情与礼学的关系上有多方面的展开。因此，比较二程与先儒在以人之性情论礼方面的同与异、承继与发展，对我们认识和理解二程礼学思想的特点是有帮助的。

### 一　以人性论礼

张岱年先生在《中国哲学大纲》中指出，二程的人性论都有二元的

---

① 《二程集》，第452页。
② 《二程集》，第22页。
③ 《二程集》，第452页。
④ 《二程集》，第94页。
⑤ 《二程集》，第68页。

特点，而且说，程颢之论"浑沦不晰"，程颐之论"则颇简明"。①

《中庸》有云："天命之谓性，率性之谓道，修道之谓教"，讲的就是人性与礼教的关系。程颢认同《中庸》的说法，认为："盖上天之载，无声无臭，……其命于人则谓之性，率性则谓之道，修道则谓之教。"② 又针对孟子的性善说、告子"生之谓性"的说法，以及《乐记》所云"人生而静，天之性也。感于物而动，性之欲也"和"夫民有血气心知之性，而无喜怒哀乐之常"的说法，程颢进一步阐发说：

> "生之谓性"，性即气，气即性，生之谓也。人生气禀，理有善恶。然不是性中元有此两物相对而生也。有自幼而善，有自幼而恶，是气禀有然也。善固性也，然恶亦不可不谓之性也。盖"生之谓性"、"人生而静"以上不容说，才说性时，便已不是性也。凡人说性，只是说"继之者善"也，孟子言人性善是也。③
>
> "民受天地之中以生"，"天命之谓性"也。"人之生也直"，意亦如此。④

依照程颢的解释和论证，作为人生来禀赋的"性"，也可以称为"气"，大概就是我们今天还在说的人的"气性"，这种"气性"，从道德价值判断来说是有善恶之分的。但是，程颢认为，善恶并非两立而生于"性"中，或自幼而善，或自幼而恶，都可以看作是与生俱来的禀赋。孟子所讲的"人性善"，也只不过是张扬《易传·系辞》所谓"继之者善"的后天道德的价值。那么，"生之谓性""人生而静"也好，"天命之谓性""人之生也直"也好，都只是从先天性的角度标示人性禀赋的某一个方面，唯有"率性则谓之道，修道则谓之教"才符合孟子所说的"人性善"和《易传》的"继之者善"的。

程颐论性，与程颢并无本质不同。也是从孔子的"性相近"说、孟子的"性善"说、告子的"生之谓性"说和《中庸》的"天命之谓性"

---

① 张岱年：《中国哲学大纲》，中国社会科学出版社1982年版，第216页。
② 《二程集》，第4页。
③ 《二程集》，第10页。
④ 《二程集》，第135页。

说的辨析和引申发挥出来的。比如，有弟子唐棣问："孔、孟言性不同，如何？"程颐说："孟子言性之善，是性之本；孔子言性相近，谓其禀受处不相远也。人性皆善，所以善者，于四端之情可见，故孟子曰：'是岂人之情也哉？'至于不能顺其情而悖天理，则流而至于恶，故曰：'乃若其情，则可以为善矣。'若，顺也。"① 又说："'生之谓性'与'天命之谓性'，同乎？性字不可一概论。'生之谓性'，止训所禀受也。'天命之谓性'，此言性之理也。今人言天性柔缓，天性刚急，俗言天成，皆生来如此，此训所禀受也。若性之理也，则无不善，曰天者，自然之理也。"②

概观二程的人性论，可见其与《孟子》《中庸》所论有着继承性，从性善的意义上，讲的是人之所以为人的类的属性即道德性，亦即"天命之性"；至于"生之谓性""人生而静"的"天之性"，则是带有本能意味的、有个体差异的自然天性，二程或以"气""才"论之③。若以道德来判断，则是有善有不善的，亦即程颢所说的"人生气禀，理有善恶"和程颐所说的"气有善不善，性则无不善也。人之所以不知善者，气昏而塞之耳"④；又"性出于天，才出于气。气清则才清，气浊则才浊。……才则有善与不善，性则无不善"⑤。

那么，人之为人的道德性，当然是社会化的生活以及后天道德教化的结果，所以程颐说："自性而行，皆善也。圣人因其善也，则为仁义礼智信以名之。以其施之不同也，故为五者以别之。合而言之皆道，别而言之亦皆道也。舍此而行，是悖其性也，是悖其道也。而世人皆言性也，道也，与五者异，其亦弗学欤！其亦未体其性也欤！其亦不知道之所存欤！"⑥ 程颐更由此而提出道德自信的问题，所谓："人之性一也，而世之人皆曰吾何能为圣人，是不自信也。其亦不察乎！"⑦ 有道德修为的自信，才可能以圣人的道德标准来要求自己。圣人的道德无异于一种可以察之，

---

① 《二程集》，第291页。
② 《二程集》，第313页。
③ 程颐说："杨雄、韩愈说性，正说着才也。"（《二程集》，第252页）
④ 《二程集》，第274页。
⑤ 《二程集》，第252页。值得注意的是，继二程之后而起的朱熹也有近似的论说："禀气之清者，为圣为贤，如宝珠在清冷水中；禀气之浊者，为愚为不肖，如珠在浊水中。所谓'明明德'者，是就浊水中揩拭此珠也。"（《朱子语类》卷四）
⑥ 《二程集》，第318页。
⑦ 《二程集》，第318页。

可以看得见的礼的标准。

最终，程颐还直接将人性和礼仪制度联系起来加以论说，所谓："礼经三百，威仪三千，皆出于性，非伪貌饰情也。……天尊地卑，礼固立矣；类聚群分，礼固行矣。"① 又说："'礼仪三百，威仪三千'，非绝民之欲而强人之不能也，所以防其欲，戒其侈，而使之入道也。"② 还有："君子所以异于禽兽者，以有仁义之性也。苟纵其心而不知反，则亦禽兽而已。"③ 这也就是说，礼仪制度是符合人之为人的道德本性而确立的，也是以天尊地卑、类聚群分的自然秩序为根据的，尽管具体的仪规制度会有变迁，但是其合秩序性和规范人们行为的道德精神是不变的。正像程颐所说："礼者人之规范，守礼所以立身也。安礼而知乐，斯为盛德矣。"④ 也就是说礼呈现为一种道德化的自我约束的规范和社会化的道德原则。

## 二 以人情论礼

传统典籍中对于人情，有着明确的界说，如《荀子·正名》说："性之好恶、喜怒、哀乐，谓之情。"《礼记·礼运》则说："何谓人情，喜、怒、哀、惧、爱、恶、欲"；又强调先王制礼以治人情的道理，即所谓"夫礼，先王又承天之道，以治人之情，故失之者死，得之者生"；还说："故圣王修义之柄，礼之序，以治人情。故人情者，圣王之田也，修礼以耕之，陈义以种之，讲学以耨之，本仁以聚之，播乐以安之。"《礼记·坊记》中说："礼者，因人之情而为之节文，以为民坊者也。"《礼记·檀弓下》有子曰："情在于斯，其是也夫"；子游说："礼有微情者，有以故兴物者，有直情而径行者，戎狄之道也。"《礼记·丧服四制》有云："凡礼之大体，体天地，法四时，则阴阳，顺人情，故谓之礼。丧有四制，……有恩，有理，有节，有权，取之人情也。"《礼记·三年问》有云："三年之丧，何也？曰称情以立文，因以饰群，别亲疏者也。"由此可以说，传统儒家和礼学经典中所论人情与礼的关系，更多的体现在一

---

① 《二程集》，第 668 页。
② 《二程集》，第 323 页。
③ 《二程集》，第 323 页。
④ 《二程集》，第 1174 页。

种人际关系远近亲疏的情感纽带的协调和规范方面。

二程承袭着先儒经典中的言说,也是从礼之所起和礼存在的意义上来议论人情之作为礼的依据的,其有云:"因人情而节文之者,礼也。行之而人情宜之者,义也。"① 具体而言,则又是从丧服、祭祀、宗法制度等方面的制度之礼来展开论说的。

(1) 让我们来看二程所论的丧服问题。对丧服制度中所体现的亲情、人情关系,二程有所辨析,包括对"三年之服""嫂叔无服""师不立服"的议论。

二程确信,礼仪制度出自人的感情表现,情深而义重,圣人先王制礼,或予以张扬,或加以约束,称情而立文。如程颐说:"礼之本,出于民之情,圣人因而道之耳。礼之器,出于民之俗,圣人因而节文之耳。圣人复出,必因今之衣服器用而为之节文。其所谓贵本而亲用者,亦在时王斟酌损益之耳。"②

就三年之服来说,传统的解说是"称情以立文,因以饰群,别亲疏者也"(《礼记·三年问》),也就是说,在人类的感情关系中,子女与父母之亲情应该说是最深重的,有别于其他的人际感情关系,而丧礼中的三年之服也就是这种深重之情的礼仪表现。所以程颢说:"礼者因人情者也,人情之所宜则义也。三年之服,礼之至,义之尽也。"③ 此一段话,实可以看作是对《礼记·三年问》所说的"三年者,称情而立文,所以为至痛极也"的解说。在这里,就有关至深亲情的礼仪表现而论,二程对古代礼文是只有认同而无异议的。

再来看"嫂叔无服"之论。在古代的家族亲属关系中,嫂叔关系是一种由两姓姻亲关系而形成的比较特殊的亲属关系。尽管多是同在一个屋檐下,但在早期的丧服礼仪规定上却是"嫂叔无服",这是出自兄弟夫妇男方女方不交相服丧服的礼仪规定。虽不见载于《礼经》,却有着相关的解说。如《仪礼·丧服传·大功章》有云:"夫之昆弟何以无服也?其夫属乎父道者,妻皆母道也。其夫属乎子道者,妻皆妇道也。谓弟之妻妇者,是嫂亦可谓之母乎?故名者,人治之大者也,可无慎乎?"《礼

---

① 《二程集》,第 1177 页。
② 《二程集》,第 327 页。
③ 《二程集》,第 127 页。

记·大传》有相同的文字。《礼记·檀弓上》则直接说:"嫂叔之无服也,盖推而远之。"对"谓弟之妻妇者,是嫂亦可谓之母乎?"一句,东汉郑玄的解释是:"谓弟之妻为妇者,卑远之,故谓之妇。嫂者,尊严之称。是嫂亦可谓之母乎?言不可。嫂犹叟也,叟,老人称也。是以序男女之别尔。若己以母妇之服服兄弟之妻,兄弟之妻以舅子之服服己,则是乱昭穆之序也。"① 唐孔颖达的解释是:"此二者欲论不着服之事。若着服则相亲,近于淫乱,故不着服。推而远之,远乎淫乱,则无服也。"②

那么,嫂叔无服之礼,随着礼书的确定,在先秦乃至汉代或为当时人循而行之。然而,到了魏晋时开始出现变化,如三国时魏太尉蒋济作《万机论》对嫂叔无服明确提出异议,主张嫂叔为服于礼是有根据的。而尚书何晏、太常夏侯玄则对蒋济的说法加以反驳。之后蒋济又作答文予以回应。蒋济在答辞中提到《礼记·檀弓》所记"小功无位,是委巷之礼也",意在认同;并认为"子思哭嫂有位,盖谓知礼";又说"制礼者小功当有位也。然则嫂叔服文,统见于经而明之,可谓微而著,婉而成章也"③。晋朝时,傅玄、袁准、成粲也还有议论。④ 又山涛"因发从弟妇丧,辄还外

---

① 《十三经注疏(标点本)·礼记正义》,第605页。
② 《十三经注疏(标点本)·礼记正义》,第605页。其实,传统的礼仪规定中嫂叔之间除了无服之外,还有别的规定,如《礼记·杂记下》说:"嫂不抚叔,叔不抚嫂"。元陈澔《元集说》解释:"抚,死而抚其尸也,叔嫂宜远嫌,故皆不抚。"(参见万久富整理,凤凰出版社2010年版,第338页)同时,协调嫂叔丧礼的节文也是有的,如《礼记·檀弓》说:"子思之哭嫂也为位,妇人降而无服。"又《礼记·奔丧》:"无服而为位者,唯嫂叔及妇人降而无服者麻。"郑玄注云:"正言嫂叔,尊嫂也。"(《十三经注疏(标点本)·礼记正义》,第1534页)
③ 唐杜佑《通典》卷九十二记载,蒋济言曰:"《礼记》嫂叔无服,误。据《小功章》娣姒妇,此三字,嫂服之文也。古者有省文互体,言弟及兄并妇也。娣姒者,兄弟之妻相名也。盖云妇之昆弟,昆弟之妻相与,皆小功者。"何晏、夏侯泰初则言曰:"夫嫂叔宜服,诚自有形。然《小功章》娣姒妇为嫂叔文,则恐未是也。礼之正名,母妇异义。今取弟于姒妇之句,以为夫之昆弟,虽省文互体,恐未有及于此者也。凡男女之相服也,非有骨肉之亲,则有尊卑之敬,受重之报。今嫂叔同班并列,无父子之降,则非所谓尊卑也;他族之女,则非所谓骨肉也。是以古人谓之无名者,岂谓其无嫂叔之字,或无所与为体也。夫有名者,皆礼与至尊为体,而交与正名同接也。有其体,有其交,故自其名名之。故服之可也。苟无斯义,其服焉依?夫嫂叔之交,有男女之别,故绝其亲授,禁其通问。家中之人,男女宜别,未有如嫂叔之至者也。彼无尊卑之至敬,故交接不可不疏;彼无骨肉之不殊,故交疏而无服,情亦微矣。"(中华书局1955年版,第2506页。)
④ (唐)杜佑:《通典》卷九十二,中华书局1955年版,第2507页。

舍",或也反映出丧葬礼俗上的变化①。特别到唐太宗贞观十四年(640)时,"因修礼官奏事之次,言及丧服",对包括"嫂叔无服"在内的丧服古礼提出质疑,认为"理未为得";而后朝臣魏征、令狐德棻奏议更极论"古人之情,或有未达,所宜损益,实在兹乎",指出现实生活中"或有长年之嫂,遇孩童之叔,劬劳鞠养,情若新生,分饥共寒,契阔偕老"的景象,认为"嫂叔无服"的古礼显得有些"重其生而轻其死,厚其始而薄其终",从而提出嫂叔服小功之丧服。制可,遂成定礼。②

到宋代,嫂叔有服应该早已成为礼俗。二程提出的议论,既有对先王之礼的理解,也有对后世变迁的认同。二程说:"嫂叔无服,先王之权也。后圣有作,虽复制服可也。"③ 显然,二程是不反对后世的嫂叔有服的。且有问答如下:

> 问:"嫂叔古无服,今有之,何也?"曰:"《礼记》曰:'推而远之也。'此说不是。嫂与叔,且远嫌,姑与嫂,何嫌之有?古之所以无服者,只为无属。(其夫属乎父道者,妻皆母道也。其夫属乎子道者,妻皆妇道也。)今上有父有母,下有子有妇。叔父伯父,父之属也,故叔母伯母之服与叔父伯父同。兄弟之子,子之属也,故兄弟之子之妇服与兄弟之子同。若兄弟,则己之属也,难以妻道属其妻,此古者所以无服。(以义理推不行也。)今之有服亦是,岂有同居之亲而无服者?"
>
> 又问:"既是同居之亲,古却无服,岂有兄弟之妻死,而己恝然无事乎?"曰:"古者虽无服,若哀戚之心自在。且如邻里之丧,尚舂不相,不巷歌,匍匐救之,况至于亲乎?"④

在上述问答中,程颐一方面对《礼记·檀弓》中相关的解释提出疑

---

① 《晋书》列传第十三。清人李慈铭《晋书札记》称:"尔时嫂叔尚无服,况从弟妇何得发丧?疑'妇'字衍。"(《晋书》,中华书局本,1247页)笔者认为,从前述蒋济与何晏、夏侯玄的论说中可以看到,魏晋时正处在兄为弟妇与叔为嫂发丧服丧与否的礼俗变迁的历史过程中,《晋书》所记当属实情,而李说恐非是。
② 《旧唐书》卷二十七《礼仪志七》,第3册,第1019页。
③ 《二程集》,第23页。
④ 以上两段均见《二程集》,第244页。

问，并依据《仪礼·丧服传·大功章》和《礼记·大传》的解释，肯定古礼嫂叔无服的合理性，并指出古礼虽然无服却不是无情无义，所以强调说"若哀戚之心自在，且如邻里之丧，尚舂不相、不巷歌，匍匐救之，况至于亲乎？"；另一方面又对自唐以来已成礼俗的"嫂叔有服"的合理性表示理解，故特别强调"今之有服亦是，岂有同居之亲而无服者"，认同其中所包含的家庭生活的感情因素。这充分体现出二程在对待传统礼学问题上的合理主义的态度。

再有就是，在传学授徒中的师徒关系方面，本来并没有明确的法定丧服之礼。《礼记·礼运》有云"人其父生而师教之"，《白虎通义·封公侯》中有"人有三尊，君父师是也"的说法，后来还演化出"天地君亲师"一并祭祀的礼俗，① 可见古代社会的在尊和敬的礼仪态度上，师与父与君，获得了可以同位的位置。但是，确有师徒感情至为深厚如孔子与其弟子关系者，于是就有了弟子为师"心丧三年"之礼，郑玄注《礼记·檀弓上》"事师无犯无隐，左右就养无方，服勤至死，心丧三年"时说："心丧，戚容如父而无服也。凡此以恩义之间为制。"② 对此，二程说：

> 师不立服，不可立也，当以情之厚薄，事之大小处之。如颜、闵于孔子，虽斩衰三年可也，其成己之功，与君父并。其次各有浅深，称其情而已。下至曲艺，莫不有师，岂可一概制服。③

以上一段也见于《张载集·经学理窟·丧纪》④。张载还有议论说："圣人不制师之服。师无定礼，如何是师？见彼之善而己效之便是师也。故有得其一言一义如朋友者，有相亲炙而如兄弟者，有成就己身而恩如

---

① "天地君亲师"并提，在《荀子·礼论》和《大戴礼记·礼三本》的"礼之三本"说中有所表述。《礼记·礼运》也有"天生时而地生财，人其父生而师教之，四者君以正用之"的说法。清周寿昌《思益堂日札》说："俗以天地君亲师合祀，比户皆然。"（中华书局1987年版，第181页）
② 《十三经注疏（标点本）·礼记正义》，第169页。
③ 《二程集》，第23页。
④ 《张载集》，中华书局1978年版，第302页。《二程遗书》是二程的弟子们所记二程语录，后来由朱熹加以综合编定（《二程集》出版说明）。张载《经学理窟》也有认为是由张载门人汇集的。故不知二书中此段出自于谁之语录。暂且只能以其为二程和张载都认同的认识。

天地父母者，岂可一概服之。故圣人不制其服，心丧之可也。孔子死，吊服如麻，亦是服也，却不得谓无服也。"① 两相对比可见，师徒恩情深为二程和张载所看重，认为对师之丧礼当"称其情而已"，"却不得谓无服也"，所以才有互见的文字。

（2）我们来认识一下二程所讨论的祭祀和宗法问题。《礼记·祭义》有云："君子反古复始，不忘其所由生也，是以致其敬，发其情，竭力从事，以报其亲，不敢弗尽也。"又云："教民相爱，上下用情，礼之至也。"二程也极为重视祭祀祖先之礼，特别强调其所具有的维系人们宗法感情的意义。

二程认为祭祀之礼出于人的自然天性，是人们寻求感情依归的一种方式。如程颐所说："物有自得天理者，如蜂蚁知卫其君，豺獭知祭。礼亦出于人情而已。"②又说："祭先本天性，如豺有祭，獭有祭，鹰有祭，皆是天性。岂有人而不如物乎？圣人因而裁成礼法以教人耳。"③二程还认为，祭祀祖先之礼是家族祭礼中最重要的部分，凡祭祀必须及于祖先，是家族、宗族意义上的报本反始。即所谓"今祭祀，其敬齐礼文之类，尚皆可缓，且是要大者先正始得。……凡祭祀，须是及祖。知母而不知父，狗彘是也。知父而不知祖，飞鸟是也。人须去上面立一等，求所以自异始得"④。当有问："今人不祭高祖，如何？"程颐说："高祖自有服，不祭甚非。某家却祭高祖。"⑤程颐还主张，祭祀祖先，只要是可知的范围，无论到哪一代的祖先，要尽可能地全都作为祭祀对象来加以祭祀，即如他所说："祭先之礼，不可得而推者，无可奈何。其可知者，无远近多少，须当尽祭之。祖又岂可不报？又岂可厌多？盖根本在彼，虽远，岂得无报？"⑥当时，士庶之家不可以立庙，程颐则依照礼书的说法："庶人祭于寝，今之正厅是也。凡礼，以义起之可也。"⑦

尊祖必敬宗，敬宗为的是能够更好地尊祖。程颐说："凡言宗者，以

---

① 《张载集》，第300页。
② 《二程集》，第180页。
③ 《二程集》，第285页。
④ 《二程集》，第51页。
⑤ 《二程集》，第286页。
⑥ 《二程集》，第180页。
⑦ 《二程集》，第286页。

祭祀为主,言人宗此而祭祀者也。"① 又说:"所谓宗者,以己之旁亲兄弟来宗于己,所以得宗之名,非己宗于人也。"② 二程对宗子法、宗族之礼的议论,亦是从维系亲情关系的角度来进行的。古代的宗法制,首先表现在以家族宗族成员血缘关系的远近亲疏及情感联系为纽带,并且成为家族伦理的基础。对古代的宗子法,张载亦有议论,而且有的字句与程颐所论大同小异③,这或可以看作是他们彼此时常相互讨论此类问题而有着共同的认识的体现。

程颐认为,古代宗法制的坠坏,造成了宗族亲疏的关系的纽带的断裂,即所谓"宗子法坏,则人不自知来处,以至流转四方,往往亲未绝,不相识",所以程颐主张恢复实行宗子法,即"今且试以一二巨公之家行之,其术要得拘守得须是"④。"宗法立,则人人各知来处。"⑤

对于与传统宗法有内在联系的后世宗族组织,程颐也主张要是常有一些相应的礼仪活动作为联络族人间相互的亲族情感的方式,他说:"凡人家法,须令每有族人远来,则为一会以合族。虽无事,亦当每月一为之。古人有花树韦家宗会法,可取也。然族人每有吉凶嫁娶之类,更须相与为礼,使骨肉之意常相通。骨肉日疏者,只为不相见,情不相接尔。"⑥ 又说:"收族之义,止为相与为服,祭祀相及。"⑦

此外,程颐还将传统的宗法关系上升到可以保障和联络血缘情感与政治纽带的意义上来看待:

> 今无宗子法,故朝廷无世臣。若立宗子法,则人知尊祖重本。人既重本,则朝廷之势自尊。古者子弟从父兄,今父兄从子弟,(子弟为强。)由不知本也。……只有一个尊卑上下之分,然后顺从而不乱也。若无法以联属之,安可?且立宗子法,亦是天理。譬如木必从根直上一干,(如大宗。)亦必有旁枝。又如水必有正源,亦必有

---

① 《二程集》,中华书局1981年版,第242页。
② 《二程集》,第180页。
③ 《张载集·经学理窟·宗法》。
④ 《二程集》,第150页。
⑤ 《二程集》,第179页。
⑥ 《二程集》,第7页。
⑦ 《二程集》,第179页。

分派处，自然之势也。然又有旁枝达而为干者。故曰：古者天子建国，诸侯夺宗云。①

（3）我们再来看一看程颐在"濮议"事件中的态度。与对传统的宗法关系的认识直接相关，程颐还直接参与了当时就"为人后"的礼法问题而引发争论的著名的"濮议"事件。

宋仁宗在位无子，以堂兄濮安懿王第十三子赵曙为皇子，后继位为英宗。宋英宗作为仁宗皇帝的过继皇子即位亲政后，于治元二年，依宰相韩琦等的奏请，诏议尊崇本亲濮安懿王典礼②，包括称亲为"皇考""立庙"，从而引发了众多朝臣的参与议论，并有所争议。论者分为两派，以上奏英宗"请尊本亲"的宰相韩琦和附议赞同的参知政事欧阳修等为一派，以主张英宗应称仁宗为"皇考"而改称濮王为"皇伯"的司马光、王珪等为另一派。司马光、王珪一派依据的是传统的礼制规定，韩琦、欧阳修一派则对之做不同的解释。

传统的宗法礼仪规定，对情之轻重的表现，取决于亲属关系的远近，根据这种关系的远近而确定的称谓、丧服，当关系发生改变时，称谓、丧服也随之改变。"为人后"的过继关系就具有典型意义。《仪礼·丧服》规定："为人后者"要为所后者（即为过继之父）服斩衰三年。《丧服传》说："何以三年也？受重者，必以尊服服之。"《仪礼·丧服》又规定："为人后者，为其父母，报"，服齐衰一年。《丧服传》说："何以期也？不贰斩也。何以不贰斩也？持重于大宗者，降其小宗。为人后者孰后？后大宗也。曷为后大宗？大宗者，尊之统也。……大宗者，收族者也，不可以绝，故族人以支子后大宗也。"

在"濮议"的问题上，程颐不仅认同司马光、王珪等人的议论，并且代彭思永上疏专论此事③，极力主张严格按照古代礼法行事。在这篇上疏中，程颐首先批评了执政大臣"违乱典礼"，左右之臣"不能开陈理道"，致使英宗"圣心疑惑，大义未明"。继而申述自己的主张，认为既然仁宗皇帝以英宗为嗣，"承祖宗大统"，英宗也"以身继大统"，那么仁

---

① 《二程集》，第242页。
② 《宋史》卷二四五，第8708页。
③ 《代彭思永上英宗皇帝论濮王典礼疏》，《二程集》，第515—518页。

宗与英宗就是皇考与适子的关系，而濮王与英宗就是伯侄关系。"此天地大义，生人大伦，如乾坤定位，不可得而变易者也。固非人意所能推移，苟乱大伦，人理灭矣。"程颐明言，英宗即为仁宗之子，可称"父""考""亲"的也惟有仁宗，"仁庙父也，在于人伦，不可有贰，故避父而称亲"；"若更称濮王为亲，是有二亲"，则有违礼义，"是非之理昭然自明"。这里，特别显出程颐以义和以情来论礼的思想路数。程颐进而指出，英宗欲称亲于濮王，"义虽出继，情厚本宗"，当然是出于"大孝之心"，但这毕竟是一种"私心"，因为"大义所当，典礼之正，天下之公论"则不是如此。具体而论，程颐说：

> 臣以为所生之义，至尊至大。虽当专意于正统，岂得禁绝于私恩？故所继主于大义，所生存乎至情。至诚一心，尽父子之道，大义也；不忘本宗，尽其恩义，至情也。先王制礼，本缘人情。既明大义以正统绪，复存至情以尽人心。是故在丧服，恩义别其所生，盖明至重与伯叔不同也。此乃人情之顺，义理之正，行于父母之前，亦无嫌间。至于名称，统绪所系，若其无别，斯乱大伦。①

在《二程遗书》中还有与此论有关的就为人后者如何称本生父母的一段议论，也可看出是对前引《仪礼·丧服》《丧服传》内容的申述：

> 既是为人后者，便须将所后者呼之以为父、以为母。不如是，则不正也，却当甚为人后？后之立疑义者，只见礼不杖期内，有为人后者为其父母报，便道须是称亲。礼文盖言出为人后，则本父母反呼之以为叔为伯也，故须着道为其父母以别之，非谓却将本父母亦称父母也。②

至于濮王，程颐认为英宗应当尊称其为"濮国太王"。有祭告时，则应该说"侄嗣皇帝名敢昭告于皇伯父濮国太王"③，这才合乎传统礼典的

---

① 《二程集》，第516页。
② 《二程集》，第48页。
③ 《二程集》，第517页。

规范。程颐还辨析说,"神道不远人情","神灵如在",以先圣"事死如事生,事亡如事存"之义论之。所谓:"设如仁皇在位,濮王居藩,陛下既为冢嗣,复以亲称濮王,则仁皇岂不震怒?濮王岂不侧惧?是则君臣兄弟立致衅隙,其视陛下当如何也?神灵如在,亦岂不然?以此观之,陛下虽加名称,濮王安肯当受?"①

正是基于对传统礼典的尊信和就义理、人情方面的辨析,程颐劝说英宗"深思此理,去称亲之文,以明示天下"。

(4) 二程所论的其他礼法与人情的关系问题,也体现着他们的礼学观点和思想意识。

在有关古代礼法的问答中,程颐也常常论及人情。比如,有问:"《周礼》有复仇事,何也?"程颐说:"此非治世事,然人情有不免者。"并分析两种不同情况,一是"如亲被人杀,其子见之,不及告官,遂逐杀之,此复仇而义者,可以无罪";二是"其亲既被人杀,不自诉官,而他自谋杀之,此则正其专杀之罪可也"。又问:"避仇之法如何?"程颐说:"此因获罪而赦免,便使避之也。"② 在程颐看来,既然有复仇的事情发生,就要有避免复仇的法律规定。这也是古代礼法历史变迁中的重要方面。③

又如,有问:"《司盟》有诅万民之不信者,治世亦有此乎?"程颐说:"盛治之世,固无此事。然人情亦有此事,为政者因人情而用之。"④

以上所论,前者讲的是人的义愤之情,后者讲的民情民意。程颐强调的是,古代礼法的合理性在于其与当时人们所能认识的人情、民情的合理性直接联系在一起。

再如,古代夫妻离异问题,以男方的立场看称为"出妻"。对其中的情理问题,程颐亦有议论。有问:"妻可出乎?"程颐说:"妻不贤,出之

---

① 《二程集》,第518页。
② 《二程集》,第230页。
③ 对此,《宋书》卷五十一《宗师列传》中所记载的刘义庆为丹阳尹时议复仇之事,可以参考。"时有民黄初妻赵杀子妇,遇赦应徙送避孙仇。义庆曰:'案《周礼》,父母之仇,避之海外,虽遇市朝,斗不反兵。盖以莫大之冤,理不可夺,含戚枕戈,义许必报。至于亲戚为戮,骨肉相残,故道乖常宪,记无定准,求之法外,裁以人情。且礼有过失之宥,律无仇祖之文。况赵之纵暴,本由于酒,论心即实,事尽荒耄。岂得以荒耄之王母,等行路之深仇。臣谓此孙忍愧衔悲,不违子义,共天同域,无亏孝道。'"(中华书局1974年版,第1475—1476页)
④ 《二程集》,第230页。

何害？如子思亦尝出妻。今世俗乃以出妻为丑行，遂不敢为，古人不如此。"程颐认为，"妻有不善，便当出也"，若"或有隐恶，为其阴持之，以至纵恣，养成不善，岂不害事？"这也是关乎修身齐家的道理的，所谓"人修身刑家最急，才修身便到刑家上也"。又问："古人出妻，有以对姑叱狗，梨蒸不熟者，亦无甚恶而遽出之，何也？"程颐说："此古人忠厚之道也。古之人绝交不出恶声，君子不忍以大恶出其妻。而以微罪去之，以此见其忠厚之至也。"实际上，"且如叱狗于亲前者，亦有甚大故不是处"，所以以一二件小事为借口而出之，是不必"彰暴其妻之不善，使他人知之"，那样就是"浅丈夫"了，"君子不如此"。又或有说："古语有之：出妻令其可嫁，绝友令其可交。乃此意否？"程颐说："是也。"① 从这些问答中可见，程颐主张，看待夫妻离异问题同样有着人情与理性的多种角度。

此外，还有在后世影响极大、受到反理学人物批判的程颐的所谓"饿死事小，失节事大"之说，或有论其不近人情，甚至认为是"以理杀人"的千古罪言。有学者著文，对程颐此说做充分的理解，并加以辨析讨论，可以参考②。这里仅就礼（理）与人情关系的角度做些简单地分析说明。先来看其所言：

> 问："孀妇于理似不可取，如何？"曰："然。凡取，以配身也。若取失节者以配身，是己失节也。"又问："或有孤孀贫穷无托者，可再嫁否？"曰："只是后世怕寒饿死，故有是说。然饿死事极小，失节事极大。"③

笔者认为，程颐并不是全然否定娶孀妇和孀妇再嫁的④。在这里程颐所说的失节与否，实际上在论说娶与嫁的动机和目的方面是否合于情理，亦即，失节的娶与嫁，特别是仅仅以经济生活为目的的再嫁，不仅不合于人情，而且是有违人情的。这正反映出程颐的价值观。与此相关，《程

---

① 此段所引文字均见《二程集》，第 243 页。
② 崔际银：《"饿死事小，失节事大"辨析》，广西师范大学《东方丛刊》1998 年第 1 辑。
③ 《二程集》，中华书局 1981 年版，第 301 页。
④ 如《近思录》卷六载："既而女兄之女又寡，公（程颐）惧女兄之悲思，又取甥女以归，嫁之。"（《近思录集解》，南宋叶采集解，程水龙校注，中华书局 2017 年版，第 188 页）

## 第四章 程颢、程颐的礼学思想述论

氏外书》卷十一记载，有章氏与程颢之子同为王氏家的女婿，后程颢之子死，章氏即纳其妻。程颢说："岂有生为朋友，死娶其妇者？"后来章氏前来欲见王氏之子，程颢说："母子无绝道，然君乃其父之罪人也。"① 可以说，在程颢的眼里，章氏之所为有失情理，无异于失节，更视同罪人，情理难容。而且，在以家族生活为核心的当时，章氏所为又有破坏他人亲情，搅扰别家生活的嫌隙，也是二程所不齿的。尽管在宋代，改嫁、再娶之事很是多见，并未成为礼法与道德的禁忌。但是，二程所看重的价值观，确实有着维系亲情，保障家族生活和社会秩序的意义。后来，南宋朱熹给他的朋友陈师中写信，借用程颐的说法，并予以认同，希望陈师中能够说服其妹为死去的丈夫守节。朱熹写道：

> 朋友传说令女弟甚贤，必能养老扶孤，以全柏舟之节。此事更在丞相夫人奖劝扶植以成就之，使自明没为忠臣，而其室家生为节妇，斯以人伦之美事。……昔伊川先生尝论此事，以为饿死事小，失节事大。自世俗观之，诚为迂阔。然自知经识理之君子观之，当有以知其不可易也。伏况丞相一代元老，名教所宗，举措之间，不可不审。②

于此，朱熹的考虑与程颐的认识应该说是一致的，是出于同样的价值判断，也在于维系亲情，保障家族生活和社会秩序方面。

作为一种道德价值判断，二程和朱熹的主张当然有着个人认识上的合理性，但是当这种道德价值判断被推而广之地推行于整个社会的时候，尽管有着具体的社会存在为这种价值判断提供支持，但是其最终的普遍合理性仍不免遭到质疑和批评。"饿死事小，失节事大"这一道德价值观，在后来的明清时代，不断地引发和演绎出被一些贞妇烈女们引为自豪并赢得赞誉而实践其节义，同时也被反理学家们视为"以理杀人"而严厉地批评和非议，这两方面的历史事实则包含着很多思想启示。

---

① 《二程集》，第413页。
② 《朱熹集·与陈师中书》，四川教育出版社1996年版，第3册，第1127页。

## 第四节　二程礼学思想的现实目标和理想诉求

礼学思想是二程思想的重要组成部分，二程在礼学思想上的发挥和阐明，都有着其现实的目标和理想的诉求。这就是批判释老，彰显儒家之学，化礼成俗，追寻三代理想之治。

### 一　批判释老，彰显儒家礼义之学

尽管有记录称程颐"叔不排释、老"①，其也确有对老庄的称许，比如"庄生形容道体之语，尽有好处。老氏'谷神不死'一章最佳"② 等等，然而这或许是二程早年的学术态度。应该说，随着二程思想的日益成熟，释老也就日益成为他们思想批判的对象，乃至到最后他们以减削释老的影响为职志了。

在二程的言论中，我们更多地看到的是二程对释老十分明确的批评，和他们指出的释老学说与儒家礼义之学的格格不入。比如程颐，既有在总体上对释老的评论，又有将老庄一并加以批评的言说：

> 释氏之学，又不可道他不知，亦尽极乎高深，然要之卒归乎自私自利之规模。何以言之？天地之间，有生便有死，有乐便有哀。释氏所在便须觅一个纤（缀）奸打讹处，言免死生，齐烦恼，卒归乎自私。③

> 老氏之学，更挟些权诈，若言与之乃意在取之，张之乃意在翕之，又大意在愚其民而自智，然则秦之愚黔首，其术盖亦出于此。④

> 庄子，叛圣人者也，而世之人皆曰矫时之弊。矫时之弊，固若是乎？伯夷、柳下惠，矫时之弊者也，其有异于圣人乎？庄周、老聃，其与伯夷、柳下惠类乎？不类乎？子夏曰："虽小道，必有可观者焉，致远恐泥。"子曰："攻乎异端，斯害也已。"此言异端有可

---

① 《二程集》，第80页。
② 《二程集》，第64页。
③ 《二程集》，第152页。
④ 《二程集》，第152页。

取，而非道之正也。①

程颢对释氏的批评也是将其学说与儒学加以对比而论之的。比如说，"释氏无实。释氏说道，譬之以管窥天，只务直上去，惟见一偏，不见四旁，故皆不能处事。圣人之道，则如在平野之中，四方莫不见也。"② 又说："佛氏不识阴阳昼夜死生古今，安得谓形而上者与圣人同乎？"③ 在二程看来，释氏学说从根本上不合于儒家先王之道，无论其学说本体，还是其表现方式，都是不可取的。所以，当有人说"佛之道是也，其迹非也"时，二程说："所谓迹者，果不出于道乎？然吾所攻，其迹耳；其道，则吾不知也。使其道不合于先王，固不愿学也。如其合于先王，则求之《六经》足矣，奚必佛？"④ 二程对佛学具体的批评还有，"禅学只到止处，无用处，无礼义"⑤；"释氏言定，异乎圣人之言止"⑥；"佛氏之道，一务上达而无下学，本末间断，非道也"⑦。总之，在二程的经验和体认中，集中了圣人精神和思想智慧的《中庸》中的言语，胜过释氏的千言万语，这才是需要士人学者认真体会和加以实践的，二程说："《中庸》言：'不见而彰，不动而变，无为而成，天地之道可一言而尽也。'使释氏千章万句，说得许大无限说话，亦不能逃此三句。只为圣人说得要，故包含无尽。释氏空周遮说尔，只是许多。"⑧ 二程更视佛教学说之危害甚于本土之异端，所谓"杨、墨之害，甚于申、韩；佛氏之害，甚于杨、墨"⑨。二程从儒家立场对佛学加以批判，并将这与孟子对杨墨的批判相比较，一种时代性的使命感尽显其间。

再来看二程对老庄的具体批评，诸如"庄子有大底意思，无礼无本"⑩；"老子语道德而杂权诈，本末舛矣。申、韩、张、苏皆其流之弊

---

① 《二程集》，第 320 页。
② 《二程集》，第 138 页。
③ 《二程集》，第 141 页。
④ 《二程集》，第 69 页。
⑤ 《二程集》，第 96 页。
⑥ 《二程集》，第 1178 页。
⑦ 《二程集》，第 1179 页。
⑧ 《二程集》，第 226 页。
⑨ 《二程集》，第 138、1179 页。
⑩ 《二程集》，第 97 页。

也。申、韩原道德之意而为刑名，后世犹或师之"。① 显然，老庄学说最终也是不被二程所认同的。程颐甚至说："叔一生不曾看《庄》、《列》，非礼勿动勿视，出于天与，从幼小有如是才识。"② 可见，二程是要从总体和根本上排除老庄道家的影响的。

最后，我们可以以二程对《中庸》的解读来说明二程在思想上的选择和取舍，程颐说："《中庸》曰：'道不可须臾离也，可离非道也。'又曰：'道不远人。'此特圣人为始学者言之耳。"③ 二程曾经有过学佛学老的经历，后来认识到《中庸》所言即是"圣人之道"，从此不再流连于释老之学。而后，二程以王道政治为一种政治期待，并将儒者以天下为己任的学术关怀与王道政治密切地联系起来，故此有云："王道与儒道同，皆通贯天地，学纯则纯王纯儒也。"④ 可见，纯儒，才是二程所确认的最高的学术境界和最后的学术归宿。

## 二 以礼正俗和化礼成俗的礼学主张

同历代儒家礼学的倡导者一样，除了做形而上的理论建构和论证之外，二程也把着眼点放在社会日常礼俗的规范上，极力主张以礼正俗、化礼为俗，习惯成自然地寓礼教于社会生活之中。程颐曾慨叹说：

> 世未尝无美材也，道不明于天下，则无与成其材。……古礼既废，人伦不明，治家无法，祭则不及其祖，丧必僭之是用，何以立于礼乎？古人歌咏以养其性情，舞蹈以养其血气，行步有佩玉，登车有鸾和，无故而不去琴瑟。今也俱亡之矣，何以成乎乐？噫！古之成材也易，今之成材也难。⑤

其中对佛教传播影响到民众的礼俗生活也大为不满。程颐与张载有过一段对话，"子厚言：'关中学者，用礼渐成俗。'正叔言：'自是关中

---

① 《二程集》，第1180页。
② 《二程集》，第86页。
③ 《二程集》，第321页。
④ 《二程集》，第411页。
⑤ 《二程集》，第1215页。

人刚劲敢为。'子厚言：'亦是自家规矩太宽。'"① 二程非常赞赏张载的以礼为教，说："子厚以礼教学者，最善，使学者先有所据守。"② 不过，二程也认为，"举礼文""正礼文"的目的和意义在于改变社会的礼俗风貌，而只有申明常道和修身立教的表率才是风化后世、化礼为俗的最好努力。所以程颐说："举礼文，却只是一时事。要所补大，可以为风后世，却只是明道。"③ 又说："关中学者正礼文，乃一时之事尔。必也修身立教，然后风化及乎后世。"④

二程更十分关注国家朝廷礼仪之事，除了前面论及的"濮议"之事外，还有几件事情颇显出二程的礼学主张。一是程颐曾代其父程珦作《上神宗皇帝论薄葬书》（治平四年，1067），主张以史为鉴，陵寝从俭，反对厚葬。文中特举魏文帝、唐太宗所传嗣君，为先君陵寝而从俭，"不苟为崇侈以徇己意，乃以安亲为心，可谓至孝矣"；又明言"汉武之葬，霍光秉政，暗于大体，奢侈过度，致使陵中不复容物"，终招致赤眉乱中遭到发掘，"霍光厚葬，千古不免为罪人"⑤。二是程颐代富弼作《上神宗皇帝论永昭陵疏》（元丰三年，1080），以"周公制合葬之礼，仲尼善鲁人之祔。历代诸陵，虽不尽用，亦多行之"为根据，主张奉太皇太后合祔昭陵，认为这样"既合礼典，又顺人情，虽无知之人必不敢以为非是"；并且明确地提出，"阴阳之说，设为可信，吉凶之应，贵贱当同。今天下臣庶之家，夫妇莫不同穴，未闻以为忌也。独国家忌之，有何义理？"⑥ 可见，奉行古制，合礼顺情，是二程礼学思想的一贯主张。三是在元符（1098—1100）末，徽宗即位，皇太后垂帘听政，有旨复哲宗元祐皇后孟氏位号。而当时有论其不可者，认为徽宗与哲宗皇后孟氏是叔嫂关系，从而提出"叔无复嫂之礼"。程颐也对邵伯温说："元祐后之贤固也。论者之言，亦未为无理。"而邵伯温辨析说："太后于哲庙，母也；于元祐后，姑也。母之命，姑之命，何为不可？非上以叔复嫂也。"于

---

① 《二程集》，第114页。
② 《二程集》，第23页。
③ 《二程集》，第146页。
④ 《二程集》，第1221页。
⑤ 《二程集》，第528页。
⑥ 《二程集》，第533页。

是，程颐心悦诚服地说："子之言得之矣。"① 可见，程颐在朝廷礼仪的认同与否方面，是更为看重其中的礼学义理根据的。

二程还曾议论朝廷礼官在礼仪建设和实施上的作用，认为朝廷礼仪是事关天下秩序的大事，而非等闲之事，朝廷礼官也非闲官，考古立制，违礼处咎，责任全在礼官，如程颐所说："礼院关天下之事，得其人，则凡举事可以考古而立制；非其人，未免随俗而已。"② 又说："人或以礼官为闲官。某谓：礼官之责最大，朝廷一有违礼，皆礼官任其责，岂得为闲官。"③ 这些说法，正与二程一贯以礼乐立国立朝的主张相呼应。

针对当时丧葬礼俗中的风水五姓葬地吉凶之说，程颐作《葬说》《葬法决疑》称其"为害之大，妄谬之甚"而加以批评，一方面在《葬说》中指出："拘忌者惑以择地之方位，决日之吉凶，不亦泥乎？甚者不以奉先为计，而专以利后为虑，尤非孝子安厝之用心也。"④ 另一方面又在《葬法决疑》指出："葬礼，圣人所制；五姓，俗人所说。何乃舍圣制而从俗说，不亦愚乎？"还说："自唐而来，五姓葬法行于世矣，数百岁之家鲜矣，人寿七八十岁者希矣。苟吉凶长短，不由于葬邪？则安用违圣人之制而从愚俗所尚？吉凶长短，果由葬邪？是乃今之法，徒使人家不长久，寿命短促，大凶之道也。进退无取，何足言哉？"还说："至于卜选时日，亦多乖谬。……宜忌者不忌，而不宜忌者反忌之，颠倒虚妄之甚也。下穴之位，不分昭穆，易乱尊卑。死者如有知，居之其安乎？"⑤

所谓"五姓葬法"，出自流行于汉唐的阴阳五行家的堪舆数术之说，即将墓地的选择与姓氏相联系以判断吉凶。唐代吕才《叙宅经》中有云："迨于殷、周之际，乃有卜宅之文，故《诗》称'相其阴阳'，《书》云'卜惟洛宅'，此则卜宅吉凶，其来尚矣。至于近代师巫，更加五姓之说。言五姓者，谓宫、商、角、徵、羽等，天下万物，悉配属之，行事吉凶，依此为法。"然而，"验于经籍，本无斯说；诸阴阳书，亦无此语。直是

---

① 《二程集》，第422页。
② 《二程集》，第1221页。
③ 《二程集》，第177页。
④ 《二程集》，第623页。
⑤ 《二程集》，第624页。

野俗口传，竟无所出之处。唯《堪舆经》黄帝对于天老，乃有五姓之说"。并称这种五姓之说是"事不稽古，义理乘僻者也"①。对于风水五姓葬地吉凶一类的说法，程颐的主张是"当弃而勿用，自从正法"②，亦即按照礼制的规定去做，化礼为俗。

在祭祀礼仪方面，二程也还有一些具体的见解和主张，比如："士大夫必建家庙，庙必东向，其位取地洁不喧处"③；"'祭如在'，言祭自己祖先。'祭神如神在'，言其他所祭者，如天地山川皆是也。'非其鬼'，言己不当祭者"④；"合葬须以元妃，配享须以宗子之嫡母，此不易之道"⑤。而且，与祭祀礼仪有关，二程针对时人好谈鬼神的问题也表明了自己的态度，比如当有人问："有鬼神否？"程颢说："待向你道无来，你怎生信得及？待向你道有来，你且去寻讨看。"⑥ 二程还批评时人的信神信鬼，说："古之言鬼神，不过著于祭祀。亦只是言如闻叹息之声，亦不曾道闻如何言语，亦不曾道见如何形状。如汉武帝之见李夫人，只为道士先说与在甚处，是端目其地，故想出也。然武帝作诗，亦曰'是耶非耶'。尝问好谈鬼神者，皆所未曾闻见，皆是见说，烛理不明，便传以为信也。假使实所闻见，亦未足信，或是心病，或是目病。如孔子言人之所信者目，目亦有不足信者耶。此言极善。今人杂信鬼怪异说者，只是不先烛理。"⑦ 程颢有说："人之所以近鬼神而亵之者，盖惑也，故有非鬼而祭之，淫祀以求福，知者则敬而远之。"⑧ 还说："民亦人也，'务人之义'乃知也。鬼神不敬则是不知，不远则至于渎，敬而远之所以为知。"⑨ 在二程看来，正是由于人们的迷惑和妄信，使得古来原本只在祭祀礼仪中具有象征意义的鬼神信仰也不免被亵渎，所以二程主张，世人当以人为本，对于鬼神还是应该采取敬而远之的态度为好。而且程颐对所谓

---

① 《旧唐书》卷七十九《吕才传》，第 2720—2721 页。
② 《二程集》，第 624、625 页。
③ 《二程集》，第 352 页。
④ 《二程集》，第 375 页。
⑤ 《二程集》，第 376 页。
⑥ 《二程集》，第 426 页。
⑦ 《二程集》，第 52 页。
⑧ 《二程集》，第 382 页。
⑨ 《二程集》，第 361 页。

"五祀"的祭礼也采取否认的态度①,更对释道的鬼神之说加以非议。故当有人问:"有五祀否?"程颐说:"否。祭此全无义理。释氏与道家说鬼神甚可笑。道家狂妄尤甚,以至说人身上耳目口鼻皆有神。"② 可见,二程是既不流于俗信,又反对佛道鬼神之说。

程颐还有针对天与上帝和《周易》中涉及鬼神的说法,如其与问者有一番对话,更能说明他对鬼神所具有的充分自觉的认识:

> 有问:"天与上帝之说如何?"曰:"以形体言之谓之天,以主宰言之谓之帝,以功用言之谓之鬼神,以妙用言之谓之神,以性情言之谓之乾。"
>
> 又问:"《易》言'知鬼神之情状',果有情状否?"曰:"有之。"又问:"既有情状,必有鬼神矣。"曰:"《易》说鬼神,便是造化也。"又问:"如名山大川能兴云致雨,何也?"曰:"气之蒸成耳。"又问:"既有祭,则莫须有神否?"曰:"只气便是神也。今人不知此理,才有水旱,便去庙中祈祷。不知雨露是甚物,从何处出,复于庙中求耶?名山大川能兴云致雨,却都不说著,却只于山川外木土人身上讨雨露,木土人身上有雨露耶?"又问:"莫是人自兴妖?"曰:"只妖亦无,皆人心兴之也。世人只因祈祷而有雨,遂指为灵验耳。岂知适然?某尝至泗州,恰值大圣见。及问人曰:'如何形状?'一人曰如此,一人曰如彼,只此可验其妄。兴妖之人皆若此。"③

最后,二程还认为,尽管随时世变迁,礼俗大有变化,但是,"圣人之都,风化所厚;圣人之国,典法所存。唐、魏,圣人之都,其风虽变,而典法尚在。陈,舜之后,圣人之国,亦被夷狄之风,则典法随而亡矣。

---

① 此"五祀",应该就是指祭祀住宅内外的五种神。《礼记·月令》有:"腊先祖五祀。"郑玄注云:"五祀,门、户、中霤、灶、行也。"(《十三经注疏(标点本)·礼记正义》,第550页)王充《论衡·祭意》亦云:"五祀报门、户、井、灶、(室)中霤之功。门、户,人所出入;井、灶,人所饮食;中霤,人所托处。五者功钧,故俱祀之。"而程颐则恐怕是不想助长鬼神迷信,才反对在家祭中祭"五祀"的。

② 《二程集》,第289页。

③ 《二程集》,第288页。

三代之后，有志之士欲复先王之治而不能者，皆由典法不备。故典法尚存，有人举而行之，无难矣"①。二程确信，只要自古传承下来的礼仪典法犹存，经过有志之士的不懈努力，大体可以引导社会的礼仪生活，而且也足以在政治生活方面发挥作用。

### 三  以"三代"道德政治为理想的复古主义

在思想家的视野中，经学抑或礼学，从来就不是纯学术性的，必然要归结到政治诉求和道德诉求的表达上面来。自从孔子"祖述尧舜，宪章文武"和《礼记·礼运》中表彰大同、小康之世的理想政治以来，中国古代思想家的礼学探讨，往往成为其表达政治道德社会理想的一种方式和途径。浓重的复古主义倾向也多渗透于其中。这在二程的礼学思想中也有体现。换言之，在道德和政治上以三代为理想诉求，也是二程礼学思想学说的一个突出特点。以礼法精神而言，即如程颢所说："后世能尽其道则大治，或用其偏则小康，此历代彰灼著明之效也。"② 二程遥承孔子和《礼记·礼运》的道德政治理想的意旨充分显现与其相关的表述和言说之中。

首先，对三代以来历史的基本认识决定了二程的政治思想倾向。在二程看来，尧舜（五帝）、三代、后世是三种不同的历史阶段。就前两个历史阶段来说，二程完全认同了《礼记·礼运》篇的说法：

> 上古世淳而人朴，顺事而为治耳。至尧，始为治道，因事制法，著见功迹，而可为典常也，不惟随时，亦其忧患后世而有作也。故作史者，以典名其书。
>
> 不能尊贤，则不知亲亲之道。故尧之治，必先克明峻德之人，然后以亲九族。③
>
> 五帝公天下，故与贤；三王家天下，故与子。论善之尽，则公而与贤，不易之道也。然贤人难得，而争夺兴焉，故与子以定万世，

---

① 《二程集》，第418页。
② 《二程集》，第452页。
③ 《二程集》，第1208页。

是亦至公之法也。①

二程是综合了早期儒家人物孔子、孟子、荀子对尧舜以后至于西周的所谓先王时代历史景象的描绘，与《礼记·礼运》开篇文字中"大同"和"小康"两个阶段的整体表述，借以表达自己心向往之的道德政治理想诉求的。

然而，三代以后道德、政治的历史演变，在二程的心目中则显得早已远离那种理想的境界。所以二程一再言称："先王以仁义得天下而教化之，后世以智力取天下而纠持之，古今之所以相绝者远矣。"② 又说："先王之世，以道治天下，后世只是以法把持天下。"③ 还说："三代之治，顺理者也。两汉以下，皆把持天下者也。"④ 除此而外，更有言曰：

> 自古圣人之救难而定乱也，设施有未暇及焉者，既安之矣，然后为可久可继之治。自汉而下，祸乱既除则不复有为，姑随时维持而已，所以不能仿佛于三代欤！
>
> 以三代而后观之，秦以反道暴政亡，汉兴，尚德行，崇经术，鉴前失也。学士大夫虽未必知道，然背理甚者亦鲜矣，故贼莽之时，多仗节死义之士。世祖兴而褒尚之，势当然也。节久而苦，视死如归，而不明乎礼义之中也。故魏晋一变而为旷荡浮虚之习，人纪不立，相胥为夷，五胡乱华，行之弊也。阴极则阳生，乱极则治形。隋驱除之，唐混一之，理不可易也。……终唐之世，夷狄数为中国患，而藩镇陵犯，卒以亡唐，及乎五季之甚，人为而致也。⑤

显然，二程在政治上是主张"有为"的，而"有为"的最切近的目标就是有如三代的"小康"政治。二程认同《礼记》中的说法，认为作为终极理想的尧舜时代的"大同"政治是比较难以兴复的，其所谓："礼云：'后世虽有作者，虞帝弗可及已。'如凤凰来仪、百兽率舞之事，三

---

① 《二程集》，第228、1217页。
② 《二程集》，第1217页。
③ 《二程集》，第4页。
④ 《二程集》，第127页。
⑤ 《二程集》，第1212页。

代以降无此也。"① 但是三代政治却是可以也是必须追求和兴复的,又其所谓:"为治而不法三代,苟道也。虞舜不可及已,三代之治,其可复必矣。"② 即使不能完全如同三代政治的模式,至少"小康"的社会生活境地是应该追求和努力实现的,而这种期望又完全寄托在现世的贤明君主身上。故程颐说:"三代之治,不可复也。有贤君作,能致小康,则有之。"③

在孔孟以来儒家政治理想的表述中,三代政治是一种王道政治,在道德政治的意义上与尧舜时代有一定的继承关系,二程对此至为认同。二程说:"尧与舜更无优劣,及至汤、武便别。孟子言性之反之,自古无人如此说,只孟子分别出来,便知得尧、舜是生而知之,汤、武是学而能之。文王之德似尧、舜,禹之德则似汤、武,要之皆是圣人。"④ 换言之,三代政治又是一种圣王政治,所以程颐又说:"观三代之时,生多少圣人,后世至今,何故寂寥未闻,盖气自是有盛则必有衰,衰则终必复盛。"⑤ 又说:"王者若奉天道,动无非天者,故称天王,命则天命也,讨则天讨也。尽天道者,王道也。后世以智力持天下者,霸道也。"⑥ 二程这里所说的"王道"政治带有自然政治的意味,"天命""天讨"也颇有自然法的意味。二程还认为,这在《诗》《书》的记载中也有体现,所以说:"《诗》、《书》中凡有个主宰底意思者,皆曰帝;有一个包涵徧覆底意思,则言天;有一个公共无私底意思,则言王。上下千百岁中。若合符契。"⑦ 这里的"有一个公共无私底意思,则言王",当然就是"王道"政治。二程还说:"公天下之事,苟以私意为之,斯不公矣"⑧。所谓"公天下之事"的表述,是中国古代政治观的一种特别的表述,或者说是"天下为公"之说的另一种表述。政治上的"无私",既是古代哲人对先王政治的一种描绘,也是对当世为政者的一种期待。对此二程还有进一

---

① 《二程集》,第122页。
② 《二程集》,第1211页。
③ 《二程集》,第414页。
④ 《二程集》,第41页。
⑤ 《二程集》,第146页。
⑥ 《二程集》,第1243页。
⑦ 《二程集》,第30页。
⑧ 《二程集》,第1222页。

步的说明，所谓："古之圣王所以能化奸恶为善良，绥仇敌为臣子者，由弗之绝也。苟无含洪之道，而与己异者一皆弃绝之，不几于弃天下以雠君子乎？故圣人无弃物，王者重绝人。"① 从德治的意义上，二程对圣王之治也有描述，其言曰："圣王为治，修刑罚以齐众，明教化以善俗。刑罚立则教化行矣，教化行而刑罚措矣。虽曰尚德而不尚刑，故岂偏废哉？"② 凡此议论，从最真切最直接的意义上来说，都是二程对当朝皇帝政治期待的全面体现。

程颢在宋神宗熙宁元年（1068）作《论王霸札子》，对"王道""霸道"政治有着对比性的论说，而作为对当时皇帝的政治期待也是跃然纸上。其中明确地说：

> 得天理之正，极人伦之至者，尧舜之道也；用其私心，依仁义之偏者，霸者之事也。王道如砥，本乎人情，出乎礼义，若履大路而行，无复回曲。霸者崎岖反侧于曲径之中，而卒不可与入尧舜之道。故诚心而王则王矣，假之而霸则霸矣，二者其道不同，在审其初而已。③

程颢认为，当朝天子也拥有着和古代先王尧舜同样的先决条件，所谓"躬尧舜之资，处尧舜之位"，只要能够"必以尧舜之心自任，然后为能充其道"，就一定能够营造出一个新的帝王盛世来。同时，程颢对汉唐时代的皇帝也有所评价，他说：

> 汉唐之君，有可称者，论其人则非先王之学，考其时则皆驳杂之政，乃以一曲之见，幸致小康，其创法垂统，非可继于后世者，皆不足为也。然欲行仁政而不素讲其具，使其道大明而行，则或出或入，终莫有所至也。④

---

① 《二程集》，第1210页。
② 《二程集》，第1212页。
③ 《二程集》，第450页。
④ 《二程集》，第451页。

程颢明确地指出，当朝天子应该效法的是古代的圣人先王如尧舜者，而非汉唐之君。在另一处，程颢还向宋神宗进言说："必也以圣人之训为必当从，以先王之治为必可法，不为后世驳杂之政所牵滞，不为流俗因循之论所迁改，信道极于笃，自知极于明，去邪勿疑，任贤勿贰，必期致治如三代之隆而后已也。"①

同程颢的主张一样，程颐在治平二年（1065）作《为家君应诏上英宗皇帝书》中，也一再强调当朝皇帝应当以三代政治为期许，通过以"立志""责任""求贤"为先的身体力行，"至诚一心，以道自任，以圣人之训为可必信，先王之治为可必行，不狃滞于近规，不迁惑于众口，必期致天下如三代之世"②，又"法先王之治，稽经典之训，笃信而力行之，救天下深沈固结之弊，为生民长久治安之计，勿以变旧为难，勿以众口为惑，则三代之治可望于今日也"③。况且，"有先王之政可以考观，有经典之训可以取则，道岂远哉？病不求尔。在君相协心勤求，力为之而已"④。在宋哲宗元祐元年（1086），程颐作《上太皇太后书》，再一次表达申述了如上的主张和期待，所谓"供职以来，夙夜毕精竭虑，惟欲主上德如尧、舜，异日天下享尧、舜之治，庙社固无穷之基"⑤，其对圣王政治之理想复归的渴望和期待溢于言表，至诚至切之意尽在言语与思索之间，实可谓孜孜以求，念念不忘。

再有，二程特别强调当朝皇帝为政的"公心"和"自省"意识。程颐在熙宁八年（1075）作《代吕公著应诏上神宗皇帝书》，其中特论当朝皇帝，如果"诚能省己之存心，考己之任人，察己之为政，思己之自处，然后质之人言，何惑之不可辨哉？"而"能辨其惑，则知所以应天自新之道也"。程颐反复说明："人君因亿兆以为尊，其抚之治之之道，当尽其至诚恻怛之心，视之如伤，动敢不慎？兢兢然惟惧一政不顺于天，一事之不合于理。如此，王者之公心也。""夫王者之取人，以天下之公而不以己，求其见正而不求其从欲，逆心者求诸道，巽志者察其非，尚孜孜

---

① 《二程集》，第 1251 页。
② 《二程集》，第 521 页。
③ 《二程集》，第 522 页。
④ 《二程集》，第 524 页。
⑤ 《二程集》，第 542 页。

焉惧或失也，此王者任人之公也。"① 程颐还强调，"为政之道，以顺民心为本，以厚民生为本，以安而不扰为本"②；又"苟有忧危恐惧之心，常虑所任者非其人，所由者非其道，惟恐不闻天下之言，如此则圣王保天下之心也，上帝其鉴之矣"③。王道政治，从根本上说就是一种道德政治，亦即所谓的"仁政"，对此，二程也有强调，所谓"公者，仁之理；恕者，仁之施；爱者，仁之用"；"仁者，天下之正理。失正理，则无序而不和"④。这也同样可以视为是对当朝皇帝能够施行"仁政"的政治期待的一种表述。

最后，从制度层面上来说，二程认为，三代政治的合理性是建立在一整套行之有效的制度之礼基础上的。这从其将三代政治与后世政治所做的对比中即可看清。当然，其心目中的理想化意识起着很大的作用。二程说："古之时，分羲和以职天运，以正四时，遂司其方，主其时政，在尧谓之四岳，周乃六卿之任，统天下之治者也。后世学其法者，不复知其道。"⑤ 又说："治身齐家以至于平天下者，治之道也。建立纲纪，分正百职，顺天揆事，创制立度，以尽天下之务，治之法也。法者，道之用也。"⑥ 还说："三代之法，各是一王之法，故三代损益文质，随时之宜。若孔子所立之法，乃通行万世不易之法。孔子于他处亦不见说，独答颜回云：'行夏之时，乘殷之辂，服周之冕，乐则韶舞。'于是于四代中举这一个法式，其详细虽不可见，而孔子但示其大法，使后人就上修之，二千年来，亦无一人识者。"⑦ 显然，其所谓法其实就是指制度之礼。不过，二程也意识到制度层面的东西都不是一成不变而可以一劳永逸地为后世所效法和利用的。相反，适合时宜地进行变法革新也是十分必要的，对王朝政治和社会经济来说，或有大益，或有小补。所以二程说道：

---

① 《二程集》，第530页。
② 《二程集》，第531页。
③ 《二程集》，第532页。
④ 《二程集》，第1172、1173页。
⑤ 《二程集》，第1219页。
⑥ 《二程集》，第1219页。
⑦ 《二程集》，第174页，伊川。

必井田，必肉刑，必封建，而后天下可为，非圣人之达道也。善治者，放井田而行之而民不病，放封建而临之而民不劳，放肉刑而用之而民不怨，得圣人之意而不胶其迹，迹者，圣人固一时之利而利焉者耳。①

治道有自本而言，有就事而言。自本而言，莫大乎引君当道，君正而国定矣。就事而言，未有不变而能有为者也，大变则大益，小变则小补。②

由此可见，在可变的制度与不可变的精神之间，二程并不反对制度层面的变法革新，只要这种变法革新行之有效，而且有利于社会秩序稳定、天下太平、百姓丰衣足食、安居乐业。

## 结　语

自古以来，礼学的无所不包早已成为一种思想传统和学术传统，现代学术意义上的宗教、道德、政治、法制等方面均在礼学的范围内。如此，凡有关礼学的问题不仅以传统的礼经、礼书为依据，对于其他诸经以及诸子百家学说中关乎礼学问题的内容，也都在思想家考察和探讨的视野中。在这一点上，二程的礼学思想也具有同样的特点，无论是作为篇章性的议论言说，还是作为语录式的述学论道，无不显示出二程对礼学问题的广泛关注和认真研讨。尽管其相关的议论、说法或有先后不甚一致，或相矛盾之处，但是并不失其大旨。况且，二程对有如孔孟的纯儒境界更是心向往之，视、听、言、动"无非礼也"的理想追求在其论说中也显得至为充分。当宋代思想文化发展处在比较繁盛的时期，二程和其他的思想家如张载、司马光、王安石等人的相同或不同的礼学观点与认识，也构成了当时思想学术界非常引人注目的普遍论题和学术景观。对后世的礼学思想的发展也有着深远的影响。

二程的礼学思想，充分体现出对礼的三重根据亦即天理自然、人之性情、先王制作的认同、肯定以及合时代性的阐释和发挥，并进一步使

---

① 《二程集》，第1217页。

② 《二程集》，第1218页。

之道德化和形而上学化。诚然,这些阐释都可以在先儒对礼的解说中找到依据,这也就是二程发现"四书"的理论价值和思想价值之后,而将这些价值进一步引申到礼学的认识中,更希冀着引申到当时的社会生活中,这种努力与其说是纯粹学术的和纯粹形而上的或纯粹理论性的,倒不如说是更合于其时代的,其现实的观照显得十分突出。这从二程一再地向朝廷上书(疏)和论札中广泛涉及的礼学问题,及所表达的各种主张与期待中即可清楚地看到和体会到。有些如程颢的《论王霸札子》《论十事札子》,程颐的《上仁宗皇帝书》《为家君应诏上英宗皇帝书》《代吕公著应诏上神宗皇帝书》《代彭思永上英宗皇帝论濮王典礼疏》《代富弼上神宗皇帝论永昭陵疏》《为家君上神宗皇帝论薄葬书》等,都堪称是或论时政、或论礼仪的礼学名篇,足以观二程礼学思想之大旨。

二程礼学思想对当时以及后世的影响至为深远。黄宗羲《宋元学案》中说,二程之学经由谢良佐和杨时的继承和发扬,到朱熹时则集其大成①。全祖望则说:"明道喜龟山(杨时),伊川喜上蔡(谢良佐),盖其气象相似也。龟山独邀耆寿,遂为南渡洛学大宗,晦翁(朱熹)、南轩(张栻)、东莱(吕祖谦)皆其所自出。"② 在礼学方面,除了二程所开创的礼学形而上转化的理论阐发的路数得以继承和发扬光大之外,二程对《大学》《中庸》的特别表彰,更激发后人对《大学》《中庸》中的理论思想学说的重视和深入研讨。此后有关《大学》《中庸》的诠解之作层出不穷,成为中国古代学术思想长河中极其醒目的一道景观。

当后世的学术思想界以程、朱并提的时候③,程朱的思想学术无疑地成为依托于儒家经学传统并获得官学支持的新的精神资源,尽管这种局面是二程和朱熹自身都料想不到的,但确实是其思想学术对后世社会存

---

① 《宋元学案》,第917页。
② 《宋元学案》,第944页。
③ 如元代程巨夫说:"经学当主程颐、朱熹传注,文章宜革唐、宋宿弊。"(见《元史》卷一百七十二《程巨夫传》,中华书局1976年版,第4017页)明代杨慎偕同列三十六人上言说:"臣等所执者,程颐、朱熹之说也。"(见《明史》卷一百九十二《杨慎传》,中华书局1974年版,第5082页)明代杨廉说:"疏论大礼,以程颐、朱熹言为证"(《明史》卷二百八十二《杨廉传》,第7248页),就是典型的例证。

在和政治存在的适应性，使之获得了相应的显要乃至支配性的地位。又尽管在一定的历史时期有别立主旨而后来居上者如王阳明学说的异军突起，使程朱思想的影响有所限制；还有以直击朱熹乃至直击二程为宗旨的反道学、反理学的思想人物如吕坤、陈确、戴震等的不以程朱之是非为是非的批判性学说的出现；然而，这都不过是在不同的历史时期，面对着不同的社会政治问题或者相同的社会政治问题，不同的思想家们以各自的学识和理解、思索和追问，结合历史与时世，从而得出的不同的解答和结论。终归是仁者见仁，智者见智。总之，居于乱世者则思其治，居于治世者则虑其危。对秩序的关注胜于一切，亦即保有或者奠定一种有序化的社会生活、政治生活胜于一切。这或许就是我们解读二程乃至后来的各类思想家的礼学思想时所能够得出和体会到的一种同情的理解吧。

# 第五章

# 朱熹的礼学及其思想

以经学为代表的中国古代思想学术，到宋代时有了一次飞跃性的发展，成为继汉唐之后的又一个大师辈出的时代。朱熹就是这些大师当中的一位。

在古代思想史的长河中，朱子的思想占有很重要的位置。在古代经学思想的发展演变过程中，朱子的经学思想同样占有很重要的位置。换言之，在朱子的思想体系中，经学思想即成为其重要的组成部分。

在朱子的经学思想中，除了关于《易》《诗》《书》《春秋》《四书》之外，礼学也是重要的组成部分。在朱熹的学术思想体系中，礼学也占有一定的位置，这一方面表现在朱子是接续着周敦颐、二程、张载等前贤的思想学说，以当时的理学思想来论述有关礼学的诸多问题，从而使礼学的形而上学化更为深入。由于理学从某种意义上说就是礼的形而上学及道德的形而上学，或是道德之礼的形而上学，理学家发掘和阐释了许多道德形而上学的原理，其中也包括道德之礼的形而上学的原理。因而，以古今论、天理人欲论、阴阳五行论、道器论、体用论、知行论的观念体系或范畴体系来论说礼的实体与精神，就成为朱子礼学最富理论色彩的内容。

另一方面，还在于朱熹是直接从礼学经典的整理和改造入手，接续着程颐、张载、司马光等前人的工作，不断地进行着诠解礼典、变通古礼、化礼为俗的努力。朱子的所谓古礼就是指包含在三《礼》中的礼仪制度。于是，变通古礼旧有的形式，不变其精神内涵，删繁就简，择便而从，以适合早已变迁了的社会风貌，使之化礼成俗，就成为朱子礼学不懈努力的方向。也就是在关注现实的礼仪生活的同时，关注礼学经典的精神内涵传播方式的转变，并且使之与宗教信仰、道德教化、政治抱负、社会生活等诸个方面紧密结合起来。这便构成了朱熹礼学生涯及其思想理论建树的主要内容。

对于朱熹的礼学，因其为朱子学之整体的重要组成部分，一向受到后世学者的重视，如清代李光地著《朱子礼纂》五卷，对反映朱子礼学思想的材料加以编辑整理。① 至于当代中外学者也多有研究。② 如钱穆《朱子新学案》中有《朱子之礼学》一章，详加考述。近人蔡方鹿所著《朱熹与中国经学》一书有《朱子的礼学》一章，做了比较全面的考论。中国台湾学者吴万居著《宋代三礼学研究》一书，也有对朱子礼学的研究③。这里，我们在借鉴和参考以往学者研究成果的基础上，着重从思想史的角度进行考察和分析，特别说明朱子的礼学及其思想与传统礼学乃至宋代礼学的内在联系和承继关系，以见宋代礼学思想发展的一个重要的和有代表性的方面。

## 第一节 朱熹的礼学生涯及其心路历程

在宋代礼学发展过程中，朱熹亦可谓大家，有着承上启下乃至集成综合的地位。他不仅终生致力于议论、探讨和研究礼学问题，整理编修礼经和撰写礼书，奉行和推广礼仪化的社会生活，更在礼学的形而上学理论建构方面继承了二程的思想，将宋代的礼学思想推到一个高峰。礼学在朱子的学术生涯和思想活动中占据着相当重要的位置。钱穆在《朱

---

① 《钦定四库全书总目提要》说："是书于朱子《仪礼经传通解》及《家礼》二书外，凡说礼之条，散见于文集语类者，以类纂集，分为五目。曰总论，曰冠昏，曰丧，曰祭，曰杂仪，缕析条分，具有统贯。虽采辑不无遗阙，若文集有《答潘恭叔书》，论编《仪礼》、《礼记》章句；《答王子合书》，论居丧家祭。又有《周礼三德说》、《乐记动静说》、《书程子禘说后》等篇，此书皆不见录。又《与吴晦叔书》论太庙当南向、太祖当东向，虽与此书所录《答王子合书》大义相似，然《答晦叔书》更为详尽，今乃删详而存略。又集载《鄂州社坛记》，前列罗愿在鄂州所定坛墠制度，及社稷向位，朱子必以其深合典礼，故详述之，以补礼文之阙。而此书乃尽删前篇，但存某案以下云云，亦失朱子备载之意。然朱子说礼之言，参差散见，猝不能得其端绪。光地类聚而区分之，使秩然有理，于学礼者亦为有功矣。"（中华书局1997年版，第181页）

② 据王锷编著《三礼研究论著提要》所录，19世纪20年代起到80年代，有一些日本学者有所论著，如浦川源吾、后藤俊端、上山春平等对朱子礼学有所研究。甘肃教育出版社2001年版，第594、595页。

③ "国立"编译馆，1999年版。

子新学案》中曾言："朱子于经学中，于礼特所重视"。① 可以说，在朱熹的平生当中，有相当多的精力是投入到了考礼、议礼、论礼、教礼、编礼的活动方面，从而使礼学成为朱子学说体系中极其厚重的部分。朱熹的礼学生涯大体可以划分为三个时期，即早年、中年和晚年。在不同的时期，朱子礼学的关注点也有所不同。

## 一　朱子早年的读礼、考礼、议礼活动

据有关传记资料记载，朱熹生于南宋高宗建炎四年（1130），绍兴十八年（1148）十八岁时登进士第，绍兴二十一年（1151）二十一岁，铨试中等，授左迪功郎、泉州同安县主簿。②

朱子是从读礼以及对家族生活中的礼仪活动的关注开始其礼学生涯的。

就读礼而言，朱熹曾回忆说："某年十五六时，读《中庸》'人一己十，人十己千一'章"③；"某十七八时，读《中庸》、《大学》，每早起，须诵十遍"④。又说"《周礼》一书，周公立下许多条贯，皆是广大心中流出。某十五六时，闻人说这道理，知道如此好，但今日方识得"⑤。钱穆说："朱子之晚年，终不辨《周礼》一书之伪，弱冠前已受影响。"⑥

朱子晚年曾对弟子自述其年轻时考订家礼的经历说："某自十四岁而孤，十六而免丧。是时祭祀，只依家中旧礼，礼文虽未备，却甚齐整。先妣执祭事甚虔。及某年十七、八，方考订得诸家礼，礼文稍备。"⑦ 由此可知，朱子最早是从家礼的活动中开始关注礼文的，并且对当时流行的礼文进行考订。钱穆认为此条可以作为辨析《朱子家礼》之真伪的依据。⑧ 或可以说，朱子对《家礼》一书的编定也就是从这个时期开始的。⑨

---

① 巴蜀书社1986年版，第1309页。
② 参见《朱熹年谱》，（清）王懋竑著，何忠礼点校，中华书局1998年版。
③ 《朱子语类》卷四，（宋）黎靖德撰，王星贤点校，中华书局1986年版，第66页。
④ 《朱子语类》卷十六，第319页。
⑤ 《朱子语类》卷三十三，第850页。
⑥ 《朱子新学案》，巴蜀书社1986年版，第767页。
⑦ 《朱子语类》卷九十，第2316页。
⑧ 《朱子新学案》，第1349页。
⑨ 有关朱子《家礼》的礼学价值、传播和历史影响的问题，请参见本章第五节。

朱熹在同安主簿任上，又开始以政事而表现出对各种礼事的积极关注，先是为同安县学定释奠礼，而后又申请严婚礼，当时朱熹年二十六岁。

就定释奠礼一事，洪璟本《朱子年谱》有云："初，县学释典旧例，止以人吏行事。先生至，求《政和五礼新仪》印本于县，无之，乃取《周礼》、《仪礼》、《唐开元礼》、《绍兴祀令》，更相参考，画成礼仪、器用、衣服等图，训释辨明，纤悉毕备。俾执事、学生朝夕观览，临事无舛。"① 可见朱熹推行礼仪是以官修礼书和传统礼学经典为直接依据的。此间，朱熹还作《民臣礼议》，其中议论"礼不难行于上，而欲其行于下者难也"的道理②，体现着朱子在礼仪建设和推行方面的见解。

关于朱熹奏请朝廷谨严婚礼一事，清人王懋竑所撰《朱熹年谱》将朱熹的《申严婚礼状》附于此间。朱熹《申严婚礼状》有云：

> 窃惟礼律之文，婚姻为重，所以别男女，经夫妇，正风俗，而防祸乱之原也。访闻本县自旧相承，无婚姻之礼，里巷之民贫不能聘，或至奔诱，则谓之"引伴为妻"。习以成风，其流及于士子富家，亦或为之，无复忌惮。其弊非特乖违礼典，渎乱国章而已，至于妒媢相形，稔成祸衅，则或以此杀身而不悔。习俗昏愚，深可悲悯。欲乞检坐见行条法，晓谕禁止。仍乞备申使州，检会《政和五礼·士庶婚娶仪式》行下，以凭遵守，约束施行。③

由此可见，对于当时社会礼仪生活的广泛关注，正是朱子日后在礼学方面多有建树的基础所在。

## 二 中年立说，编撰礼书，关注各种礼事

朱熹从三十几岁起就开始著书立说，其有关礼学方面的著述也是从中年开始更加投入精力，其中，编次《古今家祭礼》就是其在四十五岁

---

① （清）王懋竑：《朱熹年谱》引，何忠礼点校，中华书局1998年版，第13页。
② 钱穆称此为朱子任同安主簿时所作，《朱子新学案》，第1311页。此文见于《朱熹文集》卷六十九，《朱熹集》，四川教育出版社1996年版，第3628—3630页。
③ （清）王懋竑：《朱熹年谱》，第13页，《朱熹集》，第2册，第800页。

时完成的①。他在《跋古今家祭礼》中说:

> 盖人之生无不本乎祖者,故报本反始之心,凡有血气者之所不能无也。古之圣王,因其所不能无者,制为典礼,所以致其精诚(神),笃其恩爱,有义有数,本末详焉。
>
> 遭秦灭学,《礼》最为先。由汉以来,诸儒继出,稍稍缀辑,仅存一二。以古今异便,风俗不同,虽有崇儒重道之君,知经好学之士,亦不得尽由古礼,以复于三代之盛。其因时述作,随事讨论,以为一国一家之制者,固未必皆得先王义起之意。然其存于今者,亦无几矣。……虽《通典》、《唐书》,博士官旧藏版本,亦不足据,则他固可知已。诸家之书,……有能采集附益,并得善本通校而广传之,庶几见闻有所兴起,相与损益折中,共成礼俗,于以上助圣朝敦化导民之意,顾不美哉。②

在这期间,朱熹还十分关注朝廷《礼书》的颁行和编修事宜,先后几次进状、上议,希望朝廷官修礼书得以修订颁行。比如在淳熙七年(1180)先是申乞降《礼书》,其文如下:

> 照会《政和五礼新仪》州郡元有给降印本,兵火以来往往散失,目今州县春秋释奠,祈报社稷及祀风雨雷师,坛壝器服之度,升降跪起之节,无所据依,循习苟简,而臣民之家冠昏丧祭,亦无颁降礼文可以遵守,无以仰称国家钦崇祀典,防范民彝之意,须至申闻者。
>
> 右谨具申行在尚书礼部,欲起特赐申明,检会《政和五礼新仪》内州县臣民合行礼制,镂版行下诸路州军。其坛壝器服制度,亦乞彩画图本,详著大小高低,广狭浅深尺寸行下,以凭遵守。
>
> 〔小贴子〕契勘王公以下冠昏丧祭之礼,鄂州见有印本,但恐其间或有谬误。只乞行下取索,精加校勘,印造给降,不须别行镂版。其州县祭礼及坛壝器服制度,即乞检会,抄写图画,别为一本,镂

---

① 淳熙元年五月,1174 年。《朱熹年谱》,第 62 页。
② 《朱熹集》卷八十二,第 7 册,第 4169 页。

版行下。①

以上朱熹所多次提到的《政和五礼新仪》，指的是宋徽宗政和三年（1113）所修成的官方礼书《五礼新仪》二百二十卷，《宋史·礼志一》说："许士庶就间新仪，而诏开封尹王革编类通行者，刊本给天下，使悉知礼意，其不奉行者论罪。"② 从朱熹以上状文来看，显然因时事变乱，赵宋朝廷南迁，导致《政和五礼》这一官方礼书散落丢失严重，因而州县官方民间的礼仪活动失范无据。

在同一年（淳熙七年），当朝廷礼部颁降《政和五礼·祭祀仪式》后，朱熹又发现其中内容的不够详备、难以依凭的问题，随后再次申礼部状，乞增修《礼书》。③ 其状文简要如下：

> 伏见本军昨准尚书礼部符下《政和五礼·祭祀仪式》，窃尝参考，其间颇有未详备处。方欲具状申审，今睹进奏官报，近者判部、侍讲、侍郎奏请编类州县臣民礼仪，镂版颁降，已奉圣旨依奏。此诚化民善俗之本，天下幸甚。然熹窃虑其间未详备处，将来奉行或致牴牾，今具如后，须至申闻者，……
>
> 右谨具申尚书礼部，如有可采，乞赐台旨施行，庶编类成书之后，免致疑惑，复有更改。

在淳熙（1174—1189）中，朱熹辩议先朝南北郊礼，体现出对国家重礼的关注。他说："《礼》'郊特牲而社稷太牢'，《书》'用牲于郊，牛二'及'社于新邑'，此明验也。本朝初分南北郊，后复合而为一。《周礼》亦只说祀昊天上帝，不说祀后土，故先儒言无北郊，祭社即是祭地。古者天地未必合祭，日月、山川、百神亦无一时合祭共用之礼。古之时，礼数简而仪从省，必是天子躬亲行事，岂有祭天却将上下百神重沓累积并作一祭耶？且郊坛陛级两边上下，皆是神位，中间恐不可行。或问：郊祀后稷以配天，宗祀文王以配上帝，帝即是天，天即是帝，却分祭，

---

① 《朱熹年谱》，第105页。《乞颁降礼书状》，《朱熹集》，第2册，第840页。
② 《宋史》，第2421—2431页。
③ 《朱熹年谱》，第105页。《乞增修礼书》，《朱熹集》，第2册，第841—844页。

何也？曰：为坛而祭，故谓之天，祭于屋下而以神祇祭之，故谓之帝。"①

淳熙十四年（1188）丁未，朱子年五十八岁，《小学》书成。实乃其礼学建设之重要的和基础性的一部分。文集卷七十六中有《小学题辞》和《题小学》。钱穆说："朱子编《小学》，亦犹其编《礼书》，惟限于为童蒙耳。"②

宋光宗绍熙元年庚戌（1190），朱熹六十岁时，知漳州郡，到郡后，"首颁礼教"，成为实践其"以礼为教""化礼为俗"思想的重要举措。③《宋史·道学·朱熹传》载："光宗即位，再辞职名，仍旧直宝文阁，降诏奖谕。居数月，除江东转运副使，以疾辞，改知漳州。奏除属县无名之赋七百万，减经总制钱四百万。以习俗未知礼，采古丧葬嫁娶之仪，揭以示之，命父老解说，以教子弟。土俗崇信释氏，男女聚僧庐为传经会，女不嫁者为庵舍以居，熹悉禁之。"④《年谱》所记则更为详尽：

> 临漳素号道院，比年风俗寖薄，先生以民未知礼，至有居父母丧而不服衰绖者。首下教述古今礼律，以开喻之，又采古丧葬、嫁娶之仪，揭以示之，命父老解说，以训子弟。其俗尤崇尚释氏之教，男女聚僧庐为传经会，女不嫁者私为庵舍以居，悉禁之。俗为大变。⑤

据《朱子年谱》，在漳州任上，朱熹又再就释奠礼仪的问题而上《申礼部检状》。⑥《年谱》说：

> 先是，南康准礼部符，下《政和五礼·祭祀仪式》，其中有未详备，又朝廷编类臣民礼仪，镂版颁降，亦恐有未详备处，乞更增修，事未施行。至是，乃复列上释奠礼仪数事，且移书礼官，乃得颇为

---

① 《宋史·礼志三》，第 2456 页。
② 《朱子新学案》，第 1351 页。
③ 《朱熹年谱》，第 203 页。
④ 《宋史》，第 12762 页。
⑤ 《朱熹年谱》，第 203 页。
⑥ 《礼记·文王世子》云："凡始立学者，必释奠于先圣先师。"此《检状》见于《别集》卷八，《朱熹集》，第 9 册，第 5530 页。

讨究，则淳熙所镂版，已不复存，后乃得于老吏之家。又以议论不一，越再岁，始能定议，得请施行。而主其事者适徙他官，遂格不下。①

朱熹此番所上《检状》主要是看到淳熙六年尚书礼部所颁降的《淳熙编类祭祀仪式》"内有合行申请事件"而"须至申闻"，具体涉及神位、祭器、释奠时日、陈设等抵牾者。足见朱熹重礼的细致周到。此后，朱子考正释奠礼仪行于郡，《文集》中有《书释奠申明指挥后》②。

又在绍熙五年甲寅，朱子六十五岁时请讨论嫡孙承重之服。此事分别见于《宋史·宁宗本纪》《宋史·礼志》。《宋史·朱熹传》载朱熹奏言：

> 礼经敕令，子为父，嫡孙承重为祖父，皆斩衰三年；嫡子当为其父后，不能袭位执丧，则嫡孙继统而代之执丧。自汉文短丧，历代因之，天子遂无三年之丧。为父且然，则嫡孙承重可知。人纪废坏，三纲不明，千有余年，莫能厘正。寿皇圣帝至性自天，易月之外，犹执通丧，朝衣朝冠皆用大布，所宜著在方册，为万世法程。间者，遗诰初颁，太上皇帝偶违康豫，不能躬就丧次。陛下以世嫡承大统，则承重之服著在礼律，所宜遵寿皇已行之法。一时仓卒，不及详议，遂用漆纱浅黄之服，不惟上违礼律，且使寿皇已行之礼举而复坠，臣窃痛之。然既往之失不及追改，唯有将来启殡发引，礼当复用初丧之服。③

《年谱》称："奏上，诏礼官讨论，后不果行。"④《文集》中有《乞讨论丧服札子》即此奏言。《朱子语类》卷一〇七记载朱熹称："在讲筵时，论嫡孙承重之服，当时不曾带得文字行，旋借得《仪礼》看，又不能得分晓，不免以礼律为证。后来归家检注疏看，分明说：'嗣君有废疾

---

① 《朱熹年谱》，第212页。
② 钱穆认为此文在庆元元年，朱熹六十六岁时。《朱子新学案》，第1313页。
③ 《宋史》，第12766页。
④ 《朱熹年谱》，第241、394页。

不任国事者，嫡孙承重。'当时若写此文字出去，谁人敢争！此亦讲学不熟之咎。"① 可见，朱熹后来对当时没有能够依据经典据理力争而深感遗憾。

再有，《年谱》又记朱熹在此间上《祧庙议》②，参与讨论皇家迁庙之礼。《文集》卷十五有《议祧庙札子》《别定庙议图说》③。《宋史·朱熹传》记载："会孝宗祔庙，议宗庙迭毁之制，孙逢吉、曾三复首请并祧僖、宣二祖，奉太祖居第一室，祫祭则正东向之位。有旨集议：僖、顺、翼、宣四祖祧主，宜有所归。自太祖皇帝首尊四祖之庙，治平间，议者以世数寖远，请迁僖祖于夹室。后王安石等奏，僖祖有庙，与稷、契无异，请复其旧。时相赵汝愚雅不以复祀僖祖为然，侍从多从其说。吏部尚书郑侨欲且祧宣祖而祔孝宗。熹以为藏之夹室，则是以祖宗之主下藏于子孙之夹室，神宗复奉以为始祖，已为得礼之正，而合于人心，所谓有举之而莫敢废者乎。又拟为《庙制》以辨，以为物岂有无本而生者。庙堂不以闻，即毁撤僖、宣庙室，更创别庙以奉四祖。"④

还有，朱熹的《跋三家礼范》也作于此间。⑤ 此外，朱熹一生中还撰写过大量的祝文、祭文，也是他参与各种传统性的礼事活动，实践其礼学主张的具体表现。

### 三 晚年编修礼书《仪礼经传通解》⑥

朱熹晚年，将主要的精力都集中在编修礼书《仪礼经传通解》上。庆元二年（1196）朱熹六十六岁。《年谱》称"是岁，始修礼书，名曰《仪礼经传通解》"⑦。皮锡瑞《经学历史》说："朱子《仪礼经传通解》，

---

① 《朱子语类》，第2660页。
② 《朱熹年谱》，第247、396页。
③ 《朱熹集》卷六十，第6册，第3620页。
④ 《宋史》，第12766页。《朱子语类》中也有记述说："祧僖祖之议，始于礼官许及之、曾三复，永嘉诸公合为一辞。先生独建不可祧之议。陈君举力以为不然，赵揆亦右陈说。文字既上，有旨，次日引见。上出所进文字，云：'高宗不敢祧，寿皇不敢祧，朕安敢祧！'再三以不祧为是。既退，而政府持之甚坚，竟不行。唯谢中丞入文字，右先生之说，乞且依礼官初议。为楼大防所缴，卒祧僖祖云。"（《朱子语类》卷一〇七，第2660页。）
⑤ 《朱熹集》卷八十三，第7册，第4284页。
⑥ 有关朱熹《仪礼经传通解》的编纂及其礼学价值等问题的考论，请参见本章第四节。
⑦ 《朱熹年谱》，中华书局本，第258页。

以十七篇为主，取大、小戴及他书传所载系于礼者附之，仅成家、乡、邦国、王朝礼，丧、祭二礼未就而朱子殁，黄榦续成之。"①《宋史·礼志一》称朱熹"尝欲取《仪礼》、《周官》、《二戴记》为本，编次朝廷公卿大夫士民之礼，尽取汉晋而下及唐诸儒之说，考订辨正，以为当代之典，未及成书而没"②。此书后来由黄榦、杨复续修完成。

朱熹认为《仪礼》是"三礼"中最具经典性的礼书，所以在其临终时，要门生按照其中的礼仪程式办理。据《年谱》称，朱子门生直至朱子"送终诸礼，皆遵遗训"，其在临终前首肯"以《仪礼》、《书仪》参用之"。《行状》中也说："门人治丧者即一以《仪礼》从事。"③ 可以说，朱熹毕其一生与礼学结下了深厚的不解之缘，死而后已。

在朱子的《文集》中，有关考议礼仪制度的文字还有《禘祫议答》《社坛说》《明堂说》《君臣服议》《周礼太祝九拜辨》等，都是朱子深究礼学、博考详辩的体现。朱熹晚年与门生故旧的往来书信中，有不少谈论其所编修礼书的事宜，反映了朱熹对编修礼书的重视。

在朱子的一生中，其考礼、论礼、议礼、编纂礼书的活动，在其所留下的文字（语类、文集）中则多有体现，大体说来，朱子所论礼学议题通贯古今，无论是礼学的历史、礼的文本、礼的义理、礼的仪规等方面均有论说和著述，从而成为我们考察和研究朱子礼学及其思想的重要文献资源。

## 第二节　朱熹对传统礼学及当世礼学的议论和评价

中国古代的礼学，自汉儒以后，总是围绕着礼经的原典即所谓"三礼"（《仪礼》《周礼》《礼记》）而展开的。同时，汉唐以后还出现了很多的官方礼书和私家礼学著述。到了宋代也是如此，除了"三礼"的经典注释文本之外，不少宋儒也撰写了很多礼学著作，其中既有对于"三礼"做解说诠释的文本，也有编订各种礼仪规范的官方与私家的文本。

---

① 《经学历史》，中华书局 2008 年第 2 版，第 257 页。
② 《宋史》，第 2424 页。
③ 《朱熹年谱》，第 266 页。

在这样的背景之下,生活在南宋时期的朱熹除了对"三礼"本身持有着其基本认识之外,其对汉唐以来"三礼"的注疏以及后世礼书也多有议论和评价,更对宋代当时学者的一些礼学著作有所关注和议论。这些都构成了朱子礼学的重要方面。

## 一 朱熹对"三礼"文本及汉唐礼学著述的议论和评价

(一) 对三礼经典文本的认识

在多数的宋儒特别是理学家的心目中,礼学的价值更多地表现在义理方面,而制度层面的内容倒似乎成了次要的,因此,重义理、轻训诂也就成了宋儒解释礼经、礼典的一个特色。对此,清代学者已有所议论指摘。比如以《周礼》为例而言,《四库全书总目提要》说:"《周礼》一书,得郑注而训诂明,得贾疏而名物制度考究大备,后有作者弗能越也。"在言及宋儒时,《提要》又说:

> 周张程朱诸儒,自度征实之学,必不能出汉唐上,故虽盛称《周礼》,而皆无笺注之专书。其传于今者,王安石、王昭禹始推寻于文句之间;王与之始脱略旧文,多辑新说;叶时、郑伯谦,始别立标题,借经以抒议,其于经义,盖在离合之间。于是考证之学,渐变为论辩之学,而郑贾几乎从祧矣。①

在这段话当中提到了两系人物,一系是周敦颐、张载、程颐、朱熹等理学家,另一系是包括王安石在内的经注家。当我们对宋代礼学有着一般性的了解之后②,我们似乎也可以对清儒的这段话作这样的理解,那就是,宋代的理学家对于如《周礼》一类的礼经,尽管"无笺注之专书",却也还是有所"盛称",往往深知《周礼》的重要价值,当然也有详论可考;而宋代经注家的"推寻于文句之间""脱略旧文,多辑新说""别立标题,借经以抒议",以及"其于经义,盖在离合之间。于是考证之学,渐变为论辩之学",都可以说正是宋代经注学家的解经特点之所

---

① 《四库全书总目提要·周礼注疏删翼》条,《四库全书总目》,中华书局1965年版,第155页。

② 这里可以参考吴万居《宋代三礼学研究》,"国立"编译馆1999年版。

在，这些特点又与宋代理学的确立和发展有着直接或间接的联系。比如南宋真德秀为王与之《周礼订义》作序说："郑贾诸儒，析名物，辨制度，不为无功，而圣人微旨终莫之睹。惟洛之程氏、关中之张氏，其所论说，不过数条，独得圣经精微之蕴"，王与之"其学本于程张，而于古今诸儒之说莫不深究"①。《四库全书总目提要》也称王氏之书"盖以义理为本，典制为末，故所取宋人独多矣"②。可以说，宋代理学的义理精神已经渗透于当时的经注学之中。然而，在宋代，将义理之学与训诂之学结合起来而展开的，则莫过于朱熹和朱熹的礼学。

作为一个谙熟经学的理学家、思想家，朱熹无疑是属于经学史上的义理派的。但是和其他宋代思想家相比较而言，他又更为注重训诂，因此可以说朱熹是经学史上义理兼训诂的代表性人物。

朱熹对于"三礼"的文本是有着比较全面地认识和判断的。朱熹最为认同的就是《仪礼》所具有的"礼经"的地位；其次，他确信《周礼》与周公的关系；第三，他认为《礼记》为秦汉儒者所作。

首先，朱熹在比较三礼及其内容的可信程度时一再明确地说道：

《周礼》自是一书，惟《礼记》尚有说话。《仪礼》，礼之根本，而《礼记》，乃其枝叶。《礼记》乃秦汉上下诸儒解释《仪礼》之书，又有他说附益于其间。③

今只有《周礼》、《仪礼》可全信。《礼记》有信不得处。……《周礼》只疑有行未尽处。看来《周礼》规模皆是周公作，但其言语是他人做。④

大抵说制度之书，惟《周礼》、《仪礼》可信，《礼记》便不可深信。《周礼》毕竟出于一家。谓是周公亲笔做成，固不可，然大纲却是周公意思。某所疑者，但恐周公立下此法，却不曾行得尽。⑤

礼书如《仪礼》，尚完备如他书。⑥

---

① 《文渊阁四库全书》，第 93 册，第 6 页。
② 《四库全书总目》，第 152 页。
③ 《朱子语类》卷八十五，第 2186 页。
④ 《朱子语类》卷八十六，第 2203 页。
⑤ 《朱子语类》卷八十六，第 2203 页。
⑥ 《朱子语类》卷八十六，第 2194 页。

在这里，朱熹对"三礼"的认识和北宋程颐、李觏的看法是大体相近的。①

其次，具体到"三礼"的不同性质，朱熹也有一些自己的说法，他认为：

> 《周礼》一书，圣人姑为一代之法尔。到不可用法处，圣人须别有通变之道。②
>
> 《周礼》是周公遗典也。③
>
> 《仪礼》，不是古人预作一书如此。初间只以义起，渐渐相袭，行得好，只管巧，至于情文极细密，极周经处。圣人见此意思好，故录成书。
>
> 《礼记》，圣人说礼及学者问答处，多是说礼之变。④

在这些言语当中，朱熹将"三礼"和圣人联系在了一起。从这一点来说，朱熹是十分看重"三礼"的内在价值的。

基于对《仪礼》《周礼》《礼记》这三部经书的基本认识，朱熹在指导弟子门生阅读和学习"三礼"时，也是有先后顺序的。他说："学礼，先看《仪礼》。《仪礼》是全书，其他皆是讲说。如《周礼》、《王制》是制度之书，《大学》、《中庸》是说理之书。"⑤ 又说："今士人读《礼记》，而不读《仪礼》，故不能见其本末。场屋中《礼记》义，格调皆凡下。盖《礼记》解行于世者，皆方、马之属，源流出于熙、丰。士人作义者多读

---

① 程颐说："《周礼》不全是周公之礼法，亦有后世随时添入者。如《吕刑》、《文侯之命》通谓之《周书》。"(《二程集》，第404页) 又说："《周礼》之书多讹阙，然周公致太平之法亦存焉，在学者审其是非而去取之尔。"(《二程集》，第1201页)"《礼记》四十九篇杂出诸儒传记，不能悉得圣人之旨。考其文义，时有牴牾。"(《二程集》，第669页) 李觏说："《周礼》，周公致太平之迹也。……学者疑《周官》凡例皆不出于周公。"(《盱江集》卷二十九，《李觏集》，中华书局2011年版，第352页)

② 《朱子语类》卷八十六，第2205页。

③ 《朱子语类》卷八十六，第2204页。

④ 《朱子语类》卷八十五，第2194页。

⑤ 《朱子语类》卷八十七，第2225页。

此，故然。"① 而且，当有弟子问《周礼》时，朱熹说："不敢教人学。非是不可学，亦非是不当学。只为学有先后，先须理会自家身心合做底，学《周礼》却是后一截事。"② 又有问读《礼记》者，朱熹说："《礼记》要兼《仪礼》读，如冠礼、丧礼、饮酒礼之类，《仪礼》皆载其事，《礼记》只发明其理。读《礼记》而不读《仪礼》，许多理皆无安着处。"③ 由此可见，朱熹旨在学礼应当循着由事而明理，或者说是由形而下再到形而上的路径。

因为朱熹注重《仪礼》，所以每当他提起王安石于科举中"废《仪礼》而取《礼记》"之事时，总是不免有些耿耿于怀。他说："祖宗时有《三礼》科学究，是也。虽不晓义理，却尚自记得。自荆公废了学究科，后来人都不知有《仪礼》。"又说："荆公废《仪礼》而取《礼记》，舍本而取末也。"④ 又说："前此三《礼》同为一经，故有三《礼》学究。王介甫废了《仪礼》，取《礼记》，某以此知其无识。"⑤ 还说："《仪礼》旧与六经、三传并行，至于王介甫始罢去。其后虽复《春秋》，而《仪礼》卒废。"⑥ 朱熹的这些议论，不仅充分反映出宋代礼学在学派分野与学术见解上的差异，同时也与朱熹的政治立场以及对王安石变法的看法有关。

朱熹一生长期致力于礼书的编修，大体都是以"三礼"为基本材料而加以整合的。朱熹一再表示：

> 《礼经》要须编成门类，如冠、昏、丧、祭，及他杂碎礼数，皆须分门类编出，考其异同，而订其当否，方见得。⑦
> 
> 《礼》非全书，而《礼记》尤杂。今合取《仪礼》为正，然后取《礼记》诸书之说以类相从，更取诸儒剖击之说各附其下，庶便搜阅。⑧

---

① 《朱子语类》卷八十四，第2187页。方、马：即礼学家方悫、马晞孟；熙、丰：即宋神宗的年号熙宁、元丰。
② 《朱子语类》卷八十六，第2203页。
③ 《朱子语类》卷八十七，第2225页。
④ 《朱子语类》卷八十七，第2225页。
⑤ 《朱子语类》卷八十三，第2176页。
⑥ 《朱子语类》卷八十四，第2187页。
⑦ 《朱子语类》卷八十四，第2176页。
⑧ 《朱子语类》卷八十四，第2176页。

> 今欲定作一书，先以《仪礼》篇目置于前，而附《礼记》于后。①
>
> 《周礼》自是全书。如今《礼书》欲编入，又恐分拆了《周礼》，殊未有所处。②

就以上所述总而言之，"三礼"在朱子礼学思想体系中都具有礼学经典的性质，成为其考礼、论礼、议礼的经典依据。

这里值得特别加以说明的是，朱熹对《大戴礼记》也有所议论，他说：

> 《大戴礼》无头，其篇目阙处皆是元无，非小戴所去取。其间多杂伪，亦有最好处。然多误，难读。
>
> 《大戴礼》冗杂，其好处已被小戴采摘来做《礼记》了，然尚有零碎好处在。
>
> 《大戴礼》（贺孙录云：或有注，或无注，皆不可晓）本文多错，注尤舛误。③

可见，朱熹一方面认同小戴《礼记》是删削《大戴礼记》而成之说，另一方面也肯定了《大戴礼记》一定的礼学文献价值，所以，朱子晚年编纂《仪礼经传通解》中就有很多杂引《大戴礼记》的文字而申述礼义的地方④。

此外，朱熹还指出《左传》中有关礼仪与《仪礼》不同，虽不能尽考其究竟，但多不以《左传》为然。比如，他说："斋戒《仪礼》虽无娶妻告庙之文，而《左传》曰：'围布几筵，告于庄、共之庙而来。'是古人亦有告庙之礼，不知何故不同耳。"⑤ 又说："《左氏》说礼处，多与

---

① 《朱子语类》卷八十四，第 2186 页。
② 《朱子语类》卷八十四，第 2187 页。
③ 《朱子语类》卷八十八，第 2265 页。
④ 在唐宋历史上，《大戴礼记》的流传情况也是很值得注意的。唐代郎士元（字君胄，中山人，天宝十五载擢进士第）有《送归中丞使新罗》诗中云："异俗知文教，通儒有令名，还将《大戴礼》，方外授诸生。"（《全唐诗》卷二百五十，中华书局 1960 年版，第 2815 页。）
⑤ 《朱熹集》卷五十《答潘恭叔》，第 5 册，第 2440 页。

第五章　朱熹的礼学及其思想　　　　　　　　　　　　371

《礼经》不同，恐是当时俗礼非必合于《礼经》。"① 进而又说："《左》、杜所记，多非先王礼法之正，不可依凭。"② 尽管如此，在《仪礼经传通解》中，《左传》中的文字还是多被朱熹称引，用以作为解说各种礼仪、礼义。这说明，一方面朱熹是以《仪礼》为礼经，凡议论古礼皆以此为依据；另一方面则广泛征引古书，凡有助于解释和理解礼经、礼典的文字尽收其中，这也是朱子礼学的广博性和包容性的体现。

（二）朱熹对汉唐礼学注疏和著述的评议

朱子的经学，一方面肯定先儒注疏的成就，另一方面对当时学者中看轻甚至不看先儒注疏的风气提出批评，比如他说："今世博学之士……不读正当底书，不看正当注疏。"③ 又说："祖宗以来，学者但守注疏；其后便论道，如二苏直是要论道，但注疏如何弃得？"④ 在《答张敬夫书》说："秦汉诸儒解释文义，虽未尽当，然所得亦多。"⑤ 在《论孟集义序》中说："汉魏诸儒，正音读，通训诂，考制度，辨名物，其功博矣。学者苟不先涉其流，则以何以用力于此。"⑥ 在《答李季章书》中说："乃知汉儒之学，有补于世教者不小。"由此可知，朱子对汉魏儒生"正音读，通训诂，考制度，辨名物"之学的评价是比较高的，而不同于当世不少人的"病注说之乱六经"⑦，以至于"视汉儒之学若土梗"的态度。⑧

朱子对礼学注疏的认识也多不同于宋代大部分学者。比如他在《答余正甫》说："今所编礼书内，有古经阙略处，须以注疏补之，不可专认

---

① 《朱子语类》卷八十五，第 2197 页。
② 《朱熹集》卷四十六《答黄商伯》，第 4 册，第 2219 页。
③ 《朱子语类》卷五十七，第 1346 页。
④ 《朱子语类》卷一二九，第 3091 页。
⑤ 《朱熹集》卷三十一，第 3 册，第 1318 页。
⑥ 陈澧《东塾读书记》引为《语孟集义序》，并称："初名《精义》，后改名《集义》。"生活·读书·新知三联书店 1998 年版，第 304 页。文见《朱熹集》卷七十五，四川教育出版社 1996 年版，第 7 册，第 3944 页。
⑦ 此宋儒孙复认同范仲淹的观点之语，见于《孙明复小集·寄范天章书二》，《文渊阁四库全书》，第 1090 册，第 171 页。
⑧ 王应麟《困学纪闻》卷八《经说》有称："至《三经义》行，视汉儒之学若土梗。"全校本《困学纪闻》，翁元圻等注，栾保群、田松青、吕宗力校点，上海古籍出版社 2008 年版，中册，第 1094 页。

古经而直废传注耳。"① 又在《答张敬夫孟子说疑义书》云："看得《周礼》、《仪礼》一过，注疏见成，却觉不甚费力也。"② 在汉唐注疏中，朱熹对东汉郑玄的注疏最为看重，对郑玄的评价也很高。他说："郑康成是个好人，考礼名数，大有功，事事都理会得。……东汉诸儒煞好，卢植也好。康成也可谓大儒。"③

在宋儒中，对郑玄《三礼注》大加非议者有不少，如徐筠、叶时、魏了翁、王应麟等皆是④。而朱子则不同，比如对于郑玄的《三礼注》，朱子每每以"当从郑注之说无疑"⑤，"但恐郑说为是"⑥ 而言之。又比如，当有问："《礼记》古注外无以加否？"朱子说："郑注自好。看注看疏自可了。"⑦ 又说："如'至诚无息'一段，诸儒说多不明，却是古注是。"⑧ 还说："郑康成解'非天子不议礼'云'必圣人在天子之位然后可。'若解经得如此简而明，方好。"⑨ 对此，清儒陈澧评论说："如此之类，皆于郑注推服尊信甚至。……而不为诋毁之语，其尊郑也至矣。"⑩ 另一位清代经学家胡培翚也说："有宋朱子，尤服膺郑学。……所作《仪礼经传通解》，全录郑注。"⑪

诚然，朱熹对郑学绝不是盲目的崇拜和确信，对其注解上的失误也是毫不隐讳地加以指摘。比如在谈到郑玄《周礼注》时就说："大司徒以土圭求地中，今人都不识土圭，郑康成解亦误。"⑫ 又如在《答潘恭叔》中朱熹直言："只因郑氏不晓《周礼·籥章》之文，……郑氏曲解《周礼》一章"⑬。又如朱熹说："汉儒说礼制，有不合者，皆推之以为商礼，

---

① 《朱熹集》卷六十三，第6册，第3319页。
② 《朱熹集》，第3册，第1136页。
③ 《朱子语类》，卷八十七，第2226页。
④ 参见《中国经学思想史》，第二卷第三十七章，第526页。
⑤ 《答余正甫》，《朱熹集》，第6册，第3317页；《东塾读书记》第306页有引述。
⑥ 《朱熹集》，第6册，第3321页。
⑦ 《朱子语类》卷八十七，第2226页。
⑧ 《朱子语类》卷六十四，第1571页。
⑨ 《朱子语类》卷六十四，第1592页。
⑩ 《东塾读书记》，第306页。
⑪ 《研六室文钞》卷八《汉北海郑公生日祀于万柳堂记》，光绪四年刊本，《续修四库全书》，第1507册，第451页。
⑫ 《朱子语类》卷八十六，第2212页。
⑬ 《朱熹集》卷五十，四川教育出版社1996年版，第5册，第2432页。

此便是没理会处。"① 这显然是针对郑玄注《礼记·王制》《月令》时凡不合《周礼》者皆称殷制的特点而发的议论。

而且，对非议郑学的王肃，朱熹也是既有否定也有肯定，比如他说："郑玄与王肃之学，互相诋訾，王肃固多非是，然亦有考证（援）得好处。"② 又说："《礼记》有王肃注，煞好。又，太史公《乐书》载《乐记》全文，注家兼存得王肃。"③ 又如在论丧礼时，朱熹说："二十五月祥后便禫，看来当如王肃之说，于是月禫，徙月乐之说为顺。而今从郑氏之说，虽是礼，疑从厚，然未为当。看来而今丧礼须当从《仪礼》为正。"④

再有，朱熹也并非一味地尊信唐人的注疏，如在评价贾公彦的注疏时就说："《仪礼疏》说得不甚分明。"⑤ 特别是在《仪礼经传通解》的注解中，也多次出现"注疏说恐非是""疏说非"一类的断语。⑥

值得注意的是，朱子之所以十分看重汉唐注疏，还有一个重要原因就是他注重解经上的训诂方法，其有言曰："某寻常解经，只要依训诂说字。"⑦ 又说："训诂则当依古注。"⑧ 并且对先儒的训诂治学加以肯定说："先儒训诂，直是不草草也。"⑨ 又举例说："礼书'缩'训为'直'者非一，它日当见之，乃先儒之旧，不可易也。"⑩ 清人陈澧据此而有评论说："朱子重训诂之学如此。" 又说："朱子《通解》之书，纯是汉唐注疏之学。"⑪ 近人钱穆也指出："朱子治经，最之重考据，于礼最多涉及。"⑫ 从这一点来说，朱熹真可以说是宋学中的汉学人物。

（三）对唐代《开元礼》、《唐六典》、杜佑《通典》等的评议。

朱子论礼时，除了对注疏的评议之外，对于唐代的《开元礼》、《唐

---

① 《朱子语类》卷八十四，第2182页。
② 《朱子语类》卷八十三，第2171页。
③ 《朱子语类》卷八十七，第2226页。
④ 《朱子语类》卷八十九，第2283页。
⑤ 《朱子语类》卷八十五，第2195页。
⑥ 《文渊阁四库全书》，第131册，第199页。以及第27、149、304页。
⑦ 《朱子语类》卷七十二，第1812页。
⑧ 《朱子语类》卷七，第126页。
⑨ 《朱熹集》卷五十九《答李公晦书》，四川教育出版社1996年版，第5册，第3030页。
⑩ 《朱熹集》卷六十二《答王晋辅书》，第6册，第3231页。
⑪ 《东塾读书记》，第302、151页。
⑫ 《朱熹新学案》，第1310页。

六典》、杜佑《通典》等官方礼书和包含礼学内容的著述也有不少称述或评议。

首先，是有关《开元礼》，朱熹在评议宋朝官方礼典时经常提到。一方面是从宋朝官方礼典《开宝礼》《五礼新仪》的编修与《开元礼》的承袭关系上引出的评论。如我们前面所提到过的，宋朝开宝（968—976）年中，宋太祖命扈蒙、杨昭俭等撰《开宝通礼》二百卷，其以"本唐《开元礼》而损益之"①，是为《开宝礼》。到了宋徽宗政和三年（1113），议礼局又成《五礼新仪》二百二十卷。对于这两部官方礼书，朱熹有评论说："本朝修《开宝礼》多本《开元》，而颇加详备。及政和间，修《五礼》，一时奸邪以私智损益，疏略抵牾，更没理会。又不如《开宝礼》。"② 又说："《开宝礼》全体是《开元礼》，但略改动。《五礼新仪》其间有难定者，皆称'御制'以决之。如祷山川者，又只《开元礼》内有。"③ 又说："陈肤仲以书问释奠之仪。今学中仪，乃礼院所班，多参差不可用。唐《开元礼》却好，《开宝礼》只是全录《开元礼》，易去帝号耳。若《政和五礼》则甚错。"④ 从这些简要的议论中即可以看出，朱熹对宋朝所修订的官方礼书是不甚满意的。特别是针对《五礼新仪》内容的不够详备、难以依凭等问题，朱熹在官任职的时候曾多次上书，希望朝廷能够参考唐《开元礼》而对礼书加以修订，其在《乞增修礼书状》中就提出："所准行下州县社稷、风雨、雷师坛壝制度，熹按，其文有制度而无方位。寻考《周礼》左祖右社，则社稷坛合在城西。而唐《开元礼》祀风师于城东，祀雨师于城南，未委《新仪》全书有无同异，欲乞讨论并赐行下。"又说："伏睹累降赦书，历代圣帝明王忠臣烈士有功及民者，并令致祭。谨按唐《开元礼》享先代圣王，并用礼器法服。今即未委《新仪》全书有无岁时祠祭仪式，欲乞检照讨论并赐行下。"⑤

另一方面，由于朱熹认为，在具体礼仪制度的实施上可凭依据的官方礼书还是唐《开元礼》，所以，在其为官任职而举行官方礼仪时，就是

---

① 《宋史·礼志一》，第2421页。
② 《朱子语类》卷八十四，第2182页。
③ 《朱子语类》卷八十四，第2182页。
④ 《朱子语类》卷九十，第2294页。
⑤ 《朱熹集》卷二十，第2册，第843、844页。事见本章"朱子的礼学生涯及其心路历程"一节。

依据唐《开元礼》而行礼的。如在其《南康军风师坛记》中有云："南康军故无风师坛，而寓其祠于社。淳熙六年，岁在著维大渊献，权发遣军事朱熹始按唐《开元礼》，求其地于城之东北……"① 而且，在对当时有关礼仪制度和程式的实行而进行探讨中，朱熹也时常提及如何以《开元礼》为依据，比如，朱熹在给他人的书信中就曾提到："州县祈水旱，《政和新礼》所不载，而《通典》、《开元礼》尚有可依放者。唯乡村所祷全无所据，苟且从俗，于心有未安者，亦幸有以教之也。"（《程可久》）② 又在《答曾致虚》说："白鹿当时与钱子言商量，只作礼殿，不为象设，只依《开元礼》，临祭设席，最为得礼之正。"③《朱子语类》中也说："释奠，据《开元礼》，只是临时设位，后来方有塑像。"④

诚然，朱熹也并不是主张完全照行《开元礼》，也有认为其中的某些礼数不适合当时仿行。比如针对当时所行丧礼中的"百日卒哭"之礼，朱熹就一再强调其非正礼。在《答黄商伯》中说："近报作百日礼数，此亦不经之甚。且唐制本为王公以下，岂国家所宜用邪？礼器之失，不但一爵。今朝廷所用宣和礼制局样度，虽未必皆合古，然庶几近之。不知当时礼部印本，何故只用旧制。"⑤ 又在《答曾择之》中说："百日卒哭，乃《开元礼》以今人葬或不能如期，故为此权制，王公以下皆以百日为断，殊失礼意。古者士逾月而葬，葬而虞，虞而卒哭，自有日数，何疑之有？但今人家诸事不办，自不能及此期耳。若过期未葬，自不当卒哭，未满一月，则又自不当葬也。"⑥ 又《答王晋辅》有云："示喻卒哭之礼，近世以百日为期，盖自开元失之。今从周制，葬后三虞而后卒哭，得之矣。"⑦ 又《答郭子从》有云："以百日为卒哭，是《开元礼》之权制，非正礼也。"⑧ 可见，朱熹的评判标准终究还是以是否合于周制、《仪礼》而为准绳的。

---

① 《朱熹集》卷七十八，第7册，第4088页。
② 《朱熹集别集》卷三，第9册，第5386页。
③ 《朱熹集》卷四十六，第2214页。此段又见于杂著《跪坐拜说》，《朱熹集》卷六十八，第6册，第3554页。
④ 《朱子语类》卷九十，第2293页。
⑤ 《朱熹集》卷四十六，第4册，第2218页。
⑥ 《朱熹集》卷六十，第6册，第3113页。
⑦ 《朱熹集》卷六十二，第6册，第3227页。
⑧ 《朱熹集》卷六十三，第6册，第3298页。

其次是对于《唐六典》，朱熹是从官制的方面来谈论的，并与《周礼》相比拟。比如，有问《周礼》，朱熹说："未必是周公自作，恐是当时如今日编修官之类为之。又官名与他书所见多有不同，恐是当时作此书成，见设官太多遂不用。亦如《唐六典》今存，唐时元不曾用。"① 又说："《唐六典》载唐官制甚详。古礼自秦汉已失，北周宇文泰及苏绰，有意复古，官制颇详尽，如租庸调、府兵之类，皆是苏绰之制，唐遂因之。唐之东宫官甚详。某以前上封事，亦言欲复太子官属如唐之旧。"② 而且，宋神宗仿《唐六典》改官制的情况被记录下来，他说："神宗用《唐六典》改官制，颁行之，介甫时居金陵，见之大惊，曰：'上平日许多事无不商量来，只有此一大事，却不曾商量。'盖神宗因见《唐六典》，遂断自宸衷，锐意改之，不日而定，却不曾与臣下商量也。"③ 这其中揭示了《唐六典》和《周礼》一样也成为后世改革制度的范本的意义。

对于杜佑的《通典》，朱熹也很是看重，一个重要方面就在于其中保留了很多唐以前的礼乐制度。所以，朱熹说："《通典》，好一般书。向来朝廷理会制度，某道却是一件事，后来只恁休了。"又说："《通典》亦自好设一科"，"《通典》中间（一作后面）数卷议亦好。"④ 还说："杜佑可谓有意于世务者。问《理道要诀》，曰：是一个非古是今之书。（《理道要诀》亦是杜佑书。是一个《通典》节要。）"⑤ 在朱熹看来，《通典》于礼学方面是很有参考价值的，比如他说："服议，汉儒自为一家之学，以《仪礼·丧服篇》为宗，《礼记》中《小记》、《大传》则皆申其说者，详密之至，如理丝枿发。可试考之，画作图子，更参以《通典》及今律令，当有以见古人之意不苟然也。"⑥ 又比如，有问乐，朱熹说："古声只是和，后来多以悲恨为佳。温公与范蜀公，胡安定与阮逸、李照争辨其实，都自理会不得，却不曾去看《通典》。《通典》说得极分明，盖此事在唐犹有传者。"⑦《答黄商伯》中说："方丧无禫，见于《通典》，云是郑康

---

① 《朱子语类》卷八十六，第2203页。
② 《朱子语类》卷一百三十六，第3249页。
③ 《朱子语类》卷一百二十八，第3070页。
④ 《朱子语类》卷八十四，第2182页。
⑤ 《朱子语类》卷一百三十六，第3250页。
⑥ 《朱子语类》卷八十九，第2279页。
⑦ 《朱子语类》卷九十二，第2343页。

成说，而遍检诸篇未见其文，不敢轻为之说。心丧无禫，亦见《通典》，乃是六朝时太子为母服期已除，而以心丧终三年，当时议者以为无禫。"①

当然，朱熹也有提到《通典》中的错误地方，比如，在《答王子合》中就说："祭礼，庙室西上，证据甚多。但《通典》注中有'夫人之主处右'之说，而贾顼《祭仪》②又云'夫人版皆设于府君之左'，韩魏公《祭图》亦以妣位居考之东。详此，庙室既以西为上，则不应考东而妣西，恐《通典》或字误耳（此书虽舛杭本亦多旧误）。"③ 由以上可知，朱熹对于唐代礼学著作有取有舍的。不仅如此，在其所编纂的《仪礼经传通解》的正文和注释中，也多有称述。总之是将《通典》作为议礼、论礼的参照的。

## 二 对当世礼学著述的评论及其原则标准

朱熹的礼学对于当世礼学的关注也是一个重要的方面。在其《文集》和书信问答中对于当时所流行的一些礼学著作和礼学观点都有很多的议论。《朱子语类》中还专有《论后世礼书》一节，记录了朱熹对当世礼学著述的议论和评价。从中可以考见朱熹的礼学见解和褒贬取舍。

朱熹集中对程颐、张载、司马光、韩琦等所谓"四先生"以及其他的私家礼学著述作了评议。据《宋史·艺文志》的记录我们知道，司马光著有《书仪》八卷、《涑水祭仪》一卷、《居家杂仪》一卷，张载著有《横渠张氏祭仪》一卷，程颐著有《伊川程氏祭仪》一卷，韩琦著有《参用古今家祭式》。朱熹的议论大多就是针对这些著述当中的见解而发的，多相对比，取舍不同。

在《朱子语类》和《文集》中，记录了朱熹对程、张、司马、韩四先生，以及其他诸家的礼学著述和观点的评价，既有总体性的，也有专门性的，或有所认同，或有所指摘。

如果我们详加考察，就不难看到，朱子所时常论及和列举的四先生礼说，以及其他诸家的礼学著述和观点，显然是存在着很多的差异和不

---

① 《朱熹集》卷四十六，第4册，第2218、2219页。
② 《文献通考》卷一百八十七：载"贾氏《家祭礼》一卷。陈氏曰：唐武功县尉贾顼撰。"第5488页。
③ 《朱熹集》卷四十九，第4册，第2363页。此本"舛""旧"二字错置或有误。这里从《四库全书》本《晦庵集》。见《文渊阁四库全书》，第1144册，第442页。

同，然而在具体的采择取舍上，朱熹是有其自己原则判断的。正是以这种原则和标准，或以当行某家礼说为断，或以且行之无害而论，不一而足。而且，朱熹所确立的一些原则和标准又有着多种角度和方面。以下我们就通过具体的例证来加以说明。

（1）看其是否本自《仪礼》，合于周制，而且又能超越古礼，是朱熹议论四先生礼说的一个重要的原则性标准。其例如下：

①当其弟子胡叔器问四先生礼说时，朱熹回答说："二程与横渠多是古礼，温公则大概本《仪礼》，而参以今之可行者。要之温公较稳，其中与古不甚远，是七八分好。若伊川礼，则祭祀可用。婚礼，惟温公者好。大抵古礼不可全用，如古服古器今皆难用。"又说："横渠所制礼，多不本诸《仪礼》，有自杜撰处。如温公，却是本诸《仪礼》，最为适古今之宜。"①

②又比如，有弟子问："冠昏丧祭，何书可用？"朱熹说："只温公《书仪》略可行，亦不备。"又说："只是《仪礼》。"又问："伊川亦有书？"朱熹说："只有些子。"又有问："丧祭之礼，今之士固难行，而冠昏自行可乎？"朱熹回答说："亦自可行。某今所定者，前一截依温公，后一截依伊川。"②

③有问祭礼者，答曰："古礼难行。且依温公，择其可行者行之。祭土地，只用韩公所编。"又说："横渠说'墓祭非古'，又自撰《墓祭礼》，即是《周礼》上自有了。"③

④在《答李继善》中论祫祭之礼时，朱熹说："横渠说三年后祫祭于太庙，因其祭毕还主之时，遂奉祧主归于夹室，迁主、新主皆归于其庙，此似为得礼。郑氏《周礼注》大宗伯享先王处，似亦有此意。"④

⑤《朱子语类》所录朱熹下面的两段议论，实际上讲的也是在家祭礼方面如何超越古礼而行之的道理。他说：

家庙之制，伊川只以元妃配享。盖古者只是以媵妾继室，故不容与嫡并配。后世继室乃是以礼聘娶，自得为正。故《唐会要》中

---

① 《朱子语类》卷八十四，第2183页。
② 《朱子语类》卷八十九，第2271页。
③ 《朱子语类》卷九十，第2317、2313页。
④ 《朱熹集》，第6册，第3288页。

载颜鲁公家祭,有并配之仪。

古人无再娶之礼,娶时便有一副当人了,嫡庶之分定矣,故继室于正室不可并配。今人虽再娶,然皆以礼聘同正室也。祭于别室,恐未安。如伊川云,奉祀之人,是再娶所生,则以所生母配。如此,则是嫡母不得祭矣。此尤恐未安。大抵伊川考礼文,却不似横渠考得较仔细。①

⑥朱熹有称:"吕与叔集诸家之说补《仪礼》,以《仪礼》为骨。"②

从以上诸例可知,《仪礼》是朱熹所最为确信的礼学经典依据,本自《仪礼》,就最接近于周代的礼仪制度,朱子礼学的价值取向由此可见。然而,古礼难行,泥于古礼,无异于作茧自缚,涉及家国天下以及百姓日用之常的礼仪生活便得不到有效地实行。这是朱熹在诸家礼说中特别推重司马光和他的《书仪》中的礼说的认识基础所在。③ 在朱熹看来,《仪礼》是全部礼仪制度的根本④,可以补充,可以诠解,可以形而上地继承,然而因其为圣人所录之书,全部的礼仪精神尽在其中,亦即是礼仪精神之根本所在,所以是不可能超越的。这也可以说,就是从《礼记》的作者对《仪礼》的解说和诠释之集大成,到郑玄的《三礼注》对周代礼制的解说和诠释之集大成,再到朱熹的《仪礼经传通解》及其各种礼说对古代礼制所做的尽可能的补充、解说和诠释之集大成,其所共同认同和肯定的礼仪精神本源之所在,舍此,无以为根本也,更遑论形而上地继承了。

(2) 既不泥于古礼,而又简约易行,这是朱熹评论当时礼家的又一

---

① 《朱子语类》卷九十,第2320页。

② 《朱子语类》卷八十四,第2183页。吕与叔即吕大临,著有《礼记解》《大学解》《吕氏家礼》等。

③ 当然,对于司马光的泥古而有误,朱熹也是有所指摘的,比如,《朱子语类》卷八十四记录,有问:"温公所作主牌甚大,阔四寸,厚五寸八分,不知大小当以何者为是?"朱子曰:"便是温公错了,他却本《荀勖礼》。"(第2183页) 又《朱子语类》卷九十记录有直卿问:"神主牌,先生夜来说《荀勖礼》未终。"朱熹说:"温公所制牌,阔四寸,厚五寸八分,错了。据隋炀帝所编礼书有一篇《荀勖礼》,乃是云:阔四寸,厚五寸,八分大书'某人神座'。不然,只小楷书亦得,后人相承误了,却作'五寸八分'为一句。"(第2312页)由此,亦可见朱子考据之功夫。

④ 朱熹明确地说:"《仪礼》,礼之根本。"(《朱子语类》卷八十五,2186页。)

个原则性标准。其例如下：

①在论家祭祖礼时，朱熹说："诸家之礼，唯韩魏公、司马温公之法适中易行。"又说："但品味之属，随家丰约，或不必如彼之盛。而韩氏斋享一条不可用耳。"①

②有问："祭礼，古今事体不同，行之多窒碍，如何？"朱熹说："有何难行？但以诚敬为主，其他仪则随家丰约，如一羹一饭皆可自尽其诚。若温公《书仪》所说堂室等处，贫家自无许多所在，如何要行得？据某看来，苟有作者，兴礼乐必有简而易行之理。"

③杨老通问祭礼。朱熹说："极难。且如温公所定者，亦自费钱。温公《祭仪》，庶羞面食米食共十五品。今须得一简省之法，方可。"

④朱熹说："温公《仪》人所惮行者，只为闲辞多，长篇浩瀚，令人难读，其实行礼处无多。某尝修《祭仪》，只就中间行礼处，分作五六段，甚简易晓。"又说："某之《祭礼》不成书，只是将司马公者减却几处。如今人饮食如何得恁地多。"②

⑤在《答严时亨》中论丧礼，朱熹说："居丧不祭，伊川、横渠各有说。若论今日人家所行，则不合礼处自多，难以一概而论。若用韩魏公法，则有时祭，有节祀。时祭礼繁，非居丧者所能行；节祀则其礼甚简，虽以墨縗行事，亦无不可也"。③

⑥在《答郭子从》中论各种丧葬仪规时，朱熹说："铭旌，古者旌既有等，故铭亦有等。今既无旌，则如温公之制，亦适时宜，不必以为疑也。重，《三礼图》有画象可考，然且如温公之说，亦自合时之宜，不必过泥古礼也"；"孤哀子，温公所称，盖因今俗以别父母，不欲混并之也。且从之亦无害"④。

⑦在《答胡伯量》中论丧礼、家庙，朱熹说："祔，当如郑说，伊川恐考之未详也"；"独文潞公尝立家庙，今温公集中有碑，载其制度颇详，……伊川之说亦误。……大抵今士大夫家只当且以温公之法为定

---

① 《答叶仁父》，《朱熹集》卷六十三，第6册，第3302页。
② 以上②、③、④条，均见于《朱子语类》卷九十，第2313页。
③ 《朱熹集》卷六十一，第6册，第3197页。此本"节祀"作"节祠"，这里从《四库全书》本《晦庵集》。见《文渊阁四库全书》，第1145册，第138页。
④ 《朱熹集》卷六十三，第6册，第3291、3292、3293页。

也"①。

由以上可知，朱熹固然是秉承着孔子所谓"礼，与其奢也，宁俭"的古训，但同时也是其化礼成俗的主张和努力所必然要求的。而且，使各种礼仪能够为一般的士庶之家所实行，更是实现"修齐治平"的理想政治主张的必要前提。

（3）凡古之所无之礼，看其是否可以"以义起"，成为朱熹评论礼说的第三个原则标准。

"义起"之说，见于《礼记·礼运》的"故礼也者，义之实也，协诸义而协，则礼虽先王未之有，可以义起也"。也就是只要合乎礼义，可以以义兴礼。在朱熹看来，"礼"起于"义"是毫无疑问的，《仪礼》本身就是义起之礼的圣人集成之作②。而在朱子的相关议论中，涉及最多的则是程颐的相关礼说。

①在论及祭祖之礼时，朱熹说："伊川云：'曾祖兄弟无主者，亦不祭。'不知何所据而云。伊川云：'只是以义起也。'"

②又胡叔器问："士庶当祭几代？"朱熹回答说："古时一代即有一庙，其礼甚多。今于礼制大段亏缺，而士庶皆无庙。但温公礼祭三代，伊川祭自高祖，始疑其过。要之，既无庙，又于礼煞缺，祭四代亦无害。"

③朱熹还说："祭祖，自高祖而下，如伊川所论。古者只祭考妣，温公祭自曾祖而下，伊川以高祖有服，所当祭，今见于《遗书》者甚详。此古礼所无，创自伊川，所以使人尽孝敬追远之义。"

④又有问始祖之祭者，朱子云："古无此。伊川以义起。某当初也祭，后来觉得僭，遂不敢祭。"

⑤刘用之问："先生祭礼，立春祭高祖而上，只设二位。若古人祫祭，须是逐位祭？"朱熹说："某只是依伊川说，伊川礼更略。伊川所定，不是成书。温公《仪》却是做成了。"

⑥有李守约问祭殇几代而止。朱熹说："礼经无所见，只程氏《遗

---

① 《朱熹集》卷六十三，第6册，第3297、3298页。
② 《朱子语类》卷八十五记朱子云："《仪礼》，不是古人预作一书如此。初间只以义起，渐渐相袭，行得好，只管巧，至于情文极细密，极周经处。圣人见此意思好，故录成书。"（第2194页）

书》一段说此，亦是以义起。"①

⑦在《答陆子寿》书中论迁庙礼、祔礼，朱熹说："然伊川先生尝讥关中学礼者有役文之弊，而吕与叔以守经信古，学者庶几无过而已。义起之事，正在盛德者行之。然则此等苟无大害于义理，不若且依旧说，亦夫子存羊爱礼之意也。"②

⑧《答吴晦叔》，"夫冬至既始祖，立春祭先祖，季秋祭祢庙。此伊川之所义起也。盖取诸天时，参以物象，其意精矣。"③

在朱熹看来，"义起"之礼，实际就是对正礼之不足者的一种补充，使之更趋完备可行。比如，朱熹行家祭礼时也有"以义起"的情况，在《答窦文卿》中朱熹就说："熹家则废四时正祭，而犹存节祠，只用深衣凉衫之属，亦以义起，无正礼可考也。节祠见韩魏公《祭式》。"④ 不过，虽然有"以义起"之礼的说法，但也并非可以随意地理解礼义而为之，比如在《答李尧卿》中有称其既想在时祭之后，分祭高祖于家，又"欲私举祢祭"，从而有"若举此二祭又成支子有祭，庶子祭祢，于《礼经》不合"之问，朱熹回答说："此事只合谨守礼文，未可遽以义起也。况有俗节，自足展哀敬之诚乎！"⑤ 诚如前引朱熹所言"义起之事，正在盛德者行之"，只有在对作为礼仪精神的礼义的理解上能够与制礼作乐的圣人相通的有盛德者，才能真正发明"义起"之礼的真谛，正其所谓"后圣有作"者是也⑥。

（4）在各种礼仪的仪节程式中，不用僭礼、浮屠、道家，是朱熹礼学主张的重要方面，也是其评论诸家礼说的原则标准之一。先来看有关

---

① 以上①至⑥，分别见《朱子语类》卷九十，第2314、2317、2318、2318、2319、2320页。
② 《朱熹集》卷三十六，第3册，第1566页。
③ 《朱熹集》卷四十二，第4册，第1961页。
④ 《朱熹集》卷五十九，第4册，第3028页。
⑤ 《朱熹集》卷五十七，第5册，第2890页。
⑥ 《朱子语类》卷八十九记朱子所云："而今礼文觉繁多，使人难行，后圣有作必是裁减了方始行得。"（第2284页）又《朱子语类》卷八十九记有问："嫂叔无服，而程先生云：'后圣有作，须为制服。'"朱子说："守礼经旧法，此固是好。才说起，定是那个不稳，然有礼之权处。父道母道亦是无一节安排。看推而远之，便是合有服。但安排不得，故推而远之。如果是鞠养于嫂，恩义不可已，是他心自住不得。又如何无服得！"（第2234页）那么，程颐、朱熹所主张的"嫂叔有服"，又何尝不是"义起"之礼呢？于礼，重情重义者必将如此。

僭礼的议论：

①在《答李继善》中记李问："《政和仪》六品以下至庶人无朔奠，九品以下至庶人无志石，而温公《书仪》皆有之，今当以何者为据？"朱熹答曰："既有朝奠，则朔奠且遵当代之制，不设亦无害。但志石或欲以为久远之验，则略其文而浅瘗之，亦未遽有僭逼之嫌也。"李又问："《檀弓》既祔之后，唯朝夕哭拜朔奠，而张先生以为三年之中不彻几筵，故有日祭。温公亦谓朝夕当馈食，则是朝夕之馈当终丧行之不变，与《礼经》不合，不知如何？"朱子答曰："此等处今世见行之礼，不害其为厚而又无嫌于僭，且当从之。"①

②在《答蔡季通》中朱熹有言："祭礼只是与温公《仪》内稍增损之，……程氏冬至、立春二祭昔尝为之，或者颇以僭上为疑，亦不为无理，亦并俟详议也。"②

③有问："先生旧时立春祭先祖，冬至祭始祖，后来废之，何故？"朱熹回答说："觉得忒煞过当，和禘祫都包在里面了，恐太僭，遂废之。"③

④胡兄问："祧主置何处？"朱熹说："古者始祖之庙，有夹室，凡祧主皆藏之于夹室。自天子至于士庶皆然。今士庶之家，不敢僭立始祖之庙，故祧主无安顿处。只得如伊川说，埋于两阶之间而已。某家庙中亦如此。"

⑤有问："旧尝收得先生一本《祭仪》，时祭皆是卜日。今闻却用二至、二分祭，如何？"朱熹说："卜日无定，虑有不虔。温公亦云只用分、至亦可。"又问："如此，则冬至祭始祖，立春祭先祖，季秋祭祢。此三祭如何？"朱熹说："觉得此个礼数太远，似有僭上之意。"又问："祢祭如何？"朱熹说："此却不妨。"

⑥文蔚说："今虽士庶人家亦祭三代，如此，却是违礼。"朱熹说："虽祭三代，却无庙，亦不可谓之僭。古之所谓庙者，其体面甚大，皆是门堂寝室，胜如所居之宫，非如今人但以室为之。"

---

① 《朱熹集》卷六十三，第6册，第3286、3287页。
② 《朱熹集》卷四十四，第4册，第2067页。又前引有问始祖之祭者，朱子云："古无此。伊川以义起。某当初也祭祀，后来觉得僭，遂不敢祭。"（《朱子语类》卷九十，第2318页）也讲的是疑其为僭礼。
③ 《朱子语类》卷八十七，第2229页。

⑦有问:"今士庶亦有始基之祖,莫亦只祭得四代。但四代以上则可不祭否?"朱熹回答说:"如今祭四代已为僭。古者官师亦只得祭二代,若是始基之祖,莫亦只存得墓祭。"

⑧有问后土氏之祭,朱熹说:"极而言之,亦似僭。然此即古人中霤之祭,而今之所谓'土地'者。《郊特牲》:'取财于地,取法于天,是以尊天而亲地,教民美报焉。故家主中霤,而国主社也。'观此则天不可祭,而土神在民亦可祭。"①

以上诸例所讲的僭礼与否,并非君臣意义上的僭礼,而是指在宗法等级意义上,士庶所不当行之礼,主要集中在士庶祭祖问题的讨论上。可以看到,朱熹对于是否是僭礼所进行的辨析,目的就在于避免出现僭礼之嫌而引发礼仪规范上的不清不楚。

(5) 关于不用浮屠、道家的议论:

①"然温公《仪》降神一节,亦似僭礼。大夫无灌献,亦无爇萧。灌献、爇萧,乃天子、诸侯礼。爇萧,欲以通阳气,今太庙亦用之。或以为焚香可当爇萧,然焚香乃道家以此物气味香而供养神明,非爇萧之比也。"②

②"温公《书仪》以香代爇萧,杨子直不用,以为香只是佛家用之。"③

③"丧,最要不失大本,如不用浮屠,送葬不用乐。这也须除却。"④

④有胡叔器问:"行正礼,则俗节之祭如何?"朱熹说:"韩魏公处得好,谓之节祠,杀于正祭。某家依而行之。但七月十月之馔用浮屠,某不用耳。"⑤

⑤朱子批评其学生王过,称其"每论士大夫家忌日用浮屠诵经追荐,鄙俚可怪。既无此理,是使其先不血食也"⑥。

⑥有胡伯量问:"治丧不用浮屠法,而老母之意必欲用之,违之则咈

---

① 以上④至⑧,分别见于《朱子语类》卷九十,第2306、2313、2317、2318、2312页。
② 《朱子语类》卷九十,第2315页。
③ 《朱子语类》卷九十,第2315页。
④ 《朱子语类》卷八十九,第2278页。
⑤ 《朱子语类》卷九十,第2320页。
⑥ 《朱子语类》卷九十,第2322页。

亲意，顺之则非礼，不知当如何处？"① 朱子回答说："且以委曲开释为先，如不可回，则又不可咈亲意也。"②

以上诸例表明，如果说在形而上的理论建树方面，朱熹对佛教和道家的学说是有所吸收的话，那么在形而下的礼仪制度方面，朱熹对佛道两家的仪规程式则是完全排斥的。在其《家礼》一书中就有认同司马光所主张的丧葬"不作佛事"，并且照录其说明以示缘由③。不过，从上述⑥的例子来说，朱熹又认为，为了体现"孝"的精神，面对执意要用浮屠法的家庭长辈，委曲开释而又不咈亲意，才不失为最好的处理方式。言外之意是，为了孝亲则可以勉强行之。于此，朱熹似乎是当作个案来解答的。

（6）或以从俗为宜，或以从俗为非，也成为朱子论礼的不同取舍标准，也就是说，凡无害礼之义理的时候，则可以从俗；凡于礼之义理不明的时候，则不可以从俗，即"有大害义理处，则须改之"。

①《答胡伯量》论丧葬之礼，在言及程颐反对当时流行的葬地风水之说时，朱熹说："伊川先生力破俗说，然亦自言须是风顺地厚之处乃可。"④

②朱熹在回答胡叔器问时有言："向南轩废俗节之祭，某问：'于端午能不食粽乎？重阳能不饮茱萸酒乎？不祭而自享，于汝安乎？'"⑤

③当有郭子从言及当时世俗不见古代男子殊裳之制，而且"皆以为迂且怪，而不以为礼也"时，朱子说："若考得古制分明，改之固善。若以为难，即且从俗，亦无甚害。"⑥

④在《与张钦夫论程集改字》中，朱熹与张栻讨论"犹子"与"侄"之称谓的问题，也涉及"从古"与"从俗"之论。朱熹说：

> 犹子之称谓不当改，亦所未喻。盖来教但云，侄止是相沿称之，而未见其害义不可称之意。云称犹子尚庶几焉，亦未见其所以庶几

---

① 或作"治丧不用浮屠，或亲意欲用之，不知当如何处？"
② 《朱熹集》卷六十三《答胡伯量》，第6册，第3273页。
③ 详见后面有关朱子《家礼》一节所述。
④ 《朱熹集》卷六十三《答胡伯量》，第6册，第3274页。
⑤ 《朱子语类》卷九十，第2321页。
⑥ 《答郭子从》，《朱熹集》卷六十三，第6册，第3292页。

之说，是以愚瞢未能卒晓。以书传考之，则亦有所自来。盖《尔雅》云："女子谓兄弟之子为侄。"注引《左氏》"侄其从姑"以释之。而反复考寻，终不言男子为兄弟之子为何也。以《汉书》考之，二疏乃今世所谓叔侄，而传以父子称之，则是古人直谓之子，虽汉人犹然也。盖古人淳质不以为嫌，故如是称之，自以为安。降及后世，则心有以为不可不辨者，于是假其所以自名于姑者而称焉，虽非古制，然亦得别嫌明微之意，而伯父、叔父与夫所谓姑者，又皆吾父之同气也，亦何害于亲亲之义哉？今若欲从古，则直称子而已；若且从俗，则伊川、横渠二先生者皆尝称之。伊川尝言：礼从宜，使从俗，有大害义理处则须改之。夫以其言如此，而犹称侄云者，是必以为无大害于义理故也。故其遗文出于其家，而其子序之以行于世，举无所谓犹子云者。而胡本特然称之，是必出于家庭之所笔削无疑也。（若曰何故它处不改，盖有不可改者，如祭文则有对偶之类是也。）若以称侄为非而改之为是，亦当存其旧文而附以新意。况本无害理而可遽改之乎？今所改者，出于《檀弓》之文，而彼文止为丧服，兄弟之子与己子同，故曰"兄弟之子犹子也"，与下文"嫂叔之无服也""姑姊妹之薄也"之文同耳。岂以为亲属之定名哉？犹即如也，其义系于上文，不可殊绝明矣。若单称之，即与世俗歇后之语无异，若平居假借称之犹之可也，岂可指为亲属之定名乎？若必以为是，则自我作古，别为一家之俗，夫亦孰能止之？似不必强挽前达，使之同己，以起后世之惑也。故愚于此亦以为尤所当改，以从其旧者。若必欲（存）之，则请亦用前例，正文作"侄"，注云"胡本作犹子"，则亦可矣。[①]

《礼记·曲礼上》中有言："礼从宜，使从俗"，朱子上述诸议论都是以小处而见大处的。

（7）主张议论有据，反对杜撰和臆断。

朱子有言"世间人解经，多是杜撰"[②]，而这正是朱子所一再加以批评和指摘的。对于表现在当时礼学著述上的杜撰、臆断问题，朱熹更是

---

[①] 《朱熹集》卷三十，第3册，第1298—1300页。

[②] 《朱子语类》卷八十三，第2146页。

明察秋毫，多有指出。

①在《答潘恭叔》中，朱熹批评胡宏说："《周礼》恐五峰之论太偏，只如冢宰一官，兼领王之膳服嫔御，此最是设官者之深意，盖天下之事无重于此。而胡氏乃痛诋之，以为周公不当治成王燕私之事，其误甚矣。胡氏《大纪》所论井田之属，亦多出臆断，不及注疏之精密。"①又《朱子语类》中记朱子说："《周礼》，胡氏父子以为是王莽令刘歆撰，此恐不然。《周礼》是周公遗典也。"②

②《朱子语类》记朱熹评论陈君举（陈傅良）所奏《周官说》时说："大概推《周官》制度亦稍详，然亦有杜撰错说处。"又指出其所论《周礼》官制未见"盖周家设六官互相检制之意"，故云："此大不然。"③

③对王安石后学中陆佃的礼说，朱熹也有所批评说："今不立昭穆，即所谓祔于曾祖、曾祖姑者，无情理也。……昭穆是万世不可易，岂得如陆氏之说？陆氏《礼象图》中多有杜撰处，不知当时庙制后来如何不行。"④又说："陆解多杜撰，亦煞有好处，但简略难看，陈祥道《礼书》考得亦稳。"⑤

④朱熹还指出张载的问题说："横渠所制礼多不本诸《仪礼》，有自杜撰处。"⑥

⑤朱熹评论吕大临说："吕与叔谓合族当立一空堂，逐宗逐番祭，亦杜撰也。"⑦

⑥朱熹对福州王普的礼学评价很高，说："王侍郎普，礼学律历皆极精深，盖其所著皆据本而言，非出私臆。某细考其书，皆有来历可行，考订精确，极不易得"，又说其"尽有议论，却不似今人杜撰胡说。"⑧

⑦朱熹对官方礼书的杜撰处也有指摘，说："如今朝廷颁行许多礼书，如《五礼新仪》，未是。若是不识礼，便做不识礼，且只依本写在也

---

① 《朱熹集》卷五十，第 5 册，第 2436 页。
② 《朱子语类》卷八十六，第 2204 页。
③ 《朱子语类》卷八十六，第 2206 页。
④ 《朱子语类》卷八十九，第 2283 页。
⑤ 《朱子语类》卷八十五，第 2197 页。相近的议论还有"礼书，如陆农师《礼象》、陈用之《礼书》亦该博，陈底似胜陆底。"（《朱子语类》卷八十七，第 2226 页）
⑥ 《朱子语类》卷八十四，第 2183 页。
⑦ 《朱子语类》卷九十，第 2308 页。
⑧ 并见《朱子语类》卷八十四，第 2183 页。

得，又去杜撰，将古人处改了。"①

从以上所举数例来看，朱子所指摘的杜撰、臆断，既有从总体的著述上来判断的，也有就具体的礼学解说来把握的，从后代的学术眼光看，固然未必尽是如此，但是朱子的议论，集中体现了他本人的礼学价值判断和学术上的褒贬，也是他对诸家论礼之说采择取舍的一种标准尺度。

（8）杂论诸家，取其所长，指摘其所误。

除了上述我们所概括的内容之外，朱子礼学还有一个最为突出的特点，那就是纵论诸家，在集中论说和评议四先生礼说和礼学主张之外，朱熹对当时流传通行的各礼家著述也多有比较，予以是非判断而各有所取。尽管有些只是只言片语，但终归可以看出朱子的取舍。以下就列举一些论例，以见其一斑。

①在《学校贡举私议》中，朱熹建议科举考试对于三礼，"莫若讨论诸经之说，各立家法，而皆以注疏为主。……《周礼》则刘敞、王安石、杨时，《仪礼》则刘敞，二戴《礼记》则刘敞、程颐、张载、吕大临。"②

②在《答潘恭叔》中，朱熹说："刘（敞）氏《七经小传》有《仪礼》等说，不可不看。"③

③在《民臣礼议》，朱熹说："而州县专取聂氏《三礼》制度，丑怪不经，非复古制。"④

④在《君臣服议》中，朱熹说："温公《书仪》，……大功以下从俗礼，非是。惟高（闶）氏《送终礼》其说甚详。"⑤《朱子语类》中有称："温公《礼》有疏漏处，高氏送终礼胜得温公《礼》。"⑥ 在《答程正思》又说："大抵高氏（闶）考古虽详而制仪实疏，不若温公之悫实耳。"⑦

⑤对于方悫的《礼记解》、马晞孟的《礼记解》，朱子有评论说：

---

① 《朱子语类》卷九十，第 2295 页。
② 《朱熹集》卷六十九，第 6 册，第 3638 页。
③ 《朱熹集》卷五十，第 5 册，第 2440 页。
④ 《朱熹集》卷六十九，第 6 册，第 3629 页。
⑤ 《朱熹集》卷六十九，第 6 册，第 3627 页。
⑥ 《朱子语类》卷八十五，第 2195 页。
⑦ 《朱熹集》卷五十，第 5 册，第 2449 页。高闶（1097—1153），本程氏之学，发扬春秋学，以对抗王安石学风。对礼学（冠礼、丧礼、乡饮酒礼）多有研究，为南宋的太学规制奠定基础。

"方、马二解合当参考,尽有说好处,不可以其新学而黜之。"①

⑥朱熹还有盛赞说:"陈振叔亦尽得。其说《仪礼》云:'此乃是仪,更须有《礼书》。《仪礼》只载行礼之威仪。'"②

⑦朱熹对福州以礼学与前面提到的王普齐名的任希纯、刘昭信也有评价,说:"某识任、刘二公,任搭干不晓事,问东答西,不可晓。刘说话极仔细,有来历,可听。"③

⑧朱熹对永嘉礼学代表之一的张淳,也有评论。如在《杂著·记永嘉仪礼误字》中,朱熹说:"《仪礼》人所罕读,难得善本。而郑注、贾疏之外,先儒旧说多不复见,陆氏《释文》亦甚疏略。近世永嘉张淳忠甫校定印本,又为一书以识其误,号为精密,然亦不能无舛谬。"④ 又在《答徐居甫》中称:"永嘉有《仪礼》之学。"⑤《朱子语类》还记录朱熹"因问张舅(淳),闻其已死,再三称叹。且询其子孙能守其家学否,且云可惜朝廷不举用之使典礼仪"⑥。

⑨子升问:"《周礼》如何看?"朱熹回答说:"也且循注疏看去,第一要见得圣人是个公平底意思。如陈君举(傅良)说天官之职,如膳羞衣服之官,皆属之此,是治人主之身。此说自是。"⑦

⑩在《书程子禘说后》论庙制之礼时,朱熹说:"介甫所见终是高于俗儒。……天下百年不决之是非,于此乎定矣。"⑧ 又在《答廖子晦》论及庙议事时,也说"当时只用荆公之说,盖伊川先生之意也"⑨。

以上诸例,加上我们前面所列举的不少例证,从中可以看到,朱熹每每在具体的议论中引发出对当时的礼学家广泛的评价,进而显现出其作为礼学集大成者的大家风范。而且,吸收当世诸家礼学之所长、发现当世诸家礼学之所短,也成为朱子整合全部礼学的基础工作之一部分,可以说朱熹确实是为此竭尽其毕生的精力的。

---

① 《朱子语类》卷八十七,第 2227 页。
② 《朱子语类》卷八十五,第 2195 页。
③ 《朱子语类》卷八十四,第 2183、2184 页。
④ 《朱熹集》卷七十,第 6 册,第 3672 页。
⑤ 《朱熹集》卷五十八,第 5 册,第 2989 页。
⑥ 《朱子语类》卷八十四,第 2184 页。
⑦ 《朱子语类》卷八十六,第 2204 页。
⑧ 《朱熹集》卷八十三,第 7 册,第 4289 页。
⑨ 《朱熹集》卷四十五,第 4 册,第 2183 页。

## 第三节　朱子礼学思想的理论框架及其展开

作为一个思想家，朱熹在经历了一生的学习、思考、著述、实践、教授、总结之后，构筑起了一个博大的理论体系。在这个理论体系中，又有许多具有中国古典学术意义而分门别类的经学分科系统。一方面，朱子以一个统一的思想理论，引领其去探讨每一个具体的经学领域，以至于无所不论，细致入微；另一方面，又通过对这些具体的经学领域的研究，进一步论证和完备其思想理论的普遍性、合理性和有效性。这两个方面的结合，在朱子的礼学思想领域也有着极为具体的体现。也就是说，在具体探讨礼学问题的时候，朱子是有着一个思想理论系统为引导的，由此而在多方面加以展开。所以，在朱子的礼学思想体系中，从古今、天理、阴阳、道器、体用、知行等最具有中国古典哲学特点的观念系统而引发出礼的形而上问题，并且得到全面的阐述和发挥。同时，在这方面，朱熹又是承继了宋代理学家，特别是二程的礼学思想的基本路径，在具体的观念认识上也多有承袭。再有，值得注意的是，就朱子所论的礼本身来说，也还是有着或是针对礼的观念，或是针对礼的制度、仪规这样的两个方面而展开的分别。

### 一　以"古今"论礼

古今之论，本是一个历史性的命题，凡事几乎都可以以古今论之。朱熹的以古今论礼，有些是论及礼仪制度的古今沿革、变迁的，有些则透露出朱子的历史观，集中体现着朱熹对制度之礼的认识和判断，以及价值观意义上的取舍取向。

朱子之所谓"古"，大体是指以三代的礼经和传世礼书所承载的古礼世界，而汉至唐代，以及各代礼书所反映的礼仪制度，在朱熹看来则不过是对古礼的因袭损益；朱子之所谓"今"，是指有宋以来的礼俗流传和礼仪施行的现状。在古今的对比中，充分显现出朱子的礼学态度。

首先，在朱熹看来，当时宋代之"今"而可以言称的古礼，就只是以文本形式而流传的古代礼书。他说：

> 古礼今不复存，如《周礼》自是纪载许多事，当时别自有个礼

书，如云"宗伯掌邦礼"，这分明自有礼书、乐书，今亦不可见。①

三代之礼，今固难以尽见，其略幸散见于他书，如《仪礼》十七篇，多是士礼，邦国、人君者，仅存一二。遭秦人焚灭之后，至河间献王始得《邦国礼》五十八（六）篇，献之，惜乎不行。至唐此书尚在，诸儒注疏犹时有引为说者，及后来无人说著，则书亡矣。岂不大可惜？叔孙通所制《汉仪》及曹褒所修，固已非古，然今亦不存。②

在这里，朱熹一方面对古代礼书的亡佚深感惋惜，另一方面又认为正是因为还有一些古代的礼书（礼经）在，使后世人对于古礼的面貌和古人的礼仪精神能够大体而知之，所以朱熹还说："看礼书，见古人极有精密处，事无微细，各有义理。然又须自家工夫到，方看得古人意思出。"③

进而，朱熹之言古礼，又是遥承孔子之论礼的说法而直指夏商周三代的，有时又以尧舜三代称之。朱子明确地说："三代之际，礼经备矣。"④ 和孔子一样，朱熹也将三代之礼的完备之功归因于周公的"制礼作乐"，所以又说："周公制成周一代之典，乃是夏商之礼而损益之。故三代之礼，其实则一，但至周而文为大备，故孔子美其文而从之。"⑤ 对于夏商周三代相为损益之礼的历史变迁，朱熹更是借着对《论语》中孔子之言的解说而多有议论，主要在于揭示其中变与不变的道理。我们知道，在《论语·为政》篇中有这样一段著名的对话："子张问：'十世可知也？'子曰：'殷因于夏礼，所损益可知也；周因于殷礼，所损益可知也。其或继周者，虽百世可知也。'"而且，对这段对话当中的"因"和"损益"之说，汉儒马融有注解说："所因，谓三纲五常；损益，谓质文三统。"⑥ 而朱熹就是由此展开其解读三代之礼的认识和议论的。比如：

---

① 《朱子语类》卷二十五，第613页。
② 《朱子语类》卷八十四，第2182页。
③ 《朱子语类》卷八十四，第2186页。
④ 《家礼序》，《文渊阁四库全书》，第142册，上海古籍出版社1987年版。
⑤ 《朱子语类》卷二十五，第622页。
⑥ 参见《十三经注疏（标点本）·论语注疏》，第23页。

周问:"三代所因者不易,而所损益可知,如何?"曰:"此所谓'不易也','变易也',三纲五常,亘古亘今不可易。至于变易之时与其人,虽不可知,而其势必变易,可知也。盖有余必损,不及必益,虽百世之远可知也。犹寒极生暖,暖甚生寒,虽不可知,其势必如此,可知也。"

三代之礼,大概都相因了。所损也只损得这些个,所益也只益得这些个。此所以百世可知也,且如秦最是不善继周,酷虐无比,然而所因之礼,如三纲五常,竟灭不得。马氏注:"所因,谓三纲五常;损益,谓质文三统。"此说极好。

此一章"因"字最重,所谓"损益"者,亦是要扶持个三纲五常而已。如秦之继周,虽损益有所不当,然三纲五常终变不得,君臣依旧是君臣,父子依旧是父子,只是安顿得不好尔。圣人所谓可知者,亦只是知其相因者也。如四时之运,春后必当是夏,夏后必当是秋,其间虽寒暑不能无缪戾,然四时之运,终改不得也。①

从以上三段文字,我们看到,朱熹肯定了汉儒马融的解说,认同其对礼的制度即"质文三统"与礼的观念即"三纲五常"所做的区分,并且一再强调制度之礼的可变和观念之礼的不可变,一再强调与礼的制度相比较礼的观念所具有的普遍性和永恒性。而且还进一步解说道:"所因之礼,是天做底,万世不可易,所损益之礼是人做底,故随时更变。"又说:"所因,谓大体;所损益,谓文为制度,那大体是变不得底。虽如秦之灭绝先王礼法,然依旧有君臣,有父子,有夫妇,依旧废这个不得。"又说:"继周百世可知。秦继周者也,安得为可知?然君臣父子、夫妇依旧在,只是不能尽其道尔。"②

而且,如孔子所说的"君君、臣臣、父父、子子",《礼记·大传》所说的"亲亲、尊尊、长长、男女有别",这样的一种人间的伦理秩序,在朱熹的言说中也进一步找到自然合理性的依据。他说:"世间自是有父子,有上下,羔羊跪乳,便有父子;蝼蚁统属,便有君臣;或居先,或居后,便有兄弟;犬马牛羊,成群连队,便有朋友。始皇为父,胡亥为

---

① 以上三段分别见于《朱子语类》卷二十四,第595、598页。
② 《朱子语类》卷二十四,第595、598页。

子,扶苏为兄,胡亥为弟,这个也泯灭不得。"① 这里所充分表现出的认识就是,人类秩序就是自然秩序,具有天然合理性。

再有,朱熹还确信,孔子所能言说的"礼",也无非是三纲五常的观念之礼,所以当有问:"'夏礼吾能言之',所谓礼,是说制度文章,不是说三纲五常,如前答子张所问者否?"朱熹说:"这也只是说三纲五常。"又问:"'吾能言之',是言甚事?"朱熹说:"圣人也只说得大纲,须是有所证,方端的。'足则吾欲证之',证之须是杞宋文献足,方可证。然又须是圣人,方能取之以证其言。"②

那么,作为三纲五常的伦理观念是否就可以说是礼的根本了呢?这个问题在朱子那里早有议论。有问:"三纲五常亦礼之本否?"朱子回答说:"初头亦只有个意耳,如君臣亦只是个诚敬而已,未有许多事。"③ 又说:"三纲、五常,虽衰乱大无道之世,亦都在。……三纲五常,地位占得大了,便是损益亦不多。"④

这就是说,作为道德观念之礼,最初也不过是对最基本的人伦秩序的统摄,人伦秩序再怎么变化,人们对于道德观念之礼的规范性地损益也是极其有限度的,充其量不过是对其外在的制度表现加以损益,但不可能从根本上颠覆。所以朱熹又说:"纲常,千万年磨灭不得。只是盛衰消长之势,自不可已。盛了又衰,衰了又盛,其势如此。圣人出来,亦只是就这上损其余,益其不足。圣人做得来自是恰好,不到有悔憾处。三代以下做来不恰好,定有悔憾。虽做得不尽善,要亦是损益前人底,虽是人谋,要大势不得不出此。但这纲常自要坏灭不得。"⑤

也正是在上述的意义上,朱熹对继周而后的秦代政治和继秦而后的汉代政治的历史略有所评价。《朱子语类》记录说:"先生谓:'继周百世可知,诸公看继周者是秦,果如夫子之言否?'皆对以为秦不能继周,故所因所革皆不可考。"针对这样的见解,朱熹作了如下的一番议论:

> 若说秦不能继周,则夫子之言不是始得。夫子分明说百世可知,

---

① 《朱子语类》卷二十四,第597页。
② 《朱子语类》卷二十五,第613页。
③ 《朱子语类》卷二十五,第609页。
④ 《朱子语类》卷二十四,第598页。
⑤ 《朱子语类》卷二十四,第597页。

看秦将先王之法一切扫除了，然而所谓三纲五常，这个不曾泯灭得，如尊君卑臣，损周室君弱臣强之弊，这自是有君臣之礼。如立法说父子兄弟同室内息者皆有禁之类，这自是有父子兄弟夫妇之礼。天地之常经，自商继夏，周继商，秦继周以后，皆变这个不得。秦之所谓损益，亦见得周末许多烦文缛礼如此，故直要损其太过，益其欠处，只是损益得太甚，然亦是事势合到这里，要做个直截世界，做个没人情底所为。你才犯我法，便死。更不有许多劳劳攘攘。如议亲、议贤、议能、议功之类，皆不消如此，只是白直做去，他亦只为苟简自便计。到得汉兴，虽未尽变亡秦之政，如高、文之宽仁恭俭，皆是因秦之苛刻骄侈而损益其意也。大纲恁地宽厚，到后便易得废弛，便有强臣篡夺之祸。故光武起来，又损益前后之制，事权归上，而激厉士大夫以廉耻。①

由以上这段议论，足以见朱熹对于变与不变的制度之礼和观念之礼的不同历史地位和影响力的认识。归结到一点，就是礼仪制度所承载的大道，只有兴废，而不可能丧失。所谓"道只是有废兴，却丧不得。文如三代礼乐制度，若丧，便扫地"②。可以说，这也是一种文明观、历史观的体现。

既然"古礼自秦汉已失"、③"古礼今不复存"，既然还有着"万世不可易""千万年磨灭不得"的道德观念之礼绵延不绝，那么，到了距夏商周三代千百年之后的朱子时代，又当如何面对有关礼的制度与观念的问题，如何将礼仪生活与伦常观念合于时宜地结合起来呢？这不是一个单纯礼学的问题，所以朱熹的解答也是多方面的。

朱熹对于自己所处的时代，有很多方面是不满意的。仅以本来无所不包的礼学而论也是如此。他说：

> 今人百事无人理会。姑以礼言之，古礼既莫之考，至于后世之沿革因袭者，亦浸失其意而莫之知矣。非止浸失其意，以至名物度

---

① 《朱子语类》卷二十四，第600页。
② 《朱子语类》卷三十六，第958页。
③ 《朱子语类》卷一百三十六，第3149页。

数，亦莫有晓者。差舛伪谬，不堪着眼。①

大抵前辈礼数极周详郑重，不若今人之苟简。以今人律之先王之礼，则今人为山鹿野麇矣！然某尚及见前辈礼数之周，今又益薄矣。②

然而，朱熹对于古礼亦即三代礼制是否可以行于今世，是有着明确的态度，那就是，古礼无论是形式还是内容，都和今世的生活有着极大的距离，其所谓"世今欲行古制，欲法三代，煞隔天壤"③，所以就不可能再原样地以古礼来规范今人的礼仪生活，其所谓"世固有人硬欲行古礼者，然后世情文不相称"④。又有问："伯恭言，秦变法，后世虽屡更数易，终不出秦，如何？"朱熹说："此意好，但使伯恭为相，果能尽用三代法度否？"⑤ 可见，能否尽用三代法度，在朱熹的心目中，似乎已不再是一个理论上的问题，而是需要靠具体的实践来回答的。行其能行，或许就是最终的答案。

那么，就礼仪精神和礼仪生活的历史继承性来说，必须有后人出来，对古礼进行形式和内容上的整理，删繁就简，存其大意，使之适合当今世事的变迁，以古人的礼仪精神或者说是观念之礼为依据，确定具体的仪规制度，才能够实现化礼成俗的目标。

朱熹在很多的议论古礼的言谈中，不仅反复强调古礼难行于今的缘由所在，而且举出古礼于当今可行和不可行的例证，最终主张整理古礼、取其大意、规范今礼，化礼成俗。以下我们就简要地加以概括说明。

第一，从古礼的历史存在来说，朱熹无疑是认同传自三代的古礼的历史价值和精神价值的，因此他说："孔子之时接乎三代，有许多典谟训诰之文，有许多礼乐法度名物度数，数圣人之典章皆在于是，取而缵述方做得这个家具成。"⑥ 又说："盖三代制作极备矣，孔子更不可复作，故告以四代礼乐，只是集百王不易之大法，其作《春秋》，善者则取之，恶

---

① 《朱子语类》卷八十四，第2181页。
② 《朱子语类》卷九十一，第2335页。
③ 《朱子语类》卷一百十一，第2713页。
④ 《朱子语类》卷二十三，第561页。
⑤ 《朱子语类》卷一百三十四，第3217页。
⑥ 《朱子语类》卷一百三十七，第3155页。

者则诛之,意亦只是如此。故伊川引以为据耳。"① 就理想性的目标而言,三代礼仪制度的完备有序和行之有效,无疑是令朱熹为之憧憬和向往的,他在当世的礼仪制度建设上的努力也就是以三代古礼制度为模式的。

而且,在谈到《仪礼》的成书时,朱子又说:"《仪礼》,不是古人预作一书如此。初间只以义起,渐渐相袭,行得好,只管巧,至于情文极细密,极周经处。圣人见此意思好,故录成书。"② 即使是古礼中的仪规制度,朱熹认为当今士人也应该有所知晓和理会,所以他又说"如今士大夫家都要理会古礼。今天下有二件极大底事恁地循袭:其一是天地同祭于南郊,其一是太祖不特立庙而与诸祖同一庙。自东汉以来如此"③。显然,在朱熹看来,这两项关乎世人信仰的祭祀之礼,是极其重要的,其中当然也包含着古礼信仰仪式的重要讯息,故不可以不有所理会,并有所继承。

第二,就对古礼进行整合的可行性和可期待性来说,朱子认为,传承有自的古代之礼,到宋代时已经历了两千多年的变迁,除了礼书的记录之外,可以稽考的内容是很有限的。如果要推行,就非要作一番适宜时代变迁的全面的整合不可。他说:

> 礼乐废坏两千余年,若以大数观之,亦未为远,然已都无稽考处。后来须有一个大大底人出来,尽数拆洗一番,但未知远近在几时。今世变日下,恐必有个硕果不食之理。④

> 礼,时为大。使圣贤有(用)礼,必不一切从古之礼。疑只是以古礼减杀,从今世俗之礼,令稍有防范节文,不至太简而已。观孔子欲从先进,又曰行夏之时,乘殷之辂,便是有意于损周之文,从古之朴矣。今所集礼书,也只是略存古之制度,使后人自去减杀,求其可行者而已。若必欲一一尽如古人,衣服冠屦之纤悉毕备,其势也行不得。⑤

---

① 《朱子语类》卷八十三,第2153页。
② 《朱子语类》卷八十五,第2194页。
③ 《朱子语类》卷九十,第2285页。
④ 《朱子语类》卷八十四,第2177页。
⑤ 《朱子语类》卷八十四,第2185页。

在这里可以看到，朱熹是满怀着一种后有圣人出的积极的期待的。在这个意义上，也体现出朱子所抱有的并不是衰变的历史观。而且这种期待，同时也是一种政治的期待，因为朱熹还意识到："有位无德而作礼乐，所谓愚而好自用。有德无位而作礼乐，所谓贱而好自专。"① 又说："自圣贤不得位，此事终无由正。"② 而以古代的圣贤来说，"使郑康成之徒制作，也须略成个模样，未说待周公出制作。如今全然没理会，奈何？"因此，"若有考礼之人，又须得上之人信得及这事，行之天下亦不难"③。

此外，具体到对古礼作可行性整合的原则，朱熹还明确地提出：一是"必须别有规模，不用前人硬本子"④；二是"视许多琐细制度皆若具文，且是要理会大本大原"⑤，"但仿古之大意"⑥；三是"古礼也须一一考究着所在在这里，却始酌今之宜而损益之。若今便要理会一二项小小去处不济事，须大看世间都得其宜方好"⑦。这也就是说，要对古礼进行合时代性的损益整合，既要对古礼有所考究，又不能因循泥古，更要从理会礼的普遍意义这一大本大原处着眼。或可以说，朱熹自己在礼学方面所做的努力，正是奉行了这些原则的。

最后，朱熹反对在未对古礼进行一一细致考究的情况下而空言礼的意义，以下一段，就是朱熹对这种现象的批评指摘，并进一步阐明自己的见解。他说：

> 本朝陆农师之徒，大抵说礼都要先求其义，岂知古人所以讲明其义者，盖缘其仪皆在，其具并存，耳闻目见，无非是礼。所谓三千三百者较然可知，故于此论说其义皆有据依。若是如今古礼散失，百无一二存者，如何悬空于上面说义，是说得甚么义。须是且将散失诸礼，错综参考，令节文度数一一着实，方可推明其义。若错综

---

① 《朱子语类》卷六十四，第1592页。
② 《朱子语类》卷八十四，第2188页。
③ 《朱子语类》卷八十四，第2188页。
④ 《朱子语类》卷一百三十四，第3218页。
⑤ 《朱子语类》卷八十四，第2179页。
⑥ 《朱子语类》卷八十四，第2178页。
⑦ 《朱子语类》卷八十四，第2188页。

得实，其义亦不待说而自明矣。①

第三，就当今可行与不可行的古礼，朱熹以一些方面为例来加以说明。比如在祭礼方面，"自古无后者合当祭于宗子之家，今何处讨宗子。看古礼今无存者，要一一行之也难"②；"古礼，于今实是难行，当祭之时，献神处少，只祝酌奠"③。再有，古礼中所包含的制度之礼，也多是当今所不可行的，比如，"兵制、官制、田制便考得，三代、西汉分明，然与今日事势名实皆用不得"④；"封建实是不可行。若论三代之世，则封建好处便是君民之情相亲，可以久安而无患，不似后世郡县，一二年辄易，虽有贤者，善政亦做不成"⑤。还有，在朱子与问者的对话中，也有涉及古礼的仪规制度可行与否的内容。比如，有问："先生所谓古礼繁文，不可考究，欲取今见行礼仪增损用之，庶其合于人情方为有益，如何？"朱熹回答："固是。"又问："若是，则《礼》中所载冠婚丧祭等仪，有可行者否？"朱熹说："如冠昏礼岂不可行？但丧祭有烦杂耳。"又问："井田、封建如何？"朱熹说："亦有可行者。如有功之臣，封之一乡，如汉之乡亭侯。田税亦须要均，则经界不可以不行。大纲在，先正沟洫。又如孝弟忠信人伦日用间事，播为乐章，使人歌之，仿《周礼》读法，徧示乡村里落，亦可代今粉壁所书条禁。"⑥ 这其中即可见朱子对古礼制度的取舍态度。

第四，如我们在前面一节所提到过的，就对当今制作之礼的评价来说，也有一个对于古礼的取舍程度的问题。这里不妨再略说一二。

一方面，朱子肯定前辈学者在"崇礼义，尊经术"，编制礼书等方面的努力，比如说："国初人便已崇礼义，尊经术，欲复二帝三代，已自胜如唐人，但说未透在。直至二程出，此理始说得透。"⑦ 又说："今人于冠婚丧祭，一切苟简徇俗，都不知所谓礼者，又如何责得它违与不违。古

---

① 《朱子语类》卷八十四，第2178页。
② 《朱子语类》卷二十四，第600页。
③ 《朱子语类》卷九十，2313页。
④ 《朱子语类》卷一百十二，第2732。
⑤ 《朱子语类》卷一百八，第2679页。
⑥ 《朱子语类》卷一百八，第2683页。
⑦ 《朱子语类》卷一百二十九，第3085页。

礼固难行,然近世一二公所定之礼,及朝廷《五礼新书》之类,人家傥能相与讲习,时举而行之,不为无补。"①

另一方面,对古礼的取舍是否得当,也成为朱子评价当今礼书制作者的一个重要标准。比如,有问祭礼,朱熹说:"古礼难行。且依温公,择其可行者行之。"② 又比如,朱熹说:"此古礼所无,创自伊川,所以使人尽孝敬追远之义。"③ 再有,朱熹对司马光所撰《书仪》的肯定也很说明问题,朱熹说:"二程与横渠多是古礼,温公则大概本《仪礼》而参以今之可行者。要之温公较稳,其中与古不甚远,是七分好。"④ 又说:"温公《书仪》诚有未尽合古制处,然兼而存之,自可考见得失。"⑤ 还有对比高闶而说:"古礼于今既无所施,而其所制仪,复无吉凶之辨。惟温公以虞祭读祝于主人之右,卒哭读祝于主人之左为别,盖得礼意。大抵高氏考古虽详,而制仪实疏,不若温公之悫实耳。"⑥ 这其中又可见朱子对当世礼家礼说的取舍。

综上所述,在古今对比中探讨礼的实践价值和形而上的价值,是朱子礼学思想体系中一个重要的方面,议论最多。而且,在见解上,朱熹所言与二程的相关论述显得十分的一致,显现出继承性的关系。比如,程颢有言:"圣人创法,皆本诸人情,极乎物理,虽二帝三王不无随时因革,踵事增损之制。然至乎为治之大原,牧民之要道,则前圣后圣,岂不同条而共贯哉?盖无古今,无治乱,如生民之理有穷,则圣王之法可改。"⑦ 又比如,二程还说:"行礼不可全泥古,须当视时之风气自不同,故所处不得不与古异。……若全用古物,亦不相称。虽圣人作,须有损益。"⑧ 又说:"苟或徒知泥古,而不能实施之于今,故欲循名而遂废其实,此则陋儒之见,何足以论治道哉?"在这两段中所表达的意思,在我们前述朱子以古今论礼的考察中无疑都可以找到相应的言说,实可谓是

---

① 《朱子语类》卷二十三,第561页。
② 《朱子语类》卷九十,第2317页。
③ 《朱子语类》卷九十,第2318页。
④ 《朱子语类》卷八十四,第2183页。
⑤ 《朱熹集》卷五十六,第5册,第2819页,《答赵子钦》。
⑥ 《朱熹集》卷五十,第5册,第2448页,《答程正思》。
⑦ 《二程集》,第452页。
⑧ 《二程集》,第22页。

相同的思路，一脉相承的见解。

## 二 以"天理人欲"论礼

如果说以古今论礼是朱子的历史观、文明观的体现，那么以天理人欲论礼，则可以说是朱熹的人性论和道德观的体现。换言之，礼学也成为朱子各方面思想的一个载体，一种表述方式。

古人张扬礼学，有其最基本的理论依据，那就是对礼的出于自然以及其天然的合理性的认识。一种表述是直接以理言礼，另一种表述则是在"理"前加上一个"天"字，亦即以天理言礼。在朱熹的言说中，这两种表述方式都是有的。

就以"理"言"礼"者来说，在历史上，先秦两汉至于唐宋的典籍中均有出现。比如，最令人熟悉的就是《荀子·乐论》所说的"礼也者，理之不可易者也"一句，对此，《礼记·乐记》《史记·乐书》均袭用之。又比如，在《礼记·仲尼燕居》载有："子曰：礼也者，理也。"《孔子家语·论礼》中也载有此语。再比如，《管子·心术上》有云："礼者，因人之情，缘义之理，而为之节文者也。故礼者，谓有理也。……礼出乎义，义出乎理。"又《六韬佚文》有："礼者，天理之粉泽。"[①] 以后，唐代孔颖达《礼记正义》说："夫礼者，经天地，理人伦，本其所起，在天地未分之前。故《礼运》云：夫礼必本于大一。是天地未分之前已有礼。礼者，理也。"[②] 北宋周敦颐《通书》中说："礼，理也。乐，和也。阴阳理而后和。君君臣臣，父父子子，兄兄弟弟，夫夫妇妇，万物各得其理而后和，故礼先而乐后。"[③] 张载也说："盖礼者理也。"[④] 程颐说："礼既理也"[⑤]，又说"理便是天道"[⑥]。明代王阳明也说："礼字即是理字。"[⑦] 由此可见，以理言礼，在儒家一系的思想领域

---

[①] 《初学记》卷二十一，中华书局1962年版，第500页。
[②] 《十三经注疏（标点本）·礼记正义》，第4页。
[③] 《朱子语类》卷二十二引，第518页。《通书·礼乐》，《周敦颐集》，中华书局1990年版，第25页。
[④] 《张载集·语录》，中华书局1978年版，第326页。
[⑤] 《二程集》，第144页。
[⑥] 《二程集》，第290页。
[⑦] 《王阳明全集》卷一，吴光等编校，上海古籍出版社1992年版，第6页。

里，有着一脉相承的认同意识。从以上所引的诸多表述中还可以看出，这样的以"理"言礼，也就是强调礼的出于自然，合于自然的道理、条理和秩序。

就"天理"一词来说，同样也是古已有之，首先是指自然的法则，并由此而引申到人的本然之性和人的纲常伦理，也被视为天理。前者有如《庄子·天运》的"顺之以天理"，《庄子·养生主》庖丁解牛的"依乎天理"，以及《韩非子·大体》的"不逆天理"；后者有如《礼记·乐记》的"好恶无节于内，知诱于外，不能反躬，天理灭矣。……人之化物也者，灭天理而穷人欲者也"；《史记·乐书》袭用此文。历代也多有以"天理"为判断的记载。如《史记》中的"天子曰：匈奴逆天理，乱人伦，暴长虐老，以盗窃为务"①；《汉书》中的"盗取节印献物，甚逆天理"②；《晋书》中的"夫圣明不世及，后嗣不必贤，此天理之常也"③和"岂可伤天理，违经典，困苦万姓，乃至此乎"④，还有《宋书》中的"逆顺大数，冥发天理"⑤；《南齐书》中的"要听君子之言，岂可罔灭天理"⑥和"夫怀可知之才，受知人之眄，无□外物，此固天理"⑦，以及《梁书》中的"乘夫天理，各安其性"⑧；《魏书》中的"人道承天，天理应实"⑨；《北史》《隋书》中的"凡此十者，灭天理，逆人伦"之说；⑩《旧唐书》中的"臣闻劳生佚老，天理自然"⑪；等等。

实际上，古代贤哲将人伦关系及其道德规范的体现如"亲亲，尊尊，长长，男女有别"，也看作是合乎自然法则而存在的一种秩序，这种秩序有其天然的合理性。因此，或可以说，"天理"，早已经成为就一切存在

---

① 《史记》卷一百一十一，第2923页。
② 《汉书》卷七十，中华书局1962年版，第3002页。
③ 《晋书》卷四十六，中华书局1974年版，第1297页。
④ 《晋书》卷七十五，中华书局1974年版，第1987页。
⑤ 《宋书》卷九十九，第2430页。
⑥ 《南齐书》卷二十五，第467页。
⑦ 《南齐书》卷四十二，中华书局1972年版，第467页。
⑧ 《梁书》卷四十八，中华书局1973年版，第670页。
⑨ 《魏书》卷四十三，中华书局1974年版，第978页。
⑩ 《北史》卷七十一，中华书局1974年版，第2471页。《隋书》卷四十五，中华书局1973年版，第1244页。
⑪ 《旧唐书》卷一四七，中华书局1975年版，第3976页。

而言的"天意如此",以及就人类的各种行为而言的"应该如此"和"必须如此"的原则和道理的总名。这样的意旨一直深刻地影响和渗透于后世许多思想家的思想之中。

宋儒之好言"天理",在历史上最为著名。就有代表性的来说,比如二程就明言:"万物皆只是一个天理。"① 又说:"天理无私,一入于私,虽欲善其言行,皆非礼。"② 又说:"人之所以为人者,以有天理也。天理之不存,则与禽兽何异矣?"③ 又说:"中庸,天理也。不极天理之高明,不足以道乎中庸。"④ 张载也常言天理,比如说:"所谓天理也者,能悦诸心,能通天下之志之理者也。"⑤ 又说:"'天子建国,诸侯建宗',亦天理也。"⑥ 又说:"人当平物我,合内外,如是以身鉴物便偏见,以天理中鉴则人与己皆见,……只为天理常在,身与物均见,则自不私。"⑦

宋儒所讲的"天理",确实就是对自然之理和自然之法的一种认定。凡他们认为出于自然之理、合于自然之法的事物,也就是天理使然,或者说是天理之所在,或者就是天理。就礼的观念与秩序而言,当然也有可以肯定的"天理"的意味,所以张载说:"礼亦有不须变者,如天叙天秩,如何可变!"⑧ 又说:"礼不必皆出于人,至如无人,天地之礼自然而有,何假于人?天之生物便有尊卑大小之象,人顺之而已,此所以为礼也。学者有专以礼出于人,而不知礼本天之自然,告子专以义为外,而不知所以行义由内也,皆非也,当合内外之道。"⑨ 在这些言语中,同样有着与先儒思想观念先后承继的成分。

经过考察可知,在朱熹那里,以理言礼和以天理论礼的两种表述都是有的。比如朱熹说:"礼即理也,但谓之理,则疑若未形迹之可言。制而为礼,则有品节文章之可见矣。"⑩ 而以天理论礼则更是朱子礼学思想

---

① 《二程集·二先生语二上》,中华书局1981年版,第30页。
② 《二程集》,第1271页。
③ 《二程集》,第1272页。
④ 《二程集》,第1181页。
⑤ 《正蒙·诚明》,《张载集》,第23页。
⑥ 《经学理窟·宗法》,《张载集》,第259页。
⑦ 《经学理窟·学大原下》,《张载集》,第285页。
⑧ 《经学理窟·礼乐》,《张载集》,第264页。
⑨ 《经学理窟·礼乐》,《张载集》,第264页。
⑩ 《朱熹集》卷六十,第6册,第3110页。

的主要内容所在，诸如："须知天理只是仁义礼智之总名，仁义礼智便是天理之件数"①；"如曰礼者理也，亦言礼之属乎天理，以对己之属乎人欲，非以礼训理，而谓真可以此易彼也"②。由此可见，朱熹的天理观念，显然是承袭了周敦颐、二程和张载的有关学说的。

朱子对"天理"与"礼"的关系的认识，与二程、张载的说法是很一致的，也可以说是有着直接的承袭。一方面，他说："《六经》是三代以上之书，曾经圣人手，全是天理。"③ 这样，礼经当然也不能外，也是天理集中体现的圣人经典。另一方面，他又说道："'天叙有典，敕我五典五惇哉！天秩有礼，自我五礼有庸哉！'这个典礼，自是天理之当然。欠他一毫不得，添他一毫不得。惟是圣人之心与天合一，故行出这礼，无一不与天合。其间曲折厚薄浅深，莫不恰好。这都不是圣人白撰出，都是天理决定合着如此。后之人……做得合时，便是合天理之自然。"④惟有圣人能够发现与天理自然相契合的道理、秩序和规则，也就是天然之礼。后人对这种礼的遵行，也就是遵行天理。所以，朱子又进一步明确，具体的礼仪节文也就是天理的体现而已，即所谓："礼谓之天理之节文者，盖天下皆有当然之理。今复礼，便是天理。但此理无形无影，故作此礼文，画出一个天理与人看，教有规矩可以凭据，故谓之天理之节文。"⑤ 而且，自古以来因革损益的礼，也有着天做与人做的区别，他说："所因之礼，是天做底，万世不可易。所损益之礼，是人做底，故随时更变。"⑥ 又说："礼乐者，皆天理之自然。节文也是天理自然有底，和乐也是天理自然有底。然这天理本是儱侗一直下来，圣人就其中立个界限，分成段子；其本如此，其末亦如此；其外如此，其里也如此；但不可差其界限。才差其界限，则便是不合天理。"⑦ 总之，圣人先哲的制礼作乐是以天理自然为依据的，常人所行也就当然地应该以"存天理去人欲"

---

① 《朱熹集》卷四十，第 4 册，第 1885 页。
② 《四书或问》卷十七，《论语或问》十二，《文渊阁四库全书》，上海古籍出版社 1987 年版，第 197 册，第 435 页。
③ 《朱子语类》卷十一，第 190 页。
④ 《朱子语类》卷八十四，第 2184 页。
⑤ 《朱子语类》卷四十二，第 1079 页。
⑥ 《朱子语类》卷二十四，第 595 页。
⑦ 《朱子语类》卷八十七，第 2253 页。

朱熹还认为，既然礼就是理、天理，那么圣人孔子所说的"克己复礼"，就可以解释为"复理""复天理"，而"克己复礼，为仁"本身也是合于天理的，即所谓："问克己复礼为仁，曰：克去己私，复此天理，便是仁。"① 又："所以礼谓之天理之节文者，盖天下皆有当然之理。今复礼，便是天理。"② 然而，朱熹又认为，尽管对礼、理、天理可以做完全径直相通地理解和说明，但是，还是不能用"复理"替代"复礼"，因为其意思就在于"着实"与"悬空"的差别上。比如，万正淳（人杰）问："程子曰：'礼即理也，不是天理，便是人欲。'尹氏曰：'礼者理也，去人欲，则复天理。'《或问》不取尹说，以为失程子之意，何也。"朱熹回答说："某之意，不欲其只说复理而不说礼字。盖说复礼，即说得着实。若说作理，则悬空。是个甚物事。"③ 再比如，有问："所以唤做礼，而不谓之理者，莫是礼便是实了，有准则，有着实处？"朱熹说："只说理，却空去了。这个礼，是那天理节文，教人有准则处。佛老只为元无这礼，克来克去，空了。"④

其实，这也就归结到了"复礼"或者就是"礼"的含义的问题上。因为，就"礼"本身而论，就包含着形而上和形而下的两重内容，当然都是合乎理和天理而存在、而有意义的。但是，在形而上的意义上可以直接以"理"代"礼"，而在形而下的意义上，直接说"礼"才显得更为切实。那么，"理之不可易"之礼就是从形而上的意义上来说的，是"所因"且"万事不可易"的；而可以损益之礼是从形而下的意义上来说的，"故随时更变"。圣人所言"克己复礼"的意义在于，通过"克己"也就是所谓"去人欲"，而既要恢复天然合理的秩序和人的本然之性，也就是"存天理"，又要恢复合于天理且可以损益的礼仪制度、社会规范。因此，朱熹明确地说："如说'克己复礼'，亦只是要得私欲去后，此心常存耳，未说到行处也。"⑤ 而且，圣人所说的"天下归仁焉"的"仁"，也就是具有天理意义的形而上的道德之礼，"当来得于天者只是个仁，所

---

① 《朱子语类》卷四十一，第1051页。
② 《朱子语类》卷四十二，第1079页。
③ 《朱子语类》卷四十一，第1065页。
④ 《朱子语类》卷四十一，第1048页。
⑤ 《朱子语类》卷六，第114页。

以为心之全体。却自仁中分四界子：一界子是仁之仁，一界子是仁之义，一界子是仁之礼，一界子是仁之智。一个物事，四脚撑在里面，唯仁兼统之。心里只有此四物，万物万事皆自此出"①。那么，朱子在具体的对古今礼仪制度的整合修正，欲推行于当世，正是循着圣人所指引的方向努力的，当然也是完全合于天理自然的。这在朱熹无疑是一种近乎宗教信仰的十分坚定自信的信念。

再进一步来说，在以天理人欲为标准来讨论形而上的道德观念之礼和形而下的制度仪规之礼的两个方面的时候，朱熹又是各有引申和发挥的。以下略举其例。

第一，就形而下的制度仪规之礼而论，朱熹在其解说《论语·子罕》中颜渊所说的"博我以文，约我以礼"一句时，朱熹说："圣人教人，只此两事。博文工夫固多，约礼只是这些子。如此是天理，如此是人欲。不入人欲，则是天理。'礼者，天理之节文'。节谓等差，文谓文采，等差不同，必有文以行之。《乡党》一篇，乃圣人动容周旋皆中礼处。"又说："天理、人欲，只要认得分明，便吃一盏茶时，亦要知其孰为天理，孰为人欲。"② 可见，在朱子看来，对于人的行为无时无事不可以以天理、人欲来分别③，而这正是行礼的标准所在，合于天理，便不是人欲，也就是"动容周旋皆中礼处"。而且，"圣贤于节文处，描画出这样子，令人依本子去学"④。那么，只要通过研习和遵行古代圣贤制作的礼仪经典的文本，就可以真正地理解天理、人欲的分别所在，"存天理，去人欲"的榜样也就有了。

第二. 在对"克己复礼"一语以"天理人欲"来进行解说的时候，朱熹说："人只有天理人欲两途，不是天理，便是人欲，即无不属天理又不属人欲底一节。且如'坐如尸'是天理，跛倚是人欲。克去跛倚，而

---

① 《朱子语类》卷六，第115页。
② 《朱子语类》卷三十六，第963页。
③ 比如朱子说："凡一事便有两端，是底即天理之公，非底乃人欲之私，须事事与剖判极处，即克治扩充功夫，随事著见。"（《朱子语类》卷十三，第225页）又说："某尝谓，凡事都分做两边，是底放一边，非底放一边；是底是天理，非底是人欲。是即守而勿失，非即去而勿留，此治一身之法也。治一家则分别一家之是非，治一邑则分别一邑之邪正，推而一州一路以至天下，莫不皆然。此直上直下之道。"（《朱子语类》卷一百三十二，第3180页）
④ 《朱子语类》卷三十六，第963页。

未能如尸,即是克得未尽,却不是未能如尸之时不系人欲也。须是立个界限,将那未能复礼时底都把做人欲断定。"这里讲的是,在复礼之前,人们必须也能够给天理人欲确立一个界限,因为天理是人之本性所在,而对天理"安顿得不恰好,便有人欲出来"①。那么,也就可以明确地说"克己复礼,是截然分别个天理人欲,是则行之,非则去之"②。

针对"克己复礼"一语,朱熹还说:"礼是自家本有底。所以说个'复',不是待克了己,方去复礼。克得那一分人欲去,便复得这一分天理来,克得那二分己去,便复得这二分礼来。且如箕踞非礼,自家克去箕踞,稍稍端坐,虽未能如尸,便复得这些个来。"又说:"然而世间却有能克己而不能复礼者,佛老是也。佛老不可谓之有私欲,只是他元无这礼,克己私了,却空荡荡地。他是见得这理元不是当。克己了,无归着处。"③ 于此,朱熹在解说对"克己复礼"的理解的同时,顺便将佛老的不是处也一并指摘了。

朱熹还有一大段关于"克己复礼"与"天理人欲"关系的议论,讲得更为充分,不妨照录如下:

> 非礼勿视、勿听、勿言、勿动处,便是克己。盖人只有天理人欲,日间行住坐卧无不有此二者,但须自当省察。譬如"坐如尸,立如斋",此是天理,当如此。若坐欲纵肆,立欲跛倚,此是人欲了。至如一语一默一饮一食,尽是也。其去复礼,只争这些子。所以礼谓之天理之节文者,盖天下皆有当然之理,今复礼便是天理。但此理无形无影,故作此理文画出一个天理与人看,教有规矩,可以凭据,故谓之天理之节文。有君臣便有事君底节文,有父子便有事父底节文,夫妇、长幼、朋友莫不皆然,其实皆天理也。天理人欲,其间甚微,于其发处子细认取,那个是天理,那个是人欲,知其为天理,便知其为人欲。既知其为人欲,则人欲便不行。④

---

① 《朱子语类》卷十三,第223页。
② 《朱子语类》卷四十二,第1073页。
③ 以上两段见于《朱子语类》卷四十一,第1047、1048页。
④ 《朱子语类》卷四十二,第1079页。

第三，在解释《论语·八佾》中孔子说的"人而不仁，如礼何"一句时，朱熹一再对其弟子的以"天理"来理解礼乐仪规制度的言说表示肯定，也说明乐和前述同样的道理。例如：

> 有问："礼者，天理之节文；乐者，天理之和乐。仁者，人心之天理。人心若存得这天理，便与礼乐凑合得着。若无这天理，便与礼乐凑合不着。"朱熹说："固是。若人而不仁，空有那周旋百拜，铿锵鼓舞，许多劳攘，当不得那礼乐。"①
>
> 有问："仁者，心之德也。不仁之人，心德既亡，方寸之中，绝无天理。平日运量酬酢，尽是非僻淫邪之气，无复本心之正，如此等人，虽周旋于玉帛交错之间，钟鼓铿锵之际，其于礼乐判为二物。如猿狙衣周公之服一般，其如礼乐何？……若天理不亡，则见得礼乐本意，皆是天理中发出来，自然有序而和。若是胸中不有正理，虽周旋于礼乐之间，但见得私意扰扰，所谓升降揖逊铿锵节奏为何等物，不是礼乐无序与不和，是他自见得无序与不和，而礼乐之理自在也。"朱熹说："只是如此。"②

无疑地，朱门弟子在朱熹的有关以天理人欲论礼的思想熏染之下，方能得出以上的见解并且得到朱熹的肯定。或可以说是对朱子以天理人欲论礼思想的引申和发挥。

第四，朱熹以天理论礼，还强调其中所包含的具有普遍意义的天地自然之理，这就是具有形而上意义的"礼"了。比如，在《论语》中，有两处分别提到"以礼让为国"和"为国以礼"③，如何理解这两句，朱熹和弟子有所议论。针对前者，有弟子陈希真问："'人而不仁'与'不能以礼让为国'，皆曰'如礼何'，意同否？"朱熹说："'人而不仁'是以仁对礼乐言，'不以礼让'是以礼之实对礼之文言，能以逊让为先，则人心感服，自无乖争凌犯之风。"④那么，朱熹认为，能否"以礼让为

---

① 《朱子语类》卷二十五，第604页。
② 《朱子语类》卷二十五，第607页。
③ 前者见于《里仁》，"子曰：能以礼让为国乎？何有？不能以礼让为国，如礼何？"后者见于《先进》，"曰：'夫子何哂由也？'曰：'为国以礼，其言不让，是故哂之。'"
④ 《朱子语类》卷二十五，第605页。

国"所表述的就是实在的、具有普遍性的礼,也就是理。所以,针对后者,朱熹又说:"为国以礼之礼,却不只是繁文末节。"其弟子夔渊问道:"莫便是那'克己复礼'之'礼'?"于是,朱熹就做了如下的议论:

> 礼是那天地自然之理,理会得时,繁文末节皆在其中。"礼仪三百,威仪三千",却只是这个道理,千条万绪贯通来,只是一个道理。夫子所以说"吾道一以贯之",曾子曰"忠恕而已矣"是也。盖为道理出来处,只是一源,散见事物,都是一个物事做出底。一草一木,与他夏葛冬裘,渴饮饥食,君臣父子,礼乐器数,都是天理流行,活泼泼地,那一件不是天理中出来。见得透彻后都是天理,理会不得,则一事各自是一事,一物各自是一物,草木各自是草木,不干自己事。倒是庄老有这般说话,庄子云:言而足,则终日言而尽道;言而不足,则终日言而尽物。①

可以看出,朱熹是将"为国以礼"之"礼"确认为天地自然之理,亦即天理的,所以才说"'礼仪三百,威仪三千',却只是这个道理,千条万绪贯通来,只是一个道理";而且又说,无论是自然界,还是人类社会,无论是士庶生活,还是国家政治,都按照一个天理而有序地存在着,延续着,由此,"为国以礼"的"礼"也就是天理的同义语,归根到底是一种合于天理的原则,一种合于天理的道理在国家政治中的体现。

综上所述,如果概括地讲朱熹的以"天理人欲"论礼的言说和主张,很显然是充分地体现出其以"天理"为"天意如此""应该如此"和"必须如此"的原则和道理的总名的倾向的,其理论的形而上的特点也尽显无遗。

### 三 以"阴阳五行"论礼

在中国历史上,以人类的道德理念与阴阳五行说结合有两种形式,一种是认为人类的道德理念与规范出于天地自然的道德秩序,另一种是将人类的道德理念赋予自然的事物。前者我们可以举出《礼记·礼运》所说的:"人者,其天地之德,阴阳之交,鬼神之会,五行之秀气也。"

---

① 《朱子语类》卷四十一,第1049页。

还有所谓:"故圣人作则,必以天地为本,以阴阳为端,以四时为柄,以日星为纪,月以为量,鬼神以为徒,五行以为质。"后者我们可以举出《汉书·天文志》所说的:"岁星曰东方,春,木,于人五常,仁也";"荧惑曰南方,夏,火;礼也";"太白曰西方,秋,金,义也";"辰星曰北方,冬,水,知也";"填星曰中央,季夏,土,信也"。这样的两种以人与自然相比拟的思维模式,一直影响着后世中国人的自然观和道德观。

在这里我们关注的是,《礼记·礼运》所说所谓"圣人作则",可以说就是所谓的"礼"的制作的问题;其所谓"以阴阳为端""以四时为柄""五行以为质",则可以说是以阴阳五行的思想意识来言说"礼"的经典出处。

在宋儒如周、邵、张、二程那里,以太极阴阳五行之说议论道德人事,已经成为一种思维模式。朱熹也承而袭之,其明确地说:"大而天地万物,小而起居食息,皆太极阴阳之理也。"[①]

而且,周、邵、张、二程也极为表彰孟子的"仁义礼智"四端之德目,或者再加上"信"而为"五常"。如周敦颐说:"诚,五常之本,百行之源也。"又说:"仁义礼智四者,动静、言貌、视听无违之谓纯。"[②]邵雍说:"仁义礼智者,《书》之用也。"[③] 张载说:"仁义礼智,人之道也(亦可谓性)。"[④] 二程说:"学者须先识仁,仁者浑然与物同体,义礼知信皆仁也。"又说:"仁义礼智信五者,性也。仁者,全体;四者,四支。仁,体也;义,宜也;礼,别也;智,知也;信,实也。"[⑤] 又说:"自性而行,皆善也。圣人因其善也,则为仁义礼智信以名之,以其施之不同也,故为五者以别之。"[⑥] 又说:"仁义礼智,亦命也。"[⑦] 又说:"仁义礼智,天道在人。"[⑧] 在这些当中的礼,也就是观念之礼、道德之礼、

---

① 《朱子语类》卷六,第104页。
② 《通书》,《周敦颐集》卷二,第15页。
③ 《皇极经世》卷十一,《邵雍集》,第13页。
④ 《张载集·语录》,第324页。
⑤ 《二程遗书》卷二上,《二程集》,第16、14页。
⑥ 《二程集》卷二十五,第318页。
⑦ 《二程集》卷二十四,第315页。
⑧ 《二程集》卷十九,第257页。

形而上之礼。

在朱熹的言说中,不仅对形而上的礼有所关注,更以阴阳五行说来加以解释,从而形成其礼学思想理论体系中很有特点的一个方面。

就礼的制度形态和观念形态来说,实在是如朱子所说的:"言体则亦是形而下者,其理则形而上者也。"① 作为礼的观念形态的道德之礼,又如朱子所说的:"仁义礼智,性之大目,皆形而上者,岂可分也!"② 在朱子看来,道德之礼是人的天然禀赋,正其所谓:"在天只是阴阳五行,在人得之只是刚柔五常之德。"从五行来说,朱熹明言:"仁木,义金,礼火,智水,信土。"③ 从阴阳上来说,朱熹明言:"仁礼属阳,义智属阴。"④ 诚然,这种将人类的道德观念与阴阳五行相搭配的说法,不是朱熹的发明,但是何以朱熹接受此说并加以发挥呢?这可以从朱熹的"理一分殊"的理论中找到答案。他说:"大抵天地间只一理,随其到处,分许多名字出来。四者于五行各有配,惟信配土,以见仁义礼智实有此理,不是虚说。"⑤ 又当朱熹和弟子议论时,其弟子问到,程子认为"性中只有仁义礼智四者而已",只分到四便止住,朱熹则是"一分为二,二分为四,四分为八,又细分将去",这是为什么呢?朱熹说,周敦颐"亦止分到五行住",而朱熹自己的意思是:"若要细分,则如《易》样分。"⑥ 就整体的道德之礼的"仁义礼智",朱子称"只是一个道理",分而言之,则"一个是仁,一个是义,一个是礼,一个是智,这四个便是个种子。恻隐、羞恶、恭敬、是非便是种子所生底苗"⑦。最终还是将"仁义礼智"归结到"理"或者"天理"上面去了,即所谓"仁义礼智,性也。性无形影可以摸索,只是有这理耳"⑧。

再有,值得关注的是,当有问:"仁义礼智,性之四德。又添'信'字,谓之五性,如何?"朱子说:"信是诚实此四者,实有是仁,实有是

---

① 《朱子语类》卷九十五,第 2422 页。
② 《朱子语类》卷六,第 107 页。
③ 《朱子语类》卷六,第 104 页。
④ 《朱子语类》卷六,第 106 页。
⑤ 《朱子语类》卷六,第 105 页。
⑥ 《朱子语类》卷六,第 105 页。
⑦ 《朱子语类》卷六,第 105 页。
⑧ 《朱子语类》卷六,第 108 页。

义，礼、智皆然。如五行之有土，非土不足以载四者。"① 在这里我们似乎可以看到如《汉书·天文志》在"填星曰中央，季夏，土；信也；思，心也"之后所说的"仁义礼智，以信为主，貌言视听，以心为正"② 的说法的影迹。而朱子所说的"又如土于四时各寄王十八日，或谓王于戊巳然，季夏乃土之本宫，故尤王。《月令》载'中央土'，以此"③ 一段，则颇有阴阳术数的意味了。

就仁义礼智与四时的搭配而言，朱熹说："人只是此仁义礼智四种心，如春夏秋冬。千头万绪，只是此四种心发出来。"④ 又说："一似说春秋冬夏相似，仁义（一作礼）是阳底一截，礼（一作义）智是阴底一截。"⑤ 在朱熹看来，仁义礼智与四时的搭配，还有个接续而生的道理，即所谓："才仁，便生出礼，所以仁配春，礼配夏。义是裁制，到得智便了，所以配秋、配冬。"⑥ 又说："只将仁义说，则春作夏长，仁也；秋敛冬藏，义也。若将仁义礼智说，则春，仁也；夏，礼也；秋，义也；冬，智也。"⑦ 还有："仁者，仁之本体。礼者，仁之节文。义者，仁之断制。智者，仁之分别。犹春夏秋冬虽不同，而同出于春。春则生意之生也，夏则生意之长也，秋则生意之成也，冬则生意之藏也。"⑧ 这样，朱熹在对仁义礼智的理解和认识上，就完全在阴阳五行说那里找到了共同语言。

最后要说的是，朱子之所以以阴阳五行与四时来议论道德之礼，无非还是要肯定人之道德出于天理自然，以此天理自然的道德之教化来抵御人欲之时弊，这可以说也是宋代的理学家所共同努力的方向所在。

## 四 以"道器"论礼

我们知道，在言及礼的内在意义时，先圣孔子有云："人而不仁，如礼何？人而不仁，如乐何？"（《论语·八佾》）在言及礼的外在表现形式

---

① 《朱子语类》卷六，第104页。
② 《汉书》卷二十六，第1285页。
③ 《朱子语类》卷六，第105页。
④ 《朱子语类》卷六，第105页。
⑤ 《朱子语类》卷六，第106页。
⑥ 《朱子语类》卷六，第115页。
⑦ 《朱子语类》卷六，第106页。
⑧ 《朱子语类》卷六，第109页。

时，孔子又说："礼云礼云，玉帛云乎哉？""乐云乐云，钟鼓云乎哉？"（《论语·阳货》）而《易传·系辞上》有云："形而上者谓之道，形而下者谓之器。"那么，后人将这两种经典性表述所包含的意思结合起来而论礼，就形成了以道器论礼的思想表述方式，并且常常是借助于对经典解释的方式而表现出来。这在朱熹论礼的思想中，也是有所表现的。

首先，在何谓道、何谓器以及两者的关系问题上，朱熹有明确的说法。比如有问："诸先生多举'形而上，形而下'，如何说？"朱熹说："可见底是器，不可见底是道，理是道，物是器。"又指着面前的火炉说："此是器，然而可以向火，所以为人用，便是道。"① 朱熹还有进一步的说法是："形而上者谓之道，形而下者谓之器。道是道理，事事物物皆有个道理。器是形迹，事事物物亦皆有个形迹。有道须有器，有器须有道。物必有则。"② 在言及"道"与"器"的关系时，朱熹又说："道器一也，示人以器，则道在其中。"还说："道器之名虽异，然其实一物也。故曰：'吾道一以贯之。'此圣人之道所以为大中至正之极，亘万世而无弊者也。"③ 可见，从一般意义上的道器论来说，朱熹认为，道与器，不过是人们认识事物的存在及其存在的道理、以及其所具有的意义和作用的一种观念性表述，而且这种观念性表述可以用之于对一切事物的认识。

既然道器论是具有普遍性的观念，那么，在朱熹的礼学思想体系中，以上述的说法来讨论礼的制度与观念，当然也是同样有效的。比如，就道德观念之礼而论，朱熹说："形而上者，指理而言；形而下者，指事物而言。事事物物，皆有其理，事物可见而其理难知；即事即物，便要见得此理，只是如此看。但要真实于事物上见得这个道理，然后于己有益。'为人君，止于仁，为人子，止于孝'，必须就君臣父子上见得此理。……'为人臣，止于敬；为人子，止于孝；为人父，止于慈'，这是道理合如此。"④ 显然，诸如"仁""敬""孝""慈"等并不是具体的事物，而是人们头脑里的道德观念之礼，具有形而上的意义，是通过具体的行为仪规加以确定和表现出来的。因此朱熹又说："道者，仁义礼乐之

---

① 《朱子语类》卷二十四，第579页。
② 《朱子语类》卷七十五，第1935页。
③ 《杂学辨》，《朱熹集》卷七十二，第7册，第3766页。
④ 《朱子语类》卷七十五，第1935、1936页。

总名。而仁义礼乐，皆道之体用也。圣人之修仁义、制礼乐，凡以明道故也。"还说："圣人之言道，曰君臣也、父子也、夫妇也、昆弟也、朋友之交也。"① 这里朱熹所说的"道"，应该就是指人类社会存在的一种秩序，一种具有道德性的人伦秩序。

而在论及道德观念之礼如何通过具体的仪规制度之礼的确立和推行来得以实现的问题时，朱熹又说："道虽无所不在，须是就已验之而后见。如父子有亲，君臣有义，若不就已验之，如何知得是本有？'天叙有典'，典是天底，自我验之，方知得'五典五惇'。'天秩有礼'，礼是天底，自我验之，方知得'五礼有庸'。"② 实际上，朱熹正是通过这样地对传统经典中的文句的解释，而进一步明确了自己关于礼的道器论。

其次，朱熹还关注到作为道的形而上的观念之礼的内在性和作为器的仪规之礼的外在性的问题。比如，在解说《尚书·仲虺之诰》"以义制事，以礼制心"一句时，朱子说："此是内外交相养法。事在外，义由内制；心在内，礼由外作。"其弟子董铢问："礼莫是摄心之规矩否？"朱子回答说："礼只是这个礼，如颜子非礼勿视、听、言、动之类，皆是也。"③ 朱熹明确地认为，这个"义"就是形而上的道理，亦即道德观念之礼，属于"道"的范畴，是内在的；而这个"礼"就是形而下的规矩，亦即仪规制度之礼，属于"器"的范畴，是外在的。

又如在议论《论语·泰伯》中曾子所说的"君子所贵乎道者三，动容貌，斯远暴慢矣，正颜色，斯近信矣；出辞气，斯远鄙倍矣。笾豆之事，则有司存"一段的时候，朱熹一再反复讨论的也是类似的问题。针对有问"君子所贵乎道者三"，或至"笾豆之事则有司存"，朱熹一方面直截了当地说："看来三者只是（有）非礼勿视，非礼勿听，非礼勿言，非礼勿动。"④ 另一方面朱熹又说："且只看那'所贵'二字，莫非道也。如笾豆之事，亦是道，但非所贵。君子所贵，只在此三者。"⑤

以下则是一些相近的引申解释。

---

① 《杂学辨》，《朱熹集》卷七十二，第 7 册，第 3767 页。
② 《朱子语类》卷一百，第 2550 页。
③ 《朱子语类》卷七十八，第 1983 页。
④ 《朱子语类》卷三十五，第 915 页。
⑤ 《朱子语类》卷三十五，第 914 页。

以道言之，则不可谓此为道，彼为非道。然而所贵在此，则所贱在彼矣；其本在此，则其末在彼矣。

学者观此一段，须看他两节，先看所贵乎道者是如何，这个是所贵所重者。至于一笾一豆，皆是理，但这个事自有人管，我且理会个大者。且如今人讲明制度名器，皆是当然，非不是学，但是于自己身上大处却不曾理会，何贵于学。

君子所贵乎道者三，乃是切于身者。若笾豆之事，特有司所职掌耳。今人于制度文为一一致察，未为不是。然却于大体上欠阙，则是弃本而求末也。①

道虽无乎不在，然此三者乃修身之要，为政之本，故可贵。容貌，是举一身而言。颜色，乃见于面颜者而言。②

以上几段，或诚如朱子弟子黄义刚所理解的那样："道虽无所不在，而君子所重则止此三事而已。这也见得穷理则不当有小大之分，行己则不能无缓急先后之序。"然而，对此，朱熹又有进一步的解释。他说："这样处也难说。圣贤也只大概说在这里。而今说不可无先后之序，固是。但只拣得几件去做，那小底都不照管，也不得。"义刚又说："义刚便是也疑，以为古人事事致谨，如所谓'克勤小物'，岂是尽视为小而不管？"朱熹进而言之："这但是说此三事为最重耳。若是其他，也不是不管，只是说人于己身上事都不照管，却只去理会那笾豆等小事，便不得。言这个有有司在，但责之有司便得。若全不理会，将见以笾为豆，以豆为笾，都无理会了。……如笾豆之类，若不晓，如何解任那有司。若笾里盛有汁底物事，豆里盛干底物事，自是不得也，须着晓始得。但所重者是上面三事耳。"③ 如此看来，朱子所论，一方面可以归结到其所谓"器"之"所以为人用，便是道"的认识；另一方面则可以明确，尽管同样是"道"，也还有着本末、大小、先后等方面的不同，就行"道"者而言，不过是各尽其守，正所谓"至于笾豆之事，虽亦道之所寓，然自有

---

① 以上三段均见于《朱子语类》卷三十五，第917页。
② 《朱子语类》卷三十五，第919页。
③ 《朱子语类》卷三十五，第917、918页。

人管了，君子只修身而已"①。又说："若礼文器数自有官守，非在所当先而可贵者。"②

再进一步就"礼"之器而言，比如在解释《尚书·尧典》"同律度量衡，修五礼、五玉、三帛、二生、一死贽。如五器，卒乃复"一句时，朱熹说："旧说皆云'如五器'，谓即是诸侯五玉之器。初既辑之，至此，礼既毕，乃复还之。看来似不如此，恐书之文颠倒了。五器，五礼之器也。五礼者，乃吉凶军宾嘉之五礼。凶礼之器，即是衰绖之类；军礼之器，即是兵戈之类；吉礼之器，即是簠簋之类。'如'者，亦'同'之义，言有以同之，使天下礼器皆归于一。其文当作'五玉、三帛、二生、一死贽。同律度量衡，修五礼，如五器，卒乃复'。言诸侯既朝之后，方始同其律度量衡，修其五礼，如其五器，其事既卒而乃复还也。"③ 在这一段中，朱熹进一步明确了他对礼之器的解说，即就"器"而论，礼的表现形式是多种多样的。然而，"道不离乎器，器不遗乎道"④，礼的仪规制度出于人情的需要，也满足着人情的需要，所以朱熹又说"礼器出人情，亦是人情用"⑤。而且，礼器的为人所用和火炉的为人所用一样，也是合乎道理的。即所谓，火炉"此是器，然而可以向火，所以为人用，便是道"⑥。

最后，对于从历史上传承下来的礼，也有个道器上的理解和认识的问题。朱熹说："古者，礼乐之书具在，人皆识其器数（至录云：'人人诵习，识其器数。'），却怕他不晓其义，故教之曰：'凡音之起，由人心生也。'又曰：'失其义，陈其数者，祝史之徒也。'今则礼乐之书皆亡，学者却但言其义，至于器数则不复晓，盖失其本矣。"⑦ 在这里，我们想起了前述朱熹对陆农师（佃）"大抵说礼都要先求其义"⑧的批评。显然，从"有道须有器，有器须有道"的观念出发，朱熹还是主张从道器

---

① 《朱子语类》卷三十五，第918页。
② 《朱子语类》卷三十五，第918页。
③ 《朱子语类》卷七十八，第1998页。
④ 《朱子语类》卷七十五，第1935页。
⑤ 《朱子语类》卷八十七，第2244页。
⑥ 《朱子语类》卷二十四，第579页。
⑦ 《朱子语类》卷八十七，第2252页。
⑧ 《朱子语类》卷八十四，第2178页。

结合的角度来关注礼的制度与观念、仪规与意义等方面的问题，唯此才能真正把握礼中所包含的全部信息。

### 五 以"体用"论礼

作为以"天理"论礼的引申，朱子又以"体用"论礼。也就是对制度、仪规之礼和道德观念之礼做"体"或"用"的哲学理念上的认识和理解。

有关礼的体用之论，古人早有论及。例如，《论语·学而》所记有子说："礼之用，和为贵，先王之道斯为美。"这里的"用"，也就是指"礼"的功能和作用。朱子《论语集注》解释说："盖礼之为体虽严，而皆出于自然之理，故其为用，必从容而不迫，乃为可贵。"① 又《礼记·礼器》有云："礼也者，犹体也。"贾谊《新书·道德说》有云："礼者，此之体者也"，"此"是指"德"。郑玄《礼记注序》说："礼者，体也，履也。统之于心曰体，践而行之曰履。"② 孔颖达说："礼虽合训体、履，则《周官》为体，《仪礼》为履，……所以《周礼》为体者，《周礼》是立治之本，统之心体，以齐正于物，故为体。贺玚云：'其体有二，一是物体，言万物贵贱、高下、小大、文质各有其体。二曰礼体，言圣人制法，体此万物，使高下贵贱各得其宜也。'其《仪礼》但明体之所行践履之事，物虽万体，皆同一履，履无二义也。"③ 可见，以"体用"论礼，体现着汉唐论者的不同价值取向。

朱子论礼，一方面承袭了先秦以至汉唐先贤论礼的形而上的旨趣，另一方面则置身于宋代学界理学思辨氛围之中而深受其影响，因此在此一议题上也是多有论辩和发挥。

朱熹的以体用论礼的一个重要方面，首先就是从其对胡宏有关人性论的"天理人欲，同体而异用，同行而异情"之说的批评和非难中而引发出来的。朱熹说：

> 当然之理，人合恁地底便是体，故仁义礼智为体。如五峰之说，

---

① 《四书章句集注》，中华书局1983年版，第51页。
② 《十三经注疏（标点本）·礼记正义》，第3页。
③ 《十三经注疏（标点本）·礼记正义》，第3页。

则仁与不仁,义与不义,礼与无礼,智与无智,皆是性。如此,则性乃一个大人欲窠子。其说乃与东坡子由相似,是大凿脱,非小失也。同行异情一句却说得去。

胡氏之病,在于说性无善恶。体中只有天理,无人欲,谓之同体则非也。同行异情盖亦有之,如口之于味、目之于色、耳之于声、鼻之于臭、四肢之于安佚,圣人与常人皆如此,是同行也。然圣人之情,不溺于此,所以与常人异耳。

盖行处容或可同,而其情则本不同也。至于体用,岂可言异。观天理人欲所以不同者,其本原元自不同,何待用也。胡氏之学大率于大本处看不分晓,故锐于辟异端,而不免自入一脚也。如说性,便说"性本无善恶,发然后有善恶","孟子说性善,自是叹美之辞,不与恶为对"。大本处不分晓,故所发皆差。

胡氏论性无善恶,此句便是从这里来,本原处无分别,都把做一般,所以便谓之同体。他看道理尽精微,不知如何,只一个大本却无别了。

如何天理人欲同体得!如此,却是性可以为善,亦可以为恶,却是一团人欲窠子,将甚么做体?却是韩愈说性自好,言人之为性有五,仁义礼智信是也,指此五者为性,却说得是。性只是一个至善道理,万善总名。才有一毫不善,自是情之流放处,如何却与人欲同体?今人全不去看。①

在以上几段中,有两处提到了"礼"字,一处是说"仁义礼智为体",一处是说韩愈"言人之为性有五,仁义礼智信是也",前者是朱熹以"礼"为"体"论的一种表述,后者则是朱熹认同其说。其他更多的则是讲天理之为体。其实,如前一节我们的考察所知,在朱熹的礼学思想体系中,道德之礼就是天理,也就是体。所以,朱熹所说的"仁义礼智为体",从根本上说就是一种以道德为本体的人性论的表述。通过对胡宏的"性无善恶"论为出发点的"天理人欲,同体而异用,同行而异情"之说的批评,朱子进一步明确了自己的以对"性善说"的认同为基础的礼的"体用论"。其可以论证的逻辑关系就是,体中只有天理,天理即是

---

① 以上几段见于《朱子语类》卷一百一,第2591、2592页。

体。体中只有性善的道德，性善的道德就是体。因此，道德中的观念之礼也就是体。用朱熹的话来说就是："今且以其至切而近者言之，则心之为物实主于身，其体则有仁义礼智之性，其用则有恻隐、羞恶、恭敬、是非之情，浑然在中，随感而应，各有攸主而不可乱也。"① 还有，"仁义礼智，性之所有，与性为体者也"。再有，"仁行于父子，义行于君臣，是乃率性之道。而遽以为修道之教，亦失其次序矣"②。那么，人类正是因为有了这样的合于天理的道德精神本体，并见之于行为，才得以有别于异类而立于天地之间。

进一步来说，朱熹认为，在不同的层面上，道德观念之礼的体用定位，也是有所不同的。比如，朱熹说："孔子说仁，多说体；孟子说仁，多说用。如'克己复礼'、'恻隐之心'之类。"③ 孔子、孟子表述上的差异，就在于孔子所强调的是仁之体，孟子所强调的是仁之用。对此，朱熹的解释是："仁对义、礼、智言之，则为体；专言之，则兼体、用。此等处，须人自看，如何一一说得。日日将来看，久后须会见得。"④ 当有问仁义礼智体用之别者，朱子有言："仁礼是用，义智是体。"⑤ 在朱熹看来，如何确认道德观念之礼的体用定位，目的还在于更好地理解和感悟圣哲先贤的人性论和道德论，并以此引导自己的道德实践。

那么，再从另一方面来说，作为制度仪规之礼，到底是"体"还是"用"呢？在朱子的议论中也关注到了这个问题。比如，有问："先生昔曰'礼是体。'今乃曰：'礼者，天理之节文，人事之仪则。'似非体而是用。"朱子说："人只是合当做底便是体，人做处便是用。"并以扇子、尺子为例，加以说明："如扇子有柄，有骨子，用纸糊，此便是体；人摇之，便是用。"又说："如尺与称相似，上有分寸星铢，则体也；将去称量物事，则用也。"⑥ 这里的礼显然是指制度、仪规之礼，其规范人的行为的功用、作用，也就是其道德上的体现，就是用。又比如说："君臣、

---

① 《大学或问》，（明）胡广编《四书大全》本，《文渊阁四库全书》，第 205 册，第 76 页。
② 《朱熹集》卷七十二，第 7 册，第 3771 页。
③ 《朱子语类》卷六，第 115 页。
④ 《朱子语类》卷六，第 115 页。
⑤ 《朱子语类》卷六，第 106 页。
⑥ 《朱子语类》卷六，第 102 页。

父子、国人是体，仁、敬、孝、慈与信是用。"① 如此看来，朱熹这里所说的"体"，是有不同的含义的，大体可以做这样的理解，就其指制度、仪规之礼而言，是实体；就其指君臣、父子、国人而言，是主体；然而无论如何，诸如仁、义、礼、智、信、敬等道德观念之礼，都是"用"的体现。换言之，无论从制度、仪规之礼而论，还是从奉行和实践制度、仪规之礼的人而论，道德之礼都体现为"用"。这样，朱熹所讲的制度仪规之礼为体，道德之礼为用的说法也就不难理解了。

总之，朱熹的以体用论礼，核心精神就在于确认礼的观念形态与制度形态，而明体识用和明体达用，在礼的观念与制度的确立和实践上都是有效的原则，然而礼的观念是首先应该明确的，因其为天理，故以之为依据所建立的制度才能行之有效，以之为规范的行为才能给人带来幸福和快乐。所以归根到底，后人对于圣哲先贤所发现、概括和提出的"仁义礼智"的观念之礼，还有其所制作和确立的仪规制度之礼，都应该有明确的认识，并用以引导和规范现实的各种生活。

**六 以"知行"论礼**

知行问题，是朱子思想中一个很重要的问题，在其论礼的学说中也有体现，这就是有关知礼和行礼的问题。如有学者所言，儒家的知行学说，"讨论的主要是道德知识和道德践履的关系"方面的问题②。那么，朱熹的知行论中当然也包含着这层意思。不过，朱熹在以知行观念来讨论礼的问题时，除了对作为形而上的道德观念之礼的"知"和"行"有所讨论之外，还包括对作为形而下的仪规制度之礼的"知"和"行"的讨论。从而形成了朱子礼学思想中很有特点的内容之一。

朱熹的知行论，如有学者所概括的那样，包括格物致知、知先行后、行重知轻、知行相须互发等几个方面的论点，有些论点又是直接承袭着程颐的知性论的③。就一般意义上的"知"与"行"而论，朱熹明确地主张："知与行，工夫须着并到。知之愈明，则行之愈笃；行之愈笃，则

---

① 《朱子语类》卷六，第102页。
② 陈来：《朱熹哲学研究》，中国社会科学出版社1988年版，第242页。
③ 参见方克立《中国哲学史上的知行观》（第四章，二朱熹），人民出版社1982年版；张立文《朱熹思想研究》（修订本，第九章，五），中国社会科学出版社2001年版。

知之益明。二者皆不可偏废。"① 又说："然又须先知得，方行得。所以《大学》先说致知，《中庸》说知先于仁、勇，而孔子先说'知及之'。然学问、慎思、明辨、笃（力）行皆不可阙。"② 这里，一方面是讲"知先行后"，另一方面是讲"知行相须互发"。而这种一般意义上的知行论，在朱熹对礼的解说方面也是同样有效的。

我们知道，朱熹的知行论是以本自《礼记·大学》的"格物致知"的理念为出发点的，其所论最终又贯穿于从"格物致知"到"修齐治平"的道德认知和道德践履的整个过程。而按照朱熹的理论，在从"格物致知"到"修齐治平"的道德认知和道德践履过程的每个阶段，都是可以将"礼"——包括仪规制度之礼和道德观念之礼两个方面——作为认知和实践的物件的，因此，朱熹常常就《大学》内容的解说来讨论对"礼"的致知和力行的问题。

朱熹认为，无论是对于形而上的道德观念之礼的"知"，还是对形而下的仪规制度之礼的"知"，都是从"格物致知"开始的。比如，在讲对道德观念之礼的"格物致知"时，朱熹说："如今说格物，只晨起开目时，便有四件在这里，不用外寻，仁、义、礼、智是也。"③ 又在言及对仪规制度之礼的"格物致知"时，朱熹说："世间之物，无不有理，皆须格过。古人自幼便识其具，且如事亲事君之礼，钟鼓铿锵之节，进退揖逊之仪，皆目熟其事，躬亲其礼。及其长也，不过只是穷此理，因而渐及于天地鬼神日月阴阳草木鸟兽之理，所以用工也易。"④

这一段是讲古人在"目熟其事，躬亲其礼"的过程中获取仪规制度之礼的知识。那么，至于当今之世的人们又是怎样通过"格物致知"来获得对仪规之礼的知识呢？朱熹又说：

> 今人皆无此等礼数可以讲习，只靠先圣遗经自去推究，所以要人格物主敬，便将此心去体会古人道理，循而行之。如事亲孝，自家既知所以孝，便将此孝心依古礼而行之；事君敬，便将此敬心依

---

① 《朱子语类》卷十四，第281页。
② 《朱子语类》卷十四，第281页。
③ 《朱子语类》卷十五，第285页。
④ 《朱子语类》卷十五，第286页。

圣经所说之礼而行之。——须要穷过,自然浃洽贯通。如《论语》一书,当时门人弟子记圣人言行,动容周旋,揖逊进退,至为纤悉;如《乡党》一篇,可见当时此等礼数皆在。至孟子时,则渐已放弃。如《孟子》一书,其说已宽,亦有,但论其大理而已。"①

朱熹一向重视仪规制度之礼,并将其作为能够化礼成俗的基本所在,所以他特别强调对仪规制度之礼的知识,他认为,即使是圣人,"他大本大根元无欠阙,只是古今事变,礼乐制度,便也须学"②。那么又何况是以"修齐治平"为远大目标的当今士大夫学人了。所以朱熹又主张,对于士庶之家来说,"其子孙之敏秀者,则又教令读书讲学,使知先王礼义之教"③。而且,朱熹自己也确实是毕其一生关注和致力于向当时的士大夫学人推广制度仪规之礼的知识和学问的。

在讨论学礼知礼问题的同时,朱熹也注意到了知礼之难的问题。在朱熹看来,知礼之难来自两个方面,一个是礼书文本的问题,朱熹说:"礼学多不可考,盖其为书不全,考来考去,考得更没下梢,故学礼者多迂阔。一缘读书不广,兼亦无书可读。"④朱子终其一生而编修礼书,无非就是想改变这种无礼书可读的局面。另一个就是学者存心的问题,朱熹在解说《中庸》的"温故而知新,敦厚以崇礼"的后半句时,即说道:"析理则不使有毫厘之差,处事则不使有过不及之谬,理义则日知其所未知,节文则日谨其所未谨,此皆致知之属也。盖非存心无以致知,而存心者又不可以不致知。"⑤朱熹另有说:"敦厚者又须当崇礼始得",并且感叹道:"世固有一种人天资纯厚,而不曾去学礼而不知礼者。"⑥

在朱熹的知行论中,除了知之外,或者说在知的过程之中,还有行的问题。

在其以知行论礼时,也在讨论同样的问题。比如,有问:"所编礼,今可一一遵行否?"朱熹回答说:"人不可不知此源流,岂能一一尽行?

---

① 《朱子语类》卷十五,第287页。
② 《朱子语类》卷十五,第295页。
③ 《朱熹别集》卷九《辛丑劝农文》,《朱熹集》,第9册,第5540页。
④ 《朱子语类》卷八十四,第2177页。
⑤ 《四书章句集注》,中华书局1983年版,第36页。
⑥ 《朱子语类》六十四,第1587页。

后世有圣人出，亦须着变。夏商周之礼已自不同，今且把周之礼文行。"①朱熹一再说"古礼难行"，首先就是因为对古礼"知"的不足，他又说："周礼忒煞繁细，亦自难行。今所编礼书，只欲使人知之而已。观孔子欲从先进与宁俭宁戚之意，往往得时位，必不尽循周礼，必须参酌古人，别制为礼以行之。"② 知其可知，行其可行，可以说是朱熹以知行论礼的核心主旨。

再有，就对形而上的道德之礼的"知"与"行"而论，朱熹在解说《礼记·大学》中的"大学之道在明明德"的"明明德"时，也有所阐发。朱熹说：

> 人本来皆具此明德，德内便有此仁义礼智四者，只被外物汨没了不明，便都坏了，所以大学之道必先明此明德。若能学，则能知觉此明德，常自存得，便去刮剔，不为物欲所蔽。推而事父孝，事君忠，推而齐家、治国、平天下，皆只此理。《大学》一书，若理会得这一句便可迎刃而解。③

在这段言语中，朱熹明确了人生而有之的道德之性，也再一次认同了孟子的"四端说"，而他对"明明德"的解释，不过是作为"知"此道德之礼的别样表述罢了。而且，其所谓的"推而事父孝，事君忠，推而齐家、治国、平天下"，则又是对"行"此道德之礼的进一步的说明。在朱熹看来，《大学》一书实在是充满了有关礼的知行问题的道理，所以他的一些论述，也往往由对《大学》中的相关词句的解说和发挥而展开。

此外，朱熹还有一篇《答吴晦叔》的文字，很值得注意，其中不仅阐明了如同上述的一般意义上的知行论的观点，还特别就"礼"的"知行"问题有所阐发。就前一个方面，朱熹说：

> 夫泛论知行之理，而就一事之中以观之，则知之为先，行之为后，无可疑者。然合夫知之浅深，行之大小而言，则非有以先成乎

---

① 《朱子语类》卷八十四，第 2185 页。
② 《朱子语类》卷二十三，第 561 页。
③ 《朱子语类》卷十四，第 262 页。

其小，亦将何以驯致乎其大者哉？

今就其一事之中而论之，则先知后行，固各有其序矣。诚欲因夫小学之成以进乎大学之始，则非涵养履践之有素，亦岂能居然以其杂乱纷纠之心，而格物以致其知哉？

如上的两段议论，显然是朱熹就"知先行后"和"知行相须互发"的认识而发的，而且进一步说明知的由浅入深和行的从小到大的进展过程问题。

而在另一个方面，亦即从总体上议论有关礼的"知行"问题时，其知行论的普遍有效性就显现出来了。朱熹说：

盖古人之教，自其孩幼而教之以孝悌诚敬之实。及其少长，而博之以《诗》《书》《礼》《乐》之文，皆所以使之即夫一事一物之间，各有以知其义礼之所在，而致涵养践履之功也。及其十五成童，学于大学，则其洒扫应对之间，礼乐射御之际，所以涵养践履之者略已小成矣。于是不离乎此而教之以格物，以致其知焉。致知云者，因其所已知者推而致之，以及其所未知者，而极其至也。是必至于举天地万物之理而一以贯之，然后为知之至。而所谓诚意正心修身齐家治国平天下者，至是而无所不尽其道焉。①

在这段议论中，朱熹明确地讲述了古代历史上伴随着一个人的成长的知礼的进展过程，这其中的"礼"，显然是即包括道德观念之礼，又包括仪规制度之礼。而且，朱熹还指出，所谓"诚意、正心、修身、齐家、治国、平天下"的《大学》之道，是"知之深而行之大者也"②，亦即"知"和"行"的最高层次和最高境界。

朱熹还认为，人在从小到大成长中的知礼的过程，同时也是行礼的过程，所以朱熹又说：

且《易》之所谓忠信修辞者，圣学之实事，贯始终而言者也。

---

① 以上三段见于《答吴晦叔》，《朱熹集》卷四十二，第 4 册，第 1970、1971 页。
② 《答吴晦叔》，《朱熹集》卷四十二，第 4 册，第 1971 页。

以其浅而小者言之，则自其常视母诳、男唯女俞之时，固已知而能之矣。知至至之，则由行此而又知其所至也，此知之深者也。知终终之，则由知至而又进以终之也，此行之大者也。故《大学》之书，虽以格物致知为用力之始，然非谓初不涵养履践而直从事于此也。又非为物未格、知未至，则意可以不诚，心可以不正，身可以不修，家可以不齐也。但以为必知之至，然后所以治己治人者，始有以尽其道耳。若曰必俟知至而后可行，则夫事亲从兄，承上接下，乃人生之所不能一日废者，岂可谓吾知未至而暂辍，以俟其至而后行哉？①

由以上所论可知，在朱熹看来，知先行后只是相对而言。就道德之礼而论，则可以说是"知行相须而发"的，日常生活中的耳濡目染，足以唤起人的道德认知，并不断地加以道德实践，由浅入深，由小到大，最终达到"知之深而行之大"的最高境界。

最后，朱熹的以知行论礼，还有一个"求仁"的目的论性质的表述。这就是说知礼的目的就是为了能行礼，而行礼的目的则是为了求仁，亦即实践形而上的道德之礼，以达到"仁义礼智"的最高道德境界。所以朱熹说："百行万善，固是都合着力，然如何件件去理会得？百行万善总于五常，五常又总于仁，所以孔孟只教人求仁，求仁只是主敬，求放心，若能如此，道理便在这里。"②又说："百行皆仁义礼智中出。"③按照朱熹的认识，在百行万善之中，根据五常而行礼也是以求仁为目的的，或者说是求仁的一个重要方式和手段。进一步来说，行礼求仁也就是通过遵行具体的仪规制度之礼而追求实现作为形而上之礼的"仁、义、礼、智"的境界，即朱子有云："知识贵乎高明，践履贵乎着实。知既高明，须放低着实做去。"④于礼又何尝不是如此呢？所以朱熹又说："崇德广业。知崇，天也，是致知事，要得高明；礼卑，地也，是践履事。卑是事事都要践履过，凡事践履将去，业自然广。"⑤

---

① 《答吴晦叔》，《朱熹集》卷四十二，第4册，第1971页。
② 《朱子语类》卷六，第113页。
③ 《朱子语类》卷六，第107页。
④ 《朱子语类》卷七十四，第1908页。
⑤ 《朱子语类》卷七十四，第1907页。

又因为"仁"是"仁义礼智"的总名,所以,求"仁"也就是求"仁义礼智",实现"仁"也就是实现"仁义礼智",正如朱熹所说:"学者须是求仁。所谓求仁者,不放此心。圣人亦只教人求仁,盖仁义礼智四者,仁足以包之。"①

总之,强调对道德之礼的践履是朱子以知行论礼的最高的和最终的理论目标,其全部的论证和解说都以此目标为归结点。

# 结　语

经过以上多方面的考察,我们似乎可以大体概括出朱子礼学及其思想的一些特点,而这些特点又是与朱子前后其他的思想家和礼学家的著述所不同的表现所在。不仅如此,再就朱子礼学及其思想在整个古代思想与学术的发展演进过程中的地位而言,我们似乎也可以大体地给出一个历史的定位。

首先,朱子礼学思想的特点突出地表现为依据经典、尊重先贤、集古今之大成。一方面,朱子礼学的全部观念和理论都始终围绕着礼学经典而展开,无论是编修礼书如《仪礼经传通解》,还是解说和诠释经典篇章如《大学》《中庸》,无论是在和门生弟子的问答中,还是在与当时学者的往来书信交流中,每每论及礼学的问题包括礼的仪规制度和礼的思想观念时,都无不以经典为依据,唯有经典是不可超越的。另一方面,尽管朱熹对"三礼"文本的经典性认识和评价并不是完全同等看待,尽管他对历代经学前贤的礼学解说和诠释有认同也有指摘,然而只要他们是以礼经为依据的,或者有可以补充礼经的相应内容,朱熹都将其成果纳入自己的礼学思想体系当中,从而使之达到了前所未有的广博和厚重,也给后人的参考和研究提供了很好的资料汇集和理论储备。

其次,朱子礼学思想的特点之一就是理学化,特别表现在对礼的本体意义上的阐述和论证方面。这也可以说是其整体思想受前朱子时代的理学家如周敦颐、邵雍、张载、程颢、程颐等人的思想影响的必然结果。朱熹作为前辈理学家的后继者和学说的集大成者,以礼学为一种思想载

---

① 《朱子语类》卷六,第113页。

体,很好的运用和发挥了诸多的理学观念,如天理人欲、道器、体用、知行等理学家常用的理念,在朱熹所构筑的礼学思想理论的框架中都有深入细致的议论和辨析,从而既凸显出了礼的义理性,也为礼的存在和表现提供了当然合理的理论根据和"理一分殊"的确实证明,最终使礼学的一部分内容变成了极具形而上意义的理论学说。

复次,朱子礼学思想的特点还表现为直贴生活、反对佛老、为后世制法。直接关注世间的各种生活,无论是国家的政治、经济、王朝礼仪,还是民间士庶的冠婚丧祭,在其礼学的著述中都可以找到或可知或可行的依据,特别是其所编修的《仪礼经传通解》和所编撰的《家礼》,前者博通古今,包罗万象,成为古典礼仪生活图景的文字再现,后者则化繁为简,化礼成俗,师古而不泥古,适合当今之宜,成为士庶日常礼仪生活的文本规范。而且,朱子的这些努力,还特别透露出这样的愿望和意图,就是面对当时佛老的观念和生活方式的流行所带来的冲击,要努力恢复根植于古老传统的礼仪生活样式的现实可行性,体现出以纲常伦理为核心的道德精神,以维护宗法家庭、社会生活秩序的稳定与和谐。

再次,诚如朱熹自己所追求的那样,其学术的根本目的就在于明体达用,即所谓:"盖人心之灵,莫不有知,而天下之物,莫不有理,惟于理有未穷,故其知有不尽也。是以大学始教,必使学者即凡天下之物,莫不因其已知之理而益穷之,以求至乎其极,至于用力之久,而一旦豁然贯通焉,则众物之表里精粗无不到,而吾心之全体大用无不明矣。"(《大学章句》)① 那么表现在朱子的礼学方面也莫不如此,朱熹终其一生为了礼学而尽其精力,死而后已。又如元代熊禾在《考亭书院记》所说的那样:"惟文公之学,圣人全体大用之学也。本之身心则为德行,措之国家天下则为事业。其体有健顺仁义中正之性,其用则有治教农礼兵刑之具,其文则有《小学》、《大学》、《语》、《孟》、《中庸》、《易》、《诗》、《书》、《春秋》、《三礼》、《孝经》、《图》(太极图)、《书》(通书)、《西铭》、《传》(易传)、《义》(《周易本义》),及《通鉴纲目》、《近思录》等书,学者学此而已。今但知诵习公之文,而体用之学曾莫之

---

① 《四书章句集注》,第7页。

究，其得谓之善学乎。"① 正是由于朱熹在整个经学领域里所表现出的广博和深厚的学术功力，历历在册，洋洋大观，而这样的功力及其理论学说反映在其礼学成就方面，也就显得是同样的广博和深厚，远超出前代及同时的学者。

最后，在对朱熹的礼学做过整体性考察之后，我们似乎可以得出这样的印象，在思想方面，朱熹堪比西汉的董仲舒；在经学方面，朱熹则堪比东汉的郑玄。就礼学而论，如果说郑玄的《三礼注》代表了礼学发展的一个高峰的话，那么朱子的礼学则达到了又一个高峰。纵观朱熹之后的历史人物，我们甚至可以说，在思想与学术的整体成就和影响力上，朱熹实在是达到了一个后人无法超越的顶峰。"周东迁而夫子出，宋南渡而文公生"（《考亭书院记》），② 历史真的是在这样的大历史的变迁中才不断地孕育出影响乃至于千百年的大思想家的吗？

## 第四节 朱熹《仪礼经传通解》的编纂及其礼学价值③

### 一 《仪礼经传通解》编纂始末及其基本样式

今传《仪礼经传通解》，是朱熹晚年带领其门生所编撰的礼书的最后定名，此书在朱子生前并没有全部完成，是由其弟子黄榦、杨复先后续补而修成。《四库全书总目提要》录有《仪礼经传通解》三十七卷、续二十九卷，并对该书的编撰过程有所记述，我们不妨以其引领我们进入对

---

① （元）熊禾：《勿轩集》卷二，《文渊阁四库全书》本，上海古籍出版社1987年版，第1188册，第777页。

② （元）熊禾：《勿轩集》卷二，《文渊阁四库全书》本，上海古籍出版社1987年版，第1188册，第777页。

③ 早在1936年，白寿彝撰写的《〈仪礼经传通解〉考证》一文，发表在《北平研究院院务汇报》1936年7月7卷上。后此文收入《白寿彝史学论集》，北京师范大学出版社1994年版，第1037—1068页。该文对朱熹《仪礼经传通解》一书有着十分详尽细致地考证，对我们今天研究《仪礼经传通解》一书，有着很高的参考价值。新近蔡方鹿在《朱熹经学与中国经学》（人民出版社2004年版）第九章"朱子的礼学"第二节"关于《仪礼经传通解》"中又有所论述，同样有值得参考的见解。还有就是以此题目为硕士论文者，但未见出版。本节旨在着重从该书的内容、特点以及对后世礼学的影响方面进行考察，对朱熹礼学体系重要组成部分的礼学经典的编纂与整合的思想史和学术史意义进行讨论。

《仪礼经传通解》一书的具体考察。《提要》中说：

  《仪礼经传通解》，宋朱子撰。初名《仪礼集传集注》。朱子《乞修三礼札子》所云：以《仪礼》为经，而取《礼记》及诸经史杂书所载有及于礼者，皆以附于本经之下，具列注疏、诸儒之说，略有端绪。即是书也。其札子竟不果上。晚年修葺，乃更定今名。朱子没后，嘉定丁丑，始刊版于南康。凡家礼五卷、乡礼三卷、学礼十一卷、邦国礼四卷，共二十三卷，为四十二篇。中阙书数一篇，大射至诸侯相朝八篇尚未脱稿。其卷二十四至卷三十七，凡十八篇，则仍前草创之本，故用旧名《集传集注》，是为王朝礼。中阙卜筮一篇，目录内践阼第三十一以后，序说并阙，盖未成之本也。所载《仪礼》诸篇，咸非旧次，亦颇有所厘析。如《士冠礼》，三屦本在辞后，仍移入前。陈器服章戒宿加冠等辞，本总计在后，乃分入前各章之下。末取《杂记》女子十五许嫁笄之文，续经立女子笄一目。如斯者不一而足。虽不免割裂古经，然自王安石废罢《仪礼》，独存《礼记》，朱子纠其弃经任传，遗本宗末，因撰是书，以存先圣之遗制，分章表目，开卷了然，亦考礼者所不废也。其丧祭二门，责成于朱子门人黄榦，盖朱子以创稿属之。杨复原序述榦之言有曰："始余创二礼粗就，奉而质之先师，喜谓余曰：君所立丧祭礼，规模甚善，他日取吾所编家、乡、邦国、王朝礼，其悉用此更定"云云。则榦之所编尚不失朱子之意，然榦仅修丧礼十五卷，成于嘉定己卯。其祭礼则尚未订定，而榦又没。越四年，壬午，张虑刊之于南康，亦未完本也。其后杨复重修祭礼，郑逢辰进之于朝，复序榦之书云："《丧礼》十五卷，前已缮写，《丧服图式》，今别为一卷，附于正帙之外。"前称《丧服图式》、《祭礼》遗稿，尚有未及订定之遗憾，则别卷之意故在此。又自序其书云："南康学宫，旧有家、乡、邦国、王朝礼，及张侯虑续刊《丧礼》，又取《祭礼》稿本，并刊而存之"；"窃不自揆，遂据稿本，参以所闻，稍加更定，亦续成其书。凡十四卷。"今卷十六至卷二十九，皆复所重修。合前《经传集解》及《集传集注》总六十有六卷，虽编纂不出一手，而端绪相因，规模不异，古礼之梗概节目，亦略备于是矣。①

从以上所记我们可以得到几个主要的信息，一是朱子曾经准备上书于朝廷，奏请朝廷组织人力对三礼之书重新做编修，但此书札未能奏上；二是朱子生前订定的此书为二十三卷，即名《仪礼经传通解》，而二十四卷至三十七卷则未及朱子亲手订定，故仍以《集传集注》名之；三是朱子死后，《仪礼经传通解》全书由其弟子黄榦、杨复先后续完、订定而成。

在朱熹的《文集》里保留着他准备上奏朝廷的那篇《乞修三礼札子》②，其中体现了朱熹编修礼书的基本动机，同时表达了他期待官方朝廷能够支持重修三礼这项工作的强烈愿望。

在这篇文章中朱子提出，自秦汉魏晋以来，所传礼学，"惟三礼而已"，《仪礼》乃其本经，《礼记》乃其义说，《周礼》为礼之纲领。在隋唐以后的科举教育中，有三礼、通礼、学究诸科，士人学子尚能通过诵习经典而知其说。但是到宋熙宁时，因王安石废罢《仪礼》，独存《礼记》之科，以至弃经任传，遗本宗末。当时博士诸生也是诵习虚文，对其中的礼仪内涵，"咸幽冥而莫知其源"，一遇到议礼之事时，"率用耳学臆断而已"。至于乐教，更是"绝无师传"，乐理上的律尺声音，"学士大夫莫有知其说者，而不知其阙也"。针对这种礼乐情况，朱熹为加以改变也曾有所努力，即如前引《四库》提要所述之言，但是终因私家无书简阅，无人抄写，久之未成。还有关于钟律之制，虽"士友间有得其遗意者"，朱熹也"欲更加参考，别为一书"，但"亦未能具"。因此，朱熹"欲望圣明特诏有司"，一是许其"就秘书省、太常寺关借礼乐诸书"，并"自行招致旧日学徒十余人"；二是能够提供空闲官屋数间、逐月量支钱米，以供饮食、纸札、油灯之费；三是，由临安府差拨贴司二十余名作为抄写人，并为之提供犒赏。最后，朱子认为，编修此书，既可以使传统礼乐"兴起废坠，垂之永久"，又可以"为圣朝制作之助"。

然而遗憾的是，朱熹的这番表述并没能得以上奏，《年谱》称其"会

---

① 《四库全书总目·仪礼经传通解提要》，中华书局1965年版，第179页。
② 《朱熹集》，第2册，第569页。

去国，不及上"①。朱熹在此事上对官方的期待也就未能实现。在《朱子语类》卷八十四中，记录了朱子后来对此事的回忆。②

编纂礼书，可以说是朱熹晚年思想学术上的一项主要工作。《朱子语类》中记录朱子的话说："礼乐废坏两千余年，若以大数观之，亦未为远，然已都无稽考处。后来须有一个大大底人出来，尽数拆洗一番，但未知远近在几时。今世变日下，恐必有个'硕果不食'之理。"③ 钱穆认为此言是在朱子五十九、六十岁时由吴必大所记。④ 从这段感慨般的话语中，我们可以感觉到朱子对于全面整合古代礼学所抱有的一种期待，同时也透露出一些自己的抱负。朱熹还说："今欲定作一书，先以《仪礼》篇目置于前，而附《礼记》于后。如《射礼》则附以《射义》。似此类，已得二十余篇。若其余《曲礼》、《少仪》又自作一项而以类相从。若疏中有说制度处，亦当采取以益之。旧尝以此例授潘恭叔，渠亦曾整理数篇来。"⑤ 钱穆认为此是朱子六十二岁时，由郑可学所记。此外，《朱子语类》中还有对此礼书编纂过程的记录，如"或问礼书修得有次第否。曰：散在诸处，收拾不聚。苦每日应酬多，功夫不得专一。若得数月闲，更一两朋友相助，则可毕矣。"⑥ 《朱子年谱》中说："（庆元）二年丙辰，六十七岁。是岁始修礼书，名曰《仪礼经传通解》。"⑦ 讲的就是朱熹在离官去职之后专注于礼书的编纂。

还有，在《答廖子晦》《答应仁仲》等书信中，朱熹都提到了礼书编纂的进展情况⑧。如《答应仁仲》中说："前贤常患《仪礼》难读，以今观之，只是经不分章，记不随经，而注疏各为一书，故使读者不能遽晓。今定此本，尽去此诸弊，恨不得令韩文公见之也。"⑨ 前贤即指韩愈。在《答李季章》中则说："所编礼传已略见端绪而未能卒就，若更得年余间

---

① 《朱熹年谱》，第259页。
② 《朱子语类》卷八十四，第2192页。
③ 《朱子语类》卷八十四，第2177页。
④ 《朱子新学案》，第1328页。
⑤ 《朱子语类》，第2186页。
⑥ 《朱子语类》，第2192页。
⑦ 《朱子年谱》，第255页。
⑧ 在朱子与他人的书信往来中，还有很多提到礼书编撰一事的内容，可以参见白寿彝《〈仪礼经传通解〉考证》以及钱穆《朱子新学案》所录相关内容。
⑨ 《朱熹集》卷五十四，第5册，第2705页。

未死，且与了却，亦可以瞑目矣。……今其大体已具者盖十七八矣。"①这时，朱熹已年六十九岁。而越到后来，朱熹精力益衰，在《答黄直卿》中说"甚望贤者之来，了却礼书"②，这成了朱子最终的愿望。

前人的研究多有论及参与朱子编修礼书的人士，如据白寿彝、钱穆考证，先后参与协助朱子编修礼书者，有刘贵溪、赵致道、黄榦、吕子约、刘履之、刘用之、应仁仲、赵恭父、廖子晦、潘恭叔、杨复、浙中朋友、明州诸人、四明永嘉诸人、江右朋友等。③

此外，钱穆还提出，朱子编修礼书之事，似发端于其与吕祖谦一派的学术交往所受的启发④。如在《答潘恭书》中，朱熹提到，"《礼记》须与《仪礼》相参，通修作一书，乃可观。中间伯恭欲令门人为之，近见路德章编得两篇，颇有次第。然渠辈又苦尽力于此，反身都无自得处，亦觉极费功夫。熹则精力已衰，决不敢自下功夫矣。恭叔暇日能为成之，亦一段有利益事。但地远，不得相聚评订为恨。"⑤ 据此，钱穆认为，"东莱先有意为此事，朱子继起在后"⑥。笔者以为，从朱熹的思想学术的抱负来看，或可以说是同有此意乃至不谋而合更为适宜，因为从朱子文集中的《问吕伯恭三礼篇次》一篇⑦来看，朱熹对重修三礼已经有所计划乃至正在进行中，所以才与吕祖谦如此探讨交流。其所列篇次也正是后来的《仪礼经传通解》篇次的雏形。

朱熹编修礼书是经过几番设计而后才定型的⑧。作为《仪礼经传通解》的雏形亦即其前期计划是：

《仪礼附记》上篇：《士冠礼》，《冠义》附；《士婚礼》，《婚义》附；《士相见礼》；《乡饮酒礼》《乡饮酒义》附；《乡射礼》，《射义》附；《燕礼》，《燕义》附；《大射礼》；《聘礼》，《聘义》附；《公食大夫礼》；《觐礼》。

---

① 《朱熹集》卷三十八，第3册，第1738页。
② 《朱熹集·续集》卷一，第9册，第5150页。
③ 白寿彝：《〈仪礼经传通解〉考证》，《白寿彝史学论集》，第1050页；钱穆：《朱子新学案》，第13443—13444页。
④ 《朱子新学案》，第1326页。
⑤ 《朱熹集》卷五十，第5册，第2430页。
⑥ 《朱子新学案》，第1327页。
⑦ 《朱熹集》卷七十四，第7册，第3885页。
⑧ 参见白寿彝《〈仪礼经传通解〉考证》一文。

《仪礼附记》下篇：《丧服》，《丧服小记》《大传》《月服问》《间传》附；《士丧礼》；《既夕礼》；《士虞礼》，《丧大记》《问丧》《曾子问》《檀弓》附；《特牲馈食礼》；《少牢馈食礼》；《有司》，《祭义》《祭统》附。

《礼记》篇次：《曲礼》《内则》《玉藻》《少仪》《投壶》《深衣》，六篇为一类；《王制》《月令》《祭法》，三篇为一类；《文王世子》《礼运》《礼器》《郊特牲》《明堂位》《大传》（与《丧小记》错误处多，当厘正）《乐记》，七篇为一类；《经解》《哀公问》《仲尼燕居》《坊记》《儒行》，六篇为一类；《学记》《中庸》《表记》《缁衣》《大学》，五篇为一类。

值得注意的是，在上述有关《礼记》篇次中，未列《杂记》和《孔子闲居》等篇。而且也并未像文题所称包括《周礼》的内容。

在后来具体编修的时间里，朱熹一方面按照其既往对"三礼"地位的认识以排列经传次第，同时又有意扩大对古礼资料的采编范围。这在朱熹的谈论中即有所体现，也引起后来学者的关注（如钱穆等）。如在另一《答潘恭书》中，即谈及此问题。朱熹说："《仪礼》附《记》似合只德章本子，盖免得拆碎《记》文本篇。如要逐段参照，即于章末结云'右第几章'，《仪礼》即云'记某篇第几章当附此'。（不必载其全文，只如此亦自便于检阅。）《礼记》即云'当附《仪礼》某篇第几章'。又如此《大戴礼记》亦合收入，可附《仪礼》者附之，不可者分入五类。如《管子·弟子职》篇，亦合附入《曲礼》类。其他经传类书说礼文者并合编集，别为一书。《周礼》即以祭礼、宾客、师田、丧纪之属事别为门，自为一书。如此即礼书大备。但功力不少，须得数人分手乃可成耳。"又说："若作集注，即诸家说可附入。……若只用注疏，即不必然"，"分为五类，先儒未有此说。第一类皆上下大小通用之礼，第二类即国家之大制度，第三类乃礼乐之说，第四类皆论学之精语，第五类论学之粗者也。（《大戴礼》亦可依此分之。）"[①]

由以上的材料，朱子编纂礼书的宗旨与特点大体得以显现出来。

在这里，我们再将前述朱熹所列"三礼"篇次与后来的《仪礼经传通解目录》和《仪礼集传集注目录》直观地比较一下吧。

---

[①] 《朱熹集》卷五十，第 5 册，第 2437—2438 页。

《仪礼经传通解目录》如下:

家礼：士冠礼、冠义、士昏礼、昏义、内则、内治、五宗、亲属记。

乡礼：士相见礼、士相见义、投壶、乡饮酒礼、乡饮酒义、乡射礼、乡射义。

学礼：学制、学义、弟子职、少仪、曲礼、臣礼、钟律、钟律义、诗乐、礼乐记、书数、学记、大学、中庸、保傅传、践阼、五学。

邦国礼：燕礼、燕礼义、大射礼、大射义、聘礼、聘义、公食大夫礼、公食大夫义、诸侯相朝礼、诸侯相朝义。

《仪礼集传集注目录》如下：

王朝礼：觐礼、朝事义、历数、卜筮（缺）、夏小正、月令、乐制、乐记、王制（甲分土、乙制国、丙王礼、丁王事、戊设官、己建侯、庚名器上、辛名器下、壬师田、癸刑辟）。

显然，朱熹在礼书的实际编修中确实扩大了古礼文献的吸收范围，也就是不仅限于取材于"三礼"，而且包括"其他经传类书说礼文者"，这在《仪礼经传通解目录》的序题文字中又有着更为清楚的说明，详见后述。

从而后流传的《仪礼经传通解》的样式来看，即如朱子的季子朱在于《跋仪礼经传通解目录》所云：

> 先君所著《家礼》五卷、《乡礼》三卷、《学礼》十一卷、《邦国礼》四卷、《王朝礼》十四卷，今刊于南康道院。其曰《经传通解》者，凡二十三卷；盖先君晚岁之所新定，是为绝笔之书。次第具见于目录，惟《书数》一篇，缺而未补；而《大射礼》、《聘礼》、《公侯大夫礼》、《诸侯相朝礼》八篇，则犹未脱稿也。其曰《集传》、《集注》者，此书之旧名也，凡十四卷，为《王朝礼》。而下《卜筮篇》亦缺。余则先君所草定，而未暇删改也。至于丧、祭二礼，则尝规模次第，属之门人黄榦，俾之类次，他日书成，亦当相从于此，庶几此书始末具备。①

又元代方回《桐江集·读朱文公仪礼经传跋》中所云，使我们对

---

① 见《文渊阁四库全书》本明程敏政《新安文献志》卷二十三，第1375册，第300页。

《仪礼经传通解》的基本样式有所了解,他说:

> 朱文公取《仪礼》十七篇,分配门类,广掇诸书,充衍其义,已成者家礼、乡学礼、邦国礼,有《仪礼》以为之经,而诸书之不出于《仪礼》者,亦揭之以为经,低一字而书之者为之传,有注或疏,间断以已见,名曰《仪礼经传通解》。王朝礼无经而有传,名曰《仪礼集注》,盖为未成书也。尝属黄勉斋续为丧礼、祭礼,勉斋后成丧礼矣,祭礼已稿未成,其门人三山杨复,号信斋,续成祭礼,皆以《仪礼》或诸书为经,它为传,皆名曰《仪礼经传通解续》。①

最后,我们再把《仪礼经传通解续》的篇目列举如下,以见全豹。

丧服、士丧礼(上、下)、士虞礼、丧大记(上、下)、卒哭祔练祥禫记(吉祭忌日附)、补服、丧服变除、丧服制度、丧服义、丧通礼、丧变礼、吊礼、丧礼义、丧服图式目录。

特牲馈食礼、少牢馈食礼、有司彻、诸侯迁庙、诸侯衅庙、祭法、天神、地示、百神、宗庙、因事之祭、祭统、祭物、祭义。

可以说,造就一部具有备览性质的礼典大全,以应当朝之需,是朱子最大的心愿。如果说汉代的郑玄是以通注"三礼"的方式,对传统礼经礼典作了一次注疏式的整合,那么朱子则是以经传合编,汲纳百家言的方式,对古今礼典进行了一次更为全面的整合。《仪礼经传通解》本身,与其说是一部礼书,毋宁说是带有体系性的礼仪大典。如果从以礼为法的角度来说,朱熹编撰此书的目的还在于齐整世间风俗,重建理想的礼仪化社会生活,各种的礼仪典范尽收其中,其价值在于整体性。

## 二 《仪礼经传通解》的基本内容

朱熹在《仪礼经传目录》下,称引班固《汉书·艺文志》、刘歆、贾公彦等人说法,对《仪礼》的由来有所说明。又在篇第目录之下,有一些序题性文字,除了称引郑玄《三礼目录》中的说明性文字之外,还附

---

① 方回(1227—1307)元代诗人、诗论家。字万里,一字渊甫;号虚谷,别号紫阳山人。歙县(今属安徽)人。著有诗文集《桐江续集》36卷。此文见《续修四库全书》本《桐江集》卷三,上海古籍出版社2002年版,第1322册,第404页。

以一些必要的说明，从中我们大体可以看出朱熹编纂《通解》一书的意旨所在。现择录其文如下：

《士冠礼》第一：大、小戴及《别录》皆此为第一，今仍旧次，而于其文颇有所厘析云。

《冠义》第二：此《小戴记》第四十三篇，盖汉儒所造以释冠礼之义者也。《家语·冠颂篇》略见天子、诸侯、大夫之礼，《小戴·曾子问》中有变礼，《春秋》内外传有事证，今皆以附于后，定为第二，而递改下篇之次云。

《士昏礼》第三：大、小戴及《别录》此皆为第二，今颇厘析之而定为第三。

《昏义》第四：此《小戴》第四十四篇，盖汉儒所造以释昏礼之义者也。今以《郊特牲》、《坊记》、《曾子问》及《诗》、《春秋》内外传、《白虎通义》、《说苑》所说昏礼之义及其变节合之以为此篇。

《内则》第五：此《小戴》第十二篇，盖古经也。郑氏以为记男女居室事父母、姑舅之法，以闺门之内礼仪可则，故曰《内则》。今案：此必古者学校教民之书，宜以次于《昏礼》，故取以补经而附以传记之说云。

《内治》第六：古无此篇，今取《小戴·昏义》、《哀公问》、《文王世子》、《内则》篇及《周礼》、《大戴礼》、《春秋》内外传、《孟子》、《书大传》、《新序》、《烈女传》、《前汉书》、贾谊《新书》、《孔丛子》之言人君内治之法者，创为此记，以补经阙。

《五宗》第七：古无此篇，今取《小戴·丧服小记》、《大传》、《曾子问》、《内则》、《文王世子》、《檀弓》、《曲礼》篇及此经《丧服传》、《春秋》内外传、《家语》、《白虎通义》、《书大传》、《孔丛子》之言宗子之法以治族人者，创为此篇。

《亲属记》第八：此《尔雅》之《释亲篇》、《白虎通义》所谓"亲属记"者也，以其具载闺门三族亲戚之名号，故列于此。而《通义》所释，亦因以附焉。

《士相见礼》第九：大、小戴及《别录》皆第三。今出其见君者数条入《臣礼篇》，而取《曲礼》、《少仪》、《玉藻》诸篇言相见饮食之礼者附之。

《士相见义》第十：古无此篇，刘敞补亡，今以《白虎通义》附其后。

《投壶礼》第十一：此《小戴》第四十篇，郑氏以为实《曲礼》之正篇，其事与射为类，于五礼宜属嘉礼。今取《大戴》及《少仪》合之，以继《士相见礼》之后。

《乡饮酒礼》第十二：乡饮酒于五礼属嘉礼，大戴此乃第十，小戴及《别录》此皆第四。今略取《少仪》一、二附记下云。

《乡饮酒义》第十三：此《小戴》第四十五篇，亦汉儒所造以释乡饮酒之义者也。上篇所陈乃乡大夫将兴其贤能而宾之之礼，此义中第五章中兼有党正正齿位之事。今附于本篇之次。

《乡射礼》第十四：今按：此篇与上篇戒宿饮燕之节略同，它经之注似此者多不重出，而郑（玄）于此注各详具之，是后诸篇亦复放（仿）此，盖恐后人因事检阅者，不能一一通贯，故不惮其繁复耳。

《乡射义》第十五：此《小戴》第四十五篇，亦汉儒所造以释乡射之义者也。今取其言乡党习射询众庶者为此篇，而出其言天子、诸侯将祭选士者为大射义，见后篇。

《学制》第十六：古无此篇。此类今家塾党庠遂序皆为乡学，则其礼之次宜有以见其设教导民之法，故集诸经传创立此篇，以为此类之首。

《学义》第十七：此篇亦古所无，今集诸经传凡言教法之意者补之，以释上篇之义。

《弟子职》第十八：此《管子》全篇，言童子入学受业事师之法。今分章句，参以众说，补其注文，以附于经。

《少仪》第十九：此小戴记之第十七篇，言少者事长之节，注疏以为细小威仪，非也。今厘其杂乱，而别取它篇及诸书以补之。

《曲礼》第二十：此小戴记之第一篇，言委曲礼仪之事，所谓"曲礼三千"者也。其可随事而见者，已包在经礼三百篇之内矣。此篇乃其杂碎首尾出入诸篇，不可随事而见者，故合而记之，自为一篇。……盖曲礼之记也戴氏编礼时已亡逸，各特以其首章之幸存者而杂取诸书。

《臣礼》第二十一：古无此篇。今按：事亲事长、隆师亲友、治家居室之法各有成篇，独臣事君三纲之大，其法尤严，乃独无所聚而散出于诸书，学者无所考焉。今掇其语，创为此篇。

《钟律》第二十二：古无此篇。今以六艺次之，凡礼之通行者，已略见上诸篇矣。此后当继以乐，而《乐经》久已亡逸，故取《周礼》郑注、太史公、《淮南子》、前后《汉志》、杜佑《通典》之言律吕相生、长短均调之法，创为此篇，以补其阙。

《钟律义》第二十三：古无此篇。今取（阙）

《诗乐》第二十四：古亦无此篇。而大乐遗声，其绝久矣。今取世传唐开元十二诗谱补之，以粗见其仿佛，然亦未知其果有以合于古之遗声否也。

《礼乐记》第二十五：古无此篇，今取诸记中通论礼乐大指者合为此篇，以通释礼乐之义。

《书数》第二十六：（今阙）古无此篇，今按：六艺之射已略见上《乡射》及下《大射》篇，御法则废不可考矣。唯书数日用所须，不可不讲，故取许氏《说文解字》序说及《九章算术》为此篇，以补其阙，然亦不能详也。

《学记》第二十七：《小戴》第四十八篇，言古者学校教人传道授业之次序与其得失兴废之所由，盖兼大小学而言之。旧注多失其指，今考横渠张氏之说，并附己意以补其注云。

《大学》第二十八：《小戴》第四十二篇，专言古者大学教人之次第，河南程氏以为孔氏之遗书者也。秦汉以来儒者即失其传，故其旧文舛错为甚，而训说亦不能得其微意。今推本程氏，既绪正之，仍别为之章句。读者宜尽心焉，则圣贤之学可渐而进矣。

《中庸》第二十九：《小戴》第三十一篇，程氏以为孔门传授心法，而其书成于子思，其言大抵与《大学》相发明。……今亦本程氏别为章句，读者熟复而深味之，则圣贤传付之密旨，庶乎其有以自得之矣。

《保傅》第三十：汉昭帝诏曰"通《保傅传》"，文颖以为贾谊所作，即此篇也。今在《大戴礼》中第四十八篇，其词与谊本传疏语正合。①

而自《践阼》第三十一以下至《诸侯相朝义》第四十二序题并阙。

从以上序题的文字中我们可以看到,朱子编纂《通解》一书之所本,以及其或创立、或补充、或附记的材料来源所自。值得注意的是,上述"古无此篇"条下,均大致说明了创设此篇的依据。意在补古礼传授之阙。

对于《践阼》以下各篇的内容,以及其取材出处,我们不妨再简要地做些说明,以补《通解》序题之阙。

《践阼》第三十一,记录天子诸侯问为君之道的文字。其中"武王践阼"一段取自《大戴礼》并按称其"多阙衍舛误,姑存其旧";"鲁哀公问于子夏"一段,取自《新序》;"鲁哀公问于孔子"一段,《通解》注称"《荀子·哀公篇》、《家语》、《新序》大同小异",间或取之;其后"贾子曰:天子不论先圣王之德"一段,取自《大戴礼记·保傅》;"传曰"一段,取自《荀子·大略》《说苑·修文》;随后"楚庄王谋事而当"一段取自《新序》,"燕昭王收破燕后即位"一段取自《战国策》。②

《五学》第三十二,记录天子视学及养老礼仪,言学礼曰而以《尚书大传》《内则》《王制》《祭义》《曲礼》等当中的文字为经,又以《文王世子》《祭义》《家语》《尚书大传》中的文字为传。③

《五学》以下,《燕礼》第三十三、《大射仪》第三十四、《聘礼》第三十五、《公食大夫礼》第三十六取自《仪礼》,在《聘礼》篇首的记文中补《曲礼》《周礼》的文字。《燕义》第三十七、《大射义》第三十八、《聘义》第三十九取自《礼记》(并以《国语》《左传》史事补其文),《公食大夫义》第四十取自刘敞所补,《诸侯相朝礼》第四十一取《周礼·大行人》《司仪》《礼记·曾子问》;《诸侯相朝义》第四十二取自《大戴礼记·朝事》。④

---

① 以上文字见于《文渊阁四库全书》本《仪礼经传通解》,第131册,第5—10页。
② 《文渊阁四库全书》本《仪礼经传通解》卷十八,第131册,第292—294页。
③ 《五学》一篇,参见《仪礼经传通解》卷十九,第131册,第295—303页。
④ 以上各篇,参见《仪礼经传通解》卷二十至二十三,第304—421页。

## 第五章 朱熹的礼学及其思想

自《觐礼》第四十三开始,至《王制癸·刑辟》,即为《仪礼集传集注》部分,按照朱熹的划分属于王朝礼。

《觐礼》一篇,以《仪礼》为本经,以《周礼·大行人》《小行人》,还有司关、讶士、掌讶、环人、野庐氏、大司徒、司服、牛人等职官的执掌,以及《礼记·王制》《曲礼》《郊特牲》为记文。《朝事义》取自《大戴礼记》。

《历数》一篇,取《史记·五帝本纪》《尚书·尧典》《洪范》《周礼·太史》《冯相氏》之文。

《夏小正》一篇,《通解》将其解析为经、传两部分,并在篇末附以《汲冢周书》有关"周月"的记载,还有《国语·周语》单子称述《夏令》的文字,《国语·鲁语》里革称述有类于《月令》的文字,《孔丛子·杂训》县子问子思,子思言"三统之义,夏得其正"的文字,以作为传文的补充。①

《月令》一篇,全取《礼记·月令》。

《乐制》一篇,先以《周礼·大宗伯》《大司乐》等职官中的文字,以及《左传》鲁隐公问羽数于众仲,《荀子·乐论》"声乐之象"一节,还有《白虎通·礼乐》"八音者何谓也"一节,又《国语》和《左传》昭公二十一年所记周景王问伶州鸠对以声乐之道,《史记·乐书》"太史公曰"之论。

在《乐记》一篇中,除了取《礼记·乐记》的文字之外,还有《淮南子·泰族》、黄石公《三略》、《左传·昭公元年》、《尚书大传》、《孔子家语》、《左传·襄公二十九年》、《孔子家语》、《吕氏春秋·古乐》当中有关雅颂之声、先王之乐、六律者何、乐所由来者等方面的议论和有关孔子学乐于师襄子、子路鼓琴、季札请观周乐等史事的记载。②

在《仪礼集传集注》的"王制"部分,作为王朝礼的重要内容,被划分为十个部分,亦即"甲分土、乙制国、丙王礼、丁王事、戊设官、己建侯、庚名器上、辛名器下、壬师田、癸刑辟"等十个单篇,在内容

---

① 《四库全书总目提要》在《夏小正戴氏传四卷》条下称:"宋傅崧卿撰。盖是书之分经传,自崧始。朱子作《仪礼经传通解》,以《夏小正》分析经传,实沿其例。"(中华书局1965年版,第175页)由此可见朱熹对当时礼家见解的吸收采纳。

② 以上自《觐礼》一篇至《乐记》,参见《仪礼集传集注》卷二十四至二十七,《文渊阁四库全书》,第13册,第422—496页。

以及取材上可以略举其例如下：

《分土》一篇，以《尚书·禹贡》《礼记·王制》《周礼·地官·大司徒》《周礼·夏官·职方氏》中有关天子（王）封邦建国设立诸侯的制度为经文。为传文者，分别取自《国语·周语》《孔丛子》《公羊传》《左传》、《韩诗外传》等。

《制国》一篇，先取《周礼》大司徒建邦国之法，量人、匠人之职，以《大戴礼记·明堂》《礼记·明堂位》言"明堂"者，及《周礼·内宰》之职为传文；后以《周礼·载师》《遂人》《大司徒》《小司徒》《冬官·匠人》等职文和《礼记·王制》中的土地田亩制度为经文，以《孔子家语》《孟子·滕文公上》《公羊传·宣公十五年》"公羊子曰"、"何休曰"、《国语·齐语》管仲与齐桓公言"处四民""制国"之法，《左传·襄公二十五年》"楚蒍掩维斯马，子木使庀赋"之事为传文。

《王礼》一篇，以《礼记·经解》"天子者，与天地参"、《周礼·秋官朝士注》"天子之礼有五门"、《周礼》朝士、小司徒、大仆、小宰等职文，以及《礼记·礼运》"宗祝在庙、三公在朝、三老在学"、《荀子·正论》"天子出户而巫觋有事"、《尚书大传·九共传》"古者天子必有四邻"、《尚书·立政》"周公作《立政》以戒成王"、《史记》《孝经》、《周礼·冢宰》、《荀子·王霸》等以为文，而没有经传的划分。

《王事》一篇，取《尚书·舜典》《礼记·王制》《尚书·周官》《周礼·秋官》大行人以下职官之职文，还有《孟子·梁惠王下》《孟子·告子下》《文子·上义》《礼记·祭义》"天子藉田千亩"，"天子诸侯公桑蚕室"、《祭统》、《国语·周语》、《国语·鲁语》、《周礼》太宰等之职，还有《礼记·王制》《新书·礼篇》《国语·楚语》《荀子·大略》《礼记·曲礼》《少仪》《穀梁传》《周礼·膳夫》《周礼·司服》《礼记·玉藻》《说苑》《孔子家语》《左传》《礼记·檀弓》，以上《王事》中所录皆是经传所记关于天子巡狩、诸侯述职、天子诸侯公桑蚕室、王行藉田之礼、王后亲织、天子诸侯财货赋敛、财用保障以及灾荒时节俭等方面的内容。

《设官》一篇，①以《左传·昭公十七年》所记黄帝设官之文为经，以其所记叔孙昭子问于郯子，仲尼闻之，见郯子而学的文字为传。②以《吕氏春秋·勿躬》所记古之为官者的职事为经，以其所言"此二十官者，圣王之所以治天下"之文为传。③以《礼记·王制》所记唐虞夏商建官设职、土地俸禄等文字为经，以《尚书大传·立政传》所记相关文字为传。④以《周礼·宗伯》《周礼·典命》《尚书·周官》所记各种官名、等列、执掌，还有《礼记·王制》百官执事为文，未出传文。

《建侯》一篇，①以《礼记·王制》"凡建邦国"之文为经，以《周礼》及郑玄注、《尚书·费誓》、《书大传》有关诸侯方域、宫门的文字为传。②以《周礼·春官·司几筵》《周礼·天官·冢宰》王命诸侯之礼、冢宰之职为经，以《左传·定公四年》周王分封史事、《尚书·牧誓》、《左传》言"司徒、司马、司空"之官者、《礼记·内则》"后王命冢宰"、《左传·成公十五年》记诸侯国职官等为传。③以《周礼》冢宰、大祝、大史之职为经文，以《礼记·玉藻》《春秋·鲁文公六年》《论语·八佾》《公羊传·文公六年》等有关诸侯告朔之文为传。④以《周礼》大宗伯、大司马、撢人、司服、典瑞、巾车等职文，及《尚书大传》所记诸侯为天子正职行事等文字为经，以《书·文侯之命》《国语·齐语》《书·大禹谟》《书·甘誓》《书·胤征》《左传》《礼记·王制》等所记有关天子赏赐、诸侯事天子的文字为传。⑤以《国语·楚语》《左传》《孝经》《论语》等有关诸侯之政为经，以约略《白虎通义·封公侯》《白虎通义·京师》《白虎通义·爵》等有关封诸侯之子的文字为传。

《名器》上、下两篇，①以《礼记·玉藻》《曲礼》中的称谓礼数，《礼记·玉藻》《深衣》中的冠冕服饰，《周礼》弁师、司服、追师等所掌冠冕服饰之职为经，以《家语》《玉藻》《深衣》等当中相应的文字为传；②以《周礼·大宗伯》《周礼·典瑞》《周礼·玉人》《荀子·大略》《礼记·杂记》《礼记·杂记》《礼记·玉藻》等有关礼器服饰的文字为经，以《礼记·聘义》的相关文字为传；③以《周礼·天官·屦人》《周礼·春官·巾车》《周礼·地官·掌节》等职官执掌车服器具的文字为经，以《礼记·明堂位》《春秋公羊传》等相关礼仪记事为传。

《师田》一篇，以《周礼》各种职官与军事活动有关的职文，以及《礼记·王制》《风后握机经》《司马法》《孔丛子·问军礼》《儒服》《礼记·曾子问》《少仪》等当中有关战阵、兵法、军礼等方面的内容。还有如《国语·齐语》《国语·晋语》《礼记·檀弓》《孔子家语·子贡问》《司马法》《礼记·王制》《诗经·车攻》注疏文、《春秋公羊传》、《国语·周语》、贾谊《新书》、《左传》有关田猎巡守等方面的文字。此篇没有经传的划分。

《刑辟》一篇，取《尚书·虞书》《周礼》有关刑罚司法等方面的文字，还有《尚书·吕刑》《国语·鲁语》《孔子家语·五刑》《荀子》《国语·周语》《孔丛子》《左传》所记有关刑法议论和历史事件以为文。[①]

由上可见，《仪礼集传集注》的"王制"部分广泛收录经、传、子、史的有关内容以为篇章。正是朱子编纂此《礼书》而设置王朝礼一目，遂为后世编修礼书者所效法。如元代马端临《文献通考》中列《王礼》一门即"盖本晦庵《仪礼经传通解》所谓王朝之礼也"[②]。

自《王朝礼》以下的各卷为丧礼和祭礼部分，是由黄榦、杨复续补完成的部分，以《仪礼经传通解续》名之。也就是说，朱熹生前所编撰或通览过的部分就到《王朝礼》为止，丧服、祭礼部分则在黄榦、杨复所撰《仪礼经传通解续》二十九卷中。其中黄榦所撰部分有：丧服、士丧礼（上、下）、士虞礼、丧大记（上、下）、卒哭祔练祥禫、补服、丧服变除、丧服制度、丧服义、丧通礼、丧变礼、丧礼义。杨复所撰部分有：仪礼丧服图式；祭礼：特牲馈食礼、少牢馈食礼、有司彻、诸侯迁庙、祭法、天神、地示、百神、宗庙（上、中、下）、因事之祭（上、下）、祭统（上、下）、祭物（上下）、祭义。

杨复在其《嘉定癸未刊仪礼经传通解续目录后序》《嘉定癸未刊仪礼经传通解续丧礼后序》《嘉定癸未刊仪礼经传通解续祭礼后序》《绍定癸未刊仪礼经传通解续修定本序》[③]等几篇文字中比较详细地叙述了《仪礼经传通解续》的编纂过程，特别是与朱熹一贯的礼学思想和宗旨的联系。

## 三 《仪礼经传通解》的主要特点及礼学价值

从以上对于《仪礼经传通解》内容的引述中，我们就已经可以直观地感觉到朱熹编撰此书的一些特点所在，也为我们理解此书的价值所在提供直接的线索，以下再加以概括地说明。

《仪礼经传通解》的内容主要包括几方面，一是篇章的设计，二是内

---

[①] 以上自《王制之甲·分土》至《王制之癸·刑辟》，参见《仪礼集传集注》卷二十八至三十七，《文渊阁四库全书》，第13册，第497—604页。

[②] 《文献通考自序》，第12页。

[③] 以上诸篇参见于《朱子全书·附录》，上海古籍出版社、安徽教育出版社2002年版，第3415—3421页。

容的编排，三是材料的选取，四是除注疏之外的注文。那么其特点也正体现在这些方面。

第一，在篇章设计上，《通解》并没有以《周礼·春官·大宗伯》中所称述的"吉、凶、宾、军、嘉"的"五礼"分类模式进行编排，尽管自汉晋以后，"吉、凶、宾、军、嘉"的"五礼"模式已经成为比较通行的礼学分类的基本模式，无论是在郑玄的《三礼注》，还是史书中的《礼志》，大多采用这样的模式；然而《通解》则是以家礼、乡礼、学礼、邦国礼、王朝礼、丧礼、祭礼的模式进行篇章编排的，这大体是对《仪礼》各篇进行分类之后而确定的模式，即以《士冠礼》《士昏礼》为家礼，以《士相见礼》《乡饮酒礼》《乡射礼》为乡礼，以《燕礼》《大射》《聘礼》《公食大夫礼》为邦国礼，以《觐礼》为王朝礼，以《丧服》《士丧礼》《士虞礼》归于丧礼，以《特牲馈食礼》《少牢馈食礼》《有司彻》归于祭礼。这和东汉的郑玄开始将《仪礼》各章分别归于五礼系统的思路全然不同。除了学礼、丧礼、祭礼三个方面的礼仪在施礼范围上有其特殊性之外，似乎可以说，《通解》以家、乡、邦国、王朝这样的施礼范围来划分礼仪类别，显然与朱熹承继《礼记·大学》"修齐治平"的政治理想模式有着内在的联系。也可以看出如我们以前研究所概括的家族伦理、社会伦理、政治伦理等不同组织层面上的礼仪表现。

第二，在内容编排上，《通解》各篇大多以"经"、"传"（或"记"）、"注"三方面的内容成篇。诚如前引元代方回《读朱文公礼仪经传跋》所言："有《仪礼》以为之经，而诸书之不出于《仪礼》者，亦揭之以为经，低一字而书之者为之传，有注或疏，间断以己见。"也就是说，对于《仪礼》诸篇，以及所附《礼记》的相应内容，《通解》一书是分为经、传而各录其原文，随文而对其中的一些文字加以训诂，接着随文记录郑玄注、贾公彦疏、孔颖达疏，然后又以"今按""今详"的形式对汉唐注疏加以评点、申述或补充。对于根据篇章设计所创设的一些篇章，如《内治》《五宗》《亲属记》等一类，也同样是有经有传。作为经文，有取材于《周礼》者，随文而对其中的一些文字加以训诂，并随文记录郑玄注而有所删削（如引纬书的内容），并加按语加以评点、申述或补充；有取材于《大戴礼记》者，在按语中或以贾谊《新书》校证之；有取材于《尚书大传》者，亦录郑玄注；还有直接取材于贾谊《新书》者。作为传文，有取材于《国语》者，则随文记录韦昭注；有取材于

《礼记》者,则与附于《仪礼》者相同形式注解;有取材于《尔雅》者,则随文记录郭璞注,并以《白虎通义·三纲六纪》的文字为传,如此等等。

第三,同样属于编撰形式上的特点,就是对于《仪礼》所记录的各种程式仪节,《通解》进一步有所条理化,以《士冠礼》《士昏礼》两篇为例,这主要体现在:

(1)《通解》在各种程式仪节后以"右……",即如同今天说"以上属某仪节"那样表示出其节目。比如《士冠礼》,就分别标出"筮日""戒宾""筮宾""宿宾""为期""陈器服""即位""迎宾""始加""再加""三加""醴冠者""冠者见母""字冠者""宾出就次""冠者见兄弟姑姊妹""奠挚于君及乡大夫乡先生""醴宾"。而且到此以"今按"明确指出,自"醴宾"以上,"正礼已具,以下皆礼之变"。其中包括"醮""杀""孤子冠""庶子冠""母不在"等情形。如此一来,使读《礼》者可以简明地了解其中的仪节名目和程序,便于学习和操作。又如《士昏礼》的仪节有,纳采、问名、醴宾、纳吉、纳征、请期、陈器馔、亲迎、妇至、妇见、醴妇、妇馈、飨妇、飨送者,在此以下《通解》又根据《仪礼》记补上婚后三月的"祭行""奠菜",以及"婿见妇之父母"的仪节。

(2) 与《冠礼》的处理方式不同,《通解》除了将《仪礼·士昏礼》原篇末所附的辞令分别融入具体的仪节之中,而且在自"纳采"以下,《通解》还将原篇末所附《记》中的仪节性内容,也附加在具体的仪节之后,其以"今按"称:"记文本附全经之后,今以辞例分以附于本章之左。"此外,如《士冠礼》,《通解》将原本记录在篇后的交接辞令,如主宾相见时的应对辞,加冠时的祝辞,祝酒时的醴辞、醮辞,起字时的字辞等紧附于具体的仪节之后,这样仪节程序的整体性得以体现出来。

(3) 在《仪礼·士冠礼》中,没有女子笄礼的内容,《通解》则以《礼记·杂记》的相关内容包括注疏而补上,这样,作为家礼的男女成人礼仪的内容得到全面体现。而原本《仪礼·士冠礼》篇末附有记的内容,《通解》则说:"今考之,皆见于《家语·邾隐公》篇,而彼详此略,故今于此删去,而取彼文修润以附《冠义》记。"[①]《通解》增删的尺度在

---

[①] 《仪礼经传通解》卷一,《文渊阁四库全书》,第13册,第26页。

于礼仪篇章的完整性上。

第四，不拘于《仪礼》十七篇篇目的内容，突破经传的界限分别，贯通三礼，融会诸子史书，扩大古礼文献资料和解说材料的选取范围，从而以经补经、以传补经、以经补传、以子书补经、以史补传，就成为《通解》一书的最突出特点。而且，在注文上也同样广泛吸收当世礼家的见解以为补充。具体而言：

（1）正如清儒所说："朱子作《仪礼经传通解》，虽列附《礼记》而仍以《仪礼》为主，不过引经证经。"① 《通解》正文在全录《仪礼》经文的基础上，又广泛采择《周礼》《礼记》以及其他经传史集诸子等文献中有关礼仪制度的内容，或作为经文，或作为传文。一方面，在传统意义上，三礼之中《仪礼》为礼经，经中有记，《礼记》为传记，其中也有经（如投壶），《周礼》则别为一书，唐宋时，礼的经传地位发生很大变化，三礼均立为经，有大经、中经之分。另一方面，在朱熹论礼的言论中可知，其基本上是以《仪礼》为经，以《礼记》为传，认为《周礼》别为一书的。然而在《通解》的文字所体现的情形来看，除了以《仪礼》为经的内容没有改变，其他则完全打通了其经传的界限区分，还包括《左传》《国语》《战国策》《史记》《汉书》《资治通鉴》《通典》《论语》《孟子》《荀子》《吕氏春秋》《淮南子》《新书》《尚书大传》《大戴礼记》《白虎通义》《说苑》《新序》《家语》《孔丛子》等当中的文字，有的为经文，有的为传文。归属的标准全在于内容的性质。

（2）作为以经补经的例子，如《亲属记》一篇，即以《尔雅·释亲》为经，全录其文字，以明父系、母系、妻系的亲属之称谓，以《白虎通义》为传，取其《三纲六纪》之五章中的文字，以明确有关称谓的意义所在。早在唐代文宗开成年间，就已经增列《尔雅》于经中，所以这里可以说是《通解》以经补经的一个范例。再如《内治》篇，分别以《昏义》中的天子、后宫外内之治，《周礼》中的内宰、九嫔之职，《大戴礼记》"谨为子孙娶妇"，《尚书大传》"古者后夫人侍君"，《大戴礼记》"胎教"，贾谊《新书》，以《国语·周语》《礼记·哀公问》《列女传》等为传。

（3）《通解》在注文方面，一方面保留了汉唐注疏的内容，特别是对

---

① 《四库总目提要·三礼编绎》条，第494页。

郑玄《三礼注》的全文照录，被后人看作是朱子"服膺郑学"的体现①。同时又多有评说、疑义和申述，常称"疏说恐非""疏说非""疑孔说是"等，并且吸收和称引当时礼家之言见解，如称引"程子曰""陈氏曰""陆氏说为是""张子曰"，就是对诸如陆佃、吕大临、张载、陈祥道、程子、张淳、吕希哲等宋代学者的观点有所吸收。很显然，朱熹是以自己的礼学判断对前人的见解与说法加以辨析和继承的。

最后，朱子所撰《仪礼经传通解》一书，对后来元明清的礼学发展有很大的影响。一方面，在礼书的编纂方法上，如江永（1681—1762）《礼书纲目序》评论朱子《仪礼经传通解》说："其编类之法，因事而立篇目，分章以附传记，宏纲细目，于是粲然，秦汉而下未有此书也。"②又如陈澧（1810—1882）《东塾读书记》称朱熹的《仪礼经传通解》是"大有功于《仪礼》"，并指出"自朱熹创此法，后来莫不由之矣"③。清代的几部礼学著作如徐乾学的《读礼通考》、江永的《礼书纲目》、秦蕙田的《五礼通考》，"虽规模组织不能尽同于《通解》，而大体上，则均由《通解》脱胎者也"④。

另一方面，在此礼书的功能方面，如清儒陆陇其（1630—1692）《三鱼堂文集·四礼辑宜序》中说："儒者言礼，详则有朱子《仪礼经传通解》，约则有朱子《家礼》，是二书者，万世规矩准绳也，人道之纲纪备矣。"⑤又如《清朝续文献通考》所说：《仪礼经传通解》一书，"范围乎国事民事者为最广，家有家礼，乡有乡礼，学有学礼，邦国之际，王朝之上，莫不有礼，通五礼之目，而仍类别为五，所以辨等差至严也，所以画权限至晰也。准诸《大学》之絜矩，其揆有若合符定。"⑥也就是说，《仪礼经传通解》一书不仅保留了到朱子以前古代及后世有关礼仪与

---

① 清儒胡培翚说："有宋朱子，尤服膺郑学。……所作《仪礼经传通解》，全录郑注。"（《研六室文钞》卷八，《汉北海郑公生日祭于万柳堂记》，清光绪四年刊本）参见《续修四库全书》，第1507册，第451页。
② 《文渊阁四库全书》本《礼书纲目》，上海古籍出版社1987年版，第133册，第43页。
③ 生活·读书·新知三联书店1998年版，第140页。
④ 白寿彝：《〈仪礼经传通解〉考证》，《白寿彝史学论集》，第1041页；钱穆：《朱子新学案》，第13443、1344页。
⑤ 《文渊阁四库全书》本《三鱼堂文集》卷八，上海古籍出版社1987年版，第1325册，第128页。
⑥ 《清朝续文献通考》，卷一百二十二《职官》，浙江古籍出版社2000年版，第8820页下。

礼义、制度与观念、原典与解说等多方面的礼学材料，同时还有如《礼记·大学》的"修、齐、治、平"之道的精神主旨。那么，在我们今天认识和理解以《仪礼经传通解》为代表的古代礼学发展和演变的历史时，这两方面的价值都是不容忽视的。

## 第五节　朱子《家礼》的礼学价值、传播和历史影响

在中国古代传统的宗法社会生活中，"家"是由人们的个体以血缘和婚姻的形式所组成的一种存在和延续的最基本的单元。中国古代的"家"，大到几世同堂，小到数口之家，聚家而成族，同姓而为宗。传统社会的家庭成员，一般以夫妻、父母子女、兄弟姊妹、公婆媳妇以至祖孙等的身份关系而存在。因此，自古以来，如何维系家庭生活的和谐稳定，是人们普遍关注的伦理问题和法律问题。作为一种秩序的表现和维护秩序的手段的"礼"，成为古代中国人解决有关"家"的问题的观念依据和文本依据，如果从礼的实施范围来说，当然就称为家礼。

在朱子的礼学著述当中，以文本形式而论，以详尽简约而分，除了《仪礼经传通解》之外，就是《家礼》一书，也称《文公家礼》，其对后世的宗法家族社会生活有着极其深远的影响。作为朱熹的礼学及其思想载体之一的《家礼》一书，诚如清儒陆陇其（1630—1692）《三鱼堂文集·四礼辑宜序》中所说："儒者言礼，详则有朱子《仪礼经传通解》，约则有朱子《家礼》，是二书者，万世规矩准绳也，人道之纲纪备矣。"朱子晚年曾对弟子自述其年轻时考订家礼的经历说："某自十四岁而孤，十六而免丧。是时祭祀，只依家中旧礼，礼文虽未备，却甚齐整。先妣执祭事甚虔。及某年十七、八，方考订得诸家礼，礼文稍备。"（《朱子语类》卷九十）由此可知，朱子最早就是从家礼的活动中开始关注礼文的，并且对当时流行的诸家礼文进行考订。钱穆认为此条正可以作为辨析《朱子家礼》之真伪的依据。[①]

---

[①] 《朱子新学案》，巴蜀书社1986年版，第1349页。

## 一　礼的著述渊源及朱子《家礼》的真伪问题

章太炎在《国学讲演录·史学略说》中讲到古代礼书分类时说："仪注，以《汉旧仪》为首。《汉旧仪》卫宏所作，记当时礼制，今已残缺，本亦不甚详也。六朝时礼书甚多、今皆散佚，唐《开元礼》亦不存，惟《会典》中略引数条，宋《太常因革礼》犹存，明有《集礼》，清有《大清通礼》，皆仪注类也。《汉旧仪》但记朝廷之礼，《开元礼》则稍及民间杂礼。其专讲民间冠婚丧祭者，有《书仪》一类（《书仪》亦入仪注，始作者刘宋王弘，晋王导之孙也）。《文公家礼》亦其属也。家礼，六朝时已有之，或曰书仪，或曰家礼，名目异耳。"①

朱子《家礼》一书，著录于《宋史·艺文志》有"朱熹《家礼》一卷"。一方面，传本《家礼》在宋元明清时期的社会生活中有着广泛的影响，受到士大夫和民间百姓的普遍遵行，乃至传到朝鲜半岛；另一方面，元明间及其以后，《家礼》一书是否朱熹所著在学术界引发出疑议和考辨，成为研究朱子学术及其思想不可回避的问题。

就传本《家礼》所引发的疑议和考辨的问题来说，实源自于《家礼》一书在朱子生前有一个失而复得的经历。因此，自元朝至正年间有武林应氏作《家礼辨》，对朱子生前是否撰成此书提出疑议，之后清人王懋竑在《朱子年谱考异》和《家礼考》中更详加论辩称"《家礼》非朱子之书"，之后又《四库全书总目提要》作者承袭应氏、王氏之说，认为"是书之不出朱子，可灼然无疑"。在这期间，明代的邱濬作《家礼仪节》、清代的夏炘《述朱质疑·跋家礼》，分别对应氏、王氏之说提出反驳，确信《家礼》为朱子所编著。至近人学者如钱穆、高明（仲华）、陈来、束景南、杨志刚、蔡方鹿，韩国学者卢仁淑等②，均在论著和文章中对此问题加以考论，确认《家礼》是朱子所作，几成共识和公论。

---

① 中华书局2013年版，第203页。
② 以上先行研究参见：钱穆《朱子新学案》，巴蜀书社1986年版；高明《朱子的礼学》，《辅仁学志》1982年第11期；陈来《朱子〈家礼〉真伪考议》，《北京大学学报》（哲学社会科学版）1989年第3期；束景南《朱子〈家礼〉真伪辨》，《朱子学刊》1993年第1辑，黄山书社1993年版；杨志刚《〈朱子家礼〉：民间通用礼》，《传统文化与现代化》1994年第4期。蔡方鹿《朱熹经学与中国经学》，人民出版社2004年版；［韩］卢仁淑《朱子家礼与韩国之礼学》，人民文学出版社2000年版。

## 第五章　朱熹的礼学及其思想

对于上述宋以后学者的疑议和考辨及今人论述，这里不再作详细赘述。只就学者确认《家礼》是朱子所作的几个要点稍加叙述。

一是朱子作《家礼序》，证明朱子曾作《家礼》一书。二是朱门弟子在朱子生前便知此书"草定"，当此书抄本被寺庙僧童窃去，后来又在别处出现时，经过朱门弟子确认。

周复《家礼附录》记有：

> 李方子曰："乾道五年（1169）九月，先生丁母祝令人忧，居丧尽礼，参酌古今，因成丧葬祭礼，又推之于冠昏共为一编，命曰《家礼》。"
>
> 黄㽦曰："先生即成《家礼》，为一行童窃以逃，先生易箦，其书始出，今行于世。"
>
> 陈淳曰："嘉定辛未岁（四年，1211），过温陵，先生季子敬之倅郡，出示《家礼》一编，云：此往年僧寺所亡本也，有士人录之，会先生葬日携来，因得之。"①
>
> 杨复曰："《家礼》始成而失之，不及再加考订，先生既没而书始出。愚尝窃取先生后来之考订议论，以与朋友共参考云。"②

以上数条足见朱子作《家礼》且失而复得的过程。此外，李性传《饶州刊朱子语续录后序》中说："先生《家礼》成于乾道庚寅"，"《家礼》编成而逸，既殁而其书出，与晚岁之说不合，先生盖未尝为学者道也"③。

---

① 见王懋竑《朱子年谱考异》卷一，《朱熹年谱》，中华书局1998年版，第314页。又陈淳所言参见《北溪先生全集》中《代陈宪跋家礼》和《家礼跋》。

② 淳祐五年乙巳岁二月既望上饶周复《家礼附录》见于《文渊阁四库全书》本《家礼》所附。上海古籍出版社1987年版，第142册，第579页。周复在卷末书云："右文公门人三山杨复所附注于逐条之下者，可谓有功于《家礼》矣。复别出之以附于书之后，恐其间断文公本书也。抑文公此书欲简便而易行，故与《仪礼》或有不同，其所同者又不能无详略之异。杨氏往往多不满之意，复窃谓：'《仪礼》存乎古，《家礼》通于今，《仪礼》备其详，《家礼》居其要，盖并行而不相悖也。故文公虽著《家礼》而尤拳拳于编集《仪礼》之书，遗命治丧必令参酌《仪礼》、《书仪》而行之，其意盖可见矣。'好古而欲尽礼者，固有《仪礼》在，杨氏之说有不得而尽录云。"（上海古籍出版社1987年版，第142册，第590页）

③ 见《朱子语类》（中华书局1986年版）所收。

再有，就是《家礼序》所体现的朱子作《家礼》的意旨所在。《家礼序》云：

> 凡礼，有本有文，自其施于家者言之，则名分之守、爱敬之实，其本也。冠婚丧祭、仪章度数者，其文也。其本者有家日用之常礼，固不可以一日而不修。其文又皆所以纪纲人道之始终，虽其行之有时，施之有所，然非讲之素明，习之素熟，则其临事之际，亦无以合宜而应节，是亦不可以一日而不讲且习焉者也。三代之际，礼经备矣。然其存于今者，宫庐器服之制，出入起居之节，皆已不宜于世。世之君子，虽或酌以古今之变，更为一时之法，然亦或详或略，无所折中，至或遗其本而务其末，缓于实而急于文。自有志好礼之士，犹或不能举其要而因于贫窭者，尤患其终不能有以及于礼也。熹之愚，盖两病焉。是以尝独究观古今之籍，因其大体之不可变者而少加损益于其间，以为一家之书。大抵谨名分、崇爱敬以为之本，至其施行之际，则又略浮文，务本实，以窃自附于孔子从先进之遗意。诚愿得与同志之士熟讲而勉行之，庶几古人所以修身齐家之道，谨终追远之心，犹可以复见，而于国家所以崇化导民之意，亦或有小补云。①

由以上可知，朱子认为，就礼之施于家者而言，其根本在于"名分之守、爱敬之实"的家族伦理，其形式在于"冠婚丧祭、仪章度数"的礼仪规范，因此"有家日用之常礼，固不可以一日而不修文"，可是古礼之存于当时者，如"宫庐器服之制，出入起居之节"，"皆已不宜于世"，尽管有"世之君子""有志好礼之士"在将古礼加以整顿以应当时之需的方面有所努力，"或酌以古今之变，更为一时之法"，但是终不免于"或详或略，无所折中，至或遗其本而务其末，缓于实而急于文"，"或不能举其要而因于贫窭者""终不能有以及于礼也"。那么，朱子亲自着手编撰《家礼》一书，为的就是给当时的士庶家庭的礼仪生活提供一个能够"行之有时""施之有所""讲之素明""习之素熟""临事之际""合宜而应节"的礼仪范本。最终，承袭和发展"古人所以修身齐家之道"，才

---

① 《文渊阁四库全书》本《家礼》。

是朱子作《家礼》一书的出发点和归结点。

实际上，一方面，传于后世的《朱子家礼》中所包含的理念和仪规，无论对于皇家朝廷，还是对于士大夫庶民的礼仪生活，都有着广泛和深远的影响，甚至可以说其文本作者的真实性已经不再重要，至多是吸引着学者的注意力，而在现实生活中，其文本的存在已经化为一种实际存在的价值取向，对这种价值取向的确信和奉行成为对其本文关注和解读的意义所在，当对文本价值的确信程度超过对其作者是谁的确信程度的时候，其影响力也就真正显现出来。另一方面，更值得关注的是《家礼》一书与朱子礼学的内在联系，以及其对古代家族礼仪生活的规范性概括，和对当时相类似的礼书的吸收和整合。如朱熹在绍熙甲寅（绍熙五年，1194）八月所作《跋三家礼范》中说："礼废久矣，士大夫幼而未尝习于身，是以长而无以行于家。长而无以行于家，是以进而无以议于朝廷，施于郡县，退而无以教于闾里，传之子孙，而莫或知其职之不修也。"又说："程、张之言犹颇未具，独司马氏为成书。"① 由此我们知道，对于司马光所著《书仪》，朱子十分看重，其所著《家礼》也就是以此为蓝本的。同时，《家礼》对于程、张等人礼学见解的借鉴也有很多，诚如杨复所言："初，先生所定家、乡、邦国、王朝礼，专以《仪礼》为经。及自述《家礼》，则又通之以古今之宜。故冠礼则多取司马氏，婚礼则参诸司马氏、程氏；丧礼本之司马氏，后又以高氏之书为最善。及论祔迁，则取横渠遗命，治丧则以《书仪》疏略而用《仪礼》。祭礼兼用司马氏、程氏，而先后所见又有不同，节祠则以韩魏公所行者为法。若夫明大宗小宗之法，以寓爱礼存羊之意，此又《家礼》之大义所系，盖诸书所未暇及，而先生于此尤拳拳也。"② 由此说明，《家礼》一书中，既有对宋代礼学诸家学说的吸收采纳，又有朱子自己的关注点所在。那就是对家长制宗法家族生活所做的最基本的规范。就《家礼》仪规的取向而言，钱穆在《朱子新学案》中则指出："朱子言义理尊二程，而于温公与二程两家所定家礼，则多主从温公，亦见大贤用心之持平。"也可以说，在礼学的思想与仪规两个方面，朱子对于先贤之说是各取其所长的。

对《书仪》一类私家礼书文本的历史，《四库全书总目提要》说：

---

① 《朱熹集》卷八十三，第 7 册，第 4284 页。
② 《文献通考》卷一百八十八，中华书局 2011 年版，第 5496 页。

考《隋书·经籍志》，谢元有内、外《书仪》四卷，蔡超有《书仪》二卷，以至王宏、王俭、唐瑾皆有此著。又有《妇人书仪》八卷、《僧家书仪》五卷。盖《书仪》者，古私家仪注之通名。《崇文总目》载唐裴茝、郑余庆，宋杜有晋、刘岳尚，皆用斯目。光是书亦从旧称也。凡表奏、公文、私书、家书式一卷，冠仪一卷，婚仪二卷，丧礼六卷。朱子《语录》胡叔器问四先生礼，朱子谓二程与横渠多是古礼，温公则大抵本《仪礼》而参以今之所可行者。要之温公较稳，其中与古不甚远，是七分好。又与蔡元定书曰，祭仪只是于温公《书仪》内少增损之云云。则朱子固甚重此书。后朱子所修《祭仪》为人窃去，其稿不传，则此书为礼家之典型矣。①

朱子礼学对司马光的著述多有看重和借鉴，还有可证之言。如《朱子文集》卷三十六《答陆子寿》中详辨祔礼，也是主从《书仪》，其中说道：

故温公《书仪》虽记孔子之言，而卒从《仪礼》之制。盖其意谨于阙疑，以为既不得其节文之详，虽孔子之言亦有所不敢从耳。程子之说意亦甚善，然郑氏说……，则是古人之祔固非遂彻几筵，程子于此恐其考之未详也。《开元礼》之说，则高氏既非之矣。……恐不若且从《仪礼》、温公之说，次序节文亦自曲有精意。……则必不得已而从高氏之说。②

元代虞集《道园学古录》卷十一《跋叶振卿丧礼会纪后》有云："所谓《家礼》者，因司马氏之说而粗加檃括，特未成书而世已传之。其门人杨氏以其师之遗意为之记注者，盖以补其阙也。"③ 又元郑泳《郑氏家仪序》说："近代有四先生礼，当时朱子已谓二程、横渠，多是古礼难

---

① 《四库全书总目提要·书仪》条，中华书局1965年版，第180页。
② 《朱熹集》卷三十六，第6册，第1564页。
③ 《文渊阁四库全书》，第1207册，第177页。

行。温公本《仪礼》而参以今之可行者，所以《家礼》多用《书仪》。"①这些都特别说明了朱子《家礼》与司马光《书仪》的内在联系。

我们知道，家礼，本是以家庭为单位所实行的礼仪规范，但却有着王家、皇家与士庶之家的分别。《周礼·春官》中有"家宗人掌家祭祀之礼，……掌家礼与其衣服宫室车旗之禁令"。这里所说的"家"，显然是指古代的"王家"或者"皇家"。《周礼·春官》肆师之职有"凡卿大夫之丧，相其礼"，宋代易被称："非相其家礼，相其国之丧礼而职丧听之者也。"②其中就提到了家礼和国礼的分别。再有，明代学者娄谅作《三礼订讹》四十卷，认为"《周礼》皆天子之礼，为国礼。《仪礼》皆公卿大夫士庶人之礼，为家礼。以《礼记》为二经之传，分附各篇，如《冠礼》附《冠义》之类"③。可见，娄谅是以《仪礼》作为行于公卿大夫士庶人之家的礼仪规范，这与朱子编撰《仪礼经传通解》而分为家礼、学礼、乡礼、邦国礼、王朝礼的理解是一致的。还有明代柯尚迁撰《周礼全经释原》卷五在解释《周礼·党正》"凡其党之祭祀、丧纪、昏冠饮酒，教其礼事，掌其戒禁"一句时说："党中婚冠丧祭饮酒之礼，皆党正教之。盖民者，冥也，非教则不明。古者民间之礼，无不自上教之，且戒禁之，此风俗所以淳美也。夫射饮相见，固乡礼也；而冠昏丧祭，则家礼也，自党以下家礼无不教之。"④其中提到乡礼和家礼的分别，又在同书所附《周礼通今续论》中说："家礼则冠婚丧祭四礼，程、朱已有成书。"⑤可以说，家礼在后人的意识中，就是涉及士庶家庭冠婚丧祭礼仪生活的规范和模式。

那么，朱子编撰《家礼》一书无非就是要为士庶之家确定一个远则如《仪礼》、近则如司马光《书仪》《家范》那样的礼仪规范文本。此文本一出，也确实深得以后元明时代的家族社会生活所重视和采用，其影响也超出了古老的《仪礼》和司马光的《书仪》《家范》。

---

① 《四库全书存目丛书》，经114册，第388、389页。
② 《周官总义》卷十二，《文渊阁四库全书》，第92册，第410页。
③ 《明史》卷一百七十一《儒林二》，中华书局1974年版，第7263页。
④ 《文渊阁四库全书》，第96册，第657页。
⑤ 《文渊阁四库全书》，第96册，第1041页。

## 二　朱子《家礼》的基本内容及其道德价值观的体现

朱子《家礼》一共有五卷，卷一为通礼、司马氏居家杂仪、深衣制度；卷二至卷五分别为冠、婚、丧、祭四礼，全书的基本内容在列出各种涉及家族生活的仪规仪节之外，更集中体现出朱子所认同和倡导的道德价值观，透露出朱子为以礼仪规范来匡正世俗，也就是化礼为俗所做的一种努力。

（一）立祠堂，尊祖敬宗，报本反始

尽管冠婚丧祭四礼都是士庶家庭生活"日用之常礼"，但是朱子《家礼》还是有主次之分的，在《家礼》卷一即其开篇就以"通礼"为目，首先将祭祀之礼中的"祠堂"一节列于卷首，并在"通礼"目下说："此篇所著皆所谓有家日用之常礼，不可一日而不修者。"① 而又在"祠堂"目下申明：

> 此章本合在祭礼篇，今以报本反始之心，尊祖敬宗之意，实有家名分之首，所以开业传世之本也，故特著此冠于篇端，使览者知所以先立乎其大者，而凡后篇所以周旋升降出入向背之曲折，亦有所据以考焉。然古之庙制不见于经，且今士庶人之间亦有所不得为者，故特以祠堂名之，而其制度已多用俗礼云。②

在具体内容上，其所谓"君子将营宫室，先立祠堂于正寝之东"显然是远承《礼记·曲礼》的"君子将营宫室，宗庙为先"的古训，以致敬重先祖、报本反始之意。随后，朱子以小字对祠堂之建筑要求有进一步的说明。

在祠堂建好之后，还要"为四龛以奉先世神主""旁亲之无后者以其班祔"，也就是将祖宗的牌位摆放其中加以供奉。其他如"置祭田""具祭器"也是不能缺少的事项，祭田由宗子主之以给祭用③，"皆立约闻官，

---

① 《文渊阁四库全书》，第 142 册，第 531 页。
② 《文渊阁四库全书》，第 142 册，第 531 页。
③ 关于祭田的置办，朱子有言："初立祠堂则计见田，每龛取其二十之一以为祭田；亲尽则以为墓田，后凡正位祔者皆放此。……上世初未置田，则合墓下子孙之田计数而割之。"（《文渊阁四库全书》，第 142 册，第 531 页）

不得典卖"。

对于祠堂中所供奉的祖宗牌位，家族主人（宗子）要"晨谒于大门之内"，而且"出入必告""正至朔望则参""俗节则献以时食""有事则告"，"或有水火盗贼，则先救祠堂，迁神主、遗书，次及祭器，然后及家财"，"易世则改题主而递迁之"。由此，具有祖先崇拜意味的传统宗教信仰的仪规得以显现出来。

（二）以家族伦理为核心的礼仪规范

朱子《家礼》卷一中收录了《司马氏居家杂仪》的内容①，并且有所说明："此章本在昏礼之后，今按此乃家居平日之事，所以正伦理、笃恩爱者，其本皆在于此，必能行此，然后其仪章度数有可观焉。不然，则节文虽具，而本实无取，君子所不贵也。故亦列于首篇，使览者之所先焉。"② 若细加考之，可以知道，《司马氏居家杂仪》的内容大多出自《礼记》的《曲礼》《内则》《少仪》等篇，还有《颜氏家训》的内容，是经过细致整理而适应当时家族生活的礼仪规范之集成。其中对家长、子女、仆妾的行为均有规范，还有关于子女早期教育等内容。

首先，《司马氏居家杂仪》所规范，朱子《家礼》所认同的诸多礼仪规范，针对的是传统家长制的家族生活，家长在家族当中有着相对特殊的地位和权利，其表现也是多方面的。作为一家之长的人，担负着掌管整个家庭各项生活的责任，所以"凡为家长，必谨守礼法以御群子弟及家众，分之以职，授之以事"，"责其成功，制财用之节，量入以为出，称家之有无，以给上下之衣食及吉凶之费，皆有品节而莫不均壹，裁省冗费，禁止奢华，常顺稍存赢余以备不虞"。为了体现家长这一家之尊的地位，"凡诸卑幼，事无大小，毋得专行，必咨禀于家长"③。这也是传统家庭宗法家长制性质的一种表现。

其次，长幼有序，是家族日常生活所遵行的礼仪规范，因此，如下两段的礼仪程序，正是一种有序性礼仪场景的生动写照，比如："凡节序，及非时家宴，上寿于家长，卑幼盛服序立，如朔望之仪，先再拜子弟之最长者，一人进立于家长之前，幼者一人措笏、执酒盏立于其左，

---

① 《居家杂仪》为司马光《书仪·婚仪下》章中的文字。
② 《文渊阁四库全书》，第142册，第534页。
③ 《文渊阁四库全书》，第142册，第534页。

一人揖笏、执酒注立于其右，长者揖笏、跪斟酒，祝曰：伏愿某官，备膺五福，保族宜家。尊长饮毕，授幼者盏注反其故处。长者出笏，俛伏兴退，与卑幼皆再拜。家长命诸卑幼坐，皆再拜而坐。家长命侍者徧酢诸卑幼，诸卑幼皆起，序立如前，俱再拜就坐。饮讫，家长命易服，皆退，易便服，还复就坐。"① 又如，"吾家同居，宗族众多，冬正朔望聚于堂上（此假设南面之堂，若宅舍异制，临时从宜），丈夫处左西上，妇人处右东上（左右谓家长之左右），皆北向，共为一列，各以长幼为序（妇以夫之长幼为序，不以身之长幼为序），共拜家长，毕，长兄立于门之左，长姊立于门之右，皆南向。诸弟妹以次拜讫，各就列，丈夫西上，妇人东上，共受，毕，幼拜（以宗族多，若人人致拜则不胜烦劳，故同列共受之），受拜讫，先退，后辈立受拜于门东西，如前辈之仪。若卑幼自远方至，见尊长，遇尊长三人以上同处者，先共再拜，叙寒暄，问起居，讫，又三再拜而止"②。对于外姓亲属成员，礼仪有所不同，如"凡受女婿及外甥拜，立而扶之，外孙则立而受之可也"③。

再有，尊长敬老，是家族中处于卑幼地位的成员所要遵行的。因此，"凡卑幼于尊长晨亦省问，夜亦安置（丈夫唱喏，妇人道万福安置）。坐而尊长过之，则起。出遇尊长于涂，则下马。不见尊长，经再宿以上则再拜。五宿以上则四拜。贺冬至正旦六拜，朔望四拜。凡拜数，或尊长临时减而止之，则从尊长之命"④。还有，别内外男女之分，也是家族生活中必须加以规范的，因此，"凡为宫室必辨内外，深宫固门，内外不共井，不共浴室，不共厕。男治外事，女治内事，男子昼无故不处私室，妇人无故不窥中门。男子夜行以烛，妇人有故出中门，必拥蔽其面（如盖头、面帽之类）"⑤。

此外，主仆关系是传统的大家庭生活中比较突出的关系存在，所以对仆妾的行为规范，是维系大家庭生活稳定的重要方面。即"内外仆妾，惟主人之命各从其事以供百役"，早起晚睡，各有分工，"凡男仆有忠信可任者重其禄，能干家事次之"；"凡女仆年满不愿留者纵之，勤旧少过

---

① 《文渊阁四库全书》，第142册，第537页。
② 《文渊阁四库全书》，第142册，第536页。
③ 《文渊阁四库全书》，第142册，第537页。
④ 《文渊阁四库全书》，第142册，第536页。
⑤ 《文渊阁四库全书》，第142册，第536页。

者资而嫁之"。对于男仆中的"专务欺诈，背公徇私，屡为盗窃，弄权犯上"者，女仆中的"两面二舌，饰虚造谗，离间骨肉"，"屡为盗窃"，"放荡不谨"，"有离叛之志"者，皆逐之。①

以上都是体现在传统家族生活方面的原则性礼仪规范，集中体现着传统的家族伦理精神。

（三）对家庭生活中作为子女者的具体礼仪规范

父母与子女、媳妇之间的关系，体现得最为突出，所以针对子女的规范也最为繁多和细致。除了在家庭财产方面的规范，所谓"凡为子为妇者，毋得蓄私财，俸禄及田宅所入尽归之父母舅姑，当用则请而用之，不敢私假，不敢私与"②，"凡为人子弟者，不敢以贵富加于父兄宗族（加谓恃其富贵不率卑幼之礼）"③之外，日常生活方面的规范细致纷繁，不仅早请安，晚问安，"居闲无事待于父母舅姑之所"，其他如"容貌必恭，执事必谨，言语应对必下气怡声，出入起居必谨扶卫之"。特别是父母之命，必须有所记录，时刻惦记，迅速办理。如果"所命有不可行者，则和色柔声，具是非利害而白之，待父母之许然后改之；若不许，苟于事无大害者，亦当曲从。若以父母之命为非而直行己志，虽所执皆是，犹为不顺之子"。当父母有过，须"下气怡色柔声"加以劝谏，乃至复谏，若父母不悦，与其得罪于乡党州闾，则毋宁熟谏。即使父母怒不悦而挞之流血，不敢疾怨，起敬起孝。④还有，凡父母舅姑有疾病时，子妇无故不离侧，要亲调尝药饵而供之。父母有疾，子色不满容，不戏笑，不宴游，舍置余事，专以迎医检方合药为务，疾已复初。⑤此外，"凡子事父母，父母所爱亦当爱之，所敬亦当敬之"。"乐其心不违其志，乐其耳目，安其寝处，以其饮食忠养之。"最后，"凡子妇未敬未孝不可遽，有憎疾"者，经过教之、怒之、笞之，"终不改，则子放妇出"。又"子甚宜其妻，父母不悦，出。子不宜其妻，父母曰是善事我子。行夫妇之礼焉，没身不衰"⑥。

---

① 《文渊阁四库全书》，第142册，第538页。
② 《文渊阁四库全书》，第142册，第534页。
③ 《文渊阁四库全书》，第142册，第535页。
④ 《文渊阁四库全书》，第142册，第535页。
⑤ 《文渊阁四库全书》，第142册，第536页。
⑥ 《文渊阁四库全书》，第142册，第536页。

## （四）有关子女的早期教育问题

在朱子《家礼》所录《司马氏居家杂仪》中，这方面内容同样是比照《礼记·学记》而详细规定的。诸如，"凡子始生，若为之求乳母，必择良家妇人稍温谨者（乳母不良，非惟败乱家法，兼令所饲之子性行亦类之）。子能食，饲之教以右手；子能言，教之自名及唱喏万福安置；稍有知，则教之以恭敬尊长；有不识尊卑长幼者，则严诃禁之。六岁，教之数与方名。男子始习书字，女始习女工之小者。七岁，男女不同席，不共食。始诵《孝经》、《论语》，虽女子亦宜诵之。自七岁以下谓之孺子，早寝晏起食无时。八岁，出入门户及即席饮食，必后长者。始教之以廉让，男子诵《尚书》，女子不出中门。九岁，男子诵《春秋》及诸史，始为之讲解，使晓义理。女子亦为之讲解《论语》、《孝经》及《列女传》、《女戒》之类，略晓大意（古之贤女，无不观图史以自鉴，如曹大家之徒，皆精通经术议论明正，今人或教女子以作歌诗、执俗乐，殊非所宜也）。十岁，男子出就外傅，居宿于外，读《诗》、《礼》、《传》，为之讲解，使知仁义礼知信。自是以往可以读《孟》、《荀》、《杨子》，博观群书。凡所读书，必择其精要者而读之（如《礼记·学记》、《大学》、《中庸》、《乐记》之类，它书仿此），其异端非圣贤之书传，宜禁之，勿使妄观以惑乱其志。观书皆通，始可学文辞。女子则教以婉娩听从及女工之大者。若既冠笄，则皆责以成人之礼，不得复言童幼矣"[①]。

如前所述，以上的内容，在《礼记》的《曲礼》《内则》《少仪》《学记》等古老的礼仪篇章中，都可以找到字句上的依据和出处，这表明了虽然经过了千百年的历史变迁，具有传统意义的家族生活的样式并没有根本的改变，与之相应的礼仪规范也就没有太大的改变，关乎日常生活的仪节、传统的家族伦理，依然有其普遍的有效性。朱子将这些收录于《家礼》，目的在于可集中而使观之，传布而使行之[②]。

## （五）冠婚丧祭四礼仪节程序下的伦理诉求

朱子《家礼》卷二到卷五，依次列出冠婚丧祭四礼的仪节程序，其

---

[①] 《文渊阁四库全书》，第142册，第537页。

[②] 在《家礼》卷一，朱子还列出"深衣制度"一节，并说明："此章本在冠礼之后，今以前章已有其文，又平日之常服，故次前章"，具体内容都是冠、带、巾、履等服饰尺度上的规范，无不在礼的意识之下而列之。

与司马光《书仪》卷二至卷十包括冠仪、婚仪、丧仪三个部分的内容十分相近。

这些仪节程序多取自《仪礼》《礼记》等礼经而简约之,与司马光《书仪》的相应部分或有异同。在具体的仪节程序之下,又多引司马光之言而加以申述之,匡正风俗则是其最基本的宗旨。同样可以从几个方面来加以解析。

首先,在就冠婚丧祭四礼古今礼仪的对比中,《家礼》特别强调,虽不能完全按照古礼仪节的样式、程序而行之,但可以适应今世简便变通而行之。比如:①《家礼·冠礼》有"男子年十五至二十皆可冠"[1],而后称引司马公曰:"古者二十而冠,所以责成人之礼,盖将责为人子、为人弟、为人臣、为人少者之行于其人,故其礼不可以不重也。近世以来,人情轻薄,十岁而总角者少矣。彼责以四者之行,岂知之哉?往往自幼至长,愚呆若一,由不知成人之道故也。今虽未能遽革,且自十五以上,俟其能通《孝经》、《论语》,粗知礼义,然后冠之亦可也。"[2] 这一段话实为约略司马光《书仪·冠仪》中的文字,体现出朱子对其说法的认同。②《家礼》卷三《昏礼·议昏》有"男子年十六至三十,女子年十四至二十",其下称引司马公曰:"古者男三十而娶,女二十而嫁。今令文:男年十五,女年十三以上并听昏嫁。今为此说,所以参古今之道,酌礼令之中,顺天地之理,合人情之宜也。"又《家礼》卷三《昏礼·纳币》"古礼有问名、纳吉,今不能尽用,止用纳采、纳币,以从简便。"[3] ③《家礼》卷四《丧礼》"乃大殓"下,朱子称:"按古者,大敛而殡。既大殓则累墼涂之,今或漆棺未干,又南方土多蝼蚁,不可涂殡,故从其便"。又《家礼》卷四《丧礼》"治葬,三月而葬,前期择地之可葬",朱子说:"愚按:古者葬地葬日,皆决于卜筮,今人不晓占法,且从俗择之可也。"此外《家礼·居丧杂仪》有针对《礼记·杂记》《曲礼》《丧服四制》中所记丧服丧所达到境地而引发的议论,其中说道:"此皆古礼,今之贤孝君子必有能尽之者,自余相时量力而行之可也。"[4] ④《家

---

[1] 与此不同的是,司马光《书仪·冠仪》说:"男子年十二至二十皆可冠。"(参见《文渊阁四库全书》,第142册,第467页)
[2] 《文渊阁四库全书》,第142册,第539页。
[3] 《文渊阁四库全书》,第142册,第542、543页。
[4] 《文渊阁四库全书》,第142册,第551、557、569页。

礼》卷五《祭礼》"冬至祭始祖"的"陈器"之下，朱子有云："按此本合用古祭器，今恐私家或不能办，且用今器，以从简便。"①

其次，朱子《家礼》还强调，对于冠婚丧祭世俗变化，不能一味地迁就，不当行者，皆以礼为规范。以昏礼而论，朱子《家礼》有不少内容就集中体现出对世俗婚姻价值观的批评。比如，在《家礼》卷三《昏礼·议昏》下，称引司马公曰："凡议昏姻，当先察其婿与妇之性行及家法何如，勿苟慕其富贵；婿苟贤矣，今虽贫贱，安知异时不富贵乎？苟为不肖，今虽富盛，安知异时不贫贱乎？妇者家之所由盛衰也，苟慕一时之富贵而娶之，彼挟其富贵，鲜有不轻其夫而傲其舅姑，养成骄妒之性，异日为患，庸有极乎？借使因妇财以致富，依妇势以取贵，苟有丈夫之志气者，能无愧乎？"②又《家礼》卷三《昏礼·亲迎》之下称引司马公曰："文中子曰：昏娶而论财，夷虏之道也。夫昏姻者，所以合二姓之好，上事宗庙，下以继后世也。今世俗之贪鄙者，将娶妇先问资装之厚薄，将嫁女先问聘财之多少。至于立契约云某物若干、某物若干以求售其女者，亦有既嫁而复欺绐负约者，是俉侩卖婢鬻奴之法，岂得谓之士大夫昏姻哉？其舅姑既被欺绐，则残虐其妇以摅其忿，由是爱其女者，务厚其资装以悦其舅姑者，殊不知彼贪鄙之人不可盈厌，资装既竭，则安用汝女哉？于是质其女以责货于女氏，货有尽而责无穷，故昏姻之家，往往终为仇雠矣。是以世俗生男则喜，生女则戚，只有不举其女者，用此故也。然则议昏姻有及于财者，皆勿与为昏姻可也。"③这两段文字，对世俗婚姻价值观提出了明确的批评，得到了朱熹的认同。

还有，对于一些对待婚姻的世俗做法，如指腹婚、娃娃亲等不良婚俗，朱子《家礼》也认同司马氏所作的批评，司马光说："世俗好于襁褓童幼之时轻许为昏，亦有指腹为昏者，及其既长，或不肖无赖，或身有恶疾，或家贫冻馁，或丧服相仍，或从宦远方，遂至弃信负约，速狱致讼者多矣。是以先祖太尉尝曰：吾家男女必俟既长然后议昏。即通书不数月必成昏，故终身无此悔。乃子孙所当法也。"④显然，司马光认为，

---

① 《文渊阁四库全书》，第142册，第575页。
② 《文渊阁四库全书》，第142册，第542页。
③ 《文渊阁四库全书》，第142册，第543、544页。
④ 《文渊阁四库全书》，第142册，第543、544页，《议昏》"然后纳采"句后，第542页。

对待子女的婚姻要有负责任的态度和做法，才不会有更多的弃信负约和诉狱致讼的事件发生。这无疑也是稳定和谐的婚姻与家族生活的主张。《家礼》卷三"初昏婿盛服"仪下有"世俗新壻戴花胜以拥蔽其面，殊失丈夫之容体，勿用可也"；《家礼》卷三"复入脱服烛出"仪下有"司马公曰：古诗云：结发为夫妇，言自少年束发即为夫妇，犹李广言结发与匈奴战也。今世俗昏姻乃有结发之礼，谬误可笑，勿用可也。"①

以丧礼而论，自佛教流传日盛以来，在当时有不少丧俗受佛家影响，以作佛事、设道场来办理丧事，深受重传统儒家礼仪的人士反对，因此，《家礼》卷四《丧礼》有"不作佛事"一条，并进一步称引司马光的议论，以显其意旨。其所谓：

> 司马公曰：世俗信浮屠诳诱，于始死及七七日、百日、期年、再期、除丧，饭僧，设道场，或作水陆大会，写经造像，修建塔庙，云为此者灭弥天罪恶，必生天堂受种种快乐，不为者必入地狱，剉烧舂磨，受无边波咤之苦。殊不知人生含气血，知痛痒，或剪爪剃发从而烧斫之，已不知苦。况于死者形神相离，形则入于黄壤，朽腐消灭与木石等，神则飘若风火，不知何之。借使剉烧舂磨，岂复知之。且浮屠所谓天堂地狱者，计亦以劝善而惩恶也。苟不以至公行之，虽鬼而得而治乎！是以唐庐州刺史李丹与妹书曰：天堂无则已，有则君子登，地狱无则已，有则小人入。世人亲死而祷浮屠，是不以其亲为君子，而为积恶有罪之小人也。何待其亲之不厚哉？就使其亲实积恶有罪，岂赂浮屠所能免乎？此则中智所共知，而举世滔滔信奉之，何其易惑而难晓也。甚者至有倾家破产然后已，与其如此，曷若早卖田营墓而葬之乎？彼天堂地狱若果有之，当与天地俱生，自佛法未入中国之前，人死而复生者已有之矣，何故无一人误入地狱见阎罗等十王者耶！不学者固不足言，读书知古者亦可以少悟矣。②

除了对丧葬作佛事的非议之外，朱子还认同司马光对世俗信葬师之

---

① 《文渊阁四库全书》，第142册，第543、545页。
② 《文渊阁四库全书》，第142册，第549、550页。

说、世俗非礼的批评。比如，在《家礼》卷四《丧礼》"治葬"下，即称引司马公曰："世俗信葬师之说，既择年月日时，又择山水形势，以为子孙贫富贵贱贤愚寿夭尽系于此，而其为术又多不同，争论纷纭，无时可决，至有终身不葬，或累世不葬，或子孙衰替忘失处所，弃捐不葬者。正使殡葬实能致人祸福，为子孙者亦岂忍使其亲臭腐暴露而自求其利耶？悖礼伤义无过于此。"① 又如，在《家礼》卷四《丧礼》"置灵座设魂帛"下，又称引到："司马公曰：古者凿木为重，以主其神，今令式亦有之，然士民之家未尝识也。故用束帛依神，谓之魂帛，亦古礼之遗意也。世俗皆画影置于魂帛之后，男子生时有画像，用之犹无所谓。至于妇人生时，深居闺门，出则乘辎軿，拥蔽其面，既死，岂可使画工直入深室，揭掩面之帛，执笔訾相画其容貌，此殊为非礼。又世俗或用冠帽衣履装饰如人状，此尤鄙俚，不可从也。"② 在《家礼》卷四《丧礼》"大敛"有"厥明（小敛之明日死之第三日也）"，其后称引到："司马公曰：礼曰三日而敛者，俟其复生也。三日而不生，则亦不生矣。故以三日为之礼也。今贫者，丧具或未办，或漆棺未干，虽过三日亦无伤也。世俗以阴阳拘忌择日而敛，盛暑之际至有汁出虫流，岂不悖哉。"③《家礼》卷四《丧礼》"齐衰以下闻丧为位而哭"仪下有"司马公曰：今人皆择日举哀，凡悲哀之至，在初闻丧即当哭之，何暇择日？但法令有不得于州县公廨举哀质问，则在官者当哭于僧舍，其它皆哭于本家可也。"④

从以上的引述可见，朱子实际上是借用司马光的言语道出了自己的价值判断，又以这样的判断引导读《家礼》者和欲行《家礼》者，使其确信《家礼》中各种仪节的合理性和合道德性，以及奉而行之的有效性。

## 三 朱子《家礼》在后世的影响

尽管从元代开始朱子《家礼》的真伪问题就引起了质疑，但是这并不影响确信其为朱子所作者的遵行和效法。在元明清三代，朱子《家礼》成为适宜这一时期家族式生活所需的礼仪规范依据，从而受到广泛而普

---

① 《文渊阁四库全书》，第 142 册，第 556 页。
② 《文渊阁四库全书》，第 142 册，第 549 页。
③ 《文渊阁四库全书》，第 142 册，第 551 页。
④ 《文渊阁四库全书》，第 142 册，第 556 页。

遍的遵行和效法。

（一）在元代的影响

在元代，一方面是朝廷在法律上对朱子家礼的认可。如元代法律在规定婚姻礼制时，就涉及遵行朱子《家礼》的问题。《通制条格》卷三《婚姻礼制》条下记载："至元八年九月，尚书省。礼部呈：契勘人伦之道，婚姻为大，既今聘财筵会，已有定例外，据拜门一节，系女真风俗，遍行合属革去外，据汉儿人旧来体例，照得朱文公《家礼》内《婚礼》，酌古准今，拟到各项事理。"①（又见于《元典章·礼部》卷三）

另一方面，则体现在当时具体的家族生活中对于朱子《家礼》的采用。如著名的起自于南宋初年的义门郑氏家族，到六世孙郑文嗣时，其家已是十世同居，郑文嗣死后其从弟郑大和继而主持家事，极为重视规矩礼仪，对朱子《家礼》至为效法。《元史》中有记载说："大和方正，不奉浮屠、老子教，冠昏丧葬，必稽朱熹《家礼》而行。执亲丧哀甚，三年不御酒肉，子孙从化，皆孝谨。虽尝仕宦，不敢一毫有违家法。……有《家范》三卷，传于世。"②之后，大和之孙郑泳撰有《郑氏家仪》，"其书依五礼分为五篇，盖本司马氏《书仪》、朱子《家礼》而损益之，并录其家日用常行之式，编次成书"③。与之同时代的欧阳玄，在其《义门郑氏家仪序》中特别申明此书与司马光《书仪》、朱子《家礼》的关系，他说："宋司马文正公，本周礼而酌古今之仪，著为《书仪》，有《居家杂仪》，冠婚丧祭等礼皆实行之于家，以为后人法。其后子朱子略加去取，定为《家礼》，而天下后世始可遵而行之矣。婺浦江有义门郑氏，自宋迄今十世同居，其孙泳字仲潜，又遵《书仪》、《家礼》，而以谓古礼于今不能无少损益，比求其可行于今不悖于古者，并录其家日用常行之礼，编次成书，名曰《郑氏家仪》。"④后来，明代解缙上封

---

① 参见《通制条格校注》，方龄贵校注，中华书局2001年版，第138页。
② 《元史》卷一百九十七，中华书局1976年版，第4452页。
③ 《四库全书总目·郑氏家仪提要》，中华书局1965年版，第206页。有关义门郑氏的家传关系，《四库总目提要·旌义编》条说："《旌义编》二卷，元郑涛撰。涛字仲舒，浦江人，官太常礼仪院博士。郑氏称义门，自宋建炎初名绮者始，至涛为八世。先是绮六世孙龙湾税课提领太和，为《家规》五十八则，七世孙钦及其弟铉增添九十二则。其一百五十则，勒之于石。至涛复谓礼有当随时变通者，乃酌加增损为一百六十八则，列为上卷。又汇辑诸家传记、碑铭之文有关郑氏事实者，列为下卷，通名曰《旌义编》。"（中华书局1965年版，第548页）
④ 《四库全书存目丛书》，经部第114册，齐鲁书社1997年版，第388、389页。

事万言中有云:"臣欲求古人治家之礼,睦邻之法,若古蓝田吕氏之《乡约》,今义门郑氏之《家范》,布之天下。世臣大族,率先以劝,旌之复之,为民表帅。将见作新于变,至于比屋可封不难矣。"① 这即可见其对治家之礼的重视,又可知宋以来家礼、家范的影响。

(二) 在明代的影响

在明代,朱子《家礼》在得到朝廷官方认可的同时,又深得士庶之家的遵行。如《明史》有记载说:"永乐中,颁《文公家礼》于天下。"② 其实,在明初的官方礼制规定中,就已经以朱子《家礼》为依据内容,并有所实行。如《明史》记载:"庶人婚礼:《礼》云:婚礼下达。则六礼之行,无贵贱一也。朱子《家礼》无问名、纳吉,止纳采、纳币、请期。洪武元年定制用之,下令禁指腹、割衫襟为亲者。凡庶人娶妇,男年十六,女年十四以上,并听婚娶。"③ 又:"品官丧礼:品官丧礼载在《集礼》、《会典》者,本之《仪礼·士丧》,稽诸《唐典》,又参以朱子《家礼》之编,通行共晓。"④ 又:"(洪武)三十一年,太祖崩。礼部定议,……神主用栗,制度依《家礼》。"⑤

在明代有不少为官之士也以遵行朱子《家礼》为务。比如,明初人物杨士奇(东里,1365—1444)在生前立遗嘱说:"吾平生不曾用僧道,死后亦勿用。只依《家礼》,祭祀、祭物随时所有,不必丰。但设我平日所用冠带袍服于中,行礼祭告之文亦用《家礼》,不必新作也。"⑥ 再有,严本[字志道,永乐十一年以荐征,宣德二年(1427)卒]在父亲去世时,"治丧斥释道教,一本朱子《家礼》"⑦。明成化(1465—1487)间,陈献章弟子丁积为新会知县,"为政以风化为本","申洪武礼制,参以《朱子家礼》,择耆老诲导百姓"⑧。又如,吕柟(1479—1542)摄行州事时,推行《吕氏乡约》及《文公家礼》。刘观"作《勤》、《俭》、《恭》、

---

① 《明史》卷一百四十七,中华书局1974年版,第4117页。
② 《明史》卷四十七,第1224页。
③ 《明史》卷五十五,第1403页。
④ 《明史》卷六十,第1490页。
⑤ 《明史》卷五十八,第1446页。
⑥ (明)叶盛:《水东日记》卷八,魏中平点校,中华书局1980年版,第90页。
⑦ (明)李诩:《戒庵老人漫笔》卷二,魏连科点校,中华书局1982年版,第68页。
⑧ 《明史》卷二百八十一,第7210页。

《恕》四《箴》，以教其家，取《吕氏乡约》表著之，以教其乡。冠婚丧祭，悉如《朱子家礼》"。马理"学行纯笃，居丧取古礼及司马光《书仪》、朱熹《家礼》折衷用之，与吕柟并为关中学者所宗"。潘府任长乐知县，教民行《朱子家礼》。① 还有，明嘉靖十四年（1525）进士张瀚在其所著《松窗梦语》中，也提到对朱子《家礼》的遵行，他说："余所见富室王举父丧，丧仪繁盛，至倩优侏绚装前导，识者叹之。后与胡端敏嗣君纯交，悉其行事谨身节用，敦笃姻族，训诫家人，修治坟墓，皆若父训。迨举父丧，一遵《家礼》。……家庙之礼，惟祀高、曾、祖、考四世，自朱晦庵《家礼》与国朝之礼皆然。"②

再有，《王心斋全集·王艮年谱》记载说："里俗祀神佛像，先生（王艮，1483—1541）告于守庵公曰：'庶人宜奉祖先。'公因祭告而焚之，按《文公家礼》，置四代神主祀焉。"③

（三）在清代的影响

到了清代，一方面继续有人对朱子《家礼》真伪问题提出怀疑，而另一方面其在现实社会生活中的影响力依然不减。如康熙皇帝在对《朱文公家礼》表示认同的同时，对民间有不遵行者深感不解。康熙十二年（1673）癸丑十月初九上曰："朕观《朱文公家礼》，丧礼不作佛事，今民间一有丧事便延集僧道，超度炼化，岂是正理？"④ 康熙二十八年（1689）己巳二月十六日上谕曰："朕巡行江表，缅怀禹德，躬率群臣展祭陵庙，顾瞻殿庑庀圮倾，礼器缺略，人役寥寥，荒凉增叹。愚民风俗，崇祀淫祠，俎豆馨香，奔走恐后，宜祀之神反多轻忽，朕甚慨焉。"⑤

当时在民间对朱子《家礼》遵而行之者也是大有人在，如"新安各族聚姓而居，绝无一杂姓搀入者。其风最为近古。出入齿让，姓各有宗

---

① 以上均见于《明史》卷二百八十二，第 7243、7248、7250、7254 页。
② （明）张瀚：《松窗梦语》卷七，盛冬铃点校，中华书局 1985 年版，第 141 页。
③ 明武宗正德丁丑（十二年，1517）王艮三十五岁时。《王心斋全集》，江苏教育出版社 2001 年版，第 68 页。
④ 对此，有对曰："总因习俗相沿，莫知其非。近见民间丧家，一面修斋诵经，一面演剧歌舞，甚至孝子痛饮，举家若狂，令人不忍见闻。诸如火葬焚化，跳神禳赛之类，伤财败俗，不可殚述。"（《康熙起居注》第 2 册，中华书局 1984 年版，第 127 页）
⑤ 《康熙起居注》第 2 册，第 1837 页。

祠统之,岁时伏腊,一姓村中千丁皆集,祭用《文公家礼》,彬彬合度"①。又如清初思想家颜元(1635—1704)为父居丧,"守朱氏《家礼》惟谨"②。康熙年间,有田从典,笃学,以宋五子为宗。居父丧,事必遵《家礼》。③ 还有直隶元城人张梦维,"父晚病风痹,梦维日侍左右,卧起饮食溲溺皆躬自扶持。父愍其劳,呵之去,少退,复前,数年不少懈。事母如事父。居丧哀毁,准《家礼》,屏俗习"④。

（四）历代补充《家礼》的著述

值得注意的是,朱子《家礼》一书出后,历代学者对其文本欲予以补充者也有不少。

最先对《家礼》进行补充工作的是朱子弟子杨复。杨复说:"《家礼》一书,今之士大夫家冠婚丧祭多所遵用。然此书始成辄复失之,先生未尝再加审订,则世或未之知也。"他认为此书未得朱子修订即流传于世,实际上是一种缺憾,所以又说:"先生不及再修为一定之成仪,以幸万世,而反为未成之阙典。愚尝与朋友读而病之。"因此,杨复就从以往朱熹有关《家礼》内容的议论中选取材料,略加修订和补充。如其所说:

> 于是窃取先生平日去取折衷之言,有以发明《家礼》之意者,若婚礼,亲迎用温公,入门以后则从伊川之类是也;有后来议论始定,不必守《家礼》之旧仪者,若祭礼祭始祖、初祖而后不祭之类是也。有超然独得于心,不用疏家穿凿之说,而默与郑注本义契合,若深衣之续衽钩边是也;有用先儒旧义与经传不同,未见于后来之考订议论者,若丧服辟领、妇人不杖之类是也。凡若此者,悉附于

---

① 康熙《徽州府志》卷一《风俗》。并见于清人赵吉士《寄园寄所寄》卷十一《故老杂纪》,《续修四库全书》,第1197册,第127页。

② 后来,颜元对朱子《家礼》产生了疑问。史载:"古礼,初丧,朝一溢米,夕一溢米,食之无算。《家礼》删去'无算'句,元遵之。过朝夕不敢食,当朝夕,遇哀至,又不能食,病几殆。又《丧服传》:'既练,舍外寝,始食菜果。饭素食,哭无时。'《家礼》改为'练后,止朝夕哭,惟朔望未除者会哭,凡哀至皆制不哭'。元亦遵之。既觉其过抑情,校以古丧礼非是。因叹先王制礼,尽人之性,后儒无德无位,不可作也。于是著《存学》、《存性》、《存治》、《存人》四编以立教。名其居曰习斋。"(《清史稿》卷四百八十,中华书局1977年版,第13131—13132页)

③ 《清史稿》卷二百八十九,中华书局1977年版,第10259页。

④ 《清史稿》卷四百九十七,第13742页。

逐条之下，以待朋友共相考订，庶几粗有以见先生之意云。①

在明代，以朱子《家礼》为范本，或有损益的著述渐多。如明英宗正统（1436—1449）年间，徐骏著《五服集证》六卷，其自序称："谨按文公《家礼》及我太祖高皇帝御制《孝慈录》，间亦采摭先儒至当之论，附以臆见之言，为五服问答，凡三誊稿始克成编，名曰《五服集证》。"②

又如明代宗景泰甲戌进士、文渊阁大学士邱濬（1421—1495年）作《家礼仪节》八卷，目的也是在于补充其略。邱濬言称："朱子《家礼》最得崇本敦实之意，然仪节略焉。为考诸儒所言，作《家礼仪节》，使好礼者可举而行。"③《四库全书总目提要》说："是书取世传朱子《家礼》而损益以当时之制，每章之末又附以余注及考证，已非原本之旧。"④

还有，明神宗时，韩承祚撰《明四礼集说》八卷，其书成于万历壬子（四十年），"大约宗朱子《家礼》而参以《明会典》，冠婚丧祭以次分条，杂述前人之仪，而图说仪注祝文等因类附焉"⑤。

再有，明神宗万历癸丑（四十一年，1613）进士吕维祺著《存古约言》六卷，"是书凡十二篇，首敦本，次闲家，次厚俗，次冠昏丧祭，次服式，次宴会，次交际，次揖让，次柬札。大略以朱子《家礼》为主，并采择诸家之言为条例注释，而以箴诫格言附于后。亦司马氏《书仪》、吕氏《乡约》之支流也。"⑥

到清代时，学者陆世仪（道威，1611—1672）"欲于祭礼之中而寓立宗之意"⑦，对朱子《家礼》中有关祭礼方面的规范提出补充，其所著《思辨录》中有言说：

《周礼》有云：宗以族得民。宗者所以统一族众，无宗则一族之

---

① 以上均见于《文献通考》卷一百八十八，第5496—5497页。
② 《经义考》卷一百三十七，参见林庆彰等主编，上海古籍出版社2010年版，第2543页。
③ 参见（明）焦竑《玉堂丛语》卷四，中华书局1981年版，第130页。
④ 《四库全书总目》卷二十五，第206页。
⑤ 《四库全书总目》卷二十五，第208页。
⑥ 《四库全书总目》卷九十六，第817页。吕氏还撰有《四礼约言》四卷，"是编分冠昏丧祭四目，皆因古礼之名而删除仪节，务趋简易，以通俗易行，然施之一家则可，不宜制为程序以范天下也。"（《四库全书总目》卷二十五，第206页）
⑦ （清）顾炎武：《日知录》卷十四《祭礼》，岳麓书社1994年版，第535页。

人涣散无纪,故古人最重宗子。然宗子欲统一族人,无如祭法。《文公家礼》所载祭礼,虽详整有法。顾惟宗子而有官爵及富厚者方得行之,不能通诸贫士;又一岁四合族众,繁重难举,无差等隆杀之别。愚意欲仿古族食世降一等之意定为宗祭法。①

还有王复礼撰《家礼辨定》十卷,其书创于康熙壬午(四十一年,1702),定本于丁亥(四十六年,1707),在内容上"因朱子《家礼》而增损之,仍分冠昏丧祭四类,每类之中首以事宜,复礼所酌定者也。次以论辨,阐所以更定之意也。次以人鉴,引古事以证得失也。次以律例,申王法之所禁也。次以择日、代卜筮也。终以启式,为不娴文词者设也。其删去繁文,则用吕维祺之说;其删去图式,则用邱濬之说"②。

再之后还有毛奇龄撰《家礼辨说》十六卷,郭嵩焘撰《订正家礼》六卷等。

综上所述,朱子《家礼》在流传和被遵行过程中,总会表现出某些方面不太能够满足后来宗法家族生活变化的需要,但是这并没有降低其所产生过的和还在产生的影响力。相反,朱子《家礼》的典范性得到充分体现,这与朱熹礼学学说的典范性则有着直接的联系。

---

① 《思辨录辑要》卷十,《文渊阁四库全书》,第724册,第86页。
② 不过,《四库全书总目提要》对其编定的内容颇有微词,说:"然其所辨定者,意在宜古宜今,而纯以臆断,乃至于非古非今。又泛引律例,且滥及五行家言,尤为芜杂。中引骂詈斗殴赌博诸律,已为不伦。又引官吏宿娼律一条,擅食田园瓜果律一条,使掩其卷而思之,是于四礼居何门哉。"(《四库全书总目》卷二十五,第209页)

# 第六章

# 吴澄的礼学和《礼记纂言》的著述特色

## 第一节 吴澄的礼学著述及相关问题

吴澄作为元代著名的经学家，一生中有很多关于礼学的著述。这些礼学著述的撰著过程，与吴澄的学术生涯和志趣有着极为密切的关系。通过对其弟子虞集所作吴澄《行状》进行梳理，以及对吴澄的学术生涯，包括他就三礼等关乎礼学的各种著述加以考察和说明，足以体现吴澄学术的重心和关注点所在，进而也呈现出吴澄礼学的基本面貌和所涉及的相关学术史、思想史问题，以见吴澄礼学与朱子礼学的联系，及其在学术史和思想史方面承前启后的地位。

吴澄（1249—1333）是元代著名儒学思想家、经学家和教育家。他是南宋朱学后人黄榦的弟子饶鲁的学生，因此有着深厚的朱学渊源。同时，他对北宋邵雍、南宋陆九渊的学术也有认同处，并且在儒家经典之外，对《老》《庄》《太玄经》等也有关注。因此可以说，吴澄是一个具有兼通性开放式思维的儒家学者。再有，吴澄从事传学活动，有不少有名的弟子，从而形成了传名后世的草庐学派。[1]

### 一 吴澄的学术与著述生涯

吴澄的弟子虞集[2]作有一篇近七千字的《故翰林学士资善大夫知制诰

---

[1] 参见黄宗羲原本、黄百家辑、全祖望修定《宋元学案》卷九十二《草庐学案》，陈金生、梁运华点校，中华书局1986年版，第3033页。

[2] （元）虞集（1272—1348）字伯生，号道园，人称邵庵先生。

同修国史临川先生吴公行状》①,记述了吴澄的生平事迹和学术经历。另外,吴澄的另一位门人危素作《临川吴文正公年谱》二卷,也对其事迹和经历有逐年的记载②。还有,《元史》卷一七一《吴澄传》③则比较集中地记述了吴澄的家世和他本人的成长经历,以及其为学之路等,成为后人了解吴澄学术经历的一个参考。

在虞集所撰的这篇《行状》中,有一些关键性的记述,足以使后人了解到,吴澄之所以能够成为一个在学术史和思想史上都拥有比较重要地位的大儒,是有着来自于他的时代、家庭,以及知遇,还有他个人的勤奋努力等多方面因素和条件的。

(一) 家世与少年志向

吴澄,字幼清,晚年称伯清,籍贯属抚州路崇仁县崇仁乡咸口里。其先祖从豫章丰城(今江西南昌丰城)迁居到崇仁(今江西抚州崇仁),七世祖名吴周,生有二子,次子吴璇生吴晔,始居咸口里,是为吴澄曾祖。"自是以来,世治进士业。"其祖父吴铎,受赠中奉大夫、淮东道宣慰使护军,追封临川郡公;其父吴枢,受赠资善大夫、湖广等处行中书省左丞上护军,追封临川郡公。可见,吴澄出身于世代有官职的家庭。

吴澄生于南宋理宗淳祐九年(1249)己酉正月十九日,其家所在的咸口里位于华盖和临川两山之间,当时就有人认为吴澄的出生将会不同凡响。的确,吴澄三岁时即显出颖异日发,于是其祖父"抱置膝上,教之古诗",小小吴澄则"随口成诵"。年至五岁,吴澄身就外傅,更是"日受千言,诵之数过,即记不忘"。吴澄母亲因担心其学习过于勤奋,到夜晚便节制膏油之用,吴澄则经常等到母亲安歇后,再续上灯火,读书至通宵达旦,而不敢让母亲知道。年至七岁时,吴澄已经对《论语》《孟子》《五经》皆能成诵,且能著律赋。到九岁时,吴澄开始参加乡邑课试,每每得中前列。到十岁时,吴澄开始阅读朱子《大学》等书,即"恍然知为学之要",乃至"日诵《大学》二十过"。就这样持续三年,他先后阅读了《论语》《孟子》《中庸》诸书,"专勤亦如之,昼诵夜惟,

---

① (元) 吴澄:《吴文正集·附录》,《文渊阁四库全书》,第 1197 册,上海古籍出版社 1987 年版,第 936 页。(元) 虞集:《道园学古录》卷四十四,《文渊阁四库全书》,第 1207 册,第 624 页。王颋点校:《虞集全集》,天津古籍出版社 2007 年版,第 859 页。

② 《文渊阁四库全书》,第 1197 册,第 925 页。

③ 《元史》,中华书局 1976 年版,第 4011 页。

弗达弗措"。就此打下了良好的学问基础之功。

到十三岁时，吴澄更是"大肆力于群书"，"应举之文尽通"，但是由于"家贫"，他时常从卖书人那里借读，读完即还。有时卖书人会问吴澄："这书你都完全读了吗？"吴澄就回答说："你不妨试举一些来问我吧。"于是，卖书人每问一篇，吴澄便滔滔不绝地诵读出来，"辄终其卷乃止"。令卖书人心中赞叹，"遂献其书"。吴澄到十四岁还是"卯角"之时，前去"赴郡学补试"，因其才学出众，"郡之前辈儒者皆惊其文"。

吴澄十五岁时，"知厌科举之业，而用力圣贤之学"。研读之间，他深受宋代周张程朱的影响。写下很多铭箴文字以自勉，"节节警策践履之功，于斯可见矣"。就是在这一年，其祖父吴铎赴乡试，吴澄侍行。正当郡守迎接新安程若庸（徽庵先生）以朱子之学教授于郡中临汝书院，程若庸本师从于饶鲁，吴澄则以同乡谒见且从容进问，受到程若庸的赏识，遂将其子仔复、族子樵之介绍与吴澄"同学为友"。吴澄则"尝往来徽庵之门，徽庵深知之"。

宋度宗咸淳元年（1265）冬，吴澄十六岁，其祖父久病而小缓之间，对其父说到吴澄而颇有期许道："吾察此孙昼夜服勤，连月不懈而精神有余，此大器也。可善教之。"足见父祖对吴澄很高的期待。吴澄十九岁时，就有著文来明确地表达出很强的道统意识，话语中对从尧舜以上到尧舜以下，从洙泗邹鲁到濂洛关闽的道统一脉特别加以表述，而且更豪迈地以在学术上承续道统之所归作为自己义不容辞的责任和使命：

> 道之大原出于天，圣神继之，尧舜而上，道之原（元）也。尧舜而下，其亨也。洙泗鲁邹，其利也。濂洛关闽，其贞也。分而言之，上古则羲皇其元，尧舜其亨乎，禹汤其利，文武周公其贞乎。中古之统，仲尼其元，颜曾其亨，子思其利，孟子其贞乎。近古之统，周子其元也，程张其亨也，朱子其利也。孰为今日之贞乎？未之有也。然则可以终无所归哉，盖有不可得而辞者矣。[①]

---

[①] 以上引文参见（元）虞集《道园学古录》卷四十四，《文渊阁四库全书》，第1207册，第623、624页。王颋点校：《虞集全集》，天津古籍出版社2007年版，第859页。吴澄：《吴文正集·附录》，《文渊阁四库全书》，第1197册，第927、936、937页。《元史》卷一七一，第4011页。

当时，吴澄还曾在与人的书信中一方面感慨儒学历史的变迁，而不免发出"以绍朱子之统自任者，果有其人乎"之问，另一方面则又深切地表达自己的高远志向而自勉。

> 天生豪杰之士不数也，夫所谓豪杰之士，以其知之过人，度越一世而超出等夷也。战国之时，孔子徒党尽矣，充塞仁义；若杨墨之徒，又滔滔也。而孟子生乎其时，独愿学孔子而卒得其传，当斯时也，旷古一人而已，真豪杰之士哉。孟子没，千有余年溺于俗儒之陋习，淫于佛老之异教，无一豪杰之士生于其间。至于周程张邵，一时迭出，非豪杰其孰能与于斯乎？又百年而朱子集数子之大成，则中兴之豪杰也。以绍朱子之统自任者，果有其人乎？
> 澄之龆龀，唯大父家庭之训是闻，以时文见知于人而未闻道也，及知圣贤之学而未之能学也，于是以豪杰自期以进于圣贤之学，而又欲推之以尧舜其君民而后已。实用其力于斯，豁然似有所见，坦然知其易行，而力小任重，固未敢自以为是，而自料所见愈于人矣。①

从这两段文字中，我们可以深切地感受到青年时代吴澄的学术思考与抱负。其弟子虞集在《行状》中记述这两段文字之后则写道："是时先生方弱冠，而有志自任如此。其后先生尝识此二文之后曰：'其见多未定之见，其言多有病之言。'然不忍弃去，录而藏之，则晚年所进，自此可考矣。"② 也就是说，尽管后来吴澄本人自认为当年的这些见解和言语都有不够成熟的地方，但是我们却可以看到，如此志向对吴澄后来学术发展有着积极和深远的影响。

（二）学术初成与著述传学

咸淳六年（1270）庚午，吴澄应抚州乡举考试，以第二十八名荐明年试礼部，结果下第，于是归而为学，纂次此前旧作。当时，宋朝覆亡

---

① （元）虞集：《道园学古录》卷四十四，《文渊阁四库全书》，第1207册，第624页。王颋点校：《虞集全集》，第859页。

② （元）虞集：《道园学古录》卷四十四，《文渊阁四库全书》，第1207册，第624页。王颋点校：《虞集全集》，第859页。

的征兆已经显现，吴澄则"以其道教授乡里"。他搭建起数间草屋，在窗户上题字曰："抱膝梁父吟，浩歌出师表。"其学友程钜夫（即当年程若庸的族子樋之）深知其意，便题之曰"草庐"。于是，学者就称吴澄为"草庐先生"。这时已是南宋恭宗德祐元年即元世祖至元十二年（1275）。此间，吴澄又曾跟随乐安丞蜀人黄西卿而教授其子。十四年，"亡宋丞相文天祥起兵，庐陵郡多应之，傍近寇起"，吴澄只能是"奉亲避地，弗宁厥居"。其时有乡贡进士郑松，迎接吴澄一家隐居于布水谷以安身，吴澄得以继续进行他的有关儒家经学文献的整理与研究，并且不断有新的成果完成。十八年，纂次诸经，注释《孝经章句》成；十九年，又校定《易》《书》《诗》《春秋》，修正《仪礼》《小戴》《大戴记》。二十年（1283），吴澄从布水谷还居于自家草庐，二十一年五月吴澄父亲辞世。

至元二十三年，其学友程钜夫在元朝廷为官，奉诏起宋之遗逸而来到江南。至抚州，见到吴澄便极力鼓动他出仕，吴澄以母亲年老而推辞。程钜夫则劝说道："不欲仕可也，燕冀中原可无一观乎？"希望吴澄到北方走走看看。故此，吴澄在得到母亲许可之后，就与程钜夫一同赴京师大都。在此期间，程钜夫一再暗中举荐吴澄，吴澄察觉后，又竭力以母亲年老而复加推辞。翌年，吴澄回归家乡，"朝廷老成及宋之遗士在者，皆感激赋诗饯之"。二十五年，程钜夫又上言于朝廷称："吴澄不愿仕，而所定《易》、《诗》、《书》、《春秋》、《仪礼》、《大》《小戴记》，得圣贤之旨，可以教国子，传之天下。"于是，朝廷"有旨江西行省遣官"，对吴澄的经学定本"缮录以进"，以至"郡县以时敦礼"。可以说，经过程钜夫的一再努力，吴澄整理定本的儒家经典文献就成为当时官学依据的重要范本，也确立了吴澄在当时的学术地位。

随着学术影响的日益广泛，吴澄开始有了弟子门生，以致后来形成自己的"草庐学派"。元成宗元贞元年（1295）八月，吴澄游豫章西山，宪幕长郝文（仲明）迎接吴澄入城，请学《易》，由此，"南北学者日众"。当时，行省掾元明善以文学自负，见到吴澄后问及理学，有不甚契合之处，吴澄便让他研读《程氏遗书》《近思录》，于是明善"始知反复玩味"，言称"先生之学，程子之学也"，并愿为弟子，受业终身。一时间，豫章城中居官之人及诸生，纷纷请吴澄到郡学讲学，听者至千百人。

元贞二年，有江西行省左丞董士选初见吴澄于馆塾，对其推崇备至，视为难得之士。大德元年，董士选官拜行台御史中丞及在枢府，一再举荐吴澄,认为他"经明行修,大受之器,论道经邦,可助治世",授吴澄官职应奉翰林文字,登仕佐郎,同知制诰兼国史院编修。因有司敦促,吴澄一到京师,就有代任者已至,于是京师学者则奉见吴澄而向其问学。七年春,吴澄南归至扬州,门生故旧先后留居,吴澄便"身率子弟诸生受业"。八年八月,吴澄又受任将仕郎、江西等处儒学副提举之职。九年,校定邵子之书。十年十月,赴官到任。十一年正月朔,吴澄以疾病辞去官职,留居于清都观,遂与门人论及《老子》《庄子》《太玄》等书的本旨,"因正其讹伪而著其说"。

(三)就任学官与学术大成

元武宗至大元年(1308),吴澄受任从仕郎、国子监丞,朝廷命行省敦遣。二年六月赴官。当初,元世祖命许衡自中书省出为祭酒,始以朱子《小学》教授弟子,继之者多为许氏门人,尚能守其教法,久而久之渐失其旧。吴澄到任后,便"思有以作新之",于是"六馆诸生知所趋向","旦秉烛堂上,诸生以次授业,昼退堂后寓舍,则执经者随而请问";吴澄则进一步因材施教,循循善诱,师弟之间"讲论不倦,每至夜分,寒暑不废",如此景象成一时之观瞻。以至"虽不列在弟子员者,亦皆有所观感而兴起矣"。

至大四年,吴澄升为司业。此间,吴澄曾经对学者言到:"朱子道问学工夫多,陆子静却以尊德性为主,问学不本于德性则其弊偏于言语训释之末果,如陆子静所言矣。今学者当以尊德性为本,庶几得之。"吴澄的这番议论不免给自己招来反对声,"议者遂以吴澄为陆学,非许衡尊信朱子之义",吴澄也就此谢官。元仁宗皇庆元年正月,吴澄既行离去,朝廷上下则遣人追留,不从。延祐三年,吴澄居于宜黄山中五峰僧舍,其间即修撰《易纂言》。

延祐四年(1317),江西行省请考乡试,吴澄参与出经问。五年春,吴澄受任集贤直学士,特升奉议大夫,赴任路上因病停留,后在金陵其门人王进德家新塾居住数月,其间即修撰《书纂言》。六年十月,溯江州,寓濂溪书院。十一月,率诸生拜周敦颐墓。这期间跟随吴澄的以北方学者为多,可见其学术影响遍及南北。元英宗至治二年(1322),《易纂言》撰成。三年,朝廷拜任吴澄为翰林学士,知制诰,同修国史,阶太中大夫。吴澄五月至京师,六月入翰林院。在此期间,朝廷诏作太庙,新庙作十三室,未及迁奉而国有大故,有司疑于昭穆序次,遂命集议之,吴澄则主张"悉考古制而行之",而不能"以宗庙序次而不考古"。

元泰定帝泰定元年(1324),朝廷开经筵进讲,经学即由吴澄负责。吴澄因深得"古人劝讲之体","首当其任",后来者即以效法。后朝廷有旨令国史院修英宗实录,由吴澄总其事。分局纂修既毕,吴澄即有归志,此时吴澄年已至七十七岁。同年十一月吴澄回到豫章。此后又以其才学德行与师表而曾受到多方荐贤举任,但因其年事已高而止。吴澄则专心于为弟子讲学和著述。

元文宗天历元年(1328),《春秋纂言》撰成。二年,《易纂言外翼》撰成。此时吴澄门下的南北之士,前后多达千百人。三年,吴澄的第三子吴京受任抚州路儒学教授,为其讲学的方便,迎接吴澄至城府,学者得受其教,虽然偶病少间,也未尝辍其问答。天历四年(1331),《礼记纂言》撰成。这一年的六月,吴澄因病卧床,多日之后不再进医药,遂使门人告诉其子孙准备办理后事,之后便拱手正身而卧。丙戌日正午,吴澄神气泰然而逝,其寿在八十五岁。

以上,我们根据吴澄的门人虞集所撰《吴公行状》,大致对吴澄一生的讲学和著述经历进行了梳理。从《行状》记述中可知,吴澄在有关经学方面的著述,有《孝经定本》《易纂言》《易纂言外翼》《书纂言》《春秋纂言》《仪礼逸经》《礼记纂言》等,均收录在《四库全书》当中,而吴澄的礼学著述则有《三礼叙录》《周礼说》《中庸纲领》《辩王肃说》《辩胡仁仲说》《辩感生帝》《辩成王赐鲁天子礼乐》等各种篇章。

就礼学而言,吴澄以整合自古传承下来的古礼文献中的经、传、记三种文本为中心,结合历代注疏家们的解说,附以自己的见解和认识,从而形成了一整套礼学思想体系。在一定意义上是承继了朱熹的礼学思想传统而有所发扬。

## 二 吴澄对三礼经传的认识与整合

(一)整理《仪礼逸经》八篇和《仪礼传》十篇及其宗旨

从前述吴澄的学术生涯来看,整理《仪礼》经传,成为吴澄礼学的首要工作。他在与学人答问中,也提到对于《仪礼》传承的认识:"古文《礼》五十六篇内十七篇与今文《仪礼》同,余三十九篇谓之《逸礼》,郑玄注《仪礼》、《礼记》屡尝引用,孔颖达作疏之时犹有,后乃毁于天宝之乱。"① 那么，吴澄对《仪礼逸经》整理汇集和编纂也就是他要做的第一项工作。

在《仪礼逸经》卷一的《目录》之下，吴澄列出了具体的篇目和编排次序，即《投壶礼》第一，《奔丧礼》第二，《公冠礼》第三，《诸侯迁庙礼》第四，《诸侯衅庙礼》第五，《中霤礼》第六，《禘于大庙礼》第七，《王居明堂礼》第八。随后吴澄有一段不很长的文字说明，主要是追述了所谓《逸礼》的有关历史，以及他自己纂次《仪礼逸经》的基本考虑，如其所言：

> 右《仪礼逸经》八篇，澄所纂次。汉兴，高堂生得《仪礼》十七篇，后鲁共王坏孔子宅，得《古文礼经》于孔氏壁中，凡五十六篇。河间献王亦得而上之。其十七篇与《仪礼》正同，余三十九篇藏在秘府，谓之《逸礼》。哀帝初，刘歆欲以列之学官，而诸博士不肯置对，竟不得立。孔、郑所引逸《中霤礼》、《禘于太庙礼》、《王居明堂礼》皆其篇也，唐初犹存，诸儒曾不以为意，遂至于亡，惜哉！今所纂八篇，其二取之《小戴记》，其三取之《大戴记》，其三取之《郑氏注》。《奔丧》也，《中霤》也，《禘于太庙》也，《王居明堂》也，固得《逸礼》三十九篇之四，而《投壶》之类，未有考焉。疑古礼逸者甚多，不止于三十九也。《投壶》、《奔丧》篇首与《仪礼》诸篇之体如一。《公冠》等三篇虽已不存此例，盖作记者删取其要以入记，非复正经全篇矣。《投壶》，大小戴不同；《奔丧》与《逸礼》亦异，则知此两篇亦经刊削，但未如《公冠》等篇之甚耳。五篇之经文，殆皆不完，然实为《礼经》之正篇，则不可以其不完而摈之于记，故特纂为《逸经》，以续十七篇之末。至若《中霤》以下三篇，其经亡矣，而篇题仅仅见于注家片言只字之未泯者，犹必收拾而不敢遗，亦我爱其礼之意也。②

---

① （元）吴澄：《吴文正集》卷二，《文渊阁四库全书》，上海古籍出版社1987年版，第1197册，第23页。

② （元）吴澄：《仪礼逸经》，《文渊阁四库全书》，上海古籍出版社1988年版，第105册，第4页。

按照吴澄的说明可知，第一，吴澄认为，当然也是在他之前学界比较普遍的认识，自汉高堂生传《仪礼》十七篇，后来在鲁共王和河间献王那里，分别发现有与此十七篇不同的《古文礼经》，多至三十九篇藏于秘府；西汉哀帝时刘歆提出将之立于学官而没有成功，但是直到东汉末郑玄、唐初孔颖达称引《逸礼》，也还有《中霤礼》《禘于太庙礼》《王居明堂礼》，可见其存，只是这些《逸礼》文献未能得到学者重视，逐渐亡佚。不过，在汉儒编集的大小戴《礼记》，以及郑玄《三礼注》当中，都保留有一些相关的篇章。因此，吴澄就从这些文献中取出并汇集编次成为《仪礼逸经》八篇。其中，《投壶礼》《奔丧礼》两篇，取自小戴《礼记》；《公冠礼》《诸侯迁庙礼》《诸侯衅庙礼》三篇，取自《大戴礼记》；《中霤礼》《禘于太庙礼》《王居明堂礼》，取自郑玄《三礼注》所引的逸文。

第二，吴澄认为，保留在大小《戴记》当中的《投壶礼》《奔丧礼》《公冠礼》《诸侯迁庙礼》《诸侯衅庙礼》五篇，作为礼的经文，大概都不是完整的篇章，但是确实应该作为《礼经》的正篇来看待，而不能因其不完整，就"摈之于记"当中。至于《中霤礼》《禘于太庙礼》《王居明堂礼》三篇的内容，尽管只在如郑玄《三礼注》当中有"片言只字之未泯者"，但也还是要细加"收拾而不敢遗"的。

此外，在《投壶》篇末最后一章"右记乐章"之后，吴澄又有说明："此篇取之小戴《记》，《大戴》亦有此篇，其文大同小异，不可偏废。今既书之附于篇末矣。此章小戴所无，虽多缺误，然存之可备参考。故大书之以补经后之记。"同样，在《诸侯衅庙礼》篇末，吴澄也有说明："此篇取之《大戴记》，小戴亦载此篇于《杂记篇》中，其文大同小异。今小书附注篇末，记两节大戴所无，故大书之以补正篇之文。"①

再有，在《仪礼逸经》卷一后面的卷二《目录》之下，吴澄则列出了作为《仪礼传》的篇章和次序，即《冠义》第一，《昏义》第二，《士相见义》第三，《乡饮酒义》第四，《乡射义》第五，《燕义》第六，《大射义》第七，《聘义》第八，《公食大夫义》第九，《朝事义》第十。随后，吴澄也有一段不很长的文字说明，主要是讲述了他对《礼记》当中《冠义》等六篇的认识，以及将《射义》分为《乡射义》《大射义》两

---

① 以上见于（元）吴澄《仪礼逸经》，《文渊阁四库全书》，第105册，第7、13页。

篇，根据北宋刘敞所补的两篇，还有从《大戴礼记》取《朝事》"以备《觐礼》之义"的道理，其所言曰：

> 右《仪礼传》十篇，澄所纂次，案《仪礼》有《士冠礼》《士昏礼》，《戴记》则有《冠义》《昏义》；《仪礼》有《乡饮酒礼》《乡射礼》《大射礼》，《戴记》则有《乡饮酒义》《射义》；以至《燕》《聘》皆然。盖周末汉初之人作，以释《仪礼》，而戴氏抄以入《记》者也。今以此诸篇正为《仪礼》之传，故不以入《记》。依《仪礼》篇次秩为一编，文有不次者，颇为更定。《射义》一篇，迭陈天子、诸侯、卿大夫之射，杂然无伦，厘之为《乡射义》《大射义》二篇。《士相见义》《公食大夫义》则用清江刘氏原父所补，并因朱子而加考详焉。于是《仪礼》之经自一至九，经各有其传矣。唯《觐义》阙，然大戴《朝事》一篇，实释诸侯朝觐天子及相朝之礼，故以备《觐礼》之义而共为传十篇云。①

由此可见，吴澄所编次的《仪礼传》十篇，也都是各有依据和来历。然而，诚如清代四库馆臣在《四库全书·仪礼逸经提要》中指出的那样，北宋刘敞除了有被吴澄采用的《士相见义》《公食大夫义》两篇之外，还有"拟记而作"的《投壶义》一篇，也见于《公是集》当中，但是不知为什么而"澄偶遗之"。②

还有，如阎若璩《尚书古文疏证》卷二第二十一篇《言古文〈礼经〉以证〈书〉》当中所指出的，郑玄注《三礼》曾引用《逸礼》的篇章文字，即"《周礼注》有《天子巡守礼》、《中霤礼》、《烝尝礼》、《军礼》，《仪礼注》有《朝贡礼》、《禘于太庙礼》，《礼记注》有《中霤礼》、《王居明堂礼》，别有《奔丧礼》，皆逸篇之文"。阎若璩还一一列举各条文字，"凡二十五条，为篇名者八"，从而证明说"吴草庐《逸经》八篇，仅及其三"③。清四库馆臣据此认为吴澄"亦不免有所疏漏"。

---

① （元）吴澄：《仪礼逸经》，《文渊阁四库全书》，第105册，第16页。
② （元）吴澄：《仪礼逸经》，《文渊阁四库全书》，第105册，第2页。
③ （清）阎若璩：《尚书古文疏证》，黄怀信、吕翊欣点校，上海古籍出版社2010年版，第81、82页。

当然，在四库馆臣看来，吴澄此书"较之汪克宽书则条理精密多矣"①，这是比较中肯的评价。

（二）对《礼记》一书的序次编排及其宗旨

在《三礼叙录》和《礼记纂言序》中，吴澄讲述了他对《礼记》的认识，以及他对其中的三十六篇所进行的编次工作如何。他说：

> 《小戴记》三十六篇，澄所序次。汉兴得先儒所记礼书二百余篇，大戴氏删合为八十五，小戴氏又损益为四十三，《曲礼》《檀弓》《杂记》分上下；马氏增以《月令》、《明堂位》、《乐记》，郑氏从而为之注，总四十九篇，精粗杂记，靡所不有。②

其中可见，吴澄是明确认同东汉马融增补《月令》等三篇的说法。吴澄接着又说：

> 秦火之余，区区掇拾，所存十一于千百，虽不能以皆醇，然先王之遗制，圣贤之格言，往往赖之而存，第其诸篇，出于先儒著作之全书者无几，多是记者旁搜博采，剿取残篇断简，会稡成篇，无复诠次。读者每病其杂乱而无章，唐魏郑公为是作《类礼》二十篇，不知其书果何如也，而不可得见。③

在这里吴澄认为，由于《礼记》各篇"多是记者旁搜博采"，还有不少内容是"剿取残篇断简"，荟萃成书之后却没有得到很好的整理，以致令后来读者感到有的地方显得杂乱无章。为此，从唐朝魏征开始就曾将其内容归类整理，但是此书不传，不得见其内容如何。据《旧唐书·魏征传》记载："征以戴圣《礼记》编次不伦，遂为《类礼》二十卷，以类相从，削其重复，采先儒训注，择善从之，研精覃思，数年而毕。太宗览而善之，赐物一千段。录数本以赐太子及诸王。仍藏之秘府。"④ 大

---

① 指（元）汪克宽《经礼补逸》一书。引文见《仪礼逸经提要》，《文渊阁四库全书》，第 105 册，第 3 页。
② （元）吴澄：《吴文正集》卷一，《文渊阁四库全书》，第 1197 册，第 10 页。
③ （元）吴澄：《吴文正集》卷一，《文渊阁四库全书》，第 1197 册，第 10 页。
④ 《旧唐书》卷七十一，第 2559 页。

概也正是因为当时《类礼》一书抄录不多，又藏之秘府，使其书未得传播。朱熹也曾提到此书说："魏征以《小戴礼》综类不伦，更作《类礼》二十篇，数年而成。太宗美其书，录置内府。今此书不复见，甚可惜也。"① 那么，就朱熹对三礼篇次有过的整理计划和具体工作，在吴澄看来，在《礼记》本身而言，也还是有进一步梳理工作可做，因此他又说：

> 朱子尝与东莱先生吕氏商订三礼篇次，欲取戴记中有关于《仪礼》者附之经，其不系于《仪礼》者仍别为记，吕氏既不及答，而朱子亦不及为。幸其大纲见（存）于文集，犹可考也。晚年编校《仪礼》经传，则其条例与前所商订又不同矣。其间所附戴记数篇，或削本篇之文而补以他篇之文。今则不敢，故止就其本篇之中，科分栉剔，以类相从，俾其上下章文义联属，章之大旨标识于左，庶读者开卷了然。②

在具体的篇次类别归属上，吴澄认为：

> 若其篇第，则《大学》、《中庸》程子朱子既表章之，以与《论语》、《孟子》并而为《四书》，固不容复厕之礼篇。
> 而《投壶》、《奔丧》实为礼之正经，亦不可以杂之于记。其《冠义》、《昏义》、《乡饮酒义》、《射义》、《燕义》、《聘义》六篇，正释《仪礼》，别辑为《传》以附经后矣。③

也就是说，吴澄将以上诸篇不再作为《礼记》当中的篇章来进行整理，而"此外犹三十六篇"，对此，吴澄做了以下的几种分类：

> 一、"曰通礼者九，《曲礼》、（《内则》）、《少仪》、《玉藻》，通记大小仪文；而《深衣》附焉。《月令》、《王制》专记国家制度，而《文王世子》、《明堂位》附焉"。

---

① 《朱熹集》卷七十一，第6册，第3697页。
② （元）吴澄：《吴文正集》卷一，《文渊阁四库全书》，第1197册，第10页。
③ （元）吴澄：《吴文正集》卷一，《文渊阁四库全书》，第1197册，第10页。

## 第六章　吴澄的礼学和《礼记纂言》的著述特色

二、"曰丧礼者十有一，《丧大记》、《杂记》、《丧服小记》、《服问》、《檀弓》、《曾子问》六篇记丧，而《大传》、《间传》、《问丧》、《三年问》、《丧服四制》五篇，则丧之义也"。

三、"曰祭礼者四，《祭法》一篇记祭，而《郊特牲》、《祭义》、《祭统》三篇，则祭之义也"。

四、"曰通论者十有二，《礼运》、《礼器》、《经解》一类，《哀公问》、《仲尼燕居》、《孔子闲居》一类，《坊记》、《表记》、《缁衣》一类，《儒行》自为一类，《学记》、《乐记》其文雅驯非诸篇比，则以为是书之终"。①

最后，吴澄感叹说："呜呼！由汉以来，此书千有余岁矣，而其颠倒纠纷，至朱子欲为之是正而未及，竟岂无所望于后之人与？"又说："用敢窃取其意，修而成之，篇章文句秩然有伦，先后始终颇为精审，将来学礼之君子于此考信，或者其有取乎，非但戴氏之忠臣而已也。"② 这也就是吴澄作《礼记纂言》时的篇目范围和基本宗旨所在。

除了对小戴《礼记》的整理编次，吴澄对《大戴礼记》也进行了整理编次，在《三礼叙录》中，吴澄写道：

> 《大戴记》三十四篇，澄所序次。按《隋志》，《大戴记》八十五篇，今其书阙前三十八篇，始三十九，终八十一，当为四十三篇。中间第四十三、第四十四、第四十五、第六十一，四篇复阙。第七十三有二，总四十篇。据云八十五篇，则末又阙其四。或云止八十一，皆不可考。窃意大戴类稡，此记多为小戴所取，后人合其余篇仍为《大戴记》，已入《小戴记》者，不复录，而阙其篇。是以其书冗泛，不及小戴书甚。盖彼其膏华，而此其查滓耳。然尚或间存精语不可弃遗。③

---

① （元）吴澄：《吴文正集》卷一，《文渊阁四库全书》，第 1197 册，第 10 页。
② （元）吴澄：《吴文正集》卷一，《文渊阁四库全书》，第 1197 册，第 11 页。以上所引述的内容为《三礼叙录》与《礼记纂言序》重合的段落文字，并见于《礼记纂言》，《文渊阁四库全书》，第 121 册，第 3、4 页。
③ （元）吴澄：《吴文正集》卷一，《文渊阁四库全书》，第 1197 册，第 11 页。

以上可以说就是吴澄对《大戴礼记》的基本认识。而在具体的篇次整理归类上,通过与小戴《礼记》的对比吴澄则认为:

> 其与小戴重者,《投壶》、《哀公问》也。《投壶》、《公冠》、《诸侯迁庙》、《诸侯衅庙》四篇,既入《仪礼逸经》;《朝事》一篇又入《仪礼传》;《哀公问》,小戴已取之,则于彼宜存,于此宜去。此外犹三十四篇,《夏小正》犹《月令》也,《明堂》犹《明堂位》也,《本命》以下杂录事辞,多与《家语》、《荀子》、《贾传》①等书相出入,非专为记礼设《礼运》以下诸篇之比也。
>
> 小戴文多缀补,而此皆成篇,故其篇中章句罕所更定,惟其文字错误参互考校,未能尽正,尚俟好古博学之君子云。②

也就是说,吴澄对《大戴礼记》的整理,仅限于篇次归类、文字错误的考校方面,并没有在章句上有所更定。

(三)对《周礼》的基本认识

在以《仪礼》为经,以《礼记》为传的思想意识之下,对于《周礼》吴澄又有怎样的认识呢?在《三礼叙录》中,吴澄说:

> 《周官》六篇,其《冬官》一篇阙,汉《艺文志》序列于礼家,后人名曰《周礼》。文帝尝召至魏文侯时老乐工,因得《春官大司乐》之章。景帝子河间献王好古学,购得《周官》五篇;武帝求遗书得之,藏于秘府,礼家诸儒皆莫之见。哀帝时,刘歆校理秘书,始著于录略,以《考工记》补《冬官》之阙。歆门人河南杜子春能通其读,郑众、贾逵受业于杜。汉末马融传之郑玄,玄所注,今行于世。宋张子、程子甚尊信之,王安石又为《新义》。朱子谓此经周公所作,但当时行之,恐未能尽,后圣虽复损益可也。至若肆为排抵訾毁之言,则愚陋无知之人耳。《冬官》虽阙,今仍存其目。(《冬官》虽阙,以《尚书·周官》考之,《冬官》司空掌邦土,而杂于《地官》司徒掌邦教之中,今取其掌邦土之官,列于司空之后,庶乎

---

① 应该是指汉代贾谊论礼诸篇章。
② (元)吴澄:《吴文正集》卷一,《文渊阁四库全书》,第1197册,第11页。

《冬官》不亡。)而《考工记》别为一卷,附之于经后云。①

值得注意的是,在上述引文括号当中"《冬官》虽阙"至"庶乎《冬官》不亡"的一段文字,据说原本是属于《三礼考注》当中的《周礼叙录》的文字②,其表明以《尚书·周官》为依据,以《冬官》司空掌邦土杂于《地官》司徒掌邦教之中,于是"取其掌邦土之官,列于司空之后",由此而视为"《冬官》不亡"。对此,明代学者罗伦、孙宜、郑瑗,以及清代学者朱彝尊,还有四库馆臣,都曾提出过质疑,这也直接涉及后世对《三礼考注》一书的认识。

再有,吴澄还在有关经学的问答中对包恢非毁《周礼》有所批评,又对王申子(字巽卿)作《周礼正义》有所肯定。他说:

> 毁《周礼》,非圣经,在前固有其人,而皆不若吾乡宏斋包恢之甚,毫分缕晰,逐节诋排,如法吏定罪,卒难解释,观者必为所惑。如近年科举不用《周礼》者,亦由包说惑之也。包说印行,比之巽卿《正义》其多十倍,然愚尝细观,不过深叹其无识而已。今巽卿所言,比之于包极为平,恕以包之苛细严刻,识者犹笑其为蚍蜉撼大树,而凡诸家之所诋,愚皆有说以答之,累千言未可既也。③

不过,在三礼当中,尽管吴澄也很重视《周礼》,但是由于其本人更多的精力放在《仪礼逸经》和《礼记纂言》上,所以并没有太多有关《周礼》的著述。

### 三 托名吴澄的著作及其他问答

(一)关于托名于吴澄的两部礼学著作

在《四库全书总目提要·礼类》当中,列有两部被认为是托名于吴澄的著作,一部是《月令七十二候集解》一卷(通行本),另一部是《三礼考注》六十四卷(两淮马裕家藏本),对这两部书,《四库提要》

---

① (元)吴澄:《吴文正集》卷一,《文渊阁四库全书》,第1197册,第9页。
② 参见(明)郑瑗《井观琐言》卷三,《文渊阁四库全书》,第867册,第251页。
③ (元)吴澄:《吴文正集》卷三,第38页。

都有所介绍和辨析,其意见值得我们今人参考。

首先,《月令七十二候集解》的篇幅并不很长,有 4600 余字。[①] 篇头有一段 138 字的小序,其中讲到"七十二候"前后载于《吕氏春秋》和《礼记·月令》,"与六经同传不朽",到了北魏"则载之于历,欲民皆知以验气序"[②]。但是从其中的物候现象来说,"其禽兽草木多出北方,盖以汉前之儒皆江北者也,故江南老师宿儒亦难尽识"。又有批评说"陈澔之注,多为谬说,而康成、颖达亦有讹处"。且自称"因是广取诸家之解,并《说文》《埤雅》等书,而又询之农牧,似得所归,然后并将二十四气解之于稿,以俟博识者鉴焉"。对于此书,清四库馆臣固然是标出"旧本题元吴澄撰",但是最终并不认同。一个方面概括其内容为"以七十二候分属于二十四气,各训释其所以然",另一方面又有所辨析说:"考《礼记·月令》,本无七十二候之说,《逸周书·时训解》乃以五日为一候。澄作《礼记纂言》亦引《唐月令》,分著五日一候之义,然不闻更有此书。"[③]

就该书的内容,四库馆臣则认为其"考证名物,罕所发明"。还举例指出其多处存在的问题,比如"既以蝼蝈为土狗,又载鼯鼠五技之说,自相矛盾",还有"既以虹为日映雨气,又引虹首如驴之说","兼采杂书,亦乖解经之法"。据此,四库馆臣得出结论说:"疑好事者为之,托名于澄也。"[④] 值得注意的是,此书后来又以《气候集解》的题目,全文出现在明代郎瑛的《七修类稿》卷三当中,但是并没有标出采自何处。[⑤] 或可以说,其书因吴澄的知名而托之,其书又因托名吴澄而得到流传。

其次,对于《三礼考注》一书,《四库总目提要》有介绍说:"旧本题元吴澄撰。其书据《尚书·周官篇》以改《周礼》六官之属。分《大司徒》之半以补《冬官》,而《考工记》别为一卷。《仪礼》十七篇为正经,于《大》、《小戴记》中取六篇为《仪礼》逸经,取十六篇为《仪礼》传。别有《曲礼》八篇。"继而《提要》又有所辨析说:"然澄作

---

① 《四库存目丛书·经部·礼类》,第 88 册,齐鲁书社 1997 年版,第 316—323 页。
② 参见《魏书·律历志》,在《上》《下》篇有两处引述"推七十二候术曰",可证此处所言。
③ 《四库全书总目》,第 192 页。
④ 《四库全书总目》,第 192 页。
⑤ (明) 郎瑛:《七修类稿》卷三,上海书店出版社 2009 年版,第 27—34 页。

《尚书纂言》，不信古文，何乃据《周官》以定《周礼》。即以澄《三礼叙录》及《礼记纂言》考之，所列篇目亦不合。其经义混淆，先后矛盾者，不一而足。"①

有关该书的来历以及明清学者的见解，《提要》中有所叙述和引证。先说道："虞集作澄《墓志》，宋濂《元史》澄本传，皆不言澄有此书。"又讲述此书在明代发现的情形说："相传初藏庐陵康震家，后为郡人晏璧所得，遂掩为己作，经杨士奇等钞传改正。"并称杨士奇所作《序》和成化中罗伦《校刻序》都怀疑其为晏璧所作。故四库馆臣认为发现此书的当时就有不同结论。进而《提要》约略地述杨士奇之言称："闻诸长老，澄晚年于此书不及考订，授意于其孙当，当尝为之而未就。"此为一说。详细可见杨士奇《跋三礼考注后》。②《提要》又引述朱彝尊《经义考》也称曾经购得吴澄孙吴当所补《周官礼》，但是"以验今书，多不合。"故有所质疑。③

然而，经考察也可看到，明中期邱濬《大学衍义补》卷七十五在讲到"《周礼》六官，冬官未亡"说时，即提到宋代俞庭椿著《复古编》、宋嘉熙年间王次点复作《周官补遗》，元泰定中丘葵又参订二家之说以为成书，并称吴澄作《三礼考注》也是肯定这些说法的，"且谓冬官未尝亡，而地官之文实亡也"④。还有明末刘宗周在《礼经考次序》中将吴澄与朱熹礼学著述对比时也说到《三礼考注》，称朱子晚年始有《仪礼经传通解》之编，与其原旨"不无少异"，使读者"终不无牵合附会之疑"，所以元儒吴澄"复葺为《三礼考注》及《礼记纂言》等书，其在二礼较朱子颇为完整，惟《戴记》不无遗憾"⑤。可见，邱濬、刘宗周并没有怀疑《三礼考注》不是吴澄所撰。

另外，《提要》引述张尔岐《蒿庵闲话》中的说法也比较详尽，其明

---

① 《四库全书总目》，第200页。
② （明）杨士奇：《东里文集》卷十《题跋》，刘伯涵、朱海点校，中华书局1998年版，第141页。
③ （清）朱彝尊：《经义考》卷一百二十五《周礼考注》，中华书局1998年版，第666页。
④ （明）邱濬：《大学衍义补》卷七十五，《文渊阁四库全书》，第712册，第861页。
⑤ （明）刘宗周：《刘蕺山集》卷九，吴光主编《刘宗周全集》第4册，浙江古籍出版社2007年版，第32页。

确指出《三礼考注》一书之伪。① 张尔岐有所考辨说，偶得吴氏《考注》一书，看到"其注皆采自郑、贾，往往失其端末"，而"其不用郑、贾者四十余事"，除了小有可谓"有功于经"处，"余皆支离之甚"，不禁疑惑"草庐名宿，岂应疏谬至此"？对比吴澄《三礼考注序》，发现有多处与《序》要旨不合，故认为"遂确然信其非吴氏之旧也""其不出于吴氏也审矣"。并且深责此书"何物妄人，谬诬先儒"，"真可恨也"。张尔岐还提到，"《考注》一书，前人已判其为伪，而犹流传至今者，以此经习之者鲜，人不及深考，遂致坊贾流布不已"，这可谓是从学术辨别力上的判定。

而根据以上质疑性的说法，四库馆臣即在《提要》中认定《考注》一书之伪"可以无庸疑似矣"。故在他处又多称"伪本吴澄《考注》""伪吴氏本"等等。② 不过，另一位清代学者秦蕙田的《五礼通考》中在针对《仪礼》卷九《乡饮酒礼》"坐取觯，不祭，遂饮，卒觯兴，坐奠觯，遂拜，执觯兴，盥洗"一节的《仪礼疏》所谓"释曰：执觯兴洗北面者，案《乡射》、《大射礼》皆直云取觯洗，南面反奠于其所，不云盥，此俗本有盥者，误"的说法，从而指出的"蕙田案：唐石经'洗'字上有'盥'字即疏所云俗本也，吴澄《三礼考注》亦承其误"③ 一节，也言及此书，但并没有怀疑的意思。难道也是如张尔岐所说的那样"不及深考"吗？或者是关注点只在《考注》其文本本身，而不在是否为吴澄所作上面。

（二）其他涉及礼学的篇章与问答

1.《中庸纲领》④ 的内容和意义

在此篇，吴澄是从程颢对《中庸》的理解入题并加以阐明，在概括说明通篇内容上的纲领主旨的同时，在文本上则部分地依照朱熹《中庸章句》的章次划分并有所调整，又将通篇分为七节。

首先，吴澄引述程颢的话说："程子谓：始言一理，中散为万事，末

---

① 《四库全书存目丛书·子部·杂家类》，第114册，《蒿庵闲话》，齐鲁书社1997年版，第285—286页。
② 参见《四库全书总目》卷二十三《周礼集注（明何乔新）提要》、《周礼定本（明舒芬）提要》，卷二十四《礼记章句（清任启运）提要》，中华书局1965年版，第182、198页。
③ （清）秦蕙田：《五礼通考》卷一百六十七，《文渊阁四库全书》，第139册，第14页。
④ （元）吴澄：《吴文正集》卷一，《文渊阁四库全书》，第1197册，第12—17页。

复合为一理。"这是程颢概括《中庸》一篇内容的话,见于朱熹《中庸章句》开篇部分所引,又见于《程氏遗书》卷十四《明道先生语》。① 吴澄由程颢之言而引发出他自己的理解说:"盖尝思之,以首章而论之,'始言一理'者,天命之性,率性之道是也。'中散为万事'者,修道之教,以至戒慎、恐惧、慎独,与夫发而中节、致中和是也。'末复合为一理'者,天地位,万物育是也。"② 在这里吴澄认为,从《中庸》首章的内容既可以证明程颢所言的意义,也正合乎后面吴澄称首章内容"是一篇之纲领也"的认识。进而,如果扩大到对《中庸》整篇内容的认识,程颢之语也是可以解释得通的,亦即,"以一篇而论之,'始言一理'者,首章明道之源流是也。'中散为万事'者,自第二章以下说中庸之德,知仁勇之事,历代圣贤之迹,及达道五、达德三,天下国家有九经,鬼神祭祀之事,与夫诚明、明诚、大德、小德是也。'末复合为一理'者,末章无言不显,以至笃恭而归乎无声无臭是也"③。那么,吴澄对程说的理解和重视,是否表明一种继承性,应该是可以肯定的。

接着,吴澄就《中庸》一篇的章节内容依次地分节、分章进行概括。而值得注意的是,就章节而言,吴澄将《中庸》一篇以"今又分作七节观之"而分成了七节,又在章数上比朱熹《中庸章句》多出一章而为三十四章,章次上在后半篇即第二十章以下的部分又有形式上的分合。以下就是吴澄对《中庸》的分节和分章,以及概括。

第一节首章,吴澄指出其"言性、道、教,是一篇之纲领也;继而致中、和中是性,和是道,戒慎恐惧是教也"。

第二节第二章以下总十章,吴澄将其内容概括为"论中庸之德在乎能明、能行、能择、能守,明其所谓道,所谓教也"。其中各章分而言之,吴澄指出,第二章"说君子小人之中庸",第三章"说民鲜能中庸",第四章"说道不行不明",第五章"说道不行由不真知",第六章"说舜之大知能取诸人",第七章"说能知不能守,由不明",第八章"说回之真知能择能守",第九章"说能知仁勇之事而不能中庸",第十章"说子

---

① 《二程集》,王孝鱼点校,中华书局1981年版,第140页。
② (元)吴澄:《吴文正集》卷一,《文渊阁四库全书》,第1197册,第13页。
③ (元)吴澄:《吴文正集》卷一,《文渊阁四库全书》,第1197册,第13页。

路问强,以进其勇",第十一章"言索隐行怪,半涂而废,唯圣者能中庸"①。

第三节第十二章以下总八章,吴澄将其内容概括为"论道之费隐有体用小大,申明所谓道与教也"。其中各章分而言之,吴澄指出,第十二章"言道费而隐,语大语小,此说费隐由小至大也",第十三章"言道不远人",第十四章"言素其位而行",第十五章"言道如行远自迩,登高自卑"。吴澄认为以上三章是"论费之小者也"。接着,吴澄指出,第十六章"言鬼神为德之盛,此说费隐由大包小也",第十七章"言舜其大孝",第十八章"言无忧者文王",第十九章言"武王、周公达孝"。吴澄认为以上三章是"论费之大者也"②。

第四节第二十章以下总四章,吴澄将其内容概括为"论治国家之道在人,以行其教也"。其中各章分而言之,吴澄指出,第二十章"说哀公问政在人,又当知天",第二十一章"说达道五、达德三,以修身",第二十二章"言天下国家有九经,以治国平天下",第二十三章"说事豫则立,诚者天之道,诚之者人之道,明知仁之事"③。

对于第二十章以下的部分章次,与朱熹所定《中庸章句》不同,吴澄将在《中庸章句》原本属于第二十章当中的"天下之达道五"以下作为第二十一章;将原属于第二十章当中的"凡为天下国家有九经"以下作为第二十二章;将原属于二十章当中的"凡事豫则立"以下作为第二十三章。这样,原本为第二十一章的"自诚明"以下作为第二十四章而归为第五节。又将原来的第二十二章和第二十三章合为一章作为第二十五章。以下的章次就与原来朱熹的《中庸章句》有很大的不同。

第五节第二十四章以下总六章,吴澄将其内容概括为"论明诚则圣人与天为一也"。其中各章分而言之,吴澄指出,第二十四章(原第二十一章)"言诚则明,明则诚";第二十五章(原第二十二章、第二十三章)"言至诚能尽性,致曲能有诚";第二十六章(原第二十四章)"言至诚可以前知";第二十七章(原第二十五章、第二十六章中的前一部分)"言诚自成,道自道,故至诚无息";第二十八章(原二十六章中后

---

① (元)吴澄:《吴文正集》卷一,《文渊阁四库全书》,第1197册,第13页。
② (元)吴澄:《吴文正集》卷一,《文渊阁四库全书》,第1197册,第13页。
③ (元)吴澄:《吴文正集》卷一,《文渊阁四库全书》,第1197册,第13页。

一部分)"言天地之道为物不贰，生物不测"；第二十九章（原第二十七章）"言大哉圣人之道，苟不至德，至道不凝"；第三十章（原第二十八章、第二十九章）"言愚而无德，贱而无位，不敢作礼乐，宜于今，及王天下有三重焉"①。

第六节第三十一章以下总三章，吴澄将其内容概括为"论孔子之德与天地为一也"。其中分章而言之，吴澄指出，第三十一章（原第三十章）"言仲尼之道同乎尧舜文武天时水土"，第三十二章（原第三十一章）"说至圣为小德川流"，第三十三章（原第三十二章）"说至诚为大德敦化"②。

第七节第三十四章（原三十三章），吴澄将其文句有始有终地逐一论之，即"始之以'尚锦恶文之著'，说学者立心为己为立教之方"；"'潜虽伏矣'，说慎独之事"；"'不愧屋漏'，说戒惧之事，以明修道之教之意"；"'无言不显'，明率性之道之意，民劝民畏"；"'百辟其刑'、'予怀明德'，明修道之教之效"；"'笃恭而天下平'，说致中和之效"。最后，"终之以'无声无臭'，说天命之性之极"，吴澄认为"此盖申言首章之旨，所谓'末复合为一理'也"③。

在此《纲领》的末尾部分，吴澄又归纳性地以"今复述首末章之意，以尽为学之要"的笔调将《中庸》首章、末章放在全篇最突出重要的位置，而以三段论的形式指出："首章先说天命、性、道、教为道统，中说戒慎恐惧为存养，慎独为克治，后说致中和则功效同乎天地矣，盖明道之源流也。"又说："末章则先教次克治而后存养，继说其效，终则反乎未命之天矣，盖入道之次序也。"最后说："此《中庸》一本之全体大用无不明矣，学者所宜尽心玩味也。"④ 这里，吴澄力图以此说明《中庸》一篇的内容包含和体现的具有形而上意义的理论层次及思想逻辑。应该说，这也是构成吴澄的理学思考和哲学思想的一种表现。

2. 关于《大学》的答问

在《答海南海北道廉访副使田君泽问》⑤中，有关于《大学》一篇

---

① （元）吴澄：《吴文正集》卷一，《文渊阁四库全书》，第1197册，第13、14页。
② （元）吴澄：《吴文正集》卷一，《文渊阁四库全书》，第1197册，第14页。
③ （元）吴澄：《吴文正集》卷一，《文渊阁四库全书》，第1197册，第14页。
④ （元）吴澄：《吴文正集》卷一，《文渊阁四库全书》，第1197册，第14页。
⑤ （元）吴澄：《吴文正集》卷三，《文渊阁四库全书》，第1197册，第38页。

的内容,从中我们既可以看到吴澄对《大学》一篇的认识,也可以看到他对宋儒二程和朱熹在更定《大学》之得当与否方面的认识。

例如,吴澄一方面肯定二程将《礼记》中的《大学》篇特别提出来作为儒学承传的理论载体的积极意义,同时也指出二程在文本上对《大学》的更定不如朱熹的更定得当。如其所言:

> 《大学》一书,旧来只杂于《礼记》中。河南二程子,生于千余载之后,独得圣道之传,故能识此篇为圣人之书,并《中庸》一篇皆自《礼记》中取出,表而显之。明道、伊川二先生皆有更定《大学》传文次第,然皆不如晦庵之当。经一章浑然如玉,岂可拆破。①

上面最后一句话,指的是《大学》的开头部分从"大学之道"至"未之有也"的"凡二百五字",朱熹《大学章句》作为"经一章"而指称,并说"盖孔子之言,而曾子述之"②。吴澄则将其文句分为六节,分属前后两个半章,即为:

> 第一节自"大学之道"至"在止于至善",言三纲领;第二节自"知止而后有定"至"虑而后能得",覆说上文五句,各有"而后"两字;第三节"物有本末"至"则近道矣",总结上文。此以上三节为前半章。
> 第四节"古之欲明明德"至"致知在格物",言八条目,与第一节相对;第五节"物格而后知至"至"国治而后天下平",覆说上文七句,各有"而后"两字,与第二节相对;第六节"自天子至于庶人"至"未之有也",总结上文,与第三节相对。此以上三节为下半章。③

吴澄所列上述自"大学之道"至"未之有也"一章六节的序次,正是朱熹《大学章句》开篇一章文句的序次。吴澄认为这一章"经文二百

---

① (元)吴澄:《吴文正集》卷三,《文渊阁四库全书》,第1197册,第39—40页。
② (宋)朱熹:《四书章句集注》,中华书局1983年版,第4页。
③ (元)吴澄:《吴文正集》卷三,《文渊阁四库全书》,第1197册,第40页。

余字"是"谨严简古,真圣笔也"!又说其"与传之文体全然不同"①。我们知道,在朱熹《大学章句》中,此"经一章"以下的"凡千五百四十六字"的内容"其传十章",是"曾子之意而门人记之"。而且,朱熹《章句》还说:"旧本颇有错简,今因程子所定,而更考经文,别为序次。"② 由此可以判断,二程与朱熹所指传文部分在更定上是有所不同的,这也就是吴澄而后提出问题的关键所在。

再如,吴澄针对当时学人王申子(字巽卿)在更定《大学》经传中存在的问题指出:"今乃拆破经之第二节、第三节,以补'致知格物'之传,岂不识经传文体之不同乎?而此两节欲强解作'致知格物'之义,亦且不通。徒见有一'物'字,有一'知'字,而欲以为'格物致知'之传,无乃不识文义之甚乎?且经文中除了此两节,岂复成文?如一玉盘打破,而去其一角,但存其三角,岂得为浑全之器哉?"③ 这里吴澄一连串的反问,表现出对王巽卿更定中破经拆句、强为解释的治经方法所持的质疑态度。吴澄的这一批评性判断,又得到明朝学者叶盛的肯定,称其"为言当矣"④。又如,吴澄还指出关于《大学·平天下章》,"程子故尝更定其传文矣,而朱子独以旧文为正",并约略地引述朱熹《大学或问》之言加以申明其旨:"此章所言已足,而复更端以广其意,有似于易置而错陈,然其端绪接续,血脉贯通而丁宁反复之意见于言外,不可易也。必欲以类相从,则其界限虽若有余,而意味反或不足,不可不察也。"⑤ 那么,就王申子所作更定的评价,吴澄则直言道:"今详观巽卿所更,又不如程子之明且易,朱子不以程子之所更定者为然,愚岂敢以巽卿之所更定者为然乎?"⑥ 从中也可见吴澄针对朱子、程子在学术传承上颇具学术史意义的判断。

3. 答吴适可问所涉及的古制、学礼及其意义所在

宋元时期,乡饮酒礼多有实行⑦,也涉及一些古制与经典的理解问

---

① (元)吴澄:《吴文正集》卷三,《文渊阁四库全书》,第1197册,第40页。
② (宋)朱熹:《四书章句集注》,中华书局1983年版,第4页。
③ (元)吴澄:《吴文正集》卷三,《文渊阁四库全书》,第1197册,第40页。
④ (明)叶盛:《水东日记》卷四,《文渊阁四库全书》,第1041册,第24页。
⑤ (元)吴澄:《吴文正集》卷三,《文渊阁四库全书》,第1197册,第40页。
⑥ (元)吴澄:《吴文正集》卷三,《文渊阁四库全书》,第1197册,第24页。
⑦ 申万里:《宋元乡饮酒礼考》,《史学月刊》2005年第2期。

题。而吴适可所问,就是关于这方面的问题,他说:"近有学官敦请乡寓公充学宾,其书辞云:古制乡学,严事大宾,以象三光,何也?"① 这里所指的是,当时州郡乡县一级的学官有聘请寓居当地的有德行名望的人士当嘉宾,参加乡学举行的礼仪活动,大概在嘉宾聘书上写有"古制乡学,严事大宾,以象三光"的字样,那么其所问于吴澄的就是在这方面古制的依据及其含义是什么。

那么,吴澄先就古制的依据回答说:"古者,乡大夫行乡饮酒于乡学,以宾礼兴贤者、能者,而升其书于天府。"这在《周礼》乡大夫之职中有所规定,亦即"三年则大比,考其德行、道艺,而兴贤者、能者,乡老及乡大夫帅其吏,与其众寡,以礼礼宾之"。在具体的仪节上的一项内容,就是吴澄所说的"择其最贤者为宾,其次为介",这就是见于《仪礼·乡饮酒礼》的"主人就先生而谋宾、介"。吴澄又说其选择的标准是"以德选,不以齿论",尽管"其齿虽在众宾之下,而其坐席则在众宾之上"。说到古代等级社会尊卑的标准,孟子早有言曰"天下有达尊三:爵一、齿一、德一"。(《孟子·公孙丑下》)吴澄又讲到其他的礼宾排序则是,"宾介之外为众宾,则序以齿,众宾之中齿最长者三人升阶,拜受爵者为三宾;三宾之外则不拜受爵"。之所以给三宾这样的排序,是因为"盖三宾者,德在宾介之下而齿在众宾之上者也"。行乡饮酒礼,使"天下之达尊三"得以"各有所尊",也就是"宾介尊其德也,三宾尊其齿也,僎坐于宾之东,主之北,尊其爵也"②。于此,吴澄依据三礼和孟子所言而简明扼要地解释了乡饮酒礼的古制依据和意义所在。

继而,吴适可又问:"'以象三光'何也?"吴澄回答说:"此《乡饮酒义》之文也,盖七十子以后之儒所作,其言不足据。"③ 这里体现出吴澄对《礼记·乡饮酒义》内容的不以为然。至于"象三光",《礼记·乡饮酒义》的原文有"宾主,象天地也。介僎,象阴阳也。三宾,象三光也"。郑玄注云:"'三宾象天三光'者,系于天也。"《礼记》原文还有:"乡饮酒之义,立宾以象天,立主以象地,设介僎以象日月,立三宾以象三光。古之制礼也,经之以天地,纪之以日月,参之以三光,政教之本

---

① (元)吴澄:《吴文正集》卷二,《文渊阁四库全书》,第1197册,第26页。
② (元)吴澄:《吴文正集》卷二,《文渊阁四库全书》,第1197册,第26页。
③ (元)吴澄:《吴文正集》卷二,《文渊阁四库全书》,第1197册,第26页。

也。"郑玄注云:"三光,三大辰也。天之政教,出于大辰焉。"对此,吴澄也说:"释三光者,曰日月星。"但是吴澄认为,既然"其上文云'宾主象天地,介僎象日月'",而且"三宾在宾介之外",那么《乡饮酒义》"又曰象三光"则属"其义重复"了;也正因为如此,"故注家不以日月星释三光,而释曰三辰者,盖避重复也"①。这里指的就是郑玄注的解释。倒是唐代孔颖达《礼记正义》并没有认为重复,而言其"前文虽备,此更详也"。之所以《礼记》前后有如上两处大同小异的解说,清人孙希旦更有解释说,"乡饮酒之义"以下,"盖传礼之家,各为解说其义,本异人之作,别为一篇,记者见其与前篇所言,义虽大同,而间有为前之所未备者,不忍割弃,因录而附于前篇之末也"②。孙氏的解释点明了《礼记》各篇成篇的背景与实际。由此可以理解的是,吴澄正是出于不满意于《礼记》诸篇存在的这种情况,才对《礼记》诸篇的结构章句进行大幅度调整和编纂而作《礼记纂言》,也从合逻辑性的解读和梳理的意义上为当时乃至后世提供了一个和原典相对照的通顺本。

综上所述,吴澄作为元代通儒性质的礼学家,承继南宋朱熹为代表的宋代礼学的综合性传统,对三礼进行了系统性的整理和研究,形成了一系列的礼学著述,在礼学传承和礼学经典的各种价值的诠释与发掘上,做出了自己的贡献,值得和需要我们进行深入的考察和研究。

## 第二节 吴澄《礼记纂言》的著述特点及经学史意义

### 一 《礼记纂言》的撰作及后世评价

在吴澄的经学著述当中,《礼记纂言》为其晚年而成的重要礼学著作,既有相当程度著述特点,也显出其自身的礼学风貌。

《四库提要》指出,根据明代危素所作《草庐年谱》的记载③,《礼记纂言》成书时间是在元至顺三年(公元1332年),吴澄八十四岁时,

---

① (元)吴澄:《吴文正集》卷二,《文渊阁四库全书》,第1197册,第26页。
② (清)孙希旦:《礼记集解》,沈啸寰、王星贤点校,中华书局1989年版,第1433—1434页。
③ 《草庐年谱》,见于《文渊阁四库全书》,第1197册,第925页。

留居抚州郡学,纂成该书。而根据虞集所写的《吴公行状》① 则称该书成于至顺四年,亦即吴澄卒年。两者记述"颇不相合",差了一年时间。不过,大体可以说此书是吴澄"晚年手定之本"②,这是没有问题的。然而,这也可以说是集吴澄一生礼学认识的最终结晶了。

就著作此书的缘由和目的,吴澄本人在《礼记纂言序》中有所说明,也就是,针对小戴《礼记》各篇章"多是记者旁搜博采,剿取残篇断简,会稡成书,无复铨次,读者每病其杂乱而无章"的问题,唐代魏郑公(徵)曾经"为是作《类礼》二十篇",但是"不知其书果何如也,而不可得见";到南宋时,"朱子尝与东莱先生吕氏(祖谦)商订《三礼》篇次,欲取《戴记》中有关于《仪礼》者附之经,其不系于《仪礼》者仍别为记,吕氏既不及答而朱子亦不及为。幸其大纲存于文集,犹可考也"。至于朱熹晚年编校《仪礼》经传时,"其条例与前所商订又不同","其间所附戴记数篇,或削本篇之文而补以他篇之文"。那么,吴澄自己所要做的则是,"就其本篇之中,科分栉剔,以类相从,俾其上下章文义联属,章之大旨标识于左",这样,"庶读者开卷了然"。面对自己的这部著作,吴澄不无感叹和自信地说:"呜呼!由汉以来,此书千有余岁矣,而其颠倒纠纷,至朱子欲为之是正而未及竟,岂无所望于后之人与?用敢窃取其意,修而成之,篇章文句,秩然有伦,先后始终,颇为精审,将来学礼之君子于此考信,或者其有取乎,非但戴氏之忠臣而已也。"③

诚然,吴澄《礼记纂言》撰作并传世之后,引得当时及后世的一些评价,堪称褒贬不一。其中肯定者,既有近于其后学人物如吴尚志所称:"先生《礼记纂言》,凡数易稿,多所发明,而《月令》《檀弓》尤为精密,若《月令》言五行之祭,所先不同,天子所居每月各异;《檀弓》申生之死,延陵季子之哭子,曾子之易箦,子思之母死于卫,子上之母死而不丧数节,是皆诸说纷纭,不合礼意。先生研精覃思,证之以经,裁之以礼,于经无据,于理不合者,则阙之。"④ 而后,明代王阳明有《礼

---

① 《行状》见于《文渊阁四库全书》,第1197册,第936页。
② 《四库全书总目·礼记纂言》,中华书局1965年版,第169页。
③ 《文渊阁四库全书》,第121册,第3、4页。
④ (清)朱彝尊:《经义考》卷一四三《礼记》六,林庆彰等主编《经义考新校》,上海古籍出版社2010年版,第六册,第2638页。

## 第六章 吴澄的礼学和《礼记纂言》的著述特色

记纂言序》称道说：吴澄此书并不"数数于朱（仲晦，即朱熹）说"，"而于先后重轻之间，固已多所发明"①。又有明代魏校作序而加以表彰说道："朱子尝修正《三礼》未就，惟吴氏《纂言》伦类明整，稽合诸儒异同，厥功溥哉，而世尠有传者，岂天未兴斯文与。"② 还有就是对吴澄《礼记纂言》持非议态度的，则如明末的刘宗周，他对于吴澄在三礼方面的著述，有评论说："其在二礼，较朱子颇为完整。惟《戴记》不无遗憾，而至所谓纂言者，割裂尤甚，卒无补于朱子之万一，礼家遂为千古疑案矣。"③ 这可以说是有褒有贬。而对《礼记纂言》质疑和否定的成分更大。再有，清代《四库全书提要》作者的评论，一方面表明《礼记纂言》的撰写形式在于"复改并旧文，俨然删述，恐亦不免僭圣之讥"；另一方面又对比性地指出其一定的价值所在，"以其排比贯串，颇有伦次，所解亦时有发明，较诸王柏删诗尚为有间"④。这样，就将吴澄《礼记纂言》与宋代改经、删经的做法区别开来了。清代学者钱大昕也对《礼记纂言》提出自己的看法说："此书诠解详赡，胜于陈可大（指元陈澔的《礼记集说》）。而明以来取士舍此用彼者，以经文少十篇，而一篇之中前后移易，于初学诵习不便也。"⑤ 此外皮锡瑞在《经学历史》当中也是否定性地评价说："吴澄《礼记纂言》，将四十九篇颠倒割裂，私窜古籍，使无完肤。"⑥

以上这些评价固然是我们考察《礼记纂言》的价值时要有所关注的，但是真正可以体会吴澄勉力于此书的学术意旨，还是要深入其篇目章句本身的具体梳理和分析，方能感受到这样一位经学家在整理传世礼学经典上的勤奋与执着。

---

① 吴光、钱明、董平、姚延福编校：《王阳明全集》，上海古籍出版社1992年版，第245页。
② （清）朱彝尊：《经义考》卷一四三《礼记》六，林庆彰等主编《经义考新校》，第六册，第2639页。并见（明）魏校《庄渠遗书》卷六，《文渊阁四库全书》，第1267册，第811页。
③ （明）刘宗周：《礼经考次序》，吴光主编，陈剩勇点校，徐儒宗、钟彩钧审校：《刘宗周全集》，上海古籍出版社2007年版，第四册，第32页。所言"二礼"是指《仪礼》和《周礼》二书。
④ 《四库全书总目·礼记纂言》，第170页。
⑤ 《潜研堂集·跋礼记纂言》，吴友仁点校，上海古籍出版社1989年版。第462页。
⑥ （清）皮锡瑞：《经学历史》，中华书局2008年版，第264页。

## 二 《礼记纂言》的篇目次第与整体结构

可以说，将古礼文献分为经、传、记的处理方式，也恰恰构成了吴澄礼学承继朱子的一个体系性的特点。就其书的体裁形式和内容而言，即如《四库提要》所概括的，是每一卷为一篇，计三十六篇，三十六卷。至于其三十六篇次第，"亦悉以类相从"。按照吴澄自序所言及《四库提要》所示，其对原本四十六篇（不论上下）的《礼记》进行大刀阔斧的重新编纂整合成为三十六篇，打乱了《礼记》原有的篇章顺序，即"皆非小戴之旧"。一是对《大学》《中庸》两篇，因为"程子、朱子既表章之，与《论语》《孟子》并而为四书，固不容复厕之礼篇"，于是不再收录。二是以《投壶》《奔丧》两篇"实为礼之正经，亦不可以杂之于记"，故归之于《仪礼》。三是以《冠义》《昏义》《乡饮酒义》《射义》《燕义》《聘义》六篇，属"正释《仪礼》，别辑为传，以附经后"，这也是"并与古不同"的处理方式。而且在排列顺序上也与原来小戴《礼记》完全不同。其分类及各篇顺序为：

（1）通礼九篇，以《曲礼》《内则》《少仪》《玉藻》为"通记小大仪文"，而以《深衣》附焉；以《月令》《王制》为"专记国家制度"，而以《文王世子》《明堂位》附焉。

（2）丧礼十一篇，以《丧大记》《杂记》《丧服小记》《服问》《檀弓》《曾子问》六篇为"记丧"，而《大传》《间传》《问丧》《三年问》《丧服四制》五篇"则丧之义也"。

（3）祭礼四篇，以《祭法》一篇"记祭"，而《郊特牲》《祭义》《祭统》三篇"则祭之义也"。

（4）通论十二篇，以《礼运》《礼器》《经解》为一类，以《哀公问》《仲尼燕居》《孔子闲居》为一类，《坊记》《表记》《缁衣》为一类，以《儒行》自为一类，《学记》《乐记》，因为"其文雅驯非诸篇比则"，故"以为是书之终"。

以上所列《曲礼》至于《乐记》也正是《礼记纂言》的篇章排列次序。其分类中的通礼类和其他两类是制度仪规性很强的篇章，而通论类则是言说性、思想性和理论性较强的篇章。对此，吴澄都有具体的概括说明。

从各篇内容来说，"大旨以戴记经文庞杂，疑多错简，故每一篇中其文皆以类相从,俾上下意义联属贯通,而识其章句于左"①,这就是指吴澄对《礼记》的不少篇章以"疑多错简"而进行"以类相从"的段落章句上的位置移易和调整,以至"上下意义联属贯通";而所谓"识其章句于左",就是指在《礼记》各篇正文段落之后,吴澄又多以"澄曰""澄谓"等形式而有所议论,或引述前人注疏解说。这也是《礼记纂言》中所占内容很多的部分。

再从著述形式上来说,从《曲礼》至《乐记》的三十六篇,即为三十六卷,而卷一分为上中下,都是《曲礼》;卷六分为上下,都是《月令》;卷一四分为上中下,都是《檀弓》。而对于每一篇的内容,又以若干"节"为单位,分别构成多少个部分,对这些部分,吴澄均一一进行了概括性归纳,在具体部分结束之处,以"右记……之礼,凡……节"的方式标记出来。还有在最后以"右总记……"的形式来归纳。

另外,如前所述,吴澄对传本的《礼记》的一些篇章是进行了结构性调整的,堪称是一种改编。包括《曲礼》(上中下)《内则》《少仪》《玉藻》《王制》《文王世子》《丧大记》《杂记》《丧服小记》《服问》《檀弓》(上中下)《曾子问》《大传》《祭法》《郊特牲》《祭义》《礼运》《礼器》《乐记》,共十九篇。在篇章内容上没有调整的则为《深衣》《月令》《明堂位》《间传》《问丧》《三年问》《丧服四制》《祭统》《经解》《哀公问》《仲尼闲居》《孔子闲居》《坊记》《表记》《缁衣》《儒行》《学记》,共十七篇。

应该说,吴澄是极费斟酌而努力地对《曲礼》等十九篇进行了调整,将一些零散地分布在同一篇章各处的句子和相距很远的段落,归纳到相互有所关联的礼仪事项当中,从而使得经文变得意思更为明确和有联系,既显出条理性,又合乎逻辑地衔接起来,可以顺畅地阅读和理解。可以想见,在他的头脑中,就像我们今天写学术论文整理材料一样,合并同类项地将同样的事类归结到一起,进行前后排列,因此是一种研究的结果。

以上就是吴澄《礼记纂言》著述上的特点所在。而值得考察的则是,吴澄对《礼记纂言》所收三十六篇的基本认识如何,究竟对《曲礼》等十九篇中的一些段落章句进行了怎样程度的位置移易和调整,其价值和

---

① 《四库全书总目·礼记纂言》,第169页。

意义何在；还有就是从吴澄对前人注解的引述以及"澄曰"等解说所见吴澄礼学的思想内容如何，都是值得深入考察的。那么，本节的重点就在于前一个方面，所依据的《礼记纂言》版本为《文渊阁四库全书》本。①

### 三 对《深衣》等篇的认识

就对《礼记》原文篇章内容章节段句调整与否而言，可以将吴澄《礼记纂言》分作两类来考察。一类是如《曲礼》等十九篇，另一类是《深衣》等十七篇。这里，让我们先来考察一下在内容上未有调整的《深衣》等各篇章看吴澄的具体认识如何。

（一）卷五《深衣》

在此篇篇题之后，针对篇名吴澄先是引述了郑玄的解说，即"郑氏曰：名《深衣》者，以其记深衣之制也。深衣，连衣裳而纯之以采。素纯曰长衣，有表则谓中衣"。又表明之所以将此篇放在《玉藻》之后的缘由说："澄曰：《玉藻》篇内已略记深衣之制，此则专记深衣而致详焉。今以次《玉藻》之后。"的确，在《礼记·玉藻》篇有"朝玄端，夕深衣"之语，并具体讲到："深衣三袪，缝齐倍要，衽当旁袯，可以回肘。长、中继揜尺。袷二寸，祛尺二寸，缘广寸半。"这应该就是吴澄上面引述郑玄《礼记目录》所言深衣、长衣、中衣的依据。那么，吴澄则以《深衣》篇"专记深衣而致详"作为《玉藻》篇之后的专篇，也就比较容易理解了。

吴澄又引述唐代孔颖达的说法作为对"深衣"形制的解说称："孔氏曰：余服上衣下裳不（相）连，此衣裳相连，被体深邃，故谓之深衣。"还有宋代吕大临的说法："古者衣裳殊（制），所以别上下也。唯深衣衣连裳而不殊，盖私燕之服尔。如冠之冠武殊，至于居冠，则属武而不殊，皆尚简便也。"② 孔氏之说出于《礼记正义》③，吕氏之说见于卫湜《礼记集说》卷一四五《深衣》篇题之下并有"此篇纯记深衣之制度而已"之

---

① 《文渊阁四库全书》，上海古籍出版社1987年版，第121册。
② （元）吴澄：《礼记纂言》，《文渊阁四库全书》，第121册，第131页。
③ 《十三经注疏》（标点本）·礼记正义，第1560页。

语。① 其实卫湜还引述了长乐陈氏（祥道）、严陵方氏（悫）、马氏（希孟）、山阴陆氏（佃）等人之说，吴澄仅取吕氏之说，可见对其有一定程度的认同。

（1）从开篇的"古者深衣盖有制度"至"善衣之次也"，吴澄归为"记衣之制度"。

（2）又从"具父母大父母衣纯以缋"至"纯袂缘纯边广各寸半"，吴澄归为"记纯之制度"。

对于《深衣》，吴澄没有进行分节和做任何调整。只是随文解说，或引述郑玄、孔颖达之说来说明经文的意思。②

（二）卷六上、卷六下《月令》

作为《礼记纂言》卷六上的《月令》，在篇题之下，吴澄言称："《月令》者，记一年十二月所行之政令也。③古之王者，顺阴阳运行之序，每月行事各有不同，古制不存，无可考证。秦吕不韦集诸儒著《吕氏春秋》，采撷古制，间杂秦法，以为前十二篇之首章。汉淮南王刘安因之作《时则训》，记礼者又掇吕氏十二纪之首章合为一篇，名曰《月令》。然先儒谓小戴《礼记》无此一篇，后汉马融增入，盖采合成篇或在其前，入载《记》中则自融始也。"④由此可知，吴澄是认同马融增加了《月令》篇在《礼记》当中的说法的。

从开篇的"孟春之月日在营室"至"雪霜大挚首种不入"开始，作为"记孟春"，分为"凡十节"，以下为"记仲春，凡十节"；"记季春，凡十一节"；"记孟夏，凡十节"；"记仲夏，凡八节"；"记季夏，凡九

---

① （宋）卫湜：《礼记集说》卷一四五，《文渊阁四库全书》，第120册，第511页。
② 值得注意的是，后世多有对"深衣"加以专门研究的著述，如明代朱右有《深衣考》收录于黄宗羲编《明文衡》卷五二；后清初黄宗羲作《深衣考》一卷，《四库全书提要》有介绍称："是书前列己说，后附《深衣》经文，并列朱子、吴澄、朱右、黄润玉、王廷相五家图说，而各辟其谬，其说大抵排斥前人，务生新义。"（《四库全书总目》，第172页）而后江永有《深衣考误》一卷，《四库全书提要》有评价称："深衣之制，众说纠纷，永据《玉藻》深衣三袪……今以永说求之训诂诸书，虽有合有不合，而衷诸经文，其义最当……其说亦考证精核，胜前人多矣。"（《四库全书总目》，第174页）
③ 明代丘濬《大学衍义补》卷百二十八在引述了"《月令》孟秋之月天子乃命将帅选士……以明好恶顺彼远方"一段后就直接称述了这一判断句。（《文渊阁四库全书》，第713册，第495页）
④ （元）吴澄：《礼记纂言》，《文渊阁四库全书》，第121册，第134页。

节"；一直到从"中央土其日戊己"至"食稷与牛其器圜以闳"，为"记季月土寄王之日"，为"凡二节"。以上构成了《礼记纂言·月令》的上半部分，并没有内容结构上的调整。

作为卷六下《月令》的部分，吴澄将从"孟秋之月日在翼"至"寒热不节民多疟疾"开始，作为"记孟秋"，分为"凡八节"。以下为"记仲秋，凡九节"；"记季秋，凡十节"；"记孟冬，凡十节"；"记仲冬，凡九节"；一直到从"季冬之月日在婺女"至"时雪不降冰冻消释"，为"记季冬，凡七节"。以上构成了《礼记纂言·月令》的下半部分，并没有内容结构上的调整。

值得注意的是，在《月令》篇末，吴澄约略地引述唐代柳宗元的《时令论》上篇（《柳宗元集》注者认为就是"论《礼记·月令》"的）中的意见①，又以宋代顾临、张载对柳说有所评议的意见为参证。而顾临②、张载的意见，又或是均转引自卫湜《礼记集说》卷四六和卷三七。

吴澄引述说："柳子厚曰：《吕氏春秋·十二纪》，汉儒论以为《月令》，措诸《礼》以为大法（焉）。然而政令之作，有俟时而行之者……若是者，特瞽史之语，非出于圣人者也。"③又引述称："顾氏临曰：《月令》当取其体天行事之大意。先王亦有至日闭关之事，一岁之内，因天时提撕事务，又整顿一巡，非是寻常俱不理会，若有合即施行者，亦岂一一待时方行？夫子遇迅雷风烈必变，若柳子厚之论，则是平时何尝不敬，岂待迅雷风烈方敬也。其言行春令则应若此，行夏令则应若彼，诚有拘处。"此处所引见于卫湜《礼记集说》卷四六新定顾氏曰。但是卫湜在《集说名氏》中所列为"新定顾氏，元常，字平甫"，与吴澄所称而见于《宋史》者不同名，不知二者谁的记述有误。不过，卫湜《礼记集说》卷四六所引述新定顾氏曰在"行春令则应若此，行夏令则应若彼，诚有拘处"后面尚有一句"子厚之辨，又失之太放"。可以说吴澄引述顾氏之说，目的就在于反对柳宗元之说。

吴澄还简约地引述张载："张子曰：'《月令》大率秦法也，然采三代

---

① 参见《柳宗元集》，中华书局1979年版，第84页。
② 《宋史》卷三四四《顾临传》称："顾临，字子敦，会稽人。通经学，长于训诂。皇祐中，举说书科，为国子监直讲，迁馆阁校勘、同知礼院。"（中华书局1977年版，第10939页）
③ （元）吴澄：《礼记纂言》，《文渊阁四库全书》，第121册，第183页。

之文而为之，不无古意'，'未易可破'。'柳子厚论亦未安，若春行赏，秋行刑，止举大纲如此。如冬日饮汤，夏日饮水，岂必曰冬日不得饮冰，夏日不得饮汤也。'"（见于卫湜《礼记集说》卷三七横渠张氏曰）

（三）卷九《明堂位》

在此篇的篇题之后，吴澄指出："按《大戴记·明堂篇》云：明堂者，天子之路寝也。又云：或以为明堂者，文王之庙也。按诸家论明堂纷纭不一，更无定说。虽《大戴》所记一篇之内自为异同，而惟此两节近是，故特取之。大凡寝庙之制皆前堂后室，前堂向明，故曰明堂。天子有三朝，而燕朝在路寝之明堂，每日退朝听政之所，不于此见诸侯。秋冬诸侯来朝，天子在大庙之明堂负扆而立。若此篇所记诸侯朝位，盖周公营洛邑时制为此礼，大朝享则于洛邑文王庙之明堂受之也。"[①] 吴澄于此说明了《礼记·明堂位》与《大戴礼记·明堂篇》的联系，并对此篇篇名含义进行解说。

吴澄将此篇视为两个部分，从开篇的"昔者周公朝诸侯……明诸侯之尊卑也"，吴澄以这部分为"记明堂诸侯朝位"。又从"昔殷纣乱天下……天下资礼乐焉"，吴澄以这部分为"记鲁用天子礼乐"。吴澄对此篇没有做文句段落上的调整。

（四）卷一七《间传》

在此篇篇题之后，吴澄引述郑玄说："郑氏曰：《间传》者，记丧服之间轻重所宜。"又说："或曰当读为间厕之间。间者，厕于其间而非正也。齐桓、晋文为正霸，秦穆、楚庄非正霸而厕于二正霸之间，则谓之'间霸'。青赤黄白黑为正色，绿红骝碧紫非正色而厕于五正色之间，则谓之'间色'。《仪礼·丧服》正经，自有正传分释各章经文。此篇总论丧礼哀情之发见，非释经之正传，而厕于《丧服》之正传者也。故名《间传》云。"[②] 此段在于解说此篇的篇名取义及大致内容。后来清代《钦定礼记义疏》卷七一以及纳喇性德《陈氏礼记集说补正》也有或全或略的引述。

从开篇的"斩衰何以服苴"至篇末的"兼服之服重者则易轻者也"，吴澄将此篇归为"记丧服哀戚轻重之义"，分为"一章凡六节"。

---

① （元）吴澄：《礼记纂言》，《文渊阁四库全书》，第121册，第238页。
② （元）吴澄：《礼记纂言》，《文渊阁四库全书》，第121册，第454页。

在此篇的篇末提到此篇"记丧服哀戚轻重之义,一章,凡六节"时,吴澄又引述宋代马晞孟的话说:"马氏曰:《间传》一篇,言哀者六,容体、声音、言语,内也;饮食、居处、衣服,外也。"① 而后吴澄发表自己的见解说:"澄谓,内外哀情之发见,虽皆初隆而渐杀,然记者记前三事之在于身者,但言哀之发于容体,发于声音,发于言语而止,不复言其久而渐杀之情。记后三事之寓于物者,则既言哀之发于饮食,发于居处,发于衣服矣,而又继言其以渐改变之节于后,盖在身之渐杀者,隐微寓物之改变者显著也。至若篇末衣服一条,则言重服自始及末之改变,再言前丧更遭后丧之改变,比饮食居处之变又加详焉,盖丧之表哀,正主于衣服也。故六哀之序,衣服犹殿后者,于其所重者而终也。"② 这一段,可以说是呼应前引吴澄所谓"总论丧礼哀情之发见"之说的,也是对此篇内容的一个概括。值得注意的是,吴澄所引"马氏曰"内容出自卫湜《礼记集说》卷一四四,而明初《礼记大全》卷二八在《间传》第三十七篇末则完整地引述了以上吴澄所引"马氏曰"和"澄谓"的内容。清代《钦定礼记义疏》卷七一《间传》开篇文字之后引述的各家解说中也引有此马氏之说。对于此篇,吴澄没有做任何调整。

(五)卷一八《问丧》

在此篇篇题之后,针对篇名吴澄解说道:"前半篇通论孝子悲哀痛疾之意,后半篇列问丧礼敛袒免杖之义,故以《问丧》名篇。"吴澄又联系其他两篇而说:"《服问》、《三年问》二篇之名,问字皆在下,而此篇问字在上者,盖彼是专问一事,此篇设五或问③,问丧之四事,故谓之问丧,若曰丧问,则不成辞矣。"这里明确是讲此篇的内容是有关请教丧事中的礼仪问题的。吴澄又引述方悫的说法而有所反对说:"方氏据'邻里为之糜粥以饮食之'一句,以'问'为问遗之'问',而不以为问答之'问',非也。"④ 这是指方悫以此篇开始部分"亲始死……水浆不入口,三日不举火,故邻里为之糜粥以饮食之",从而将此篇名视为是讲问候办

---

① 并见卫湜《礼记集说》卷一四四,《文渊阁四库全书》,第120册,第496页。
② (元)吴澄:《礼记纂言》,《文渊阁四库全书》,第121册,第458页。
③ 亦即"或问曰死三日而后敛者何也""或问曰冠者不肉袒何也""或问曰免者以何为也""或问曰杖者何也""或问曰杖者以何为也"这五个"或问"。
④ (元)吴澄:《礼记纂言》,《文渊阁四库全书》,第121册,第459页。

第六章　吴澄的礼学和《礼记纂言》的著述特色　　503

丧事中的人的意思。吴澄则不予认同。①

吴澄将此篇视为两个部分，从开篇的"亲始死鸡斯徒跣……人情之实也"，吴澄将此归为"记丧礼悲痛思慕之义"。又从"或问曰死三日……人情而已矣"，吴澄将此归为"记丧礼敛袒免杖之义"。对于此篇，吴澄没有做任何调整。

（六）卷一九《三年问》

在此篇篇题之后，针对篇名吴澄言称："此篇专问父母丧所以三年之义，故以《三年问》名篇。"② 在篇末，吴澄将此篇归为"记丧服年月隆杀之义"，对此篇吴澄没有进行分节，也没有做任何段落的调整。

（七）卷二〇《丧服四制》

在此篇篇题之后，吴澄引述郑玄的话说："郑氏曰记丧服之制，取于仁义礼知也。"③ 在篇末吴澄将此篇归为"记丧服恩礼节权之义"，分为"凡八节"。吴澄对此篇没有做任何段落的调整。

（八）卷二四《祭统》

在此篇篇题之后，针对篇名吴澄引述了陈祥道的说法："陈氏曰：祭统者，总序大纲穿贯百职，统成一礼，见其始末之谓也。故纲举而万纪皆张，统先而众则必振也。"还有方悫的说法："方氏曰：祭法非不及义，然以法为主。祭义非不及法，然以义为主。祭统则统论之也。"④ 在吴澄看来，这两说都是就此篇篇名文字的含义所作的可供参考的解说。两说均出自卫湜《礼记集说》卷一一四。在篇末，吴澄则概括此篇为"记宗庙祭人鬼之义"。此篇没有分节，也没有做任何的调整。

（九）卷二七《经解》。

在此篇篇题之后，针对篇名吴澄说："此篇四节，第一节解说六经之所以教，故以《经解》名篇。"并引述南朝皇侃的话说："皇氏曰：解者分析之名，分析经教不同，故云《经解》。六经其教虽异，总以礼为本，

---

① 可以参考卫湜《礼记集说》卷一四三载方悫之说："严陵方氏曰：《曲礼》曰：'邻有丧，舂不相，里有殡，不巷歌。'以与之邻里故亦与之同哀戚也。则问丧之礼，邻里其可以废乎？此经云'邻里为之糜粥以饮食之'，即问之之事也，故以是名篇。"《文渊阁四库全书》，第120册，第480页。

② （元）吴澄：《礼记纂言》，《文渊阁四库全书》，第121册，第462页。

③ （元）吴澄：《礼记纂言》，《文渊阁四库全书》，第121册，第465页。

④ （元）吴澄：《礼记纂言》，《文渊阁四库全书》，第121册，第523页。

故记者录入于礼。"① 皇侃说见于《礼记正义》卷五十孔颖达疏所引,也见于卫湜《礼记集说》卷一一七。在篇末,吴澄将此篇归为"记论礼之辞"。对于此篇,从开篇到篇末通篇没有做任何调整。

(十) 卷二八《哀公问》

在此篇篇题之后,针对篇名吴澄简明地说:"以篇首三字名篇。"并引述孔颖达的说法:"孔氏曰:哀公二问,一问礼,二问政。"② 此孔颖达说见于《礼记正义·哀公问》篇目后的疏文,即:"此篇哀公所问凡有二事,一者问礼,二者问政。问礼在前,问政在后。"在篇末,吴澄将此篇归为"记问答及福之辞"。从开篇到篇末通篇没有分节,也没有做任何调整。

(十一) 卷二九《仲尼燕居》

在此篇篇题之后,针对篇名吴澄说:"取篇首四字为名。"又引述陆佃的话说:"山阴陆氏曰:退朝曰燕,退燕曰闲。言礼,燕居之事也。言诗,闲居之事也。燕居称仲尼,闲居称孔子,以此。"③ 此说出自卫湜《礼记集说》卷一一九《仲尼燕居》篇题之后。在篇末吴澄将此篇归为"记问答及礼之辞"。对于此篇,从开篇到篇末通篇没有分节,也没有做任何段落文句上的调整。

(十二) 卷三〇《孔子闲居》

在此篇篇题之后,吴澄只是引述孔颖达的话说:"孔氏曰:退燕避人曰闲。"④ 此话见于《礼记正义》卷二二《孔子闲居》题下孔颖达疏文,其曰:"善其无倦而不衰,退燕避人曰闲。"而吴澄没有更多的解说。在篇末吴澄将此篇归为"记问答及礼之辞"。从开篇到篇末通篇没有分节,也没有做任何调整。

(十三) 卷三一《坊记》

在此篇篇题之后,针对篇名吴澄言称:"此篇所记,每章皆取以礼坊民之义,故曰坊记。"⑤ 在篇末吴澄将此篇归为"记泛论之辞",分为"凡三十九节"。对于此篇,从开篇到篇末通篇没有做任何段落文句上的

---

① (元) 吴澄:《礼记纂言》,《文渊阁四库全书》,第 121 册,第 579 页。
② (元) 吴澄:《礼记纂言》,《文渊阁四库全书》,第 121 册,第 583 页。
③ (元) 吴澄:《礼记纂言》,《文渊阁四库全书》,第 121 册,第 589 页。
④ (元) 吴澄:《礼记纂言》,《文渊阁四库全书》,第 121 册,第 595 页。
⑤ (元) 吴澄:《礼记纂言》,《文渊阁四库全书》,第 121 册,第 599 页。

第六章　吴澄的礼学和《礼记纂言》的著述特色　　505

调整。

（十四）卷三二《表记》

在此篇篇题之后，针对篇名吴澄言称："篇内第十章言'仁者天下之表'，故以表名篇。"① 在篇末将此篇归为"记泛论之辞"，分为"凡五十三节"。对于此篇，从开篇到篇末通篇没有作任何段落文句上的调整。

（十五）卷三三《缁衣》

在此篇篇题之后，吴澄直接引述了"陆氏曰：刘献云公孙尼子所作"和"吕氏曰：篇中有好贤如缁衣之言，故以是名篇"②。此"陆氏曰"和"吕氏曰"或都是引自南宋卫湜《礼记集说》卷一四一所录的内容。陆氏即陆德明《经典释文》在《缁衣》篇题之下所述，吕氏即蓝田吕大临。吴澄将此篇归为"记泛论之辞"，分为"凡二十五节"。对比严陵方氏（即方悫）有曰："此篇凡二十四节，大抵多明人之好恶。"（卫湜《礼记集说》卷一四一③）对于此篇，吴澄没有做任何段落文句上的调整。

（十六）卷三四《儒行》

在此篇篇题之后，针对篇名吴澄直接引述了唐孔颖达和北宋吕大临的解说，以明篇名来历。前者为："孔氏曰：夫子自卫反鲁，哀公馆于孔子，问以儒行，记者录之以为儒行之篇。孔子说儒凡十七条，十五条皆明贤人之儒，其第十六则明圣人之儒，其十七条则夫子自谓也。"这一段出自《礼记正义》。后者则为："吕氏曰：鲁哀公问孔子儒服，孔子不对；因问儒行，孔子历言之。今考其书言儒者之行，诚有是事也。谓孔子言之，则可疑也。儒者之行，一出于义理，皆吾性分之所当为，非以自多求胜于天下也。此篇之说有矜大胜人之气，少雍容深厚之风，似与不知者力争于一旦，窃意末世儒者将以自尊其教，有道者不为也。虽然，其言儒者之行，不合于义理者殊寡，学者果践其言，亦不愧于为儒矣。此先儒所以存于篇，今日讲解，所以不敢废也。"④ 这一段，除了缺少开始的"儒行者"三字和后面多一个"而"字之外，完全出自南宋卫湜《礼记集说》卷一四七所录"蓝田吕氏曰"。在篇末，吴澄将《儒行》一篇

---

① （元）吴澄：《礼记纂言》，《文渊阁四库全书》，第121册，第608页。
② （元）吴澄：《礼记纂言》，《文渊阁四库全书》，第121册，第624页。
③ 《文渊阁四库全书》，第120册，第432页。
④ （元）吴澄：《礼记纂言》，《文渊阁四库全书》，第121册，第632页。

归为"记论儒之辞"。吴澄对此篇通篇没有分节,也没有做任何段落文句上的调整。

(十七) 卷三五《学记》

在此篇篇题之后,吴澄直接称此篇为"记古者建学教人之事"①,从开篇到篇末在章节上没有调整。在篇末吴澄将此篇的内容归为"记论学之辞",分为"凡十一节"。

以上就是《礼记纂言》有十七篇和原本《礼记》内容上一致,在各篇内没有任何段落文句上调整的基本情况。至于吴澄在各篇篇题之下或篇末针对该篇篇名或内容,多有取舍地引述了包括郑玄以至宋代的礼学家的解释或说明,也是他认为可以作为参考的解说内容。

## 四 对《曲礼》篇章节段句上的调整

如果说吴澄《礼记纂言》对前述十七篇的重点在于解说各篇内容的文字,那么以下我们所要考察的,就是吴澄重点在于在不同幅度上对原本《礼记》中十九篇的篇内文字,在章句段落的位置上有所移易和调整情况。需要说明的是,我们以传本作对比,从开篇首句或段落的开始,逐句逐段向后梳理,每一句每一段都看其前后衔接的情况,发现哪一句或者整段开始与传本的位置不相同,出现向前和向后的位移,那么我们就来查找这一句这一段吴澄所给的新的位置所在,再确定所接文句段落距离传本篇章向后到什么位置,又接着前面的是哪一句哪一段,后面接着的又是哪一句哪一段。而对在原传本中位置靠后的文句或段落出现向前位移时,我们就从篇后向前寻找,确定位置而加以说明。确实,有的只是前后文句或段落不远的地方衔接,有的则是在相距比较远的地方才发现相应的文句或段落。对从头到后的每一句以句首句尾为一单元,每一段也以段首段尾为一单元,均加以编号,顺序排列,以原本所在篇章的相对位置为前后坐标,有调整的就说明此编号的文句或段落到底是向前还是向后位移的情况。并不以吴澄对段落文句的分节为限制,只在吴澄对原本段落文句分节移易调整之处以序号标出。

由段落文句位移或调整幅度的不同,我们即可以看到吴澄在整理上的具体用心。之后,我们再通过具体篇章的例证,考察分析和说明这些

---

① (元) 吴澄:《礼记纂言》,《文渊阁四库全书》,第121册,第640页。

## 第六章　吴澄的礼学和《礼记纂言》的著述特色

位移调整的价值和意义。

（一）卷一上《曲礼》

在篇题之下，针对篇名吴澄引述了宋代吕大临的解说："曲礼，礼之细也……曲礼者，威仪之谓……曲礼盖以小大尊卑亲疏长幼并行兼举，今《礼记》是也。所载孔子门人传授，杂收于遗编断简者。"① 又引述朱熹的说法："曲礼则皆礼之微文小节，如今《曲礼》《少仪》《内则》《玉藻》《弟子职》篇所记事亲事长，起居饮食，容貌辞气之法，制器备物、宗庙宫室、衣冠车旗之等，所以行乎经礼之中者，其篇之全数虽不可知，然条而析之亦应不下三千有余矣。或者专以经礼为常礼，曲礼为变礼，则如冠礼之不醴而醮用酒，杀牲而有折俎，若孤子冠母不在之类，皆礼之变，而未尝不在经礼篇中。坐如尸，立如齐，毋放饭，毋流歠之类，虽在《曲礼》之中，而不得谓之变礼，其说误也。"② 吴澄自己则称："曲者，一偏一曲之谓。《中庸》言致曲，《易大传》言曲成曲而中，《老子》言曲则全，《庄子》言一偏一曲不该不编，王通氏言曲而当。又如地名之曰韦曲、杜曲，皆同义。曲礼者，盖谓礼之小节杂事，而非大体全文，故曰曲。先儒以为委曲、曲折，非也。"③ 可见吴澄认同以小节细微之礼来解释《曲礼》篇名的含义。

吴澄将此篇的内容分为上中下三篇。上篇又分为三个部分，包括"记礼之纲领""记父子之礼""记君臣之礼"，共计四十九节。

1. 从开篇的（1）"《曲礼》曰毋不敬……安民哉"到"疑事毋质，直而勿有"的以上几段，与原本的内容一致。而从以下的段落和文句开始，吴澄则按照自己的理解进行了调整和重新排列。即将原本由上面的（1）向后间隔几个段句的（2）"修身践言谓之善行……礼之质也"一段作为接续，之后接原本在（2）之前的（3）"礼不妄说人……不好狎"一段，之后接原本由（3）向后间隔两句的（4）"礼闻取于人……不闻往教"；之后接原本由（4）向后间隔几段的（5）"太上贵德……亦非礼也"两句，之后接原本由（5）向后间隔一段的（6）"夫礼者自卑……则志不慑"，之后接原本由（6）向前间隔几个段句的（7）"夫礼者所以

---

① （元）吴澄：《礼记纂言》，《文渊阁四库全书》，第12册，第6页。
② （元）吴澄：《礼记纂言》，《文渊阁四库全书》，第12册，第6页。
③ （元）吴澄：《礼记纂言》，《文渊阁四库全书》，第121册，第6页。

定亲疏……明是非也"一句,之后接原本由(7)向后间隔几段的(8)"道德仁义非礼不成……知自别于禽兽",之后接原本由(8)向后间隔两句的(9)"人有礼则安……不可不学也"。吴澄将以上归为"记礼之纲领",分为"凡七节"。

2. 承接以上,从原本由上一部分的(9)向后间隔几段的(10)"凡为人子之礼……昏定而晨省",之后接原本由(10)向后间隔几个段句的(11)"夫为人子者出必告……恒言不称老",之后接原本由(11)向后间隔几句的(12)"为人子者居不主奥……不有私财"几段。之后接原本位于此篇上篇中间偏前部分的(13)"父子不同席"一句,之后接原本位于此篇上篇前半部分的(14)"夫为人子者三赐……此孝子之行也",实际上是将几段以"为人子"为内容的部分集中在了一起;之后接原本位于此篇下篇后半部分的(15)"为人臣之礼不显谏……子之事亲也……则号泣而随之。……医不三世,不服其药"的几段,之后接原本位于此篇上篇中间偏后部分的(16)"父母有疾冠者……疾止复故",之后接原本由(16)向后间隔若干段落的(17)"居丧之礼……死与往日",之后接原本位于此篇下篇前半部分的(18)"居丧未葬……读乐章",之后接原本位于此篇上篇中间偏前部分的(19)"为人子者父母存……冠衣不纯采",之后接原本位于此篇上篇前半部分的(20)"君子已孤……不为父作谥",之后接原本位于此篇后半部分的(21)"父之雠……不同国"。吴澄将以上归为"记父子之礼",分为"凡十五节"。

3. 承接以上,从原本由前面位于此篇后半部分的(21)向前间隔几个段落的(22)"凡为君使者……下堂而受命"几段,之后接原本位于此篇下篇后半部分近于结尾的(23)"君命大夫与士肄……问礼对以礼"几段,可以说是将这部分大幅度地提前至此;之后接原本位于此篇下篇前半部分的(24)"公事不私议"一句,之后接原本位于(24)之前的(25)"振书端书……不以告不入公门"几句,之后接原本位于此篇上篇前半部分的(26)"大夫士出入……不践阈"一句,之后接原本位于此篇上篇中间部分的(27)"赐果于君前……其余皆写"两句,之后接原本位于此篇上篇近于结尾部分的(28)"君命召……必自御之"一句,之后接原本位于此篇下篇中间偏前部分的(29)"大夫私行……拜而后对"一段,之后接原本位于(29)之前的(30)"士有献于国君……稽首而后对"一段,之后接原本位于此篇下篇近于开始部分的(31)"君使士

## 第六章 吴澄的礼学和《礼记纂言》的著述特色

射……负薪之忧"一段，之后接原本位于此篇上篇偏后部分的（32）"四郊多垒……此亦士之辱也"一段，之后接原本位于此篇下篇中间偏前位置的（33）"国君死社稷……士死制"一句，之后接原本在下篇位于（33）之前的（34）"国君去其国……去坟墓也"，之后接原本在下篇由（34）向前间隔若干段落的（35）"大夫士去国祭器……三月而复服"两段，之后接原本在下篇由（35）向前间隔若干段落的（36）"君子行礼不求……从新国之法"几段，之后接原本在下篇位于（35）之后的（37）"大夫士见于国君……男女相答拜也"几段，之后接原本在下篇近于结束部分的（38）"凡挚天子鬯……榛脯修枣栗"几句，之后接原本位于此篇下篇中间部分的（39）"天子穆穆……庶人僬僬"一段，之后接原本在下篇由（38）向前间隔几个段句的（40）"天子视不上……倾则奸"两段，之后接原本位于下篇开始部分的（41）"凡奉者当心……车轮曳踵"几段，之后接原本向后间隔一句的（42）"执玉其有……无藉者则袭"一句，再后接原本接在（41）之后的（43）"立则磬折……则臣佩委"一段，之后接原本位于此篇上篇中间偏后位置的（44）"为天子削瓜……庶人龁之"一段，之后接原本位于此篇下篇中间偏后部分的（45）"问天子之年……数畜以对"两大段，之后接原本位于此篇下篇中间偏前部分的（46）"国君春田……不彻琴瑟"几段。吴澄将以上归为"记君臣之礼"，分为"凡二十七节"。

（二）卷一中《曲礼》

吴澄将中篇分为八个部分，包括"记男女之礼""记长幼之礼""记宾主之礼""记饮食之礼""记献遗之礼""记交游之礼""记通用之礼""记避讳之礼"。共计六十六节。

1. 中篇开始从原本在上篇中间偏前部分的（1）"男女不杂坐……不亲授"一段，之后接原本由（1）向后间隔一句的（2）"外言不入于梱……弗与同器而食"一段，之后接原本由（2）向后间隔一句的（3）"男女非有行媒……不知其姓则卜之"几段，之后接原本由（3）向后间隔一句的（4）"贺取妻者……使某羞"一段，之后接原本由（4）向前间隔若干句的（5）"嫂叔不通……不漱裳"两句，之后接原本在（3）之后（4）之前的（6）"寡妇之子……弗与为友"一句，之后接原本由（6）向后间隔几句的（7）"男女异长……许嫁笄而字"一段，之后接原本位于（7）之前的（8）"名子者不以国……不以山川"一段。吴澄将以上归为"记男女之礼",分为"凡八节"。

2. 承接以上,从原本位于此篇上篇前半部分的(9)"人生十年曰……百年曰……大夫七十而致事……告之以其制"两段,之后接原本由(9)向后间隔若干段句的(10)"童子不衣裘裳"一句,之后接原本在(10)之前的(11)"幼子常视毋诳"一句,之后接原本在(10)之后的(12)"立必正方……之则掩口而对"一段,之后接原本由(12)向前间隔几个段句(13)"年长以倍……长者必异席"一段,之后接原本在(12)之后的(14)"从于先生……乡长者所视"几段,之后接原本由(14)向前间隔若干段句的(15)"谋于长者……不辞让而对非礼也"两句,之后接原本位于由(15)向后间隔若干段句的(16)"凡为长者粪之……以南方为上"两段,之后接原本由(16)向后间隔几句的(17)"将即席……无诺唯而起"几段,之后接原本由(17)向后间隔几句的(18)"侍坐于君子,君子问……则起而对"一句,之后接原本位于此篇下篇近于开始部分的(19)"侍坐于君子不顾望而对非礼也"一句,原本无"坐"字,之后接原本位于前面(18)之后的(20)"侍坐于君子若有告……左右屏而待"一段,之后接原本由(20)向前间隔一句的(21)"侍坐于君子君子欠伸……侍坐者请出矣"一段,之后接原本由(21)向后间隔几句的(22)"侍坐于长者屦不上……俯而纳屦"一段,之后接原本由(22)向前间隔几句的(23)"侍坐于所尊……让食不唾"几句,之后接原本由(23)向后间隔若干段落的(24)"侍食于长者……不拜而食"几句,之后接原本由(24)向后间隔若干段句的(25)"御同于长者虽贰不辞偶坐不辞"一段,之后接原本由(25)向前间隔几句的(26)"侍饮于长者……贱者不敢辞"几句。吴澄将以上归为"记长幼之礼",分为"凡二十四节"。

3. 承接以上,从原本位于此篇上篇前半部分的(27)"凡与客入者……则先左足"几段,之后接原本由(27)向后间隔两个段落的(28)"若非饮食之客……客不先举"几句。吴澄将以上归为"记宾主之礼",分为"凡二节"。

4. 承接以上,从原本由前面(28)向后间隔若干段落的(29)"凡进食之礼……客不虚口"几段,之后接原本由(29)向后间隔几个段句的(30)"卒食客自前跪……然后客坐"一段,之后接原本在(30)之前的(31)"共食不饱……毋嘬炙"一大段,之后接原本由(31)向后

第六章　吴澄的礼学和《礼记纂言》的著述特色　511

间隔几个段句的（32）"羹之有菜者……不用梜"一句，之后接原本由（32）向前间隔一句的（33）"馂余不祭……夫不祭妻"一句。吴澄将以上归为"记饮食之礼"，分为"凡五节"。

5. 承接以上，从原本位于此篇上篇中间偏后位置的（34）"凡以弓剑、苞苴……如使之容"一句，之后接原本在（34）之前的（35）"水潦降不献鱼鳖……凡遗人弓者……进几杖者拂之……饮玉爵者弗挥"的几个段句。吴澄将以上归为"记献遗之礼"，分为"凡四节"。

6. 承接以上，从原本由（34）向后间隔几个段句的（36）"君子不尽人之欢……以全交也"一句，之后接原本位于此篇上篇偏前部分的（37）"在丑夷不争"一句，之后接原本位于此篇下篇中间偏后部分的（38）"儗人必于其伦"一句，之后接原本位于此篇上篇后半部分的（39）"知生者吊……问疾弗能遗……不问其所欲"几段，吴澄将以上归为"记交游之礼"，分为"凡五节"。

7. 承接以上，从原本由前面（39）向前间隔几个段落的（40）"博闻强识……谓之君子"一句，之后接原本位于此篇上篇近于开始部分的（41）"若夫坐如尸……使从俗"两句，之后接原本位于此篇上篇前半部分的（42）"毋侧听……暑毋褰裳"一段，之后接原本由（42）向前间隔若干段落的（43）"登城不指城上不呼……将适舍……必慎唯诺"几段，之后接原本由（43）向后间隔两个段句的（44）"帷薄之外……授坐不立"，之后接原本由（44）向后间隔若干段句的（45）"离坐离立……不出中间"一段，之后接原本由（45）向后间隔若干段句的（46）"有忧者侧席……专席而坐"两句，之后接原本位于此篇下篇靠前部分的（47）"居丧不言乐……不言妇女"一段，之后接原本位于此篇上篇中间靠后部分的（48）"齐者不乐不吊"一句，之后接原本由（48）向后间隔几个段句的（49）"邻有丧……哭日不歌"一段。之后接原本由（49）向前间隔一段的（50）"望柩不歌。入临不翔"两句，之后接原本由（50）向前间隔一句的（51）"临丧不笑"，之后接原本由（51）向后间隔若干段句的（52）"执绋不笑临乐不叹"，之后接原本在（50）之后的（53）"当食不叹"，之后后接原本由（53）向前间隔几句的（54）"适墓不登垄"一句，之后接原本由（53）向后间隔几句的（55）"送丧不由径，送葬不辟涂潦"两句，之后接原本在（54）之后的（56）"助葬必执绋"一句，之后接原本由（56）向后间隔一句的（57）"揖人必违其位"，之后接原本由（57）向后间隔几句的（58）"临丧则必有哀色"一句，之后接原本由（58）向后间隔一段的（59）"介胄则有……不失色于人"一段，之后接原本位于此篇上篇近于结尾部分的（60）"介者不拜为其拜而蓌拜"一句，之后接原本位于此篇上篇中间偏前位置的（61）"贫者不以货财……筋力为礼"两句，之后接原本位于此篇上篇中间偏后位置的（62）"礼不下庶人……刑人不在君侧"一段，之后接原本位于由（60）向前间隔几句的（63）"犬马不上于堂"一句。吴澄将以上归为"记通用之礼"，分为"凡十五节"。

8. 承接以上，从原本由此篇上篇近于结尾部分的（63）向前间隔若干段句的（64）"卒哭乃讳……所有公讳"一段，之后接原本由（64）向后间隔三句的（65）"夫人之讳……小功不讳"一段，之后接原本在（65）之前的（66）"庙中不讳"一句，之后接原本在（66）之前的（67）"诗书不讳临文不讳"一句，之后接原本位于（65）之后的（68）"入竟而问禁……入门而问讳"一段。吴澄将以上归为"记避讳之礼"，分为"凡三节"。

（三）卷一下《曲礼》

吴澄将下篇分成五个部分，"记祭祀之礼""记卜筮之礼""记乘车之礼""记行军之礼""记称谓之礼"，共计四十四节。

1. 从原本位于此篇下篇靠前部分的（1）"君子将营宫室……不斩于丘木"几段，之后接原本位于此篇上篇偏后位置的（2）"祭服敝则焚……牲死则埋之"一段，之后接原本在（2）之前的（3）"临祭不惰"一句，之后接原本在（2）之后的（4）"凡祭于公者必自彻其俎"一句，之后接原本由（4）向前间隔若干段句的（5）"礼曰君子抱孙……不可以为父尸"一段，之后接原本位于此篇下篇靠后部分的（6）"支子不祭祭必告于宗子"一句，之后接原本由（6）向前间隔两句的（7）"凡祭有其废之……淫祀无福"一段，之后接原本位于（7）之前的（8）"天子祭天地……士祭其先"一段，之后接原本位于（7）之后的（9）"天子以牺牛……士以羊豕"一段，之后接原本由（9）向后间隔若干段句而近于结尾部分的（10）"大飨不问卜不饶富"一句。吴澄将以上归为"记祭祀之礼"，分为"凡十节"。

2. 承接以上，从原本位于此篇上篇靠后部分的（11）"外事以刚日……则必践之"的几段，吴澄将以上归为"记卜筮之礼"，分为"凡

第六章　吴澄的礼学和《礼记纂言》的著述特色　　513

四节"。

3. 承接以上，从原本由（11）向后间隔两段的（12）"凡仆人之礼……则自下拘之"一段，之后接原本由（12）向后间隔几句的（13）"仆御妇人……后左手而俯"一段，之后接原本由（13）向前间隔几个段句的（14）"君车将驾……沟渠必步"一大段，之后接原本在（13）之后的（15）"国君不乘奇车……尘不出轨"一段，之后接原本由（15）向前间隔几个段句的（16）"入国不驰入里必式"一句，之后接原本在（16）之前的（17）"故君子式黄发下卿位"一句，之后接由（17）向前间隔若干段句的（18）"国君抚式……士下之"两句，之后接原本由（18）向前间隔几个段句的（19）"为君尸者……乘必以几"一段，之后接原本位于此篇上篇结尾部分的（20）"国君下宗庙……式路马"一段，之后接原本由（20）向前间隔几段的（21）"祥车旷左……左必式"一句，之后接原本在（20）之后的（22）"乘路马必朝服……齿路马有诛"一段，之后接原本由（22）向前间隔几段的（23）"客车不入……妇人不立乘"一句，之后接原本由（23）向前间隔若干段句的（24）"兵车不式……德车结旌"一句。吴澄将以上归为"记乘车之礼"，分为"凡十二节"。

4. 承接以上，从原本接在（24）之后的（25）"史载笔士载言……各司其局"一大段，吴澄归为"记行军之礼"，为"凡一节"。

5. 承接以上，从原本位于此篇下篇中间偏前部分的（26）"君天下曰天子……死亦名之"一大段，之后接由（26）向后间隔一段的（27）"天子建天官……自称曰孤"几段，之后接原本由（27）向后间隔两段的（28）"诸侯见天子……寡君之老"几段，之后接原本由（28）向后间隔几个段句的（29）"列国之大夫……使者自称曰某"一段，之后接原本在（28）之前的（30）"天子当依而立……苞牲曰盟"两段，之后接原本位于此篇下篇最后一段的（31）"纳女于天子……大夫曰备扫洒"一段，之后接原本位于此篇中间偏后位置的（32）"天子之妃曰后……庶人曰妻"一段，之后接原本由（32）向前间隔若干段句的（33）"天子有后……有妻有妾"一段，之后接原本由（32）向后间隔一句的（34）"夫人自称……则自名也"一段，之后接原本位于此篇下篇近于开始部分的（35）"君大夫之子……与世子同名"一段，之后接原本位于（35）之前的（36）"国君不名卿老……家相长妾"一段，之后接原本位于此篇下篇中间偏后部分的（37）"天子不言出……灭同姓名"，之后接原本由（37）

向后间隔若干段落的（38）"天子死曰崩……在棺曰柩"一段，之后接原本由（38）向后间隔几段的（39）"寿考曰卒短折曰不禄"一句，之后接原本由（39）向前间隔两段的（40）"死寇曰兵"一句，之后接原本在（40）之前的（41）"羽鸟曰降四足曰渍"一句，之后接原本在（40）之后的（42）"祭王父曰皇祖考……曰妣曰嫔"一段，之后接原本由（42）向前间隔几个段句的（43）"凡祭宗庙之礼……币曰量币"一大段。吴澄将以上归为"记称谓之礼"，分为"凡十七节"。

由以上可知，吴澄不仅将原本《曲礼》上下篇改编为上中下三篇，而且，除了开篇的"《曲礼》曰毋不敬……安民哉"到"疑事毋质，直而勿有"的共计86个字的段句保持原有位置而没有调整之外，此后的段句完全打通原有的上下结构而形成了新的上中下篇。其中的内在逻辑及合理性需要细致的比对才能揭示其中的奥妙所在。本节篇末第十部分的例证三和例证四，举出了两个片段进行对比分析，可以参考以见其略。

### 五　对《内则》等篇章节段句上的调整

（一）卷二《内则》

在篇题之下，吴澄引述了郑玄注和孔颖达的解说称："郑氏曰《内则》记男女居室，事父母舅姑之法。孔氏曰以闺门之内轨仪可则，故曰《内则》。"① 吴澄将此篇分成四个部分，包括"父子之礼""男女之礼""饮食之礼""老老之礼"，共计七十一节。按照具体的事项类别联接相关的段落和文句，删除了其中与《王制》篇重复的一些部分。

1. 从原本开篇的（1）"后王命冢宰……贱事贵共帅时"，此以上的若干段落文句没有调整，而以下则后接原本由（1）向后间隔三段的（2）"子妇孝者……必不果"的几段，之后接原本由（2）向后间隔几句的（3）"子妇无私货……而后与之"几句，之后接原本在（3）之前的（4）"凡妇不命……请于舅姑"两句，之后接原本在（4）之前的（5）"舅没则姑老……不敢并坐"一段，之后接原本由（5）向后间隔几句的（6）"适子庶子……入于宗子之门"一段，之后接原本由（6）向后间隔一句的（7）"若富则具……后敢私祭"一段，之后接原本在（7）之前的（8）"不敢以贵富加于父兄宗族"一句。吴澄将以上归为"记父子之

---

① （元）吴澄：《礼记纂言》，《文渊阁四库全书》，第121册，第66页。

第六章　吴澄的礼学和《礼记纂言》的著述特色　　515

礼",分为"凡二十节"。

　　2. 承接以上,从原本位于此篇后半部分的(9)"礼始于谨夫妇……男不入女不出"一段,之后接原本位于此篇前半部分的(10)"内言不出外言不入……无烛则止"一段,之后接原本在(10)之前的(11)"男不言内……男女不通衣裳"一段,之后接原本位于此篇后半部分的(12)"男女不同椸枷……衿缨綦屦"两段,之后接原本由(12)向后间隔一句的(13)"妻不在……敢当夕"一句,之后接原本在(13)之前的(14)"虽婢妾……必后长者"一句,之后接原本在(13)之后的(15)"妻将生子……无以异也"几段,之后接原本由(15)向后间隔两段的(16)"由命士以上……必循其首"一段,之后接原本在(16)之前的(17)"凡父在……自食其子"两段,之后接原本在(16)之后的(18)"子能食食……七十致事"几段,之后接原本由(18)向后间隔一句的(19)"女子十年……奔则为妾"一段,之后接原本在(19)之前的(20)"凡男拜尚左手"一句,之后原本在(19)之后的(21)"凡女拜尚右手"一句,之后接原本位于此篇靠前部分的(22)"道路男子由右女子由左"一句。吴澄将以上归为"记男女之礼",分为"凡十九节"。

　　3. 承接以上,从原本位于此篇中间偏前部分的(23)"饭黍稷……稻穄"一句,之后接原本由(23)向后间隔一段的(24)"饮重醴……糗饵粉酏"一段,之后接原本在(24)之前的(25)"膳膷臐……鹑鷃"一段,之后接原本在(24)之后的(26)"食蜗醢而苽食……梅诸卵盐",之后接原本由(26)向后间隔几句的(27)"牛修鹿脯田……耆老不徒食"两段,之后接原本由(27)向后间隔几个段落的(28)"羹食自诸侯以下……士于坫一"一段,之后接原本由(28)向后间隔若干段落的(29)"淳熬煎醢……搜而食之"几段,之后接原本由(29)向后间隔一段的(30)"肝膋取……不蓼"一段,之后接原本在(30)之前的(31)"糁取牛羊……为饵煎之"一段,之后接原本在(30)之后的(32)"取稻米……稻米为酏"一段,之后接原本由(32)向前间隔若干段落的(33)"肉腥细者……以柔之"一段,之后接原本由(33)向前间隔几个段落的(34)"脍春用葱……芗无蓼"一段,之后接原本由(34)向前间隔几个段句的(35)"牛宜稌……膳膏膻"一段,之后接原本在(35)之前的(36)"凡食齐……调以滑甘"一段,之后接原本由(36)向后间隔几个段句的(37)"肉曰脱之……鸨奥鹿胃"两段,之后接原本在（37）之前的（38）"不食雏鳖……鳖去丑"一段。吴澄将以上归为"记饮食之礼"，分为"凡二十八节"。

4. 承接以上，从原本位于此篇中间偏后部分的（39）"凡养老五帝……皆有惇史"一段，之后接原本由（39）向前间隔若干段句的（40）"凡五十养于乡……九十者使人受"一段①，之后接原本由（40）向后间隔若干句②的（41）"凡自七十以上唯衰麻为丧"一句，之后接原本由（41）向后间隔一句③的（42）"八十者一子不从政……其家不从政瞽亦如之"一段。在此句后，吴澄有解说云："《王制篇·养老章》，自'有虞氏'至'其家不从政'，并是此篇之文。今存之于彼。而此一节内，《王制》'五十养于乡'上无'凡'字，'使人受'上无'者'字，唯'衰麻为丧'上无'凡自七十以上'六字，'其家不从政'下无'瞽亦如之'四字。为文小不同，故兼存于此。其余文同者，此不重出。"④ 之后又接"凡父母在子虽老不坐"一句，之后接由前一句向后间隔一段⑤的（43）"曾子曰孝子之……而况于人乎"一段。吴澄将以上归为"记老老之礼"，分为"凡四节"，并且指出："前二节国之老老，君之尊敬其臣也；后二节家之老老，子之尊事其父母也。此章拾其遗附于篇末，故章旨总以'老老'二字该之。"⑥

通过以上的叙述，结合《礼记》本文可知，除了原本此篇开篇部分的若干段落吴澄原样地保留之外，在随后的段句上，吴澄还是做了很大幅度的调整，就是分别以"父子之礼""男女之礼""饮食之礼""老老之礼"进行归类的。特别是将有些与《王制》篇内容重复的部分仅保留了文字稍有不同的几句，其他都删除，不再重出。

（二）卷三《少仪》

在此篇篇题之下，针对篇名及内容吴澄分别引述了各家诸说，即陆

---

① 在这一句之前，吴澄删除了与《王制》篇相重复的部分"凡养老有虞氏以燕礼……周人修而兼用之"的几句计27个字。
② 这一部分是"五十异粻……七十致政"的178个字的文句，是吴澄删除的与《王制》篇相重复的部分。
③ 这一句是"凡三王养老皆引年"，是吴澄删除的与《王制》篇相重复的部分。
④ （元）吴澄：《礼记纂言》，《文渊阁四库全书》，第121册，第90页。
⑤ 这一段是"有虞氏养国老……玄衣而养老"计107个字的文句，也就是吴澄删除的与《王制》篇相重复的部分。
⑥ （元）吴澄：《礼记纂言》，《文渊阁四库全书》，第121册，第90页。

第六章　吴澄的礼学和《礼记纂言》的著述特色　　517

氏（德明）曰："《内则》十年学幼仪，此篇其类也。"方氏（悫）曰："篇中所言不特少者，然壮者之仪亦在少时所习。"郑氏（玄）曰："少犹小也。记相见及荐羞之小威仪。"范阳张氏（九成，字子韶）曰："先儒训少为小，其意以为所记者小节尔。圣人之道无大小，此为小，孰为大？少有副意，如太师之有少师，少者所以副其大仪者，所以副其礼也。"① 吴澄将此篇的内容分为四个部分，包括"见遗之礼""饮食之礼""通用之礼""臣下之礼"，共计五十九节。

1. 从原本开篇的（1）"闻始见君子者……主人无亲受也"的几段没有改变，以下则有调整，后接原本位于此篇近于结尾部分的（2）"为人祭曰……豕左肩五个"两段，之后接原本位于此篇中间偏前部分的（3）"其以乘壶酒……授人则辟刃"三段，之后接原本在近于此篇开始部分的（4）"受立授立……则有之矣"两句，之后接原本位于此篇后半部分的（5）"赞币自左诏辞自右"一句，之后接原本在（4）之后的（6）"始入而辞曰……尊长在则否"一段，之后接原本由（6）向后间隔几个段落的（7）"尊长于己……不擢马"三段，之后接原本由（7）向后间隔一段的（8）"请见不请退……虽请退可也"两段。吴澄将以上归为"记见遗之礼"，分为"凡十四节"。

2. 承接以上，从原本位于此篇后半部分的（9）"燕侍食于君子……辞焉则止"两段，后接原本由（9）向后间隔几个段句的（10）"凡饮酒为献……不辞不歌"一段，之后接原本在（10）之前的（11）"其未有烛……导（道）瞽亦然"一段，之后接原本由（11）向前间隔几个句的（12）"尊者以酌者……尊壶者面其鼻"两句，之后接原本由（12）向前间隔几个句的（13）"客爵居左……皆居右"一段，之后接原本由（13）向后间隔两句的（14）"酌尸之仆……轨范乃饮"一段，之后接原本由（14）向后间隔两句的（15）"小子走……坐祭立饮"一段，之后接原本由（15）向后间隔几句的（16）"饮酒者……有折俎不坐"一段，之后接原本位于此篇中间偏后部分的（17）"取俎进俎不坐"一句，之后接原本由（16）向后间隔几句的（18）"其有折俎者……尸则坐"一段，之后接原本由（18）向前间隔几句的（19）"凡羞有俎者……俎内祭"一句，之后接原本由（19）向后间隔几句的（20）"羞首者进喙祭耳"一

---

① （元）吴澄：《礼记纂言》，《文渊阁四库全书》，第121册，第91页。

句,之后接原本由(20)向前间隔几句的(21)"羞濡鱼者……祭膴"一段,之后接原本由(21)向后间隔几句的(22)"未步爵不尝羞"一句,之后接原本由(22)向前间隔几句的(23)"凡羞有湆者不以齐"一句,之后接原本由(23)向前间隔几句的(24)"凡齐……居之于左"一句,之后接原本由(24)向后间隔几句的(25)"牛羊之肺离而不提心"一句,之后接原本由(25)向后间隔几句的(26)"牛与羊……醓以柔之"一段,之后接原本由(26)向前间隔几句的(27)"为君子……绝其本末"一句,之后接原本由(27)向前间隔几句的(28)"君子不食圂腴"一句,之后接原本位于此篇中间部分的(29)"未尝不食新"一句,之后接原本位于(29)向后间隔一句的(30)"凡洗必盥"一句,之后接原本由(30)向后间隔几句的(31)"洗盥……辟咡而对"一段。吴澄将以上部分归为"记饮食之礼",分为"凡二十三节"。

3. 承接以上,从原本位于此篇中间部分的(32)"问国君之子长幼……未能负薪"几段,之后接原本位于此篇靠前部分的(33)"问品味曰……善于某乎"几句,之后接原本由(33)向前间隔几句的(34)"士依于德……游于说"一段,之后接原本由(34)向后间隔两段的(35)"问卜筮曰……问志则否"一段,之后接原本在(35)之前的(36)"不贰问"一句,之后接原本在此篇中间部分的(37)"执玉执龟策……城上不趋"一段,之后接原本由(37)向后间隔几句的(38)"执虚如……燕则有之"两句,之后接原本位于此篇靠前部分的(39)"泛扫曰扫……执箕膺揲"两句,之后接原本位于此篇靠后部分的(40)"衣服在躬……为罔"一句,之后接原本位于此篇靠前部分的(41)"不疑在躬……不訾重器"一段,之后接原本由(41)向后间隔若干段句的(42)"不窥密……不戏色"一段,之后接原本由(42)向后间隔一段的(43)"毋拔来……毋测未至"一段,之后接在(43)向后间隔一句的(44)"毋訾衣服成器毋身质言语"一句。之后接"言语之美……肃肃雍雍"一段,之后接原本位于此篇靠后部分的(45)"宾客主恭……隐情以虞"一段,之后接原本位于(45)之前的(46)"军尚左卒尚右"一句,之后接原本位于(46)之前的(47)"乘兵车……入后刃"一句,之后接原本由(47)向前间隔若干段句的(48)"武车不式……葛绖而麻带"两段。吴澄将以上部分归为"记通用之礼",分为"凡十五节"。

4. 承接以上,从原本位于此篇前半部分的(49)"为人臣下者……

社稷之役"一段，后接原本由（49）向前间隔一句的（50）"事君者量而……下远罪也"一段，之后接原本由（50）向前间隔两段的（51）"执君之乘车……执辔然后步"一段，之后接原本由（51）向后间隔若干段句的（52）"仆于君子……乘马弗贾"几段，之后接原本就位于篇末的（53）"国家靡敝……马不常秣"一段。吴澄将以上归为"记臣下之礼"，分为"凡七节"。

从以上的叙述可知，除了篇首与篇末的一些段句没有做位置上的调整之外，吴澄对《少仪》篇的重新编排，突出以"见遗之礼""饮食之礼""通用之礼""臣下之礼"为归类标准，将相关段落文句做前后调整，其幅度也是很大的。

（三）卷四《玉藻》

在此篇篇题之下，吴澄针对篇名言简意赅地称："摘首章之首二字以名篇。"① 而吴澄对《玉藻》的调整，是以"记天子以下服食节适之礼"、"记天子以下服饰制度之礼""记天子以下称谓进趋之礼""记容貌之礼""记卿大夫以下家居之礼""记为臣之礼""记为子之礼"等七个方面相归类，也可以说是对《玉藻》内容的概括。

1. 从原本开篇的（1）"天子玉藻……五俎四簋"一大段没有调整，以下则有所调整，即后接原本由（1）最后一句向后间隔一句的（2）"夫人与君同庖"一句，之后接原本在（2）之前的（3）"子卯稷食菜羹"一句，之后接原本由（3）向后间隔几句的（4）"至于八月不雨……不得造车马"一段，之后接原本在（4）之前的（5）"君无故不杀……弗身践也"一段，之后接原本在（4）之后的（6）"卜人定龟……鹿臂豹犆"两段。吴澄将以上部分归为"记天子以下服食节适之礼"，分为"凡五节"。

2. 承接以上，从原本位于此篇中间偏前部分的（7）"始冠缁布冠……有事然后綾"一段，之后接原本由（7）向后间隔两句的（8）"大帛不綾……自鲁桓公始也"一句，之后接（9）"朝玄端……缘广寸半"一段，之后接原本由（9）向后间隔几句的（10）"衣正色裳间色"一句，之后接原本由（10）向后间隔几句的（11）"朝服之以缟也……不充其服焉"一段，之后接原本在（11）之前的（12）"纩为茧……帛

---

① （元）吴澄：《礼记纂言》，《文渊阁四库全书》，第 121 册，第 105 页。

为裼"一段，之后接原本由（12）向前间隔几句的（13）"以帛里布非礼也……不贰采"一段，之后接原本由（13）前一句向后间隔一句的（14）"非列采不入……袭裘不入公门"一段，之后接原本由（14）前一句向后间隔几句的（15）"唯君有……弗敢充也"一大段，之后接原本在此篇偏后部分的（16）"礼不盛……路车不式"一段，之后接原本在此篇中间部分的（17）"笏天子以球玉……杀六分而去一"一大段，之后接原本在此篇前半部分的（18）"天子摺珽方正……无所不让也"一段，之后接原本位于上述（17）最后一句向后间隔若干句的（19）"天子素带朱里终辟"一句，之后接原本由（19）向前间隔若干句的（20）"诸侯素带终辟……带并纽约用组"一段，"诸侯"一词的位置原本作"而"。① 之后接原本由（20）向后间隔若干句的（21）"三寸长齐于带……绅韠结三齐"，之后接原本由（21）向前间隔几句的（22）"大夫大带四寸……凡带有率无箴功"一段，之后接原本位于此篇后半部分的（23）"肆束及带……走则拥之"一句，之后接原本位于此篇中间部分的（24）"韠君朱大夫素……肩革带博二寸"一段，之后接原本由（24）向后间隔几句的（25）"一命缊韍幽衡……三命赤韍葱衡"一段，之后接原本由（25）向后间隔若干段句的（26）"古之君子必佩玉……五寸而綦组绶"一大段，之后接原本在上述（25）向后间隔一句的（27）"王后袆衣夫人揄狄"一句，之后接原本由（27）向后间隔几句的（28）"君命屈狄……皆从男子"一段，之后接原本由（28）向后间隔若干段句的（29）"童子之节也……皆朱锦也"一段，之后接原本由（29）向后间隔一句的（30）"童子不裘不帛……从人而入"一段，之后接原本位于此篇前半部分的（31）"亲没不髦"一句，之后接原本在（31）之前的（32）"五十不散送"一句。吴澄将以上部分归为"记天子以下服饰制度之礼"，分为"凡十节"。

3. 承接以上，从原本位于此篇篇末部分的（33）"凡自称……必与公士为宾也"一大段，之后接原本由（33）向前间隔几个段句的（34）"君入门介拂闑……蹜蹜如也"一大段。吴澄将以上归为"记天子以下称谓进趋之礼"，分为"凡三节"。

4. 承接以上，从原本由（34）向后间隔一句的（35）"君子之容舒

---

① 于此，吴澄有曰："旧本'素带终辟'上有'而'字无'诸侯'字。方氏曰：'"而"衍文，"诸侯"字脱也。'"（《礼记纂言》，《文渊阁四库全书》，第121册，第115页）

# 第六章　吴澄的礼学和《礼记纂言》的著述特色

迟……燕居告温温"一段，之后接原本在（35）之前的（36）"凡行容惕惕……济济翔翔"一段，之后接原本在（35）之后的（37）"凡祭容貌颜色……颠实扬休玉色"一段。吴澄将以上部分归为"记容貌之礼"，分为"凡六节"。

5. 承接以上，从原本位于此篇比较靠前位置的（38）"君子之居……登车则有光矣"一大段，吴澄将以上归为"记卿大夫以下家居之礼"，分为"凡三节"。

6. 承接以上，从原本位于此篇后半部分的（39）"凡君召以三节……外不俟车"一段，之后接原本位于（39）之前的（40）"凡侍于君……听乡任左"一段，之后接原本位于此篇前半部分的（41）"侍坐则必退席……去席尺"一段，之后接原本由（41）向后间隔几句的（42）"君若赐之爵……坐右纳左"一段，之后接原本由（42）向后间隔一句的（43）"唯君面尊"一句，之后接原本由（43 向后间隔一句的（44）"大夫侧尊……尊用禁"一段，之后接原本位于（43）之前的（45）"凡尊必上玄酒"一句，之后接原本由（45）向后间隔一句的（46）"唯飨野人皆酒"一句，之后接原本由（46）向前间隔几个段句的（47）"若赐之食……为己僕卑"一大段，之后接原本位于此篇后半部分的（48）"侍食于先生……火孰者先君子"两段，之后接原本由（48）向后间隔两段的（49）"孔子食于季氏……酒肉之赐弗再拜"两段，之后接原本由（49）向后间隔几个段句的（50）"大夫拜赐而退……拜于其室"一段，之后接原本由（50）向前间隔几句的（51）"凡赐君子……为君之答己也"几段，之后接原本在（50）之后的（52）"凡于尊者有献而弗敢以闻"一句，之后接原本由（52）向前间隔几段的（53）"有庆非君赐不贺"一句[①]，之后接原本在（52）之后的（54）"士于大夫不承贺……上大夫承贺"两句，之后接原本由（54）向前间隔若干段句的（55）"士于大夫不敢

---

[①]《礼记》原文在此句之后有"有忧者"三字，且郑玄有注云："此下绝亡，非其句。"又在后面补上的"勤者有事则收之，走则拥之"一句后面注云："此补脱重。"（《礼记正义》，中册，第919页）不过，宋代陆佃则不认同郑玄补脱的说法而称："'勤者有事则收之，走则拥之'宜承'无箴功'，郑氏谓'此补脱重'误矣。"（卫湜《礼记集说》卷七七）吴澄《礼记纂言》在将后面"士于大夫不承贺……上大夫承贺"一句承接此句之后有称："澄曰：旧本'有庆非君赐不贺'之下有'有忧者'三字，郑氏云'此下绝亡，非其句也。'而陆农师则云：'有忧者有庆，唯君赐然后贺。'按郑氏以为残缺者是也。巧为凿说，徒惑后学。故今从郑意刊之。"（《礼记纂言》，《文渊阁四库全书》，第121册，第129页）但是，吴澄只认同了郑玄认为"有忧者"不成句的意思，而并没有在经文中接受郑玄的补脱，径直将"有忧者"三字做删除处理了。

……临文不讳"一大段。吴澄将以上归为"记为臣之礼",分为"凡十二节"。

7. 从原本位于此篇后半部分的(56)"亲在行礼于人……则称父拜之"两句,后接原本由前一段(56)向后间隔一段的(57)"父命呼唯而不诺……此孝子之疏节也"一段,后接(58)"父没而不能读父之书……口泽之气存焉尔"一段。吴澄将以上内容归为"记为子之礼",分为"凡四节"。吴澄以此作为《玉藻》篇的结束。

概言之,由上可见,除了此篇开篇"天子玉藻……五俎四簋"近200字的一大段内容段句没有做调整之外,吴澄对此后的段句以归类的方式进行了比较多的调整。既有大体仍在与原文相当的位置而比较邻近的段句之间前后顺序,如前述(2)至(5)的调整,原本段句的顺序是(3)(2)(5)(4);也有将原本比较邻近的段句整体位置大幅度地向后位移且前后顺序改变,如以上的(41)至(47)的调整,原本则是位于此篇比较靠前位置而段句顺序为(41)(47)(42)(45)(43)(46)(44);还有如(19)一个单句原本在近于此篇篇末位置,而被提前到"记天子以下服饰制度之礼"的一类当中。也正是这样的调整,体现了吴澄对《玉藻》篇所包含的"记天子以下……之礼"和"记容貌之礼""记卿大夫以下家居之礼""记为臣之礼""记为子之礼"等各类礼仪程序合乎内在逻辑的认识和理解。

## 六 对《王制》《文王世子》篇章节段句上的调整

（一）卷七《王制》

在此篇篇题之下,对于篇题文字的含义和此篇的来历,吴澄有所说明称:"王制者,王者治天下之法制也。汉文帝令博士诸生采集秦以前古书所载而作此篇,然杂取传记,其间与《周官》及《孟子》不能悉同,故郑注或谓之殷制,或谓之夏制,亦意之而已矣。"[1] 这里,吴澄基本上认同了司马迁《史记·封禅书》所记载的汉文帝"使博士诸生刺六经中作《王制》"之说[2],以及唐代陆德明《经典释文》和孔颖达《礼记正

---

[1] （元）吴澄:《礼记纂言》,《文渊阁四库全书》,第121册,第184页。
[2] 《史记》,第1382页。

义》所记东汉卢植同样的说法。①

吴澄将《王制》一篇的内容进行了大幅度的调整，按照一定的类别分为十一类，包括："记制爵"，"记制禄"，"记度地居民"，"记教士官人"，"记制刑明禁"，"记质成制用"，"记养老恤穷"，"记巡守朝聘"，"记田"，"记丧"，"记祭"等。

1. 从原本开篇的（1）"王者之制禄爵……下士凡五等" 33个字的一段开始没有变动，以下则有所调整，即后接原本由（1）向后间隔若干段落的（2）"制三公一命卷……下大夫一命"一段，之后接原本由（2）向前间隔两段的（3）"天子三公九卿……上士二十七人"一段，之后接原本由（3）向前间隔几段的（4）"其有中士……其上之三分"一句，之后接原本在（4）之前的（5）"次国之上卿位当……下当其下大夫"一段。吴澄将以上部分归为"记制爵"，分为"凡四节"。

2. 承接以上，从原本在此篇开头部分的（6）"天子之田……视附庸"一段，之后接原本由（6）向后间隔几段的（7）"凡四海之内九州……诸侯之附庸不与"一大段，之后接原本在此篇比较靠后位置的（8）"方千里者……方十里者九十六"两段，之后接原本在此篇比较靠前位置的（9）"千里之外设方伯……以为左右曰二伯"一段，之后接原本由（9）向后间隔几句的（10）"天子使其大夫……国三人"一句，之后接原本由（10）向前间隔几个段句的（11）"天子百里之内……以为御"一句，之后接原本由（11）向后间隔几句的（12）"千里之内曰甸……曰流"一句，之后接原本在此篇靠前位置的（13）"制农田百亩……君十卿禄"两段，之后接原本在此篇近于篇末部分的（14）"诸侯之下士……视元士"一大段，之后接原本在此篇比较靠前位置的（15）"天子之县内诸侯……嗣也"一句，之后接原本在（14）之后的（16）"诸侯世子世国……不世爵禄"一段。吴澄将以上部分归为"记制禄"，分为"凡八节"。

3. 承接以上，从原本位于此篇靠后部分的（17）"古者以周尺……四尺二寸二分"一段，之后接原本在（17）之前的（18）"方一里者为田……其余六十亿亩"两段，之后接原本位于此篇中间部分的（19）"古

---

① 并见《十三经注疏（标点本）·礼记正义》，第330页。

者公田藉而不税……夫圭田无征"一段，之后接原本由（19）向后间隔一句的（20）"田里不粥……壮者之食"，之后接原本在（20）之前的（21）"用民之力岁不过三日"一句，之后接原本在此篇中间部分的（22）"凡居民……然后兴学"一段，之后接原本在（22）之前的（23）"凡居民材……北方曰译"。吴澄将以上部分归为"记度地居民"，分为"凡六节"。

4. 承接以上，从原本在此篇篇末的（24）"六礼……相见""七教……宾客""八政……数制"等几段，之后接原本在此篇中间位置的（25）"司徒修六礼……出乡不与士齿"几段，之后接原本位于此篇偏前部分的（26）"凡官民材……示（亦）弗故生也"一段。吴澄将以上归为"记教士官人"，分为"凡六节"。

5. 承接以上，从原本位于此篇中间偏后位置的（27）"司寇正刑明辟……禁异服识异言"的几段，吴澄将其归为"记制刑明禁"，分为"凡五节"。

6. 承接以上，从原本后接（27）最后一句的（28）"大史典礼执简记奉讳恶"一句开始，后接"天子齐戒受谏……制国用"一段，之后接原本在此篇前半部分的（29）"冢宰制国用……祭用数之仂"一段，之后接原本由（29）向后间隔一句的（30）"丧用三年之仂……日举以乐"一段。吴澄将以上部分归为"记质成制用"，分为"凡三节"。

7. 承接以上，从原本位于此篇偏后部分的（31）"有虞氏养国老……玄衣而养老"一段，之后接原本在（31）之前的（32）"凡养老有虞氏……政唯衰麻为丧"几段，之后接原本由（31）之后的（33）"凡三王养老皆引年…庶人耆老不徒食"几段，吴澄将以上归为"记养老恤穷"，分为"凡六节"。

8. 承接以上，从原本位于此篇前半部分的（34）"天子五年一巡守……归假于祖祢用特"一大段，之后接原本由（34）向后间隔若干段句的（35）"天子将出征……以讯馘告"一段，之后接原本在（34）之后的（36）"天子将出类乎上帝……出宜乎社造乎祢"一段，之后接原本由（36）向前间隔几段的（37）"诸侯之于天子也……五年一朝"一段，之后接原本在（36）之后的（38）"天子无事……诸侯曰頻官"一大段。吴澄将以上部分归为"记巡守朝聘"，分为"凡六节"。

9. 承接以上，从原本由（38）最后一句向后间隔一段的（39）"天子诸侯无事……不殀夭不覆巢"一大段,吴澄将此归为"记田,凡一节"。

10. 承接以上,从原本位于此篇中间偏前部分的(40)"天子七日而殡……支子不祭"一段,之后接原本由(40)向前间隔几段的(41)"丧三年不祭……越绋而行事"一段,吴澄将这部分归为"记丧,凡一节"。

11. 最后,从原本在前面(40)之后的(42)"天子七庙……秋曰尝冬曰烝"一段,之后接原本由(42)向后间隔几句的(43)"天子犆礿祫禘……尝祫烝祫"一段,之后接原本由(43)向后间隔一句的(44)"大夫士宗庙之祭……黍以豚稻以雁"一段,之后接原本在(43)之前的(45)"天子祭天地……而无主后者"一段,之后接原本由(45)向后间隔一段的(46)"天子社稷皆……皆少牢"一句,之后接原本由(46)向后间隔几句的(47)"祭天地之牛角茧栗……寝不逾庙"一段,最后接原本在此篇比较偏后部分的(48)"大夫祭器不假……不造燕器"两句。吴澄将以上归为"记祭",分为"凡三节"。

综上所列,除了《王制》开篇一段位置没有变化之外,吴澄有所侧重地对此篇的其他段落章句进行了归类性的前后调整,由此可见吴澄并没有将《王制》篇视为一个原本成熟的整体篇章,而是认为其或因错简传抄以致成为《礼记》原本的样子,这样也就有着进行调整和逻辑通洽的必要。其中的合理性和逻辑关系,还有待另作对比分析以揭示其中的奥妙。①

(二) 卷八《文王世子》

在篇题之下,吴澄引述了宋人方悫的说法称,"方氏曰:诸侯世子世国,大夫不世爵,故自诸侯以上之适子,然后谓之世子。此篇所言,主于世子之事,而文王之为世子,可为法于后世,故以名篇"②。方氏之说应是据自南宋卫湜《礼记集说》卷五十。吴澄将此篇以"记世子之礼""记文武为世子之礼""记成王学世子之礼""记三王教世子之礼""记学礼""记族礼"的分类顺序和本身的章次逻辑进行调整。

---

① 参见王启发《吴澄对〈礼记·王制〉篇的改编及其意义解析》,《学海》2020年第3期。

② (元) 吴澄:《礼记纂言》,《文渊阁四库全书》,第121册,第222页。

1. 从一开篇，吴澄就将原本位于此篇篇末的（1）"世子之记曰……然后亦复初"一大段移至篇首，并直接归为"记世子之礼"。

2. 接着（1）的，则是原本作为开篇的（2）"文王之为世子……武王九十三而终"一大段，之后接原本由（2）最后一句向后间隔一段的（3）"文王之为世子也"一句①。吴澄将以上归为"记文武为世子之礼"，分为"凡二节"。

3. 承接以上，从原本在（3）之前的（4）"成王幼不能莅阼……成王世子之道也"一段，之后接原本位于此篇中间部分的（5）"仲尼曰昔者周公……君臣长幼之义也"一段，之后接原本由（5）向后间隔一段的（6）"周公践阼"一句②。吴澄将以上归为"记成王学世子之礼"，分为"凡二节"。

4. 承接以上，从原本在此篇中间部分的（7）"凡三王教世子……君之谓也"一大段，之后接原本由（7）向后间隔一段（8）"君之于世子也……世子之谓也"一大段，之后接原本在（7）之前的（9）"教世子"一句③。吴澄将以上归为"记三王教世子之礼"，分为"凡三节"。

5. 承接以上，从原本在此篇前半部分的（10）"凡学世子及学士……列事未尽不问"几段，之后接原本由（10）向后间隔几段的（11）"凡语于郊者……无介语可也"一段，之后接原本在（11）之前一段中的（12）"凡始立学者……及行事必以币"两句，之后接原本在（12）之前的（13）"凡学春官释奠……秋冬亦如之"一句，之后接原本在（12）之后的（14）"凡释奠者……必遂养老"一段，之后接原本在此篇后半部分的（15）"天子视学……念终始典于学"一大段。吴澄将以上归为"记学礼"，分为"凡九节"。

6. 最后，承接以上，从原本在此篇中间部分的（16）"庶子之正于……有贵者以齿"一段，之后接原本由（16）向后间隔几句的（17）

---

① 在这一句后面，吴澄有解说称："按古书之体多如此，皆撮其事之纲以题于所纪事之后。此句旧本误在下章'成王有过，则挞伯禽'之下。今移真此章末。"（《礼记纂言》，《文渊阁四库全书》，第 121 册，第 224 页）

② 在此句后吴澄有解说称："旧本错简在下'文世子之谓也'下。"（《礼记纂言》，《文渊阁四库全书》，第 121 册，第 225 页）

③ 在此句后吴澄有解说称："旧本错简在'一献无介语可也'下。"（《礼记纂言》，《文渊阁四库全书》，第 121 册，第 227 页）

"庶子治之虽……不踰父兄"一段，之后接原本在（17）之前的（18）"其在外朝则以官……则以上嗣"一段，之后接原本在（17）之后的（19）"其公大事……亦告于甸人"几段，之后接原本由（19）的最后一句向后间隔一句的（20）"狱成有司谳于公……亲哭之"，之后接原本在（20）之前的（21）"公族无宫刑"一句，之后接原本在（20）之后的（23）"公族朝于内朝……不翦其类也"。吴澄将以上部分归为"记族礼"，"凡一节"。

由以上的归类排列可知，吴澄大幅度地改变了《礼记》原本《文王世子》的篇章结构和段落顺序，最突出的就是将原本在篇末的一段作为"记世子之礼"的内容提前到此篇开头的部分，后续也是前后有所调整，这样就形成了一个新的篇章结构，对于理解本篇的意义则显得更为顺理成章。

### 七　对《丧大记》等篇章节段句上的调整

（一）卷一〇《丧大记》

在此篇题之下，吴澄先引述了郑玄的说法："郑氏曰：丧大记者，记人君以下始死、小敛、大敛、殡葬之事。"又引述宋人方悫的话说："方氏曰：丧无非大事也，然礼有大小。此篇所记以大者为主，故名《丧大记》。"吴澄自己则说："此篇是每章各记一事之大节，非是逐句补记行事之小节，故云大记。"[①] 吴澄将此篇按照"记初复""记哭位迎宾""记浴沐含袭""记小敛大敛""记小敛""记大敛""记吊临""记殡葬""记丧杖""记丧食""记丧次"的仪节归类和顺次，除了开篇的前四节没有变动之外，随后都有所调整如下。

1. 从开篇的（1）"疾病外内皆扫……士之妻皆死于寝"到"复有林麓……复而后行死事"两段，没有调整，吴澄以此为"记初复，凡二节"。

2. 从接着前面的（2）"始卒主人啼……主人二手承衾而哭"到"君之丧未小敛……则为命妇出"两段，也没有调整，吴澄以此为"记哭位迎宾，凡二节"。

---

[①]（元）吴澄：《礼记纂言》，《文渊阁四库全书》，第121册，第249页。方氏之说见于宋卫湜《礼记集说》卷一〇五。

3. 承上以下，吴澄开始做了一些调整，从原本在此篇中间部分的（3）"始死迁尸于床……濡濯弃于坎"几段，之后接原本在（3）之前的（4）"君设大盘……有枕席君大夫士一也"一段，之后接原本在此篇后半部分的（5）"君锦冒黼杀……犹冒也"一段。吴澄将以上归为"记浴沐含袭"，分为"凡五节"。

4. 承接以上，从原本在此篇中间部分的（6）"小敛于户内……綌紒纻不入"几段，之后接原本由（6）最后一句向后间隔几个段句的（7）"小敛大敛……结绞不纽"一段，之后接原本在（7）之前的（8）"君之丧大胥……胥为侍士是敛"一段，之后接原本在（7）之后的（9）"敛者既敛必哭……凡敛者六人"一段，之后接原本由（9）向前间隔几个段句的（10）"凡敛者袒迁尸者袭"一句。吴澄将以上归为"记小敛大敛"，分为"凡三节"。

5. 承接以上，是原本在此篇前半部分的（11）"小敛主人即位……丧有无后无无主"几段，吴澄将以上归为"记小敛，凡一节"。

6. 承接以上，是原本此篇中间部分的（12）"君将大敛……凡冯尸兴必踊"几段，吴澄将以上归为"记大敛，凡一节"。

7. 承接以上，从原本位于此篇后半部分的（13）"君于大夫世妇大敛焉……送于门外拜稽颡"两段，之后接原本由（13）向后间隔几段的（14）"夫人吊于大夫士……其君后主人而拜"两段，之后接原本由（14）向后间隔一句的（15）"大夫士若君……君退必奠"一段，之后接原本在（15）之前的（16）"君吊见尸柩而后踊"一句，之后接原本由（16）向前间隔几段的（17）"君吊则复殡服"一句，之后接原本在（17）之前的（18）"君于大夫疾……在殡壹往焉"一段。吴澄将以上归为"记吊临，凡一节"。

8. 承接以上，吴澄将原本在此篇偏后部分到结尾的（19）"君大棺八寸……士不虞筐"的若干段句前移，而吴澄将以上归为"记殡葬"，分为"凡四节"。

9. 承接以上，是原本位于此篇中间偏前部分的（20）"君之丧三日……断而弃之于隐者"几段，吴澄以此为"记丧杖，凡一节"。

10. 承接以上，是原本由（20）最后一句向后间隔几个段落的（21）"君之丧，子、大夫……若有酒醴则辞"几段，吴澄以此为"记丧食，凡一节"。

第六章　吴澄的礼学和《礼记纂言》的著述特色　　529

11. 承接以上，吴澄将原本位于此篇后半部分的（22）"父母之丧……兄不次于弟"的若干段句作为此篇的结尾，吴澄以此为"记丧次，凡一节"。

由以上可知，吴澄所作调整最为突出的两大处，就是将原本位于篇末的（19）"君大棺八寸……士不虞筐"的若干段句前移，还有将原本位于此篇后半部分的（22）"父母之丧……兄不次于弟"的若干段句移至篇末作为此篇的结尾，这是有着仪节事项先后次序以及篇章逻辑方面关联性考虑的。

（二）卷一一《杂记》

在此篇篇题之下，吴澄说："此篇泛记诸侯大夫士丧之杂礼，其事琐碎不一，之谓杂，又兼它事非丧礼者，亦附记焉。故名《杂记》。"① 吴澄还将原本分为上下两篇的《杂记》合成为一篇。吴澄按照"记复""记讣""记饭袭敛踊抚""记冠衰绖杖哭""记闻丧、奔丧、主丧、服丧""记吊含襚赗临""记葬前卜宅以后之事""记葬后终丧以前之事""记丧礼情文之中""记丧礼存失之由""附记杂事杂辞"等十个方面的顺次，对于此篇原本的内容加以归类和先后位置调整如下。

1. 从一开篇，吴澄就有所调整，即从原本在上篇前半部分的（1）"复：诸侯以褒衣……狄税素沙"一段，而后接原本位于（1）之前的（2）"内子以鞠衣……其余如士"一段，之后接原本位于（1）之后的（3）"复西上"一句；之后接原本在开篇位置的（4）"诸侯行而死于馆……唯辅为说于庙门外"和"大夫士死于道……蒲席以为裳帷"的几段，之后接原本位于上篇后半部分的（5）"为君使而死公馆……自卿大夫以下之家也"一段。吴澄将以上归为"记复"，分为"凡三节"。

2. 承接以上，从原本在此篇上篇前半部分的（6）"君讣于它国之君……寡君之适子某死"一段，后接原本在（6）之前的一段（7）"凡讣于其君曰……臣某之某死"一段，又后接原本位于（6）之后的（8）"大夫讣于同国……吾子之外私某死"两段。吴澄将以上为"记讣，凡一节"。

3. 承接以上，吴澄将原本位于此篇下篇中间部分的（9）"天子饭九贝诸侯七大夫五士三"一句置于此，之后接原本位于此篇下篇前半部分

---

① （元）吴澄：《礼记纂言》，《文渊阁四库全书》，第121册，第274页。

的（10）"凿巾以饭公羊贾为之也"一句，之后接原本在此篇上篇后半部分的（11）"公袭卷衣……申加大带于上"一段，之后接原本由（11）向前间隔几个段句的（12）"率带诸侯大夫皆五采士二采"一句，之后接原本由（12）向后间隔几句的（13）"子羔之袭也……曾子曰不袭妇服"一段，之后接原本在下篇前半部分的（14）"冒者何也……袭而后设冒也"一段，之后接原本在此篇上篇后半部分的（15）"小敛环绖……商祝铺席乃敛"两句，之后接原本位于此篇上篇后半部分的（16）"小敛大敛启皆辩拜"一句，之后接原本位于此篇下篇前半部分的（17）"当祖大夫至……不改成踊"一段，之后接原本在此篇上篇中间靠前部分的（18）"公七踊……妇人皆居间"一段；之后接原本此篇下篇后半部分靠前位置的（19）"孔子曰伯母叔母……由文矣哉"一段，之后接原本由（19）向后间隔几段的（20）"嫂不抚叔叔不抚嫂"一句，之后接原本位于此篇上篇中间部分的（21）"君不抚仆妾"一句。吴澄将以上部分归为"记饭袭敛踊抚"，分为"凡十三节"。

4. 承接以上，又从原本位于此篇上篇中间部分的（22）"丧冠条属以别吉凶……大功以上散带"和"朝服十五升……緦加灰锡也"两段，之后接原本由（22）向前间隔几句的（23）"大夫之哭大夫……轻丧则弁绖"一段，之后接原本位于此篇下篇中间部分的（24）"凡弁绖其衰侈袂"一句，之后接原本由（24）向后间隔两段、原本作"麻者不绅，执玉不麻，麻不加于采"的三句而前后调整为（25）"执玉不麻，麻者不绅，麻不加于采"；之后接原本位于此篇上篇中间部分的（26）"端衰丧车皆无等"一句，之后接原本位于此篇下篇中间靠前部分（27）"古者贵贱皆杖……有爵而后杖也"一段，之后接原本位于此篇上篇中间部分的（28）"为长子杖则……其赠也拜"一段，之后接原本位于此篇下篇中间靠后部分的（29）"国禁哭则……即位自因也"一句，之后接原本位于此篇上篇中间部分的（30）"朝夕哭不帷无柩者不帷"两句，之后接原本接在上述（29）后面的（31）"童子哭……不菲不庐"一句。吴澄将以上归为"记冠衰绖杖哭"，分为"凡十一节"。

5. 承接以上，从原本在此篇下篇开头部分的（32）"有殡闻外丧哭之它室……始即位之礼"和"大夫士将与祭……则次于异宫"两段，之后接原本在此篇上篇中间部分的（33）"凡异居始闻……其麻带绖之日数"一段，之后接原本由（33）向后间隔两段的（34）"闻兄弟之

第六章　吴澄的礼学和《礼记纂言》的著述特色　　531

丧……虽疏亦虞之"一段，之后接原本在此篇下篇中间偏前部分的（35）"姑姊妹其夫死……而附于夫之党"一段，之后接原本在此篇上篇中间部分的（36）"主妾之丧……不于正室"一段，之后接原本由（36）向前间隔若干段落的（37）"士之子为大夫……则为之置后"一段，之后接原本由（37）向前间隔几句的（38）"大夫为其父母……未为大夫者齿"两段，之后接原本在此篇上篇中间部分的（39）"违诸侯之大夫不反服，违大夫之诸侯不反服"两句，之后接原本位于此篇下篇后半部分的（40）"孔子曰管仲遇盗……有君命焉尔也"一段，之后接原本由（40）向前间隔一段的（41）"外宗为君夫人犹内宗也"一句，之后接原本位于此篇上篇中间部分的（42）"女君死则妾……先女君之党服"一段。吴澄将以上部分归为"记闻丧、奔丧、主丧、服丧"，分为"凡十六节"。

6. 承接以上，从原本位于此篇下篇中间靠后部分的（43）"诸侯使人吊……其次如此也"一段，之后接原本位于此篇上篇中间靠后部分的（44）"吊者即位于门西……吊者降反位"，后接"含者执璧将命曰……自西阶以东"，后接"襚者曰寡君……其举亦西面"，后接"上介赗执圭将命……反位于门外"，后接"上客临曰……送于门外拜稽颡"的几段，之后接原本位于此篇上篇中间偏后部分的（45）"诸侯相襚……与禭衣不以襚"两句，之后接原本位于此篇下篇中间偏后部分的（46）"妇人非三年之丧……其他如奔丧礼然"一段，之后接原本位于此篇上篇接近结尾部分的（47）"其国有君丧不敢受吊"一句。吴澄将以上部分归为"记吊含襚赗临"，分为"凡五节"。

7. 承接以上，从原本位于此篇上篇前半部分的（48）"大夫之丧大宗人相小宗人命龟卜人作龟"一句，后接原本由（48）向前间隔一句的（49）"大夫卜宅与葬日……占者朝服"一段，之后接原本在此篇下篇中间部分的（50）"祝称卜葬虞……曰伯子某"一段，之后接原本在此篇上篇篇末的（51）"士丧有与天子……专道而行"一段，之后接原本位于此篇下篇中间部分的（52）"升正柩诸侯……御柩以茅"一段，之后接原本位于此篇上篇中间偏前部分的（53）"君若载而后吊之……待反而后奠"一段，之后接原本由（53）向前间隔许多段落的（54）"大夫之丧既荐……包奠而读书"一段，之后接原本位于此篇下篇中间偏前部分的（55）"或问于曾子曰夫既遣……子不见大飨乎"一段，之后接原本位于此篇上篇中间部分的（56）"遣车视牢具……置于四隅"和"载粻有子曰……脯醢而已"两句,之后接原本由(56)向前间隔若干段落的(57)"大夫不揄绞属于池下"一句,之后接原本在此篇上篇偏后部分的(58)"鲁人之赠也……广尺长终幅"一段,之后接原本由(58)向前若干段落的(59)"醴者稻醴也……而后折入"一句,之后接原本位于此篇下篇中间偏前部分的(60)"非从柩与反哭无免于堩"一句,之后接原本由(60)向前间隔几个段落的(61)"吊非从主人也……四十者待盈坎"一段,之后接原本在(61)之前的(62)"相趋也出宫而退……朋友虞附而退"一段。吴澄将以上部分归为"记葬前卜宅以后之事",分为"凡十三节"。

8. 承接以上,从原本位于此篇下篇中间偏后部分的(63)"士三月而葬……大夫五诸侯七"一段,后接原本位于此篇下篇前半部分的(64)"上大夫之虞也……附皆少牢"一段,之后接原本位于此篇上篇中间部分的(65)"重既虞而埋之"一句,之后接原本由(65)向前间隔两句的(66)"畅臼以椈……刊其柄与末"一段,之后接原本由(66)向前间隔若干句的(67)"祭称孝子孝孙丧称哀子哀孙"一句,之后接原本位于此篇下篇前半部分的(68)"自诸侯达诸士……兄弟皆饮之可也"一段,后接(69)"凡侍祭丧者……荐而不食"一句,之后接原本由(69)向后间隔若干段落的(70)"祥主人之除……因其故服"和"子游曰既祥……然后反服"两段,之后接原本位于此篇上篇中间偏前部分的(71)"凡丧服未毕……而哭拜踊"一句,之后接原本位于此篇下篇开始的(72)"有父之丧如未……其练祥皆行"一段,之后接原本位于此篇上篇中间偏前部分的(73)"有三年之练……唯杖屦不易"一句,之后接原本位于此篇下篇前半部分的(74)"父母之丧将祭而昆弟……虽虞附亦然"一段,之后接原本位于此篇上篇中间偏前部分的(75)"有父母之丧……不名神也"一段,之后接原本位于此篇下篇开头部分的(76)"王父死未练……附于王父也"一段,之后接原本位于此篇上篇前半部分的(77)"男子附于王父……则不配"两句,之后接原本由(77)向前间隔一段的(78)"大夫附于士……王父母在亦然"一段,之后接(79)"妇附于其夫……亦从昭穆之妻"一段,之后接原本由(79)向后间隔一句的(80)"公子附于公子"和"君薨……待犹君也"两句,之后接原本由(80)两句向前间隔若干段落的(81)"大夫次于公馆……士居垩室"一段,之后接原本位于此篇下篇中间部分的(82)"卿大夫疾君问之无

第六章　吴澄的礼学和《礼记纂言》的著述特色　　533

箪……为士比殡不举乐"一段。吴澄将以上部分归为"记葬后终丧以前之事"，分为"凡二十节"。

9. 承接以上，从原本位于此篇下篇中间部分、由（82）向前若干段落的（83）"曾申问于曾子曰……何常声之有"一段，之后接原本位于此篇下篇前半部分的（84）"孔子曰少连……东夷之子也"一段，之后接原本由（84）向前间隔一段的（85）"子贡问丧……则存乎书策矣"一段（"君子不夺人之丧……"）①，之后接原本由（85）向后间隔几个段落的（86）"妻视叔父母……下殇视成人"三句，之后接原本由（86）向后间隔一句的（87）"视君之母与妻……亦不饮食也"一段，之后接原本由（87）向后间隔若干段落的（88）"县子曰……期之丧如剡"一段，之后接原本由（88）向前间隔若干段落的（89）"三年之丧言而不语……严者也"一段，之后接原本由（89）向后间隔若干段落的（90）"凡丧小功以上非虞祔练祥无沐浴"一句，之后接原本由（90）向前间隔一句的（91）"孔子曰身有疡……谓之无子"一段，之后接原本由（91）向前间隔几段的（92）"丧食虽恶必充饥……皆为疑死"一段，之后接原本由（92）向后间隔一段的（93）"功衰食菜果……盐酪可也"一段，之后接原本在（93）之前的（94）"有服人召……非其党弗食也"一段，之后接原本由（94）向前若干段落的（95）"丧者不遗人……遗人可也"一段，之后接原本在（95）之前的（96）"三年之丧如或遗之……受而荐之"一段，之后接原本在（96）之前的（97）"非为人丧……非三年之丧以吉拜"一段，之后接原本由（97）向后若干段落的（98）"疏衰之丧既葬……涕泣而见人"一段，后接（99）"三年之丧祥而从政……既殡而从政"一段，之后接原本由（99）向前若干段落的（100）"三年之丧虽功衰……则服其服而往"一段，之后接原本在（100）之前的（101）"期之丧……十五月而禫"一段，之后接原本在（100）之后的（102）"练则吊……执事不与于礼"一段，之后接原本由（102）向后若干段落的（103）"以丧冠者虽三年……三者三乃出"一段，后接（104）"大功之末可以冠子……下殇之小功则不可"一段，之后接原本由（104）向后间隔一句的（105）"父有服宫中……小功至不绝乐"一段，之后接原本

---

① 原本接在（85）后面的"君子不夺人之丧，亦不可夺丧也"两句被吴澄移到了（107）的位置。

由（105）向前间隔几段的（106）"卒哭而讳……昆弟同名则讳"一段，之后接原本在此篇前半部分的、上面引述过的（85）"则存乎书策矣"之后的（107）"君子不夺人之丧亦不可夺丧也"一句，之后接原本由（107）向后间隔几段的（108）"亲丧外除兄弟之丧内除"一句，之后接原本由（108）向后间隔一句的（109）"免丧之外……直道而行之是也"一段。吴澄将以上部分归为"记丧礼情文之中"，分为"凡二十三节"。

10. 接着上一节的是，原本在此篇下篇后半部分的（110）"恤由之丧……士丧礼于是乎书"一段，之后接原本由（110）向前若干段落的（111）"泄柳之母死……泄柳之徒为之也"一段。吴澄将以上归为"记丧礼存失之由，凡二节"。

11. 又从原本在此篇下篇后半部分、由（111）向后若干段落的（112）"赞大行曰圭……三采六等"一段，之后接原本在此篇末的（113）"鞸长三尺……紃以五采"一段，之后接原本位于此篇上篇中间部分的（114）"大白冠……玄缟而后蕤"和"大夫冕而祭……祭于己可也"两段，之后接原本近于此篇下篇篇末的（115）"女虽未许嫁……燕则鬠首"一段，之后接原本由（115）向前间隔一段的（116）"纳币一束束五两两五寻"一句，后接（117）"妇见舅姑……各就其寝"一段，之后接原本由（117）向前间隔若干段落的（118）"诸侯出夫人……有司亦官受之"一段，后接（119）"妻出夫使人……亦皆称之"一段，之后接原本由（119）向前间隔若干段落的（120）"夫人之……自鲁昭公始也"一句，之后接原本位于此篇上篇中间部分的（121）"凡妇人从其夫之爵位"一句，又转而后接原本位于此篇下篇即前面的（120）一句之前的（122）"孟献子曰正月日至……献子为之也"一段，之后接原本位于（122）之前的（123）"子贡观于蜡……文武之道也"一段，之后接原本由（123）向前间隔一段的（124）"孔子曰……祀以下牲"一段，之后接原本由（124）向前间隔若干段落的（125）"孔子曰管仲镂簋而……下不僭下"一段，之后接原本在此篇近于篇末部分的（126）"孔子曰吾食于……不敢以伤吾子"一段，之后接原本由（126）向前间隔若干段落的（127）"廏焚孔子拜……亦相吊之道也"一段，之后接原本由（127）向后间隔几个段落的（128）"哀公问子羔……下执事也"，之后接原本由（128）向前间隔一段的（129）"过而举君之讳……则称字"和"内乱不

第六章　吴澄的礼学和《礼记纂言》的著述特色　　535

与焉，外患不①辟也"两段，之后接原本由（129）两段向前间隔若干段落的（130）"君子有三患……而倍焉君子耻之"一大段。吴澄将以上部分归为"附记杂事杂辞"，分为"凡二十节"。

就对《杂记》上下篇的整理而论，吴澄将一些散漫罗列的文句和段落——归类，前后衔接起来，显出相当的逻辑和条理。然而值得注意的是，原本接在此篇下篇即上述（32）"大夫士将与祭……则次于异宫"之后和（74）"父母之丧将祭而昆弟……虽虞附亦然"之前的一段，即"曾子问曰：'卿大夫将为尸于公，受宿矣，而有齐衰内丧，则如之何？'孔子曰：'出舍乎公宫以待事，礼也，孔子曰：尸弁冕而出，卿大夫、士皆下之。尸必式，必有前驱'"，原本的这一段内容被吴澄作为与《曾子问》篇当中重出的部分而予以移出了。但是在前后文中并没有做特别的说明。此外，原本在此篇上篇即（47）之后、（51）之前的"外宗房中南面……冯之兴踊"一段44字，吴澄按照郑玄注的提示而作为《丧大记》的文字重出而删除处理。② 还有原本在此篇下篇即（128）之后、（118）之前的"成庙则衅之……成则衅之以貑豚"一段计168字，吴澄作为《仪礼》逸经而移出，参见吴澄《礼仪逸经》卷一。③

（三）卷一二《丧服小记》

在篇题之下，吴澄就此篇的内容写道："《丧服》者，《仪礼》正经之篇名。正经之后有记，盖以补经文之所不备。此篇内所记丧服一章，又以补《丧服》经后记之所未备者也。其事琐碎，故名《小记》，以别于经后之记丧服一章。外又广记丧礼杂事，亦皆琐碎，比前篇《丧大记》之所记则为小也。小记亦犹杂记，《小记》所记之事小，《杂记》所记之事杂；《丧大记》之所记视二篇则为大也。但《杂记》中记丧服者鲜，故承《丧大记》之后止称《杂记》。此篇记丧服者详，故以《丧服》二字冠小记之上而名篇。"④ 吴澄对此篇的分类是"记复铭免吊主丧""记奔丧、丧次、丧拜""记丧服""记丧至除丧""记祔及吉祭"，由此也可见这一篇的内容。

---

① 此处原本作"弗"。
② 郑玄注参见《十三经注疏（标点本）·礼记正义》下册，第1193页。
③ 吴澄《仪礼逸经》卷一《诸侯衅庙礼第五》中有以"《小戴记·杂记篇》云……"而补之的说明。《文渊阁四库全书》，第105册，第13页。
④ （元）吴澄：《礼记纂言》，《文渊阁四库全书》，第121册，第311页。

1. 从一开始，经过吴澄的调整就已不是原本的样子。从原本位于此篇中间偏前部分的（1）"复与书铭自天子……如不知姓则书氏"一段，后接原本位于此篇开始部分的（2）"男子冠而妇人笄……免为妇人则髽"一段，之后接原本在（2）之前而作为开篇的（3）"斩衰括发……免而以布"一段，之后接原本位于此篇近于篇末部分的（4）"远葬者……而后免反哭"一段，之后接原本位于（4）之前的（5）"既葬而不报虞……如不报虞则除之"两段，之后接原本位于（5）之前的（6）"缌小功虞卒哭则免"一句，之后接原本位于上述（4）之后的（7）"君吊虽不当免时……亲者皆免"一段，之后接位于此篇中间偏后部分的（8）"诸侯吊必皮弁……君亦不锡衰"一段，之后接原本在（8）之前的（9）"诸侯吊于……其君为主"一句，之后接原本位于此篇中间偏前部分的（10）"大夫不主士之丧"一句，之后接原本位于此篇后半部分的（11）"士不摄大夫……唯宗子"两句，之后接原本近于此篇开始部分的（12）"男主必使同姓……必使异姓"两句，之后接原本位于此篇前半部分的（13）"大功者主人之丧……虞祔而已"一段，之后接原本位于此篇后半部分、即上述（11）之前的（14）"妇之丧虞……祔则舅主之"一段，之后接原本位于上述（11）之后的（15）"主人未除丧……不免而为主"一段，之后接原本由（15）向前间隔几段的（16）"养有疾者不丧服……养卑者否"一段。吴澄将以上部分归为"记复铭免吊主丧"，分为"凡十七节"。

2. 承接以上，从原本在此篇近于篇末部分的（17）"奔父之丧括发……而五哭三袒"一段，之后接原本由（17）向前间隔若干段落的（18）"奔兄弟之丧先之……而后之墓"一段，之后接原本位于此篇中间部分的（19）"哭朋友者于门外之右南面"一句，之后接原本由（19）向前间隔若干段落的（20）"无事不辟庙门哭皆于其次"一句，之后接原本在此篇后半部分的（21）"父不为众子次于外"一句，之后接原本近于此篇开始部分的（22）"为父母长子稽颡……其余则否"一段。吴澄将以上部分归为"记奔丧、丧次、丧拜"，分为"凡七节"。

3. 承接以上，从原本位于此篇中间部分的（23）"斩衰之葛与齐衰……麻葛[①]皆兼服之"一段，后接原本由（23）向后间隔若干文句段

---

[①] "葛"原本作"同"，吴澄《礼记纂言》和卫湜《礼记集说》则均作"葛"。

落的（24）"齐衰三月与大功同者绳屦"一句，之后接原本由（24）向后间隔若干文句段落的（25）"下殇小功带澡……而反以报之"一段，之后接原本位于此篇前半部分的（26）"绖杀五分而去一"和"杖大如绖"两句，之后接原本由（26）两句向前间隔若干段落而近于此篇开始部分的（27）"苴杖竹也削杖桐也"一句，之后接原本由（27）向后间隔若干段落的（28）"虞杖不入于室祔杖不升于堂"一句，之后接原本位于此篇中间部分的（29）"庶子不以杖即位……为妻以杖即位可也"一段，之后接原本在此篇后半而近于篇末部分的（30）"母为长子削杖"一句，之后接原本在（30）之前的（31）"妇人不为主而杖者姑在为夫杖"一句，之后接原本与（31）向后间隔一句的（32）"女子子在室……则子一人杖"一段，之后接原本在此篇中间部分偏后的（33）"箭笄终丧三年"一句，之后接原本在此篇开头部分的（34）"齐衰恶笄以终丧"一句，之后接原本位于此篇后半部分（35）"与诸侯为兄弟者服斩"一句，之后接原本位于此篇前半部分的（36）"世子不降妻之……与大夫之适子同"一段，之后接原本由（36）向后间隔若干段落的（37）"大夫降其庶子其孙不降其父"一句，之后接原本在此篇开头部分的（38）"祖父卒而后为祖母后者三年"一句，之后接原本由（38）向后间隔两三句的（39）"为父后者为出母无服"一句，之后接原本在此篇后半部分的（40）"为父后者为出母无服……丧者不祭故也"一段，之后接原本位于此篇中间偏前部分的（41）"夫为人后者其妻为舅姑大功"一句，之后接原本在此篇末尾的最后一句（42）"适妇不为……姑为之小功"一句，之后接原本由（42）向前间隔若干段落的（43）"士妾有子而为之缌无子则已"一句，之后接原本由（43）向后间隔几个段句的（44）"妾为君之长子与女君同"一句，之后接原本由（44）向前间隔若干段句的（45）"妾从女君而出则不为女君之子服"一句，之后接原本在（45）之前的（46）"从服者所从亡则已……虽没也服"一段，之后接原本由（46）向后间隔若干段句的（47）"为君母后者……之党服"一段，之后接原本由（47）向后间隔若干段落的（48）"为母之君母母卒则不服"一句，之后接原本由（48）向前间隔几个段句的（49）"为慈母之父母无服"一句，之后接原本由（49）向后间隔几个段句的（50）"为慈母后者……为祖庶母可也"一段，之后接原本由（50）向后间隔三句的（51）"为殇后者以其服服之"一句，之后接原本在（51）之前的（52）"丈夫冠而不……

而不为殇"两句,之后接原本由(52)向前间隔几个段句的(53)"继父不同居也者……有主后者为异居"一段,之后接原本位于此篇前半部分的(54)"妇当丧而出……则遂之"一段,之后接原本由(54)向后间隔若干段句的(55)"为父母妻长子禫"一句,之后接原本由(55)向前间隔一句的(56)"宗子母在为妻禫"一句,之后接原本由(56)向后间隔若干段句的(57)"庶子在父之室则为其母不禫"一句,之后接原本位于此篇前半部分的(58)"生不及祖父母……已则否"一段,之后接原本由(58)向后间隔一句的(59)"降而在缌小功者则税之"一句,之后接原本在(59)之前的(60)"为君之父母妻……则不税"一段,之后接原本由(60)向后间隔一句的(61)"近臣君服斯服……不从而税"一段,之后接(62)"君虽未知丧臣服已"一句。吴澄将以上部分归为"记丧服",分为"凡四十节"。

4. 承接以上,从原本在此篇中间部分的(63)"父母之丧偕……其葬服斩衰"一段,之后接原本在(63)之前的(64)"报葬者报虞三月而后卒哭"一句,之后接原本由(64)向后间隔若干段句的(65)"久而不葬者……除丧则已"一段,之后接原本位于此篇前半部分的(66)"三年而后葬者……不同时而除丧"一段,之后接原本在(66)之前的(67)"再期之丧……祭不为除丧也"一段,之后接原本位于近于此篇篇末位置的(68)"除殇之丧者……朝服缟冠"一段,之后接原本位于此篇中间偏前部分的(69)"除丧者先重者易服者易轻者"两句,之后接原本位于此篇后半部分的(70)"练筮日筮尸……大祥吉服而筮尸"一段,之后接原本由(70)向前间隔若干段句的(71)"祔葬者不筮宅"一句,之后接原本由(71)向后间隔若干段句的(72)"陈器之道……尽纳之可也"一段。吴澄将以上部分归为"记丧至除丧",分为"凡十一节"。

5. 承接以上,从原本位于此篇中间后半部分的(73)"诸侯不得祔于天子……可以祔于士"两句,后接原本位于(73)之前的(74)"士大夫不得……必以其昭穆"一段,之后接原本位于此篇后半部分偏后的(75)"妇祔于祖姑……则祔于亲者"一句,之后接原本由(75)向前间隔若干段句的(76)"妾无妾祖姑者易牲而祔于女君可也"一句,之后接原本位于(75)之后的(77)"其妻为大夫而卒……则以大夫牲"一段,之后接原本位于此篇中间部分的(78)"士祔于大夫则易牲"一句,之后接原本位于此篇前半部分靠后的(79)"父为士子为天子……服以士服"

## 第六章 吴澄的礼学和《礼记纂言》的著述特色

和"父为天子诸侯子为士……服以士服"两段，之后接原本由（79）向前间隔一段的（80）"礼不王不禘"一句，之后接原本由（80）向前间隔几个段落的（81）"王者禘其祖……其祖配之"一句，之后接（82）"（诸侯及其大祖）而立四庙"①，之后接原本位于此篇后半部分的（83）"慈母与妾母不世祭也"一句，之后接原本位于上述（82）之后的（84）"庶子王亦如之"一句，之后接（85）"别子为祖继别为宗……所以尊祖祢也"一段，之后接原本由（85）的最后一句向后间隔几句的（86）"庶子不祭祢者明其宗也"一句，之后接原本由（86）向前间隔两句的（87）"庶子不为长子斩不继祖与祢故也"一句，之后接原本在（85）之后的（88）"庶子不祭祖者明其宗也"一句，之后接原本由（88）向后间隔一句的（89）"庶子不祭殇……从祖祔食"一句，之后接原本由（89）向前间隔几个段句的（90）"亲亲以三为五……而亲毕矣"一段，之后接原本由（90）向后间隔几个段句的（91）"亲亲尊尊……人道之大者也"。吴澄将以上部分归为"记祔及吉祭"，分为"凡十一节"。有关《丧服小记》一篇调整改编上的具体分析，见于本章的第三节。

（四）卷一三《服问》

在篇题之下，吴澄指出："此篇所记与《丧服小记》篇内《丧服》一章相类，无问辞而名曰《服问》者，盖是有人问丧服，而知礼者援据《礼经》传记逐节答之如此，记者但记其所答之辞为一篇，而不复记其所问之因也。"② 吴澄将《服问》分为两个部分，一是"记丧服轻重"，二是"记丧服变易"。

尽管此篇篇幅不长，但是与原本不同，吴澄从一开始还是在内容段落上有所调整，即将原本在此篇中间部分的（1）"君为天子三年夫人如外宗之为君也"一句前移作为开篇，后接"世子不为天子服……往则服之出则否"的几个段句，之后接原本位于此篇开篇的（2）"传曰有从轻而重……则不为继母之党服"几段，之后接原本位于此篇最后一句的

---

① 于此，吴澄有注说："旧本'而立四庙'四字在上文，'以其祖配之'之下无所系属，义不可通。"又引述刘氏曰："此句上有缺文，当曰'诸侯及其大祖而立四庙。'"又说："澄按《大传》以其祖配之之下有此六字。刘氏所谓有缺文者是也。今从其说而以《大传》篇之文补之。言诸侯不得如天子之追禘大祖以上，所祭上及其大祖而止尔，而大祖之下则立二昭二穆之庙，为四亲庙也。"（《礼记纂言》，《文渊阁四库全书》，第121册，第329页）

② （元）吴澄：《礼记纂言》，《文渊阁四库全书》，第121册，第333页。

（3）"传曰罪多而刑五……上袝下袝列也"一段。吴澄将以上部分归为"右记丧服轻重"，分为"凡七节"。

另一部分则是从原本位于此篇第三个段落而接在（2）之后的（4）"三年之丧既练矣……以有本为税"几段，后接（5）"殇长中变三年之葛……下殇则否"，之后接原本由（5）向后间隔几个段落的（6）"凡见人无免绖……唯公门有税齐衰"一段，之后接原本位于此篇结尾倒数第二句的（7）"传曰君子不夺人之丧，亦不可夺丧也"一句。吴澄将以上部分归为"记丧服变易"，分为"凡七节"。

**八 对《檀弓》篇章段句上的调整**

（一）卷一四上《檀弓》

在篇题之下，吴澄指出："旧本'公仪子仲之丧，檀弓免焉'，为此篇之第一章，故摘檀弓二字名篇。今更定章次，《檀弓章》虽不在篇首，而篇名则存其旧云。"① 吴澄对此篇和前面的《郊特牲》篇一样，虽然篇首已有调整，但是依然保留旧有的篇名。与原本《礼记》的《檀弓》分为上下两篇不同，吴澄则将《檀弓》分成了三个部分，也就是卷一四的上、中、下三个部分。

1. 从上述吴澄的说明已经可知，原本是从此篇上篇的《檀弓章》开始，而吴澄则调整成为从原本在此篇上篇开篇第四个段句的（1）"事亲有隐而无犯……致丧三年"开始，后接"事君有犯而无隐……方丧三年"，后接"事师无犯无隐……心丧三年"，之后接原本位于此篇下篇靠后部分的（2）"天子崩三日……天下服"一段，后接"虞人致百祀之木……废其祀刎其人"一段，之后接原本位于此篇上篇靠后部分的（3）"天子之棺四重……柏椁以端长六尺"一段，之后接原本由（3）向后间隔一段的（4）"天子之殡也……天子之礼也"一段，后接（5）"唯天子之丧有别姓而哭"一句，之后接原本由（5）向前间隔一段的（6）"天子之哭诸侯也，爵弁绖紂衣"两句，之后接原本与（6）向后间隔一句的（7）"为之不以乐食"一句，之后接原本在（7）之前的（8）"或曰使有司哭之"一句，之后接原本由（8）向前间隔若干段句的（9）"君即位而为椑……藏焉"一句，之后接原本位于此篇上篇中间靠后部分的（10）

---

① （元）吴澄：《礼记纂言》，《文渊阁四库全书》，第121册，第337页。

## 第六章　吴澄的礼学和《礼记纂言》的著述特色　　541

"扶君卜人……君羞以是举"一段，之后接原本位于此篇下篇靠后部分的（11）"君复于小寝……库门四郊"一句，之后接原本位于此篇下篇开始部分的（12）"公之丧诸达官之长杖"一句，之后接原本位于此篇上篇结尾部分的（13）"士备入而后朝夕踊"一句，之后接原本位于此篇下篇开始的一段（14）"君之适长殇……车一乘"一段，之后接原本位于此篇上篇靠后部分的（15）"池视重霤"一句，之后接原本位于此篇上篇前半部分的（16）"布幕卫也縿幕鲁也"一句，之后接原本位于此篇上篇结尾最后一句（17）"君于士有赐帟"一句，之后接原本位于此篇下篇开始部分的（18）"君于大夫将葬……哀次亦如之"一段，之后接原本位于此篇下篇从上述（14）向后间隔几个段落的（19）"君遇柩于路必使人吊之"一句，之后接原本位于（19）之前的（20）"丧公吊之……主人曰临"，之后接原本位于此篇下篇前半部分的（21）"君临臣丧……所以异于生也"和"丧有死之道焉先王之所难言也"两段，之后接原本位于此篇下篇近于开始部分的（22）"大夫之丧庶子不受吊"一句，之后接原本由（22）向前间隔几句的（23）"大夫吊当事而至则辞焉"一句。吴澄将以上部分归为"记丧礼尊卑之异"，分为"凡二十二节"。

2. 承接以上，从原本位于由（23）向后间隔几句的（24）"妻之昆弟为父后者死哭之适室……哭诸异室"一段，后接"有殡闻远兄弟之丧……同国则往哭之"一段，之后接原本位于此篇上篇近于结尾部分的（26）"有殡闻远兄弟之丧……虽邻不往"和"所识其兄弟不同居者皆吊"，之后接原本位于此篇下篇近于开始部分的（27）"五十无车者不越疆而吊人"一句，之后接原本由（27）向后间隔几个段句的（28）"妇人不越疆而吊人"一句，之后接原本位于此篇上篇前半部分靠后的（29）"死而不吊者三畏厌溺"一句，之后接原本位于此篇下篇近于开始部分段落当中的（30）"吊于葬者必执引若从柩及圹皆执绋"一句，之后接原本位于（30）之前的（31）"吊于人是日不乐"和"行吊之日不饮酒食肉焉"两句，之后接原本位于此篇上篇中间部分靠后的（32）"食于有丧者之侧未尝饱也"一句。吴澄将以上部分归为"记人有丧之礼"，分为"凡十一节"。

3. 承接以上，从原本位于此篇上篇靠后部分的（33）"复楔齿缀足……父兄命赴者"一句，之后接原本由（33）向后间隔几句的（34）"朝奠日出夕奠逮日"，之后原本由（34）向前间隔一句的（35）"丧不剥奠也与祭肉也与",之后接原本由（35）向前间隔几句的（36）"有荐新如朔奠"一句，之后接原本由（36）向后间隔多句的（37）"父母之丧……知其反也"一句，之后接原本由（37）向前间隔一句的（38）"既殡旬而布材与明器"，之后接原本由（38）向前间隔几句的（39）"既葬各以其服除"，之后接原本位于此篇下篇中间偏后部分的（40）"虞而立尸有几筵……自寝门至于库门"一段，之后接原本位于此篇上篇结尾部分的（41）"祥而缟是月禫徙月乐"一句，之后接原本位于此篇上篇中间偏前部分的（42）"始死充充如有穷……练而慨然祥而廓然"一段，之后接原本位于此篇上篇中间偏后部分的（43）"丧事欲其纵纵尔……君子盖犹犹尔"和"丧具君子耻具……君子弗为也"两段，之后接原本位于此篇下篇中间偏后部分的（44）"丧不虑居……为无后也"一段，之后接原本位于此篇下篇中间偏前部分的（45）"丧礼哀戚之至……念始之者也"一段，后接（46）"复尽爱之道……有所袭哀之节也"一大段，之后接原本由（46）向后间隔两句的（47）"歠主人主妇……君命食之也"一段，之后接原本由（47）句向后间隔若干段句的（48）"丧之朝也顺死者……周朝而遂葬"一段，之后接原本由（48）向前间隔若干段句的（49）"弁绖葛而葬……殷人尋而葬"一段，之后接原本由（49）向后间隔几个段句的（50）"葬于北方……之幽之故也"一句，之后接原本由（50）前一句向前间隔一句的（51）"反哭升堂……孔子曰殷已悫吾从周"一段，之后接原本由（51）向后间隔一句的（52）"既封主人赠……以虞易奠"和"卒哭曰成事……孔子善殷"两段。吴澄将以上部分归为"记己有丧之礼"，分为"凡十四节"。

4. 承接以上，从原本位于此篇上篇中间偏后位置的（53）"幼名冠字……周道也"一段，之后接原本由（53）向后间隔五个字的（54）"掘中霤而浴……学者行之"一段，之后接原本位于此篇上篇前半部分的（55）"夏后氏尚黑……牲用骍"一段，之后接原本位于（55）之前的（56）"有虞氏瓦棺……瓦棺葬无服之殇"一段，之后接原本位于此篇上篇中间部分的（57）"易墓非古也"一句，吴澄将以上部分归为"记丧礼沿革"，分为"凡四节"。

5. 承接以上，从原本位于此篇上篇中间靠前位置的（58）"古者冠缩缝……反吉非古也"一段，之后接原本位于此篇上篇前半部分靠前位置的（59）"丧冠不緌"一句，之后接原本位于此篇上篇后半部分靠后位

第六章　吴澄的礼学和《礼记纂言》的著述特色　　543

置的（60）"妇人不葛带"一句，之后接原本位于此篇上篇中间偏后位置的（61）"绖也者实也"一句，之后接原本位于此篇上篇后半部分靠后位置的（62）"练练衣黄……裼之可也"一段，之后接原本位于此篇上篇中间部分靠前位置的（63）"衰与其不当物也宁无衰"和"齐衰不以边坐大功不以服勤"两句，之后接原本由（63）向前间隔若干段句的（64）"大功废业或曰大功诵可也"一句，之后接原本位于此篇上篇后半部分位置的（65）"丧服兄弟之子……而厚之者也"一段，之后接由（65）向前间隔两个段落的（66）"从母之夫……或曰同爨缌"一段，之后接原本位于此篇上篇中间部分靠前位置的（67）"曾子曰小功……而可乎"一段，之后接原本位于此篇上篇中间部分靠后位置的（68）"公叔木有同母……狄仪之问也"一段，之后接原本由（68）向后间隔一个段落的（69）"县子瑣曰吾闻之……其叔父也"一段，之后接原本位于此篇下篇中间部分靠后位置的（70）"悼公之母死……鲁人以妻我"一段，之后接原本由（70）向前间隔若干段句的（71）"齐谷王姬之丧……故为之服"一段，之后接原本位于此篇上篇前半部分的（72）"南宫绦之妻……长尺而总八寸"一段，之后接原本位于此篇下篇近于结尾部分的（73）"叔仲皮学子柳……使其妻繐衰而环绖"一段，之后接原本位于此篇上篇后半部分的（74）"县子曰绤衰繐裳非古也"一句，之后接原本位于此篇下篇近于结尾部分的（75）"成人有其兄死……子皋为之衰"一段。吴澄将以上部分归为"记丧服得失"，分为"凡十九节"。

　　6. 承接以上，从原本位于此篇上篇前半部分的（76）"晋献公将杀其世子……是以为共世子也"一段，之后接原本由（76）向后间隔若干段句的（77）"子张病……今日其庶几乎"一段，之后接由（77）向前间隔若干段句的（78）"曾子寝疾……反席未安而殁"一段。吴澄将以上部分归为"记考终之事"，分为"凡三节"。

　　由以上可见，吴澄将原本属于《檀弓》上下篇的不同段落，按照"记丧礼尊卑之异""记人有丧之礼""记己有丧之礼""记丧礼沿革""记丧服得失"和"记考终之事"的六个方面加以归类性调整，并先后承接，从而形成了与原本不同样貌的篇章。

　　（二）卷一四中《檀弓》

　　1. 从上述原本由（78）向后间隔若干段句的（79）"曾子之丧浴于爨室"一句，之后接原本位于此篇下篇靠后部分的（80）"司士贲告于子游……专以礼许人"一段，之后接原本位于此篇上篇中间偏前部分的（81）"曾子曰始死之奠其余阁也与"一句，之后接原本位于此篇上篇中间偏后部分的（82）"小敛之奠……鲁礼之末失也"一段，之后接原本位于（82）之前的（83）"曾子曰尸未设饰……小敛而彻帷"一段，之后接原本位于此篇上篇中间偏后位置的（84）"叔孙武叔之母死……子游曰知礼"一段，之后接原本位于此篇下篇中间偏前部分的（85）"季康子之母死……陈于斯命彻之"一段，之后接原本位于此篇下篇前半部分的（86）"帷殡非古也自敬姜之哭穆伯始也"一句，之后接原本位于此篇下篇中间偏前部分的（87）"穆伯之丧……孔子曰知礼矣"和"文伯之丧敬姜……必多旷于礼矣夫"两段，之后接原本位于此篇上篇中间偏前位置的（88）"曾子曰小功不为位……哭言思也亦然"一段，之后接原本位于此篇上篇中间偏后位置的（89）"子蒲卒哭者……哭者改之"和"杜桥之母……以为沽也"，及"夫子曰始死……夫子不以吊"的三段，之后接原本位于此篇下篇近于开始部分的（90）"季武子寝疾……曾点倚其门而歌"一段。吴澄将以上部分归为"记初丧之事"，分为"凡十五节"。

2. 承接以上，从原本位于此篇上篇开篇一段的（91）"公仪仲子之丧檀弓免焉……孔子曰否立孙"，之后接原本位于此篇上篇中间位置的（92）"司寇惠子之丧……子游趋而就客位"一段，之后接原本位于此篇下篇前半部分的（93）"有若之丧悼公吊焉子游摈由左"一句，之后接原本位于此篇下篇后半部分的（94）"季孙之母死……斯其行者远矣"一段，之后接原本位于此篇下篇中间偏前部分的（95）"卫司徒敬子死……未改服则不经"一段，之后接原本位于此篇上篇中间部分的（96）"曾子袭裘而吊……夫夫是也"一段，之后接原本位于（96）之前的（97）"曾子吊于负夏……予出祖者"一段。吴澄将以上部分归为"记吊事"，分为"凡七节"。

3. 承接以上，从原本位于此篇上篇靠后部分的（98）"读赗曾子曰非古也是再告也"一句，之后接原本由（98）向前间隔一段的（99）"宋襄公葬其夫人……而又实之"一段，之后接原本位于此篇上篇靠后部分的（100）"仲宪言于曾子曰……而死其亲乎"一段，之后接此篇上篇中间偏后位置的（101）"孔子曰之死而致死之……曰明器神明之也"两段，之后接原本位于此篇前半部分的（102）"孔子谓为明器者……不殆于用人乎哉"一段，之后接原本位于此篇下篇中间偏前部分的（103）

第六章　吴澄的礼学和《礼记纂言》的著述特色　　545

"陈乾昔寝疾……弗果杀"一段，之后接原本由（103）向前间隔几个段落的（104）"陈子车死于卫……于是弗果用"一段，之后接原本位于此篇下篇中间偏后部分的（105）"孺子𪏆之丧……而君何学焉"一段，之后接原本由（105）向前间隔若干段落的（106）"季康子之母死……弗果从"一段，之后接原本位于此篇下篇中间偏前部分的（107）"国昭子之母死……从男子皆西乡"一段，之后接原本位于此篇下篇中间偏后部分的（108）"季子皋葬其妻……后难继也"一段，之后接原本位于此篇上篇后半部分靠后位置的（109）"国子高曰葬也……反壤树之哉"一段，之后接原本由（109）向前间隔两段的（110）"成子高寝疾……而葬我焉"一段，之后接原本位于此篇上篇中间偏后位置的（111）"公叔文子升于瑕丘……则瑗请前"一段，之后接原本位于此篇上篇靠前位置的（112）"大公封于营丘……狐死正丘首仁也"一段，之后接原本位于此篇下篇靠后部分的（113）"延陵季子适齐……之于礼也其合矣乎"一大段，之后接原本位于此篇上篇前半部分的（114）"舜葬于苍梧之野盖三妃未之从也"和"季武子曰周公盖祔"两句，之后接原本位于此篇上篇近于开始部分的（115）"季武子成寝……何居命之哭"一段，之后接原本位于此篇下篇最后一句的（116）"孔子曰卫人……善夫"一段。吴澄将以上部分归为"记葬事"，分为"凡二十节"。

4. 承接以上，从原本位于此篇上篇前半部分靠前位置的（117）"孔子少孤不知其墓……然后得合葬于防"一段①，之后接原本由（117）向前间隔几个段落的（118）"孔子既得合葬于防……吾闻之古不修墓"一段，之后接原本位于此篇下篇中间偏后部分的（119）"二名不偏讳……言征不称在"一段，之后接原本位于此篇上篇中间部分的（120）"孔子与门人立……二三子皆尚左"一段，之后接原本位于此篇下篇中间偏后位置的（121）"子思之母死于卫赴于子思……遂哭于它室"，之后接原本位于此篇上篇中间偏后位置的（122）"子思之母死于卫柳若谓子思……吾何慎哉"一段，之后接原本位于此篇上篇近于开始部分的（123）"子上之母死而不丧……不丧出母自子思始也"一段，吴澄将以上部分归为"记孔氏丧葬之事"，分为"凡七节"。

---

① 原本在此句下有"邻有丧，舂不相；里有殡，不巷歌"一段，应该是因为此段已前见于《曲礼中》，吴澄以为此是重出，就直接作删除处理了。

5. 承接以上，从原本位于此篇上篇中间偏前位置的（124）"孔子蚤作……盖寝疾七日而没"一大段，之后接原本位于此篇上篇近于结尾部分的（125）"鲁哀公诔孔丘曰……呜呼哀哉尼父"一段，之后接原本由（125）向前间隔若干段句的（126）"孔子之丧有自燕来观……尚行夫子之志乎哉"两段，之后接原本位于此篇上篇中间部分的（127）"孔子之丧公西赤……绸练设旐夏也"和"子张之丧公明仪……殷士也"两段。吴澄将以上部分归为"记圣师卒葬之事"，分为"凡四节"。

6. 承接以上，从原本位于此篇上篇中间部分的（128）"孔子之丧门人疑……若丧父而无服"一段，之后接原本由（128）向后间隔几个段落的（129）"孔子之丧二三子……出则否"一段，之后接原本由（129）向前间隔几个段落的（130）"颜渊之丧……而后食之"一段，之后接原本在此篇上篇比较偏前部分的（131）"孔子哭子路于中庭……遂命覆醢"一段。吴澄将以上部分归为"记师弟子相为之事"，分为"凡四节"。

7. 承接以上，从原本接在前一节（131）之后的（132）"曾子曰朋友之墓有宿草而不哭焉"一句，之后接原本位于此篇下篇比较偏前部分的（133）"子张死曾子……我吊也与哉"一段，之后接原本位于此篇上篇中间偏前位置的（134）"子夏丧其子……而索居亦已久矣"一大段，吴澄将以上部分归为"记朋友相为之事"，分为"凡三节"。

8. 承接以上，从原本位于此篇下篇比较偏后部分的（135）"宾客至无所馆……死于我乎殡"一段，之后接原本位于此篇上篇中间偏后位置的（136）"曾子与客立于……北面而吊焉"一段，之后接原本位于此篇上篇中间偏前位置的（137）"伯高死于卫赴于孔子……而来者勿拜也"一段，之后接原本位于（137）之前的（138）"伯高之丧孔氏之……不诚于伯高"一段，之后接原本由（138）向后间隔几个段落的（139）"孔子之卫遇旧馆……小子行之"一段，之后接原本位于此篇下篇比较偏后部分的（140）"孔子之故人曰原壤……毋失其为故也"一段。吴澄将以上部分归为"记知旧相为之事"，分为"凡六节"。

9. 承接以上，从原本位于此篇下篇中间偏前部分的（141）"子张问曰书云……听于冢宰三年"一段，之后接原本位于此篇上篇偏前部分的（142）"穆公之母卒使人……饘粥之食自天子达"一段，吴澄将以上部分归为"记天子诸侯为亲丧之事"，分为"凡二节"。

10. 承接以上，从原本位于此篇下篇比较靠后部分的（143）"鲁庄公之丧……既卒哭麻不入"一段，之后接原本位于此篇下篇比较靠前部分的（144）"悼公之丧季昭子问……我则食食"一段，之后接原本在（144）之前的（145）"穆公问于子思曰……何反服之礼之有"一段，之后接原本位于此篇上篇偏后位置的（146）"子夏问诸夫子……居处言语饮食衎尔"一段。吴澄将以上部分归为"记臣为君丧之事"，分为"凡四节"。

11. 从原本位于此篇下篇中间部分的（147）"诸侯伐秦……使之袭"和"襄公朝于荆……巫先拂柩荆人悔之"两段，之后接原本由（147）的后一段向后间隔若干段落的（148）"邾娄考公之丧……不敢忘其祖"一段，之后接原本位于（147）之后的（149）"滕成公之丧……不将公事遂入"一段，之后接原本位于此篇上篇中间偏后位置的（150）"陈庄子死赴于鲁……于是与哭诸县氏"一段。吴澄将以上部分归为"记为邻国君大夫丧之事"，分为"凡五节"。

在以上的部分，吴澄同样是将原本属于《檀弓》上下篇不同位置的段落，按照"记初丧之事""记吊事""记葬事""记孔氏丧葬之事""记圣师卒葬之事""记师弟子相为之事""记朋友相为之事""记知旧相为之事""记天子诸侯为亲丧之事""记臣为君丧之事""记为邻国君大夫丧之事"等十一个方面的归类，进行了调整组合，并另外分作中篇与前一个上篇相衔接。

（三）卷一四下《檀弓》

1. 从原本位于此篇下篇中间部分的（151）"卫献公出奔反于卫……弗果班"一段，后接（152）"卫有太史曰柳庄……子孙毋变也"一段，之后接原本由（152）向前间隔几个段句的（153）"公叔文子卒……贞惠文子"一段，之后接原本由（153）向后间隔几个段落的（154）"仲遂卒于垂……卿卒不绎"一段，之后接原本由（154）向前间隔若干段落的（155）"知悼子卒未葬……斯扬觯谓之杜举"一大段。吴澄将以上部分归为"记君为大夫丧之事"，分为"凡五节"。

2. 承接以上，从原本位于此篇下篇比较靠后部分的（156）"阳门之介夫死……其孰能当之"一段，之后接原本位于此篇下篇中间偏后部分的（157）"哀公使人吊蒉尚……君无所辱命"一段，之后接原本由（157）向前间隔几个段落的（158）"战于郎公叔禺人……不亦可乎"一段，之后接原本位于此篇上篇中间偏前部分的（159）"鲁庄公及宋人战于……士之有诔自此始也"一段，之后接原本由（159）向后间隔几个段落的（160）"邾娄复之以矢……自败于台骀始也"一段。吴澄将以上部分归为"记士庶国殇丧之事"，分为"凡五节"。

3. 从原本位于此篇下篇比较偏前部分的（161）"晋献公之丧……起而不私则远利也"一大段，之后接原本位于此篇下篇中间部分的（162）"石骀仲卒无适子……以龟为有知也"一段，之后接原本位于此篇上篇比较靠后位置的（163）"孟献子之丧司徒……夫子曰可也"一段，之后接原本位于此篇下篇中间偏后部分的（164）"子柳之母死……请班诸兄弟之贫者"一段。吴澄将以上部分归为"记丧不图利之事"，分为"凡四节"。

4. 从原本位于此篇上篇比较靠前位置的（165）"子思曰丧三日而殡……故忌日不乐"两段，之后接原本位于此篇上篇比较靠后位置的（166）"后木曰丧吾闻诸……我死则亦然"一段，之后接原本由（166）向后间隔几个段句的（167）"子游问丧具……人岂有非之者哉"一段，之后接原本位于此篇下篇中间部分的（168）"子路曰伤哉贫也……斯之谓礼"一段，之后接原本位于此篇上篇中间部分的（169）"子路曰吾闻诸夫子……而敬有余也"一段，之后接原本由（169）向前间隔若干段落的（170）"曾子谓子思曰……杖而后能起"一段，之后接原本位于此篇下篇近于结尾部分的（171）"乐正子春之母死……吾恶乎用吾情"一段，之后接原本位于此篇上篇中间偏后位置的（172）"弁人有其母死……故哭踊有节"一段，之后接原本位于此篇下篇中间偏前部分的（173）"有子与子游立……亦非礼之訾也"几段，之后接原本位于此篇上篇近于开始位置的（174）"孔子曰拜而后……吾从其至者"一段，之后接原本位于此篇下篇中间偏前部分的（175）"颜丁善居丧……不及其反而息"一段，之后接原本位于此篇上篇中间偏前部分的（176）"孔子在卫有送葬者……我未之能行也"一段，之后接由（176）向前间隔几段的（177）"高子皋之执亲之丧也……君自以为难"一段，之后接原本由（177）向前间隔若干段落的（178）"孔子既祥五日……十日而成笙歌"和"有子盖既祥而丝屦组缨"两句，之后接原本由（178）向前间隔若干段落的（179）"鲁人有朝祥而莫歌者……逾月则其善也"一段，之后接原本在（178）之前的（180）"孟献子禫县而不乐……加于人一等矣"一段，之后接原本位于此篇上篇中间偏后位置的（181）"子夏既除丧……不敢不

第六章　吴澄的礼学和《礼记纂言》的著述特色　　549

至焉"一段，之后接原本由（181）向前间隔若干段落的（182）"伯鱼之母死期而犹……伯鱼闻之遂除之"一段，之后接原本由（182）向前间隔一个段落的（183）"子路有姊之丧……子路闻之遂除之"一段，之后接原本由（183）向后间隔若干段落的（184）"将军文子之丧……其动也中"一段，之后接原本由（184）向前间隔若干段落的（185）"曾子曰丧有疾……以为姜桂之谓也"一段。吴澄将以上部分归为"记丧礼情文之中"，分为"凡二十二节"。

5. 从原本由前面的（185）向后间隔一段的（186）"夫昼居于内……不昼夜居于内"一段，之后接原本位于此篇上篇近于结尾部分的（187）"未仕者不敢……以父兄之命"一段，之后接原本位于此篇下篇中间偏后位置的（188）"仕而未有禄者……弗为服也"一段，之后接原本位于此篇上篇中间部分的（189）"君子曰谋人……危则亡之"一段，之后接原本位于此篇下篇中间靠后部分的（190）"军有忧则素服……不载櫜韔"一段，之后接原本位于此篇上篇近于结尾部分的（191）"国亡大县邑……而哭于后土"一段，之后接原本位于此篇下篇中间偏后部分的（192）"有焚其先人……亦三日哭"一段，之后接原本位于此篇上篇近于结尾部分的（193）"孔子恶野哭者"一句，之后接原本位于下篇的（192）之后的（194）"孔子过泰山侧……苛政猛于虎也"一段，之后接原本由（194）向前间隔若干段落的（195）"子路去鲁谓颜渊曰……过祀则下"一段，之后接原本位于此篇上篇中间偏后位置的（196）"有子问于曾子曰……以斯知不欲速贫也"三段，之后接原本位于此篇上篇中间偏前部分的（197）"曾子曰晏子可谓……晏子焉知礼"和"曾子曰国无道君子……则示之以礼"三段，之后接原本位于此篇下篇比较靠后部分的（198）"晋献文子成室……谓之善颂善祷"一段，之后接原本由（198）向后间隔若干段落的（199）"赵文子与叔誉观乎……死不属其子焉"两段，之后接原本由（199）向前价格若干段落的（200）"鲁人有周丰也者……民其不解乎"三段，之后接原本位于此篇下篇近于结尾的（201）"岁旱穆公召县子而问……徙市不亦可乎"一段，之后接原本由（201）向前间隔若干段落的（202）"齐大饥黔敖为食于路……其谢也可食"一段，之后接原本由（202）向前间隔若干段落的（203）"工尹商阳与陈弃疾追吴师……杀人之中又有礼焉"一段，之后接原本由（203）向前间隔若干段落的（204）"吴侵陈斩祀杀厉师……有无名乎"一段，之后接原本位于此篇下篇比较靠后部分的（205）"邾娄定公之时有弑其父者……逾月而后举爵"一段，之后接原本位于此篇上篇中间部分的（206）"子夏问于孔子曰居父母之仇……执兵而陪其后"一段，之后接原本位于此篇下篇比较靠后部分的（207）"仲尼之畜狗死使子贡埋之……毋使其首陷焉"和"路马死埋之以帷"一句。吴澄将以上部分归为"附记杂事杂辞"，分为"凡二十三节"。

作为以上调整后的部分，吴澄又是按照"记君为大夫丧之事""记士庶国殇丧之事""记丧不图利之事""记丧礼情文之中""附记杂事杂辞"等五个方面进行归类的。从此篇整体分作上中下的篇章结构和段落调整的结果，可见吴澄对相关礼仪分类的深厚认识和精细化的理解，为后人考察和解读《檀弓》上下篇建构了一个新的示范性方案。

## 九　对《曾子问》等篇章节段句上的调整

### （一）卷一五《曾子问》

在篇题之下，吴澄言称："此篇曾子问曰三十八，而孔子答之凡三十四，故摘曾子问三字名篇。孔子自言者四，子游问者一，子夏问者一，记人自记者一，通四十一章。"[1] 吴澄又引述应镛的说法："应氏曰：曾子以笃悫醇至之资，而为潜心守约之学。其于身也，反观内省而益加以传习讲贯之功；其于礼也，躬行实践而又不废乎旁搜博考之力；订之以耳目之所见闻，隐之于心思之所防虑，知天下之义理无尽，而事物者亦日新而无穷。其或讲明之不素，而猝然遇之，则其处之未究其精微，而应之必无以中其肯綮，故历举丧祭吉凶杂出不齐之事，而问于圣人。其变故似异而可骇，其节目似同而不必辨，其纤悉又似细而不足忧，夫子随事剖析而决其疑，遂使千百载之下遇变事而知其权者，亦如处约事而不失其经焉。此皆其问答讲明之功也。其后真积力久，夫子语以一贯，随声响答，略无留难，其见益高矣。"[2] 应氏之说亦见于宋卫湜《礼记集说》卷四十九。

1. 从原本开篇的（1）"曾子问曰君薨而世子生……遍告于五祀山川"开始，后接（2）"曾子问曰如已葬……告及社稷宗庙山川"，这些

---

[1] （元）吴澄：《礼记纂言》，《文渊阁四库全书》，第121册，第420页。
[2] （元）吴澄：《礼记纂言》，《文渊阁四库全书》，第121册，第420页。

第六章　吴澄的礼学和《礼记纂言》的著述特色　　551

段落是没有做调整的。之后接原本在此篇后半部分的（3）"曾子问曰君出疆……君大夫士一节也"一段，之后接原本近于篇末的（4）"曾子问曰为君使而卒……公馆复此之谓也"一段，之后接原本位于（2）之后的（5）"孔子曰诸侯适天子……后听朝而入"一段，之后接原本此篇中间部分的（6）"曾子问曰古者师行必以迁庙……入庙必跸老聃云"和"曾子问曰古者师行无迁主……乃出盖贵命也"两段，之后接原本在（6）之前的（7）"曾子问曰丧有二孤……今之二孤自季康子之过也"一大段，之后接原本由（7）向后间隔几段的（8）"子游问曰丧慈母如母……丧慈母自鲁昭公始也"一段，之后接原本在近于篇末的（9）"曾子问曰下殇土周……衣棺自史佚始也"一段，之后接原本由（9）向前间隔一段的（10）"曾子问曰葬引至于堩……吾闻诸老聃云"一大段。吴澄将以上内容归为"记丧之变礼失礼等事"，分为"凡十章"。

吴澄还另有议论和说明称："子生有常礼，君薨而生则其礼变；君薨有常礼，在外而薨则其礼变，臣之在外而卒亦然。孔子言诸侯出一章，曾子问师行二章，非记丧礼。因前章之文而以类附记者，有二孤及丧慈母则丧之。夫礼棺下殇及遭日食，又丧之变礼也。"① 这是提醒读者上文在内容上的关联及与所谓变礼失礼的关系。

2. 承接以上，从原本位于此篇中间部分的（11）"曾子问曰诸侯旅见天子……不以方色与兵"，一直到"曾子问曰大夫之祭……于死者无服则祭"的几段。吴澄将以上归为"记朝祭有故而废等事"，分为"凡五节"，并有所说明道："其故不一，非但有丧，天子崩，后之丧，诸侯薨，夫人之丧，大夫、士三年齐衰、大功之丧，士小功、缌麻之丧，九者则有丧之故也。"②

3. 承接以上，从原本位于此篇前半部分的（12）"曾子问曰祭如之何……弗举亦非礼也"，一直到"曾子问曰废丧服……以摈相可也"的几段；之后接原本在此篇中后部分的（13）"曾子问曰三年之丧……吊哭不亦虚乎"一段；之后接原本在此篇篇末的两段（14）"子夏问曰三年之丧……从其利者吾弗知也"。吴澄将以上归为"记丧之祭吊从戎等事"，分为"凡七章"。

---

① （元）吴澄：《礼记纂言》，《文渊阁四库全书》，第121册，第428页。
② （元）吴澄：《礼记纂言》，《文渊阁四库全书》，第121册，第428页。

4. 承接以上，以"曾子问"后接原本位于此篇中间位置的（15）"曰君【薨】①未殡而臣有父母之丧……士则子孙行事"，之后接原本由（15）向前间隔几句的（16）"曰君（薨）②既殡而臣有父母之丧……有殷事则之君所朝夕否"一段，再后接原本接在（15）后面的（17）"大夫内子有殷事……朝夕否"一句，之后接原本在（16）之后的（18）"曰君既启而臣有父母之丧……归哭而反送君"一段；之后接原本由（18）向后间隔几段的（19）"曾子问曰君之丧既引……既封而归不俟子"一段，后接（20）"曾子问曰父母之丧既引……遂既封改服而往"一段；之后接原本由（20）向前间隔几个段落的（21）"曾子问曰大夫士有私丧……君子过时不祭礼也"两段；之后接原本在此篇前半部分的（22）"曾子问曰并有丧……先重而后轻礼也"一段。吴澄将以上部分归为"记君亲二亲并丧等事"，分为"凡五章"。

5. 承接以上，从原本在此篇前半部分的（23）"曾子问曰昏礼既纳币……又何反于初"几段，之后接原本由（23）向后间隔几段的（24）"曾子问曰取女有吉日……夫死亦如之"一段，之后接原本在（24）之前的（25）"曾子问曰女未庙见……示未成妇也"一段，之后接原本在（25）之前的（26）"孔子曰嫁女之家……成妇之义也"一段；之后接原本在此篇前半部分的（27）"曾子问曰将冠子冠者……而后飨冠者"一大段，之后接原本在接近篇末的（28）"曾子问曰卿大夫将为尸……尸必式必有前驱"一段，之后接原本由（28）向前间隔几段的（29）"曾子问曰祭必有尸乎……尊于东房是谓阳厌"两段，之后接原本在（29）之前的（30）"曾子问曰宗子为士……故诬于祭也"两段；之后接原本在此篇偏前部分的（31）"孔子曰宗子虽七十……虽无主妇可也"一句，之后接原本在此篇中间部分单独的一句（32）"贱不诔贵幼不诔长……诸侯相诔非礼也"一段。吴澄将以上部分归为"记昏冠为尸遭丧等事"，分为"凡十四章"，并以"六章"为"正记"，而以"丧礼八章因类附记"。

以上述而言，吴澄对《曾子问》篇是按照"记丧之变礼失礼等事""记朝祭有故而废等事""记丧之祭吊从戎等事""记君亲二亲并丧等事"和"记昏冠为尸遭丧等事"等五个方面的分类进行归纳和调整的。同样

---

① 吴澄于此处有"薨"字。
② 吴澄于此处无"薨"字。

呈现出一个新的示范性解读的篇章顺序。

（二）卷一六《大传》

在此篇篇题之下，吴澄有所解说："《仪礼》经十七篇，唯《丧服》一篇之经有《传》。此篇通用丧服传之文而推广之，《丧服传》逐章释经，如《易》之《彖》《象传》，此篇不释经而泛说，则如《易》之《系辞传》不释经而统论大凡也。人以《系辞传》为《易大传》，故此篇亦名《大传》云。"① 吴澄对此篇原有的段落也是有所调整的。

1. 作为开篇，即从原本位于此篇第四个段落的（1）"圣人南面而听天下……民莫得其死"和"圣人南面而治天下……不可得与民变革者也"两段，之后接原本位于（1）之前的（2）"上治祖祢……人道竭矣"一段，之后接原本位于此篇中间部分的（3）"服术有六……其义然也"一段。吴澄将以上部分归为"记人道四亲丧服六术之义"，分为"一章凡三节"，又进一步议论说："第一节泛言所先五事，总为下文起本；第二节于所先五事中不复言其四，专以其最先之第一事，曰治亲者，详言之而起下文因亲制服之义；第三节乃论服术，承上文治亲而言本宗亲者之服，尊尊谓尊而亲者也，举重而言，但言尊而亲在其中。亲亲谓亲而卑者也，举重而言，但言亲而不显其卑也。注疏以尊尊为君服，则失此篇专言治亲制服之正意。"②

2. 承接以上，从原本作为开篇的（4）"礼不王不禘……祫及其高祖"一段，后接（5）"牧之野……不以卑临尊也"一段，吴澄将以上两段归为"记人道之尊尊"，并且有所议论说："按《丧服·齐衰不杖朞章》'为人后者为其父母'传，有'王者禘其祖之所自出，诸侯及其大祖'十五字，与此章之文同，但'王者禘'三字作'天子及'。"③ 此意在指出《大传》与《仪礼·丧服》传文的联系，下面的几处类似议论也是如此。

3. 承接以上，从原本由（5）向后间隔几个段落、位于此篇中间部分的（6）"同姓从宗合族属……可无慎乎"和"四世而缌服之穷也……周道然也"两段，吴澄将以上两段归为"记人道之男女有别"，又议论说：

---

① （元）吴澄：《礼记纂言》，《文渊阁四库全书》，第121册，第444页。
② （元）吴澄：《礼记纂言》，《文渊阁四库全书》，第121册，第447页。
③ （元）吴澄：《礼记纂言》，《文渊阁四库全书》，第121册，第448页。

"按《丧服·大功九月章》'夫之祖父母世父母叔父母'传,有'其夫属乎父道者妻皆母道也,其夫属乎子道者妻皆妇道也,谓妻之弟①妇者,是嫂亦可谓之母乎,名者人治之大者也,可无慎乎'五十字,与此章之文同。"②

4. 承接以上,从原本位于此篇后半部分的(7)"君有合族之道……敬宗尊祖之义也"一段,后接(8)"有小宗而无大宗者……公子之宗道也"一段,吴澄将以上两段归为"记人道之长幼",又有议论说:"按《丧服·斩衰章》'父为长子'传,有'庶子不得为长子三年不继祖也'十三字,又《齐衰三月章》'丈夫妇人为宗子'传,有'尊祖故敬宗敬宗尊祖之道也'十二字,与此章之文同。"③

5. 接着前面(8)之后的(9)"绝族无移服……此之谓也"一大段,吴澄将此归为"记人道之亲亲",又有议论说:"按《丧服·齐衰杖朞章》'出妻之子为母'传,有'绝族无施服亲者属'七(八)字,与此章之文同。此篇与《丧服传》文重者四章,凡五处,岂此篇袭彼之文欤?抑彼传袭此之文欤?孰先孰后未可知也。窃疑前志有之,而作此篇者与作《仪礼传》之人皆引用之尔,然因其所重之文详其所演之义,此之泛说,视彼传之释经为优。"

由上述可见,吴澄除了对原本《大传》有段落顺序的调整之外,更有意指出此篇与《仪礼·丧服传》内容上的联系,或是不同的作者都在引用同样的篇章内容也未可知。

(三)卷二一《祭法》

在此篇篇题之下,吴澄言称:"法谓制之定者。此篇记祭人鬼天神地示之定制,故曰《祭法》。"④ 吴澄对此篇的内容按照"记人鬼之祭""记天神地示之祭""总记鬼神示之祭"三个方面,进行了如下的归类整合。

1. 从原本开篇的(1)"祭法有虞氏……祖文王而宗武王"一段,之后,吴澄就在段落上有所调整,后接原本由(1)向后间隔一段的(2)"大凡生于天地……其余不变也"一段,后接(3)"天下有王分地建

---

① 或作"弟之妻"?存疑。
② (元)吴澄:《礼记纂言》,《文渊阁四库全书》,第121册,第450页。
③ (元)吴澄:《礼记纂言》,《文渊阁四库全书》,第121册,第452页。
④ (元)吴澄:《礼记纂言》,《文渊阁四库全书》,第121册,第469页。

国……庶人无庙死曰鬼"一大段,之后接原本由(3)向后间隔两段的(4)"王下祭殇五适……庶人祭子而止"一段。吴澄将此以上归为"记人鬼之祭",分为"凡三节"。

2. 承接以上,从原本位于前面(1)之后的(5)"燔柴于泰坛……亡其地则不祭"一段,之后接原本在此篇后半部分的(6)"王为群姓立社……或立户或灶"两段。吴澄将此以上归为"记天神地示之祭",分为"凡三节"。

3. 从"夫圣王之制祭祀……不在祀典",吴澄将此段归为"总记鬼神示之祭"一大段,"凡一节"。

(四) 卷二二《郊特牲》

在篇题之下,吴澄写道:"此篇记郊社、大蜡及宗庙祭礼之义,旧本'郊特牲而社稷大牢'一句在篇首,故摘篇首三字名篇,今更定其章,此句虽不在篇首,而名篇则仍其旧。"[①] 于此明确地提示对此篇的内容吴澄是有所调整的,但是仍然保留旧有的篇名。对于此篇的内容,吴澄从"记郊祭天神之义""记社祭地示之义"记蜡祭百示之义""记祭礼所用器物之义""记祭礼贵诚贱物等义""记祭礼贵气贱味等义""记祭礼有乐无乐等义""记祭礼之僭等义""记祭礼之失等义"等就各方面,进行了归类调整。

1. 吴澄以原本位于此篇中间偏前部分的(1)"天子适四方先柴"一句为开篇,后接(2)"郊之祭也迎长日……大报本反始也"的几段,并将这些内容归为"记郊祭天神之义",分为"凡二节"。

2. 承接以上,从原本由(2)向前间隔几段的(3)"社祭土而主阴气……以祭则受福"的几段前移,作为一节,吴澄将这些归为"记社祭地示之义",作为"凡一节"。

3. 承接以上,从原本位于此篇中间部分的(4)"天子大蜡八……仁之至义之尽也"三段,之后接原本由(4)向后间隔若干段句的(5)"八蜡以记四方……既蜡君子不兴功"一段,之后接原本在(4)之后的(6)"黄衣黄冠而祭……不敛藏之种也"两段。吴澄将以上归为"记蜡祭百示之义",作为"凡一节"。

4. 承接以上,从原本位于此篇偏后部分的(7)"有虞氏之祭也……

---

[①] (元)吴澄:《礼记纂言》,《文渊阁四库全书》,第121册,第478页。

有报焉有由辟焉"的几段，之后接原本位于此篇中间部分的（8）"鼎俎奇而笾豆偶……而清明于外也"两段，之后接原本由（8）向前间隔一段的（9）"恒豆之菹水草……安乐之义也"一段，之后接原本在（8）之后的（10）"祭天扫地而祭……声和而后断也"两段，之后接原本由（10）向前间隔一段的（11）"酒醴之美……如是而后宜"一段。吴澄将以上归为"记祭礼所用器物之义"，作为"凡一节"。

5. 承接以上，吴澄将原本属于此篇开篇的（12）"郊特牲而社稷大牢……次路五就"几段放在这里，并将以上归为"记祭礼贵诚贱物等义"，分为"凡三节"。

6. 承接上一节（12），即（13）"郊血大飨腥……降尊以就卑也"几段，吴澄将此部分归为"记祭礼贵气贱味等义"，分为"凡三节"。

7. 承接上一节（13），即（14）"飨禘有乐而食……凡声阳也"一段，之后接原本由（14）向后间隔几个段句的（15）"乐由阳来……而万物得"一段，之后接原本位于（15）之前的（16）"宾入大门……贵人声也"一段，之后接原本由（16）向后间隔一句的（17）"旅币无方……往德也"一段，之后接原本由（17）向前间隔几个段落的（18）"觐礼天子不下……由夷王以下"一段，之后接原本在（18）之前的（19）"天子无客礼……不敢有其室也"一段，之后接原本在（19）之前的（20）"大夫而飨君……君杀之义也，由三桓始也"一段，之后接原本在（20）之前的（21）"为人臣者无外交不敢贰君也"一句，之后接原本在（21）之前的（22）"朝觐大夫之私觌……何为乎诸侯之庭"一段，之后接原本在（22）之前的（23）"庭燎之百……由赵文子始也"一段。吴澄将以上部分归为"记祭礼有乐无乐等义"，分为"凡七节"。

8. 从原本由（23）向后间隔几个段落的（24）"诸侯之宫县……由三桓始也"几段，后接（25）"天子存二代……为君之答己也"几段。吴澄将这部分归为"记祭礼之僭等义"，分为"凡七节"。

9. 从原本由（25）向后间隔几个段落的（26）"孔子曰三日齐……失之矣"两段，之后接原本位于（26）之前的（27）"乡人禓……县弧之义也"几段。吴澄将以上部分归为"记祭礼之失等义"，分为"凡五节"。

最后，值得注意的是，原今本《礼记·郊特牲》所包含的从"冠义始冠之……所以天下治也"和"天地合而后万物兴焉……昏礼不贺人之序也"的几段文字，不见于《礼记纂言·郊特牲》篇当中，是因为吴澄将其移至《仪礼逸经》卷二作为《冠义》《昏义》的一些段落部分，这就使得《礼记纂言》中《郊特牲》的内容完全是与祭祀之礼直接相关的章节了。

（五）卷二三《祭义》

在篇题之下，吴澄引述了郑玄的话说："郑氏曰《祭义》者，记祭祀齐戒荐羞之义也。"又引述方悫的话说："方氏曰：陈乎外者，祭之法；存乎中者，祭之义。此篇以《祭义》名，若冠、昏、射、燕、聘、乡饮酒之言义也。"① 吴澄自己则言称："凡《仪礼》经中有其礼者，后人释其经而谓之义，若《冠义》《昏义》《燕义》《聘义》等篇是也。既别为卷，而附仪礼经后矣。此篇虽名《祭义》，然是总说天子诸侯以下之祭，而《仪礼》正经无天子、诸侯祭礼，止有卿大夫士祭礼三篇，此篇非引《仪礼》经文而释之，故不附经后，而存诸记篇之中也。"② 有了这个说明则可知，吴澄是将此篇与《冠义》等其他诸义区别处理的。

吴澄以下以"记宗庙祭人鬼之义""记祭鬼神示之义""附记孝弟等义"三个方面集中对此篇进行了调整归类，并且有些因与其他篇章有所重出的部分而予以删除。

1. 从原本开篇的（1）"祭不欲数……夫各有所当也"的几段，一直保持原貌没有调整，而自此以下，吴澄则有所调整，即后接原本近于此篇篇末位置的（2）"孝子将祭祀……孝子之志也"一段，之后接原本位于此篇靠前位置的（3）"孝子将祭虑事不可以……成人之道也"的几段。吴澄将以上部分归为"记宗庙祭人鬼之义"，分为"凡十一节"。

2. 承接以上，从原本位于此篇中间偏前位置的（4）"宰我曰吾闻鬼神……于是乎取之敬之至也"几段，而后接原本由（4）向后间隔一段的（5）"古者天子诸侯必有公桑蚕室……以祀先王先公敬之至也"一大段，之后接原本位于（4）之后（5）之前的（6）"古者天子诸侯必有养兽之官……所以致力孝之至也"一段。之后接原本由（6）向前间隔几个段落的（7）"祭之日君牵牲……而退敬之至也"一段，之后接原本位于此篇

---

① 方氏之说见于宋卫湜《礼记集说》卷一一〇，《文渊阁四库全书》，第119册，第373页。

② （元）吴澄：《礼记纂言》，《文渊阁四库全书》，第121册，第502页。

中间部分的（8）"郊之祭也丧者不敢哭……敬之至也"一句，之后接原本由（8）向后间隔一段的（9）"郊之祭大报天……不治者则微矣"几段，之后接原本位于此篇篇末的（10）"建国之神位右社稷而左宗庙"一句。吴澄将以上部分归为"记祭鬼神示之义"，分为"凡四节"。

3. 承接以上，从原本位于此篇中间偏前部分的（11）"先王之所以治天下……无所不行"几段，之后接原本位于此篇中间偏后位置的（12）"昔者有虞氏贵德……而后及爵者"的若干段，之后接原本由（12）向后间隔一段的（13）"昔者圣人……以尊贤也"两段，之后接原本在（13）之前的（14）"天子有善……所以示顺也"一段。吴澄将以上归为"附记孝弟等义"，又说："此三节旧本附记又有《曾子大孝》一节，系是《大戴记》全篇之文，此不重出。"① 也就是说，吴澄将此篇原本有的"曾子曰孝有三……不羞其亲可谓孝矣"的部分，归于《大戴礼记·曾子大孝》篇中，于此不见录了。

还有，此篇原本有"君子曰礼乐不可斯须……乐之反其义一也"的部分，应属于《乐记》篇的内容，可知吴澄《礼记纂言》的整理原则是一段文字不两见，所以这里就没有收录，也是一种形式的调整。

（六）卷二五《礼运》

在篇题下，吴澄引述了陆佃的话说："山阴陆氏曰：礼运者，是礼乐之运。运祚推移，而礼行焉，虽圣人不能违也。然则大同小康，时而已矣。"还有陈祥道的话说："长乐陈氏曰：道则运而无所积，器则滞而有所拘，《礼器》言礼之器，则《礼运》言礼之道也。"还有方悫的话说："方氏曰：帝王盛时，以义起礼，驰骋而转徙，未尝息，故其经世之迹，不能无异其轨辙焉，于是则有大小之别，同异之名，此篇所言乃其义也。"② 如此三家的说法，均出自卫湜《礼记集说》卷五四。

吴澄对此篇的调整属于大的篇章结构上的调整，即从原本开篇的（1）"昔者仲尼与于蜡宾……"一直到（2）"孔子曰……夏时之等吾以是观之"的几段，这中间没有任何调整，而在（2）之后，吴澄则直接后接原本由（2）向后间隔不少段句的（3）"孔子曰：呜呼哀哉我观……天子祭天地诸侯祭社稷"一段，然后又接原本位于（2）之后、（3）之

---

① （元）吴澄：《礼记纂言》，《文渊阁四库全书》，第 121 册，第 522 页。
② （元）吴澄：《礼记纂言》，《文渊阁四库全书》，第 121 册，第 537 页。

第六章 吴澄的礼学和《礼记纂言》的著述特色　　559

前的（4）"夫礼之初……此礼之大成也"几段，之后接原本位于（4）向后间隔几句的（5）"祝嘏莫敢易其常古是谓大假"一句，而由（5）以下的段落文句直至篇末，再无调整。在篇末，吴澄将《礼运》的内容归为"记论礼之辞"，分为"凡五节"。

（七）卷二六《礼器》

在篇题下，吴澄引述了张载的话说："张子曰：《礼运》云者，语其达也；《礼器》云者，语其成也。达与成，体与用之道也。"[1] 在篇末吴澄将此篇归为"记论礼之辞"，分为"凡十节"。值得注意的是，吴澄对《礼器》篇有两处有文句上的调整。

（1）在原本"君子之于礼也"后面所接的"有直而行也，有曲而杀也，有经而等也，有顺而讨也，有摭而播也，有推而进也，有放而文也，有放而不致也，有顺而摭也"一段中，吴澄有两处位移，即调整为"君子之于礼也，有经而等也，有直而行也，有曲而杀也，有顺而讨也，有顺而摭也，有摭而播也，有推而进也，有放而文也，有放而不致也"。也就是将"有经而等也"前移，将"有顺而摭也"前移。

（2）在原本"或素或青夏造殷因"后面所接的"周坐尸，诏侑武方，其礼亦然，其道一也。夏立尸而卒祭，殷坐尸，周旅酬六尸"一段，吴澄调整为"夏立尸而卒祭，殷坐尸，周坐尸，诏侑武方，其礼亦然，其道一也"，也就是将"夏立尸而卒祭，殷坐尸"部分前移，并将"周旅酬六尸"以下作为另一节来解读。

（八）卷三六《乐记》

在篇题之后，吴澄约略地引述郑玄和孔颖达的话，以及《汉书·艺文志》的记载，对《乐记》进行了说明："郑氏曰：《乐记》者，记乐之义。孔氏曰：刘向校书，得《乐记》二十三篇，今取十一篇合为一，入《礼记》，余十二篇其名犹在，曰《奏乐》，曰《乐器》，曰《乐作》，曰《意始》，曰《乐穆》，曰《说律》，曰《季札》，曰《乐道》，曰《乐义》，曰《招本》，曰《招颂》，曰《窦公》是也。《汉书·艺文志》曰：黄帝至三代，乐名有名。周衰礼坏，乐无遗法。汉兴，制氏以雅乐声律世为乐官，颇能记其铿锵鼓舞，而不能言其义。武帝时，河间献王与毛生等共采《周官》及诸子言乐事者，作《乐记》。其内史丞王度传之，以

---

[1] （元）吴澄：《礼记纂言》，《文渊阁四库全书》，第 121 册，第 559 页。

授常山王禹。成帝时，献二十四卷。"① 之后，吴澄表明了自己的认识说：
"《礼经》之仅存者，犹有今《仪礼》十七篇，《乐经》则亡矣，其经疑多是声音乐舞之节，少有辞句可读诵记识，故秦火之后无传。诸儒不过能言乐之义而已。而刘向所得《乐记》二十三篇，又与河间献王所撰二十四卷不同，其二十三篇内之十一合为一篇者，盖亦删取要略，非全文也。今从孔疏，仍分十一章，各标旧篇名于左，其章次先后则重为更定云。此篇之外所余十二篇及河间献王之《乐记》，孔氏作疏时，其书已泯绝。"② 由此可见吴澄对《乐记》篇的总体认识和判断，而吴澄对篇章内容上的调整则如以下。

1. 从原本开篇的"凡音之起……则王道备矣"，吴澄以为"乐本第一"，在段落上没有调整。

2. 在以下则有所调整，即后接原本位于此篇中间部分的"夫民有血气心知……是以君子贱之也"，吴澄以此为"乐言第二"，而其他原来的排列为，在今本为第五，在郑玄《三礼目录》中为第四，在《史记·乐书》为第六。

3. 接着上一部分而下，为"凡奸声感人……所以赠诸侯也"，吴澄以为"乐象第三"，而其他原来的排列，在今本为第六，《目录》为第八，《史记》为第七。

4. 从原本位于此篇上述第二部分之前的"昔者舜作五弦之琴……故先王著其教焉"，吴澄以为"乐施第四"，而在《目录》为第三。

5. 从原本位于此篇上述第三部分之后的"乐也者情之不可变……有制于天下也"，吴澄以为"乐情第五"，在今本为第七，《目录》为第六。

6. 从原本位于此篇前半部分的"乐者为同……此所与民同也"，吴澄以为"乐论第六"，在今本、《目录》《史记》并为第二。

7. 从原本位于此篇上述第四部分之前的"王者功成作乐……故圣人曰礼乐云"，吴澄以为"乐礼第七"，今本、《史记》为第三，《目录》为第五。

8. 从原本位于此篇靠后部分的"君子曰礼乐不可……礼乐可谓盛矣"，吴澄以为"乐化第八"，在今本为第十，《目录》为第七。

---

① （元）吴澄：《礼记纂言》，《文渊阁四库全书》，第 121 册，第 649 页。
② （元）吴澄：《礼记纂言》，《文渊阁四库全书》，第 121 册，第 649 页。

9. 从原本位于此篇上述第八部分之前的"宾牟贾侍坐于孔子……不亦宜乎",吴澄以为"宾牟贾第九",在《史记》为第十。

10. 从原本位于此篇上述第九部分之前的"魏文侯问子夏曰……彼亦有所合之也",吴澄以为"魏文侯第十",在今本为第八,《目录》为第十一,《史记》为第九。

11. 最后这一部分与原本一致,即为"子赣见师乙而问焉……子贡问乐",吴澄以为"师乙第十一",在《目录》为第十。

由以上可知,吴澄对《乐记》进行了九处调整,而且是整体性的段落章节的调整。也就是由原本章次的第一、第二、第三、第四、第五、第六、第七、第八、第九、第十、第十一的排列顺序,调整成为第一、第五、第六、第四、第七、第二、第三、第十、第九、第八、第十一的排列顺序。前后衔接上有很大改变。

综合以上,从《曲礼》篇开始,吴澄除了对《乐记》的九处调整属于章节性的调整之外,对其他十几篇的调整,则多属于段落句子的调整,从前面叙述中所列出的调整段句编号可以看出,以对《曲礼》《檀弓》《杂记》等篇调整的最多,因为原本篇幅较长;又以对《丧服小记》一篇的段句调整幅度最大,几乎每个段句都有位置上的调整;而以对《礼器》当中的调整最少,只有两处调整。对于这十九篇内容章句段落调整程度的不同,反映出吴澄对原本这些篇章的认识与认同程度的差异,也体现出吴澄对《礼记》篇章解读的深入程度和体会上的把握程度,更呈现出吴澄礼学的别样功夫与特色。

### 十 吴澄对《礼记》篇章整合的经学史价值举隅

如前所述,吴澄的《礼记纂言》一书,最大的特点就是对《礼记》作了全面系统性的整合,就其所收录的三十六篇中对《曲礼》等十九篇的内容章句段落所进行的或多或少的调整而论,非常值得考察和研究的就是,吴澄所遵循的原则依据是什么,有什么样的合理性,其在经典诠释上的意义如何,又有何经学史价值等等,都是需要分析探讨的。

经考察可知,其中既有吴澄受前代学者的提示或启发而认为原本有错简之处,吴澄认同并做出必要调整的例证;也有吴澄根据原文段落章句意思的逻辑,而认为需要调整其内容才能清晰明了原意的例证。

在对《礼记》十九篇内容有所调整的篇章中,吴澄对《礼器》内容上的调整可以说是最少的。这就是如下的例证一、例证二。

（一）例证一

《礼记·礼器》有"君子之于礼也，有直而行也，有曲而杀也，有经而等也，有顺而讨也，有撕而播也，有推而进也，有放而文也。有放而不致也，有顺而摭也"一段，吴澄有两处做了调整，分别将"有经而等也"和"有顺而摭也"做了前移，从而成为"君子之于礼也，有经而等也，有直而行也，有曲而杀也，有顺而讨也，有顺而摭也，有撕而播也，有推而进也，有放而文也，有放而不致也"。

就此一段，吴澄引述了项安世解读上的说法：

> 项氏曰：有经而等，经谓不变，等谓同也。礼以变为文，以不同为节，同而不变，则若父母之丧自天子达于庶人，皆一等是也。此章凡九条，皆以反对为文，独经而等无反对者，此外八条皆变，而不同即此一条之反对也，先儒以顺而讨为对，非也。顺而讨自与顺而摭为对，脱简误在末耳。①

这里，项氏指出了《礼器》文中九条"有……而……也"的句式，都包含着相反而成对的意思，其中"有经而等也"一句，作为一种不变而同的指义或原则，与其他八条具有可变性的句子正好构成整体性的相反而成对的意思关系，所以"有经而等也"应该作为单句和整体性关系来理解，而不能与"有顺而讨也"构成对应关系。而且与"有顺而讨也"构成对应关系的一句就是在本章末尾的"有顺而摭也"，应该是当初作为脱简而误放在了这一章的最后。由此说来，项氏的这个发现提醒了吴澄，于是吴澄就按照项氏的说明做了上述的调整，并且在"澄曰"部分明确地说："澄曰：凡此九条皆顺其自然之伦，九条之次今依项说更定，自'君子之于礼也'至此二小节，言顺之事。"②

在吴澄看来，唯有做了上述的句子位置的调整，才能充分体现出其整体的意思，即这一段"君子之于礼也……有放而不致也"与其之前一段"君子之于礼也，有所竭情尽慎，致其敬而诚若，有美而文而诚若"

---

① （元）吴澄：《礼记纂言》，《文渊阁四库全书》，第121册，第570页。
② （元）吴澄：《礼记纂言》，《文渊阁四库全书》，第121册，第570页。

第六章　吴澄的礼学和《礼记纂言》的著述特色　563

的两节都是讲"顺"方面的事情。因此,吴澄做出调整的理据就很充实了。

(二) 例证二

《礼记·礼器》还有一段:"三代之礼一也,民共由之。或素或青,夏造殷因。周坐尸,诏侑武方,其礼亦然,其道一也。夏立尸而卒祭,殷坐尸,周旅酬六尸。曾子曰:'周礼其犹醵与!'"

针对这一段,吴澄将"夏立尸而卒祭,殷坐尸"部分前移,接在"夏造殷因"之后与"周坐尸"之前,即为"三代之礼一也,民共由之,或素或青,夏造殷因,夏立尸而卒祭,殷坐尸,周坐尸,诏侑武(无)方,其礼亦然,其道一也"一段。而将"周旅酬六尸,曾子曰:'周礼其犹醵与!'"作为另一段来解读。就此,吴澄在"澄曰"部分有所解释说:

> 澄曰:言尸之或立或坐,殷异于夏;诏侑或有方或无方,周异于殷。曰亦然者,言亦如上文"或素或青"之不同也。继之曰"其道一也",言"坐""立"及"有方""无方"虽不同,而其敬祭之道则一也,道即礼也。此句与上文"三代之礼一也"一句相始终。①

这里,一方面吴澄以"有方""无方"的对应关系确认"诏侑武方"的"武"字应当作"无",另一方面按照"立尸""坐尸"的对应关系,"夏立尸而卒祭,殷坐尸,周坐尸"连成一句,并且强调与"或素或青,夏造殷因"一句意思上的呼应关系,从而说明三代之礼的"其敬祭之道"的一致性,并明确了其中"礼一也"和"道一也"的同义性而得出"道即礼也"的结论。在吴澄看来,这样才是逻辑顺畅,义理清晰的经典本意吧。

(三) 例证三 《礼记·曲礼上》

传本原文为:

> 若夫,坐如尸,立如齐。礼从宜,使从俗。(4) 夫礼者,所以定亲疏,决嫌疑,别同异,明是非也。(2) 礼不妄说人,不辞费。

---

① (元) 吴澄:《礼记纂言》,《文渊阁四库全书》, 第121册, 第570页。

礼不逾节，不侵侮，不好狎。（1）修身践言，谓之善行。行修言道，礼之质也。（3）礼闻取于人，不闻取人。礼闻来学，不闻往教。

《礼记纂言》则调整为：

（1）修身践言，谓之善行。行修言道，礼之质也。（2）礼不妄说人，不辞费。礼不逾节，不侵侮不好狎。（3）礼闻取于人，不闻取人。礼闻来学，不闻往教。①

可见。对于上面一段传本原文，吴澄直接将"修身践言……礼之质也"两句前移至这一段的开头，又将"礼不妄说人……不好狎"接在前两句之后，再接"礼闻取于人……不闻往教"两句。这是作为"记礼之纲领凡七节"中的三节，即第二、三、四节来排列的。这样的调整，吴澄也没有明确的说明。不过，吴澄将"若夫，坐如尸，立如齐。礼从宜，使从俗"两句，大幅度地后移到了《礼记纂言》的《曲礼》中篇作为"记通用之礼"第二节，而放在"博闻强识而让敦善行而不怠谓之君子"和"毋侧听毋噭应毋淫视毋怠荒游毋倨立毋跛坐毋箕寝毋伏敛髪毋髢冠毋免劳毋袒暑毋褰裳"两节中间的位置②；将（4）"夫礼者，所以定亲疏，决嫌疑，别同异，明是非也"一段，后移到作为"记礼之纲领"的第七节的首段，参见下面所列的《礼记纂言·曲礼上》的文字。

也就是，接在上述引文"不闻往教"一段之后，吴澄也有调整如下。

传本原文为：

道德仁义非礼不成教训正俗非礼不备分争辨讼非礼不决君臣上下父子兄弟非礼不定。宦学事师非礼不亲班朝治军莅官行法非礼威严不行祷祠祭祀供给鬼神非礼不诚不庄。是以君子恭敬撙节退让以明礼。鹦鹉能言不离飞鸟猩猩能言不离走兽今人而无礼虽能言不亦

---

① （元）吴澄：《礼记纂言》，《文渊阁四库全书》，第121册，第7—8页。
② 此三句在前述《礼记纂言》的《曲礼中》的排序为（40）"博闻强识……谓之君子"、（41）"若夫坐如尸……使从俗"、（42）"毋侧听……暑毋褰裳"。

禽兽之心乎夫唯禽兽无礼故父子聚麀是故圣人作为礼以教人使人以有礼知自别于禽兽。（1）大上贵德其次务施报礼尚往来往而不来非礼也来而不往亦非礼也。（2）人有礼则安无礼则危故曰礼者不可不学也。夫礼者自卑而尊人虽负贩者必有尊也而况富贵乎富贵而知好礼则不骄不淫贫贱而知好礼则志不慑。

《礼记纂言》则调整为：

（1）大上贵德其次务施报礼尚往来往而不来非礼也来而不往亦非礼也（2）夫礼者自卑而尊人虽负贩者必有尊也而况富贵乎富贵而知好礼则不骄不淫贫贱而知好礼则志不慑。（4）夫礼者所以定亲疏决嫌疑别同异明是非也。道德仁义非礼不成教训正俗非礼不备分争辨讼非礼不决君臣上下父子兄弟非礼不定。宦学事师非礼不亲班朝治军莅官行法非礼威严不行祷祠祭祀供给鬼神非礼不诚不庄。是以君子恭敬撙节退让以明礼。鹦鹉能言不离飞鸟猩猩能言不离走兽今人而无礼虽能言亦禽兽之心乎夫唯禽兽无礼故父子聚麀是故圣人作为礼以教人使人以有礼知自别于禽兽。人有礼则安无礼则危故曰礼者不可不学也。

由上可见，在"道德仁义……非礼不定"之前，吴澄加了三节，即（1）"大上贵德……亦非礼也"和（2）"夫礼者……则志不慑"两节属于前移，（4）"夫礼者……明是非也"一节是从前面后移至此的。

（四）例证四

作为《礼记纂言》卷一中即《曲礼》的开篇部分，吴澄将原本在《曲礼上》中间偏前部分的（1）"男女不杂坐……不亲授"放在这里，之后接原本由（1）向后间隔一句的（2）"外言不入于捆……弗与同器而食"，之后接原本由（2）向后间隔一句的（3）"男女非有行媒……不知其姓则卜之"，之后接原本由（3）向后间隔一句的（4）"贺取妻者……使某羞"，之后接原本由（4）向前间隔若干句的（5）"嫂叔不通……不漱裳"，之后接原本在（4）之前的（6）"寡妇之子……弗与为友"，之后接原本由（6）向后间隔三句的（7）"男女异长……许嫁笄而字"，之后接原本位于（7）之前的（8）"名子者不以国……不以山川"。吴澄将以上归为"记男女之礼"，分为"凡八节"。

传本原文为：

（1）男女不杂坐不同椸枷不同巾栉不亲授。（5）<u>嫂叔不通问诸母不漱裳</u>。（2）外言不入于捆内言不出于捆。女子许嫁缨非有大故不入其门姑姊妹女子子已嫁而反兄弟弗与同席而坐弗与同器而食。<u>父子不同席</u>。（3）男女非有行媒不相知名非受币不交不亲故日月以告君齐戒以告鬼神为酒食以召乡党僚友以厚其别也。取妻不取同姓故买妾不知其姓则卜之。（6）<u>寡妇之子非有见焉弗与为友</u>。（4）贺取妻者曰某子使某闻子有客使某羞。<u>贫者不以货财为礼老者不以筋力为礼</u>。（8）<u>名子者不以国不以日月不以隐疾不以山川</u>。（7）男女异长男子二十冠而字父前子名君前臣名。女子许嫁笄而字。

《礼记纂言》则调整为：

（1）男女不杂坐不同椸枷不同巾栉不亲授（2）外言不入于捆内言不出于捆女子许嫁缨非有大故不入其门姑姊妹女子子已嫁而反兄弟弗与同席而坐弗与同器而食（3）男女非有行媒不相知名非受币不交不亲故日月以告君齐戒以告鬼神为酒食以召乡党僚友以厚其别也取妻不取同姓故买妾不知其姓则卜之（4）贺取妻者曰某子使某闻子有客使某羞（5）<u>嫂叔不通问诸母不漱裳</u>（6）<u>寡妇之子非有见焉弗与为友</u>（7）男女异长男子二十冠而字父前子名君前臣名女子许嫁笄而字（8）<u>名子者不以国不以日月不以隐疾不以山川</u>。①

从以上的对比可以看出，由于将下划横线的几节（句）位置的调整，就产生连接上的不同。除了"嫂叔不通问诸母不漱裳""寡妇之子非有见焉弗与为友""名子者不以国不以日月不以隐疾不以山川"的向前或向后的移动之外，还将"父子不同席"作为"记父子之礼凡十五节"的第六节，放在"父母存不许友以死不有私财"和"夫为人子者三赐不及车马"两节（句）之间；将"贫者不以货财为礼老者不以筋力为礼"作为"记通用之礼凡十五节"的第十二节，放在"介者不拜为其拜而蓌拜"和

---

① （元）吴澄：《礼记纂言》，《文渊阁四库全书》，第121册，第27—29页。

"礼不下庶人刑不上大夫"两节（句）之间。

对于上述这样的调整，吴澄并没有特别的说明。不过，可以明显地看出，一方面为了使得逻辑上更为衔接紧凑，将"嫂叔不通问……""寡妇之子……""名子者不以国……"几句分别向后移动，是有其道理的。另一方面，从"记男女之礼"的范围内将"父子不同席"归属到"父子之礼"，将"贫者不以货财为礼老者不以筋力为礼"归属到"通用之礼"也是有其道理的。

# 结　语

回顾以上所列所述，吴澄《礼记纂言》三十六篇中对《礼记》原文的章节段句有所调整的十九篇，即《曲礼》《内则》《少仪》《玉藻》《王制》《文王世子》《丧大记》《杂记》《丧服小记》《服问》《檀弓》《曾子问》《大传》《祭法》《郊特牲》《祭义》《礼运》《礼器》《乐记》诸篇，调整的程度或多或少，或整体或局部，或是大刀阔斧，或是细微小节。在这样的调整下，这些篇章的内容，也就呈现出吴澄所理解和看重的篇章次序与篇章内容的内在逻辑。而我们对于这些经过吴澄整理后的篇章的解读和研究，也是一个可以接续的展开过程。

这里的考察，我们只是用一种描述性的梳理，大体可以感受到吴澄《礼记纂言》在多大程度上对一些篇章进行了调整。而究其合理性和内在逻辑方面的考察，则要通过与《礼记》相应篇章的原文对比，才能够体现出来。这也是我们将要继续进行的考察工作。可供参考的是本章第三节《吴澄对〈礼记〉篇章整合重缀的价值探析——以〈丧服小记〉为中心》。需要强调的是，吴澄突破了以往就《礼记》中的一些篇章段句的非联系性，做只言片语性的理解和解读这样的经学传授方式，那么对于其中十九篇进行改编的工作可谓是吴澄的用心之作，而绝非任意而为。通过具体的对比分析研究，我们就能更好地理解吴澄礼记学的深意和《礼记纂言》的文本价值所在，能够更好地理会《礼记》相关篇章内容的真实意涵、逻辑联系及其经典价值。

其实可以说，从对礼学经典的认识和解读而论，在我们今天看来，吴澄《礼记纂言》对《礼记》的整理工作，还是极有价值的。至如钱大昕所谓"诠解详赡"的肯定，还需要对吴澄"识其章句于左"的内容，特别是"澄曰""澄按"当中的解说做进一步的考察和研究，才能够真正理解吴澄礼记学的整体面貌，这也是笔者在此章基础上所将要进行的后续课题。

## 第三节　吴澄对《礼记》篇章整合重缀的价值探析——以《丧服小记》为中心

吴澄的《礼记纂言》对所收录的原本《礼记》三十六篇中的十九篇进行不同程度的重新编联和整合重缀，即如《四库提要》所谓"以戴记经文庞杂，疑多错简，故每一篇中其文皆以类相从，俾上下意义，联属贯通，而识其章句"①，这样的工作的目的当然在于使这些篇章的本文更加接近写作时的原貌而解读上更为晓畅。对于吴澄的这一整理工作，后世历史上褒贬不一。②然而就其最终的价值和意义而言，只有通过对其调整后的篇章进行对比性的分析和研究，才能体会吴澄在解读这些篇章本文上的通篇考虑和具体逻辑，以及其经典价值和文本价值是如何体现的。吴澄对《丧服小记》一篇的段句调整幅度是最大的，因而最具代表性，以其为例，亦可管窥吴澄《礼记纂言》的经学史价值。

### 一　吴澄前后不同时代学者对《礼记》篇章错简问题的一些认识

清代学者皮锡瑞《经学通论》中说过："《礼记》四十九篇，众手撰集，本非出自一人。一篇之中，杂采成书，亦非专言一事。"而且皮锡瑞举出宋代刘敞《七经小传》认为《曲礼》"若夫坐如尸，立如齐"一句疑似取自曾子之言，以及刘敞此说后来得到朱熹认同的事作为例证，并一并加以肯定地称："刘氏与朱子之说是也。"③那么，关于传本《礼记》

---

① 《四库全书总目·礼记纂言》，中华书局1965年版，第169页。
② 相关研究可参考姜广辉《评吴澄对〈礼记〉的改编》，《元代经学国际研讨会论文集》，中研院文哲所2000年版。并见《中国经学思想史》第七十五章《吴澄对〈礼记〉的改编》，中国社会科学出版社2010年版；朱娜娜《吴澄〈礼记纂言〉的价值》，《文学教育（中）》，2013年第2期。
③ 见皮锡瑞《经学通论》"论《礼记》记文多不次，若以类从，尤便学者，惜孙炎、魏征之书不传"条下，吴仰湘点校，中华书局2017年版，第344页。

第六章　吴澄的礼学和《礼记纂言》的著述特色　　569

多篇中存在的错简、脱误等问题，自东汉郑玄《礼记注》开始就有所关注。① 例如：《丧服小记》"降而在缌、小功者，则税之"一句，郑玄注云："此句补脱误在是，宜承'父税丧，己则否'。"② 当然，后世也有对此提出不同见解者，如宋代陆佃就说："嫌小功不税，降服亦是也，故出之。在此非脱误也。即承'父税丧，己则否'，于义不伦。"③ 其意思是说，经文本意是因为顾忌因小功不追丧从而导致降服至小功也不追丧，所以才提出此条，那么此经文并不存在脱误。而如果像郑玄注指出的那样将"降而在缌、小功者，则税之"接在"父税丧，己则否"之后，在意思上反倒不伦不类了。对此，清代纳喇性德《陈氏礼记集说补正》中与陆佃的说法相同而称："此节不必承'父税丧，己则否'之下矣。"④ 在认同郑玄说者当中，如清代江永则还有补充性的思考，即在"降而在缌小功者则税之"句下提出："按此节本在'君已除丧而后，闻丧则不税'之下，郑氏正其误，谓宜承'父税丧，己则否'之下，然犹有随父税丧之嫌。窃疑此句之上当有'小功不税'四字，即《檀弓篇》曾子所讥者，谓正服小功不税，而降在缌小功者则税也。因错简故脱一句。"⑤ 这是以有错简为前提的进一步推断。

再如，《中庸》篇中"在下位不获乎上，民不可得而治矣"这一句先后出现两次，在前一次出现的句后郑玄注云："此句其属在下，著脱误重

---

① 宋代李觏就此类问题对郑玄有所评价说："至于汉儒若郑康成注《礼记》，其字误处，但云某当为某。《玉藻》全失次序，亦止于注下发明，未尝便就经文改正。于《周礼》则备举先郑、杜子春解。此盖尊经重师，不敢自谓已见为得，姑两存之以俟后圣耳。"（《答宋屯田书》，《盱江集》卷二十八《书》。见《李觏集》，王国轩点校，中华书局 2011 年版，第 335 页）对比而言，清代翁方纲则称："世之言经文脱乱者，自郑注《玉藻》始也。究其所谓某句宜承某句者，皆于义为顺叙。李盱江以改字例之，失其轻重矣。惟是郑虽言某句宜承某句，而未尝别自起一编以改移之，且未尝综次其前后合为一文以说之，李盱江谓未改经文者是也。"（《礼记附记》卷四《玉藻》，见《续修四库全书》，上海古籍出版社 2002 年版，第 103 册，第 396—397 页）可见翁氏也是肯定郑玄注的做法，并且与其后文批评元代陈澔《礼记集说》隐没郑注直改经文的做法形成对比。
② 《十三经注疏（标点本）·礼记正义》，第 1133 页。
③ （宋）卫湜：《礼记集说》卷八十二，《文渊阁四库全书》，第 118 册，第 725 页。
④ （清）纳喇性德：《陈氏礼记集说补正》卷十九，《文渊阁四库全书》，第 127 册，第 168 页。
⑤ （清）江永：《礼记训义择言》卷六（清守山阁丛书本），《文渊阁四库全书》，第 128 册，第 361 页。

在此。"① 后世学者大都从郑玄的解说。但是也有不认同郑玄之说者,如宋代晏氏(光)就说:"郑氏及诸儒皆以'在下位不获乎上'此句属在下脱误,在此非也。《礼记》他篇有脱误,《中庸》无脱误矣。"② 又宋代兼山郭氏(忠孝)则说:"'在下位不获乎上',说者谓错简重出。"③ 明代郝敬也称:"'在下位'十四字,错简重出。"④

还有就是《乐记》子赣见师乙对话中的一段文字。原文为:

> 请诵其所闻,而吾子自执焉。爱者宜歌《商》。温良而能断者。宜歌《齐》。夫歌者,直己而陈德也,动己而天地应焉,四时和焉,星辰理焉,万物育焉。故《商》者,五帝之遗声也。宽而静,柔而正者,宜歌《颂》。广大而静,疏达而信者,宜歌《大雅》。恭俭而好礼者,宜歌《小雅》。正直而静,廉而谦者,宜歌《风》。肆直而慈爱,商之遗声也,商人识之,故谓之《商》。《齐》者,三代之遗声也,齐人识之,故谓之《齐》。

对以上这段文字,郑玄在"商人识之,故谓之《商》"句后有注云:"此文换简失其次。'宽而静'宜在上,'爱者宜歌《商》'宜承此下行,读云'肆直而慈爱者,宜歌《商》。'"⑤

我们知道,司马迁《史记·乐书》几乎就是《礼记·乐记》的另一个版本,⑥ 那么上述这一段在《史记》中则为:

> 请诵其所闻,而吾子自执焉。宽而静,柔而正者,宜歌《颂》;广大而静,疏达而信者,宜歌《大雅》;恭俭而好礼者,宜歌《小雅》;正直清廉而谦者,宜歌《风》;肆直而慈爱者,宜歌《商》;温良而能

---

① 《十三经注疏(标点本)·礼记正义》,第1683页。
② (宋)卫湜:《礼记集说》卷一百三十引,《文渊阁四库全书》,第120册,第188页。
③ (宋)卫湜:《礼记集说》卷一百三十引,《文渊阁四库全书》,第120册,第189页。
④ (明)郝敬:《礼记通解》卷十九,《续修四库全书》,第97册,第497页。
⑤ 《十三经注疏(标点本)·礼记正义》,第1337页。
⑥ 如唐代张守节《史记正义》说:"《乐书》者,犹《乐记》也。郑玄云以其记乐之义也。此于《别录》属《乐记》,盖十一篇合为一篇。……刘向校书得《乐书》二十三篇,著于《别录》。今《乐记》惟有十一篇,其名犹存也。"(《史记》,中华书局1959年版,第1175页)

## 第六章　吴澄的礼学和《礼记纂言》的著述特色　　571

断者，宜歌《齐》。夫歌者，直己而陈德；动己而天地应焉，四时和焉，星辰理焉，万物育焉。故《商》者，五帝之遗声也，商人志之，故谓之《商》；《齐》者，三代之遗声也，齐人志之，故谓之《齐》。①

由上可见，即如《史记·乐书》，原本"宽而静……肆直而慈爱"一段是衔接在此节比较靠前的位置，但是因错简形成位移而变成郑玄所看到的《乐记》的样子，那么郑玄注所发现的问题参照《史记·乐书》就可以纠正了。对比而言，宋明学者则有不同见解。如宋代陆佃不仅认为"此一节疑以脱乱，因失先后之序"，更提出"请诵其所闻，而吾子自执焉"一句以下自己的编排"盖其文宜曰"如下：

夫歌者，直己而陈德也，动己而天地应焉，四时和焉，星辰理焉，万物育焉。宽而静，柔而正者，宜歌《颂》。广大而静，疏达而信者，宜歌《大雅》。恭俭而好礼者，宜歌《小雅》。正直而静，廉而谦者，宜歌《风》。肆直而慈爱者，宜歌《商》。温良而能断者，宜歌《齐》。故《商》者，五帝之遗声也，商人识之。故谓之《商》。②

由此可见，在《史记·乐书》和郑玄注所提示的基础上，陆佃对这一段所进行的重新编排，将"夫歌者……万物育焉"一句提前，从而显出另一种句意连接上的逻辑关系。

再如明代郝敬则明确根据《史记·乐书》及元代陈澔《礼记集说》而有按语称：

按此章缺"肆直而慈"四字，郑氏疑全文皆错简。依《史记·乐书》，以"宽而静"至"肆直而慈爱"十一句四十九字，承"吾子自执焉"下，以"爱者"承"肆直而慈爱"，连下"宜歌商"为句。至"五帝之遗声也"连下"商人识之"，以"爱商之遗声也"六字为衍文。陈澔本改，从之。③

---

① 《史记》，中华书局1959年版，第1233页。
② （宋）卫湜：《礼记集说》卷一百，《文渊阁四库全书》，第119册，第202页。
③ （明）郝敬：《礼记通解》卷十三，《续修四库全书》，第97册，第375—376页。

那么，郝敬意思上的连接是："吾子自执焉，宽而静……肆直而慈爱者（爱，商之遗声也）宜歌商……五帝之遗声也，商人识之。"

既然得到郝敬的认同，就让我们再回看一下元陈澔《礼记集说·乐记》中的这一段，其编排已是和《史记·乐书》大体一致，但是确实比《礼记·乐记》原文少了"爱商之遗声也"六字，直接当作衍文删除了：

> 请诵其所闻，而吾子自执焉。宽而静，柔而正者，宜歌《颂》。广大而静，疏达而信者，宜歌《大雅》。恭俭而好礼者，宜歌《小雅》。正直而静，廉而谦者，宜歌《风》。肆直而慈爱，商之遗声也爱者，宜歌《商》。温良而能断者，宜歌《齐》。夫歌者，直己而陈德也；动己而天地应焉，四时和焉，星辰理焉，万物育焉。故《商》者，五帝之遗声也，商人识之，故谓之《商》。《齐》者，三代之遗声也，齐人识之，故谓之《齐》。

其实，在唐孔颖达《礼记正义》之后，杜佑的《通典》中即已直接引述为："《乐记》师乙曰：夫歌者，直己而陈德也。① 宽而静，柔而正者，宜歌《颂》。广大而静，疏达而信者，宜歌《大雅》。恭俭而好礼者，宜歌《小雅》。正直而静，廉而谦者，宜歌《风》。肆直而慈爱者，宜歌《商》。温良而能断者，宜歌《齐》。故《商》者，五帝之遗声也，商人识之，故谓之《商》。《齐》者，三代之遗声也，齐人识之，故谓之《齐》。"② 这当然应该是依据《史记·乐书》和郑玄注提示下的更定本，只是把"夫歌者，直己而陈德也"一句移到"宽而静"之前了。这或成为前引宋代陆佃编排的依据来源。

到了宋代，礼家撰著也好，学者引述也罢，很多都改变了原本《乐记》的本文，而作"而吾子自执焉。宽而静，柔而正者……正直而静，廉而谦者，宜歌《风》。肆直而慈爱者，宜歌《商》，温良而能断者，宜歌《齐》"这样的连接。如陆佃、陈旸、朱熹、吕祖谦、段昌武、黄震、卫湜等。

不过，对于元陈澔如上述一段的整理，清代学者翁方纲则提出了自己的看法，其中包含着在处理方式上对宋代黄震《黄氏日抄》的肯定、

---

① 这里应该是省略了"动己而天地应焉，四时和焉，星辰理焉，万物育焉"诸句。
② 《通典》卷一百四十五，中华书局 1988 年版，第 3698 页。

对卫湜《礼记集说》的质疑及对陈澔的批评。翁氏一方面说："《师乙篇》'宽而静，柔而正'以下，郑氏依《史记·乐书》次第改正旧本，此非以臆断错简者比也，自当从之。然此应如《黄氏日抄》载其旧本于前，别载郑氏移置之文于后，庶为得之。"① 同时又不理解其意地说："卫正叔《集说》虽依旧本，乃于前一节之失次则引郑说，于后一节之失次则删郑说，何也？"再有，针对陈澔如上述一段隐没了郑玄注的提示而直接照搬其说式的段句处理，翁氏说道："至于陈云庄《集说》悉依郑所移置，而不著郑氏移置之所由，其失已于《玉藻篇》详之。"② 那么，在面对《玉藻篇》相类的情况时，翁方纲就指出："惟至云庄陈澔《集说》，则并不明引郑氏注，直改经文顺叙前后，读者童而习之，竟以为经本如此，不知其为郑氏所注，云庄所改者，则其轻蔑古经，自用己意，何可以导后学哉。"③ 翁氏的批评可以说是直指陈澔《礼记集说》弊病所在。进而翁氏也讲到对郑玄注的态度和后世学者应有的处理方式说："虽郑氏所改接续顺叙，皆于义为谐合。然即使如此，亦当先录古本之失次者于前，然后再援郑说，更加考定于后。庶几不失校订之意。今奈何不言其由来，贸然直改，是何说欤？"而翁方纲对《礼记·玉藻》中一段的处理就是："谨就经文及郑氏注表出其概于左"，而"凡郑氏云乱脱宜改承者五处，郑义本皆允合，陈云庄移易连合之于义理亦皆无害，今既有注疏原本可验陈氏之依郑改本即无讥可也"④。

以上可以说是礼记学史上的一个过程性和片段性的例证，或多或少地体现出后世礼家的见解。而就元代吴澄而言，他的《礼记纂言》除了《中庸》篇不在其中，有关《丧服小记》后文将有详论之外，对于上论《乐记》一段，吴澄又是怎样编排的呢？且看：

---

① 宋代黄震在如上一段《礼记·乐记》原文之后有云："'爱者宜歌《商》'，郑氏谓：'肆直而慈爱者，宜歌《商》'，今因错简，将'肆直而慈爱'置于'宜歌《风》'之下，反无所属。而此句'爱者，宜歌《商》'亦阙其上文。"又在篇末"郑氏移置错简从'吾子自执焉以下'"条下引述此段"请诵（其）所闻而……商人识之故谓之商"。（《黄氏日抄》卷二十一《读礼记》八《乐记》，《文渊阁四库全书》，第707册，第640页。）
② （清）翁方纲：《礼记附记》卷五《乐记》，《续修四库全书》，第103册，第520页。
③ （清）翁方纲：《礼记附记》卷四《玉藻》，《续修四库全书》，第103册，第398页。
④ （清）翁方纲：《礼记附记》卷四《玉藻》，《续修四库全书》，第103册，第398、401页。

> 请诵其所闻，而吾子自执焉。夫歌者，直己而陈德也，动己而天地应焉，四时和焉，星辰理焉，万物育焉。故宽而静，柔而正者，宜歌《颂》。广大而静，疏达而信者，宜歌《大雅》。恭俭而好礼者，宜歌《小雅》。正直而静，廉而谦者，宜歌《风》。肆直而慈爱者，宜歌《商》。温良而能断者，宜歌《齐》。《商》者，五帝之遗声也，商人识之，故谓之《商》。

值得注意的是，像吴澄这样直接将"夫歌者……万物育焉"接在"请诵其所闻，而吾子自执焉"之后，并在后面接续"（故）宽而静，柔而正者，宜歌《颂》"以下者，除了上引宋代陆佃（1042—1102年）《礼记解》[①]之外，还有北宋陈旸（1064—1128年）所撰《乐书》卷三十一《礼记训义·乐记》和收入南宋朱熹编撰的《仪礼集传集注》（《仪礼经传通解》）卷二十七《王朝礼四之上》的《乐记》，还有南宋吕祖谦撰《吕氏家塾读诗记》卷一和段昌武撰《毛诗集解·卷首》（大致仿吕祖谦读书记）的引述。从时间先后来看，应该是陆佃首倡其说，陈旸予以接受，朱熹沿用其说，吴澄袭而承之，呈现出这样一个学术影响的关系。其中，陆佃、朱熹作"万物育焉。宽而静"，陈旸和吴澄均作"万物育焉。故宽而静"，后两者加了"故"字。还有"故《商》者，五帝之遗声也"一句，而吴澄《礼记纂言》少"故"字，其他三者均有"故"字。当然，吴澄于此并没有明确说明什么，但是按照吴澄编撰《礼记纂言》的宗旨，应该还是以朱熹《仪礼经传通解》为标准，而朱熹又应该是对北宋经学成果有所借鉴和吸收而编撰《仪礼经传通解》的。

如前所述，吴澄《礼记纂言》在章次先后上有不同程度的重新更定的篇章包括《曲礼》（上中下）、《内则》、《少仪》、《玉藻》、《王制》、《文王世子》、《丧大记》、《杂记》、《丧服小记》、《服问》、《檀弓》（上中下）、《曾子问》、《大传》、《祭法》、《郊特牲》、《祭义》、《礼运》、《礼器》、《乐记》，共十九篇。对《礼记纂言》当中这些经过整理、改编和重缀之后的篇章与原本《礼记》的相应篇章进行对比性考察研究，我

---

[①] （宋）王应麟《玉海》卷三十九称："陆佃撰《礼记新义》。"（《文渊阁四库全书》，第944册，第102页）《宋史·艺文志》载："陆佃《礼记解》四十卷。"清徐乾学撰《读礼通考》引用书目有"陆佃《礼记解》"。（《文渊阁四库全书》，第112册，第8页）

第六章　吴澄的礼学和《礼记纂言》的著述特色　　575

们就可以认识和了解到吴澄对《礼记》本文的合理性理解和合乎逻辑的整理，及其文献学和经学史意义。这里以《丧服小记》篇为例，比较《礼记纂言》中是怎样进行整合、重缀、调整排列《丧服小记》的章句段落和文句的。又有哪些在解读上体现出其调整的必要性和合理性。

## 二　《礼记·丧服小记》与《礼记纂言·丧服小记》段落文句对比

吴澄《礼记纂言》卷十二就是《丧服小记》篇，在篇题之下，吴澄就此篇的内容有如下的概说："《丧服》者，《仪礼》正经之篇名。正经之后有记，盖以补经文之所不备。此篇内所记丧服一章，又以补《丧服》经后记之所未备者也。其事琐碎故名《小记》，以别于经后之记记丧服一章。外又广记丧礼杂事，亦皆琐碎，比前篇《丧大记》之所记则为小也，《小记》亦犹《杂记》，《小记》所记之事小，《杂记》所记之事杂，《丧大记》之所记视二篇则为大也。但《杂记》中记丧服者鲜，故承《丧大记》之后止称《杂记》。此篇记丧服者详，故以《丧服》二字冠小记之上而名篇。"应该说吴澄在对《丧服小记》章节段句进行重新整合，是有一个预设的分类的，即在顺序上分别为"记复、铭、免、吊主丧""记奔丧、丧次、丧拜""记丧服""记丧至除丧""记祔及吉祭"，由此也可见吴澄对这一篇内容的整体认识。

这里，我们以表格的形式，将《礼记·丧服小记》原文和《礼记纂言·丧服小记》分作两栏进行对比，从中便可以直观地看到两者的不同及吴澄所做调整的具体段落与幅度。

以下所列表格的左栏为《丧服小记》原文，自首句按照顺序在段句之前加以编号，共计1至89段句，并将吴澄调整后的段句的序号即（1）至（91）附在《礼记·丧服小记》原文相应的段落文句之后，由此可知其在《礼记纂言·丧服小记》中被吴澄调整到了什么位置。

表格的右栏是吴澄调整后的《丧服小记》全文，在段句前标出在《丧服小记》原文中的序号作为提示，从而可以看到《礼记·丧服小记》原文的段落文句在《礼记纂言·丧服小记》是排在相对怎样的位置。以下所引《礼记·丧服小记》，依据的是《十三经注疏（标点本）·礼记正义》，北京大学出版社2000年版，具体标点并参考王文锦《礼记译解》，中华书局2016年版。吴澄《礼记纂言·丧服小记》则依据《文渊阁四库全书》本。

|   | 《礼记·丧服小记》 | 《礼记纂言·丧服小记》 |
|---|---|---|
| 1 | 斩衰，括发以麻。为母，括发以麻，免而以布。(3) | 38 复与书铭，自天子达于士，其辞一也。男子称名，妇人书姓与伯仲，如不知姓则书氏。(1) |
| 2 | 齐衰恶笄以终丧。① (34) | 3 男子冠而妇人笄，男子免而妇人髽。其义：为男子则免，为妇人则髽。(2) |
| 3 | 男子冠而妇人笄，男子免而妇人髽。其义：为男子则免，为妇人则髽。(2) | 1 斩衰，括发以麻。为母，括发以麻，免而以布。(3) |
| 4 | 苴杖，竹也。削杖，桐也。(27) | 85 远葬者，比反哭者皆冠，及郊而后免，反哭。(4) |
| 5 | 祖父卒，而后为祖母后者三年。(38) | 84 既葬而不报虞，则虽主人皆冠，及虞则皆免。为兄弟，既除丧已，及其葬也，反服其服。报虞卒哭则免。如不报虞则除之。(5) |
| 6 | 为父母、长子稽颡。大夫吊之，虽缌必稽颡。妇人为夫与长子稽颡，其余则否。(22) | 83 缌、小功，虞、卒哭则免。(6) |
| 7 | 男主必使同姓，妇主必使异姓。(12) | 86 君吊，虽不当免时也，主人必免，不散麻。虽异国之君，免也。亲者皆免。(7) |
| 8 | 为父后者，为出母无服。(39) | 66 诸侯吊，必皮弁锡衰。所吊虽已葬，主人必免。主人未丧服，则君亦不锡衰。(8) |
| 9 | 亲亲以三为五，以五为九。上杀，下杀，旁杀，而亲毕矣。(90) | 65 诸侯吊于异国之臣，则其君为主。(9) |
| 10 | 王者禘其祖之所自出，以其祖配之，而立四庙。(81) | 43 大夫不主士之丧。(10) |

① 此句有三种版本，一即作此，即整理者有注称："闽、监、毛本、石经、岳本、嘉靖本、卫氏《集说》同"。[《十三经注疏（标点本）·礼记正义》，第1113页] 一作"齐衰，带恶笄以终丧"，王文锦《礼记译解·丧服小记》即作此增补说："带恶笄以终丧——原脱'带'，据《礼记训纂》（清朱彬撰）增补。王念孙云：'《丧服·士虞礼》疏两引此文，皆作"带恶笄以终丧"。'"（中华书局2016年版，第401页）。一作"齐衰，恶笄带以终丧"，据《礼记注疏》阮元校称："《考文》引古本、足利本'齐衰'下有'带'字。段玉裁校本云'恶笄'下应有'带'字。按注云'笄所以卷发，带所以持身'，先释'笄'后释'带'，是脱'带'字，不当在'恶笄'上。正义亦云'此一经明齐衰，妇人笄带终丧无变之制。'亦先言'笄'，后言'带'，是皆'恶笄'下应有'带'字之确证，段玉裁是也。正义出经文此句二见，并脱'带'字，亦当补。按段玉裁又云：《仪礼·丧服》'布總箭笄'疏引《丧服小记》云'妇人带恶笄以终丧'，有'带'字，而在'恶笄'之上，是各本不同也。"[《十三经注疏（标点本）·礼记正义》，第1113页] 可见，段玉裁的认识也是值得关注的。然而吴澄《礼记纂言》则是同于第一种，看来也是所据有别的。

第六章 吴澄的礼学和《礼记纂言》的著述特色　　577

续表

| | 《礼记·丧服小记》 | 《礼记纂言·丧服小记》 |
|---|---|---|
| 11 | 庶子王亦如之。(84) | 70 士不摄大夫。士摄大夫，唯宗子。(11) |
| 12 | 别子为祖，继别为宗，继祢者为小宗。有五世而迁之宗，其继高祖者也。是故祖迁于上，宗易于下。尊祖故敬宗，敬宗所以尊祖祢也。(85) | 7 男主必使同姓，妇主必使异姓。(12) |
| 13 | 庶子不祭祖者，明其宗也。(88) | 26 大功者主人之丧，有三年者，则必为之再祭。朋友，虞、祔而已。(13) |
| 14 | 庶子不为长子斩，不继祖与祢故也。(87) | 69 妇之丧，虞、卒哭，其夫若子主之。祔，则舅主之。(14) |
| 15 | 庶子不祭殇与无后者，殇与无后者从祖祔食。(89) | 71 主人未除丧，有兄弟自他国至，则主人不免而为主。(15) |
| 16 | 庶子不祭祢者，明其宗也。(86) | 67 养有疾者不丧服，遂以主其丧。非养者入主人之丧，则不易己之丧服。养尊者必易服，养卑者否。(16) |
| 17 | 亲亲，尊尊，长长，男女之有别，人道之大者也。(91) | 88 奔父之丧，括发于堂上，袒，降，踊，袭，绖于东方。奔母之丧，不括发，袒于堂上，降，踊，袭，免于东方。绖。即位，成踊，出门，哭止。三日而五哭三袒。(17) |
| 18 | 从服者，所从亡则已。属从者，所从虽没也服。(46) | 73 奔兄弟之丧，先之墓而后之家，为位而哭。所知之丧，则哭于宫而后之墓。(18) |
| 19 | 妾从女君而出，则不为女君之子服。(45) | 48 哭朋友者，于门外之右，南面。(19) |
| 20 | 礼，不王不禘。(80) | 37 无事不辟庙门。哭皆于其次。(20) |
| 21 | 世子不降妻之父母，其为妻也，与大夫之适子同。(36) | 74 父不为众子次于外。(21) |
| 22 | 父为士，子为天子诸侯，则祭以天子诸侯，其尸服以士服。父为天子诸侯，子为士，祭以士，其尸服以士服。(79) | 6 为父母、长子稽颡。大夫吊之，虽缌必稽颡。妇人为夫与长子稽颡，其余则否。(22) |
| 23 | 妇当丧而出，则除之。为父母丧，未练而出则三年，既练而出则已；未练而反则期，既练而反则遂之。(54) | 39 斩衰之葛与齐衰之麻同，齐衰之葛与大功之麻同。麻葛皆兼服之①。(23) |

---

① 此处吴澄《礼记纂言》与卫湜《礼记集说》相同，作"麻葛皆兼服之"。

续表

| | 《礼记·丧服小记》 | 《礼记纂言·丧服小记》 |
|---|---|---|
| 24 | 再期之丧，三年也。期之丧，二年也。九月七月之丧，三时也。五月之丧，二时也。三月之丧，一时也。故期而祭，礼也。期而除丧，道也。祭不为除丧也。(67) | 61 齐衰三月，与大功同者绳屦。(24) |
| 25 | 三年而后葬者，必再祭。其祭之间不同时，而除丧。(66) | 76 下殇小功，带澡麻不绝本，诎而反以报之。(25) |
| 26 | 大功者主人之丧，有三年者，则必为之再祭。朋友，虞、祔而已。(13) | 34 绖杀五分而去一，杖大如绖。(26) |
| 27 | 士妾有子而为之缌，无子则已。(43) | 4 苴杖，竹也。削杖，桐也。(27) |
| 28 | 生不及祖父母、诸父、昆弟，而父税丧，己则否。(58) | 32 虞，杖不入于室。祔，杖不升于堂。(28) |
| 29 | 为君之父母、妻、长子，君已除丧而后闻丧，则不税。(60) | 64 庶子不以杖即位，父不主庶子之丧，则孙以杖即位可也。父在，庶子为妻，以杖即位可也 (29) |
| 30 | 降而在缌、小功者，则税之。(59) | 81 母为长子削杖。(30) |
| 31 | 近臣，君服斯服矣，其余从而服，不从而税。(61) 君虽未知丧，臣服已。(62)① | 80 妇人不为主而杖者，姑在为夫杖，(31) |
| 32 | 虞，杖不入于室。祔，杖不升于堂。(28) | 82 女子子在室为父母，其主丧者不杖，则子一人杖。(32) |
| 33 | 为君母后者，君母卒，则不为君母之党服。(47) | 60 箭笄终丧三年。(33) |
| 34 | 绖杀五分而去一，杖大如绖。(26) | 2 齐衰恶笄以终丧。② (34) |
| 35 | 妾为君之长子，与女君同。(44) | 75 与诸侯为兄弟者服斩。(35) |
| 36 | 除丧者，先重者。易服者，易轻者。(69) | 21 世子不降妻之父母，其为妻也，与大夫之适子同。(36) |

① 这里之所以将"君虽未知丧，臣服已"一句设一序号，是因为吴澄《礼记纂言》中将此句作为单独一节的。

② 参见前面注释所列此句的三种版本。

第六章　吴澄的礼学和《礼记纂言》的著述特色　　579

续表

| | 《礼记·丧服小记》 | 《礼记纂言·丧服小记》 |
|---|---|---|
| 37 | 无事不辟庙门，哭皆于其次。(20) | 42 大夫降其庶子，其孙不降其父。(37) |
| 38 | 复与书铭，自天子达于士，其辞一也。男子称名，妇人书姓与伯仲，如不知姓，则书氏。(1) | 5 祖父卒，而后为祖母后者三年。(38) |
| 39 | 斩衰之葛与齐衰之麻同，齐衰之葛与大功之麻同。麻同（葛）皆兼服之。①(23) | 8 为父后者，为出母无服。(39) |
| 40 | 报葬者报虞，三月而后卒哭。(64) | 79 为父后者，为出母无服。无服也者，丧者不祭故也。(40) |
| 41 | 父母之丧偕，先葬者不虞祔，待后事。其葬，服斩衰。(63) | 45 夫为人后者，其妻为舅姑大功。(41) |
| 42 | 大夫降其庶子，其孙不降其父。(37) | 89 适妇不为舅后者，则姑为之小功。(42) |
| 43 | 大夫不主士之丧。(10) | 27 士妾有子，而为之缌，无子则已。(43) |
| 44 | 为慈母之父母无服。(49) | 35 妾为君之长子，与女君同。(44) |
| 45 | 夫为人后者，其妻为舅姑大功。(41) | 19 妾从女君而出，则不为女君之子服。(45) |
| 46 | 士祔于大夫则易牲。(78) | 18 从服者，所从亡则已。属从者，所从虽没也服。(46) |
| 47 | 继父不同居也者，必尝同居。皆无主后，同财而祭其祖祢为同居，有主后者为异居。(53) | 33 为君母后者，君母卒，则不为君母之党服。(47) |
| 48 | 哭朋友者，于门外之右，南面。(19) | 52 为母之君母，母卒则不服。(48) |
| 49 | 祔葬者，不筮宅。(71) | 44 为慈母之父母无服。(49) |
| 50 | 士、大夫不得祔于诸侯，祔于诸祖父之为士、大夫者。其妻祔于诸祖姑，妾祔于妾祖姑，亡则中一以上而祔，祔必以其昭穆。(74) | 54 为慈母后者，为庶母可也，为祖庶母可也。(50) |

① "麻同（葛）皆兼服之"一句，"同"或作"葛"，如卫湜《礼记集说》。吴澄《礼记纂言》则作"葛"。

续表

| | 《礼记·丧服小记》 | 《礼记纂言·丧服小记》 |
|---|---|---|
| 51 | 诸侯不得祔于天子，天子、诸侯、大夫可以祔于士。(73) | 58 为殇后者，以其服服之(51) |
| 52 | 为母之君母，母卒则不服。(48) | 57 丈夫冠而不为殇，妇人笄而不为殇。(52) |
| 53 | 宗子，母在为妻禫。(56) | 47 继父不同居也者，必尝同居。皆无主后，同财而祭其祖祢为同居，有主后者为异居。(53) |
| 54 | 为慈母后者，为庶母可也，为祖庶母可也。(50) | 23 妇当丧而出，则除之。为父母丧，未练而出则三年，既练而出则已；未练而反则期，既练而反则遂之。(54) |
| 55 | 为父、母、妻、长子禫。(55) | 55 为父、母、妻、长子禫。(55) |
| 56 | 慈母与妾母，不世祭也。(83) | 53 宗子，母在为妻禫。(56) |
| 57 | 丈夫冠而不为殇，妇人笄而不为殇。(52) | 63 庶子在父之室，则为其母不禫。(57) |
| 58 | 为殇后者，以其服服之。(51) | 28 生不及祖父母、诸父、昆弟，而父税丧，己则否。(58) |
| 59 | 久而不葬者，唯主丧者不除。其余以麻终月数者，除丧则已。(65) | 30 降而在缌、小功者，则税之。(59) |
| 60 | 箭笄终丧三年。① (33) | 29 为君之父母、妻、长子，君已除丧而后闻丧，则不税。(60) |
| 61 | 齐衰三月，与大功同者绳屦。(24) | 31 近臣，君服斯服矣，其余从而服，不从而税。(61) |
| 62 | 练，筮日、筮尸、视濯，皆要绖、杖、绳屦，有司告具而后去杖。筮日、筮尸，有司告事毕而后杖，拜送宾。大祥，吉服而筮尸。(70) | 31 君虽未知丧，臣服已。(62) |

---

① 联系到前面"齐衰，恶笄以终丧"一句的整理者注，于此句后，整理者有注称："闽、监、毛本、石经、岳本、嘉靖本、卫氏《集说》同"。《礼记注疏》阮校有称："段玉裁校云：注'自卷持'，蒙'齐衰恶笄带以终丧'而言则此'箭笄'下亦当有'带'字。"（《十三经注疏（标点本）·礼记正义》，第1147页）不过吴澄《礼记纂言》同于上面《礼记集说》也无"带"字。

续表

| | 《礼记·丧服小记》 | 《礼记纂言·丧服小记》 |
|---|---|---|
| 63 | 庶子在父之室，则为其母不禫。（57） | 41 父母之丧偕，先葬者不虞祔，待后事。其葬，服斩衰。（63） |
| 64 | 庶子不以杖即位，父不主庶子之丧，则孙以杖即位可也。父在，庶子为妻，以杖即位可也。（29） | 40 报葬者报虞，三月而后卒哭。（64） |
| 65 | 诸侯吊于异国之臣，则其君为主。（9） | 59 久而不葬者，唯主丧者不除。其余以麻终月数者，除丧则已（65） |
| 66 | 诸侯吊，必皮弁锡衰。所吊虽已葬，主人必免。主人未丧服，则君亦不锡衰。（8） | 25 三年而后葬者，必再祭。其祭之间不同时，而除丧。（66） |
| 67 | 养有疾者不丧服，遂以主其丧。非养者入主人之丧，则不易已之丧服。养尊者必易服，养卑者否。（16） | 24 再期之丧，三年也。期之丧，二年也。九月七月之丧，三时也。五月之丧，二时也。三月之丧，一时也。故期而祭，礼也。期而除丧，道也。祭不为除丧也。（67） |
| 68 | 妾无妾祖姑者，易牲而祔于女君可也。（76） | 87 除殇之丧者，其祭也必玄。除成丧者，其祭也朝服缟冠。（68） |
| 69 | 妇之丧，虞、卒哭，其夫若子主之，祔则舅主之。（14） | 36 除丧者，先重者。易服者，易轻者。（69） |
| 70 | 士不摄大夫，士摄大夫，唯宗子。（11） | 62 练，筮日、筮尸、视濯，皆要绖、杖、绳屦，有司告具而后去杖。筮日、筮尸，有司告事毕而后杖，拜送宾。大祥，吉服而筮尸（70） |
| 71 | 主人未除丧，有兄弟自他国至，则主人不免而为主。（15） | 49 祔葬者，不筮宅。（71） |
| 72 | 陈器之道，多陈之而省纳之可也，省陈之而尽纳之可也。（72） | 72 陈器之道，多陈之而省纳之可也；省陈之而尽纳之可也。（72） |
| 73 | 奔兄弟之丧，先之墓而后之家，为位而哭。所知之丧，则哭于宫而后之墓。（18） | 51 诸侯不得祔于天子，天子、诸侯、大夫可以祔于士。（73） |

续表

| | 《礼记·丧服小记》 | 《礼记纂言·丧服小记》 |
|---|---|---|
| 74 | 父不为众子次于外。(21) | 50 士、大夫不得祔于诸侯,祔于诸祖父之为士、大夫者,其妻祔于诸祖姑,妾祔于妾祖姑,亡则中一以上而祔,祔必以其昭穆。(74) |
| 75 | 与诸侯为兄弟者服斩。(35) | 77 妇祔于祖姑,祖姑有三人,则祔于亲者。(75) |
| 76 | 下殇小功,带澡麻不绝本,诎而反以报之。(25) | 68 妾无妾祖姑者,易牲而祔于女君可也。(76) |
| 77 | 妇祔于祖姑,祖姑有三人,则祔于亲者。(75) | 78 其妻,为大夫而卒,而后其夫不为大夫,而祔于其妻,则不易牲。妻卒而后夫为大夫,而祔于其妻,则以大夫牲。(77) |
| 78 | 其妻,为大夫而卒,而后其夫不为大夫,而祔于其妻,则不易牲。妻卒而后夫为大夫,而祔于其妻,则以大夫牲。(77) | 46 士祔于大夫则易牲。(78) |
| 79 | 为父后者,为出母无服。无服也者,丧者不祭故也。(40) | 22 父为士,子为天子诸侯,则祭以天子诸侯,其尸服以士服。父为天子诸侯,子为士,祭以士,其尸服以士服。(79) |
| 80 | 妇人不为主而杖者,姑在为夫杖。(31) | 20 礼,不王不禘。(80) |
| 81 | 母为长子削杖。(30) | 10 王者禘其祖之所自出,以其祖配之(81) |
| 82 | 女子子在室为父母,其主丧者不杖,则子一人杖。(32) | 10 (诸侯及其大祖)而立四庙。(82) |
| 83 | 缌、小功,虞、卒哭则免。(6) | 56 慈母与妾母,不世祭也。(83) |
| 84 | 既葬而不报虞,则虽主人皆冠,及虞则皆免。为兄弟,既除丧已,及其葬也,反服其服,报虞、卒哭则免,如不报虞则除之。(5) | 11 庶子王亦如之。(84) |

第六章 吴澄的礼学和《礼记纂言》的著述特色　　583

续表

| | 《礼记·丧服小记》 | 《礼记纂言·丧服小记》 |
|---|---|---|
| 85 | 远葬者，比反哭者皆冠，及郊而后免，反哭。（4） | 12 别子为祖，继别为宗，继祢者为小宗。有五世而迁之宗，其继高祖者也。是故，祖迁于上，宗易于下。尊祖故敬宗，敬宗所以尊祖祢也。（85） |
| 86 | 君吊，虽不当免时也，主人必免，不散麻。虽异国之君，免也。亲者皆免。（7） | 16 庶子不祭祢者，明其宗也。（86） |
| 87 | 除殇之丧者，其祭也必玄。除成丧者，其祭也朝服缟冠。（68） | 14 庶子不为长子斩，不继祖与祢故也。（87） |
| 88 | 奔父之丧，括发于堂上，袒，降，踊，袭、绖于东方。奔母之丧，不括发，袒于堂上，降、踊、袭、免于东方。绖。即位，成踊，出门，哭止。三日而五哭三袒。（17） | 13 庶子不祭祖者，明其宗也。（88） |
| 89 | 适妇不为舅后者，则姑为之小功。（42） | 15 庶子不祭殇与无后者，殇与无后者从祖祔食。（89） |
| 90 | | 9 亲亲以三为五，以五为九。上杀，下杀，旁杀，而亲毕矣。（90） |
| 91 | | 17 亲亲，尊尊，长长，男女之有别，人道之大者也。（91） |

根据《礼记纂言·表服小记》，上表中从（1）至（16）吴澄认为是"记复铭免吊主丧"，归纳为"凡十七节"。从（17）至（22）吴澄认为是"记奔丧丧次丧拜"，归纳为"凡七节"。从（23）至（62）吴澄认为是"记丧服"，归纳为"凡四十节"。从（63）至（72）吴澄认为是"记丧至除丧"，归纳为"凡十一节"。从（73）至（91）吴澄认为是"记祔及吉祭"，归纳为"凡十一节"。

### 三　吴澄所作段句调整的逻辑关系及合理性

我们从前一节所列表格中可以看到，吴澄对《丧服小记》原文所做的重新编排，完全打破了原有的次序，构成了另一个篇章的表述。其内在的逻辑关系及合理性如何，既耐人寻味，又很值得推敲、分析和解读。那么我们就着重从一些典型段句的编排加以考察一下。要说明的是，为了对具体段句在原本《丧服小记》和吴澄调整后的位置能一目了然，以下引用中将前面对比表中所标出的"1"至"89"和"（1）"至"（91）"的两种序号也一并引出，以作为具体前后位置的参照。

（一）《丧服小记》应该从哪里开篇

之所以将原本位于《丧服小记》接近中间部分的"38 复与书铭……如不知姓则书氏（1）"一段，放在调整改编后此篇的第一段，应该说吴澄是从通篇的内容上来考虑的，也就是与一般丧礼仪式的进程有着密切的联系。正如清代江永《礼书纲目》在引述此段后标出"详见《丧大记》复章"[①]一句所提示的那样，当将死者在弥留之际，生者除了伤感哭啼之外还要为将死者进行招魂的仪式，这就是"复"，如《礼记·丧大记》中所说："唯哭先复，复而后行死事。"可见"复"是丧礼的最初环节，当然应该放在篇章的开始来说明。而"书铭"，即《檀弓下》所讲的："铭，明旌也。以死者为不可别已，故以其旗识之。爱之，斯录之矣。敬之，斯尽其道焉耳。"那么《丧服小记》此段在讲"复与书铭"的规矩，吴澄将其调整到开篇部分可以说是合乎丧礼的先后程式的。就开篇的意味而论，吴澄的这一调整比起原本以"斩衰，括发以麻；为母，括发以麻，免而以布"一段为首段来，也不显得突兀，而更为符合篇章的逻辑。

作为接续，因为首段中的"男子称名，妇人书姓与伯仲"提到男子、妇人，那么，以"3 男子冠而妇人笄，男子免而妇人髽。其义：为男子则免，为妇人则髽（2）"一段来衔接，直观上也是相对应的。接着再以"1 斩衰，括发以麻；为母，括发以麻，免而以布（3）"为接续，则是因为此与前一句同样讲的是丧服上的头饰形式的问题，自然应该前后连接，所以吴澄将原本处在接近篇末的"85 远葬者，比反哭者皆冠，及郊而后免，反哭（4）"一句提前到连接上句的位置。更由此，以关键词"免"的仪节为核心，将与此85 原本前后相关的"84 既葬而不报虞，则虽主人皆冠，及虞则皆免。为兄弟，既除丧已，及其葬也，反服其服。报虞卒哭则免。如不报虞则除之（5）"和"83 緦、小功，虞、卒哭则免（6）"，

---

[①] （清）江永：《礼书纲目》卷二十九，《文渊阁四库全书》，第133 册，第437 页。

以及"86 君吊，虽不当免时也，主人必免，不散麻。虽异国之君，免也。亲者皆免（7）"一并排列，从而形成了一个有序的排列。

又因为上面一条也讲到"君吊"如何如何，重点转向"吊"的仪节，于是吴澄就以突出讲"诸侯吊"而将原本在《丧服小记》偏后位置的两条"66 诸侯吊，必皮弁锡衰。所吊虽已葬，主人必免。主人未丧服，则君亦不锡衰（8）"、"65 诸侯吊于异国之臣，则其君为主（9）"前后置换来排列，并以原本在不同位置的讲大夫和士的两条"43 大夫不主士之丧（10）"和"70 士不摄大夫。士摄大夫，唯宗子（11）"作为前后来排列。

以上诸句除了以"免""吊"以及从"君""诸侯""大夫""士"为关键词的逻辑之外，还有"主人""为主"以及有主持意思的"摄"的关键词，那么随后的几段也是以主人、主持为核心的"主丧"的内容来接续的，即"7 男主必使同姓，妇主必使异姓（12）"、"26 大功者主人之丧，有三年者，则必为之再祭。朋友，虞、祔而已（13）"、"69 妇之丧，虞、卒哭，其夫若子主之。祔，则舅主之（14）"、"71 主人未除丧，有兄弟自他国至，则主人不免而为主（15）"、"67 养有疾者不丧服，遂以主其丧。非养者入主人之丧，则不易己之丧服。养尊者必易服，养卑者否（16）"，吴澄将以上五句作为前后次序排列，也是有着逻辑合理性的。至此，我们看到的逻辑依据是有多层面的。这就是（1）至（16）的内容，被吴澄归纳为"记复、铭、免、吊、主丧"。

（二）以"记奔丧、丧次、丧拜"相接续

接着，以下（17）至（22），吴澄认为是属于"记奔丧、丧次、丧拜"的内容而加以归纳的。先是两个突出讲"奔丧"的段落，一段是原本在接近篇末的"88 奔父之丧，括发于堂上，袒，降，踊，袭、绖于东方。奔母之丧，不括发，袒于堂上，降，踊，袭、免于东方。绖。即位，成踊，出门，哭止。三日而五哭三袒。（17）"，一段是"73 奔兄弟之丧，先之墓而后之家，为位而哭。所知之丧，则哭于宫而后之墓（18）"，吴澄以"奔兄弟之丧"接续"奔父之丧""奔母之丧"而排列，逻辑上是十分顺畅和通洽的。而且，这两段当中还包含着"哭丧"的仪节，所以后面吴澄将属于"丧次"环节的"48 哭朋友者，于门外之右，南面（19）"、"37 无事不辟庙门。哭皆于其次（20）"接续于此，就显得非常合理。再有，作为"74 父不为众子次于外（21）"和"6 为父母、长子稽颡。大夫吊之，虽总必稽颡。妇人为夫与长子稽颡，其余则否（22）"两段,都是讲家庭内部的丧礼仪节,重点似在"为"与"不为",故两相衔接没有问题,而前者属于丧次,后者属于丧拜。

(三) 以"记丧服"为中心

按照吴澄的归纳,从(23)至(62)的多个段落,都是属于"记丧服"的内容。其排列顺序,也是可以做几个单元来分析。

第一单元,"39 斩衰之葛与齐衰之麻同,齐衰之葛与大功之麻同。麻葛皆兼服之(23)"、"61 齐衰三月,与大功同者绳屦(24)"、"76 下殇小功,带澡麻不绝本,诎而反以报之(25)"这三段,分别以"斩衰""齐衰""小功"三种丧期的服制相连接,吴澄应该是按由重到轻的顺序排列的。

第二单元,以"杖"为联系点,吴澄将包含有关"杖"的仪节的段句集中在一起接续和排列,即"34 绖杀五分而去一,杖大如绖(26)"、"4 苴杖,竹也;削杖,桐也(27)"、"32 虞,杖不入于室。祔,杖不升于堂(28)"、"64 庶子不以杖即位,父不主庶子之丧,则孙以杖即位可也。父在,庶子为妻,以杖即位可也(29)"、"81 母为长子削杖(30)"、"80 妇人不为主而杖者,姑在为夫杖(31)"、"82 女子子在室为父母,其主丧者不杖,则子一人杖(32)",这七个段落相连接,后面三个部分原本前后靠近,吴澄则做了接续上的调整,再加上前面讲到"杖"的几段,前后均构成了有逻辑的连接。

第三单元,吴澄将前后相距比较远的讲"笄"和"终丧"的两句,即"60 箭笄终丧三年(33)"和"2 齐衰恶笄以终丧(34)"连接在一起。这里前者是指为父服丧,后者是指为母服丧。宋代礼家李如圭即有称引说:"凡妇人之笄与要绖,齐衰之上皆有除无变。《小记》曰:'齐衰带恶笄以终丧。'又曰:'箭笄终丧三年。'"[①]而吴澄将两者并列在一起的道理,也就在于两者意思上的联系性。而且,现代《礼记》解读专家也将这两句做有联系性解读。[②]

第四单元,"75 与诸侯为兄弟者服斩(35)"、"21 世子不降妻之父

---

① (宋)李如圭:《仪礼集释》卷十七,《文渊阁四库全书》,第 103 册,第 312 页。又清《钦定仪礼义疏》卷二十二有解说称:"案《小记》'箭笄终丧三年',谓妻为夫,女子在室为父也。"《文渊阁四库全书》,第 106 册,第 751 页。

② 王文锦:《礼记译解》在"箭笄终丧三年"句下,就有译解说:"……名叫箭笄,……名叫恶笄。"中华书局 2016 年版,第 419 页。

母，其为妻也，与大夫之适子同（36）"、"42 大夫降其庶子，其孙不降其父（37）"三段，分别讲到"诸侯为兄弟""世子为妻""大夫适子""大夫庶子"等亲属关系，不仅包含着等级性，而且后两段讲到"降服"问题。因此，这些连接也是有相互逻辑关系的。

第五单元的前后接续是，"5 祖父卒，而后为祖母后者三年（38）"、"8 为父后者，为出母无服（39）"、"79 为父后者，为出母无服。无服也者，丧者不祭故也（40）"、"45 夫为人后者，其妻为舅姑大功（41）"、"89 适妇不为舅后者，则姑为之小功（42）"。这几段中都有"为……后"的表述，应该是吴澄以经文本意家族责任不同而丧服期限不同的标准将其归为一类的，在顺序上也呈现出由祖到父、由夫到妇、由重到轻的多重逻辑关系。

第六单元的几段，应该是以"妾"的身份为重点的，这就是"27 士妾有子，而为之缌，无子则已（43）"、"35 妾为君之长子，与女君同（44）"、"19 妾从女君而出，则不为女君之子服（45）"、"18 从服者，所从亡则已。属从者，所从虽没也服（46）"，而最后一段或是因为有"从服"的意思才接续前面一句的。

第七单元，是以"母"的身份为中心的丧服问题，即"33 为君母后者，君母卒，则不为君母之党服（47）"、"52 为母之君母，母卒则不服（48）"、"44 为慈母之父母无服（49）"、"54 为慈母后者，为庶母可也，为祖庶母可也（50）"四段，既有"君母""母之君母""慈母"的不同，也有"不为服""不服""为服"和"无服"的差异。

第八单元，吴澄将原本前者在后，后者在前的两句调整为"58 为殇后者，以其服服之（51）""57 丈夫冠而不为殇，妇人笄而不为殇（52）"，"殇"字应是关键点。

第九单元，吴澄将此两段接续于此，或是因为这两段和前面的一句一样，有一种对仗性的效果，即"47 继父不同居也者，必尝同居。皆无主后，同财而祭其祖祢为同居，有主后者为异居（53）"一段，强调的"不同居""同居""异居"；而"23 妇当丧而出，则除之。为父母丧，未练而出，则三年。既练而出，则已。未练而反，则期；既练而反，则遂之（54）"一段，强调以"妇"的身份，在不同婚姻状态下的服丧期限。

第十单元，吴澄将以"禫祭"为联系的三段集中排列，显出有举行和不举行"禫祭"的情况差别，即"55 为父、母、妻、长子禫（55）"、

"53 宗子，母在为妻禫（56）""63 庶子在父之室，则为其母不禫（57）"，而后面两句特别以"宗子""庶子"相衔接，也显出一定的逻辑关系。

第十一单元，吴澄将原本前后靠近而讲"税丧（追丧）"的几个段落进行调整和重新连接，即"28 生不及祖父母、诸父、昆弟，而父税丧，己则否（58）"、"30 降而在缌、小功者，则税之（59）"、"29 为君之父母、妻、长子，君已除丧而后闻丧，则不税（60）"、"31 近臣，君服斯服矣，其余从而服，不从而税（61）"，"31 君虽未知丧，臣服已（62）"。值得注意的是，正如笔者前面曾提到的，在上文（59）句后，郑玄注就提出：此句是因补脱误而在原本的位置，实则应该接在"父税丧，已则否"之后，而吴澄正是做了这样的处理。

（四）"记丧至除丧"的部分

吴澄将以下原本前者在后，后者在前的两段做了调整如下："41 父母之丧偕，先葬者不虞祔，待后事。其葬，服斩衰（63）"、"40 报葬者报虞，三月而后卒哭（64）"。随后几段则讲到"除丧"，即"59 久而不葬者，唯主丧者不除。其余以麻终月数者，除丧则已（65）"、"25 三年而后葬者，必再祭。其祭之间不同时，而除丧（66）"、"24 再期之丧，三年也。期之丧，二年也。九月七月之丧，三时也。五月之丧，二时也。三月之丧，一时也。故期而祭，礼也。期而除丧，道也。祭不为除丧也（67）"；这些都是讲丧祭之期的，而后两段也是吴澄对原本前后位置做了调整，这样就是先讲三年，再讲三年以下如何。其后，吴澄将也是讲除丧的两段接续在后面，即"87 除殇之丧者，其祭也必玄。除成丧者，其祭也朝服缟冠（68）"、"36 除丧者，先重者。易服者，易轻者（69）。"这样也构成了一个比较完整的单元。

其后所接续的两段，应该是以讲丧祭礼中的"筮"而连接的，即："62 练，筮日、筮尸、视濯，皆要绖、杖、绳屦，有司告具而后去杖。筮日、筮尸，有司告事毕而后杖，拜送宾。大祥，吉服而筮尸（70）"、"49 祔葬者，不筮宅（71）"。而再接着的一段，讲的是一种陈器方面的原则，就像前面的（69）的除丧原则一样，即："72 陈器之道，多陈之而省纳之可也，省陈之而尽纳之可也（72）。"

（五）"记祔及吉祭"的部分

这一部分的内容也可以分成几个单元来分析。第一单元是以突出讲"祔祭"为主线的几段，即："51 诸侯不得祔于天子，天子、诸侯、大夫

第六章　吴澄的礼学和《礼记纂言》的著述特色　　589

可以祔于士（73）"、"50 士、大夫不得祔于诸侯，祔于诸祖父之为士、大夫者。其妻祔于诸祖姑，妾祔于妾祖姑，亡则中一以上而祔，祔必以其昭穆（74）"、"77 妇祔于祖姑，祖姑有三人，则祔于亲者（75）"、"68 妾无妾祖姑者，易牲而祔于女君可也（76）"、"78 其妻，为大夫而卒，而后其夫不为大夫，而祔于其妻，则不易牲。妻卒而后夫为大夫，而祔于其妻，则以大夫牲（77）"、"46 士祔于大夫则易牲（78）"；按照吴澄的排列，其重点则在于强调"祔"的等级性特征。

第二单元，接续着以上这种对礼的等级性和专属性的强调，后面的排列，即："22 父为士，子为天子诸侯，则祭以天子诸侯，其尸服以士服。父为天子诸侯，子为士，祭以士，其尸服以士服（79）"、"20 礼，不王不禘（80）"、"10 王者禘其祖之所自出，以其祖配之（81）"、"10（诸侯及其大祖）而立四庙（82）"。在（80）句下，吴澄有注云："旧本'礼，不王不禘'四字别在一处。刘氏曰此句当在'王者禘其祖之所自出'之上，脱误尔。澄按：如刘说，则与后篇《大传》文同，今从之。"在（82）句下，吴澄有注说："旧本'而立四庙'四字在上文'以其祖配之'之下，无所系属，义不可通。"又引述刘氏曰："此句上有缺文，当曰'诸侯及其大祖而立四庙。'"又说："澄按《大传》'以其祖配之'有此六字。刘氏所谓有缺文者是也。今从其说，而以《大传》篇之文补之。言诸侯不得如天子之追禘大祖以上，所祭上及其大祖而止尔，而大祖之下则立二昭二穆之庙，为四亲庙也。"清代学者江永则不太认同吴澄对（82）的补文，他说："按刘氏说可从，然吴氏遽增'诸侯及其大祖'一句亦未可。"[①]

第三单元是以强调宗法为重点的内容排列，即："56 慈母与妾母，不世祭也（83）"、"11 庶子王亦如之（84）"、"12 别子为祖，继别为宗，继祢者为小宗。有五世而迁之宗，其继高祖者也。是故，祖迁于上，宗易于下。尊祖故敬宗，敬宗所以尊祖祢也（85）"、"16 庶子不祭祢者，明其宗也（86）"、"14 庶子不为长子斩，不继祖与祢故也（87）"、"13 庶子不祭祖者，明其宗也（88）"、"15 庶子不祭殇与无后者，殇与无后者从祖祔食（89）"。在（84）句下，吴澄有注说："旧本此六字在上文

---

① （清）江永：《礼记训义择言》卷六《丧服小记》，《文渊阁四库全书》，第128册，第359页。

'而立四庙'之下，文意不属。刘氏曰此一句当在'慈母与妾母不世祭也'之下。澄按：其说是也，今从之。"

以上几处刘氏所言，就是宋代学者刘敞《公是七经小传》卷中的观点，他说："《丧服小记》曰：'礼不王不禘。'此一句当在前文'王者禘其祖之所自出'之上，脱误在后尔。又曰'庶子王亦如之。'注云庶子祭天立庙，非也。此一句当承后文'慈母与妾母不世祭也'之下，脱误在前尔。又曰'而立四庙'，云天子立四庙，亦非也。此一句上有脱简尔。文当曰'诸侯及其太祖而立四庙。'"[1] 那么，吴澄有三处借鉴了宋代刘敞的说法，也是他所作调整的相关依据。

第四单元，也就是被吴澄放在篇章最后的两段，即"9 亲亲以三为五，以五为九。上杀，下杀，旁杀，而亲毕矣（90）"和"17 亲亲，尊尊，长长，男女之有别，人道之大者也（91）"。在后一段之下吴澄先是引述了郑玄注的说法称："郑氏曰：言服之所以隆杀。"接着就是说明自己之所以将两段前后连接的道理。即所谓澄曰："此一条旧本与'上杀下杀旁杀而亲毕'之文不相属，其实当相属。故郑注以为言服之隆杀，盖以结上'亲亲三五九'之意也。"那么，上文的"'亲亲'之'三五九'"是"以一家所亲之亲合为一而言也"，而"此条之'亲亲'在'尊尊长长男女有别'之先"，是"以一家所亲之亲分为四而言也"。

吴澄进一步结合《礼记·大传》篇的相关文句，对此条的含义加以解读说："亲亲，谓亲而非尊非长者，《大传》谓之'下治子孙'，此章所谓下孙之亲，正子孙之服与从族旁亲之子孙也。尊尊，谓亲而又尊者，《大传》谓之'上治祖祢'，此章所谓上杀之亲，正父祖与从族旁尊之父祖也。长长，谓亲而又长者，言长则兼幼矣，《大传》谓之'旁治昆弟'，此章所谓旁杀之亲，正昆弟与从族旁长旁幼之昆弟也。男女之有别，谓它姓之女来为本姓妇，本姓之女往为它姓妇者，是为内治夫妇之亲，《大传》之服术所谓名服出入服也。"

吴澄还指出，南朝皇侃《礼记义疏》在此段解读上不从郑玄注而另有说法，吴澄自己最初也是认同皇侃说的："独皇氏不取郑注，谓此是记者言别事，不论服之隆杀。澄初亦颇然其说，而以此为泛论，亲亲者，父子之伦；尊尊者，君臣之伦；长长者，兄弟之伦；男女有别者，夫妇

---

[1] （宋）刘敞：《公是七经小传》，《文渊阁四库全书》，第183册，第28页。

之伦；该五伦之四，故曰'人道之大'。"但是吴澄后来改变了看法，他说道："其后细味上下文意，又观《大传》与此章文意大同小异，乃知已说为非，而郑注为审。"进而，吴澄对唐代孔颖达的解说也提出了质疑："但孔疏所释亲亲尊尊之服未当尔。故特据《大传》'上治''下治''旁治'之说以定'尊亲长'之服焉。"①

# 结　语

综上所述，吴澄《礼记纂言》对《丧服小记》篇章段句的调整和重新编排，如果以各个单元为单位，其逻辑和合理性在于，以集中相关礼仪的原则要求为根据，合并同类项，按照逻辑次序编排前后，既实践了其在《礼记纂言序》中所谓"止就其本篇之中，科分栉剔，以类相从，俾其上下章，文义联属"的基本原则；又对这些篇的"章之大旨，标识于左"，即在每一章次的后面或引述郑玄以降历代学者的解读，并以"澄曰""澄按"而提出自己的理解，最终使"读者开卷了然"。通篇梳理下来，充分显现出吴澄在解读礼仪经典文本方面的深厚功力和旨在理顺先贤礼仪篇章而为后世学者能够通晓的学术诉求及思想诉求。由此为确立吴澄在经学史上的独特地位也是确有奇功。即如吴澄所期待的，通过如此的调整编定的《礼记》诸篇，终究能够"篇章文句秩然有伦，先后始终颇为精审"，那么"将来学礼之君子于此考信，或者其有取乎"？这也正是继承朱熹未竟的事业，而"非但戴氏之忠臣而已也"。实际上，后世的褒贬，都不过是一种面对传世经典应该如何如何的经学态度。吴澄对于以往就《礼记》中的一些篇章只能以段句的非联系性来做只言片语性的理解和解读、解释和说明这样的一种经学传授状况，进行了突破性的改编工作。从以上对《礼记纂言·丧服小记》个案性的考察可见，他的良苦用心之作，绝非肆意而为和无的放矢。对比性的分析研究，可以使我们更好地理解吴澄《礼记》学的深意和《礼记纂言》的文本价值所在，也能够更好地解读和理会《礼记》相关篇章文字真实的整体意涵及其经典价值。

---

① （元）吴澄：《礼记纂言》卷十二，《文渊阁四库全书》，第121册，第332页。

# 第七章

# 方孝孺的礼学思想述论

明初的思想界，从学术风貌上讲，大体上延续着南宋后期以来形成的主流格局而存续，虽然在元代经历了多元文化的冲击，但是由于元朝官方恢复科举，思想界便维持了主流思想的相对稳定，这种稳定随着明朝的建立而依旧延续，尚未有大的改变。这个主流，当然就是由北宋程颢、程颐兄弟以及其后学，直到南宋朱熹一脉相承所总结的或称"理学"，或称"道学"的思想内容为代表的。到了明朝，同样是伴随着官方科举制的继续，官方思想也在强化这个主流。明初的思想家，则以自己的方式承继着这个主流，风格不同，表现有别。当时的著名人物方孝孺便是其中代表之一。本章旨在就方孝孺所处的时代，还有其家学、师承关系及思想历程和基本著述与特色进行一些考察，以作为儒家思想史上修齐治平之道的历史延伸的一个例证。

## 第一节 修齐治平之道的延续：明儒
## 方孝孺的思想历程及其特色

方孝孺（1357—1402，元至正十七年—明建文四年），字希直，一字希古，号逊志，曾以"逊志"名其书斋，浙江宁海人。他自幼有家学，自二十余岁起师事明初大儒宋濂，深得儒家诗书经典之教诲。在明太祖洪武二十五年（1392），以荐召授汉中府学教授，被蜀献王聘为世子师。明惠帝建文（1399—1402）时，方孝孺深得重用，官至翰林侍讲学士，值文渊阁，任《太祖实录》《类要》总裁，后改文学博士。燕王朱棣发动靖难之役间，方孝孺力主建文帝反击，建文败后方孝孺终不顺从朱棣草诏天下之命，抗节而死。其事迹见于《明史》卷一四一本传。其著述总集有现存《逊志斋集》二十四卷。①

明人王可大刻本《逊志斋集》的《重刻正学方先生文集序》有评论说:"先生之学,醇正如紫阳朱子,理学如濂溪周子、两程子,叙事如司马子长,议论如陆宣公②,而精神缜密,则与昌黎韩子相上下耳。读其文,想见其人。"③《四库全书·逊志斋集提要》在评论方孝孺的时候则说道:"孝孺学术醇正,而文章乃纵横豪放,颇出入于东坡、龙川之间。盖孝孺之志在于驾轶汉唐,锐复三代。故其毅然自命之气,发皇凌厉,时露于笔墨之间。""然圣人之道与时偕行,周去唐虞仅千年,《周礼》一书已不全用唐虞之法。明去周几三千年,势移事变不知凡几,而乃与惠帝讲求六官改制定礼,即使燕兵不起,其所设施亦未见能致太平,正不必执儒生门户之见,曲为之讳。"④明人王可大和清代四库馆臣的上述评论,多少透露出方孝孺的学术气质和思想风貌,而这些与方孝孺所处的时代、家学渊源、师承关系都是有着密切关系的。他的多方面思考和著述又构成了其思想历程和思想体系的特点所在。

## 一 方孝孺的时代及其家学与师承影响

首先让我们来述说一下方孝孺所处的时代及其家学,特别是其父亲对他的思想的形成所产生的影响。

方孝孺所处的时代是在元末到明朝建立的初期,亦即从元顺帝至正十七年到明太祖朱元璋(1368—1398年在位)的洪武时期,再到燕王朱棣夺取明惠帝(1399—1402年在位)皇位的建文四年。其幼年和少年时期在元末的十余年中度过。这段时间,整个国家历经了元末民众起义,多路起义军十余年的征战,朱元璋的军队在平定南方后北上进攻,最终推翻元朝的统治,明朝随之建立。之后就是明太祖朱元璋长达三十年的皇权政治,各种政治制度乃至经济、军事、思想文化等多个方面,达到了中央集权的又一个强化的时代。

---

① 方孝孺《逊志斋集》现有清修《四库全书》本和宁波出版社2000年出版的徐光大校点本。

② 即唐代的政治家,文学家陆贽(754年—805年)。

③ 《逊志斋集》所收,徐光大校点,宁波出版社2000年版,第4页。(以下引文出自本书不出版本)《逊志斋外集》所收,张常明编注,上海古籍出版社2009年版,第8页。

④ 《文渊阁四库全书》,第123册,第45页。

方孝孺的父亲方克勤的官宦生涯和方孝孺本人的政治人生，大部分时间都是在明太祖朱元璋洪武年间度过的，而作为父亲的方克勤，他的学养和吏治经历，对方孝孺的成长和思想的形成有着直接的影响。除了《明史》卷二八一《方克勤传》对其事迹有所记录之外，方孝孺《逊志斋集》卷二十一中的《先府君行状》以及孝孺之师宋濂所写的《故愚庵先生方公墓版文》①，都对方克勤的生涯有所记述和评论，可以看到方克勤对方孝孺的影响。还有《方正学先生年谱》也是很重要的参考材料。

先来看一下《明史·循吏·方克勤传》中比较简短的记载：

> 方克勤，字去矜，宁海人。元末，台州盗起，吴江同知金刚奴奉行省命，募水兵御之。克勤献策弗纳，逃之山中。洪武二年辟县训导，母老辞归。四年征至京师，吏部试第二，特授济宁知府。时始诏民垦荒，阅三岁乃税。吏征率不俟期，民谓诏旨不信，辄弃去，田复荒。克勤与民约，税如期。区田为九等，以差等征发，吏不得为奸，野以日辟。立社学数百区，葺孔子庙堂，教化兴起。盛夏，守将督民夫筑城，克勤曰："民方耕耘不暇，奈何重困之畚锸。"请之中书省，得罢役。先是久旱，遂大澍。济宁人歌之曰："孰罢我役？使君之力。孰活我黍？使君之雨。使君勿去，我民父母。"视事三年，户口增数倍，一郡饶足。
>
> 克勤为治，以德化为本，不喜近名，尝曰："近名必立威，立威必殃民，吾不忍也。"自奉简素，一布袍十年不易，日不再肉食。太祖用法严，士大夫多被谪，过济宁者，克勤辄周恤之。自奉简素，一布袍十年不易，日不再肉食。太祖用法严，士大夫多被谪，过济宁者，克勤辄周恤之。永嘉侯朱亮祖尝率舟师赴北平，水涸，役夫五千浚河。克勤不能止，泣祷于天。忽大雨，水深数尺，舟遂达，民以为神。八年入朝，太祖嘉其绩，赐宴，遣还郡。寻为属吏程贡所诬，谪役江浦；复以空印事连，逮死。
>
> 子孝闻、孝孺。孝闻，十三丧母，蔬食终制。孝孺，自有传。②

---

① （明）宋濂：《文宪集》卷二十四，《文渊阁四库全书》，第 224 册，第 301 页。又参见黄灵庚编辑校点《宋濂全集》，人民文学出版社 2014 年版，第 1672 页。

② 《明史》，中华书局 1974 年版，第 7187、7188 页。

在这段不很长的记述中，方克勤的为吏之道及其业绩可见一斑。

此外，宋濂在《故愚庵先生方公墓版文》中对方克勤的事迹则有比较多的记载，诸如称其学术"绍伊洛之正绪"，并说其"五岁知读书，自辨章句，十岁暗记五经"，"年垂弱冠，徧穷濂洛关闽遗书"，不仅"凡涉性命道德之秘，穷研探索，寝食为之几废"，而且认为"为学必合天人而后可，舍是非学也"。当元末大明兵取台州时，方克勤"欣逢真主之出，乃大有为之时"，于是"疏举贤才、安人心、黜豪强、除暴敛、明教育十余事，将上之"，事虽未果，却已显出其政治主张。洪武二年，朝廷"诏立郡县学，以训导辟"，方克勤"乐于育才，即起应命，负笈来从者至百余人"；其"据经陈义，曲畅旁通，几无毫发遗憾，闻者皆沦肌浃髓，薰为善良"。当他以母亲年事高而力辞归家时，"诸生追之者踵相接，学舍为空"。在评论方克勤的吏治生涯时，宋濂说到："先生为政，以风化为急，务以德胜，佐贰始虽倨慢，先生委诚待之，卒自愧服，武夫悍将不知礼，久亦化戢。在官纵无事，终日冠衣坐堂上，召诸吏授以书诗法律。或公牍堆几，群辩方哗，先生片言折之，各心悦而去。"洪武八年，方克勤遭人诬陷，诏下狱，宋濂说"先生不与辩，遂就逮，民号呼填道，随行百余里者将千数"，其次子孝孺"上书政府大臣，愿以身为军赎父罪，不报，竟谪役江浦"。次年，又逢空印案起，"吏又诬及之"，其子孝孺"复草疏将伏阙上诉"，而方克勤"殁于京师"，此时为洪武九年（1376）冬十月二十四日，方克勤"寿仅五十又一"。当时方孝孺年方二十岁。

方孝孺《先府君行状》[①]对其父事迹的记述，与上面宋濂的记述多有重叠而详略不同，可以分做几个阶段来看。首先是方克勤在其早期成长中学习、寻师，以及后来学有所成而为师乡里，教授后学的情况，具体记述如下：

> 先君生而端重殊常，五岁能读书，自辨章句。年十余，暗记五经，为文有奇语，里中老生啧啧赏异，呼为神童。稍长，阅关闽遗书[②]，叹曰：为学当如是矣。遂刮去浮藻，竭心推性命之秘，闭门讲习，不知饥渴寒暑。年十八九，充然成德为名儒。受业质疑者，继

---

[①] 《逊志斋集》卷二十一，第676页。
[②] 指宋代濂洛关闽的关学张载、闽学朱熹的著作。

> 乎门。先君口举手画，横分竖贯，曲折明备，各称其所欲。初，邑人自宋季以骈俪雕刻为学，莫有谈周公仲尼之道者，至先君始以《易》教授，开陈其说，士俗为之大变。
>
> 至正甲申①，江浙当大比，先君就之试，时有司以讳忌去取士。先君言时务，历数往昔治乱之由，以为如是则治，否必败，见者相顾出舌，曰奇才奇才，贾谊弗过也。竟不敢第先君名。先君纵观南宋故都，为文觞酒，酹岳武穆王墓。歌黍离之诗，慷慨泣数行下，望者以为异人。
>
> 会番易董彝先生为庆元路儒学正，先君从之游。董先生素以通易自名，先君与之辨质义文大旨，先生不觉自失，曰子信不可及，愧其门人者久之。先君自是道益明，志益坚。知元之将乱，弥自韬晦，穷理致知以尽其变，至于阴阳消长之度，礼乐名物之数，井田封建之制，躔次疆理之说，咸求折中，授业者日益多。

此间正当元末乱世之际，方克勤过了一段隐居般的生活，但是心中却深怀"闵民忧世之志"。方孝孺记述说：

> 先君发愤称疾，决意不出行。入山谷采松柏啖之，或辟谷绝食，累日不返。然益务开淑后学，讲说君臣父子大义以动之，闻者心解或至洒泣。是时他乡民多著鹖冠，操戈剑，从权贵剽劫，独所居乡无一人附乱者。乡邻有讼，或相率就先君取平，先君教以礼让，多致感悔。或来馈谢，则却不受。当路以幕府事屈先君议，先君谢不肯，曰：我辟谷久矣，弗足与人间事也。
>
> 闵民忧世之志，每于文辞见之。君子谓先君：制行廉正如陶潜，策时事善中如贾谊，造诣深，天资和毅，无愧程伯子②。识者以为然。③

接下来方孝孺所记述的，则是方克勤在进入到明初的经历，和他如

---

① 元惠帝至正四年，公元1344年。
② 即宋儒程颢。
③ 《逊志斋集》，第678页。

何地关心国家兴亡而著述立说，为邑庠师而教诲学子的情况。

> 丁未冬①，大明兵定郡县。先君著国家所以兴亡之故为书，欲诣行在献之。其目曰：举贤才，安人心，黜豪强，除暴敛，明教化。其略以为人心者，国家之元气，教化所以燮养元气之具也，不任贤才则教化不行，不去苛敛则人心不安，失人心而得天下，蔑教化而求治平，非所敢知也。如是者累数千言。
> 
> 洪武三年，郡辟为邑庠师，先君日以师道磨礲学者，昼夜辨析，谆谆不懈，四方后进，负笈求听者百余人，人人有所闻，学者私称不敢以姓，因所自号称愚庵。
> 
> 先君之学明白纯正，以绍述考亭②为己责，所志益深且远，逢时得位，亦欲推以淑斯人，否则退隐丘园，传其业于书，以诏后世，皆未能究而天夺其年。③

通过以上材料我们可以感受到，方孝孺的父亲方克勤可谓典型的宋代道学传人，方孝孺所具有的儒家传统思想也就有了家学渊源，特别是程朱学术的影响，在其父辈那里就已经是根深蒂固的了。

对方孝孺来说，在自己的家学传承之外，明初大儒宋濂作为他的老师，在其思想历程中的影响也是很大的。方孝孺自二十一岁起，在宋濂谢事回到家乡浦阳时，就前往承学。宋濂有一段回忆记述了这期间的师生之谊，以及他对方孝孺的评价。他在《送门生方孝孺还乡诗并序》说：

> 洪武丙辰④，予官禁林，宁海方生希直以文为贽，一览辄奇之，馆置左右，与其谈经，历三时乃去。明年丁巳，予蒙恩谢事，还浦阳。生复执经来侍，喜动于中。凡理学渊源之统，人文绝续之寄，盛衰几微之载，名物度数之变，无不肆言之。离析于一丝，而会归于大通。生精敏绝伦，每粗发其端，即能逆推而底于极，本末兼举，

---

① 即公元1367年，元惠帝至正二十七年。
② 即朱熹的学说。
③ 《逊志斋集》，第678、683页。
④ 即公元1376年，明太祖洪武九年。

细大弗遗,见于论著,文义森蔚,千变万态,不主故常,而辞意濯然常新,衮衮滔滔,未始有竭也。细占其进修之功,日有异而月不同,仅越四春秋而已,英发光著如斯,使后四春秋则其所至又不知为何如。①

以上就是有关方孝孺的家学及与其老师宋濂的关系。对其家学渊源,清人沈佳《明儒言行录续编》卷一引明儒谢文肃有赞曰:"我台之学,考亭是师,逮于愚庵;实闻而知,愚庵之子,是曰正学。"沈佳加按语说:"史称愚庵先生敦儒行,元末,隐居教授;国初,仕至济宁太守,为政务先德化,晚年进修益力,昼所为夜必白之于天,俯仰无愧怍。宋景濂谓:其学问得诸考亭,宜其生有正学先生也。"② 就其与宋濂的师生品格之不同,《四库全书·文宪集提要》中有评论说:"方孝孺受业于濂,努力继之。然较其品格,亦终如苏之与欧,盖基讲经世之略,所学不及濂之醇。孝孺自命太高,意气太盛,所养不及濂之粹矣。"

此外,方孝孺的长兄方孝闻在学问之道上对方孝孺的影响也是不可忽略的。黄绾《题方孝闻先生手简》说:"盖人但知其弟之可重,而不知其兄之可重也。昔逊志有云:'某所以粗通斯道,为荐绅之后者,非特父师之教,亦吾兄训饬诱掖之功也。"③ 黄绾还根据"修史私录"而记述孝闻的事迹,一是以行孝称名,"年十三丧母,辄稽典礼,疏食水饮,弥越三年及父卒,断酒肉,居宿于外。祖母亡亦如之,每一号,恸声尽气,极呕哕出血,扶而后起,于是寖成羸疾,行步伛偻,然守礼益确。亲戚乡间,莫不称为孝子";二是勤俭持家,"家素贫窭,一钱寸帛不私妻子,奉尊抚幼,衣食宾祭丧葬昏嫁,费用百出,经理补葺,以身任之。曲中仪节,俭而不陋";三是以经书为学,付诸道德践履,"平居未尝去书,徧学五经而邃于《易》,精求圣贤旨趣,由致知而诚身,由亲睦而爱物。务笃践履,不为空言,发文为词,理深意远,存心仁厚,接物和恕。里中有争讼者,不至郡县而相率以质是非,开以一言,莫不悦服。德器完

---

① 参见《文宪集》卷三十一,《文渊阁四库全书》,第1224册,第538、539页。又参见《宋濂全集》,第2457页。版本内容有不同。
② 《文渊阁四库全书》,第458册,第1001页。
③ (清)黄宗羲编:《明文海》卷二百九十九,《文渊阁四库全书》,第1456册,第410页。

第七章　方孝孺的礼学思想述论　　599

精，才具优长，通达世务，论议甚伟。"可以说，这些方面对方孝孺来说无疑是影响至深的，对其思想的形成起到潜移默化的作用。

## 二　方孝孺的成长经历及思想历程

接着我们再来看看方孝孺本人的思想历程是如何随着他的年龄增长而展开的。

方孝孺的生命轨迹和思想历程，在后人所作《方孝孺年谱》①的记述和《逊志斋集》所收录的他的著述中有着比较清晰的线索。首先，我们根据《方孝孺年谱》简要地列举一下他读书问学的成长过程和思想形成的历程在其著述方面的体现。

| 元至正 | 二十一年，五岁 | 知读书辨章句 |
|---|---|---|
| | 二十二年，六岁 | 喜学能诗 |
| | 二十四年，八岁 | 读书见册中载圣贤名字，或圣贤良相良将形貌即有愿学之心 |
| | 二十五年，九岁 | 能暗记五经 |
| | 二十六年，十岁 | 日读书盈寸 |
| 明洪武 | 二年，十三岁 | 善属诗、古文，词雄迈醇深，千言立就，乡人呼为小韩子 |
| | 三年，十四岁 | 郡辟其父为宁庠师，孝孺作《幼仪杂铭》以自箴 |
| | 四年，十五岁 | 朝廷闻其父贤以书币征，至京就铨曹试考，以《易》中第二，授济宁府知府。孝孺侍父宦游历览齐鲁故墟，谒拜周孔庙宅，问陋巷、舞雩所在，慨然曰：颜闵纵未可，几及冉樊辈岂皆让之。但今无圣人出，不得所依耳 |
| | 五年，十六岁 | 在济宁谒拜曹国公李文忠，曹公敬礼之，期为国士 |
| | 六年，十七岁 | 在济宁玩索濂洛关闽之说，举疑者以质于其父及兄，孝孺之学多得之庭训，后其尝曰："某所以粗知此道者非独父师之教，亦由吾兄之训饬也。" |

---

①　这里所依据的是中国社会科学院历史研究所藏清道光丙午重梓《逊志斋全集》所附《方正学先生年谱》。题为明张绍谦（道益）鉴定，卢演（文言）、翁明英辑纂，义乌后学陈初田重梓、成都后学杨森重订、绵竹后学吕应韶重校。

续表

| | | |
|---|---|---|
| | 七年，十八岁 | 在济宁，作《释统》三章，《深虑论》十首 |
| | 九年，二十岁 | 往京师，以文为贽拜谒宋太史濂于禁林，太史深器之。其父会空印事起再遭诬陷致死，孝孺遂与其兄孝闻扶父灵柩还家 |
| | 十年，二十一岁 | 此年六月，宋濂谢事还浦阳，孝孺即往承学，同门多天下名士，一旦尽出其下，先辈如胡翰、苏伯衡皆自谓弗如。孝孺末视文艺，以明王道辟异端为己任，与理学渊源之统，人品绝续之纪，盛衰几微之故，名物度数之繁，无不会通底极，见于论著。孝孺留居浦阳历四个寒暑，此间尝以周孔自处，海内之人也咸称程朱复出。又自笑言："形貌与今人不异，但心似古人耳。" |
| | 十四年，二十五岁 | 在家乡缑城，写成《周礼辨正》 |
| | 十五年，二十六岁 | 在缑城，娶郑夫人 |
| | 十六年，二十七岁 | 应召赴京师见太祖高皇帝于奉天门。太祖对其说："尔父无罪，为奸臣所陷耳。"后陈说颇多，殿试灵芝甘露论 |
| | 十七年，二十九岁 | 在缑城，读书石镜精舍，作《四忧》等箴及《君学》杂著 |
| | 二十二年，三十三岁 | 在缑城，写成《周易考次》（或应为《周礼考次》） |
| | 二十三年，三十四岁 | 在缑城，写成《武王诫书注》《宋史要言》 |
| | 二十四年，三十五岁 | 在缑城，写成《大易枝辞》《文统》 |
| | 二十五年，三十六岁 | 在缑城，受廷臣再次推荐，得辟至京师，洪武说："今非用孝孺时。"任命其为侍郎汉中府学教授 |
| | 二十七年，三十八岁 | 蜀献王闻孝孺贤，聘为世子师。先生每见蜀王必以仁义道德之言陈于前 |
| | 二十八年，三十九岁 | 写成《帝王基命录》 |
| | 三十年，四十一岁 | 往蜀，作《蜀道易》，序《蜀鉴》及《蜀汉本末》、《仕学规范》，"皆承王命也" |
| | 三十一年，四十二岁 | 明太祖朱元璋宾天，皇太孙即位，以太祖遗令召方孝孺为翰林侍讲，直文渊阁，日侍左右备顾问。著《东瓯王碑铭》 |
| 建文 | 元年，四十三岁 | 进《郊祀颂》，献《省躬殿铭》 |

## 第七章 方孝孺的礼学思想述论

续表

|  |  |  |
|---|---|---|
|  | 二年，四十四岁 | 总裁官修《太祖实录》及《类要》诸书。献《正心殿铭》，作《御史府记》，规正君德，比定官制 |
|  | 三年，四十五岁 | 献《凝命神宝论颂》 |
|  | 四年，四十六岁 | 因反对燕王朱棣夺位之争而殉难，遭灭十族 |

根据方孝孺的自述，也可以看到其自幼随父从学的一些经历。

> 某六七岁时，初入学读书，见书册中载圣贤名字，或圣贤良相将形貌，即有愿学之心。每窃寸纸署其名，与同辈诸学子拱揖而指麾之，父兄虽加呵禁，不止也。既而年十岁余，渐省事，见今之为仕宦者不足道，以为圣贤之学可以自立，外至者不足为吾轻重也，遂有慕乎道德之心。又四五年，侍先人北游济上，历邹鲁之故墟，览周公、孔子庙宅，求七十子之遗迹，问陋巷舞雩所在，潜心静虑，验其所得，慨叹以为彼七十子者，纵颜闵未可几及，其余若樊迟、冉求辈，使学之同时，岂皆让之乎？①

方孝孺在学术上对宋代濂洛关闽之学的认同和继承，既与其父兄的影响及师承有关，也是他后来的确信和体认的结果。比如他在后来的诗作中就一再称颂濂洛之学思想传承上的正统性和影响力。

> 日披黄卷对贤圣，上并周孔齐羲农。国风雅颂导于正，典谟训诰操厥中。
>
> 权谋智术竞趋利，玄谈清议咸归空。濂洛崛起树名教，千载道学开盲聋。②
>
> 百年礼乐愧前贤，濂洛微言久不传；待子归来同讲习，细炊麦饭饮寒泉。③
>
> 至道无闻昧力行，神交千载独周程。直教俯仰浑无愧，始是堂

---

① 《逊志斋集》卷十一，第362页。与《文渊阁四库全书》本略有出入。
② 《逊志斋集》卷二十四，第818页。
③ 《逊志斋集》卷二十四，第860页。

堂世上英。①

### 三　方孝孺的著述及思想特色

关于方孝孺的文章著述，有几段后人的议论和评述值得参考。

比如，明黄佐、廖道南撰《殿阁词林记》卷六《直文渊阁侍读学士改文学博士方孝孺》中，廖道南有所记述和评论："予闻诸黄泰泉云：孝孺得家庭之教，于书靡不通究，常慨然以古圣贤自期，以经纶天下为己任，弱冠作《深虑》等论十九篇；谓化民必自正家始，又作《宗仪》十八篇、《杂诫》三十八章，识者已知其运用指设不凡矣。……先生所著有《逊志斋集》三十八卷，《大易枝辞》、《周礼考次》、《武王诫书注》、《帝王基命录》、《文统》、《宋史要言》，诸书皆未传。孝孺文章似宋苏轼，雄迈奔放，溯龙门狂流倒峡而气不可遏，发为论著醲粹都郁，虽博极群书而根据六经、宪章孔孟，宋程朱以前无有也。"②

又如，清初黄宗羲著《明儒学案》卷四十三《诸儒学案上》讲到方孝孺的著述时则说："谓圣功始于小学，作《幼仪》二十首。谓化民必自正家始，作《宗仪》九篇。谓王治尚德而缓刑，作《深虑论》十篇。谓道体事而无不在，列《杂诫》以自警。"③

还有，清人沈佳所编《明儒言行录续编》卷一中，也对方孝孺著作的内容和特点有评论说："其文章大类苏氏④而正论过之。尝谓道于事无乎不在，列为二十八篇，又作《杂诫》三十八章以自警；谓化民必自正家始，作《宗仪》九篇；谓先王之法，先德礼而后政刑，作《深虑论》十首；以篡臣女主僭窃，虽一天下不可为正统，作《释统》三篇。多先哲所未发，四方夷裔得一字宝于金璧。所著有《逊志斋集》四十卷，又有《周礼考次》，《大易枝辞》、《武王诫书注》、《帝王基命录》、《宋史要言》诸书，逸不传。"⑤

根据以上的议论和评述，结合我们前一节的考察，大致可以了解方

---

① 《逊志斋集》卷二十四，第860页。
② 《文渊阁四库全书》，第452册，第248页。
③ 沈芝盈点校，中华书局2008年版，第1042页。
④ 指苏轼。
⑤ 《文渊阁四库全书》，第458册，第1000页。

孝孺的思想历程及其特点。实际上，方孝孺的思想表现是多方面的。

首先，如果从传统的礼学思想的继承来看，方孝孺作为明初重要的学者和思想人物，在保存至今的他的《逊志斋集》中，有不少文献体现出关于礼学和礼仪文化方面的思考和论述。既有关于礼学经典及其所体现出的制度之礼的内容，又有属于仪规之礼范畴的以对人们日常生活的规范设计为内容的方面。

一方面，方孝孺对礼仪文化的关注，主要体现在他将传统经典中的各种行为规范运用到宗族生活的礼仪设计当中，他所写的《幼仪杂箴》《宗仪》《家人箴》《学箴》《杂诫》《九箴》等篇章就集中了这方面的内容。方孝孺对个体和家族礼仪的规范设计与传统的修身齐家思想结合起来。《幼仪杂箴》以对人们日常生活的规范设计为内容，关乎饮食起居，视听言动，喜怒好恶等方面的行为规范，直言在塑造人的品格修养和成人之道方面的作用及影响。《宗仪》九首的内容包括尊奉祖宗，重视编修族谱，和睦亲族关系，依礼养老送终，族内谨言慎行，建设发展族学，注重修养品德，发扬仁义之道，《家人箴》十五首的内容则包括重祭祀、谨礼仪、务学笃行、自省绝私、崇畏惩忿、戒惰审听、谨习择术、虑远慎言等等。总之，重点都在于关注家族生活和睦与发展的各种礼仪和道德规范。

另一方面，方孝孺对传统的礼学经典的关注，这主要体现在他对《周礼》一书以及与之有关的周代制度的议论当中，在其《逊志斋集》卷四《杂著》中有《周官》二篇，《周礼辨疑》四篇；卷十二有《周礼考次目录序》。他通过对《周礼》内容的辨析，对王安石的相关思想学说提出质疑和批判。其中，方孝孺极力推崇周代制度，并不反对实行《周礼》制度，但是对自秦汉而传于后世的《周礼》中的制度多有质疑，同时对王安石借《周礼》之名实行变法多有批评和指摘。其思想主旨不在于真正实施《周礼》中的具体制度，更多地还是体现出他复归三代先王时代理想政治的思考。

再有，方孝孺思想上强烈的历史意识在其著述中也有体现，集中在他所写的《深虑论》十首、《释统》三首诸篇。正如后人所评价的那样，方孝孺之志在于追述"伊尹、孔孟之道"，而"以是致主泽民，使复见唐虞三代之盛"①，或者说是在于"驾轶汉唐，锐复三代"②，那么其文章中以先王（即尧舜禹汤文武周公）、三代（即以禹汤文武周公为代表的夏商周时代）、历代得失及历史人物为题展开议论，所渗透的正是这种意识。从传统上来说，中国历史上自先秦时代就已经形成的先王论、三代政治论以及历史人物论等，还有将三代与后世的各个方面进行比较的意识。在方孝孺那里均有继承性的发挥，其逻辑关系则在于，作为后世的儒者，方孝孺完全认同先秦孔孟以来儒家传统的历史认识论和历史价值观，其目的也在于借古喻今，在以古鉴今的历史意识下提出政治理想诉求。比如在《深虑论·三》中，方孝孺就有对虞夏商周四代政治传承的评论。他说："舜继尧，未尝改于尧之政；禹继舜，守舜之法而不敢损益。汤之继桀，武王之继纣，反桀、纣之所为，复之于禹汤之旧，损益之而已，未尝敢以私意为之也。以私意为天下者，惩其末而不究其本者也。周之政，可谓善矣！本于唐虞二代之为，而损益于武王周公二圣人之心。后世虽有智者，岂能过于二圣人哉？"③方孝孺"公天下"的意识和以先王时代为理想政治的认识由此可见一班。

还有，方孝孺对历代帝王政治得失的关注，与其说是他的历史观的体现，不如说是其政治观的体现。方孝孺在《释统》三篇和《后正统论》中对历史上特别关注北宋以来的王朝政治正统论，并提出了"变统"以区分非正统的王朝政权，反映了方孝孺的政治观。如在《释统上》中，方孝孺则对比了三代以及后世秦、汉、晋、隋、唐、宋在政治上的不同，而作出价值判断说："仁义而王，道德而治者，三代也。智力而取，法术而守者，汉、唐、宋也。强致而暴失之者，秦、隋也。篡弑以得之，无术以守之，而子孙受其祸者，晋也。其取之也同，而身为天下戮者，王莽也。"④又如他对梁武帝、隋文帝、唐文宗等皇帝有所议论评价，并在总结历史经验的基础上提出了自己对帝王政治一些见解，比如他说："治天下与为家异。谨言、笃学、持小廉、守小信、无怨恶于人，匹夫之事得矣。为君则不然，明以别贤否而处之各当其位，仁以立政教而使宜乎

---

① （明）徐阶：《重刊逊志先生集序》，《逊志斋外集》所收，张常明编注，上海古籍出版社2009年版。
② 前引《四库提要》，《文渊阁四库全书》，第123册，第45页。
③ 《逊志斋集》，第63页。
④ 《逊志斋集》，第52页。

民心，勇以及事之几而致其决，智以通物之情而尽其变，刚而不猛，柔而不纵，简而不怠，自强而不劳，而后天下可为也。"①

最后，在方孝孺的政治生涯中，不仅有为蜀王世子老师的经历，还有为明太祖朱元璋的孙子建文帝身边重臣的身份，那么，对帝王政治的核心问题之所在，方孝孺是有所见解并刻意阐明的。比如，方孝孺在被蜀王聘为世子老师时，曾写过一篇《九箴》，在序中即表达他的用心。他说："臣以迂陋，过承睿知。兹者考文，还自京师。敬奉教令，侍世子殿下讲学。伏观世子殿下，天性高明，学业超卓，顾臣何能有裨万一。窃惟古人忠爱乎君者，必有箴戒之辞，臣无似，敢取圣贤之意，作箴九首以献。讲读之暇，倘赐览观，或可为懋德之一助，臣不任惶恐之至。"②而就内容来说，诸如其所谓敬天、守训、本孝、正学、推仁、谨礼、崇俭、无逸、虑远等方面的强调，这不仅仅只是用于教诲王家子弟的，又何尝不是方孝孺对当朝皇帝某些方面作为的政治期待呢？再比如，与此性质相同的篇章，还有《逊志斋集》卷三《杂著》中的《君学》二首以及题为《君量》《君职》《治要》《官政》《民政》《成化》《明教》《正俗》《重爵禄》《正服》诸篇，都是针对王朝政治的核心问题而加以论说和强调，意在提醒当朝君主在位理政中应谨慎对待和重视起来。尽管因方孝孺的殉难，而不再有机会继续发挥这些具有开明君主政治意义的思想，但是这些篇章在今天读来，还是可以使人感受到其思想主张在古典政治下的价值所在，对后来的思想家也是很有启发意义和影响的③。

# 结　语

作为一个自己的生命历程与所处的时代变迁和王朝政治的更迭紧密相连的思想家，方孝孺的思想多方面体现是深有其特点的。即作为其思

---

① 《逊志斋集》卷五，第169页。
② 《逊志斋集》卷二，第33页。
③ 有关这个方面，可以参考张常明编注的《逊志斋外集》所收、汇集明清学者有关方孝孺《逊志斋集》以及方孝孺事迹的150篇文章，包括"序"（31篇）、"记"（20篇）、"碑"（13篇）、"传"（23篇）、"跋"（40篇）、"祭"（10篇）、"论"（13篇），其中不乏著名的思想人物如李贽、刘宗周、黄宗羲、全祖望、方苞等人的文章，也成为我们研究方孝孺思想及其影响的重要参考资料。

想的系统性表现，犹如一个阶梯式上升和周延性扩展的构成，归本于传统儒家的理念，那就是有关修、齐、治、平之道的多重表述和议论，用他自己的话说就是："君子之学，积诸身，行于家，推之国，而及于天下。率而措之，秩如也，奚待词说乎！"还有"方氏之学，以行为本，以穷理诚身为要，以礼乐政教为用"①。从而形成了与其自身的生命历程密切结合的思想体系。尽管方孝孺的生命终点结束于封建王朝政治的更迭过程中，但是他的以修身、齐家、治国、平天下为核心的思想并没有终结，无论是后世王朝政治下的士人儒者继续将其精神加以弘扬和延续，还是现代政治下的学者在关注历史上的思想同时而有所体悟和借鉴，伴随着中国传统思想的核心价值不断地被人们再发现和再认识，方孝孺思想的价值也在得到深入的再发现和再认识。

## 第二节 方孝孺以个体和家族礼仪为核心的修身齐家思想

《礼记·大学》中所说的"格物、致知、诚意、正心、修身、齐家、治国、平天下"，还有《礼记·中庸》中所说的"凡为天下国家有九经曰：修身也，尊贤也，亲亲也，敬大臣也，体群臣也，子庶民也，来百工也，柔远人也，怀诸侯也"，这些都是讲道德在家族生活以及国家政治中的意义，也早已成为传统儒家所倡导和不断为之实践的具体行为原则。换言之，如果以道德伦理而论修齐治平之道的话，那么就可以归纳出一条从个体伦理、家族伦理到社会伦理乃至政治伦理的思想脉络。而在历史上，这些方面持续不断地为先秦时代以后的历代儒者所论证和阐明。明初儒者方孝孺在自己的著述和思想学说中，就承继着宋元儒者的努力，继续阐明和发挥着这样的一些精神意旨。

具体而言，在方孝孺的意识当中，从对日常生活中的礼仪规范的关注，到后来上升到对有关王朝国家政治制度方面的礼学的关注，直接体现出"修齐治平"的思想路径，即循着对个体的礼仪道德的修行以及家族生活的规范和对国家制度建设的思考，这样一个传统儒家人物的递进式的思想轨迹而展开。换言之，从仪规到道德，从个体到家族、到社会，

---

① 《逊志斋集》卷一，第45、46页。

第七章　方孝孺的礼学思想述论

从日常生活到纲常伦理、到国家政治，构成了方孝孺礼仪思想建构的基本线索。那么，从《幼仪杂箴》（简称《幼仪》）、《宗仪》以及《家人箴》、诸族谱序等篇章的撰作和其中包含的个体道德与家族伦理的理想诉求，到《释统论》的撰作以及对《周礼》的关注和其中所包含的政治理想，便构成了方孝孺礼仪思想发展和演变的基本历程。这里我们所要论述的，就是方孝孺以家族礼仪为核心的修身齐家思想。《明儒学案》卷四十三《诸儒学案上》讲到方孝孺"谓圣功始于小学，作《幼仪》二十首。谓化民必自正家始，作《宗仪》九篇"①。可以说，在司马光《家范》和朱子《家礼》确立以家族礼仪为核心的理家、齐家规范之后，作为礼仪的日常化和生活化的思想推进，方孝孺的《幼仪》《宗仪》等就是重点在于个体以及家族礼仪规范方面的有关个体早期的道德教育和家族主义的齐家之道的篇章。

以下就具体考察一下方孝孺对日常生活中的礼仪规范的关注和思考，以及他在修身意识下写出的诸多文字和篇章。

## 一　《幼仪》诸篇体现的个体礼仪及所包含的道德规范

按照儒家"修齐治平"的思想传统，修身是作为成人和为人之道的第一个阶段。那么，以《幼仪杂箴》为开始，围绕着修身以及相关礼仪的诸多思考，在方孝孺的笔下而展现出来。方孝孺的《幼仪杂箴》二十首，也成为他开始在家族礼仪规范方面最初思索的结果，而后其他相关篇章和文字也有不少，散见于他的著述当中。

我们知道，作为早已形成千百年传统的礼仪生活的基本内容，在古代礼学经典当中，对有关士以上的贵族子弟学习幼仪以及幼仪的内容等多有强调，比如《礼记·内则》中就有规定说："由命士以上，及大夫之子……十年，出就外傅，居宿于外，学书计，衣不帛襦袴，礼帅初，朝夕学幼仪，请肄简谅。"唐代孔颖达解释说："学幼仪者，从朝至夕，学幼少奉侍长者之仪。"② 对此，宋代礼学家的解说也有很多，如方悫说："朝夕学幼仪者，至此乃可以责事长之礼故也。若昧爽而朝之类，则朝之所当学也。若日入而夕之类，则夕之所当学也。"又说："学幼仪于十年，

---

① （清）黄宗羲：《明儒学案》，沈芝盈点校，中华书局2008年版，第1042页。
② 参见（清）阮元校刻《十三经注疏·礼记正义》，中华书局2009年版，第3187页。

则孝弟之道固已知之，及成人然后笃而行之，以期于熟焉。孟子言幼学壮行是矣。"还有辅广说："礼帅初者，前已教之，逊让，礼之端也。朝夕学幼仪者，则至是不容有暇也。"① 再有，《礼记》有《少仪》篇，方悫说："篇中所言，不特主于少者，然壮者之仪亦在乎少时所习而已。"陆佃说："《内则》曰十年学幼仪，则此篇其类也。"② 张九成作《少仪论》说："先儒训少为小，其意以为所记者小节耳。圣人之道，本无大小，以此为小，孰能为大。少有副意，如大师之有少师，则少者所以副其大。是仪者所以副其礼也，有大无小，何以见其用。伊川先生曰：洒扫应对即形而上者之事。岂不信哉?"③ 对于《礼记·少仪》篇，朱子也说："小学之支流余裔。"④ 又说此篇"言少者事长之节，注疏以为细小威仪，非也。"⑤ 还说："按《内则》十年学幼仪，十三学乐诵诗，二十而后学礼，则此三者非小学传授之次，乃大学终身所得之难易先后浅深也。"⑥ 对于《礼记·王制》篇的相关内容，朱熹弟子陈埴说："古者公卿大夫士之子弟以至万民之子，生八岁而入小学教之以幼仪之事，十有五岁而入大学教之以成人之事，此大小学之所由建也。其谓之国学者，则以教公卿大夫士之子弟，即大小学之立于国中者。其谓之乡学者，则以教万民之子弟，即大小学之立于乡遂者。"⑦ 由此可以体现经典传承中的幼学认识。

方孝孺所撰《幼仪杂箴》二十首，据说是在其十四岁的时候写成。可以说，方孝孺的道德意识正是伴随着其自身的成长而形成道德自觉。根据方孝孺自己所说的"仆自十五六从先君学经，读古人文字，颇思究

---

① 孔、方、辅之说均见引于卫湜《礼记集说》卷七十二，《文渊阁四库全书》，第118册，第522页。
② 方、陆之说均见于宋卫湜《礼记集说》卷八十六，《文渊阁四库全书》，第118册，第792页。
③ 亦见于卫湜《礼记集说》卷八十六，《文渊阁四库全书》，第118册，第792页。又见《横浦集》卷五。
④ 《大学章句序》："若《曲礼》、《少仪》、《内则》、《弟子职》诸篇，固小学之支流余裔。"见《四书章句集注》，中华书局1983年版，第2页。
⑤ 《仪礼经传通解·仪礼经传目录》，《文渊阁四库全书》，第131册，第8页。
⑥ 《四书章句集注·论语集注》，中华书局1983年版，第105页。
⑦ 《木锺集》卷八《王制建学法》，《文渊阁四库全书》，第703册，第675页。

## 第七章 方孝孺的礼学思想述论

其端绪"①，又"某年二十时，获见先生（宋濂）于翰林遂受业于门"②，《幼仪》之作即在此前，也可以说是方孝孺自我实践幼仪的体会和总结，而其自身的成长也正符合《内则》所谓"十岁学幼仪，十三学乐诵诗，二十而后学礼"这样的传统设计。③ 从其所写的序当中，我们也可以感受到他写作《幼仪》的目的，他说：

> 道之于事，无乎不在。古之人自少至长，于其所在皆致谨焉，而不敢忽。故行跪、揖拜、饮食、言动有其则；喜怒、好恶、忧乐、取予有其度。或铭于盘盂，或书于绅笏，所以养其心志，约其形体者，至详密矣。其进于道也，岂不易哉。后世教无其法，学失其本，学者汨于名势之慕，利禄之诱，内无所养，外无所约，而人之成德者难矣。予病乎此也，盖久欲自其近而易行者为学而未能，因列所当勉之目，为箴揭于左右，以攻己阙，由乎近而至乎远，盖始诸此，非谓足以尽乎自修之事也。④

具体分析一下的话，方孝孺所说的"道之于事，无乎不在"，我们或可以将这个"道"当作"礼"的同义语来理解。方孝孺有感于古人对日常生活方面的"行跪、揖拜、饮食、言动有其则；喜怒、好恶、忧乐、取予有其度"，而且"或铭于盘盂，或书于绅笏，所以养其心志，约其形体者，至详密矣"，这样，"其进于道也，岂不易哉"。然而"后世教无其法，学失其本"，且"内无所养，外无所约，而人之成德者难矣"，而他自觉"自其近而易行者为学"而未能达到一种满意状态，于是就罗列他认为"所当勉之目"，从而"为箴揭于左右，以攻己阙"，意在"由乎近而至乎远"以能为世人所重视。

方孝孺《幼仪》的内容，集中对日常生活中的坐、立、行、寝、揖、

---

① 《逊志斋集》卷十一，第378页。
② 《逊志斋集》卷十八，第601页。
③ 方孝孺后来还有回忆说："某少则嗜学，窃有志于斯道。自从先公学经，匪圣人之言不敢存于心，匪生民之利害无所用其情，恨未及卒业，而中丁忧患。近年始就太史公学于浦阳，然后知经之道为大而唐虞之治不难致也，知古今之无二法而世之言学者果不足以为学也。"（《逊志斋集》卷十六，第509页）
④ 《逊志斋集》卷一，第1页。

拜、食、饮、言、动、笑、喜、怒、忧、好、恶、取、与、诵、书等二十项行为表现进行了礼仪性的规范,不仅有古来礼仪经典上的依据,也大多是历代礼学思想家所重视的日常行为规范。

(一) 对坐、立、行、寝、揖、拜等行为姿态的规范

关于坐姿,《幼仪》说:"维坐容,背欲直,貌端庄,手拱臆。仰为骄,俯为戚。毋箕以踞欹以侧,坚静若山乃恒德。"

关于立姿,《幼仪》说:"足之比也如植,手之恭也如翼,其中也敬而外也直。不为物迁,进退可式。将有立乎,圣贤之域。"

关于行姿,《幼仪》说:"步履欲重,容止欲舒,周旋迟速,与仁义俱行,不畔乎仁义,是为坦途。"

关于寝姿,《幼仪》说:"形倦于昼,夜以息之。宁心定气,勿妄有思。偃勿如伏,仰勿如尸,安养厥德,万化之基。"①

关于揖姿,《幼仪》说:"张拱而前,肃以纾敬。上手宜徐,视瞻必定。勿游以傲,勿佻以轻。远耻辱于人,动必以正。"

关于拜姿,《幼仪》说:"古拜有九,今存其一。数之多寡,尊卑以秩。宜多而寡,倨以取祸。宜寡而多,为谄为阿。以礼制事,不爽其宜。"

其实,有关以上这些在日常生活中所表现出的仪容姿态,在古代礼学经典当中就有所规范,如《论语·颜渊》中所云"非礼勿言,非礼勿视,非礼勿听,非礼勿动",讲的就是一个在日常生活的视、听、言、动当中如何奉行礼的规范性原则。具体而论,则有如《礼记·曲礼上》所云:"毋侧听,毋噭应,毋淫视,毋怠荒,游毋倨,立毋跛,坐毋箕,寝毋伏。敛发毋髢,冠毋免,劳毋袒,暑毋褰裳。"东汉郑玄所注则可谓一言以蔽之,曰:"皆为其不敬。"② 这也就是《礼记·曲礼上》中的开篇之诫所谓"毋不敬"在各方面行为中的禁忌,也是郑玄所说的"礼,主于敬"③。《礼记·曲礼上》还有"坐如尸,立如齐"之说,后世学者也

---

① 清儒陆世仪《思辨录辑要》卷八中有云:"凡夜寝,好仰卧者多性气刚强之人,好偃卧者多性气柔弱之人,寝容端正好侧卧者多性气中和之人,学者夜寝须是侧卧,亦所以养吾性气使就中和也。"(《文渊阁四库全书》,第724册,第72页)

② (清)阮元校刻:《十三经注疏·礼记正义》,2685页。

③ (清)阮元校刻:《十三经注疏·礼记正义》,第2661页。

## 第七章 方孝孺的礼学思想述论

多有议论。① 再有《礼记·玉藻》中所说的："君子之容舒迟，见所尊者齐邀，足容重，手容恭，目容端，口容止，声容静，头容直，气容肃，立容德，色容庄，坐如尸。"又是对君子见所尊者时的各种仪容姿态的另一种规范性表述。

值得注意的是，西汉贾谊《新书》中有《容经》一篇，其中对坐容、立容、行容和拜容有所规范，体现了秦汉时期礼仪整秩过程中的有关思考和关注。具体内容如下：

立容，"固颐正视，平肩正背，臂如抱鼓，足间二寸，端面摄缨，端股整足，体不摇肘曰经立，因以微磬曰共立，因以磬折曰肃立，因以垂佩曰卑立"。坐容，"坐以经立之容，胕不差而足不跌，视平衡曰经坐，微俯视尊者之膝曰共坐，仰首视不出寻常之内曰肃坐，废首低肘曰卑坐"。行容，"行以微磬之容，臂不摇掉，肩不上下，身似不则，从容而任"。拜容，"拜以磬折之容，吉事上左，凶事上右，随前以举，项衡以下，宁速无迟，背项之状如屋之丘"②。

以此对比方孝孺对坐、立、行、寝、揖、拜等各种姿态的规范性表述，可以说是以小见大，以日常规矩而体现着对礼的道德意义之当下的

---

① 对于《礼记》"若夫，坐如尸，立如齐"一句，历史上有多种的解释：1. 东汉郑玄注云："言若欲为丈夫也。《春秋传》曰：是谓我非夫。如尸，视貌正如齐磬且听也，齐谓祭祀时。" 2. 唐代孔颖达疏云："尸居神位坐必矜庄，言人虽不为尸，当如尸之坐；立之时，虽不齐，亦当如祭前之齐，必须磬折屈身。"（以上见阮元校刻《十三经注疏·礼记正义》，第2662页） 3. 宋代清江刘氏（刘敞）曰："若夫坐如尸立如齐，弗信不言，言必有色，此成人之善者也，未得为人子之道也，此曾子之文记礼者。"（又有所记称：刘敞曰："坐如尸立如齐，乃《大戴礼·曾子事父母》篇之辞，曰孝子惟巧变，故父母安之，若夫坐如尸，立如齐云云。此成人之善也，而未得为人子之道也。"见《礼记注疏》卷一《考证》，《文渊阁四库全书》，第115册，第40页） 4. 河南程氏（程颢）曰："坐如尸，立如齐，大要养其志也，岂徒欲养气乎哉"。 5. 蓝田吕氏（大临）曰："礼者，敬而已矣。敬者礼之常也。礼，时为大，时者，礼之变也。坐如尸，立如齐，尽其敬也。……若夫者，发语之端，盖举礼之大旨而言之也。" 6. 庄氏云："尸居而龙见，居即坐也，推是意也，则坐容庄可知矣。齐者专致其精明之德必见其所祭者，则立容端可知矣。" 7. 永嘉戴氏曰："此论起居动作之礼也。" 8. 长乐陈氏曰："立毋跛，而鲁之有司跛倚者，礼之所弃。坐毋箕，而原壤夷俟，孔子之所非。" 9. 庐陵胡氏曰："毋淫视，视流，坐毋箕，尉佗，箕踞而坐。"（以上4—9见卫湜《礼记集说》卷一，《文渊阁四库全书》，第117册，第33、34页）

② （西汉）贾谊撰，阎振益、钟夏校注：《新书校注》，中华书局2000年版，第227、228页。就拜容而言，《周礼·大祝》中的"九拜"是："一曰稽首，二曰顿首，三曰空首，四曰振动，五曰吉拜，六曰凶拜，七曰奇拜，八曰褒拜，九曰肃拜。"

和长远的诉求。

（二）针对饮食的规范

方孝孺在《幼仪》中如下说道：

食："珍胰之惭，不若藜藿之甘；万锺之尸居，不若釜庾之有为；苟无待于富贵，夫孰得而贫贱之。"

饮："酒之为患，俾谨者荒，俾庄者狂，俾贵者贱，而存者亡。有家有国，尚慎其防。"

饮食之欲，人之必需。古人常说，"饮食男女"，也就是孟子所说的"食色性也"的别样表述。《礼记·礼运》说："饮食男女，人之大欲存焉。"元代朱震亨《格致余论》中有《饮食色欲箴》说："饮食之欲，于身尤切"，"苟志于道，必先于此究心焉"。① 方孝孺所言，重点不在于饮食的简侈与否，而是在强调，口食"珍胰"是否感到惭愧，俸禄"万锺"是否图为"尸居"，无所作为。与其自感惭愧，形同尸居，不能有为，则若粗食淡饭。方孝孺又特言酒之患而称"有家有国，尚慎其防"，强调的是自我约束。

（三）关于言和动，还有笑的举止方面的规范

如前所引《论语·颜渊》中有"非礼勿言""非礼勿动"之说，就是要求合乎礼仪规范的言语和行动。方孝孺《幼仪》则强调慎言慎行，言笑有度，即所谓：

言："发乎口为臧为否，加乎人为喜为嗔，用乎世为成为败，传乎书为贤为愚，呜呼！其发也可不慎乎。"

动："吾形也人，吾性也天。不天之祗，而人之随。徇人而忘反，不弃其天，而沦于禽兽也几希。"

笑："中之喜，笑勿启齿。见其异，勿侮以戏。内既病乎德，外为祸阶。抵掌绝缨，匪优则俳。"

以下则是关于作为不同情绪的表达方式的喜、怒、忧、好、恶方面的约束和取向。《幼仪》强调的是：

喜："得乎道而喜，其喜曷已。得乎欲而喜，悲可立俟。惟道之务，惟欲之去。颜、孟之乐，反身则具。"

怒："世人于怒，伤暴与遽。切齿攘袂，不审厥虑。圣贤不然，以道

---

① 《文渊阁四库全书》，第746册，第639页。

为度。揆道酬物，已则无与。暴遽是惩，圣贤是师。颜之好学，自此而推。"在此之外，方孝孺还进行过喜怒与毁誉之间关系的思考，作《毁誉箴》说到："人之誉汝，戒汝勿喜。汝喜而骄，汝德日圮。人之毁汝，戒汝勿怒。汝怒而争，人将汝恶。圮为愚基，恶为祸阶。"[1]

忧："惰学与德，汝日戚戚，忧为有益。名位不光，惟日忧伤，汝志则荒。弃其所当忧，而忧其不必忧，世之人皆然。汝孰忧哉，勉于自修。"

好："物有可好，汝勿好之。德有可好，汝则效之。贱物而贵德，孰谓道远，将允蹈之。"

恶："见人不善，莫不知恶。己有不善，安之不顾。人之恶恶，心与汝同，汝恶不改，人宁汝容。恶己所可恶，德乃日新。己无不善，斯能恶人。"

有关好恶的问题，方孝孺后来又有进一步的思考。在其《杂著·毁誉》中说道："一人之所好，可以信其为善人乎？一人之所恶，可以信其为非善人乎？未可也，一人易私也。众人之所好，可以信其贤乎？众人之所恶，可以信其不贤乎？亦未可也，众人易诬也。然则恶乎从？从其时之君子。其为人也君子，其是非也必明，其去取也必当，其为言必可信而无阿。一君子之所好恶，不问可信其为贤否也；众君子之所好恶，不问亦可知其为贤否也。何者？恒人有众寡，君子无众寡也。"[2] 就此可以对比先儒的看法，如《论语·子路》中记载："子贡问曰：'乡人皆好之何如？'子曰：'未可也。''乡人皆恶之何如？'子曰：'未可也。不如乡人之善者好之，其不善者恶之。'"又《荀子·强国》中说："人之所恶何也？曰：污漫、争夺、贪利是也。人之所好者何也？曰：礼义、辞让、忠信是也。"而宋代陈经《陈氏尚书详解》卷三十七中有言："人情孰不欲好善恶恶，亦谁肯舍善而从恶，惟其决择趋舍之不审，以恶者为善，反以善者为恶。"[3] 元代胡震《周易衍义》卷十一中说："好善恶恶者，乃人情之正。"[4] 这些都以为好恶之德乃是关乎人生中价值判断的重

---

[1] 《逊志斋集》卷一，第27页。
[2] 《逊志斋集》卷六，第174页。
[3] 《文渊阁四库全书》，第59册，第353页。
[4] 《文渊阁四库全书》，第23册，第729页。

要方面不可轻视,而方孝孺则是有所继承和发挥的。

(四)与人交往上的取和与,也是要有价值和意义才行

《幼仪》中强调:

取:"非吾义,锱铢勿视。义之得,千驷无愧。物有多寡,义无不存。畏非义如毒螫,养气之门。"这也正是"君子爱财,取之以道"[1],以及所谓"取于无心,得之有义"[2]。方孝孺或是受到这两句宋人记录的话语的影响吧。

与:"有以处己,有以处人。彼受为义,吾施为仁。义之不图,陷人为利。私惠虽劳,非仁者事。当其可与,万金与之。义所不宜,毫发拒之。"这样,在"取"和"与"的价值标准上,也呈现出具有义利观意义的自我规范性和原则性。

(五)有关学习上的两项,读书和秉笔写作

《幼仪》中还强调:

诵:"诵其言,思其义。存诸心,见乎事。以敬畜德,以静养志。日化岁加,山立川驶。圣道卓然,焉敢不至。"

书(书法):"德有余者,其艺必精。艺本于德,无为而名。惟艺之务,德则不至。苟极其精,世不之贵。汝书不美,自视不善。德不若人,乃不知忧。先乎其大,后乎其细。大或可传,人不汝弃。"书为六艺之一,自古强调就是书法上的求艺求德。

综上所述,方孝孺的《幼仪》二十首,不过是其早期生活中自律和律人意识的集中体现,其中包含着其日常的思索,及其对礼仪经典与圣贤作为的认识,部分地体现了中国古代对幼儿早期教育的多方面内容。方孝孺《幼仪》的撰作实在是其对传统礼仪生活的认同以及从具体的言行规范上体现出个体伦理的追求,从"修齐治平"的儒家理想来说,这些都属于修身的内容,历史上有关这方面论者众多,宋儒吕大临有曰:"修身之要有三:貌也,色也,言也。……修此三者,敬而已矣。"[3] 讲的

---

[1] (宋)普济著,苏渊雷点校:《五灯会元》卷十五《洞山晓聪禅师》,中华书局1984年版,第985页。

[2] (宋)员兴宗:《九华集》卷十四《谢除教授启》,《文渊阁四库全书》,第1158册,第119页。

[3] 《礼记解·表记》,(宋)吕大临等撰,陈俊民辑校:《蓝田吕代遗著辑校》,中华书局1993年版,第312页。

正是这个。那么，方孝孺的《幼仪》为其进一步寻求家族生活的礼仪规范以及更高层次的伦理诉求的规定与设计奠定了思想基础和理想目标，也就是其日后撰作《宗仪》《家人箴》的起始点，也就是以"齐家"为第二个阶段或层面的道德目标的。

（六）《箴四首》对口、身、食、寝四个方面道德约束

方孝孺还有《箴四首》，内容包括口、身、食、寝四个方面道德约束，可以说是在上述《幼仪杂箴》的相关思考基础上进一步的发挥，可见其德教意识的增强和更高标准的日常道德追求，其有序云：

> 无以过人者众人之流，而求异于人者又君子之所不取也。然则将何所从哉？合乎天不合乎人，同乎道不同乎时，虽不求异于人，而过人也矣。余病乎未能而学焉，欲自至近者始，作箴以自勖。①

其四个方面的具体文字则如以下：

> （1）口：不宜言而言，是佞之徒；宜言而不言，是愚之符。佞为憸人，愚为鄙夫。宜言而言，人谁汝恶；宜默而默，人谁汝怒。我言以道，彼恶何伤？我默以义，彼怒彼狂。惟道之从，勿徇乎人。徇人违道，与愚佞均。天之生尔，将以明道。狂波坠绪，汝障汝绍，勿肆于冥，合乎大中，惟翼圣之经。②

这里讲的是如何谨言、慎言，所强调的是要为言以道，言语之间，或发言或沉默，"惟道之从，勿徇乎人"，要时刻提醒自己"天之生尔，将以明道"，"合乎大中，惟翼圣之经"。也可以说是"非礼勿言"的另一种表述。

> （2）身：人之营营，汝则凝凝。人之幡幡，汝则安安。相彼君子，如岳如河。小人轻儇，如鼠如蛾。嗟时之人，蛾鼠是效。不死

---

① 《逊志斋集》卷一，第24页。
② 《逊志斋集》卷一，第24页。

于机,卒杀于燎。岳以静寿,河以广容。式其深崇,以镇于家邦。①

这里讲的是如何安身、立身,为人处世,所强调的是为人处世,不要像小人那样蝇营狗苟,苟且人生,而要做到"相彼君子,如岳如河",要能够像山岳大河一样,"式其深崇,以镇于家邦",强调的是人生存在志向高远流长的价值和意义。

(3)食:凡民之生,食必有事,徒食不事,惟犬豕类。犬以御盗,豕以供祀。人之无益,非二物比。美貌长躯,号名为儒。智出物下,孰云非愚。我告汝训,临食必思。思而无愧,汝则食之。汝业不修,汝德不益。汝心有愧,虽馁勿食。汝学汝仕,推是无违。思而有得,力见于为。功施天下,万锺非奢。无德于人,瓢粟犹多。汝思而食,省于斯言。谁谓道远,将得其门。②

这里讲的是如何做到像一日三餐那样地"吾日三省吾身",即"临食必思",时常而扪心自问,自己的事业和德行是否对得起这一日三餐,时常提醒自己"思而无愧,汝则食之",要做到"思而有得,力见于为",若是"无德于人",可谓"瓢粟犹多"应该感到愧疚才是;唯有志在"功施天下",方为"万锺非奢"。

(4)寝:圣哲之寝,心亦有思。思而为善,厥德沛如。彼闇之思,在乎利欲。长恶滋凶,惟日不足。周公待旦,大猷以成。跂起鸡鸣,死以盗称。其思则同,其绩曷殊。中夕不寐,抚心以图。③

从前面《幼仪》中讲到"宁心定气,勿妄有思",以"安养厥德"为"万化之基"来论"寝",到这里则有所不同,或者说这里讲的是成人之寝,从"勿妄有思""安养厥德"提升到"思而为善,厥德沛如",也就是说,作为君子要像圣哲那样,在安寝之时也不忘记思考怎样"为善"

---

① 《逊志斋集》卷一,第25页。
② 《逊志斋集》卷一,第25页。
③ 《逊志斋集》卷一,第25页。

的人生大计。

比较上述内容与《幼仪杂箴》的相关方面，可见方孝孺道德思考上层次的提升，也是其思想历程的客观体现。

（七）《杂诫》三十八章中有关修身方面的思考和议论

除了《幼仪杂箴》和《箴四首》之外，方孝孺有关修身方面的思考和议论还有不少，在其所著《杂诫》三十八章中就有体现。择而言之诸如：

> 人孰为重，身为重；身孰为大，学为大；天命之全，天爵之贵，备乎心身，不亦重乎。不学则夷乎物，学则可以守身，可以治民，可以立教，学不亦大乎。学者，圣人所以助乎天也。天设其伦，非学莫能敦。人有恒纪，非学莫能序。故贤者籍学以明，不贤者废学以昏。（第一章）
>
> 治人之身不若治其心也，使人畏威不若使人畏义也。治身则畏威，治心则畏义。畏义者其于不善不禁而莫能为，畏威者禁之而莫敢为。不敢之与不能，何啻陵谷。（第二章）
>
> 养身莫先于饮食，养心莫要于礼乐。人未尝一日舍饮食，何独于礼乐而弃之乎？尊所贱而卑所贵，失莫甚焉。（第三章）①
>
> 君子有四贵：学贵要，虑贵远，信贵笃，行贵果。（第二十八章）②
>
> 人或可以不食也，而不可以不学也。不食则死，死则已。不学而生，则入于禽兽而不知也，与其禽兽也，宁死。（第三十一章）
>
> 待人而知者非，自得也；待物而贵者，非至贵也。（第三十二章）
>
> 不怍于心，合乎天，足乎己，及乎人，而无容心焉，其惟君子哉。（第三十三章）③

就以上这些内容，可以说是方孝孺有关日常礼仪道德思考上的继续，并且不断地广泛和深入。

---

① 《逊志斋集》卷一，第13页。
② 《逊志斋集》卷一，第18页。
③ 《逊志斋集》卷一，第19页。

## 二 《宗仪》《家人箴》、诸族谱序中所见其家族伦理和齐家理想

如果说《幼仪》只是方孝孺在十四岁的年纪以自身的感受和体会，而对家族生活当中幼小个体成员的行为所作规范设计的话，那么方孝孺后来所撰写的《宗仪》《家人箴》、诸族谱序等，就是为强调家族生活中每个成员的责任和义务的规范设计，无论在影响面和影响的程度上，都是传统的古典式家族生活之构成的多方面体现。

中国古代传统的社会基层组织结构是乡里社会和家族社会共存的二元结构。其基础是，以家庭为单位，多个家庭以宗族血亲关系为纽带而联系在一起，从而形成以同姓为宗，聚族而居，世代相承，与中央地方的各级官僚等级制度以及乡里社会的构成相为表里。每当改朝换代之际，传统的宗族社会往往受到冲击而至崩溃，随后又在新朝代的平和时期不断得到恢复和重建，常常是此起彼伏，消长起落，然而传统的宗族在基层社会的稳定上发挥着不可替代的作用。

这种传统的社会基层组织结构自西周时代以来的历史存在以及其作用和功能，一方面呈现在经典和史籍的记载当中，一方面似乎又在秦汉魏晋乃至隋唐宋元明清的各个历史时期的现实存在上不断地得以恢复和重建，另一方面还在历代的不少学者那里以认同经典和继承传统的方式加以肯定和强调。这三个方面就成为考察中国古代宗法家族社会的三条线索。①

作为自三代之周朝所确立的宗法制，尽管历史久远，但是如同分封制、井田制一样成为后人追溯历史时的一种记忆，同时又在礼仪经典的传承过程中构成恢复理想传统社会的依据而为后世的一些人所强调。方孝孺所言"井田废而天下无善俗，宗法废而天下无世家"②，一方面是对历史变迁的一种感叹，另一方面也是他对恢复三代传统理想社会在制度建设上的复古主义主张。早在宋代，不少学者就主张重视宗法，规范宗族制度建设。如张载说："管摄天下人心，收宗族，厚风俗，使人不忘

---

① 有关内容参考冯尔康等著《中国宗族史》，上海人民出版社 2009 年版。如此书所论述的那样："宋代政治家和学者对建立适应新的历史条件的宗族制度进行了探索，其中尤以著名的理学家张载、程颐、朱熹的主张对当时及后世的影响最深远。"（第 164 页）

② 《逊志斋集》卷一，第 40 页。

本，须是明谱系世族与立宗子法。宗子法不立，则人不知统系来处。古人鲜有不知来处者，宗子法废，后世尚谱牒，犹有遗风。谱牒又废，人家不知来处，无百年之家，骨肉无统，虽至亲，恩亦薄。宗子之法不立，则朝廷无世臣，且如公卿一日崛起于贫贱之中，以至公相，宗法不立，既死遂族散，其家不传。宗法若立，则人人各知来处，朝廷大有所益。"①程颐也有同样的说法："宗子之法不立，则朝无世臣。宗法须是一二巨公之家立法，宗法立，则人人各知来处。"②还有苏轼在论说劝民亲睦时也讲到："夫民相与亲睦者，王道之始也。"又说："今欲教民和亲，则其道必始于宗族。""今夫天下所以不重族者，有族而无宗也。有族而无宗，则族不可合，族不可合，则虽欲亲之而无由也。族人而不相亲，则忘其祖矣。""天下之民，欲其忠厚和柔而易治，其必自小宗始矣。"③在方孝孺那里则有很多与上述相类似的议论，如所谓："同闾接亩之人犹相亲睦信顺，而大小宗法行乎宗族之间。"④

从明初的朝廷礼仪制度建设来说，《明史·礼志》中记载说："《仪礼》所记，惟乡饮之礼达于庶民。自周迄明，损益代殊，而其礼不废。洪武五年诏礼部奏定乡饮礼仪，命有司，与学官率士大夫之老者，行于学校，民间里社亦行之。十六年，诏班《乡饮酒礼图式》于天下。"⑤又还可以看到，作为官方所行乡饮酒礼过程中的程式之一节，即司正行礼时所言："恭惟朝廷，率由旧章。敦崇礼教，举行乡饮，非为饮食，凡我长幼，各相劝勉。为臣竭忠，为子尽孝，长幼有序，兄友弟恭。内睦宗族，外和乡里，无或废坠，以忝所生。"⑥

（1）方孝孺撰《宗仪》九篇，内容包括尊祖、重谱、睦族、广睦、奉终、务学、谨行、修德、体仁等篇章内容。从这些篇名中我们也大致可以体会到方孝孺以德为本的治家、齐家的意识和对宗族生活上的道德建设的思考和设计。其《序》有云：

---

① 《张载集·经学理窟·家法》，中华书局1978年版，第258页。
② 《二程集》，中华书局1981年版，第179页。
③ 《苏轼文集》卷八《策别安万民》，中华书局1986年版，第256、257页。
④ 《逊志斋集》卷一，第58页。
⑤ 《明史》，第1419页。
⑥ 《明史》，第1420、1421页。

  君子之道本于身，行诸家而推于天下，则家者身之符，天下之本也，治之可无法乎？德修于身，施以成化，虽无法或可也。而古之正家者，常不敢后法，盖善有余而法不足，法有余而守之之人不足，家与国通患之，况俱无焉者乎？余德不能化民，而窃有志于正家之道，作《宗仪》九篇以告宗人，庶几贤者因言以趋善，不贤者畏义而远罪。他日于大者有行焉，或者其始于此。①

方孝孺又撰有《家人箴》十五首，同样是在齐家的意识下而将其思考形诸文字，一再强调圣人修齐治平之道的不同节点之所在，以作为与同志者共勉的信条。如其序中所说的那样：

  论治者常大天下而小一家，然政行乎天下者世未尝乏，而教治乎家人者，自昔以为难，岂小者固难而大者反易哉。盖骨肉之间，恩胜而礼不行，势近而法莫举。自非有德而躬化，发言制行有以信服乎人，则其难诚有甚于治民者。是以圣人之道，必察乎物理，诚其念虑，以正其心，然后推之修身；身既修矣，然后推之齐家；家既可齐，而不优于为国与天下者，无有也。故家人者，君子之所尽心而治天下之准也，安可忽哉？余病乎德无以刑乎家，然念古之人自修有箴戒之义，因为箴以攻己缺，且与有志者共勉焉。②

  《家人箴》十五首的内容，主要是围绕着家族伦理道德规范而展开的言说，包括正伦、重祀、谨礼、务学、笃行、自省、绝私、崇畏、惩忿、戒惰、审听、谨习、择术、虑远、慎言等。既有经验的总结，又有原则上的议论。成为体现方孝孺修身齐家相结合的道德理想的重要篇章。

  我们知道，方孝孺所讲的家人，当然是指由一家到一族所构成的宗族生活，如其所言"天下俗固非一人一族之所能变，然天下者，一人一族之积也"（《谢氏族谱序》）③，又说"有天下而不能为千载之虑者，必不能享百年之安。为一家而无数世之计者，必不获乐其终身"（《童氏族

---

① 《逊志斋集》卷一，第36、37页。
② 《逊志斋集》卷一，第28页。
③ 《逊志斋集》卷十三，第416页。

谱序》）①，还说"天下之俗不能自成，由乎一国之俗；国俗之所兴，由乎一乡之俗；乡俗之所起，由乎一族之俗。苟非有君子长者，出乎其类而表率之，何以保其室家而昌其后哉？"（《葛氏族谱序》）②。还有"贤其身非难也，使其子孙象其贤为难。贤其子孙有道，不违乎天，天斯佑之矣。天者，非它也，吾心之理也。兹理也，圣由是而圣，贤由是而贤，可以治身，可以保家，可以推而达之天下"。（《童氏族谱序》）③

可以看到，在传统的修齐治平之道中的所谓"齐家"，在方孝孺的话语中就是"睦族"，而这也是有经典依据的，如《礼记·大传》所谓："人道亲亲也，亲亲故尊祖，尊祖故敬宗，敬宗故收族。"方孝孺则说：

> 士有无位而可以化天下者，睦族是也。天下至大也，睦吾族何由而化之？人皆欲睦其族而患不得其道，吾为之先，孰忍弃而不效乎？有族者皆睦，则天下谁与为不善？不善者不得肆，至治可几矣。（《宋氏族谱序》）④

（2）方孝孺时常思考的就是如何在齐家睦族方面确立一些原则和可行的方法，在此基础上，推而广之，行诸天下。《宗仪》九篇的核心内容就在于此，这也是有着经典依据的，如《礼记·大传》所说："上治祖祢，尊尊也，下治子孙，亲亲也，旁治昆弟，合族以食，序以昭缪，别之以礼义，人道竭矣。"

首先，确立宗族制度的原则与方法，这是方孝孺齐家思想的核心内容。强调人们对祖先的尊崇和对共同祖先的追寻与认同，还有对人类的社会性存在的一些基本原则的阐述，又是方孝孺提出以确立宗族制度为核心的齐家思想主张的理论依据。比如就原则而论，方孝孺从人的本性上来阐明，从而说道："人之异于物者，以其知本也。其所以知本者，以其礼义之性，根于天，备于心，粹然出于万物，故物莫得而类之。"那么作为懂得礼义的人，在面对家族生活的时候，因其教化的结果，自然应

---

① 《逊志斋集》卷十三，第416页。
② 《逊志斋集》卷十三，第418页。
③ 《逊志斋集》卷十三，第417页。
④ 《逊志斋集》卷十三，第414页。

该是能够做出正确的选择的,就是"君子之为人子孙,非以养生为贵,而以奉终为贵;非以奉终为难,而以思孝广爱为难。藏于墓,祀于庙,自天子达于士,隆卑广狭不同,而其致一也"。其具体的体现则是"故宗庙之制,祭祀之礼,君子以此崇本反始,致诚敬于其先"①。

那么,就关乎宗族生活的尊祖、睦族等方面具体可行的方法而论,方孝孺说道:

> 吾惧夫吾族之人,为痿痹禽犊之归,而不自知也。为尊祖之法曰:立祠祀始迁祖,月吉必谒拜,岁以立春祀。族人各以祖祔食,而各以物来祭。祭毕,相率以齿,会拜而宴。齿之最尊而有德者向南坐,而训族人。曰:"凡为吾祖之孙者,敬父兄,慈子弟,和邻里,时祭祀,力树艺。无胥欺也,无胥讼也,无犯国法也,无虐细民也,无博奕也,无斗争也,无学歌舞以荡俗也,无相攘窃奸侵以贼身也,无鬻子也,无大故不黜妻也,勿为奴隶以辱先也。有一于此者,生不齿于族,死不入于祠。"皆应曰诺,然后族人之文者以谱至,登一岁之生卒,而书举族人之臧否。其有婚姻相赒,患难相恤,善则劝,恶则戒,临财能让,养亲事长,能孝而悌,亲姻乡里,能睦而顺,此其行之足书举书之。累有足书者,死则为之立传于谱,其有犯于前所训者,亦书之,能改则削之,久而愈甚,则不削而书其名。族人见必揖,虽贵贱贫富不敌,皆以其属称。喜必庆,戚必吊,死以其属服,无服者为之是日不肉。而群哭之,群祭之,群葬之。(《宗仪·尊祖》)②

还有就是所谓"睦族之法",方孝孺说道:

> 故为睦族之法,祠祭之余,复置田。多者数百亩,寡者百余亩,储其入,俾族之长与族之廉者掌之。岁量视族人所乏而补助之,其赢则以为棺椁衣衾,以济不能葬者。产子者、娶嫁者、丧者、疾病者皆以私财相赠遗。立典礼一人,以有文者为之,俾相族人吉凶之

---

① 《逊志斋集》卷一,第37页。
② 《逊志斋集》卷一,第38页。

礼；立典事一人，以敦睦而才者为之，以相族人之凡役；世择子姓一人为医，以治举族之疾，其药物于补助之，赢取之，有余财者，时增益之。族之富而贤，立学以为教，其师取其行而文，其教以孝弟忠信敦睦为要。自族长以下，主财而私，典事而惰，相礼而野，不能睦族，没则告于祖而贬其主不祠。富而不以教者不祠，师之有道别祠之，不能师者则否。(《宗仪·睦族》)①

值得一提的是，方孝孺的老师宋濂曾经写过一篇《方府君墓志铭》，其中有对元末明初方镒字子兼的一些事迹有所表彰，而这样的事例在当时一定不少，或可成为启发方孝孺所提出的睦族之法的来由：

> 楮檗有义士曰方府君镒，字子兼，……府君营腴田十二顷，贮其岁入为义庄，凡宗族孤惸贫窭者，月有给，嫁昏有助，死丧有棺椁及瘗薶之阡。复设义塾一区，中祀先圣先师，旁挟六斋，后敞正义堂，招讲师以六艺摩切，诸生义闻烜赫，士有不远千里至者，业成多至大官。侍御史冯翼欲上其事，府君谢曰："此无甚高事，假是以侥宠名，非人行也。"(宋濂《方府君墓志铭》)②

再有，方孝孺还从情和理上来讨论了如何达到使亲族和睦，维系亲情不断。他说：

> 人之亲疏有恒理而无恒情，自同祖推而至于无服，又至于同姓，爱敬之道，厚薄之施，固出于天而不可易。然有亲而若疏者，有疏而若亲者，常情变于所习也。阅岁时而不相见，则同姓如路人；比庐舍，同劳逸，酒食之会不绝，则交游之人若昆弟。使同姓如路人，他人如昆弟，斯岂人之至情哉。(《宗仪·广睦》)

---

① 《逊志斋集》卷一，第41页。
② 《宋濂全集》卷六十四，人民文学出版社2014年版，第1494—1495页。《浙江通志》卷一百八十八《人物八·义行中》记载说："方镒，于越新编，诸暨人，好修行谊，尝割田千亩山若地有差，取岁入赡其族之贫者，建义塾，礼聘名士，黄叔英、项炯、吴莱辈主教事，造就学者，一时俊彦云集，宋濂、郑深尝来访之。"《文渊阁四库全书》，第524册，第204页。

方孝孺认为,对于这样的情况,古代圣人早有预计,也有针对性礼法设置,而这些礼法也是可以行至于今世的,所以他说:

圣人之治人,以常人之情为中制,俾厚者加厚,而薄者不至于离,恐其以不接而疏,疏而不相恤也。故为之祭酺之法,合之以燕乐饮食,以洽其欢忻慈爱之情,恐其徇于利而不知道也。肃之以乡射、读法,使之祗敬戒慎而不至于怠肆。祭而酺,所以为乐也;读法,所以为礼也。约民于礼乐而亲者愈亲,疏者相睦,此先王之所以为盛也哉,举而行诸天下,今未见其不可也。(《宗仪·广睦》)[1]

方孝孺还提出,这样的礼法制度,若能恢复和推广,应该是行之有效的,但是,"然非士之职也",亦即不是民间自发可以实行的,而是要官方的乡一级的地方行政组织来推行和实施,"故欲自族而行之,乡为之制"。在方孝孺看来,其制度应该是这样的,其制曰:

宗族岁为燕乐之会四:其时则二月也,五月也,八月也,十有一月也。其物则时祀之余也,其品则豕与羊各一,酒醴羞果惟所有而不必侈也。酒以七行九行为节也,位以尊卑长幼为序也。苟尊矣,虽稚子犹位乎上也;苟长矣,虽贫且贱以齿也。其言惟孝弟忠信而勿亵也,勿哗也,勿慢也。饮虽醉,而勿违礼也。立子弟二人为执礼,以佐酒。酒至,揖请饮,既饮,揖请酬,既酬,揖请殽羞。二人歌诗,其诗则《蓼莪》、《棠棣》、《葛藟》、《东门》、《唐》之《杕杜》、《谷风》;《雅》之《黄鸟》之类,贵其能感人而敦伦理也。其数则如酒也。立二人讲说嘉言,古之人及乎教者,皆在所取也。将歌也,将说也,执礼揖曰请肃以听。皆拱而坐,坐则肱相比,行则武相衔。举爵饮酬食羞,皆后长者。毕则旅揖,辞而退,少者送长者于家,然后返。

岁为礼仪之会三:冬至也,岁之初吉也,夏至也。冬至,阳之始生也,君子之道自此始亨矣,宜有庆也。是日昧爽,举族自胜冠以上,咸盛服造祠下,相揖趋。及门,祝启门,以次入序立。以时

---

[1] 《逊志斋集》卷一,第41页。

羞献奠酒,皆再拜,班趋出。族之长坐别堂,次长者率群昆弟子姓捧觞称寿毕,皆拜。遂以次饮酒,相拜如礼。典礼以谱至,北向坐读之,长者命众坐,众坐听。善恶之在书者,咸读无隐。设席于南楹之东,北向,署其上曰"旌善之位"。善之多者,长者命之酒,俾少者咸拜之。典礼翼以就位,署南楹之西曰"思过之所"。恶之累书而不改者,俾立其下。于是长者以谱所列传绪盛衰绝续之故,明言之,而告以常训曰:"为善如嗜饮食,去恶如去毒螫,慎思哉,勿坠尔先祖之祀。"众拱而听,皆俯首就班,再拜出。少者授长者杖,以序行,乃还于家。夏至,阴之始生也。君子所宜慎也。是日,素服谒祠如冬至礼。不饮酒,不相拜,读谱之仪亦如之。岁之初吉,庆拜如冬至礼。不读谱。

乡党之制,岁为燕乐之会一,其时以秋,其物以祭社之余,其坐以齿、以德、以爵。其礼主于让,其仪如宗族之会。歌诗说嘉言亦如之,其诗以《伐木》、《鱼丽》、《南有嘉鱼》、《菁菁者莪》、《宾之初筵》,择乡人子弟群歌之。其诵嘉言也,耆老之贤者举以教,在坐者皆起,应曰祗奉长者之训。凡族人、乡人不与会者八:悖伦纪者,斗争者,相讼者,使酒而酗者,博奕者,过累书而不改者,虐乡里者,言伪而行违者,皆君子之所弃也。不善者弃而后知所戒,然后善者尊而益劝,劝戒立而俗宁,有不美者乎。(《宗仪·广睦》)①

就以上所录的文字来看,既透露出古典礼仪以及如司马光《司马氏居家杂仪》②、朱子《家礼》等宋代士大夫儒者重建宗族制度的主张,和具体的家族日常礼仪规范设计在方孝孺笔下的印记,同时反映了方孝孺所处的元末明初地方宗族社会生活的进一步兴起与繁盛也有着相关礼仪规范上的需求,齐家理想的主张、社会现实的存在、制度设计的出现,三方面的互动,诚如有学者对明代族长制宗族社会生活的强化过程的考

---

① 《逊志斋集》卷一,第42、43页。
② 《居家杂仪》为司马光《书仪·婚仪下》章中的文字,朱子《家礼》卷一中收录了其内容。

察可以看到的那样①,方孝孺的有关宗族生活的礼仪设计,无疑成为这一过程的促进性因素。

从另一个方面来说,在宗族社会形成的历史过程中,"尊祖敬宗"的另一种方式就是宗谱、族谱、家谱的编修,其成为除修家庙、宗庙或立祠堂之外的又一维系某一姓氏宗族的有形纽带,诚如前述北宋张载所称谱牒一类作为宗族纽带的编修记录一旦废绝,就会导致宗族制度分崩离析。所以方孝孺也说:"尊祖之次,莫过于重谱。"其理由是,根据宗谱、族谱、家谱,"由百世之下而知百世之上,居闾巷之间而尽同宇之内,察统系之异同,辨传承之久近,叙戚疏,定尊卑,收涣散,敦亲睦,非有谱,焉以列之,不可也。故君子重之。不修谱者谓之不孝"。(《宗仪·重谱》)② 还有,方孝孺将修谱看作是符合先王之道,维系宗族生活不可以缺少的,他说:"世者莫不有祖,有祖者莫不有族,使有族之人皆知相亲相辅,如先王之民,联之以谱牒,纠之以礼文,岁时为酒食以洽其欢胥,告戒以匡其失,赒恤资助以全其生,是虽未行比闾族党之法,而先王之法意实行乎其中矣。如是则民皆乐生而好善,重其身而不遗其亲,天下几何而不大治乎。夫以德祚之有志而能修其谱,不待予言而明也。修谱而先王之法意存焉,此则予之所欲言以为天下劝者也。"(《谢氏族谱序》)

那么,方孝孺为当时很多家族所写的族谱序,也就是在这个理念之下而要向世人昭示修家谱、族谱、宗谱的价值和意义的。与其"重谱"的主张相呼应的就是《逊志斋集》中方孝孺所写的诸多族谱序,诸如《宋氏世谱序》《谢氏族谱序》《童氏族谱序》《葛氏族谱序》《范氏族谱序》《徐氏谱序》《吴氏宗谱序》《楼氏宗谱序》《方氏谱序》③《族谱序》。这不仅从一个方面反映了方孝孺所处时代宗族社会生活的兴起,也体现了方孝孺对宗族社会生活兴起的关注和积极参与其中。方孝孺一再强调,维系家族的纽带一是家庙,二是宗谱。他说:

家之为患常始于乖争,而乖忤之端在乎不知其本。兄弟之于父,

---

① 参考冯尔康等著《中国宗族史》第四章中"宗族乡约化""族规的兴起"等相关内容。
② 《逊志斋集》卷一,第38页。
③ 此即方孝孺自己方氏一族之族谱序。

## 第七章 方孝孺的礼学思想述论

其为本近也，其情亲而易感也。至于孙之于祖，则稍远矣；由孙而至于曾玄，则愈远矣；而况由曾玄而至于十世，至于无穷者乎。使十世之后而相亲如兄弟，知有其本而不敢视之如路人，非统之以祭祀，而合之以谱图，安能使之然哉。是知家之有庙，族之有谱，善为家者之所当先也。（《童氏族谱序》）①

还有，方孝孺在《族谱序》一篇中，对修族谱的价值和意义亦即在宗族社会生活当中族谱的功能所在，可以说是讲的淋漓尽致：

既有宗族，则有谱序。姓者，生也，共相生长。宗者，总也，总统相连。族者，聚也，非类不聚，各相尊荣。……谱者，普也，普载祖宗远近，姓名，讳字，年号。又云谱者，布也，敷布远近百世之纲纪，万代之宗派源流。序述姓名，谓之谱系。条录昏宦，谓之籍状。天子书之，谓之纪；诸侯书之，谓之史；大夫书之，谓之传。总而言之，谓之谱。谱者，补也。遗亡者，治而补之。故曰：序得姓之根源，记世数之远近，父昭子穆，百代在于目前。

郑玄曰："谱之于家，若网在纲。"纲张则万目具，谱定则万枝在。今恐一枝之上，枯荣有异，则强弱相凌；一祖之后，贵贱不同，尊卑相滥。今举大纲，以明众目。……《诗》云："独行踽踽，岂无他人，不如我同父。"父子相因，不比他人之姓，岂是百裔同居一祖，千叶同生一株，株强则叶盛，根弱则干微。分之五世之谓族，元祖是称之为宗，宗族同姓，记之在此谱。考究乎先世之踪，以示万代之孙也。胤者，绳绳不绝之义，可谓不忘亲也。虽然散在九州而踪元无二，分居百国而祖祢攸同，但记之世数则尊卑可定。必须忠孝于君亲，敬顺于师长，和睦于夫妻，信义于朋友，亲睦于乡间，恭勤志慕，然后位进于公卿，名扬于后世。……人之基业，子孙根本，不以无位门户失次，人善则门荣，人恶则门贱，所以敬二尊，远四恶，敦五美，修六艺，九思十善，弗忘于须臾。故常积学蕴心，明以听视，先世之叙，皆记于胸襟。乃有孙不识祖字，子不识父讳，问其由序则默然，书其家传则阁笔，如此之徒，非绍隆后世之子也。

---

① 《逊志斋集》卷十三，第417页。

或曰：富贵运所招，何用先人之荫。圣人自生，不由父母。中人以上，皆有承籍。至如曲木直枝，顽父哲子，但取当时之用，岂有祢祖之业而不记乎在心而睹之目者也。盖闻谱者，姓名之经纬，昭穆之纲纪，导一宗之根源，提九族之总统，人伦根蒂，君子贵之。是以充者著之，斯用之急也。世数绵远，枝叶难分，时运盛衰，苗胤辽隔，谱牒若存，则依凭有据，记注精显，则品类无差。今古相承，班序俱定，次长幼之高卑，累官阶之大小，问源则不惑，问世则不疑，传之记之，以续后生，无令断绝，勿有疑焉。①

最后，值得注意的是，方孝孺还概括性地确定了修谱的十项条例，这就是：

一、序得姓之根源，二、记族数之远近，三、明爵禄之高卑，四、序官阶之大小，五、标坟墓之所在，六、述妻妾之外氏，七、载适女之出处，八、彰忠孝之进士，九、扬道德之遁逸，十、表节义之乡间。

不过，方孝孺也指出了编修家谱、族谱、宗谱的难点所在，他说："然谱之为孝难言也，有征而不书，则为弃其祖；无征而书之，则为诬其祖；有耻其先之贱，旁援显人而尊之者；有耻其先之恶，而私附于闻人之族者，彼皆以为智矣，而诚愚也。"（《宗仪·重谱》）② 方孝孺认为修谱固然是体现宗族意识、维系宗族纽带的重要手段，但是不能无中生有，所以他确认一定的原则并对当时修谱中的一些造伪现象提出批评，他说："夫祖岂可择哉？兢兢然，尊其所知，阙其所不知，详其所可征，不强述其所难考，则庶乎近之矣。而世之知乎此者常鲜，趋乎伪者常多。"（《宗仪·重谱》）他认为世人不能指望考修谱来显示宗族的贵贱，他说："天

---

① 《逊志斋集》卷十三，第426页。其文中"考究先世之踪"或作"孝光"，"恭勤志慕"或作"志墓"，此据《逊志斋集》，《文渊阁四库全书》，第1235册，第392页。
② 《逊志斋集》卷一，第38页。值得注意的是，元代有不少人物也多有族谱序一类的文字，或为自己家族撰写，或为他氏撰写。有些内容与方孝孺的议论很接近，可以参考。如陈高撰《族谱序》（《不系舟渔集》卷十）、李存撰《题章氏族谱后》（《俟庵集》卷二十七《杂文》）、王礼《跋中洲刘氏族谱后》（《麟原前集》卷十）等。

下有贵人，无贵族；有贤人，无贤族。有士者之子孙不能修身笃行而屈为童隶，而公卿将相常发于陇亩。圣贤之世不能传其遗业，则夷乎恒人，而缙绅大儒多兴于贱宗。"宗族的盛衰自有其缘由，"譬之巨木焉，有盛而蕃，有萎而悴，其理固有然者"。至于宗族，"人见其常有显人也，则谓之著族；见其无有达者也，则从而贱之。贵贱岂有恒哉，在人焉耳"。进而言之，就是"苟能法古之人，行古之道，闻于天下，传于后世，则犹古人也。虽其族世未著，不患其不著也"。(《宗仪·重谱》)① 也就是说修家谱、族谱、宗谱的功能在于维系宗族，而不在于显示贵贱。方孝孺进一步阐明修家谱、族谱、宗谱与世人自身道德践行的关系说：

  呜呼！富贵利达，外至者也，求之不可必得，得之不可必守，守之不能必传也。仁义忠信之道备乎心，不求而足，得之可以行，行之可以著。施之盈天下而敛于身，不见其隘，传之被万世，而非威武势力之所能移。善尊祖者，思是道也，行是道也。天下不惟尊其身，将归德于其祖，而祖益尊；祖益尊而谱益传，斯其为孝大矣。何必趯趯然为伪而欺且诬哉！(《宗仪·重谱》)②

  还有，方孝孺有意再强调，作为宗族中的成员，应该在本宗族的日常生活中谨行修德，以符合礼义规范的行为而起到积极、和谐的作用，维系和稳定宗族内部的各种生活保障。如他在《宗仪》《家人箴》中所强调的有关家族伦理方面的议论，可以说充分反映了他对自己以及周围宗族建设的期待和设想。他说："古之为家者，汲汲于礼义，礼义可求而得，守之无不利也。今之为家者，汲汲于财利，财利求未必得，而有之不足恃也。舍可得而不求，求其不足恃者，而以不得为忧。咄嗟乎若人，吾于汝也奚尤。"(《家人箴·择术》)③

  从方孝孺的诸多文字中我们可以看到，其有关家族伦理的言说，在对象上最直接的就是方氏家族。如其所言："吾家自始迁祖至于余身，十五世矣。以言乎赀产则不逾于中家，以言乎爵禄则未有以位乎朝者。然

---

① 《逊志斋集》卷一，第39页。
② 《逊志斋集》卷一，第39页。
③ 《逊志斋集》卷一，第31页。

而不愧于人，见推于世者，以先人世有积德蓄学，操行异乎恒人焉耳。远者余不足知之，若曾大父西洲府君之纯厚恳大，先君太守贞惠公之廉介方正，视古之贤者岂有间哉！吾族之人，暨将来而未至者，乌可不效也。"（《宗仪·谨行》）① 如何延续对自己先祖的记忆，以及将家族的荣耀传至后世族人而发扬光大，也是方孝孺十分强调的方面，他说："吾方氏出帝榆罔，而谱不敢列之，显于昔者众矣，而不敢附之。疑者阙之以传疑，不可详者略之以著实，而惟以笃学修身望乎族之人。"（《宗仪·重谱》）②

方孝孺更以规范方氏家族的各种利益生活为己任，提出自己的齐家主张说："方氏之嗣人，奈何而不慎乎？君臣父子兄弟夫妇朋友五者，天伦也。斁天伦者，天之所诛，人之所弃，生不齿，死不服，葬不送，主不入祠，谱不书其名。行和于家，称于乡，德可为师者，终则无服者为服，缌麻有服者如礼祭。虽已远，犹及；虽无主祭者，犹祭；如是而不能为君子，则非方氏之子孙也。告于祠而更其姓，不列于谱。"（《宗仪·谨行》）③ 又如具体的丧葬礼仪，方孝孺提出："吾独以告吾族人，亲丧必以三年，三年之制必循礼，勿以浮屠从事。违者生罚之，死不祀于先祠。葬卜吉凶而勿泥葬师之说。期必以三月，三月不能至五月，五月不能止七月，过一岁者，如违丧礼之罚。必刻圹志墓铭，力不足者刻其名，俾后有考。作《方氏丧葬仪》。"（《宗仪·奉终》）④

方孝孺还提出以"二廪""三学"的方式，规范和加强对方氏家族的管理和维护，他说："余病乎未能，而欲试诸乡间，以为政本。数百家之乡，其人必有才智赀产殊绝于众者，虽废兴迭出而未尝无。每乡推其尤者为之表，使为二廪，三学。"（《宗仪·体仁》）⑤ 具体的方法是如下：

> 廪之法，丰岁夏秋，自百亩之家以上皆入稻麦于廪，称其家为多寡，寡不下十升，多不过十斛。使乡之表籍其数，而众阅守之。度其凡岁可得千斛，以备凶荒札瘥，及死丧之不能自存者。其入也

---

① 《逊志斋集》卷一，第47、48页。
② 《逊志斋集》卷一，第39页。
③ 《逊志斋集》卷一，第48页。
④ 《逊志斋集》卷一，第45页。
⑤ 《逊志斋集》卷一，第50页。

先富，而出也先贫。出也视口，而入也视产。产多者皆庚，加息十一，不能庚则否。廪之左立祠，以祠入粟多而及人博者。祠之左右序揭二板，左曰嘉善，书其人之绩，板以朱，书以青。右曰愧顽，板不饰，书以白。书吝而私者，为表而不均者，渔其利而不恤民者。岁再集众谒祠而读之，以为戒。

学之法，各立师一人，以有德而服人者为之。立司教二人，司过二人，司礼三人。乡人月吉，盛衣冠，相率谒学，暇则游于学，问乎师。有违过者，于师乎治；悖教不良者，师与其罚。其教法如族学之仪。（《宗仪·体仁》）①

有关家族学校建设方面的关注，方孝孺也提出了一系列的规范设计，他在《宗仪·务学》说道：

方氏之学，以行为本，以穷理诚身为要，以礼乐政教为用。因人以为教，而不强人所不能，师古以为制，而不违时所不可。此其大较也。其小学曰：七岁而学，训之孝弟，以端其本；训之歌谣讽谕之切乎理者，以发其知；群居而训之和，赐之以物，而导之让，慎施朴楚以养其耻。敏者守之以重默，木者开之以英慧，柔者作之，强者抑之。扶之，植之，摧之，激之，而童子之质成矣。其大学曰：立四教皆本于行，行不修者不与。一曰道术，二曰政事，三曰治经，四曰文艺。②

方孝孺对所谓一家之学意义上的"四教"，还有进一步的说明，他说：

一道术，视其人质之端方纯明，知微近道者与言，考其言行以稽其所进，试其问难以审其所造。政事文艺，其材之所能者，无不学也。二政事，视其通明才智者使学焉。治民之政八，制产、平赋、兴教、听讼、御灾、恤孤、御吏、禁暴。悉民情，知法意，为政事

---

① 《逊志斋集》卷一，第50、51页。
② 《逊志斋集》卷一，第46页。

本。试以言，授以事，而观其所堪。三治经，精察烛理，笃志不惑，而长讲说者为之。四文艺，博闻（文）多识，通乎制度名物，立言陈辞可以为世教者，其极也。试之之日，皆以终月，皆欲其称其教之名也。教之存乎师，化之迟速存乎人。得其人，推而用之，不难于天下，夫岂一家之学也哉。①

可以说，中国古代的家族主义是社会的稳定剂。一个家族内部作为一个小系统，构成着有机的家族秩序，尽管会有显性或隐性的不同阶层等级之间和不同族系之间的各种利益冲突，但是其有序与否则直接关系到社会基础是否稳定。传统儒家所倡导的齐家思想就是协调和维系家族主义这一根本原则，方孝孺也正是在这种意识下强调和发挥自己的相关学说的。同时，这些学说又是建立在方孝孺对古代家族主义传统与其现实存在的认识基础上的。

---

① 《逊志斋集》卷一，第46页。

# 第八章

# 黄道周的三礼学及其相关问题考论

明末著名学者黄道周对于传统的经学经典有着广泛的涉及，他对三礼即《仪礼》《礼记》《周礼》也有自己的认识和见解。在其所撰《榕坛问业》一书当中，集中记录了他与一些学友和弟子就三礼的成书、真伪、编著者、篇目编次、内容性质和思想价值等问题的问对和讨论。其中，或兼论三礼，或专论《周礼》《月令》，有些涉及传统的礼学问题，诸如关于学礼、读礼以及对"博文约礼"之说的认识，关于鲁行郊禘之礼的是非，关于禘祫之说的诸儒异同等方面的问答和讨论。就本章所论，从学术史意义上来说，黄道周的学术存在起到承上启下的作用，他所关注和讨论的三礼学问题，上承汉唐、宋元，在有明一代，堪称翘楚，也造就了一种求真务实的学术风气。

黄道周（1585—1646，明万历十三年至南明隆武二年，清顺治三年）作为明末的著名学者，对于传统的经学经典有着广泛的涉及。无论是在其相关的著述里，还是在他与学生的问对讨论中，都有不少以传统经学经典为对象和话题而展开的方面[1]。传统经学中有所谓三礼之学，三礼之学中则有《礼记》学。黄道周不仅对《仪礼》《礼记》《周礼》之三礼有自己的认识和见解，更对《礼记》中的一些篇章集中有所关注。一方面，

---

[1] 据有学者统计，现存黄道周的著述有《易》类十三种、《尚书》类四种、《诗经》类五种、《周礼》类一种、《礼记》类九种、《孝经》类七种、问业类五种、史学类十一种、制艺类六种、时论类四种、奏疏类二种、诗赋类十三种、书法理论类九种、尺牍类二种、类别待考类三种，共约一百四十余万字。（王文径：《黄漳浦文集》前言，国际华文出版社2006年版）

在其所撰《榕坛问业》①中集中记录了很多他和一些学者及弟子间就三礼相关问题的问对讨论。另一方面,"崇祯十一年（1638）,道周官少詹事,注《礼记》五篇以进"②。这五篇分别是《月令明义》《表记集传》《坊记集传》《缁衣集传》《儒行集传》。

本章旨在着重考察和辨析《榕坛问业》一书中有关黄道周对三礼的基本认识以及就相关礼学问题所展开的议论等多方面内容,并探讨其经学史和学术史价值。

## 第一节 黄道周对三礼的基本认识

### 一 黄道周与张畸之论三礼

《榕坛问业》卷九所记黄道周和张畸之的讨论,主要涉及与三礼有关的礼书编纂方面的问题,从中我们可以看到,黄道周把对三礼的分类整理当作"学问中要紧工夫",对于南宋朱熹、元代吴澄以及明代中期三礼学者的相关整理工作有所吸收和继承,而旨在"礼家经纬从此大

---

① （清）永瑢等著《四库全书简明目录》说："《榕坛问业》十八卷,明黄道周撰。前十六卷为道周里居讲学之作,十七卷为追答友人问难之书,十八卷则蒋德璟所问而道周授意于门人答之者也。其言出入经典,博综事物,不但为性命空谈。"（古典文学出版社1957年版,第362页）《四库总目提要》卷九十三《榕坛问业》条下记录说："此编乃其家居时讲学之语。道周自崇祯壬申（五年,1632）削籍,归石养山守墓,是年讲学于浦之北山。越二年甲戌（七年,1634）夏,始入郡,就芝山之正学堂为讲舍。至乙亥（八年,1635）冬,以原官召用,始罢讲。故此书自甲戌五月至乙亥仲冬者凡十六卷。其十七卷有云丙子（九年,1636）春者,则道周已罢讲还家,取他方友人书牍问难之词,当时未即答者续为发明缀以。其十八卷则同年蒋德璟所问之词,道周属诸弟子代答,间亦衷以已说,并以德璟原问十八条附录于后。其书每卷分载所编弟子姓氏,卷之前后,道周复各缀以题识。其大旨以致知明善为宗,大约左袒考亭,而益加骏厉。书内所论凡天文、地志、经史、百家之说,无不随问阐发,不尽作性命空谈。盖由其博洽精研,靡所不究,故能有叩必竭,响应不穷。虽词意间涉深奥,而指归可识,不同于禅门机括,幻窅无归。先儒语录每以陈因迂腐为博学之士所轻,道周此编可以一雪斯消矣。"（《四库全书总目》,中华书局1965年版,第794页）

② 朱彝尊《经义考》卷一百四十九录云："黄氏道周《月令明义》四卷,存。"并称引黄虞稷曰："崇祯十一年,先生官少詹事,协理府事,进《月令明义》《坊记》《表记》《缁衣》《儒行集解》于朝。"（林庆彰等主编：《经义考新校》,上海古籍出版社2010年版,第2758页）黄虞稷（1629—1691年）,字俞邰,号楮园,明末清初晋江安海人,著名藏书家,编有《千顷堂书目》。

定"①。

首先，张邵之提到："近日仁礼两字讲者甚稀，晦翁（朱熹）欲集三礼大成，有所未及。吴幼清②论次稍定，又多所漏遗，不能详合。"并且他说道："吾漳素秉《家礼》，近日期功之丧，亦鲜有修持者。不知仲尼之哭司徒敬子，蘧伯玉之请夫子摄丧；颠、括之服虢叔，昭公之丧慈母，与孔门诸杂记，平居皆可详说不？"黄道周记录中自言道："盖某时有期服已四五月，尚腰绖肃容，故邵之及之。"③

这里，一方面张邵之关注到从南宋朱熹到元代吴澄在传统的三礼经典整理编纂中遗留下来的问题，另一方面当时当地家族生活奉行朱子《家礼》，然而张邵之注意到"近日期功之丧，亦鲜有修持者"，于是引发出张邵之对典籍中所记载的或孔子亲历、或孔门弟子请教的丧服礼事与孔门诸杂记关系进行讨论的思绪。

而张邵之此问中所提到的"仲尼哭司徒敬子"及"蘧伯玉之请夫子摄丧"的故事，见于《孔子家语》④；而"（太）颠、（南宫）括之服虢叔"的故事，见于《孔丛子》⑤；又"昭公之丧慈母"的事情，见于《礼记·曾子问》⑥。应该说，这些故事背后均隐含着传统丧葬礼仪文化变迁中的不同选择与取舍。

对于张邵之此问，黄道周一方面直接地回答说："此平居都可不论。

---

① 《榕坛问业》，《文渊阁四库全书》，第 717 册，第 387、388 页。
② 元代著名礼学家吴澄（1249—1333），字幼清，学者称草庐先生。撰有《仪礼逸经》《礼记纂言》。
③ 《榕坛问业》，《文渊阁四库全书》，第 717 册，第 387 页。
④ 《孔子家语·曲礼子贡问第四十二》记载："孔子在卫，司徒敬子卒，夫子吊焉。主人不哀，夫子哭不尽声而退。蘧伯玉请曰：'卫鄙俗不习丧礼，烦吾子辱相焉。'孔子许之。"（《文渊阁四库全书》，第 695 册，第 100 页）
⑤ 《孔丛子·记义》记载："秦庄子死，孟武伯问于孔子曰：'古者同寮有服乎？'答曰：'然，同寮有相友之义，贵贱殊等，不为同官。闻诸老聃，昔者虢叔、闳夭、太颠、散宜生、南宫括、五臣同寮比德，以赞文武。及虢叔死，四人者为之服，朋友之服，古之达理者行之也。'"（《孔丛子校释》，傅亚庶撰，中华书局 2011 年版，第 51 页）
⑥ 《礼记·曾子问》中记载：子游问曰："丧慈母如母，礼与？"孔子曰："非礼也。古者，男子外有傅，内有慈母，君命所使教子也，何服之有？昔者，鲁昭公少丧其母，有慈母良，及其死也，公弗忍也，欲丧之。有司以闻，曰：'古之礼，慈母无服，今也君为之服，是逆古之礼而乱国法也；若终行之，则有司将书之以遗后世。无乃不可乎？'公曰：'古者天子练冠以燕居。'公弗忍也，遂练冠以丧慈母。丧慈母，自鲁昭公始也。"

然如三礼诠次，极是学问中要紧工夫。"这也就是说，黄道周更加关注的是对传统三礼典籍加以整理的问题。所以，另一方面，他又针对三礼而进行了一番议论，从而表明了他对三礼加以整理的基本态度和主张。黄道周说：

> 礼书经纬，蚤欲讲明。幼清①所裁，粗有端绪，久已分类引伸，但日用疏淡，未能缮写耳。
>
> 《曲礼》以"毋不敬"发端，此是头篇，不可移易。《檀弓》记诸礼节之始，未应便为《曲礼》次篇。贾公彦谓《仪礼》王道之本，《周礼》王道之末。此亦不同。《仪礼》所存，未必精于戴《记》。《周礼》所用，历代尚有异同，然其说可义起也。今当分类立例，各自为上下二篇。《曲礼》、《内则》、《少仪》宜合为一类，以为初学持循之矩，所谓礼始于家，犹之小学。《王制》、《周官》、《月令》宜合为一类，以为明王致用之效，所谓礼行于国，犹之大学。《郊特牲》、《明堂位》、《明堂玉藻》、《祭法》、《祭义》、《祭统》、《冠礼》、《冠义》、《昏礼》、《乡射》、《大射》、《射义》、《聘礼》、《聘义》、《觐礼》、《公食大夫》、《士相见》、《诸侯迁庙》、《衅庙》、《朝事》、《公符》宜合为一类，以为吉礼；《丧服大、小记》、《杂记》、《士丧服》、《奔丧》、《夕虞》、《馈》、《彻》、《服制》宜合为一类，以为凶礼。有此四篇，而经统稍备，犹《易》之有上下经，《象》、《文言》也。
>
> 《学记》、《经解》、《缁衣》、《儒行》、《坊》、《表记》、《仲尼闲居》、《文王世子》、《武王践阼》、《卫将军文子》、《小辩》、《用兵》、《小间》宜各为一类；《乐记》、《礼运》、《礼器》、《曾子问》、《主言》、《曾子立事》、《本孝》、《立孝》、《大孝》、《事父母》、《制言》、《疾病》、《千乘》、《四代》、《虞戴德》、《诰志》、《子张入官》、《盛德》宜合为一类；此两大篇悉本于圣门之雅论，犹《易》之有上下《系》也。
>
> 间取《夏小正》、《职方》、《谥法》、《易本命》自为一编，又取《檀弓》、《考工》、《司马法》、《弟子职》各四篇终焉。犹《易》之

---

① 即吴澄。

## 第八章 黄道周的三礼学及其相关问题考论

有《杂卦传》也。

如此，则整齐完备，上下分明，多不过百篇，少不过八十一篇。而礼家经纬从此大定矣。①

从以上的几个段落可以看出，黄道周的议论是在对于吴澄删削和改编礼书经传分类的背景下而发出的，黄道周本人则颇类于朱熹《仪礼经传通解》那样的一种目的在于打通三礼的意识，这里，黄道周是将《仪礼》、大小戴《礼记》的各个篇章和《周礼》，还有《司马法》《管子》中的《弟子职》等有所拆分归类，整理汇集成为八类。在诠次分类上，黄道周提出，或"以为初学持循之矩，所谓礼始于家，犹之小学"；或"以为明王致用之效，所谓礼行于国，犹之大学"，以求"整齐完备，上下分明，多不过百篇，少不过八十一篇"的意旨，更有"礼家经纬从此大定"的气象，实在是黄道周设计的一个整理礼书的原则和纲领。其所谓"《仪礼》所存，未必精于戴《记》"的说法，不仅与其所引贾公彦比较《仪礼》与《周礼》的看法不同，也与朱熹《仪礼》为本的意识不同，显出其独特的认识角度。而其所谓"《周礼》所用，历代尚有异同，然其说可义起也"的说法，表明黄道周对《周礼》内容和意义的重视，这在后面其专论《周礼》的话语中还有体现。

那么《榕坛问业》卷九所记以下的对话，则体现出黄道周和张骊之在删定和整理三礼篇章的具体原则问题所进行的反复讨论。

张骊之说："然《易》以孔子释文王、周公，故可分别上下。今如《曲礼》、《仪礼》、《杂记》，或多圣门高弟、鲁门之所记录，而推为前编，以夫子、曾子之言缀于下卷可乎？"黄道周回答说："都是圣门所记，取其义类相从耳。万事都可灿见，错出亦要整齐，至于礼书，尤宜详整也。"这段回答，可以说是黄道周在肯定《礼记》多篇"都是圣门所记"的同时，又为整理三礼，特别是整理《礼记》而确立的一个原则。下面黄道周的一段回答，也是如此。

接着，张骊之又说："篇中二戴尚有重复，事例亦有异同者如何？"黄道周回答说："此不过略为删定，吴幼清亦尝删过，但未详悉耳。至于汉儒传注，都是礼数曲折所系，未可泛删。见今人读书，不知贾王马郑

---

① 《文渊阁四库全书》，第717册，第387、388页。

是何贯籍,真可一叹也。凡礼,贵损益,三代之礼不可俱存。然至圣人余言,寸珠尺玉,安可一切删除而宝其敝跷乎?杞宋足征,备于二代,《周官》、《仪礼》,确所当行。惜吾冷落,未能旦夕就草也。"① 这里表明了黄道周同样看重《周礼》《仪礼》这两部经典,只是他深感自己力不从心,未能有所整理。

对此,张㟫之说:"此事锺当与二谢共成之,但要删定重复,去取注疏,不过岁月之间。如《周官》者,篇帙尚多,疑信各半,想当孤行。"黄道周则说:"孤行亦自可,但去古既远,义类相从,及今不取,后必有起而惋惜者。"由此可见黄道周对《周礼》文本去取上的审慎态度。

张㟫之又问到:"如《逸周书》,岂可凭据?既取他《职方》,则《王会》、《时训》何不并存?"黄道周说:"宁过而存,亦当存其无弊者耳!"这既是一个原则性的判断,也体现出黄道击对《逸周书》的存疑态度。

张㟫之又说:"如此裁定,只有七十六篇。"黄道周说:"间有大篇,自为上下,如《曲礼》、《檀弓》、《丧服》、《杂记》之类,斟酌自符。"

由以上的对话,我们可以感觉到黄道周在整理礼书方面的谨慎,而不像遭到后世严厉批评的其他明代礼学家那么大胆②。然而,黄道周对三礼的分类整理意识和具体思路,在很大程度上还是受到朱熹集成三礼的思想的影响。再有,在明代,早于黄道周的黄乾行③《礼记日录》三十卷、贡汝成④《三礼纂注》四十九卷、李经纶⑤《礼经类编》三十卷,也在三礼集成分类方面有所努力,应该是同样对黄道周有所影

---

① 《文渊阁四库全书》,第717册,第388页。
② 如《四库提要》中批评贡汝成和邓元锡说:"贡汝成因而更定三礼,弥为变乱纷纭,已大乖先儒谨严之义;至元锡此书,则非惟乱其部帙,并割裂经文,移甲入乙,别为标目分属之,甚至采掇他书,臆为窜入,古经于是乎荡尽矣,非圣人而删定六籍,不亦异乎。"(《四库全书总目·三礼编绎提要》,中华书局1965年版,第202页)又如《四库提要》中批评李经纶的《礼经类编》"割裂经文,参糅杂说,取凭胸臆,随意增删,殊失先儒谨严之意,是欲踵朱子《仪礼经传通解》而失其初指者也。"(《四库全书总目》,第202页)
③ 《经义考》卷一四五引黄虞稷曰:"黄乾行,字玉岩,福宁州人。嘉靖癸未进士。官四川重庆知府。读《小戴记》有所得,则录其端,故曰《日录》。初仅三十三卷,此更定本也。"(林庆彰等主编:《经义考新校》,第2665页)
④ 贡汝成字玉甫,宣城人。嘉靖中官翰林院待诏。
⑤ 李经纶,字大经,号寅清,南丰人,正德、嘉靖间诸生。

响的。

## 二 黄道周与柯登南、吕而德论《周礼》

除了对《礼记》、《仪礼》的议论之外，黄道周还集中对《周礼》一书作了讨论。《榕坛问业》卷十三记录了黄道周与柯登南对《周礼》有关问题的讨论。《榕坛问业》卷十五记录了黄道周与吕而德论《周礼》。从中可以看到黄道周对《周礼》文本的认识及判断。

黄道周与柯登南论《周礼》，主要涉及《冬官》一篇是否阙如的问题，再有就是对于以往学者关于《周礼》职官和职掌的关联方面的理解和认识方面的讨论。两人一问一答，有所辨析，层层深入和展开。

柯登南问到："《周礼》一书，经以六官，纬以三百六十属，厄于秦焰而《冬官》遂阙。有谓其未尝阙而散见于五官之中者，有谓其五官互建而冬官亦未尝阙者，自叶时、吴澄皆主此论。则河间献王时岂不知其为全书，而故以《冬官》有阙补以《考工》欤？"[1] 这里，柯登南提出，如果像南宋叶时、元代吴澄所主张的《冬官》不缺的话[2]，那么当年汉代河间献王难道是不知道《冬官》不缺而故意以《考工记》来补《冬官》之缺吗？对此，黄道周集中地回答说：

> 献王时天下藏书渐出，考核极精，《周礼》五篇，无司空之属，而《冢宰篇》有冬官六十属之文，则其为阙文无疑也。董仲舒与河间同时，每称冬空也，其意亦出于《周官》。窦太后斥辕固云：安得司空城旦书[3]而读之。则自秦汉之际，已无复此书。想自古者建国之后，宗庙社稷、城郭官府、井墅庐舍、坟墓坛壝，大率已定，不兴大工。《诗》云："乃召司空，乃召司徒，俾立室家。"[4] 此是创始上事，如禹平水土而后周公营洛，而降物役已定，不烦专官。井里、乡遂、沟浍之官，疏瀹修筑，地官司徒领之，已明备其文。关市、

---

[1] 《文渊阁四库全书》，第717册，第440页。
[2] 宋俞庭椿也主此说。
[3] 此句见《史记·儒林列传》。
[4] 出自《诗·大雅·绵》。

舟车、桥梁之务，川衡、泽虞领之，不必尽存其职。后世升平，滔心易生，动有营构，劳民伤财，先王豫裁其端，使司徒得摄司空之事，极为要约。何必疑乎？"①

由此看来，黄道周认为，冬官之属六十在《周礼·冢宰》中是明确存在的②，但是其职文已缺也是实际情况。不过从实际操作上讲，与司空之官相关的事情是可以由司徒之官来掌管的。这里重在强调了司徒司空官属的联系性。

柯登南进而问道："董子言冬者空也，盖指刑威而言，犹霜雪之不至地而已，非谓冬官也。《汉书》有鬼薪白粲之文，《周官》皆无之。如府舍宫庙岁时修除，何得便辍司空之务？古云官事不摄，岂有司徒可代司空承其利败者乎？"这里，柯氏指出了黄道周有关董子话语的疏漏处，同时指出涉及汉代的有关刑罚③，在《周礼》中是完全没有的，既然常年有"府舍宫庙岁时修除"，为什么偏要少了司空的职掌呢？其实，柯氏还是在强调冬官司空职掌内容在《周官》中的缺失。"官事不摄"一语出于《论语·八佾》，所谓："管氏有三归，官事不摄，焉得俭。"说的是官职不兼差，算不得节俭。亦即孔子是主张官职兼差的。柯氏之问的意思则在于司徒不得兼司空的差事。

黄道周则回答说："《周官》刑徒皆役于司空，自搏杀焚弃、三赦三宥而外，司寇所致辟坐设者皆司空也。司空虽专官，实与五官承其劳弊，盛时五刑既希，徭役亦省，五官相权，理或有之。且以司徒申五教之务，其制独详；司空慎兴作之防，其旨独远。如师保救谏不列天官之中，缝染丝屦反入冢宰之治，天官之治愈细，地官之治愈大，其义可寻，则彼

---

① 《文渊阁四库全书》，第717册，第441页。
② 《周礼·天官冢宰》"小宰之职"中有"六曰冬官，其属六十，掌邦事"。
③ 《汉书·惠帝纪》记载："上造以上，及内外公孙耳孙，有罪当刑，及当为城旦、春者，皆耐为鬼薪、白粲。"应劭注云："今以上造有功劳，内外孙有骨血属婇，施德布惠，故事从其轻也。城旦者，旦起行治；城春者，妇人不豫外徭，但春作米，皆四岁刑也。今皆就鬼薪白粲，取薪给宗庙为鬼薪，坐择米使正白为白粲，皆三岁刑也。"（中华书局1962年版，第85、87页）又《汉书·刑法志三》记载："罪人狱已决，完为城旦春，满三岁为鬼薪白粲。鬼薪白粲一岁，为隶臣妾。隶臣妾一岁，免为庶人。"颜师古注曰："男子为隶臣，女子为隶妾。鬼薪白粲满三岁为隶臣，隶臣一岁免为庶人。隶妾亦然也。"（中华书局1962年版，第1099、1100页）

此互取耳。"① 于此，黄道周进一步强调了司空职掌内容与其他五官的联系，无论司寇、司徒的职掌都有在司空属下的时候。还有"师保救谏不列天官之中，缝染丝屦反入冢宰之治"所体现的就是，六官之间"其义可寻，则彼此互取"。

柯登南又问道："胡五峰亦谓，冬官事属之地官，各以田墅井牧乡遂之徒皆司徒统之，其事则司空任之也。又有谓地官遂人以下皆属冬官者，孰为确与？"这里柯登南称引宋儒胡宏所谓"冬官事属之地官"实际上是胡氏指出的刘歆的说法，而后所言"有谓……皆属冬官者"指的是明人柯尚迁②《周礼全经释原》中的做法。《四库提要》中评论其意旨说："《冬官》不亡，诸儒纷纷异议。俞庭椿等因欲割裂五官以补其缺，致有窜乱古经之讥。尚迁谓当以经证经，取遂人以下地官之事分为冬官，自遂人至旅下士正六十人，可证序官之同乎六十，不待移易他官，以乱圣经。其说较诸家颇为有据。"③ 可见柯氏此书在当时即有一定影响和价值。

对此，黄道周自己的解释是："地官司徒所属最多，自任地而下闾师、遗人，皆与司空相出入。自遂人而下三十五属，皆司空之事。秋官司寇自墅庐而下二十属，亦皆地官及司空事也。凡任地之务，多方九职，任民皆列于冢宰八贡，任力又载于地师。司马自职方而下，有五方三师；宗伯自职丧而前，有冢人、墓士；分则皆五官之人，合则皆司空之事。犹之用刑者，五官各自用刑，不必皆归于司寇。然司寇自为邦禁，五官之刑皆于是誓典耳。五官工事归于司空，而司空之工还于各属，故天文室璧之北有土，司空井柳之间有厨酒食，天官所以并统厨人，地官所以兼执工役也。"④ 这里，黄道周指出了不仅地官中有与司空相出入的职官职掌，还有秋官中也有与地官冬官相出入的职官职掌，而且，原则上是"分则皆五官之人，合则皆司空之事"，所以才可以看到"五官工事归于司空，而司空之工还于各属"。这还是表明《周礼》五官之属官及职掌之事与司空的相通和相联系。

于是，柯登南干脆说："如此，则只设地官，不须司空。或设司空，

---

① 《文渊阁四库全书》，第 717 册，第 441 页。
② 柯尚迁（1528—1583），字乔可，号阳石山人，长乐县下屿人。明嘉靖二十八年（1549 年）贡生，任邢台县丞。
③ 《文渊阁四库全书》，第 96 册，第 483 页。
④ 《文渊阁四库全书》，第 717 册，第 441 页。

不须司徒矣。"还是在追问《周礼》司空之职设计上的问题。

黄道周则继续分析说："治地之道，重于民事；次及市廛、大工，散于五官；除修庙葺宫室闲时而举，小小工作，可不烦六卿董之。故云司空，空者，空也，藏也。因时而命之耳。今如于冢宰中取缝染、屦幂，宗伯中取冢墓、巾车，司马中取弓矢、甲弁、缮槁，司寇中取雍萍、翟柞、庶穴、剪茇，以成司空之治，其去《考工》能有几何，而须一正卿治之？司空之寄百工于五官，犹天子之寄饮食服御于冢宰，所以蠲邪省用，使贡谀导淫者无所骋其丰豫也。"① 这里，黄道周也在设想，既然可以将司空之官解释为"因时而命之"，那么如果分别从冢宰、宗伯、司马、司寇当中抽取出一些职官的职掌，也是和现在的《考工记》中的职官职掌没有太大差别的。

柯登南又接着问："如此，则冢宰之篇所云司空率六十属者杳然无据，吴幼清先生于任土国宅而上，加惟王建国二十字，及乃立冬官司空二十字不为蛇足耶？"柯登南这里所提到的吴澄在《冬官》篇首加上"惟王建国，辨方正位，体国经野，设官分职，以为民极。乃立冬官司空，使率其属而掌邦事，以佐王富邦国"四十字的情况，据柯尚迁《周礼全经释原》卷十二有解释说："此四十字，临川吴氏（即吴澄）仿五官之例而补之者也。"② 而且，前提是"吴澄作《三礼考注》……谓冬官未尝亡而地官之文实亡也"③。那么，柯氏是讲，如果《周礼·冢宰》所云司空率六十属变得没有根据了，吴澄所补的话不是也就没有意义了吗？

黄道周回答说："前贤读书，要自详慎。自任地国宅上下，要加立春布和诸语，乃以遂人诸条足于遗人、均人之下，此皆各有所取。幼清之删定，河间之补记，要为《周官》功臣，不必讥也。"④ 这里，黄道周对吴澄，乃至汉代河间献王刘德在《周礼》一书传承上的功劳是予以肯定的。

柯登南又问："蔡九峰称'周公方条治事之官，未及师保之职。《冬

---

① 《文渊阁四库全书》，第 717 册，第 442 页。
② 《文渊阁四库全书》，第 96 册，第 962 页。
③ 丘濬：《大学衍义补》卷七十五。（《文渊阁四库全书》，第 712 册，第 861 页）朱彝尊《经义考》卷一二五《吴氏（澄）周礼考注》条下说："今世所传《三礼考注》非公书也。"（林庆彰等主编：《经义考新校》，第 2324 页）
④ 柯、黄问答并见《文渊阁四库全书》，第 717 册，第 442 页。

## 第八章 黄道周的三礼学及其相关问题考论 643

官》阙,首末未备,乃周公未成之书。'然欤?"这里约略南宋蔡沉《书经集传》卷六《周官》卷首语中的话,其全文为:"然《周礼》非圣人不能作也。意周公方条治事之官,而未及师保之职。所谓未及者,郑重而未及言之也。书未成而公亡,其间法制有未施用,故与此异,而《冬官》亦缺。要之《周礼》首末未备,周公未成之书也。惜哉,读书者参互而考之,则周公经制,可得而论矣。"① 柯氏是在问黄道周是否认同蔡沉的说法。

那么,黄道周回答说:"秦人既改官仪,又废井田为阡陌,发徒骊山,穷力阿房,取六国之匠,营造无极,视先王司空犹之枲耳② 耳。周公营洛,土圭取景,及为明堂,世室重屋,卜丰鄗宅兆,折衷华素,皆秦人之所厌观。加以诸儒论难,俗主厌闻,恶而去籍,想当然也。然今《周官》中亦无缺事,唯舟船桥梁耳。卜宅营墓之法,备藏于《易》,有非载记所能尽者,山泽二师宜不尽谈。何足疑乎?"③ 黄道周的此番话语中,一方面将历史上秦人的经营和周公的经营做了对比,并指出伴随着秦火去籍,周人经典也难逃厄运;另一方面则明确认为传世的《周礼》缺项不多,还有的事项则备于其他典籍。这样说来,在黄道周眼中,《周礼》为周代之书是无可置疑的。

柯登南又说到:"近项仲昭④ 太史,以《冬官》补亡,割天官之司裘、兽人,地官之均人、土均、草人、稻人、山虞、泽虞、卝人、角人、囿人、封人,春官之司服、冢人、墓大夫、巾车、司裳,夏官之量人、司弓矢、槀人、职方、土方、刑方、山师、川师,而独不及秋官,何欤?"柯氏此问,一是说明当时还有人继续做《冬官》补亡的工作,二是想让黄道周来评价一下其做法当否。

黄道周回答说:"凡读书,繇人剪裁,由己他别,有意不相非也。"⑤ 意思是说读书取舍,人各有别,没有必要相非议。

柯登南又问到:"议事亦须停妥耳。如今日称《冬官》可以相权,又

---

① 钱宗武、钱忠弼整理,凤凰出版社2010年版,第223页。
② 即草本植物苍耳。
③ 《文渊阁四库全书》,第717册,第442页。
④ 《明季北略》卷二十二记载:"项煜,字仲昭,号水心,南直吴县人。天启乙丑进士,官少詹兼侍读。"(清)计六奇撰,魏德良、任道斌点校,中华书局1984年版,第601页。
⑤ 《文渊阁四库全书》,第717册,第442页。

说秦人已经紊乱,则两意螯戾,以何为准?"可知柯氏感觉,如果说《冬官》职官职掌的内容在于五官属官职掌的平衡协调上,又说秦人时改定官仪已经造成紊乱,那么以那种事实为准呢?

黄道周则解释说:"周家卜洛以后,不专立司空。虽无所考,然如吉甫筑城朔方,召伯疆理申谢,皆以上卿兼方伯之任,未尝专立司空。省官自是防微至意,紊乱自是穷极末流,何相碍乎?且如尚宝太医、光禄宫正、女御之皆隶于天官,太仆、鸿胪之皆隶于司马,行人之隶于司寇,世皆无议,何独于司空地官而疑之?吴幼清亦谓司徒掌邦教,不宜专以任土为事。然而恒产、恒心,不欲民明其义,亦难言也。"黄道周用史实来说明周代有不专立司空的时候,而且认为周人省官是对冗官冗员的防微杜渐,秦人改官仪造成的紊乱是官制的穷极末流,两种现象的存在并不在一个标准上。具体到《周礼》各职官隶属上的相互交叉交错本无异议,何必在司空和地官属官交错上纠缠疑议呢?吴澄的看法不是很有启示性吗?不过既然是职官政治上的事情,"不欲民明其义"的话,也未必要那么的明确了。

柯登南又质疑说:"如三公论道及辅弼疑丞史祝之制,在诸书中种种不同。《周官》缺而不称,独以师保谏救隶于小司徒,何其微欤?"柯氏所说《周官》就是《周礼》。而黄道周回答说:"周家故府典籍甚多,如《逸周书》中自有《周官》、《职方》,及戴《记》所存《明堂位》、《王制》、《玉藻》、《郊特牲》、《月令》皆各自成书,彼此互见,非萃众家以成一部也。《周官》亦是一书,与戴记《檀弓》、《夏正》都是典要法籍所稽耳,何必定为《周官》姬公所作成周致治之书乎?"① 这里,黄道周坚持自己前面讲过的观点,认为周代典籍传世很多,各自成书,各种制度,彼此互见,各方互补,不必一定要将《周礼》看作是周公治政于成周时所作的书。

柯登南继续说:"郑康成实主此义,嘉靖中尝命棘闱策士矣。何得与戴《记》齐观?"柯氏不仅强调东汉郑玄"周公居摄而作六典之职,谓之《周礼》"、"《周礼》是周公之制"② 的说法,而且指出嘉靖间科举考试也曾以此命题。接着便问既然《周礼》有如此地位,又怎么会和《礼记》

---

① 《文渊阁四库全书》,第717册,第443页。
② 郑玄注见(清)阮元校刻《十三经注疏》,中华书局2009年版,第1373、2914页。

## 第八章 黄道周的三礼学及其相关问题考论

一书齐观呢？

对此，黄道周回答说："汉人之习《尔雅》，唐人之称《孝经》，皆取裁于当宁布号于学宫，士子读书，取其精核，如食鱼有骨，啖果香辣者，又何足疑？"① 在黄道周看来，既然《周礼》、戴《记》"都是典要法籍所稽"，具有同样的地位无可置疑。

最后，柯登南问到有关《周礼》中的文字上面说："如五官多奇字，义在字形；《考工》多奇字，形在字义。此何所取？"黄道周回答说："某亦粗读，读过自见。"②

综上所述，可以说在以上的问对中，柯氏遍举和讨论涉及河间献王、董仲舒、郑康成、胡五峰、蔡九峰、叶时、吴澄（吴幼清）、项仲昭等各家与《周礼》的关系和经学观点，黄道周则有针对性地予以回答。首先，表明黄道周的基本主张就是将《礼记》的一些篇章和《周礼》一书看作是汇集周代制度的古典文献。其次，如他所说的"幼清之删定，河间之补记，要为《周官》功臣，不必讥也"一句，表明他对前贤在整理《周礼》古籍上的贡献的基本肯定。

除了上述与柯登南论《周礼》之外，《榕坛问业》卷十五还记录了黄道周与吕而德论《周礼》的一段对话，其主要是针对后世对《周礼》的负面评价而论的。吕而德说到："前日每对诸兄值不了者曰且举《周礼》，看《周礼》有何佳处。胡五峰、苏子由诋其疏谬，如建土逾制③，冢宰管利④，

---

① 《文渊阁四库全书》，第 717 册，第 443 页。
② 《文渊阁四库全书》，第 717 册，第 443 页。
③ 苏辙撰有《周公》一篇，论证《周礼》的"三不可信"，其中有云："《书》称武王克商而反商政，列爵惟五，分土惟三。故孟子曰：天子之制，地方千里，公侯百里，伯七十里，子男五十里，不能五十里、不达于天子附于诸侯，曰附庸。郑子产亦云古之言封建者盖若是。而《周礼》：诸公之地方五百里，诸侯四百里，诸伯三百里，诸子二百里，诸男百里。与古说异。"（《栾城集·后集》卷七《历代论一》，《苏辙集》，陈宏天、高秀芳点校，中华书局 1990 年版，第 960 页）
④ 胡五峰（宏）所言曰："今《天官》有宰夫者，考群都县鄙之治，乘其财用之出入，凡失财用物辟名者诛之，其足用长财善物者赏之。夫君相守恭俭，不向末作，使民务本，此足用长财之要也。百官有司谨守其职，岂敢逾越制度，自以足用长财为事。若刘歆之说，是使百官有司不守三尺，上下交征利，虽剥其民以危亡其国之道，非周公致太平之典也。"（见于《五峰集》卷四《极论周礼》，《胡宏集》，吴仁华点校，中华书局 1987 年版，第 255 页。后注亦同）

甸师受眚①，内宰立市②，阍人掌禁③，女祝禳禬之说④，种种迂谬，不独青苗国服而已。晦翁亦云：《周礼》一书不敢令学者看，学者先理会身心，学《周礼》却是后一节事⑤。吾门如何付人去看？"⑥

这里，吕而德所言胡宏、苏辙对《周礼》的质疑确实是学术史上的公案，当时及后来学者有赞同，也有反对；所谓"青苗国服"之说，则是指王安石变法措施和《周礼》的关联；而所引朱熹的话，又是从另一方面看待《周礼》的例证。实际上，当年朱熹针对胡宏等人对《周礼》的质疑就曾有回应，他说："五峰以《周礼》为非周公致太平之书，谓如天官冢宰却管甚宫阃之事，其意只是见后世宰相请托宫闱交结近习，以为不可。殊不知此正人君治国平天下之本，岂可以后世之弊而并废圣人之良法美意哉！又如王后不当交通外朝之说，他亦是惩后世之弊。要之《仪礼》中亦分明自载此礼。至若所谓女祝掌凡内祷祠禬禳之事，使后世有此官，则巫蛊之事安从有哉。"（《朱子语类》卷八十六⑦）那么，吕氏要问的，还是黄道周一门又如何让人看待《周礼》。

黄道周回答说："读书须是心精，心粗者再看不得《周礼》，看《周

---

① 胡五峰（宏）所言曰："古之王者守礼寡欲，申义而行，无所忌讳，不畏灾患。今《天官·甸师》乃曰：丧事代王受眚灾。此楚昭、宋景之所不为者也。而谓周公立以为训，开后王忌讳之端乎？"（同前注）

② 胡五峰（宏）所言曰："王后之职，恭俭不妒忌，帅夫人嫔妇以承天子奉宗庙而已矣。今内宰凡建国左右立市，岂后之职也哉？"（同前注，第256页）

③ 胡五峰（宏）所言曰："内小臣掌王后之命，后有好事于四方，则使往。有好令于卿大夫，则亦如之。阍人掌守王宫中门之禁，说者以为此二官奄者、墨者也。妇人无外事，以贞洁为行，若外通诸侯，内交群下，则将安用君矣？夫人臣尚无境外之交，曾谓后而可乎？古者不使刑人守门，公家不畜刑人，大夫弗养士，遇诸涂弗与之言。周公作《立政》，戒成王以恤左右缀衣虎贲，欲其皆得俊义之人。今反以隐宫刑余近日月之侧，开乱亡之端乎？寺人、内竖贱人，非所贵也。"（同前注）

④ 胡五峰（宏）所言曰："女祝掌宫中祷祀禳禬之事。夫祭祀之礼，天子公卿诸侯大夫士，行之于外；后妃夫人嫔妇，供祭服笾豆于内。况天地宗庙山川百神祀有典常，又安用此么祷祠禳禬于宫中，此殆汉世女巫执左道入宫中，乘妃姬争忌妒，与为厌胜之事耳。"（同前注）

⑤ 《朱子语类》卷八十六记录朱熹的话为："《周礼》一书好看，广大精密，周家法度在里。但未敢令学者看。（方子）。"又"曹问《周礼》，（朱熹）曰：'不敢教人学，非是不可学，亦非是不当学；只为学有先后，先须理会自家身心，合做底，学《周礼》却是后一截事。'"（中华书局1986年版，第2204、2203页）

⑥ 《文渊阁四库全书》，第717册，第470页。

⑦ 中华书局1986年版，第2205页。

礼》后自然耐烦知他病痛，某至今未能也。且如《周礼·大司乐》一章，未经秦火，河间古书，此最先出。玩之，长人神智，决非后儒之所能造。人都说此物坏人，一坏刘歆，二坏苏绰，三坏王安石，亦当试之，看其灾祥如何耳？"① 这里，黄道周是教诲弟子应该怎样来读《周礼》，一是要精读，不可粗心；二是要看后自然才能够包容其中的缺陷之处。黄道周自谦尚未达到这个境界。例如《周礼·大司乐》一章，黄道周认为其经得起细读玩味，后儒是作不出来的。还有，对《周礼》在历史上的"人都说此物坏人"的遭遇，黄道周主张也要试看实际造成的灾祥如何来判断与《周礼》的关系。总之，在黄道周的意识中，和汉代郑玄、宋代张载、程颐、朱熹一样，还是倾向于肯定《周礼》的经典价值的。

### 三 黄道周与弟子就有关《月令》篇来历的问答和讨论

《榕坛问业》卷四中还记录了有关《月令》篇来历的问答和讨论，可以说是涉及《礼记》中的具体篇章的问题。且先列举其相关对话及问答如下：

赵与莲问："礼经《月令》，或以为出于吕氏，或以为秦火未焚。参酌旧典，小戴所存，出于周公。"黄道周则说："《逸周书》、《夏小正》未必是古书，然与《吕纪》、《月令》强半出入。今人读此书，亦无甚乖误者。但如《尚书》日中星鸟，日永星火，此处不同朔，易讹成，因之改度耳。今如除却星中日，躔正其纪次，依他施令，虽出吕书，岂有谬乎？如谓他时候不同，存为哑钟，则是《虞书》首篇，亦烦更定也。"②

唐伯玉说："承论此两事，极难得合。"黄道周问到："如何？"唐伯玉说："如历书日食，正朔果系周月周时，则仲尼不应书春正月、春二月、春三月。如仲尼既用夏书，则《左传》不应书日南及启蛰诸事也。且《春秋》果用子月为春，则《月令》八节，一切差池，岂有四立二至，周家别记岁时之理。"黄道周说："云赤亦如此看。章本清③诸公及蔡注俱

---

① 《文渊阁四库全书》，第717册，第471页。
② 《文渊阁四库全书》，第717册，第312、313页。
③ 章潢，字本清，南昌人。

云改岁耳。"①

云赤则问;"改岁,《月令》悬之象魏,难道象魏布和岁时,便可错用耶?"黄道周说:"帝王所重,不过农政。丘明所载,只占龙火。二十四气、七十二候,著于京、刘,虽管氏诸书,不过约略霜露,潜窥豺獭而已。且依《春秋》,冰雪以证冬春。勿谓历代史书总成伪历也。"②

赵与莲说;"若此,则《月令》决非周公所作矣。"黄道周又说;"周时,《夏正》既已不传,诸家各私其说。秦汉之际,阙焉不传。至元朔诸贤始一更定,小戴《礼记》只五③十六篇,《月令》、《明堂位》、《乐记》三篇乃马融增入,并非二戴也。"④

唐伯玉又问:"若此,则经传史历,一一堪疑,当复何据?"黄道周回答说:"以某所据,则祖冲之、僧一行、郭守敬及邢云路,皆知历者,九代以来简较日食,不止千次,并无以夏时推春秋者,行当与诸贤共定耳。"⑤

如果我们对上述的对话及问答做一些分析的话,由中可以知道,黄道周十分看重和肯定对《礼记》的阅读。这在后面所引他说的"《仪礼》所存,未必精于戴《记》"一句中也可以体会到。开头赵氏所问是有着各种依据的。因为历史上对《礼记》中的《月令》的渊源,聚讼纷纭。有认为是《周书》之一篇,为周公所作,如贾逵、马融、蔡邕、王肃等⑥;有认为是本自《吕氏春秋》十二月纪之首章,乃吕不韦所作,如郑玄、孔颖达;有认为是夏代时候的书,如鲁恭、束晳⑦。这里赵氏起初是认同第一种说法即认为是周公所作。而后,经过一番问对,他又有前提地认为,"若此,则《月令》决非周公所作矣"。那么,对于《礼记·月令》、《大戴礼记·夏小正》,黄道周所说的"《逸周书》、《夏小正》未必是古书,然与《吕纪》、《月令》强半出入",还有他说的"《月令》、《明堂

---

① 《文渊阁四库全书》,第717册,第314页。
② 《文渊阁四库全书》,第717册,第314页。
③ 《文渊阁四库全书》本即如此,或当做"四"。
④ 《文渊阁四库全书》,第717册,第314页。
⑤ 《文渊阁四库全书》,第717册,第314页。
⑥ 《隋书》卷四十九,第1302页。
⑦ 《后汉书》卷二十五,第881页。《隋书》卷四十九,第1302页。

位》、《乐记》三篇乃马融增入，并非二戴也"①，就是对一些有争议的篇章时代性问题发表了自己的见解。特别从历法的角度，黄道周认为或"因之改度"，或"亦烦更定"，都是有其合理性的。他又说"帝王所重，不过农政"，即在于肯定《月令》的价值。这从后来黄道周专有《月令明义》的解释性著述方面，也能说明问题。而且，通过黄道周提到祖冲之、僧一行、郭守敬及邢云路等历史上的历法家来看，黄道周在解读《月令》时，也是特别注重星相及历法与时事政令的关系的。

**四 其他材料所见黄道周论三礼**

首先，据《榕坛问业》卷十五的记录，在对比《尚书》的真伪问题时，黄道周说："古二十五篇深玄奥义，岂是后儒之所能及。昔有疑《礼记》诸篇是汉儒杜撰者，晦翁亦谓汉儒深醇莫如董、贾。董、贾如何做得《礼运》、《礼器》、《郊特牲》许多文字？东晋诸贤既不能作一《书序》，岂能创出许多精微质奥之言？"② 这可以说是黄道周在《礼记》一书中的重要篇章著述时代早晚上的基本立场，与前面我们曾经提到过的黄道周肯定《礼记》多篇"都是圣门所记"的认识是一致的。

其次，《孝经集传》四卷黄道周自序有曰：

> 臣观《孝经》者，道德之渊源，治化之纲领也。六经之本，皆出《孝经》。而《小戴》四十九篇、《大戴》三十六篇、《仪礼》十七篇，皆为《孝经》疏义。盖当时师、偃、商、参之徒，习观夫子之行事，诵其遗言，尊闻行知，萃为礼论，而其至要所在，备于《孝经》。观戴《记》所称君子之教也，及送终时思之类，多绎《孝经》者。盖孝为教本，礼所由生，语孝必本敬，本敬则礼从此起，非必《礼记》初为《孝经》之传注也。臣绎《孝经》微义有五，著义十二。微义五者，因性明教一也，追文反质二也，贵道德而贱兵刑三也，定辟异端四也，韦布而享祀五也。此五者，皆先圣所未著而夫子独著之，其文甚微。十二著者，郊庙、明堂、释奠、齿胄、

---

① 有关这个问题，文献记载各家说法不同，黄道周所持论系《隋书·经籍志》的说法，清代皮锡瑞《经学通论·三礼》则有所辩驳。

② 《文渊阁四库全书》，第717册，第466页。

养老、耕藉、冠昏、朝聘、丧祭、乡饮酒是也。著是十七者，以治天下，选士不与焉，而士出其中矣。天下休明，圣主尊经，循是而行之，五帝三王之治，犹可以复也。①

在这里，黄道周不仅主张《孝经》中包含了道德之渊源，治化之纲领，六经之本皆出《孝经》；而且还强调大、小戴《礼记》以及《仪礼》都可以视为对《孝经》精神的最好说明。倒不是说《礼记》必定就是《孝经》的注解书，而是其中所能概括出来的各种分属宗教之礼、道德之礼、政治之礼、法令之礼的内容，或者说是仪规之礼、制度之礼、观念之礼都可以是从《孝经》的精神引发出来，在《孝经》中可以找到精神根据。

综上所述，黄道周作为在科举制下的明末儒者，自然在传统经学领域有着一般士儒所具备的知识结构和经学素养；不惟如此，他更有很多经学著述和经学传授方面的成果。归结到三礼学方面，则有如上他的见解通过与学友、弟子的问答而呈现给世人。作为对传统礼学的承袭和传播，黄道周的传学之功不可磨灭。特别是在明代经学处于如皮锡瑞《经学历史》中所说的"极衰时代"②，被后人评价为"未闻以此名家者"③的状况之下，黄道周在易学、春秋学之外，对三礼尤其是《礼记》学方面的贡献，是值得称道的，而且也是需要做深入具体的考察和研究的。

## 第二节 黄道周与诸弟子论学礼、读礼以及对"博文约礼"之说的讨论

《榕坛问业》卷四中记录了黄道周与赵希五、赵与莲、唐伯玉、云赤等人就有关学礼和读礼书的关系，以及对《论语》中的"博文约礼"之说的问对和讨论。

---

① 《文渊阁四库全书》，第182册，第157页。
② 中华书局2008年版，第289页。
③ 《明史》卷二百八十二《儒林传序》在评价明代经学时说："要之，有明诸儒，衍伊、雒之绪言，探性命之奥旨，锱铢或爽，遂启岐趋，袭谬承讹，指归弥远。至专门经训授受源流，则二百七十余年间，未闻以此名家者。经学非汉、唐之精专，性理袭宋、元之糟粕，论者谓科举盛而儒术微，殆其然乎。"（中华书局1974年版，第7222页）

## 第八章 黄道周的三礼学及其相关问题考论

先是赵希五问到:"圣门之学,不过博文约礼,如是礼者三千、三百,包举《诗》、《书》。夫子自少到老,定夺不尽,如是无文之礼,此是入手,便当寻求,岂容留为后著?"对此,黄道周回答说:"此道常有人寻求,无如今日亲切。贤看一部《礼记》,才信得'俨若思';抑先信得'俨若思',然后去看一部《礼记》耶?真读书人,目光常出纸背,往复循环,都有放光所在。若初入手,便求要约,如行道人,不睹宫墙,妄意室中,是亦穿窬之类也。"①

赵希五问中所提到的"博文约礼",出自《论语·雍也》中的"子曰:君子博学于文,约之以礼,亦可以弗畔矣夫",以及《论语·子罕》颜渊所言:"夫子循循然善诱人,博我以文,约我以礼。"这是孔子主张的教育方针之一,即所谓"博文使致其知也,约礼使谨于行也"②,也就是说知识要广博,行为要守礼。那么,这里赵希五的问题应该就是,按照儒家为学之"博文约礼"原则,就学礼而言,孔夫子当年面对着包括《诗》、《书》在内而体现出的所谓经礼三百、曲礼三千,恐怕也堪称"定夺不尽";那么不是可以直接从无文之礼入手,又怎么会由广博之后才显出学礼的效果,亦即"岂容留为后著"?对这里的"后著"的理解,我们似乎可以参考张载曾经说过的"博文约礼,由至著入至简,故可使不得畔而去"③。

黄道周在回答中先做了两个设问,亦即,究竟是先要看过整部《礼记》之后才会确信《礼记·曲礼上》篇中所讲的"俨若思"的合理性呢?还是先确信"俨若思"的合理性,然后再去看整部《礼记》呢?对于"俨若思"一语,郑玄注有云:"俨,矜庄貌。人之坐思,貌必俨然。"也就是一种合乎礼的姿态。在黄道周看来,真正的读书人,经过反复研读,不厌其烦,融会贯通,自然会超出文本,每每而有所得。如果一上来就不求甚解,浅尝辄止,而径直地追求做到简约从事,就会如同行走者不见宫墙就去想屋室之内的情况,这无异于翻墙头一类的想法。

---

① 《文渊阁四库全书》,第717册,第304页。黄宗羲:《明儒学案》卷五十六《诸儒学案下》四所列《榕坛问业》中部分段落时也录有此段问答,中华书局1985年版,第1339页。
② (宋)蔡节:《论语集说》卷五,《文渊阁四库全书》,第200册,第621页。
③ 《正蒙·中正》,《张载集》,中华书局1978年版,第31页。

可以说，黄道周自己是主张先要看看整部《礼记》，再去理解"俨若思"的。也就是认同在"博文"之后才能"约礼"。同时是将《论语》中的"博文"与"约礼"当作一种具有先后行为顺序的表述。

对于《论语》中的"博文约礼"一说，在黄道周之前的宋明儒者如二程、张载、朱熹、王阳明等都有过讨论。略加对比的话，从中我们也可以找到先见于黄道周而有所一致或相近的想法。

朱熹在《论孟精义》卷三下中收集了二程、张载等人有关"博文约礼"的认识，在《朱子语类》中也记有朱熹有针对性的议论和评价。

程颢的说法是："博学于文而不约之以礼，必至于汗漫。所谓约之以礼者，能守礼而由于规矩也。未及知之也，止可以不畔道而已。多闻，择其善者而从之，多见而识之、知之次也，与此相近。颜渊曰'博我以文，约我以礼，欲罢不能'，是已知之而进不止者也。"① 程颢强调的是三种情况，一是仅仅博文而不约礼是不行的，必将导致行为没有标准，散漫而无边际。二是在约礼的情况下，如果未及知道，则只是能够不离经叛道而已。三是如果能够多闻多见，择善而从，识之、知之，就能达到颜回所谓欲罢不能的境界。

程颐则是对孔子所言和颜回所言做了不同的理解和解说的。对前述孔子所言，程颐的解说是"博学而守礼，虽未知道，亦可以弗违畔于道矣"，这正是程颢所说的第二种情况，但是与程颢的语气不同。而当有问到颜回所言"博我以文，约我以礼"一句时，程颐回答说："此是颜子称圣人最切当处，圣人教人只是如此，既博之以文而后约之以礼。所谓博学而详说之，将以反说约也，博与约相对，圣人教人只此两字。博是博学多识，多闻多见之谓，约是使之知要也。"② 这里程颐强调，博与约既有先后关系，又是相对关系。比较而言，程颐又将孔子所言"君子博学于文，约之以礼"当作一般意义上的为学之道，所以在有问此说与颜子的说法"同否"时，程颐则进一步回答说："这个则是浅近说，言多见闻

---

① （宋）朱熹：《论孟精义》，《文渊阁四库全书》，第198册，第146、147页（以下不出作者）。又见于《二程集》，中华书局1981年版，第382页。

② 《论孟精义》，《文渊阁四库全书》，第198册，第147页。又见于《二程集》，第1143、209页。

而能约束以礼，虽未能知道，庶几可以弗畔于道。此言善人君子多识，前言往行而能不犯非礼者尔，非颜子所学于夫子之谓也。"① 程颐这里强调的是孔子所言重点不在礼上，也不是颜回学于孔子的方面。当又有问到："此莫是小成否？"程颐回答说："亦未是小成，去知道甚远。如多闻择其善者而从之，多见而识之，知之次也。闻见与知之甚异，此只是闻见者也。"② 程颐又说："夫此非自得也，勉而能守也，多闻择其善者而从之，多见而识之，知之次也，以勉中人之学也。"③ 这里程颐一再强调的是"闻见与知之"的不同，在一般意义上"只是闻见者也"，而且亦"非自得也，勉而能守也"，是"以勉中人之学也"。由此可以说，程颐是把颜回所言当作更高层次和境界的为学、为人之道。

张载的说法比较简单，针对的是孔子所言，他说："博文约礼，由至著入至简，故可使不得畔而去。"④ 其中以"至著"概括"博文"，以"至简"概括"约礼"，以"由……入……"的句式道明了"博文""约礼"两个阶段的先后顺序，有如程颐解释颜子所言时所讲的"既博之以文而后约之以礼"。

范祖禹则引述扬雄的话"多闻则守之以约，寡闻则无约也"⑤，而进一步说："学文者莫不欲博，能约之以礼，则不至于流矣。夫如是仅可以不畔于道而已。博学于文而不约之以礼，犹农夫之无疆场也，其不入于异端邪说者鲜矣。"⑥ 范氏的理解和前面程颢、程颐的说法一致，但是更强调"约礼"的作用。

吕氏说："学贵造约，愈约愈深。博文约礼，非其至者，然在人事莫

---

① 《论孟精义》，《文渊阁四库全书》，第 198 册，第 147 页。又见于《二程集》中华书局本，第 1143、209 页。
② 《论孟精义》，《文渊阁四库全书》，第 198 册，第 147 页。又见于《二程集》中华书局本，第 1143、209 页。
③ 《论孟精义》，《文渊阁四库全书》，第 198 册，第 147 页。又见于《二程集》中华书局本，第 95 页。
④ 《论孟精义》，《文渊阁四库全书》，第 198 册，第 147 页。又见于《张载集》，中华书局 1978 年版，第 30 页。
⑤ 《法言·吾闻篇》所云："多闻则守之以约，多见则守之以卓，寡闻则无约也，寡见则无卓也。"（《法言义疏》，汪荣宝撰，陈仲夫点校，中华书局 1987 年版，第 77 页）
⑥ 《论孟精义》，《文渊阁四库全书》，第 198 册，第 147 页。

所问之外，也还有关于"博文约礼"的问对如下：

> 黄芑人有问："博文约礼，直到卓尔所在，此处还是前后高坚，抑不是前后高坚？"
>
> 黄道周回答说："才力竭时，钻、仰、瞻、忽，一无所用；博约尽头，前、后、高、坚，当前合并。此时宇宙上下，无万精神凝结一处，似太空中一物现成。非我，非夫子，与天地参，并不知世上多少圣贤，一向此中，瞻前失后也。"
>
> 黄芑人又问："如此则是瞻忽东西，到此拿住如何？"并说："欲从末由。"
>
> 黄道周反问说："汝看此是何物？能高能坚，乍前乍后，乍立卓尔，还要拿住得他？"
>
> 黄芑人说："如此到底，则是犹龙之叹也。"
>
> 黄道周说："此则不同。从博反约，从转得定，约定中间，又无站处，以此见得圣贤精神力量，终古无穷。"①

从以上的对话可知，黄芑人的提问针对的是《论语·子罕》中的那一段，颜渊喟然叹曰："仰之弥高，钻之弥坚；瞻之在前，忽焉在后。夫子循循然善诱人，博我以文，约我以礼，欲罢不能。既竭吾才，如有所立卓尔。虽欲从之，末由也已。"而颜回整段讲的是夫子之道的高深与不易捉摸，还有夫子教诲的方法与效果。黄芑人之问就是继续探讨夫子之道是否真的高深与不易捉摸，黄道周的回答是强调在自身才力竭尽的情况下，钻、仰、瞻、忽都没什么用处，只有到了实现博约的状态，前、后、高、坚就在当下融合了，不仅宇宙上下，无万精神，凝结一处，更进一步达到能高能坚，乍前乍后，乍立卓尔的境界，并以此见得圣贤的精神力量，以致终古无穷。这里，黄道周不过是主张继承和发扬孔夫子传授给颜回的圣贤之道、为学精神，要努力做到博约。

此外，《榕坛问业》卷十五有一段吕而德向黄道周请教"礼乐精微"之义何在的问对。吕而德说："吾门常言礼乐精微关于天地，非圣贤莫能

---

① 《榕坛问业》卷七，《文渊阁四库全书》，第717册，第361页。

识，非圣贤莫能用也。然考古礼书，自享祀至于明堂，不过报本追始，尽其诚敬而已。贾傅有言：'祭祀祷祠，非礼不诚。'① 推其大要，不过防其邪物，讫其嗜欲，温恭朝夕，执事有恪而已。诸繁重简易，与时隆替，非有难知之学、难行之事，且如宾尸酬酢歌奏异宜亦本于人情，加之节文，非有怪诞至于明水鸾刀鞂本之设，俎割求祊坐奥之仪，亦古礼相沿习不为创。他如丧礼之招皋，乡饮酒之四座，庙位之西首，及于飨礼之先爵卑贱、后差贵者，骰膳下洽，乐人始奏，皆事理宜。然无甚远于人情者，何以必周公始作，仲尼始知乎？郑康成始引谶纬以释礼经，有五帝诸神差为怪诞，然今亦无循之者。今古礼意，差不甚远，唯古人致斋五三举馔，皆有牲醴，今以茹素，偬然异致，而神明蠲涤之义一也。吾门每言礼乐精微，其义何居？"② 吕而德的一番话一方面道出了他本人对古今礼乐传承中的外在形式与内在意义的联系上的理解，另一方面则是看作为其师的黄道周是否认同他的理解。

那么，黄道周回答说："某何足以知此？古人以乐节礼，礼之动天地、格鬼神者，皆托于乐。今人以礼为乐，乐之谐人情、通物故者，皆骰于礼，无文无声。某又何足以知之？"③ 这里，黄道周前后说到"某何足以知此"和"某又何足以知之"，固然表明了他为人师表的自谦，同时也是相当程度上肯定了吕而德对古今礼乐变迁的认识和理解。而黄道周自己所概括的古今礼乐精微之义则在于他认为，在礼乐的互动关系上，古人是通过乐的形式来实现礼所传递的"动天地、格鬼神"的通达之意，今人是通过礼的形式来实现乐所具有的"谐人情、通物故"的和谐之意。如此的回答，颇有一言以蔽之的意思。

## 第三节　黄道周与蒋仲旭、柯威公论郊禘之礼

在礼学史上，有关郊禘、禘祫之礼的议论是常见的话题。黄道周也曾与学友、弟子就古代郊禘、禘祫之礼有所讨论，

---

① 贾傅即贾谊。贾谊《新书·礼》云："祷祠祭祀，供给鬼神，非礼不诚不庄。"《贾谊集校注》，人民文学出版社1996年版，第213页。
② 《文渊阁四库全书》，第717册，第470页。
③ 《文渊阁四库全书》，第717册，第470页。

## 一 《榕坛问业》卷五所记黄道周与蒋仲旭关于鲁之郊禘问题的问答

首先,黄道周的弟子蒋仲旭根据多种文献中所涉及的有关鲁之郊禘问题的问题,向其师黄道周提出了一连串的问题来请教。蒋仲旭问道:

> 禘自既灌,夫子便不欲观。程子谓:"成王赐之,伯禽受之,皆非礼也。"然《吕氏春秋》称:"惠公请郊庙之礼于周天子,王使史角报之。"使成王已赐,则惠公又何请耶?《祭统》称"成王、康王赐鲁重祭",如成王既赐康王,又何加焉?《诗》称"庄公之子,龙旗承祀";僖三十一年,书"四卜郊",则此郊应自僖始耶?①

蒋仲旭此问,关键在于鲁行郊禘之礼的是非之辩。蒋仲旭先讲到,《论语》中记载的孔子说过"禘自既灌而往者,吾不欲观之矣"(《八佾》);还有,程颐在有人问及周成王"赐周公以天子之礼乐,当否"时,程颐回答说:"始乱周公之法度者,是赐也。人臣安得用天子之礼乐哉?成王之赐、伯禽之受,皆不能无过。《记》曰:鲁郊非礼也,周公其衰乎!圣人尝讥之矣。"② 再有,问中所引《吕氏春秋》的话出自《当染篇》,讲到鲁惠公向周桓王请行郊庙之礼;《礼记·祭统》记载说:"昔者,周公旦有勋劳于天下。周公既没,成王、康王追念周公之所以勋劳者,而欲尊鲁,故赐之以重祭。"《诗·鲁颂·閟宫》有歌颂鲁僖公的"周公之孙,庄公之子,龙旗承祀,六辔耳耳"的诗句,而《春秋·僖公三十一年》则记载:"夏四月,四卜郊,不从,乃免牲。犹三望。"依据这些材料,围绕着鲁国行郊禘之礼的历史事实,蒋仲旭产生了一系列的疑问:既然成王已经赐鲁可以行天子之礼,那么鲁惠公为何又请行郊礼呢?又有什么可以复加呢?是否鲁行郊礼从僖公开始呢?黄道周回答说:"程子说得是,《祭统》诸书所载不诬。"并进一步解释说:

---

① 《文渊阁四库全书》,第717册,第326页。
② 《二程集》,中华书局1981年版,第235页。

> 当惠公初年，幽平构乱，晋郑两侯实夹辅周，未有殊礼。郑人取邬，天子不讨，已为大赘。及后文公再定王国，请隧不许，天子犹以大物未改为辞。岂有惠公无故专请大礼之理？大抵成康所赐，既非常典，"白牡骍刚"，亦非创事。每郊必卜，每禘必请，自是故府所存礼，不敢越。隐公既以摄位，昵于钟巫；桓公又以弑立，不书即位；享祀不懈，非僖而何？四卜不从，难可称颂。承祀叶典，必在初年。又奚疑乎？①

在黄道周的回答中，一方面分析了鲁惠公所处的幽王、平王时期前后的政治形势以及周天子与晋郑等诸侯的关系，从而否定了鲁惠公向周天子专请大礼的可能，从而也就否定了《吕氏春秋·当染篇》的记载。

另一方面，在确认成康赐鲁行天子礼的史实基础上，黄道周给出解释的是，第一，"大抵成康所赐，既非常典"，这或可以以《左传》所说的"礼不卜常祀"为根据②。第二，"'白牡骍刚'，亦非创事"，"白牡骍刚"是《鲁颂·閟宫》描述用牲的诗句，《毛传》有云："白牡，周公牲也。骍刚，鲁公牲也。"③ 而且《鲁颂》同诗中前面就已经说了"皇皇后帝，皇祖后稷，享以骍牺，是飨是宜"，如果像郑玄《毛诗笺》解释的那样："皇皇后帝，谓天也。成王以周公功大，命鲁郊祭天，亦配之以君祖后稷，其牲用赤牛纯色，与天子同也。天亦飨之宜之，多予之福。"④ 那么，在具体的用牲礼仪上也不是始创之事。第三，既然"非常典"，那么"每郊必卜，每禘必请"，也自然是"故府所存"之礼，当然就是"不敢越"的了。

---

① 《文渊阁四库全书》，第717册，第327页。
② 《左传》以"礼不卜常祀"之说，认为鲁郊为常祀，则一卜亦非礼。参见后面注释所引唐孔颖达《春秋左传正义》疏。
③ （汉）毛亨传、郑玄笺：《毛诗传笺》，孔祥军点校，中华书2018年版，第487页。
④ （汉）毛亨传、郑玄笺：《毛诗传笺》，孔祥军点校，中华书2018年版，第487页。

再一个方面，根据史所记载鲁隐公、桓公的不光彩事迹①，黄道周认为："享祀不懈，非僖而何？"也就是说，能够让鲁国所享有的郊祀特权不致中断，非鲁僖公又还能有谁呢？黄道周所谓"四卜不从，难可称颂"，则是说鲁僖公的非礼②，就是不应该称颂的了。黄道周最后所说的"承祀叶典，必在初年，又奚疑乎"，就是针对蒋仲旭关于"鲁郊是否从僖公开始实行"而言的，亦即说，既然成王时已经赐周公之子伯禽这个权利，当然是从鲁国分封初年就开始行郊礼了，这又有什么可疑问的呢？

---

① （1）关于"隐公既以摄位"，《左传·隐公元年》有记载说："（鲁）惠公元妃孟子。孟子卒，继室以声子，生隐公。宋武公生仲子，仲子生而有文在其手，曰为鲁夫人，故仲子归于我。生桓公而惠公薨，是以隐公立而奉之。"又《左传·隐公元年》解释《春秋》在鲁隐公元年只记载"元年，春，王正月"时说："不书即位，摄也。"（2）关于鲁隐公"昵于钟巫"，《左传·隐公十一年》有记载说："公（鲁隐公）之为公子也，与郑人战于狐壤，止焉。郑人囚诸尹氏，赂尹氏而祷于其主钟巫，遂与尹氏归而立其主。"而且，就在这一年，"十一月，公（鲁隐公）祭钟巫。"（3）关于"桓公又以弑立"，《左传·隐公十一年》记载了羽父与桓公弑隐公之事。"羽父请杀桓公，将以求大宰。公曰：'为其少故也，吾将授之矣。使营菟裘，吾将老焉。'羽父惧，反谮公于桓公而请弑之。……壬辰，羽父使贼弑公于寪氏，立桓公而讨寪氏，有死者。不书葬，不成丧也。"（4）至于黄道周所说"不书即位"的问题，需要有所分析。《公羊传》在《春秋·桓公元年》"春王正月，公即位"一句后说："继弑君不言即位，此其言即位何？如其意也。"《穀梁传·桓公元年》的解释是："元年春。王。桓无王，其曰王何也？谨始也。其曰无王何也？桓弟弑兄，臣弑君，天子不能定，诸侯不能救，百姓不能去。以为无王之道，遂可以至焉尔。元年有王，所以治桓也。正月，公即位。继故不言即位，正也。继故不言即位之为正何也？曰先君不以其道终，则子弟不忍即位也。继故而言即位，则是与闻乎弑也。继故而言即位，是为与闻乎弑也？曰先君不以其道终，己正即位之道而即位，是无恩于先君也。"此外，唐孔颖达在《春秋左传正义·桓公元年》的《经》"元年，春，王正月，公即位"句后的《疏》中说："诸侯每岁首必有礼于庙，今遭丧继立者，每新年正月亦改元正位，百官以序，故国史因书即位于策，以表之。此新君之常礼也。桓之于隐，本无君臣之义，计隐公之死，桓公即合改元，不假逾年方行即位，犹如晋厉被弑，悼公即位改元。今桓虽实篡立，归罪寪氏，诈言不与贼谋而用常礼，自同于遭丧继位者，亦既实即其位。国史依实书之。仲尼因而不改，反明公实篡立而自同于常，亦足见桓之篡也。"综上所引，显然，黄道周是认同《穀梁传》和孔颖达的解释，即鲁桓公本来是应该不书即位的。

② 对于前引《春秋·僖公三十一年》"夏四月，四卜郊，不从，乃免牲。犹三望"，《春秋》三传中有不尽相同的解释。《左传》说："夏四月，四卜郊，不从，乃免牲，非礼也。犹三望，亦非礼也。礼不卜常祀，而卜其牲、日，牛卜日曰牲。牲成而不郊，上ום慢也。"《穀梁传》说："四卜，非礼也。"《公羊传》说："曷为或言三卜，或言四卜？三卜礼也，四卜非礼也。三卜何以礼，四卜何以非礼？求吉之道三。禘尝不卜，郊何以卜？卜郊非礼也。卜郊何以非礼？鲁郊非礼也。鲁郊何以非礼？天子祭天，诸侯祭土。"唐孔颖达《春秋左传正义》疏云："今《左传》以为'礼不卜常祀'，则一卜亦非。不云四非而三是，异于《公羊》说。"显然，黄道周是认同《公》《穀》的解释的。

## 第八章　黄道周的三礼学及其相关问题考论

接着，蒋仲旭继续问道："如是礼者，夫子何为说不欲观？"同时又约略地引述《礼记·礼运》中的文字并议论说："《传记》又云：孔子言：'杞之郊也，祀禹也；宋之郊也，祀汤也；鲁之郊禘，非礼也。'想周人既以后稷配天，则鲁人不应以后稷郊祀了。"

这里，蒋仲旭的疑问，又回到了深究前面他曾引述过的孔子所言"禘自既灌而往者，吾不欲观之矣"（《论语·八佾》）的话语的问题上，前提是他确认了孔子的"鲁之郊禘，非礼也"的说法；而且，他自己想到了"周人既以后稷配天，则鲁人不应以后稷郊祀了"。在看黄道周如何回答此问之前，我们可以就孔子的这句话，参考一下朱熹《论语章句集注》中的解说：

> 赵伯循[①]曰："禘，王者之大祭也。王者既立始祖之庙，又推始祖所自出之帝，祀之于始祖之庙，而以始祖配之也[②]。成王以周公有大勋劳，赐鲁重祭。故得禘于周公之庙，以文王为所出之帝，而周公配之，然非礼矣。"
>
> 灌者，方祭之始，用郁鬯之酒灌地，以降神也。鲁之君臣，当此之时，诚意未散，犹有可观，自此以后，则浸以懈怠而无足观矣。盖鲁祭非礼，孔子本不欲观，至此而失礼之中又失礼焉，故发此叹也。
>
> 谢氏[③]曰："夫子尝曰：'我欲观夏道，是故之杞，而不足征也；我欲观殷道，是故之宋，而不足征也。'又曰：'我观周道，幽厉伤之，吾舍鲁何适矣。鲁之郊禘非礼也，周公其衰矣！'考之杞宋已如彼，考之当今又如此，孔子所以深叹也。"[④]

据此，如果我们持和蒋仲旭同样的疑问的话，那么参考赵氏、谢氏、朱熹三人的解说，应该就可以有答案了。然而黄道周并没有正面回答蒋

---

[①]　即唐代经学家赵匡。
[②]　值得注意的是，清四库馆臣《礼记注疏》卷三十二《考证》在"王者禘其祖之所自出，以其祖配之"句下引赵匡此说后，臣召南有评论说："禘之名义，至赵伯循而始明，与《大传》及此文相合，故程、朱俱用其说。"（《文渊阁四库全书》，第116册，第30页）
[③]　即二程的学生谢良佐（1050—1103），著有《论语说》。
[④]　《四书章句集注》，中华书局1983年版，第64页。

仲旭的提问，而是对蒋仲旭想到的问题做了说明。他说："鲁人亦避后稷配天之文，不歌思文而颂閟（閟）宫，既与明堂异制，又以姜嫄为始，以上酬大功，下长侯伯，虽夷戎诸丑，闻上辛郊禘，不敢执其大夫。如何苦要驳他。"①

这里，黄道周是从解释《鲁颂·閟宫》诗句的角度出发，来说明他对蒋仲旭所想到的问题的理解。

第一，黄道周所言"鲁人亦避后稷配天之文，不歌思文而颂閟（閟）宫"，是指《周颂·思文》的第一句就是"思文后稷，克配彼天"，对比而言，《鲁颂·閟宫》通篇都没有"后稷配天"的词句，显然是鲁人有意回避了这样的提法。而《閟宫》的前两句是"閟宫有侐，实实枚枚。赫赫姜嫄，其德不回"，这里的"閟宫"，按照《毛传》的说法是："閟，闭也。先妣姜嫄之庙，在周常闭而无事。"按照郑玄《毛诗笺》的解释则是："閟，神也。姜嫄神所依，故庙曰神宫。"②而在黄道周看来，作为郑玄所说的"先妣姜嫄之庙"的閟宫，与《孝经·圣治章》中孔子所说的"昔者周公郊祀后稷以配天宗，祀文王于明堂以配上帝"，以及与《周颂·我将》毛传的题记"祀文王于明堂也"当中的"明堂"形成对比，所以黄道周说《閟宫》的诗句体现的是："既与明堂异制，又以姜嫄为始。"③也就是黄道周认为，诗中的"閟宫"应该是指郊祀后稷的祖庙，诗中又不过是以姜嫄为始祖而已。黄道周的这一说法在后面所述回答柯威公之问的时候还有言及，两处的认识乃是一致的。

第二，黄道周所言"以上酬大功，下长侯伯"，要讲的就是，根据《閟宫》诗句中追述先祖功业，以及先王赋予鲁公"为周室辅"的使命，还有鲁僖公的不辱使命，所以鲁公有行郊禘之礼的特权，则是有道理的。"上酬大功"即如诗中所称颂的那样，"是生后稷，降之百福（谷）④，黍

---

① 《文渊阁四库全书》，第717册，第327页。
② 《十三经注疏（标点本）·毛诗正义》下册，北京大学出版社1999年版，第1407页。
③ 《鲁颂·閟宫》之所以"以姜嫄为始"，如孔颖达《毛诗正义》介绍此诗开头的内容时疏云："作者将美僖公，追述远祖，上陈姜嫄、后稷，至于文、武、大王，爰及成王封建之辞，鲁公受赐之命，言其所以有鲁之由，与僖公之事为首引耳。"（《十三经注疏（标点本）·毛诗正义》下册，第1407页）
④ 高亨《诗经今注》称此"百福"，根据此诗的下文当作"百谷"。姑作一说。见《诗经今注》，上海古籍出版社1980年版，第520页。

稷重穋，穜稺菽麦。奄有下国，俾民稼穑"、"后稷之孙，实维大王。居岐之阳，实始翦商"、"至于文武，缵大王之绪，致天之届，于牧之野。……敦商之旅，克咸厥功"。这应该就如同《尚书·大诰》所说的"敷前人受命，兹不忘大功"那样的表述吧。"下长侯伯"即如诗中所言"王曰叔父，建尔元子，俾侯于鲁。大启尔宇，为周室辅"、"乃命鲁公，俾侯于东。锡之山川，土田附庸"，也就是分封宗室的意思。

第三，黄道周所言"虽夷戎诸丑，闻上辛郊禘，不敢执其大夫"，要讲的就是，根据《閟宫》的诗句，正是因为鲁僖公享有这种"上辛郊禘"的特权，所以虽然是不讲礼数的蛮夷戎狄也就或不敢侵犯，或"莫不率从"，即如诗中所称述的那样："烝徒增增，戎狄是膺，荆舒是惩，则莫我敢承"；"至于海邦，淮夷来同；莫不率从，鲁侯之功"；"至于海邦，淮夷蛮貊；及彼南夷，莫不率从；莫敢不诺，鲁侯是若"；所以才得以"复周公之宇"。

正是出于这样的认识和理解，黄道周最后感叹说："如何苦要驳他！"也就是说，黄道周不主张一定要去辩驳"鲁之郊禘"的非礼问题。

蒋仲旭还重复地追问说："如此则夫子何不欲观？"黄道周干脆地回答说："此义既自难明。人事不同，礼乐亦异，俯仰之间，真难为著眼耳。"[①] 黄道周没有针对性地讨论"夫子何不欲观"的问题，而是采取了一种存疑的态度。最后也不免发出一些感慨而已。

从以上的叙述和考察，可见黄道周讨论学术背后所包含的他所具有的经典信息、经典认识和经典理解。

## 二 《榕坛问业》卷十三所记黄道周与柯威公就鲁之郊禘问题的问答

柯威公所关注的鲁之郊禘问题与前面蒋仲旭之所问十分类似，但是引以为据的材料和说法多有不同，黄道周的回答也是各有详略。这从另一个方面体现出黄道周和他的学友、弟子在礼学问题讨论上的不厌其烦和乐此不疲。柯威公问到：

《礼器》云："鲁人有事于上帝，必先有事于頖宫。"则鲁之有郊

---

[①] 《文渊阁四库全书》，第717册，第327页。

审矣。《记》称"成王以周公有大勋劳",故"命鲁公以天子之礼乐"。又"孟春乘大辂、载弧韣、建旗章,祀帝于郊,配以后稷",俨然以人臣用天子之礼乐。故曰:"成王之赐,伯禽之受,皆非也。"杨升庵《郊禘辨》谓:"非成王、伯禽之为,《春秋》书'禘于庄公',谓禘之僭始于闵公;书'四卜郊',谓郊之僭始于僖公。鲁《閟宫》之三章,只言成王命伯禽以爵土耳。'庄公之子'以下美僖公郊祀之事,未见出于成王也。孔子《春秋》书郊者九,始僖终哀。使隐桓庄闵之世有郊,奚为不书?"其非成王所赐明矣。孔子谓言偃曰:"鲁之郊禘,非礼也,周公其衰矣。"然则郊禘果非周公所受,不知谁授僖公者?①

这里的柯威公之问,首先是从对《礼记·礼器》的一段话理解开始的。《礼记·礼器》的原文是"故鲁人将有事于上帝,必先有事于頖宫",柯威公之所以能据此而说"则鲁之有郊审矣",是因为郑玄注中根据"有事于上帝"和"有事于頖宫"的字句,已经得出了这就是讲鲁人行郊礼的。郑玄注云:"上帝,周所郊祀之帝,谓苍帝灵威仰也。鲁以周公之故,得郊祀上帝,与周同。先有事于頖宫,告后稷也。告之者,将以配天,先仁也。頖宫,郊之学也,《诗》所谓頖宫也,字或为郊宫。"② 柯威公随后所言则是约略《礼记·明堂位》中的记载。其原文为:"成王以周公为有勋劳于天下,……命鲁公世祀周公以天子礼乐。是以鲁君孟春乘大路,载弧韣,旗十有二旒,日月之章,祀帝于郊,配以后稷,天子之礼也。"柯氏一句"俨然以人臣用天子之礼乐",是为了引出后面的"故曰"中的话,而这句话是在柯威公后面提到的明儒杨慎(升菴)《鲁之郊禘辩》③ 所引程子曰即宋儒程颐所说的,这句话在前面蒋仲旭问当中也曾提到过。而杨慎的说法就随着程子的这句话被引出。杨慎完整的观点是:"鲁之僭天子礼乐,鲁之末造,非成王、伯禽之为也。"④ 柯威公引述杨慎《郊禘辩》中的话一直到问句:"使隐桓庄闵之世有郊,奚为不书"而止。

---

① 《文渊阁四库全书》,第717册,第443页。
② 《十三经注疏(标点本)·礼记正义》中册,第746页。
③ 见于《升庵集》卷五,《文渊阁四库全书》,第1270册,第63页。此处为"辩"字,《榕坛问业》中作"辨"字。
④ 见于《升庵集》卷五,《文渊阁四库全书》,第1270册,第63页。

柯威公则根据杨慎的说法而提出：鲁之有郊，"其非成王所赐明矣"。接着，柯威公又和前面蒋仲旭问中一样地引述了《礼记·礼运》所记孔子对子游所说的话。最后，柯威公的问题是：假如实行郊禘之礼的权利真的并非周公所接受的，就不知道到底是谁授给鲁僖公吗？黄道周引经据典地展开回答说：

> 当僖公时，王室多难，齐晋始霸。惠王以子颓出居，襄王以叔带播越，桓文左右匡襄其间，楚之僭命者再世矣。周家尚惜鼎隧之请，闵、僖苟且缵其乱绪，何事辄请，郊禘之大，违霸主之命，干先王之宪乎？盖郊禘之礼，白牡用商，骍刚用周，尊罍之制，参用三代，皆成王所康（赐）周公者，不宜用于群公之庙耳。闵公二年夏五月乙酉，"吉禘于庄公"。言吉禘者，犹言吉月，初用禘于庄公，告即位，且创见也，故吉之。僖公三十一年夏四月，卜郊不从，乃免牲，三望。
>
> 凡《春秋》所书，郊皆以卜，不从乃书之，非为有郊辄书之也。自惠公以前，伯禽以下又十二公，所卜郊而从不从者多矣。至僖公四卜郊不从，乃书之耳。岂"龙旗承祀，六辔耳耳"者，顾为免牲、三望而颂乎？是时霸主尽没，王室久衰，犹幸有鲁称秉礼之国，岁时禴禘，秉其遗文，未足非也。宣公乙卯①，匡王在殡，卜郊牛伤，再卜而死；戎、楚观兵，大为衰兆。成公丁丑②，定王之丧未三年，鼷鼠再食牛角，吴始内侵。庚辰③，"五卜郊不从"，成公见止于晋，遂为陵替之始。襄公乙未④，"夏四月，三卜郊不从"，鲁始"城费"；己亥⑤，"夏四月，四卜郊不从"，鲁始"作三军"。定公丙午⑥、哀公丁未⑦，鼷鼠食牛，犹不辍郊，衰绖之间，情文荡然，宗国之望于是又衰矣。

---

① 鲁宣公三年。
② 鲁成公七年。
③ 鲁成公十年。
④ 鲁襄公七年。
⑤ 鲁襄公十一年。
⑥ 鲁定公十五年。
⑦ 鲁哀公元年。

故《春秋》之义，不书事应而考异见邮可以类起，观其特书皆非常事。非谓鲁初不郊，每郊辄有不从之卜也。然则夏郊秋尝，皆为鲁之常典。"庄公之子"、"春秋匪懈"，特颂鲁僖者，直以閟宫新侐归美僖公，或谓史克及公子鱼之旧文，仲尼因之以存巨典，非谓《春秋》致贬而《鲁颂》留褒也。①

在前面回答蒋忠旭之问的时候，黄道周就已经肯定了程子所讲的话和《礼记》中有关的记载而说："程子说得是，《祭统》诸书所载不诬。"② 即认为程颐认同"鲁郊非礼也"有其道理。而在这里，黄道周则集中地分析了鲁僖公所处的春秋时期周惠王、襄王前后的政治形势，以及周天子与齐桓公、晋文公等称霸诸侯之间的关系。黄道周认为当此时节，鲁国闵公、僖公两代处于苟且承其乱绪的历史当中，此时鲁国有什么事动不动都要向诸侯霸主们通报，像郊禘之大事，难道不是违背诸侯霸主之命，冒犯先王典制的事情吗？怎么可能在此时受到周天子的赐予重礼呢？所以说："盖郊禘之礼"，无论是"白牡用商，骍刚用周"，还是"尊罍之制，参用三代"，"皆成王所康（赐）周公者"，这些牺牲礼器都是"不宜用于群公之庙"的，而只能用于祖庙。③

黄道周的回答中有关"禘于庄公"和"僖公卜郊"的问题，可以说针对的就是柯氏所引杨慎《郊禘辨》中提到的"《春秋》书禘于庄公，谓禘之僭始于闵公；书四卜郊，谓郊之僭始于僖公"之说。

关于"闵公二年夏五月乙酉，吉禘于庄公"，黄道周在回答李质嘉问"祫禘之礼"时有所论及，并提出："如闵公二年吉禘于庄公，于禘已速。"④（详见后面的论述）这里黄道周则说："言吉禘者，犹言吉月初用禘于庄公，告即位，且创见也，故吉之。"原本晋杜预《春秋左传注》中说："三年丧毕，致新死者之主于庙，庙之远主当迁入祧，因是大祭以审昭穆，谓之禘。庄公丧制未阕，时别立庙，庙成而吉祭，又不于大庙，

---

① 《文渊阁四库全书》，第717册，第444页。
② 《文渊阁四库全书》，第717册，第327页。
③ 宋戴溪撰《续吕氏家塾读诗记》卷三《读鲁颂》中有言："閟宫，指姜嫄之庙言之。谓为群公之庙，非也。盖是首章之特言姜嫄生后稷，未尝言群公也。"（《文渊阁四库全书》，第73册，第877页）
④ 《榕坛问业》卷八，《文渊阁四库全书》，第717册，第373页。

故详书以示讥。"唐孔颖达《春秋左传正义》疏云:"禘祀为吉祭,说丧事而言禘,知禘是丧终而吉祭也。"① 那么黄道周应该是认同杜预的注解,认为《春秋》所讥非不该行此禘礼,而讥的是行此禘礼的时间和地点有问题。

关于"僖公卜郊",在此前回答蒋仲旭的问题时,黄道周已经论及,并说当时的原则是"每郊必卜,每禘必请"。在这里就讲得更为详细。黄道周的观点是:"凡《春秋》所书,郊皆以卜,不从乃书之,非为有郊辄书之也。"这和黄道周前面说到"四卜不从,难可称颂"而认为僖公非礼的认识是一致的。黄道周进一步说明的是,自鲁惠公以前,伯禽以下有十二公,"所卜郊而从不从者多矣",只是到了鲁僖公四卜郊不从才被《春秋》记载下来了。至于说到《鲁颂·閟宫》,其中"龙旗承祀,六辔耳耳"的诗句,难道可以看作是对"免牲,三望"的称颂吗?当然不是。《鲁颂·閟宫》之作,是在当时"霸主尽没,王室久衰"的情况下,犹可庆幸的是"有鲁称秉礼之国,岁时禴禘,秉其遗文",所以此诗亦"未足非也"。这也与前面答蒋忠旭问的最后黄道周感叹而言"如何苦要驳他",是一样的思考逻辑和历史感受。

接着,针对杨慎所说的"孔子《春秋》书郊者九,始僖终哀。使隐桓庄闵之世有郊,奚为不书?"黄道周追述起了鲁僖公以前和以后诸公卜郊的实际情况,借以说明:"《春秋》之义,不书事应而考异见邮可以类起,观其特书皆非常事。"那么,并不是说鲁国封侯之初不行郊礼,而是说"每郊辄有不从之卜也"。黄道周指出,原本"夏郊秋尝,皆为鲁之常典",至于《鲁颂·閟宫》以"庄公之子""春秋匪懈"的诗句而"特颂鲁僖者",乃至"直以閟宫新饬,归美僖公",历史上有人说此颂诗是鲁国史克或公子鱼所作的旧文,而孔子不过是"因之以存巨典"。黄道周如此说,是因为《鲁颂·閟宫》中有"新庙奕奕,奚斯所作"一句,奚斯即公子鱼。

其实,对于"新庙奕奕,奚斯所作"中的"所作",古来就有两种解释,一说是作新庙,一说是作颂诗。前者如,就此诗句《毛传》说:"新庙,闵公庙也,有大夫公子奚斯者作是庙也。"再有,涉及《鲁颂》的作

---

① 杜注、孔疏见于《十三经注疏(标点本)·春秋左传正义》上册,北京大学出版社1999年版,第306页。

者,在《毛传·鲁颂·駉序》中说:"《駉》,颂僖公也。僖公能遵伯禽之法,俭以足用,宽以爱民,务农重谷,牧于坰野,鲁人尊之,于是季孙行父请命于周,而史克作是颂。"郑玄笺云:"季孙行父,季文子也。史克,鲁史也。"①对此《毛序》,唐孔颖达《毛诗正义》卷二十《鲁颂谱》"国人美其功,季孙行父请命于周,而作其颂"句后有疏云:

> 《駉颂》序云:"史克作是颂。"广言作颂,不指《駉》篇,则四篇皆史克所作。《閟宫》云:"新庙奕奕,奚斯所作。"自言奚斯作新庙耳。而汉世文人班固、王延寿之等,自谓《鲁颂》是奚斯作之,谬矣。故王肃云:"当文公时,鲁贤臣季孙行父请于周,而令史克作颂四篇以祀。"是肃意以其作在文公之时,四篇皆史克所作也。②

又如,宋人范处义③承袭孔颖达的说法,在其所撰《诗补传·篇目》讲到《鲁颂》时明确地说:

> 史克作《颂》见之《诗序》。韩氏乃曰:"奚斯作《鲁颂》。"而班固《西都赋序》、王延寿《鲁灵光赋序》皆云"奚斯颂鲁";扬雄《法言》亦曰:"正考甫尝晞尹吉甫,公子奚斯尝晞正考甫",意谓尹吉甫颂周正考甫,奚斯效之。殊不考是诗曰:"新庙奕奕,奚斯所作。"是奚斯作新庙,非作《鲁颂》也。韩氏传授之妄,班固、王延寿据《韩诗》不足深诮,扬雄《法言》欲准《论语》,乃不知尹吉甫作《周雅》谓之作诵,非作《周颂》也。正考甫得《商颂》于周,非作《商颂》也,公子奚斯作鲁庙,非作《鲁颂》也。④

这里,黄道周也没有确指《鲁颂》作者的意思,而是要强调尽管"仲尼因之以存巨典",但是不能说是对于鲁僖公,"《春秋》致贬"而

---

① (汉)毛亨撰、郑玄笺:《毛诗传笺》,孔祥军点校,中华书局2018年版,第479页。
② 《十三经注疏(标点本)·毛诗正义》下册,北京大学出版社1999年版,第1381页。
③ 范处义著《诗补传》三十卷。范处义号,逸斋,金华人,南宋高宗绍兴年间进士。见《钦定续文献通考》卷一百四十八《经籍考·经·诗》,《文渊阁四库全书》,第630册,第76页。
④ 《文渊阁四库全书》,第72册,第21页。

"《鲁颂》留襃也"。显然，在黄道周看来，无论是《春秋》还是《鲁颂》，都忠实地记录和呈现了当时鲁僖公在诸多方面的所作所为，而"非礼"与否，也是以事实来判断的，而无所谓襃贬。

黄道周此意，在元代朱倬撰《诗经疑问》卷六有关《鲁颂》的问答中也有体现。其问答云：

> 问曰：鲁之有颂，本非礼矣，鲁祖周公礼之宜也。今《閟宫》一诗，上纪姜源、后稷、太王、文武之事，且以"皇皇后帝，皇祖后稷"，郊祀配天之礼，堂堂言之。礼欤？夫子删《诗》而在所不去，岂作《春秋》之意欤？
>
> 答曰：诗人之论，自源徂流，故虽颂鲁僖，而上及乎后稷、太王、文武、周公之事，明其源本之所自出也。因成王赐周公以天子礼乐，故遂以夏正孟春郊祀上帝，而以后稷配之。然非礼矣！鲁人据其实而颂之，夫子因其旧而存之，岂非《春秋》据事直书而善恶自见之义欤！①

两相对比，朱说可谓先得黄道周心思之所同然者耳。

围绕着《鲁颂》，柯威公接着又问："然则《鲁颂·閟宫》特叙姜嫄，将毋以姜嫄配天，以后稷主禘欤？"其意思是说，那么诗中特别叙述姜嫄，难道是不可以姜嫄配天，后稷主禘？对此，黄道周简要地回答说："姜嫄只是叙述，以为周家之始，未必特为姜嫄立庙，何况郊禘乎？"② 就是说诗中只是对姜源作为周之先妣而叙述一下，不一定是特为姜嫄别立新庙，更不可能是以姜嫄来配祀郊禘之礼的意思。

柯威公又进一步自找根据地说："《记》称閟宫为姜嫄立庙，或祀后稷而称姜嫄耳。诸侯不祖天子而祖其所从出者，每于七庙之外别为立宫，如《竹书》称周立高圉之庙，鲁立炀公之宫是也。"③

有关"閟宫为姜嫄立庙"之说，在前面考察黄道周回答蒋忠旭所问的时候我们已经论及。确实，无论是毛《传》、郑《笺》、孔《疏》，都

---

① 《文渊阁四库全书》，第77册，第560页。
② 《文渊阁四库全书》，第717册，第444页。
③ 《文渊阁四库全书》，第717册，第444页。

认同"閟宫为姜嫄之庙"的说法。毛《传》、郑《笺》的说法前面已引。孔颖达《毛诗正义》疏云："郑以閟宫为神宫。于鲁国有其宫，故先言庙而逆说姜嫄。"又说："《笺》以诗人之作，睹事兴辞，若鲁无姜嫄之庙，不当先述閟宫。"① 又《毛传·鲁颂谱》明确说："僖二十年，新作南门，又修姜嫄之庙。"孔颖达《毛诗正义》疏云："'二十年新作南门'，《春秋经》也。《閟宫》云：'閟宫有侐，实实枚枚。'又曰：'新庙奕奕，奚斯所作。'是又修姜嫄之庙也。……修姜嫄之庙，《春秋》不书者，鲁国旧有此庙，更修理之，用功少，例所不书也。"② 至于后世，多有如"鲁以周公故得立姜嫄之庙，僖公修而新之"③、"鲁有閟宫则姜嫄之庙也"④、"若《鲁颂》称姜嫄，而说礼者亦云鲁有姜嫄庙耳"⑤ 等相类似的说法。当然，不同的说法也有很多。像前面黄道周回答中所言"未必特为姜嫄立庙"的说法，应该就是黄道周自己的理解，表明他并不认同上述诸说。

而对于柯威公所言此诗的意思或在于"祀后稷而称姜嫄"之说，黄道周则引申说："如此，则祀太姒而祖周公，已有女主司晨之嫌，何况荒洪俶傥之说乎？"这里，因为姜嫄与后稷是母子关系，所以黄道周就举出文王之妃大姒与文王之子周公为例而言，即是否可以以大姒配天而祖周公呢？这不是会有女主司晨之嫌吗？我们知道，《尚书·牧誓》中记载周武王说："古人有言曰：'牝鸡无晨。牝鸡之晨，惟家之索。'"所谓孔安国传云："言无晨鸣之道。索，尽也。喻妇人知外事，雌代雄鸣则家尽，妇夺夫政则国亡。"⑥ 黄道周借此而言，是想进一步明确说明《鲁颂·閟宫》之诗并没有"特叙姜嫄"，只是以为周家之始祖而已。如"祀后稷而称姜嫄"之说，就有些没有根据，标新立异了。

黄道周既说到文王之妃大姒，不由得同时想起了《大雅·文王之什》的《思齐》中赞扬周人三位女性的诗句来。其诗曰："思齐大任，文王之

---

① 《十三经注疏（标点本）·毛诗正义》下册，北京大学出版社1999年版，第1408—1409页。

② 《十三经注疏（标点本）·毛诗正义》下册，北京大学出版社1999年版，第1381页。

③ （宋）苏辙《诗集传》卷十九。即于"閟宫有侐……降之百福"诗句之后所云。《文渊阁四库全书》，第70册，第526页。

④ （宋）卫湜《礼记集说》卷七十九引长乐刘氏说，《文渊阁四库全书》，第118册，第669页。

⑤ （明）卓尔康：《春秋辩义》卷三，《文渊阁四库全书》，第170册，第394页。

⑥ （清）阮元校刻本《十三经注疏·尚书正义》，中华书局2009年版，第388页。

第八章　黄道周的三礼学及其相关问题考论　　673

母。思媚周姜，京室之妇。大姒嗣徽音，则百斯男。"周姜，大姜也。周太王之妃。孔颖达《毛诗正义》疏云："作《思齐》诗者，言文王所以得圣，由其贤母所生。文王自天性当圣，圣亦由母大贤，故歌咏其母。"并且引申《毛传》的意思说："毛以为，常思齐敬之德不惰慢者，大任也。大任乃以此德为文王之母，言其德堪与文王为母也。此大任又常能思爱周之大姜配大王之礼，而勤行之，故能为京师王室之妇。大任以有德之故，为大姒所慕，而嗣续行其美教之德音，思贤不妒，进叙众妾，则能生百数之此男，得为周藩屏之卫也。言大任能上慕先姑之所行，下为子妇之所续，是其德行纯备，故生圣子，是文王所以圣也。"① 这些当然都是黄道周所熟知的。

然而实际上在黄道周看来，《思齐》也好，《閟宫》也罢，"大约叙述往事，则神明共推"。而且"《思齐》之雅与《閟宫》之颂，风会参差，隆污可睹矣"。黄道周的意思是，归结到底《鲁颂》述及包括姜源在内的先妣、先祖、先王，意在神明共推。无论是《大雅·文王之什》中的《思齐》，还是《鲁颂·閟宫》讲的都是可以看到盛衰兴替历史上的先妣、先祖、先王的故事。

至于柯威公问中所言"诸侯不祖天子而祖其所从出者，每于七庙之外别为立宫，如《竹书》称周立高圉之庙，鲁立炀公之宫是也"② 的一段说法，其实是讲，在历史上，作为诸侯祭祀其所从出而已是七庙之外（也就是七代以上）的远祖，也有别立宫庙的情况，并且举出两个实例，一是《竹书纪年》记载的周成王"七年周公复政于王，……冬，王归自东都，立高圉庙"。对此事历史上没有什么评说。只是《国语·鲁语上》有云："高圉、大王，能帅稷者也，周人报焉。"韦昭注云："高圉，后稷后十世公非之子也。大王，高圉之曾孙，古公亶父也。"③ 二是《春秋·定公元年》所记载的："九月大雩，立炀宫。"杜预注云："炀公，伯禽子也，其庙已毁。季氏祷之而立其宫。书以讥之。"④ 唐韩愈《禘祫议》也曾提到此事说："昔者鲁立炀宫，《春秋》非之，以为不当取已毁之庙、

---

① 《十三经注疏（标点本）·毛诗正义》下册，第1008、1009页。
② 《文渊阁四库全书》，第717册，第444页。
③ 《国语集解》，徐克诰撰，王树民、沈长云点校，中华书局2002年版，第161页。
④ 《十三经注疏（标点本）·春秋左传正义》下册，第1531页。

既藏之主而复筑宫以祭。"① 那么，柯威公之所言和举例似乎意在说明，这是否透露了也可以为姜源立庙的信息呢？黄道周对此没有直接的回答，因为他已经讲过这未必是特为姜源所立的庙了。

## 第四节　黄道周与李质嘉关于禘祫之说诸儒异同的问答

在《榕坛问业》卷八中记录了黄道周与弟子李质嘉就有关禘祫之说历代诸儒异同的问答。黄道周便进一步展开他在此问题上具有经典意识和历史意识的理解和阐释。

开篇，李质嘉对汉魏宋元历代诸儒及经学家在传统礼学中的"禘祫之说"上的不同认识进行了一番议论之后，便向黄道周请教。他说："禘祫之说，诸儒互有异同。马融、王肃皆云禘大祫小，郑玄反之，贾逵、刘歆则云一祭二名。吴氏徵以肆祼为禘，馈食为祫。丘文庄云'禘者，禘其自出之帝，为东向之尊；祫者，合群庙之主于大祖之庙。'朱子云：'禘为大祭，王者有禘有祫，诸侯有祫无禘，祫则群主皆在，禘则群主不在。'纷纷云何？"②

这里，我们先来探讨一下李质嘉此问的意义以及经典背景。

我们知道，禘、祫都属于古代宗庙祭祀之礼，禘祭本为四时祭之一，在周代则改为合祭祖先之名。《礼记·王制》说："天子诸侯宗庙之祭，春曰礿，夏曰禘，秋曰尝，冬曰烝。"郑玄注云："此盖夏殷之祭名。周则改之，春曰祠，夏曰礿，以禘为殷祭。《诗·小雅》曰：'礿祠烝尝，于公先王。'此周四时祭宗庙之名。"③ 祫祀为合祭历代祖先之名，《礼记·曾子问》有云："祫祭于祖，则祝迎四庙之主。"《礼记·王制》则说："天子犆礿，祫禘、祫尝、祫烝。"郑玄注云："犆犹一也。祫，合也。天子诸侯之丧毕，合先君之主于祖庙而祭之，谓之祫。后因以为常。天子先祫而后时祭，诸侯先时祭而后祫。凡祫之岁，春一礿而已。不祫，以物无成者不殷祭。周改夏祭曰礿，以禘为殷祭也。鲁礼，三年丧毕而

---

① 《韩昌黎文集》卷十四《杂著》，中国书店1991年版，第223页。
② 《文渊阁四库全书》，第717册，第373页。
③ 《十三经注疏（标点本）·礼记正义》上册，第385页。

洽于大祖，明年春禘于群庙。自尔之后，五年而再殷祭，一祫一禘。"①这里提到的"三年""五年"和"一祫一禘"，后人指出是根据《礼纬》即《礼·稽命征》的说法，且郑玄《驳五经异义》中有云："三年一祫，五年一禘，百王通义。"因此，唐孔颖达《礼记正义》疏中在解释前面《礼记·王制》郑玄注时说："云'后因以为常'者，按《礼纬》'三年一祫，五年一禘'，故知每三年为一祫祭，是后因以为常。"又："云'天子先祫而后时祭'者，以经云'祫禘、祫尝、祫烝'，天子位尊，故先为大礼也。云'诸侯先时祭而后祫'者，以下文云诸侯'尝祫，烝祫'，诸侯位卑，取其渐备，故先小礼，后大礼。此等皆因已前之制，但不知几年一祫。《礼纬》云'三年一祫，五年一禘'，郑云'百王通义'，则虞夏及殷，皆与周同，祫亦三年为一也。"②

有了上述的经典背景，我们就来分析一下李质嘉的问题和所述汉以后诸儒的各种说法之来历。李质嘉问中说"禘祫之说，诸儒互有异同"，并且提到汉儒的说法。经考索可知，最早综合汉儒各家之说而有所议论的文献，大概就是孔颖达《礼记正义·王制》"天子"至"烝祫"一句后面的一段疏文中的相关说法。

> 其禘祫大小，郑以《公羊传》云"大事者何？大祫也"，"毁庙之主，陈于太祖。未毁庙之主，皆升，合食于太祖"，故为大事。若王肃、张融、孔晁皆以禘为大，祫为小，故王肃论引贾逵说吉禘于庄公。禘者，递也，审递昭穆迁主递位，孙居王父之处，又引禘于太庙。《逸礼》"其昭尸穆尸，其祝辞总称孝子孝孙"，则是父子并列。《逸礼》又云"皆升合于其祖"，所以刘歆、贾逵、郑众、马融等皆以为然。郑不从者，以《公羊传》为正，《逸礼》不可用也。③

还有就是唐杜佑《通典》卷四十九《礼九·沿革九·吉礼八》中的一段文字。

---

① 《十三经注疏（标点本）·礼记正义》上册，第388页。
② 《十三经注疏（标点本）·礼记正义》上册，第388页。
③ 《十三经注疏（标点本）·礼记正义》下册，第390页。

> 议曰：圣人制礼，合诸天道，使不数不怠，故有四时之祭焉。而又设殷祭者，因天道之成，以申孝敬之心，用尽事终之礼。禘祫二礼，俱是大祭，先贤所释，义各有殊。马融、王肃皆云禘大祫小；郑玄注二礼，以祫大禘小；贾逵、刘歆则云一祭二名，礼无差降。数家之说，非无典据，至于弘通经训，郑义为长。①

再有，在元代马端临《文献通考》卷一百中《宗庙考十·祫禘》录有杨氏即朱子弟子杨复的有关说法，也值得参考，其云：

> 汉儒既以禘祫皆为鲁礼，又以禘祫同为殷祭，于禘祫之本原已失之矣。又欲寻流逐末，欲辨禘祫之名所以不同，是故马融谓禘大祫小（禘，三年大禘及郊宗祏；祫，岁祫及坛墠），郑玄谓祫大禘小（毁主、未毁主合于太祖，禘，唯毁主合食，未毁则各祭于其庙），贾逵、刘歆谓一祭二名，纷纷异同，得失不能相远。②

还有，在元代陈仁子辑《文选补遗》卷八《奏疏》所录东汉张纯《定禘祫奏》的解题中我们可以看到如下的议论：

> 愚曰：自鲁以诸侯用天子之禘，而禘礼不明。自后汉以君臣并列于祫祭，而祫礼不明。夫禘之为言大也，祫之为言合也。故大祭为禘，合祭为祫。禘序昭穆，祫聚饮食。固人主所以广孝道、昭敬心也。而世儒纷纷各异，马融、王肃则云禘大祫小，郑玄注二礼则云祫大禘小，贾逵、刘歆则云一祭二名，《公羊》则云五年而再盛祭，高堂生则云先三而后二，徐邈则云先二而后三。正其数，则祫以五齐，禘以四齐也；正其时，则祫以十月，禘以四月也。噫！何

---

① 《通典》，王文锦等点校，中华书局1988年版，第1379页。
② 《文献通考》，中华书局2010年版，第3078页。

## 第八章　黄道周的三礼学及其相关问题考论

其纷纷也。①

这里的议论中又加上了《公羊》、高堂生、徐邈等人的说法。

另外，早于黄道周的明代陈士元②撰《论语类考》卷十《礼仪考·禘》中也引述过杜佑所谓"马融、王肃皆云'禘大祫小'"和"郑玄注二《礼》乃云'祫大禘小'，贾逵、刘歆则云'一祭二名，礼无差降'"之说③，表明当时学者对此说的普遍关注。

在汉儒的说法之外，再来看李质嘉问中对后儒之说的称引。其一，吴澄之说，见于明章潢《图书编》卷九十八《宗庙飨祀考》有关《周礼》"大宗伯以肆献祼享先王，以馈食享先王"一段文字后所引的吴澄之说。④ 其二，丘浚之说，见于所著《大学衍义补》卷五十八《治国平天下之要·秩祭祀·宗庙飨祀之礼上》有关《周礼》"大宗伯以肆献祼享先王，以馈食享先王"一段文字而引述郑玄、吴澄的解释之后所加"臣按"的按语当中，在于说明何谓"禘祫"。即云："禘者，禘其所自出之帝，为东向之尊；其余皆合食于前，此之谓禘。祫者，于太祖之庙合群庙之主以食，此之谓祫。"⑤ 其三，朱子之说，见于《朱子语类》卷二十五《论语七》，《八佾篇》关于"禘自既灌而往者"二章的三处表述⑥，李质嘉则对其进行了归纳。①"禘只祭始祖及所自出之帝，祫乃合群庙皆在，

---

① 《文渊阁四库全书》，第1360册，第147页。上述陈仁子题记中的有些内容，显然是参考了宋章如愚《群书考索别集》卷十四《礼乐门·祭祀之礼·禘祫烝尝》所录颜达龙的说法，颜达龙说："禘祫之祭，其来尚矣。盖禘之为言大也，惟大祭则谓之禘；祫之为言合也，惟合祭则谓之祫。或谓之间祀者以其祭在四时之间也，或谓之盛祭者以其合五年再盛之义也。是故三年一禘重其事也，祫以五齐，禘以四齐，昭其数也；禘以四月，祫以十月，正其时也。所以序昭穆，所以贵功德，所以尊人君，所以广孝道，则禘祫定尊卑，合度饮食，固非徇虚议而循故事也。奈何鲁以诸侯用天子之禘，而禘祫之废自鲁始。后汉以君臣并列于祫祭，而祫礼之变自后汉始。更历至唐抑又甚焉，或祫在禘后三年，或禘在祫后二年，或禘祫并在一年，祀典不明，先后倒置，虽粢盛必洁，酒泉必香，器用必备，又奚取于禘祫哉？善乎元灿之议，以五年再祭为证。徐邈之说，以六十月中置一祫为常，此又足以发明古禘祫之义，而为后世标准之论。"（《文渊阁四库全书》，第938册，第893页）

② 陈士元（1516—1597），字心叔，号养吾，湖北应城人。嘉靖二十三年（1544）进士。著书刊行者有《易象钩解》《五经异文》《论语类考》《孟子杂记》等。

③ 《文渊阁四库全书》，第207册，第199页。

④ （明）章潢：《图书编》卷九十八，《文渊阁四库全书》，第972册，第104页。

⑤ 《大学衍义补》卷五十八，《文渊阁四库全书》，第712册，第680页。

⑥ 《朱子语类》卷二十五，中华书局1986年版，第615页。

当以赵匡之说为正。"②"禘是于始祖之庙推所自出之帝，设虚位以祀之，而以始祖配，即不曾序昭穆，故周禘帝喾，以后稷配之，王者有禘有祫，诸侯有祫而无禘，此鲁所以为失礼也。"③"禘是祭之甚远甚大者。若其他四时之祭及祫祭，祭止于太祖，若禘又祭其祖之所自出，如祭后稷，又推后稷上一代祭之。周人禘喾是也。礼不王不禘禘者，祭其祖之所自出，而以祖配之。盖无庙而祭于祖。"①

那么，李质嘉之问，无非就是请教黄道周对"禘祫之说，诸儒互有异同"的看法。且看黄道周是如何应答的吧。黄道周说：

> 此义备于《王制》，诸贤讲之甚详。不过当时有周礼、鲁礼，沿袭不同；或有夏殷祭名，溷于时享，字义互异，何关巨典乎？
>
> 《礼纬》云："三年一祫，五年一禘。"百王之通义。然以郑注观之，不过鲁之王礼耳。鲁礼，三年丧毕皆祫祭于太庙。如文公二年大事太庙，于祫已蚤；闵公二年吉禘于庄公，于禘已速。一祫一禘，相距八年，故僖公、宣公皆八年秋有事于太庙。二年之祫，合有一禘，在八年之内，如文公祫后明年春禘于群庙是也。或并在一年，如闵公二年四月祫，五月吉禘于庄公是也。其皆五年者，如昭十五年禘于武宫，昭二十五年将禘于襄公是也。考诸公有禘祫互举者，亦有禘祫一遗者矣。
>
> 天子诸侯之丧毕，皆合先君之主于祖庙而祭之，谓之祫祭。杜元凯谓禘为三年一大祭。传有禘祭而无祫祭之文，则禘祫一也。唯时祭则祭始祖与亲庙，不及祧主，与大祭为别耳。
>
> 《王制》本文云："天子犆礿，祫禘，祫尝，祫烝；诸侯礿则不禘，禘则不尝，尝则不烝，烝则不礿。"又云："诸侯礿犆，禘一犆一祫。"又云："尝祫，烝祫。"言诸侯之禘不能兼礿，唯一犆一祫而已。注云礿则不禘者，虞夏之制。南方诸侯春礿竟来朝，故阙夏禘；禘则不尝，西方诸侯行夏祭竟来朝，故不尝；尝则不烝，此北方诸侯行秋祭竟来朝，故不烝；烝则不礿，此东方诸侯行冬祭竟来朝，故不礿也。天子则每岁祫祭，唯春未告成，就亲庙犆祭耳。

---

① 《朱子语类》卷二十五，中华书局1986年版，第616页。

古者天子郊皆三年，今特间代举之，犹古者免丧而行禘祫之义。董仲舒以为人子事亲，岂有间年始举之理，然自历代损益间行以时，亦无三年五年之别。今官家每岁祫祭皆称曰祫。立春出主于殿，虽称牺祭，其实祠禴之旨。立夏立秋以告盛物，乃合二祖祭于大殿，谓之时祫；季冬卜日，大告岁功，遂合四祖祭于大殿，谓之大祫。祫皆禘也。大飨配天，又是郊禘之别义。何足疑乎？

古今纷纷，只是圜丘方泽分配天地始祖世父禘于祧室，此足疑耳。然自帝不袭礼，王不袭乐，本于精禋，以格幽明，天子所议，鬼神率服，又何不可之有？"①

从黄道周对"禘祫之说"的议论来说，无疑也是根据《礼记·王制》而立言的，认为历代诸儒讲的固然很详细，但是当初有着周礼、鲁礼的分别，本来在沿袭上就有不同，后来有将本属夏殷时代的祭祀名称与时享的祭祀名称相混，与原本的字义已经互不相同，这和《王制》本身有什么关系呢？尽管《礼纬》有云"三年一祫，五年一禘"，郑玄说这是"百王之通义"，但是按照郑玄注又不过是"鲁之王礼"了。②

接着，黄道周在引述了我们前面曾经引述过的《礼记·王制》郑玄注所言"鲁礼，三年丧毕皆祫祭于太庙"的说法之后继续说，如果根据这个标准，那么，如文公二年大事太庙，则是"于祫已蚤"；如闵公二年吉禘于庄公，则是"于禘已速"，都不能说是合乎礼的。其实这不过是对郑玄说法的概述，郑玄的说法见于《礼记·王制》"天子牺礿，祫禘、祫尝、祫烝"句后，孔颖达《礼记正义》解释郑玄注文"鲁礼，三年丧毕而祫于大祖……一祫一禘"一段时所引的郑玄《禘祫志》当中。

就前一事，孔颖达所引郑玄《禘祫志》中说："僖公以三十三年十二月薨，至文二年七月间有闰，积二十一月，明月即祫。经云'八月，丁卯，大事于大庙，跻僖公'，于文公之服，亦少四月，以其逆祀，故特讥

---

① 《榕坛问业》卷八，《文渊阁四库全书》，第717册，第373、374页。
② 值得一提的是，孔颖达《礼记正义》引述郑玄的话并有所评论说："郑又云：'《明堂位》曰；鲁，王礼也。……'是郑以天子之礼与鲁同也。"（《十三经注疏（标点本）·礼记正义》，第390页。）

之。"① 就后一事，孔颖达所引郑玄《禘祫志》中说："鲁庄三十二年八月公薨，闵二年五月吉禘。时庆父杀子般之后，公惧于难，不得时葬。葬则去首绖于门外，乃入，务自尊成以厌其祸。若已练然，免丧又速。二年四月夏则祫。既祫，又即以五月禘于其庙。此月大祭，故讥其速也。闵公之服，凡二十一月，于礼少四月，又不禫，云吉禘，讥其无恩也。"② 按照郑玄的理解，正是因为文公、闵公的不符合鲁礼，才被作《春秋》者亦即被孔子所讥的。而这些内容，就是黄道周议论的根据。

至于黄道周后面所言"一祫一禘"至"将禘于襄公是也"的议论，同样可以在孔颖达《礼记正义》中解释郑玄注的话语中找到来由：

> 云"明年春禘于群庙"者，以僖公八年"禘于大庙"，宣公八年"辛巳，有事于大庙"。有事，禘也，为仲遂卒略言有事。僖也，宣也，皆八年禘。既五年一禘，则后禘去前禘五年也。前禘当三年，今二年而祫，故云"明年春禘于群庙"。按闵二年五月"吉禘于庄公"，昭十五年"禘于武宫"，昭二十五年"将禘于襄公"，禘皆各就庙为之，故云群庙。③

不过，面对同样的史料黄道周所关注的是，按照《春秋》的记载，一祫一禘之间，既有相距八年才举行的，又有在八年内举行的，也有合并在同一年举行的，还有正好五年举行的，可见是有各种各样的情况。所以黄道周说："考诸公有禘祫互举者，亦有禘祫一遗者矣。"也就是他认为，在"三年一祫，五年一禘"的"一祫一禘"这个问题上不能一概而论。

接着的黄道周所言，无论是所引杜预（杜元凯）之说④，还是所谓

---

① 《十三经注疏（标点本）·礼记正义》上册，第389页。
② 《十三经注疏（标点本）·礼记正义》上册，，第389页。
③ 《十三经注疏（标点本）·礼记正义》上册，，第389页。
④ 杜预的说法，有三处。①在《春秋》闵公二年"夏五月乙酉，吉禘于庄公"句下，杜预注云："三年丧毕，致新死者之主于庙，庙之远主当迁入祧，因是大祭以审昭穆，谓之禘。"②在《春秋》僖公八年"秋七月，禘于大庙，用致夫人"句下，杜预注云："禘，三年大祭之名。"③在《左传·襄公十年》"荀偃、士匄曰：'诸侯，宋鲁于是观礼，鲁有禘乐，宾祭用之'"句下，杜预注云："禘，三年大祭，则作四代之乐。别祭群公，则用诸侯乐。"[（清）阮元校刻《十三经注疏·春秋左传正义》，中华书局2009年版，第3878、3905、4227页]

"传有禘祭而无祫祭之文……与大祭为别耳"的一段，基本上都是根据孔颖达《礼记正义·王制》的说法而言的。孔颖达的疏文为：

> 若《左氏》说及杜元凯，皆以禘为三年一大祭，在大祖之庙。传无祫文，然则祫即禘也。① 取其序昭穆谓之禘，取其合集群祖谓之祫。郑康成祫禘及四时祭所以异者，此祫谓祭于始祖之庙，毁庙之主，及未毁庙之主，皆在始祖庙中，……其四时之祭，惟后稷文武及亲四庙也。②

黄道周所谓"唯时祭则祭始祖与亲庙，不及祧主，与大祭为别耳"的说法，还可以参考明胡广等所修《性理大全书》卷六《王禘篇》第十六所引元儒黄瑞节③的话："祫有二，有时祫，有大祫。时祫者，祭始祖与亲庙而不及祧庙也。大祫者三年而祫，则合已毁、未毁之庙而祭于始祖之庙也。毁庙即祧庙也。"④ 未可知黄道周是否读到过《性理大全》中所引的这段话，不过两者的意思是基本一致的。

黄道周所引《王制》的三段文字，孔颖达《礼记正义》在郑玄注的基础上均有详细的解说，这就成为黄道周得出"言诸侯之禘不能兼祫，唯一祫一祫而已"之判断的依据。即郑玄在《王制》"诸侯祫则不禘，禘则不尝，尝则不烝，烝则不礿"句后有注云："虞夏之制，诸侯岁朝，废一时祭。"孔颖达疏云："'祫则不禘'者，虞夏之制，岁朝皆阙一时之祭也。此从南方始也。南方诸侯有祫祭竟，夏来朝，故阙夏禘，故云'祫

---

① 有关"传无祫文""祫即禘也"的说法，还可以参考的是，孔颖达《春秋左传注疏》卷十六中说："杜解《左传》都不言祫者，以《左传》无祫语，则祫禘正是一祭。故杜以审禘昭穆谓之为禘，明其更无祫也。古礼多亡，未知孰是，且使礼各从其家而为之说耳。刘炫云：以正经无祫文也。唯《礼记》、《毛诗》有祫字耳。"[（清）阮元校刻《十三经注疏》，中华书局本，第3982页] 还有，（宋）王十朋《梅溪前集》卷十二《禘祫论》说："《春秋》书'禘'者二，而不言'祫'，惟文二年'八月丁卯，大事于太庙，跻僖公'，《公羊》、《穀梁》释之曰：'大事者，祫也。'《春秋》有禘无祫，以大事为祫者，《公》《穀》也。"（《文渊阁四库全书》，第1151册，第206页）

② 《十三经注疏（标点本）·礼记正义》，第390—391页。

③ 明李贤等撰《明一统志》卷五十六和明冯从吾撰《元儒考略》卷三有记载说："黄瑞节，字阙，安福人。元季不仕，尝辑濂洛关闽诸儒格言，为朱子成书行世。"（分别见于《文渊阁四库全书》，第473册，第150页；第453册，第794页）

④ 《文渊阁四库全书》，第710册，第165页。

则不禘'也";还有:"'禘则不尝',此西方诸侯秋来朝也,行夏祭竟,而秋来朝,故不尝也";"'尝则不烝',此北方诸侯冬来朝者也,行秋祭竟,而冬来朝,故废烝也";"'烝则不礿',此东方诸侯春来朝者也,行冬祭竟,而春来朝,故废礿也";"'禘一犆一祫'者,言诸侯当在夏祭一禘之时,不为禘祭,惟犆一祫而已,阙时祭也"。① 那么黄道周则基本上是引述孔颖达的解释以为说的。

至于黄道周说的"天子则每岁祫祭,唯春未告成,就亲庙犆祭耳",是针对《王制》"天子犆礿、祫禘、祫尝、祫烝"一句而言的,也是根据郑玄注和孔颖达疏来理解的,因为郑玄注有云:"凡祫之岁,春一礿而已";又孔颖达疏有云:"天子之祭,当祫之岁,以春物未成,不为祫祭。惟犆为时祭之礿,故云'犆礿'。"② 这里"犆"音"特",郑玄有注云:"犆犹一也。"接着,黄道周又说:"古者天子郊皆三年,今特间代举之,犹古者免丧而行禘祫之义。"这里,我们可以参考杜佑《通典》卷第四十九《祫禘上》的说明:"虞夏先王崩,新王元年二年丧毕而祫。三年春特禴(礿),夏特禘,秋特尝,冬特烝。四年春特禴,夏祫禘,秋祫尝,冬祫烝。每间岁皆然,以终其代。(高堂隆云:'丧以奇年毕则祫亦常在奇年,偶年毕则祫亦常在偶年。')"③ 杜佑这些说法,当然有根据郑玄注《王制》的成分,而黄道周的说法则也是在郑玄注的"虞夏之制"的认识基础上而得出的。

和上述杜佑《通典》所说的"每间岁皆然"不同,黄道周引述了董仲舒的不同说法:"董仲舒以为人子事亲,岂有间年始举之理?"④ 不过,在黄道周看来,有关禘祫之礼,自历代以来都是"损益间行以时,亦无三年五年之别"的。有关先秦到唐代的祫禘之礼三年还是五年年数上的沿革方面的讨论和具体实行情况,可以参考唐杜佑《通典》卷第四十九《禘祫上》(包括虞、夏、殷、周、后汉、魏、晋、东晋)和卷第五十《禘祫下》(包括宋、梁、后魏、大唐)的记载。还有在《旧唐书·礼志》和《宋史·礼志》中有关祫禘之祭年数上的议论和实施情况,诚如

---

① 《十三经注疏(标点本)·礼记正义》,上册,第391页。
② 《十三经注疏(标点本)·礼记正义》,上册,第388页。
③ (唐)杜佑:《通典》,中华书局1988年版,第2册,第1372页。
④ 此董仲舒之意,未见其他出处,待考。

黄道周所言，已经很难分清楚是否一定有三年五年的差别，尽管历代议论祫禘之祭时常有涉及传统经典与历史传承方面的讨论，但实际上更多的完全是按照时宜来进行的。

特别值得注意的是黄道周自己所处的明代的情况。按照黄道周自己的描述明代祫禘之祭的实际情况就是："今官家每岁祫祭皆称曰祫。立春出主于殿，虽称牲祭，其实祠禴之旨。立夏立秋以告盛物，乃合二祖祭于大殿，谓之时祫；季冬卜日，大告岁功，遂合四祖祭于大殿，谓之大祫。祫皆禘也，大飨配天，又是郊禘之别义。"那么黄道周所言的礼仪程式，在《明史》的记载中确实可以找到相应的证据。比如，根据《明史》卷五十一《礼志》五《禘祫》中的记载：

> 洪武元年祫飨太庙。……七年，御史答禄与权言："皇上受命七年而禘祭未举。宜参酌古今，成一代之典。"诏下礼部、太常司、翰林院议，以为："虞、夏、商、周世系明白，故禘礼可行。汉、唐以来，莫能明其始祖所自出，当时所谓禘祭，不过祫已祧之祖而祭之，乃古之大祫，非禘也。宋神宗尝曰：'禘者，所以审谛祖之所自出。'是则莫知祖之所自出，禘礼不可行也。今国家追尊四庙，而始祖所自出者未有所考，则禘难遽行。"太祖是其议。弘治元年，定每岁暮奉祧庙懿祖神座于正殿左，居熙祖上，行祫祭之礼。[①]

那么，黄道周所讲的"今官家每岁祫祭皆称曰祫"，应该就是从弘治元年开始确定并实行的。再比如，有关黄道周所讲的"时祫"和"大祫"、还有"立春牲享"，以及"出主于殿"的仪式等，在《明史·礼志五》均有记载：

> 嘉靖十一年，大学士张孚敬等言："太庙祭祀，但设衣冠。皇上改行出主，诚合古礼。但遍诣群庙，躬自启纳，不免过劳。今请太祖神主，躬自安设。群庙帝后神主，则以命内外捧主诸臣。"帝从其请。十七年，定享祫礼，凡立春特享，亲祭太祖，遣大臣八人分献诸帝，内臣八人分献诸后。立夏时祫，各出主于太庙。……秋冬时

---

① 《明史》，第1320、1321页。

祫，如夏礼。二十四年，新庙成，复定享祫止设衣冠，不出主。隆庆元年，孟夏时享，以世宗几筵未撤，遵正德元年例，先一日，帝常服祭告几筵，祗请诸庙享祀。其后，时享、祫祭在大祥内者，皆如之。①

（嘉靖）十五年，复定庙飨制。立春牲享，各出主于殿。立夏、立秋、立冬出太祖、成祖七宗主，飨太祖殿，为时祫。季冬中旬，卜日，出四祖及太祖、成祖七宗主，飨太祖殿，为大祫。祭毕，各归主于其寝。十七年定大祫祝文，九庙帝后谥号俱全书，时祫止书某祖、某宗某皇帝。更定季冬大祫日，奉德、懿、熙、仁及太祖异室皆南向，成祖西向北上，仁宗以下七宗东西相向。二十年十一月，礼官议，岁暮大祫，当陈祧主，而景神殿隘，请暂祭四祖于后寝，用连几，陈笾豆，以便周旋。诏可。二十二年，定时享、大祫，罢出主、上香、奠献等仪，临期捧衣冠出纳。太常及神宫监官奉行。二十四年，罢季冬中旬大祫，并罢告祭，仍以岁除日行大祫，礼同时享。二十八年，复告祭仪。穆宗即位，礼部以大行皇帝服制未除，请遵弘治十八年例，岁暮大祫、孟春时享两祭，皆遣官摄事。乐设而不作，帝即丧次致斋，陪祀官亦在二十七日之内，宜令暂免。从之。②

那么，黄道周所说的"立夏立秋以告盛物，乃合二祖祭于大殿，谓之时祫"，即如嘉靖十五年，复定庙飨制所确定的"立春牲享，各出主于殿。立夏、立秋、立冬出太祖、成祖七宗主，飨太祖殿，为时祫"；黄道周所说的"季冬卜日，大告岁功，遂合四祖祭于大殿，谓之大祫"，即如嘉靖十五年所确定的"季冬中旬，卜日，出四祖及太祖、成祖七宗主，飨太祖殿，为大祫"。黄道周所说的所谓"立春牲享""出主于殿"也在记载中。还有，即如黄道周所指出的，所谓"祫禘之祭"，在明代似乎已是"祫皆禘也，大飨配天，又是郊禘之别义"。而有关这些变迁，也是合乎历史变迁的，用黄道周的话说："何足疑乎？"

还有，从《明史·礼志》的记载中也可以看到，有明一代有关"祫

---

① 《明史》，第1323、1324页。
② 《明史》，第1322页。

禘之祭"的议论、实行和变迁也是层出不穷的，然而，黄道周认为"古今纷纷，只是圜丘、方泽，分配天地、始祖、世父禘于祧室，此足疑耳"。而且黄道周也确信"五帝不袭礼，三王不袭乐"的古来道理和历史规律，所以他最后说："本于精禋，以格幽明，天子所议，鬼神率服，又何不可之有？"这里，黄道周在认同历史的规律之外，还认同当朝天子的权威。

至此，本节就黄道周与李质嘉关于禘祫之说诸儒异同的问答中所涉及的相关历史与文献的问题，我们做了比较详细的考察分析，黄道周的历史意识也得以充分体现出来。

# 结　语

中国古代的学人，往往承载着多重的使命。以儒家学者而言，不管是学而优则仕，还是仕而优则学，均不出孔门四教之"文、行、忠、信"（《论语·述而》）。别而言之，推而广之，则在于德行、言语、政事、文学的四个方面；换而言之，则属于立德、立言、为政、为学的范围，而很多的中国古代学人在多重生命或生涯的过程中，都以达到这四个方面的最高境界为圭臬与鹄的。

处在明朝末年的黄道周，身兼仕儒和学儒的双重角色。一方面，在传统政治史上，黄道周的言行，自有其不遇的遭际和堪称悲壮的事迹，体现在立德、立言上，诚如乾隆皇帝以明末"二周"并称所言"若刘宗周、黄道周，立朝守正，风节凛然，其奏议慷慨极言，忠荩溢于简牍，卒之以身殉国，不愧一代完人"[1]，乃至以"黄道周硕学清操，孤忠亮节，克全儒行，无愧贞臣"[2]，而在乾隆四十年赐谥"忠端"。[3]

另一方面，有如后来为其立传者所评论的那样，"道周以文章风节高

---

[1] 《钦定四库全书总目卷首一·圣谕·乾隆四十一年十一月十七日谕》。（《文渊阁四库全书》，第1册，第8页）

[2] 《钦定胜朝殉节诸臣录》卷一《专谥诸臣》。（《文渊阁四库全书》，第456册，第412页）

[3] 《钦定续文献通考》卷一百四十五《经籍考·经·易类》黄道周《易象正》十六卷题记。（《文渊阁四库全书》，第630册，第51页）

天下，严冷方刚，不谐流俗"，又"道周学贯古今，所至学者云集"①；所以，尽管清四库馆臣曾以"文章德行自孔门既已分科，两擅厥长代不一二"的标准，而称所录者有"如黄道周之经解"是"论人而不论其书"②，但是在另外言及黄道周为学传授上的特点时，也不能不予以褒评说："其大旨以致知明善为宗，……所论凡天文、地志、经史、百家之说，无不随问阐发，不尽作性命空谈。盖由其博洽精研，靡所不究，故能有叩必竭，响应不穷。虽词意间涉深奥，而指归可识。"③尤其是李清馥《闽中理学渊源考》列有"黄石斋先生道周学派"，其学术在当时及后世的影响由此可见。

就本章所论的范围而言，无论是从传统学术史，还是从经学史、礼学史的意义上来说，黄道周的学术存在无疑起到承上启下的作用，他所关注和讨论的三礼学问题，不仅上承汉唐、宋元，在有明一代，堪称翘楚。其经典意识和历史意识相结合，信其可信，疑其可疑，成为其学术信条，在传学教授的讨论中也有深刻体现。诚如黄宗羲评价黄道周的学术时所言："漳浦之学如武库，无所不备。"④可以说，在学术上，黄道周与明清之际乃至清初的很多学者一起，共同开启了有清一代的那种求真务实的学术风气。⑤

---

① 《明史》卷二五五，第6595、6601页。
② 《钦定四库全书总目》卷首三《凡例》二十则。(《文渊阁四库全书》，第1册，第38页)
③ 《四库提要·榕坛问业》，《四库全书总目》，中华书局1965年版，第794页。
④ 《钦定续文献通考》卷一百四十五《经籍考·经·易类》黄道周《易象正》十六卷题记。见《文渊阁四库全书》，第630册，第52页。
⑤ 即如皮锡瑞《经学历史》十《经学复盛时代》一章讲到清初经学复盛时所说："承晚明经学极衰之后，推崇实学，以矫空疏，宜乎汉学重兴，唐宋莫逮。"(中华书局2008年版，第295页)

# 主要参考文献

## 一 古籍文献

（汉）司马迁：《史记》，中华书局1975年版。

（汉）班固：《汉书》，中华书局1962年版。

（南朝宋）范晔：《后汉书》，（晋）司马彪撰《后汉书志》，中华书局1965年版。

（晋）陈寿：《三国志》，中华书局1959年版。

（唐）房玄龄等：《晋书》，中华书局1974年版。

（梁）沈约：《宋书》，中华书局1974年版。

（梁）萧子显：《南齐书》，中华书局1972年版。

（唐）姚思廉：《梁书》，中华书局1973年版。

（唐）姚思廉：《陈书》，中华书局1972年版。

（北齐）魏收：《魏书》，中华书局1974年版。

（唐）魏征、令狐德棻等：《隋书》，中华书局1973年版。

（后晋）刘昫等：《旧唐书》，中华书局1975年版。

（宋）欧阳修、宋祁等：《新唐书》，中华书局1975年版。

（元）脱脱等：《宋史》，中华书局1977年版。

（明）宋濂等：《元史》，中华书局1976年版。

（清）张廷玉等：《明史》，中华书局1974年版。

赵尔巽等：《清史稿》，中华书局1976年版。

（唐）杜佑：《通典》，王文锦、王永兴等点校，中华书局1988年版。

（宋）李焘：《续资治通鉴长编》，中华书局1986年版，

（元）马端临：《文献通考》，中华书局2010年版。

（宋）朱熹：《仪礼经传通解》，《文渊阁四库全书》本，上海古籍出版社1987年版。

（宋）王与之：《周礼订义》，《文渊阁四库全书》本，上海古籍出版社1987年版。

（宋）卫湜编：《礼记集说》，《文渊阁四库全书》本，上海古籍出版社1987年版。

（元）吴澄：《礼记纂言》，《文渊阁四库全书》本，上海古籍出版社1987年版。

（元）陈澔：《礼记集说》，万久富整理，凤凰出版社2010年版。

（清）王夫之：《礼记章句》，岳麓书社，《船山全书》本，1991年版。

（清）孙希旦：《礼记集解》，沈啸寰、王星贤点校，中华书局1989年版。

（清）胡培翚：《仪礼正义》，段熙仲点校，江苏古籍出版社1993年版。

（清）孙诒让：《周礼正义》，王文锦、陈玉霞点校，中华书局1987年版。

（清）王聘珍：《大戴礼记解诂》，王文锦点校，中华书局1983年版。

（清）阮元校刻：《十三经注疏》，中华书局1980年版。

（汉）许慎：《说文解字》，中华书局1963年影印本。

（晋）杜预：《春秋经传集解》，上海人民出版社1977年版。

（唐）欧阳询等：《艺文类聚》，上海古籍出版社1999年新2版。

（唐）陆德明：《经典释文·序录》，张一弓点校，上海古籍出版社2012年版。

（宋）朱熹：《四书章句集注》，中华书局1983年版。

（清）阎若璩：《尚书古文疏证》，黄怀信、吕翊欣点校，上海古籍出版社2010年版。

（清）朱彝尊：《经义考》，《经义考新校》，林庆彰等主编，上海古籍出版社2010年版。


（宋）李觏：《李觏集》，王国轩校点，中华书局1981年版。

（宋）王安石：《王文公文集》，上海人民出版社1974年版。

（宋）王安石：《王安石全集》，王水照主编，复旦大学出版社2016年版。

（宋）张载：《张载集》，中华书局1978年版。

（宋）程颢、程颐：《二程集》，中华书局1981年版。

（宋）朱熹：《朱熹集》，四川教育出版社1996年版。
（宋）黎靖德编：《朱子语类》，中华书局1986年版，
（宋）陈傅良：《止斋集》，《文渊阁四库全书》本，上海古籍出版社1988年版。
（元）吴澄：《吴文正集》，《文渊阁四库全书》本，上海古籍出版社1988年版。
（元）虞集：《虞集全集》，王颋点校，天津古籍出版社2007年版。
（明）方孝孺：《逊志斋集》，徐光大校点，宁波出版社2000年版。
《逊志斋外集》，张常明编注，上海古籍出版社2009年版。
（明）黄道周：《榕坛问业》，《文渊阁四库全书》本，上海古籍出版社1987年版。
（清）黄宗羲：《明儒学案》，中华书局1985年版，
（清）黄宗羲：《宋元学案》，全祖望补，中华书局1986年版。
（清）钱大昕：《潜研堂集》，上海古籍出版社1989年版。
（清）钱大昕：《十驾斋养新录》，上海古籍出版社2011年版。
《玉函山房辑佚书》，马国翰辑，广陵书社2004年版。

《十三经注疏》标点本，李学勤主编，北京大学出版社1999年版。
《周礼·仪礼·礼记》，陈戍国点校，岳麓书社1989年版。
《三经新义辑考汇评》，程元敏著作集，华东师范大学出版社2011年版。
《礼记译解》，王文锦译解，中华书局2016年版。
《礼记译注》，杨天宇撰，上海古籍出版社2004年版。
《诗经今注》，高亨撰，上海古籍出版社1980年版。
《四库全书总目》，中华书局1965年版。

### 二 研究著作

［日］吉川忠夫：《六朝精神史研究》，王启发译，江苏人民出版社2010年版。
焦桂美：《南北朝经学史》，上海古籍出版社2009年版。
李学勤：《周易经传溯源》，中国社会科学出版社2007年版。
李振兴：《王肃之经学》，华东师范大学出版社2012年版。
马宗霍：《中国经学史》，上海书店1984年版。

漆侠:《宋学的发展和演变》,河北人民出版社 2002 年版。
李华瑞:《王安石变法研究史》,人民出版社 2004 年版。
钱穆:《朱子新学案》,巴蜀书社 1986 版。
吴万居:《宋代三礼学研究》,"国立"编译馆 1999 年版。

### 三 研究论文

郭善兵:《郑玄、王肃〈礼记注〉比较研究》,《泰山学院学报》2015 年第 4 期。
刘丰:《王肃的三〈礼〉学与"郑王之争"》,《中国哲学史》2014 年第 4 期。
刘坤太:《王安石〈周官新义〉浅识》,《河南大学学报》(社会科学版) 1985 年第 4 期。
白寿彝:《〈仪礼经传通解〉考证》,《北平研究院院务汇报》1936 年 7 月 7 卷上。收入《白寿彝史学论集》北京师范大学出版社 1994 年版。
陈来:《朱子〈家礼〉真伪考议》,《北京大学学报》(哲学社会科学版) 1989 年第 3 期。
申万里:《宋元乡饮酒礼考》,《史学月刊》2005 年第 2 期。
束景南:《朱子〈家礼〉真伪辨》,《朱子学刊》1993 年第 1 辑,黄山书社 1993 年版。
杨志刚:《〈朱子家礼〉:民间通用礼》,《传统文化与现代化》1994 年第 4 期。

# 后　　记

　　本书是笔者将近二十年来，就历代礼学与相关思想研究和写作的篇章汇集。在原初的预设方面，是有着一个贯通性考虑的，而且就所探究的思想和礼学人物的选择上，也是有着以期呈现出自中古以降礼学及思想发展演进的多样化过程的总体思索，并希望通过诸多个案的考察反映出后世礼学承传的不同样貌。而这样的工作，也应该还是可以继续进行下去的。

　　此书稿有幸获得中国社会科学院创新工程出版经费的资助并纳入院文库系列当中，这首先要感谢方克立先生和王震中先生的鼎力推荐，还要感谢我所在的古代史研究所学术委员会主任卜宪群先生及各位同仁们的大力支持。

　　感谢中国社会科学出版社宋燕鹏先生在第一时间联系我接洽出版事宜，并在书稿的编辑方面尽心尽力；还有出版社方面的相关部门和领导也在诸多方面给予了很多支持和关照，在此表示感谢。

　　此书各篇章的写作和在学术刊物上发表，十数年间得到了许多师友的支持和帮助，在此也深表感谢。

　　我还想借此书的出版之机，感谢池田知久教授长久以来对我学术上的支持和特别关照。

　　在对此书稿进行整理和核校的时间里，也正是我本人经历着在一起生活近二十六年的贤妻罗莉因病故去，这样一个极其痛苦与哀伤的阶段。原本想着她能够继续陪伴和激励我不断地进行后续的研究，现在却只能将这些曾经是在与她的生命同行中我所完成的篇章，献给已在远方的她，以寄托我对她深深的永远的怀念。

与本书相关联的礼学专题研究，笔者还在继续进行中，希望在今后能有更多的成果奉献给学界。

王启发

2021 年 4 月